빼앗긴 봄의 들판에서

'81 전국민주노동자연맹·전국민주학생연맹(일명 학림) 사건 자료집

빼앗긴 봄의 들판에서

ⓒ동녘편집부, 2016

초판 1쇄 펴낸날 2016년 12월 15일

엮은이 동녘편집부
펴낸이 이건복
펴낸곳 도서출판 동녘

등록 제311-1980-01호 1980년 3월 25일
주소 (413-120) 경기도 파주시 회동길 77-26
전화 영업 031-955-3000 편집 031-955-3005 전송 031-955-3009

블로그 www.dongnyok.com 전자우편 editor@dongnyok.com

ISBN 978-89-7297-855-8 03910

빼앗긴 봄의 들판에서

'81 전국민주노동자연맹·전국민주학생연맹(일명 학림) 사건
자료집

동녘

머리말

'학림사건'은 어느덧 한 세대가 지난 35년 전 일이다.

그렇게 오랜 시간이 지났음에도 어찌 된 일인지 그 시절의 나날들이 더욱 또렷이 떠오른다. 망각의 강물에 흘려보낼 수도 있으련만 무엇 때문에 그림처럼 여전히 뚜렷하게 남아 있을까? 어쩌면 이는 지난 일에 대한 아픈 상처 때문이기도 하겠지만 우리가 살고 있는 오늘의 이 참담한 현실이 젊은 시절의 투지를 여전히 불러일으키고 있는 탓일지도 모른다.

수백 명 학생들의 목숨을 속수무책으로 잃고서도 제대로 된 지도층의 반성이나 정부 차원의 보고서가 나오지 않는 나라, 수백만 명의 실업자와 노동인구의 65%를 차지하는 비정규직의 비명 소리가 넘쳐나는 나라, 세계 최고의 자살률과 노인빈곤율, 마침내 중국에 모든 분야에서 추월당해 활력을 잃어가는 경제현실, 매일 문을 닫는 중소기업과 빚더미에 올라앉은 가계들의 한숨, 민생이라는 말로 기득권을 덮고 있는 나라, 썩은 부패의 고리로 엮어진 관료, 재벌, 사법권력이 국민 위에 군림하는 세상, 항일 애국지사들이 꿈꿨던 '참으로 복된 나라'는커녕 헬조선에서 벗어날 희망이 보이지 않는 나라, 나라와 겨레를 위해 헌신하고 희생할 생각은 추호도 없이 오로지 출세와 황금을 게걸스럽게 먹어치우는 이 땅의 소위 지도층들, 세계 유일 분단국가에서 서로 못 잡아먹어 안달인 나라…….

이제 도저히 이대로 내버려둘 수 없는 상황에 직면한 현실 앞에서, 도대체 우리가 몸을 던져 이루고자 했던 간절했던 소망들은 무엇이었던가. 우리가 발 딛고 살아가고 있는 2016년의 갑갑한 현실 앞에서 되묻게 되는 것이다.

과거 기록을 정리해보자는 첫 번째 계기는 '진실·화해를 위한 과거사 정리위원회(진화위)'가 재심을 권고하고 재심 법정의 고법 재판장이 "선배 사법부가 법과 양심에 따라 재판하지 못한 점을 진심으로 사죄한다"고 공개적으로 밝힌 판결이었다. 그 뒤 대법에서 무죄 판결이 확정되고 난 뒤에 학림 사람들 사이에서 자연스럽게 의견이 모아졌다.

또한 70년 말, 80년대 초의 역사기록들, 예를 들면 민주화기념사업회의 초기 기록이나 그 출판물에서 학림사건의 의미와 비중이 매우 서운하게, 우리가 보는 역사적 의미에서 적절치 못하게 취급된 일이다. 이런 평가는 사실 우리의 게으름과 적절한 대처의 부족에도 원인이 있겠지만 어찌 되었든 우리 입장에서는 아쉬운 대목이었다.

그리고 이런 필요성에 부응하여 고민 끝에 우리는 우리 사건의 기록을 있는 그대로 보여주는 자료집을 발간하기로 하였다. 새삼 무슨 논쟁이나 주장을 하고 싶지도 않았고, 그것이 지금 이 시기에 심각한 의미를 갖기도 어렵다고 생각했기 때문이다. 우리는 단지 우리의 기록이 역사 속에서 잊혀지지 않기를 염원했다.

물론 이 책은 뚜렷한 한계를 가지고 있다. 주로 수사기관의 기록과 당시 사법부의 판결문을 전재하다 보니, 당사자들의 실제 체험했던 바와는 상당히 다르거나, 관련된 분들에 대한 언급도 실체적 진실과는 많은 거리가 있을 수 있기 때문이다. 당연하지만 이들 관제 기록의 아주 작은 일부, 즉 노동운동이나 민주화운동 관련 행동과 일부 인물만이 사실일 뿐 나머지 거의 대부분의 무슨 '사상교양'이니 '사회주의'니 '혁명론'이니 '지시, 조종, 포섭'이니 하는 것들은 사실도 아니려니와 이해하기도 어렵고 낯간지럽기 짝이 없다. 무엇보다 이런 진술에 서명한 우리가 부끄럽다. 그러나 이러한 진실의 왜곡이나 변형 혹은 과장, 그리고 우리 자신의 굴복조차 시대적 한계를 지닌 우리 자신들의 기록이라는 점에서 하나의 객관성을 가지고 있다고 보았다. 그리고 이런 자료나마 드러내는 것이 지금 이 시점에서 우리가 할 수 있는 최선이라고 생각했다.

당시 우리의 구금 이후 정말 많은 분들이 조사를 받았다. 수사책임자들로부터 들은 얘기로는 노련 관련자 600여 명, 학련 관련 학생 1000여 명을 수사해야 하는데, 너무 많아 어떻게 하란 말이냐는 불평이 터져나와 특별수사본부라도 차려야 한다는 말까지 나왔지만, 수사인력을 보강하는 선에서 끝났다고 했다.

결과적으로는 전두환 정권의 보도금지, 핵심 집중타격과 세력화의 빌미를 주지 않아야 한다는 등의 정무적 판단도 작용하고, 다른 한편에서는 사건 자체를 더 키우면 정치적 부담으로 작용한다는 판단 때문에 많은 학생활동가와 현장노동운동가들이 조사만 받고 풀려났다. 학생들은 제적, 정학 등을 당해 강제징집돼 학교를 떠났고, 핵심 노동현장의 활동가들은 조사를 받고 나왔지만, 다시 회사로 돌아갈 수 없는 블랙리스트와 감시망에 걸려 길거리를 방황했다.

이들 중 어떤 분들은 우리에 대한 피해의식을 가지고 있을지도 모르고, 어떤 분들은 자신의 활동에 대한 실제 역사적인 기록 한 줄도 가지고 있지 못한 경우도 있을 것이다. 이 많은 분들의 소중한 기록을 찾고 객관화하면서 연결고리를 확보해야 하는데, 원래부터 쉽지 않은 일인 데다가 우리들의 사정 탓도 있어서 그렇게 하질 못한 게 아쉽다.

그런데 진실과 화해의 문제에 대한 얘기를 한마디 해야 할 것 같다. 나는 감옥에 있을 때 나를 고문했던 이근안을 비롯한 남영동 수사관계자들, 사형을 구형했던 안강민·박순용·임휘윤·김경한 등 기소를 담당한 검사들, 최종영·황우여·이강국·이영애 등 무기징역을 판결한 판사들 모두에 대해 무조건 용서와 화해를 한 바 있다. 그런데 최근 벌어지고 있는 유신 회귀의 흐름을 보면서 개인적인 용서와 화해와 별개로 역사의 정의와 전진을 위해서는 인권유린의 당사자들에 대해서는 분명한 잣대가 반드시 필요하다는 생각이 든다.

마지막으로 80년대 초반 엄혹한 환경에서 우리 사건을 좌경용공사건으로 몰아가려 한 전두환 군사정권에 맞서, 고문조작과 민주화운동의 진실을 국민들에게 호소하고 석방을 촉구한 많은 분들에게 머리 숙여 진심으로 감사의 말씀을 전하고 싶다. 아쉽게도 많은 분들이 돌아가셨으나 이렇게 지면으로라도 감사의 마음을 전할 기회가 생긴 걸 천행으로 여긴다. 고 윤보선 전 대통령, 고 김수환 추기경, 고 지학순 주교, 고 박형규 목사, 고 김승훈 신부, 고 공덕귀 여사, 이희호 여사, 고 이소선 여사, 김정남 선생, NCC의 고 김동완 목사, 김창규 목사, 고 이경배 국장, 윤수경 간사, 동아조선투위 등의 김종철, 고 김태홍, 정동익, 고 송건호, 김중배, 김태진 선생 등과 문학계의 고 이문구, 최일남, 고 조태일, 최민 선생 그리고 백낙청, 김경희, 이기웅, 박맹호, 윤구병, 신홍범, 김종찬 선생 등 출판계 선배들과 고 이우정 교수님, 이효재 교수님, 고 김윤환 교수 그리고 함께 아카데미 활동을 함께 한 흥사단의 수많은 아케데미 회원들의 은혜를 어떻게 갚아야 할지. 또한 고 이돈명, 고 황인철, 홍성우, 고 조준희, 이돈희, 조영일 변호사의 무죄변론 활동과 재심의 최병모, 박상훈 변호사의 노고에 깊이 감사드린다. 무엇보다 추기경님, 주교님, 사제단 신부님들과의 연락을 담당해주신 김정남 선배의 헌신적인 노고를 어찌 잊을 수 있을까? 특히, 사건이 일어난 후 매번 재판정의 앞자리에서 지켜보시고, 숱한 석방 기도회와 서명운동에 앞장서신 고 김승훈 신부님과 고 박형규 목사님 두 분에게 다시 한 번 각별히 감사드리지 않을 수 없다. 이 외에도 너무나도 많은 분들이 도와주셨으나 일일이 다 말씀드리지 못하는 것을 죄송스럽게 생각하며, 아쉬운 대로 이 책의 550쪽 '학림사건에 도움을 주신 분들과 단체' 명부에 수록한 것으로 감사의 마음을 대신하고자 한다.

한편 우리의 마음을 무겁게 했던 것은 부림사건이었다. 송세경, 고 이상록, 이호철 등 몇몇 주역들은 우리 수사 때 이미 조사를 받았으나 우리 사건 직후에 부산지역 민주세력을 없애기 위한 사건으로 조작되고 말았다. 이분들에게 참으로 미안하기 짝이 없다.

끝으로 80년 5월에 전남 도청에서 산화한 윤상원 동지를 잊을 수 없다. 조국의 민주화와 통일에 몸과 마음을 다 바쳐 함께 노력하자고 다짐했건만 그는 저세상으로 가고 우리들은 욕된 세상에 살아남았다. 노동자연맹의 중앙위원이자 광주전남지역 책임자였던 그는 민주화운동의 모범이었고 우리 모두가 사랑한 동지였다. 머리 숙여 명복을 빈다.

이런 여러 가지 점에서 우리 모두는 여전히 무거운 짐을 떠안고 있다. 조금씩이나마 저 승에 가서라도 마음의 빚을 갚겠다는 다짐을 드린다.

아울러 책을 내는 데 수고해주신 많은 동지들과 출판사 임직원 여러분에게 감사의 말씀을 전한다.

2016년 10월
학림 구속자 일동을 대신하여
이태복

편집의 글

이 책은 기본적으로 자료집이다. 그것도 경찰과 검찰, 법원, 교도소 등 당시의 공식 기관 자료나 사건 관련하여 공식적으로 제출되거나 확인된 자료 중심으로 편집됐다. 따라서 거의 모든 글이나 내용은 특정한 입장이나 의견을 담고 있지 않은 자료 및 그 설명에 지나지 않는다. 말하자면 우리는 거기에 어떤 입장이나 의미를 부여하여 첨삭하지 않고 있는 그대로 보여주기 위해 노력했다.

비록 자료 중의 많은 진술, 특히 공소장에 나와 있는 내용들은 당시로서도 구속 당사자들의 정서에 용납하기 어려운 용어와 표현이 나와 있고 그것이 당시 활동의 실체를 왜곡하거나, 같이 운동했던 많은 분들의 자발적인 의지를 모욕할 수도 있지만, 그것조차 당시의 현 주소였다는 점을 부정할 수 없어서 민망하더라도 나와 있는 그대로 옮겼다.

또한 사건으로 인해 직간접적인 피해 내지는 영향을 받은 많은 분들의 진실도 여기에서는 담을 수도 기록할 수도 없었다. 기록도 분명치 않거니와 있어도 연관성이 분명치 않은 경우도 많으며, 언급된 분들이 특히 당시 사건 당사자들에게 호의적인지도 명확치 않기 때문이다. 경찰 수사관들 말로는 무려 몇천 명을 조사했다고 하던데 사실인지도 명확치 않고, 그 기록조차 제대로 있는지 의문이다.

또 하나는 감옥 생활 기록이다. 아쉽게도 법무부 교정국에 남아 있는 자료조차 다 입수하지 못하고 입수한 것조차 다 정리하지 못했다. 물론 이 부분은 사건 전체의 큰 틀에 영향을 미칠 정도는 아니다. 그래서 아쉬움을 달랠 겸 당시 교도소 상황을 어느 정도는 보여줄 수 있게 기록들의 이미지를 더불어 실었다.

가장 아쉬운 것은 사실 당사자들이 구금된 이후 가족들과 어머님들이 하신 가족 활동의 기록이 거의 대부분 유실되었다는 점이다. 가족들, 특히 어머님들은 그저 자식들에 대한 믿음 하나로 수많은 정치적 사회적 편견과 맞서 싸우면서 용감하게 뒷바라지하셨다. 그 활동의 증거들은 아직도 일부 남아 있는 유인물들 속에 풍부하게 살아 있다. 그러나 아쉽게도 이런 자료들의 정황을 구성하는 상황 기록들(활동 기록이나 사진 등)은 거의 존재하지 않는다. 어머님들이 작고하시거나 노환으로 대화를 하기 어려운 점도 있고, 그 후 또 많은 공안 정국을 겪으면서 기록들이 유실된 게 많기 때문이다. 그래서 아쉬운 대로 몇몇 분만 모시고 대화 형식으로 당시의 기억들을 부분적으로 재생하는 시도를 해야 했고 거기에 유인물들의 이미지와 간단한 설명을 실어 상황을 짐작하게 한 게 우리가 할 수 있는 전부였다.

그리고 언론보도는 당시의 보도 통제로 실제로 존재하는 게 몇 건 없지만 뺄 수 없어서 실었다.

'사건 이후'에는 당사자들의 사건 후 살아온 과정을 어느 정도는 담고 싶었으나 뜻대로 되지 않았다. 어느 분은 충실하게 자신을 표현하기 위해 애썼고, 어느 분은 그저 몇 줄의 이력을 보내온 게 다였다. 어떤 분은 심지어 전혀 싣고 싶지 않다면서 보내오지 않은 분도 있다. 그것들은 그것들대로 당사자들의 마음을 보여주는 것이어서 어쩔 수 없이 그저 입수된 자료만 실어야 했다.

마지막으로 당사자들이 겪은 '과거의 트라우마'를 상징하는 남영동 대공분실 건물에 대한 소회를 담아보았다. 거기서 당사자들이 구금된 날짜가 모두 합해서 926일이었다니 그저 놀라울 뿐이었다. 더불어 당사자 중 엄주웅이 최근에 쓴 한 편의 글('내가 겪은 학림사건')도 싣는다. 우리 편집자들은 그 글을 읽으면서 눈물을 흘렸다.

또한 마지막에는 학림 당사자들 전체의 마음을 담은 사과의 글을 싣는다. 당사자들은 본의 아니게 또는 부족해서 당시 운동에 참여했던 많은 분들을 조사받게 했고, 그것이 평생의 부담으로 남았던 것 같다. 편집자들의 입장에서 볼 때 당사자들의 이런 미안함이 '자료집'의 가장 중요한 '기록'이 될지도 모른다는 생각이 들었다.

하여간 우리 편집자들은 이런 측면에서 몇 가지 부족하고 아쉬운 점을 제외하면 자료집으로서의 객관적 가치를 어느 정도는 담았다고 생각한다.

우리는 이 자료집이 지금 이 시대에 무슨 의미나 가치가 있을지 머리 굴려 고민하지 않았다. 역사적 가치를 생각하기 전에 이제는 유실되어버릴지도 모르는 기록들을 일단 살린다는 생각만으로도 이 작업의 동기로서는 충분했다. 당사자들도 이미 상당한 나이에 접어들어 시간이 지날수록 기억들이 더 유실되어버릴지도 모르는 상황이기 때문이다. 아무쪼록 우리의 노력이 작은 보탬이라도 되기를 기원해본다.

자료편집 위원회

차례

빼앗긴
봄의
들판에서 ○ ○ ○

자료집 발간에 부쳐

　　자료집은 그 성격상 불가피하게 당사자들의 구금과 구속 이후를 주로 다룰 수밖에 없고, 주로 법원과 검찰의 관제용 자료 중심으로 엮을 수밖에 없는 이유로 구금 전 활동이나 사건 자체에 대해 당사자들이 어떻게 생각해왔는지 그 진실한 주장이나 의견을 담기 어렵다. 그래서 자료집 앞부분에 사건의 배경과 의미에 대한 당사자들의 의견을 짧게나마 싣기로 했다. 마침 당사자들은 이 학림사건에 대한 운동사적 평가가 제대로 되어 있지 않다고 아쉬워하고 있던 참이었다.

　　다음 두 편의 글은 당시 활동과 관련된 당시의 입장과 소회를 담고 있고, 전민노련과 전민학련의 각 대표자가 정리했다. 메시지의 생동감을 위해 되도록 당시의 표현이나 용어를 사용해주기를 요청한 탓에 오늘날 감각에 생경하고 어색한 부분이 있을 수 있으나 당시에 겪은 당사자들의 소리라는 점을 더욱 중시해주기 바란다.

전민노련 사건의 배경과 의의

정리 이태복

1978년 미국의 대통령 선거에서 민주당의 지미 카터가 당선된 뒤부터 한국 내의 이른바 재야세력이 다시 꿈틀거리기 시작하고, 정국은 급박하게 돌아갔다. 신민당 전당대회에서 김영삼 총재가 당권을 장악하면서 미국의 박 정권 붕괴 공작은 상상을 초월하는 방법으로 진행되고 있었다. 미국은 박정희 정권을 포기하고 붕괴시키려는 공작을 다양한 방법으로 추진하는 것으로 판단되었다.

그런데 좀 더 적극적인 투쟁을 통해 이들 간의 갈등과 모순을 더 넓게 벌려놓아야 할 학생운동 내부에는 당시 현장론을 핑계로 투쟁 자체를 기피하는 이상한 풍조가 번져가고 있었다. 노동운동을 장기적으로 하려면 학생운동 시절에 노출되는 것은 바람직하지 않으니 데모해서 징역 가지 말고 얌전히 졸업하거나 군대 갔다 와서 자격증을 취득해 노동현장에 가야 한다는 것이었다. 언뜻 들으면 매우 신중하고 진지한 것 같지만, 본질은 특수한 경우를 일반화해 투쟁 기피를 합리화하는 논리였다.

현장 내의 조직작업을 맹렬히 전개하던 우리는 학생운동 내에 번진 이 잘못된 경향에 대해 학생운동 내의 지도부에 문제가 있다고 보고 이선근 등에게 투쟁 기피론은 오히려 현장 내의 활동공간을 축소하는 것이기 때문에 학생들이 적극적으로 반독재투쟁을 전개해야 한다고 강조했다. 그러나 이선근은 학내 지도부를 통제할 수 있는 입장에 있지 않았다.

1978년에 접어들어 크리스찬 아카데미 조직사건이 터지고 상당수 민주노조 간부들이 이 사건에 연루돼 조사를 받는 바람에 전민노련 조직작업은 한여름을 넘기게 됐다.

그런데 1978년 12월께부터 권순갑 YH 부지부장과 박태연 조직부장 등이 적극적인 방안을 상의해왔다. 그 이후 YH투쟁을 통해 기업주의 비양심적인 행위를 폭로하고, 노동문제를 전면에 내걸 수 있는 투쟁방법을 찾는 데 주력했다. 우리가 볼 때 폐업 위기에 처한 YH 노조가 선택할 수 있는 길이란 싸워 깨지면서 노동자의 비참한 현실을 국민 앞에 드러내는 것뿐이었다. 그런데 그렇게 되려면 집행부가 확고한 의지를 가지고 투쟁에 나서야 하는데 실제로는 내부에 미묘한 기류가 흐르고 있었다.

이때 동양통신 기자로서 한국은행에 출입했던 손호철(현 서강대 교수) 학형으로부터 YH 회사에 대한 대출내역 자료를 손에 넣을 수 있었다. 다행히 최순영 집행부가 농성투쟁으로 방향을 잡아 마침내 세상에 알려진 YH의 신민당사 농성사건이 벌어졌다.

이 YH 농성사건은 박태연, 권순갑 씨 등이 조합원을 결속시켜, 막대한 흑자를 미국에 빼돌리고 공장을 폐쇄하려는 사업주 측의 계획에 최후의 수단으로 저항한 싸움이었다. 야당 당사 농성은 군사정권하의 노동자 생활의 실상을 만천하에 폭로하는 결과를 낳았다. 또 김영삼 신민당 총재가 YH지부장 최순영 등 노동자들의 호소를 적극 끌어안게 되면서 보수야당 세력과의 연대 가능성도 높아졌다. 하지만, 그때까지 민주노조운동은 개별노조 차원에서 분산적으로 진행됐고 현장론자들의 조직관은 대부분 써클주의를 벗어나지 못했다. 각 지역의 현장에서 조직한 소그룹이 적지 않았지만 YH투쟁을 확산시킬 수단이 없었다. 써클주의적인 운동의 한계가 여실히 드러난 것이다.

YH투쟁 이후 써클의 한계를 벗어나 조직적 운동으로 전환하자는 논리가 문제의식을 갖고 있는 활동가들에게 확산되면서 써클주의자들과 많은 충돌이 일어났다. 써클주의자들은 현장에 근거하지 않은 전위적인 조직운동은 소시민적인 급진주의라고 비판하면서 노동3권 보장, 최저임금 등 당면과제의 해결을 위해 역량을 집중해야 한다고 주장했다. 다른 한편, 때마침 남민전 그룹의 활동이 알려지면서 전위적 운동의 문제점 또한 제기되기 시작했다. 60~70년대 경제성장을 통해 놀랍게 변모하고 있는 대한민국을 미제의 식민지라고 하고 반봉건사회라고 규정하는 그들의 태도는 호소력을 가질 수 없었다.

이에 따라 써클주의에 반대하면서 전국적 조직운동의 필요성을 강조하는 운동노선은 70년대 대표적인 노조였던 청계피복과 YH노조, 가톨릭 노동청년회, 도시산업선교회원 등에서 지지기반을 점차 넓혀나갈 수 있었다.

그런데 전국의 공단지역과 민주노조 활동이 있는 곳에서 당면 과제, 즉 노동3권의 보장, 최저임금제, 8시간노동제 등을 구체화하기 위해서 조직운동을 전개해야 한다는 공감대가 형성되어가던 시기에 10.26 박정희 체제가 종식되는 극적 상황이 전개되었다. 이에 따라 민주화 대세론과 민주화의 봄이 도래되면서 합법적인 공간에서 공개적인 운동을 해야 한다는 주장이 제기되면서 골방에 숨어 있거나 써클주의화 민주노조운동의 한계에 머물고 있던 세력들이 힘을 얻게 되었다. 전국적인 강연회가 벌어지고 곧 한국노총을 물리치고 새로운 노총을 세울 수 있으리라는 기대 또한 고조되었다.

그러나 우리들은 군부세력의 재집권을 저지할 수 있는 역량이 결여되어 있기 때문에 서울의 봄은 얼마 가지 못하고 다시 암흑기가 돌아올 것이므로 합법 공간에 진출하는 것은 자살행위라면서 지하조직을 구체화하기로 하였다.

몇 년 동안의 기반 구축 과정에서 최종적으로 뜻을 같이하기로 한 사람들은 대구, 경북 지역의 김병구, 안양의 유동우, 서울 청계피복의 양승조, YH의 박태연, 울산의 하동삼, 광주의 윤상원, 학생운동 출신으로 도시산업선교회 간사였던 신철영이었다.

이들을 축으로 기존 노조의 민주화투쟁, 미조직 노동자의 노조 결성 운동을 추진해 산업별 조직체계로 전환해가면서 노조운동의 전국적 센터를 건설하려 했다. 이 투쟁은 노동자들만의 투쟁으로는 불가능하기 때문에 오랜 전통을 가진 학생운동과 연대해 활동할 필요가 있었다. 조직보안 문제 때문에 조직의 중심을 연결고리로 해서 어느 시기까지 활동하다가 새로운 조직체로 결합시켜 정치운동의 지도부를 구성하려는 계획이었다.

서울과 각 지역을 돌면서 뜻을 확인한 핵심 구성원들은 5월 1일 메이데이를 기념해 역사적 결성식을 거행하기로 하고 역할분담을 한 후 준비작업에 들어갔다. 나는 규약안을 작성했고, 조합운동 목표와 계획은 다른 세 사람이 준비해 발표하기로 했다. 이 규약은 과거 운동 과정에서 나타난 일반 대중조직보다는 수준이 높은 차원에서 작성됐다. 조직체계로는 중앙위원회, 시·도 행정단위의 지부, 생산 공장과 공단에 지회, 기업체 단위에 지반으로 구성하고, 구성과정은 기간조직을 우선 중앙에서 임명해 조직하고 지회 간부들이 회원들을 선발해 지반을 구성하는 방법이었다. 조직운영은 민주집중제를 원칙으로 했다.

운동역량을 관제 고지에 우선적으로 집중하고 당면 역량과 장기 역량을 세심하게 구분, 운영해서 역량의 계획적 축적에 노력하되, 노동자와 지식인의 조직구성 비율을 평균 6대 1로 제한하고, 그 경우에도 지식인은 반드시 현장노동을 하고 있는 자에게만 가입자격을 주도록 했다.

조직 목표는 우선 역량을 충분히 축적할 때까지 노동3권의 완전 보장, 최저임금제 실시, 8시간노동제 확보, 기존 노조의 민주화, 미조직의 조직화에 두기로 했다. 결성대회는 지방에서 올라오는 사람들의 편의와 보안을 위해 연휴 기간인 5월 3일부터 2박 3일 일정으로 진행했다. 전국민주노동자연맹이 탄생한 것이다.

5.17 계엄 확대 이후 살벌한 암흑기를 거치면서 전국민주노동자연맹은 양승조와 박태연

이 지도해온 소그룹을 중심으로 우선 구로공단의 삼경복장 노조 민주화투쟁과 남영나이론 투쟁을 개시하기로 했다. 삼경복장은 당시 2명의 정·예비 회원이 현장활동을 하며 대의원의 다수를 장악하고 있었기 때문에 민주 집행부 교체를 낙관하는 분위기였다. 그러나 뜻밖에도 지부장으로 내정된 김원복이라는 여성이 외부 불순세력이 침투해 있다고 소란을 떠는 바람에 구로공단 민주화 투쟁계획은 전면 수정될 수밖에 없었다. 우리는 좀 더 준비기간을 가진 이후에 깃발을 들기로 했다.

정회원들이 운영했던 조직은 대개 예비회원들로 구성된 조직이었다. 이들 조직에서는 현장문제와 노동이론, 소모임 조직과 노조결성 및 운영에 관한 학습과 토론, 실천 점검 등의 활동을 주로 했다. 이 과정을 거친 예비회원들은 입회 문답을 거쳐 입회식에서 선서를 한 뒤 조직원의 10대 수칙을 맹세하고 활동을 시작했다. 10대 수칙은 조직을 자신의 생명보다 더 소중히 여길 것, 조직 보안을 사수할 것, 시간 준수, 동지 사랑 등이었다.

이 문답을 거쳐 조직원으로 들어온 동지들이 송영인, 송병춘, 노숙영, 김광섭, 최규엽 등이었고 각기 예비그룹을 조직해 운영해나갔다. 그러다가 사건이 일어났다.

비록 중간에 와해되었지만 노련은 그 이후 노동운동에 두 가지 과제를 던졌다고 본다. 하나는 써클주의나 비대중적인 운동의 양극단을 극복하기 위한 조직운동의 모색이고, 다른 하나는 노학연대의 구체적인 필요성이다.

전민학련 활동의 배경과 의의

정리 이선근(전민학련 대표)

1. 전민학련 조직의 계기가 된 서울역 회군

1980년 5월 13일, 자취방에서 학생회가 주축이 된 서울대 농성장으로 복귀하고 있는데 많은 학생들이 울부짖으면서 교문 밖으로 내달리고 있었다. 이유를 들어보려 했지만 혼비백산한 학생들에게 대답을 들을 수가 없었다. 그 가운데 박성현(아카데미 회원, 77학번)이 눈에 띄었다. 군부가 학생회관으로 진입할 것이라는 모 교수의 전언을 듣고 학생회와 복학생들이 농성을 풀고 해산하기로 하였다는 것이다. 너무나 황당했던 나는 그가 당시 아카데미에서 상당한 영향력을 갖고 있었을 뿐만 아니라 서울의 봄 학내상황에서 자주 대화를 나누었던 후배라 농성 해제는 사실상 군부에 대한 항복이니 함께 막아야 한다고 강력하게 이야기하였다. 그러나 그도 당시 '한국사회연구회(한사)' 중심의 '언더(총학생회 등 공식적인 조직을 사실상 지휘하는 일종의 지하조직)'의 제 2선이었다. 대답은 학생회관에 아직 지도부 몇 명이 남아 있을 것이라며 만나보라고 할 뿐이었다. 함께 갈 것을 부탁했으나 거절당했다.

헐레벌떡 학생회관에 들어가니 당시 학생회 대의원의장이 마침 2층에서 내려오고 있었다. 그에게 농성 해제는 군부에게 등을 보이는 잘못된 판단이니 다시 논의해야 한다고 주장하였으나 전혀 받아들이지 않았다. 오히려 군부가 진입할 것이니 빨리 몸을 피할 것을 권고하고는 서둘러 학생회관을 빠져나가는 것을 넋을 잃은 채 바라볼 수밖에 없었다.

다음 날 군부의 진입은 사실무근일 뿐만 아니라 농성 해제가 군부에 대한 패배의식의 발로였던 것이 드러나자 수천 명의 학생들은 격앙되어 아크로폴리스에서 비상학생총회 개최를 요구하기 시작했다. 비상학생총회에서 군부와의 충돌을 피해야 한다던 지도부의 태도에 대한 성토가 잇따랐다.

이윽고 시내로의 진출이 결정되었다. 서울대 관악캠퍼스 정문 앞에서 경찰의 봉쇄로 한때 격렬한 시위가 벌어졌다. 수천 명의 학생들이 돌을 던지며 공격을 하자 얼마 지나지 않아 경찰은 시내 방향인 봉천동 방향을 막고 신림동 방면을 터주었다. 수천 명의 시위대가 남부경찰서 인근에 도착하자 자연스럽게 방향에 대한 논의가 이루어졌다. 일부에서는 구로공단으로 가서 노동자들과 합류하자는 이야기도 나왔다. 그러나 이에 대한 반론도 적지 않았다. 그래서 영등포역으로, 다시 여의도를 거쳐 광화문까지 수십 킬로미터를 걸었다. 대열은 전혀 흐트러지지 않았다. 저녁 늦게까지 시내 전역을 점령하다시피 한 시위대는 서울역 앞에 집결한 다음 내일을 기약하고 해산하였다.

5월 15일, 이제 서울대뿐만 아니라 서울의 대부분의 대학에서 시위대가 비상계엄 철폐를 외치며 광화문으로 진출했다가 서울역 앞으로 모이게 되었다. 십수만 명의 학생들과 시민들이 서울역 광장을 가득 메운 가운데 학생대표들의 연설이 이어졌다. 오후로 접어들자 다시 남영동까지 군부가 진출했다는 모 교수의 전언을 받았다며 지도부가 대우빌딩에 모여 회의한 결론을 알리면서 "군부에게 국민들의 의사를 충분히 전달하였다. 더 이상 군부에게 빌미를 주지 않기 위해 일단 학교로 돌아가 사태를 살펴보자"며 회군을 결정하였다. 학생들의 반발이 여기저기서 터져나왔지만 무시되었다. 그러자 학생회장은 "만일의 사태에 대비해 비상연락망이 짜여 있으니 걱정 안 해도 된다"는 말을 덧붙이며 회군을 강행하였다. 이 비상연락망은 그 후 제대로 가동된 적이 없었다.

학생시위대들만의 후퇴로 끝날 국면이 아니었다. 권력을 공고히 하는 데 주요한 걸림돌인 서울지역의 학생들이 스스로 해산해 최대의 걸림돌이 제거되었다는 판단하에 군부는 광주에 전력을 기울일 여유를 갖게 된 것이었다. 한국 역사 최대의 비극이 발생하였다.

이튿날 비상계엄이 전국으로 확대되고 경찰이 서울대 복학생들을 점거하기 위해 자취방들을 뒤진다는 소문이 나자 나는 봉천동 자취방을 나와 숭실대 근방 친구의 자취방으로 옮겼다. 그곳에서 서울대에 진주했던 계엄군의 장갑차들이 광주를 향해 진군하는 것을 바라볼 수밖에 없었다. 그렇게 큰 비극이 일어났는데도 손발이 묶여 있는 것에 대한 자책감은 분노로 전환되기 시작했다.

학생운동을 제대로 할 조직이 필요하다고 생각한 것은 그 직후였다. 80년 서울의 봄이 실패하고 광주의 비극이 발생한 것은 당시 학생운동을 이끌었던 학생회장단과 그 배후인 서울대 이념서클 '한사' 등이 근본적으로 군부에 맞서 철저히 싸우고자 하는 의지가 부족했기 때문이다. 그들은 군부 등장의 빌미가 된다고 해서 5월 13일 서울대 학생회관 농성해제, 5월 15일 서울역에서의 회군을 결정했으나 그것과 상관없이 전두환 일파는 이미 권력을 찬탈하기로 결심하고 있었다. 군부의 권력 찬탈을 막기 위해서는 시민과 더불어 철저히 싸우는 길밖에 없었다. 그런데 당시 학생운동 지도부는 군부에게 등을 보이고 만 것이다. 당시 학생운동 지도부의 경향을 논할 때 항상 서울역 회군을 거론하지만, 실제로는 서울대 학생회관의 농성 해제가 훨씬 더 선명하게 그 모습을 보여준다.

군부가 자행한 광주학살은 국민대중의 가슴속에 풀릴 수 없는 분노의 응어리를 만들었다. 그 분노는 억누른다고 될 성질의 것이 아니었다. 또한 그 분노에 제대로 불을 붙일 수만 있다면 전두환 일파를 물리치는 것이 어렵지는 않을 것이라고 생각했다. 그러기 위해서는 군부독재에 대한 철저한 항전의지로 무장된 새로운 학생운동 조직이 필요했던 것이다.

2. 조직화 작업 과정

먼저 성균관대학 흥사단아카데미 77학번인 김찬, 이화여대 아카데미 홍영희, 서울대 이덕희를 만나 새로운 학생조직 필요성에 대하여 동의를 받았다. 일단 4사람이 정기적으로 모여 구체적인 논의를 하기 시작하였다.

그 후 박성현은 자신의 고향인 광주에서 일어난 비극에 분노하여 서울역 회군에 대해 비판적 태도를 취하게 되었다. 그는 서울대 '언더'의 영향력에서 벗어나자마자 농성 해제의 부당성을 역설했던 나를 찾아와 조언을 구하였다. 나는 학생운동 전반의 재정립 필요성을 역설하며 새로운 학생조직을 구성하는 데 참여해줄 것을 요청하여 함께하기로 하였다.

어느 정도 체계가 갖추어지자 나는 새로운 학생운동 조직에 관해 이태복 선배와 의논했다. 도서출판 광민사 사장이었던 이태복은 평소 학생운동은 문제제기집단으로서 끊임없는 정치투쟁을 통해 문제를 제기하고 노동운동이 그 성과를 받아 역량 강화에 힘쓰면서 궁극적으로 문제해결집단으로 자리잡아야 한다고 생각하고 있었다. 일각에서 학생운동 무용론까지 나오고 있던 당시 운동권 상황에서 이태복의 이러한 학생운동과 노동운동의 역할 구분은 학생운동, 나아가 민주화운동 및 민중운동 전체의 새로운 성격을 설정하는 데 타당하다고 보고 새로운 학생운동 조직을 건설하는 데 내가 주도적으로 나서고 이태복은 중요 사항만 관여하면서 학생들의 노동현장 이전 시 지도를 받게 하기로 대략적인 합의를 보았다.

3. 투쟁을 조직하다

조직건설 이전에 해야 할 일이 있었다. 먼저 극심한 언론통제와 군부의 탄압 때문에 폭도들의 난동으로 몰리고 있던 광주항쟁의 진상을 알리는 일이었다. 그래서 아카데미 회원 가운데 서울역 회군에 대해 반성하고 새로운 학생조직의 필요성을 인정한 박성현, 이덕희(77학번)로 하여금 서울대에서 우선 학내시위를 조직하도록 하였다. 먼저 서울역 회군을 주도하였던 '언더' 측에게 연대제의를 하였다. 그러나 이들은 "데모만이 능사가 아니다. 학생운동은 민중역량의 강화를 위해 헌신해야 하며 노동자, 농민을 조직하기 위해 집단적, 조직적으로 노동현장에 침투해야 한다. 그러기 위해서는 조직을 위태롭게 할 수 있는 불필요한 시위는 자제해야 한다"며 거부하였다.

그러나 우리는 "민중역량의 부족을 이야기하지만 지금 민중의 주체적인 경험의 부족과 노동집단의 미형성이 민중운동을 확산시키는 데 장애요인이 되어왔고 유신독재하에서도 그 작업을 제대로 수행하지 못하였기 때문에 민중운동이 소시민 종교세력에 의해 주도될 수밖에 없었다. 이제, 학생운동을 새롭고 조직적으로 전개하여 노동집단의 진출을 도와야 한다"며 이들을 비판하였다.

그래서 우리는 독자적인 시위를 조직하는 데 총력을 기울였고 9월 개학하자마자 아카데미를 중심으로 시위를 준비하기 시작했다. 그러나 결정적인 시점에 '언더'의 설득에 넘어간 시위주동자가 나와 무산되어버렸다.

학생운동의 주력이라 할 수 있는 서울대는 나중에 무림(霧林)이라고 불리는 '한사'를 중심으로 한 소위 '언더' 지도부들이 여전히 굳건히 장악하고 있었다. 그들은 조직 보호와 노동현장 진입을 명분으로 삼아 학생대중의 거듭되는 투쟁 요구를 외면할 뿐만 아니라 적극적인 방해까지도 서슴지 않았다.

새로운 학생운동 조직을 건설하기에 앞서 진행된 시위의 조직활동은 당연히 이 '언더' 지도부의 영향력을 약화시켜나갔다. 5월 15일 서울역 회군의 책임문제에 대한 논쟁도 즉각적인 투쟁이냐, 아니면 장기적인 준비냐를 둘러싸고 치열하게 진행됐다. 이 과정에서 새로운 학생운동의 조류는 '무림'세력이 장악하고 있던 학내 분위기를 벗어나 점차 투쟁적인 분위기로 변화하고 있었다. 이것은 우리의 문제제기 때문이기도 했지만, 더 중요하게는 전두환 일파의 광주학살 이후 학생들 사이의 자발적인 문제의식이 터져나오고 있었기 때문이다. 몇 차례의 시위 계획이 무산되기는 했지만 우리는 결국 무림의 안테나에 걸리지 않는 시위팀을 구성해서, 12.12쿠데타 1주년 기념시위를 하기로 하였다.

한편 '무림 언더' 지도부는 아카데미 측에서 시위를 계획하고 있다는 소문이 무성해지고 있는데도 시위주동팀을 찾아내지 못하자, 12월 11일 그러니까 아카데미 측 시위가 계획됐던 그 전날, 서울대에서 '이상한' 시위를 벌였다.

그동안 '무림'은 우리 쪽의 시위를 방해하기 위해, 시위주동자들을 찾아내 설득하거나 혹은 동원을 거부하거나 혹은 정보를 흘려 시위현장에 대중이 모일 수 없도록 하는 등으로 시위 방해를 해왔는데, 이날은 당시로서는 매우 과격한 내용을 담은 '반파쇼학우투쟁선언'까지 발표하며 몇 사람이 경찰에 잡혀가는 통에, 다음 날 하기로 했던 우리 측 시위는 결국 포기해야만 했다. 이 시위를 방해하기 위한 '이상한' 시위는 이미 많이 알려져 있으므로 오해의 소지는 없으리라 본다.

나는 당시 학교를 가끔씩 나가고 있어서 내일로 예정된 시위가 오늘 당겨졌나 하고 시위현장으로 달려갔다. 그러나 조직 동원 자체가 없는 시위여서 학생대중들이 모여들 틈도 없이 진압되는 것을 보고 대책을 상의하기 위해, 나와 박성현, 박문식, 이덕희, 김찬, 홍영희가 모여 현황을 점검하였다. 당시 12.12 시위를 조직하기로 하였던 박성현과 이덕희는 자신들이 조직한 시위가 아니라 무림 측에서 다음 날 벌어질 시위를 막아 학생운동의 주도권을 빼앗기지 않으려고 벌인 '역(逆)'시위였다고 얘기하였다. 결국 다음 날 시위가 불가능해서 시위는 다음으로 연기하기로 하였다.

이러한 '무림' 측의 행동은 실제로 그 반대의 효과를 가져왔다. 아카데미 측의 투쟁논리가 그렇지 않아도 분노에 끓고 있던 학생운동권에 퍼지게 된 것이다. 그 결과 우리는 새로운 멤버를 얻게 되었다. 바로 박문식의 등장이었다. 같은 영동야학 교사였던 박성현에게 무림 측에 대한 비판과 함께 새로운 학생운동조직의 필요성에 대해 설명을 들은 박문식은 박성현에게 조직적인 활동을 하고 싶다고 하여 합류하게 되었다. 처음으로 지도부급에 아카데미 회원이 아닌 구성원이 생겼던 것이다.

그때부터 학생조직을 구체적으로 건설할 계획이 진행되었다. 조직구성 원칙과 회칙을 만드는 논의가 진행되고 그 원칙을 바탕으로 박성현과 박문식이 회칙을 작성했다.

물론 시위의 조직도 멈추지 않았다. 겨울방학이었기 때문에 졸업식 시위가 기획되었다. 그러나 '무림' 측은 시위소문을 듣고 당일 봉천동 일대의 자취방을 뒤져, 마침 서울대 정문의 교문을 타고 올라갈 자일을 담당했던 박태견(현 뷰스앤뉴스 발행인)을 발견하였고, 그가 짊어진 배낭을 수상하게 여긴 '무림' 측 학생이 졸업식 시위의 부적절성에 대해 논쟁을 벌이면서 시간을 끎으로써, 박태견으로 하여금 시위시간을 맞추지 못하게 하여 시위 자체를 실패하게 만들었다. 시위소식에 가슴을 졸였던 졸업생들은 문교부장관의 대통령축사 낭독 때 돌아앉는 것으로 분노를 표시하였다. 그 후 몇 시간 뒤 서울대학교 당국은 교문으로 올라가는 손잡이들을 제거하는 공사를 하였다.

4. 전국민주학생연맹의 출범과 81년 봄 투쟁

81년 2월 27일 전국민주학생연맹(이하 전민학련)이 결성됐다. 전민학련은 회칙 전문에서 '광주시민의 민주항쟁을 유린하고 등장한 독재정권은 한국사회를 정치적 억압과 경제적 빈곤의 파국으로 몰아가고 있다. 기만과 폭력에 가득한 현 정권에 저항하는 민주적인 모든 운동을 탄압하고 특히 가장 기초적인 양심과 학원의 자유마저 빼앗아가고 있다. 이러한 민족적 일대 위기 앞에서 우리 청년학도는 학원의 자유와 사회의 민주화를 위해 한국 민주주의의 보루로서 기만과 폭력에 가득 찬 현 정권의 위기를 심화시켜 민주화의 열기를 불태워야 할 것'을 다짐하였다.

제2조 목적에서는 '본회는 대학생 일반의 민주적 조직적 사고와 실천능력을 배양하여 학원의 민주화와 사회의 민주화를 달성하는 데 그 목적을 둔다'고 하였다.

최고기관으로 중앙위원회를 두고 그 산하에 도급 단위에는 지부, 그 밑에 지역별로 지회, 그리고 대학별로 지반을 두었다. 중앙위원회는 발기인으로 참여한 이선근, 박문식(공인회계사), 박성현(IT기업 경영), 홍영희, 이덕희로 구성됐다. 경인지부장은 윤성구, 부산지부장은 이호철(나중에 체포를 피해 도피하다 부산미문화원 사건 무렵 체포)로 하고 경인지부에는 서울의 신촌, 중앙, 청량리(목련회), 남부(민주구국학우동지회), 수원지회를 설치하였다. 지회장에는 민병두, 김창기, 조진원 등으로 정하였다.

조직은 철저히 하부 조직이 상부나 동급 조직의 존재를 알지 못하게 하는 비밀주의 방식으로 운영됐다. 이는 극심한 군사독재의 탄압으로부터 조직을 보호하기 위한 조치였다. 그리고 회원들에게는 독재정권을 타도하기 위한 일체의 합법·반합법·비합법 투쟁에 헌신하고 조직의 결정을 충실하게 수행해야 할 의무가 부과됐다. 요컨대 전민학련은 군사독재를 타도하고 민주주의를 이룩하기 위해 학생들이 주축이 돼 만든 비합법 지하조직이었던 셈이다.

전민학련은 결성과 동시에 조직 확산에 노력하면서 81년 봄의 학원시위를 주도하기 시작했다. 무림사건으로 학생운동을 완전히 소탕했다고 생각했던 신군부는 연이은 학원가의 시위에 아연할 수밖에 없었다. 서울대에서 3월 19일 첫 시위가 발생한 이래 5월 중순까지 성균관대·부산대·동국대 등에서 모두 수십 차례의 학생시위가 전민학련의 주도 아래 일어났다. 그리고 이 사태는 5월 27일 서울대 시위 도중 김태훈이 "전두환 물러가라"고 외치며 도서관 6층에서 투신자살하면서 절정에 이르렀다. 대학가는 다시 불타오르기 시작했다. 그리고 학원사태는 마침내 국회에서 정치문제로까지 비화됐다.

5. 전국민주학생연맹의 의의

전민학련은 정치적 입장과 이념적 지향에서는 학생운동의 선도적 역할과 선명한 투쟁성을 내걸고 이를 실천에 옮겼지만 조직적으로는 별다른 기반 없이 형식적 틀 구축을 무리하게 서두르는 과정에서 상부로부터의 하향식 보안에 극히 취약한 구조를 가지고 있었다. 그 결과 학내 조직 및 투쟁 활동을 본격 시작한 지 채 한 학기도 지나지 않은 1981년 6월 노동현장과의 연결을 맡았던 상부 조직이 먼저 드러나 중앙 지도부로부터 하향식으로 각 대학의 주요 구성원이 영문도 모르게 일거에 검거 구속되면서 활동을 중단하고 말았다.

그러나 전민학련은 광주에서 군부집단에 의한 끔찍한 살육이 자행된 후 모든 민주세력이 공포에 휩싸여 숨조차 쉬지 못하고 있을 때 그 침묵과 공포를 뚫고 고립 방치된 채 홀로 진압된 광주민중항쟁에 대한 속죄와 연대의 깃발을 처음 치켜들었으며 다시 민주화투쟁의 불길을 타오르게 만드는 역할을 하였다.

또한 나른 측면에서는 학생들의 반독재투쟁과 노동운동의 연대 방식에서도 하나의 틀을 제시하였다. 즉 그동안 개별적으로 이루어지고 있던 학생들의 노동현장 진출을 전민노련과 협력하여 조직화하고자 시도한 것이다. 물론 시대 경향이 더 큰 영향을 끼쳤겠지만 그 이후 학생운동가들의 노동현장 진출이 다양한 경로로 가속화되는 등 학생운동가들에게 학내

투쟁 이후 사회운동 단계에 대한 새로운 전망이 생겨남으로써, 학생운동 자체도 강화되고 노동운동의 활성화도 이끌어내는 데 일정 부분 기여하였으며 85년 민주화정국 및 87년 시민혁명과 노동자 대투쟁으로 연결되는 지난한 민주화운동의 역사에 작은 연결고리를 놓을 수 있었던 것이다.

서장
———
구속 이후 사건의 흐름

1. 개요

'81 전국민주노동자연맹·전국민주학생연맹(이하 학림) 사건의 이태복 등 26명(당시 21세에서 32세)은 81년 6월 10일부터 치안본부 남영동 대공분실로 불법연행되었다. 최소 19일에서 최대 78일까지 불법구금상태에서, 고문 등 가혹행위를 당하고 허위진술을 강요당한 끝에, 국가보안법상의 반국가단체구성죄 등으로 불법기소되었다. 1982년 1월 22일 선고된 1심에서 무기징역에서 1년까지 대부분 실형을 선고받았다. 이어 2심에서 부분적으로 감형되었으나 대법원에서는 기각 처리되어 2심 선고 내용이 그대로 확정되었다. 학림사건 당사자들은 최소 10개월에서 최대 7년 이상까지 복역한 후 사면 등에 의해 석방되고 88년 12월 20일에 모두 복권되었다.

사건 당사자들은 2006년 8월 21일 진실·화해를 위한 과거사 정리위원회(진화위)에 진실규명을 신청하였고 2009년 6월 15일, '진화위'의 진실규명 끝에 '사건 수사와 재판의 불법성'을 공식적으로 인정받고 형사소송법에 의거하여 재심 권고 결정을 받아, 재심을 청구하였다. 2010년 12월 30일, 재심을 담당한 서울 고법에서 마침내 사건 발생 만 30년 만에 무죄를 선고받고, 이어 2012년 6월 14일 대법원에서 전원 최종 무죄확정판결을 받았다.

2. 사건의 배경

1979년 12.12 군사쿠데타로 정권을 잡은 전두환 등의 신군부세력이 80년 5월 광주시민들의 민주항거를 잔혹한 학살로 진압하고 사회 전 분야에 걸쳐 군사통치를 강화하였다.

당시 민주세력들은 광주의 참상에 충격을 받아 이렇다 할 투쟁을 하지 못했고, 심지어 주력 학생운동 내부에서는 '학생들도 싸우지 말고 장기적으로 사회에 진출하여 사회를 민주화하자'는 소위 '장기준비론'까지 등장하였다. 이런 상황에서 81년 봄부터 학생들의 가열차고 조직적인 반군부독재 시위가 벌어지자 이에 당황한 학살정권이 관련 민주세력을 탄압하기 위해 주도세력 중의 하나인 전국민주노동자연맹·전국민주학생연맹의 주역들을 터무니없는 반국가단체로 몰아 처벌하였다.

3. 사건의 발생경위

1981년 6월 6일자 경찰 측 내부 보고자료(불순이념써클에 대한 첩보보고)에 따르면, 경찰은 1980년 7월 미스유니버스대회 폭파 사건을 계기로 본격적으로 민주화운동 세력에 대한 내사를 진행한다. 그리고 그 과정에서 가장 먼저 이태복을 주목하고 주변을 내사하면서, 1981년 상반기에 학원시위가 빈발하고 전두환 정권 타도투쟁이 불길처럼 일어나자 이를 진화하기 위해 무리하게 주변 사람들을 연행하여 사건을 만들었다.

4. 불법연행과 불법구금, 허위진술 강요 등

1981년 6월 10일 불법적으로 연행된 이태복을 시작으로 하여, 동년 8월 16일 연행된 박태연까지 26명은 민주주의 국가의 국민이라면 최소한으로 보장받아야 할 법적 권리도 무시당한 채 정식 구속영장이 발부된 날까지 최소 19일에서 78일까지 불법구금 상태에서 온갖 잔혹한 고문을 당하였다.

모든 학림사건 당사자들은 작은 책상과 의자, 침대, 물고문용 욕조와 변기로 구성되고, 벽은 붉은 타일로 마무리되고 밖으로는 사람 머리조차 빠져나갈 수 없는 길고 좁은 창이 하나 있으며, 복도 건너편의 방과는 서로 엇갈리게 만들어 잠시 문이 열려도 건너편 방의 상황을 볼 수 없게 만들었을 뿐 아니라 밖에서만 열 수 있는 고문수사에 적합하게 설계된 특수한 독방에서 실제로 한 민주적인 활동 이외의 반국가단체 구성 등을 허위진술하도록 강요당하였다. 이 기간 동안 당사자의 가족들은 당사자들의 행방조차 모르고 있었음은 물론이다.

이하는 학림사건 당사자들의 불법연행일과 구금일수이다.

	이름	연행일	구속영장발부일	불법구금일수	비고
전민학련	이태복	1981. 6. 10	1981. 7. 23	44	
	이선근	1981. 6. 16	1981. 7. 23	38	
	박문식	1981. 6. 20	1981. 7. 23	34	
	이덕희	1981. 6. 20	1981. 7. 23	34	
	홍영희	1981. 6. 20	1981. 7. 23	34	

	윤성구	1981. 6. 21	1981. 8. 3	44	
	민병두	1981. 6. 22	1981. 8. 3	43	
	김창기	1981. 6. 23	1981. 8. 3	42	
	최경환	1981. 6. 22	1981. 8. 3	43	
	김진철	1981. 6. 22	1981. 8. 3	43	
	손형민	1981. 6. 21	1981. 8. 3	44	
	이종구	1981. 6. 21	1981. 8. 3	44	
전민노련	양승조	1981. 8. 1	1981. 9. 1	32	
	신철영	1981. 8. 3	1981. 9. 1	30	
	최규엽	1981. 8. 3	1981. 9. 1	30	
	정경연	1981. 8. 4	1981. 9. 1	29	
	오상석	1981. 8. 5	1981. 9. 1	28	
	엄주웅	1981. 8. 5	1981. 9. 1	28	
	김철수	1981. 8. 7	1981. 9. 1	26	
	송영인	1981. 8. 12	1981. 9. 1	21	
	송병춘	1981. 8. 13	1981. 9. 1	20	
	노숙영	1981. 8. 14	1981. 9. 1	19	
	박태연	1981. 8. 16	1981. 9. 7	23	
	김병구	1981. 8. 1	1981. 9. 7	38	
	유해우	1981. 8. 2	1981. 9. 7	37	
	박태주	1981. 6. 13	1981. 8. 29(석방)		불구속

5. 기소와 재판

당시 검찰은 실제로 사건 수사를 지휘함으로써 수사과정의 불법성과 사건조작의 내용을 잘 알고 있었으면서도 수사당국의 조서를 그대로 차용하여 기소하고, 심지어는 사건 당사자들에게 진술을 번복하지 못하도록 검찰조서 작성 시 담당 수사관을 입회시키거나, '남영동에 돌려보내 다시 조사하겠다'는 협박까지 하였다. 그리고 사건의 수괴로 몰아 이태복에게는 사형, 이선근에게는 무기징역을 구형하는 만행을 저질렀다.

당시 사법부도 마찬가지였다. 당사자들이 법정에서 수차례 불법구금과 고문, 강요된 허위진술 등을 주장하였고, 특히 사회주의혁명과 반국가단체 구성과 관련해서는 정면으로 부인하고, 단순한 민주화운동 수준에 불과했음을 거의 모든 기회마다 주장하였음에도 불구하고, 사법부는 법적 정의나 실체적 진실에 대해서는 눈을 감고, 강요된 진술조서 외에는 아무런 증거가 없었음에도 불구하고 기꺼이 정권의 시녀 노릇을 하였다.

이하는 검찰의 기소내용과 재판의 결과다.

	이름	기소내용 (적용법)	검찰구형	1심	2심	3심
전민학련	이태복	국가보안법, 반공법, 형법, 계엄법, 계엄포고령	사형	무기징역	무기	상고 기각
	이선근	국가보안법, 반공법, 형법	무기징역	징역 10년, 자격정지 10년	징역 7년, 자격정지 7년	상동
	박문식	국가보안법, 반공법	징역 15년, 자격정지 15년	징역 7년, 자격정지 7년	징역 5년, 자격정지 5년	상동
	이덕희	국가보안법, 반공법	징역 7년, 자격정지 7년	징역 5년, 자격정지 5년	징역 3년, 자격정지 3년	상동
	홍영희	국가보안법, 반공법	징역 7년, 자격정지 7년	징역 3년, 자격정지 3년	징역 2년 6월, 자격정지 2년 6월	상동
	윤성구	집시법, 계엄법, 계엄포고령	징역 5년	징역 3년	징역 2년	상동
	민병두	집시법, 계엄법, 계엄포고령	징역 5년	징역 3년	징역 2년	상동
	김창기	집시법, 계엄법, 계엄포고령	징역 3년	징역 2년	징역 1년 6월	상동
	최경환	집시법, 계엄법, 계엄포고령	징역 3년	징역 2년	징역 1년 6월 (확정)	
	김진철	집시법, 계엄법, 계엄포고령	징역 3년	징역 2년	징역 1년 6월	상고 기각
	손형민	집시법, 계엄법, 계엄포고령	징역 3년	징역 2년	징역 1년 6월 (확정)	
	이종구	집시법, 계엄법, 계엄포고령	징역 2년	징역 1년	징역 10월	상고 기각
	양승조	국가보안법, 계엄법, 계엄포고령	징역 5년, 자격정지 5년	징역 3년, 자격정지 3년	징역 2년 6월 (확정), 자격정지 2년 6월	
	신철영	국가보안법, 반공법, 계엄법, 계엄포고령	징역 5년, 자격정지 5년	징역 2년, 자격정지 2년	징역 2년, 자격정지 2년, 집행유예 4년	상고 기각

전민노련	최규엽	국가보안법, 계엄법, 계엄포고령	징역 5년, 자격정지 5년	징역 3년, 자격정지 3년	징역 2년(확정), 자격정지 5년	
	정경연	국가보안법, 반공법, 계엄법, 계엄포고령	징역 5년, 자격정지 5년	징역 3년, 자격정지 3년	징역 2년6월(확정), 자격정지 2년 6월	
	오상석	국가보안법, 계엄법, 계엄포고령	징역 5년, 자격정지 5년	징역 3년, 자격정지 3년	징역 2년(확정), 자격정지 2년	
	엄주웅	국가보안법, 반공법, 계엄법, 계엄포고령	징역 5년, 자격정지 5년	징역 3년, 자격정지 3년	징역 2년 6월(확정), 자격정지 2년 6월	
	김철수	국가보안법, 반공법, 계엄법, 계엄포고령	징역 5년, 자격정지 5년	징역 3년, 자격정지 3년	징역 2년6월(확정), 자격정지 2년 6월	
	송영인	국가보안법, 반공법, 계엄법, 계엄포고령	징역 5년, 자격정지 5년		징역 2년 6월, 자격정지 2년 6월	상고 기각
	송병춘	국가보안법, 반공법, 계엄법, 계엄포고령	징역 5년, 자격정지 5년	징역 3년, 자격정지 3년	징역 2년(확정), 자격정지 2년	
	노숙영	국가보안법, 반공법, 계엄법, 계엄포고령	징역 5년, 자격정지 5년	징역 3년, 자격정지 3년	징역 2년, 자격정지 2년(확정), 집행유예 4년	
	박태연	계엄법, 계엄포고령	징역 3년	징역 2년	징역 1년(확정), 집행유예 3년	
	김병구	계엄법, 계엄포고령	징역 3년	징역 2년	항소 기각 (확정)	
	유해우	계엄법, 계엄포고령	징역 3년	징역 2년, 집행유예 4년	항소 기각 (확정)	
	박태주	?	징역 2년, 자격정지 2년	무죄	항소 기각	상고 기각

6. 수형과 석방

구치소는 사실상 교도소였다. 교도소는 피의자를 범법자와 구별하지 않았다. 더구나 학림사건 당사자들은 정치범으로 '요시찰' 대상자였다. 특히 국가보안법, 반공법으로 기소된 사람들은 일반수들과 달리 빨간 수번을 달게 하였다. 자연히 소측과 수많은 충돌이 일어났다. 자의적이고 근거 없는 도서검열, 부실한 부식, 짧은 운동시간, 친족 이외의 영치금품 차입 제한 등을 둘러싼 단식투쟁이 많이 일어났다. 또한 소내에서는 10.26과 5.18 기념투쟁을 비롯하여 밖에서 벌어지는 여러 가지 민주화 투쟁에 연대하여 항의투쟁이 벌어졌다. 학림사건 당사자들은 2심 선고일인 1982년 5월 22일 선고법정에 나갈 때에도 단식 중인 사람이 많았다.

그러나 이런 긴장은 형이 확정된 기결수 상태의 교도소에까지 이어졌다.

2심 선고 다음 날인 1982년 5월 23일 사건 당사자들은 모두 서울구치소에서 전국 곳곳의 교도소로 이감되어 기결수 취급을 받았다. 아직 상고심을 거치지도 않은 피의자들을 사실상 기결수 취급 하는 것은 불법이었지만 항의해도 소용이 없었다(민병두는 두 차례에 걸쳐 검사에게 서면으로 이의를 제기하였으나 모두 묵살당했다).

학림 사람들은 여러 곳에서 교도소의 낡은 관행이나 비민주적 관습, 몰지각한 교도관들과 싸워야 했다. 정치범에 대한 순화교육, 근거 없는 도서검열과 불허조치, 부식 등을 둘러싼 소내 비리, 독방 수용, 운동시간 제한, 삭발, 강압적인 반성문 제출 요구, 전향서 공작 등이 그것이다.

뿐만 아니라 고문과 구타의 후유증으로 심각한 건강 이상에 시달린 사람들이 많았다. 특히 이태복과 박문식, 유해우, 송영인, 엄주웅 등은 심각한 질병에 시달렸다.

비록 많은 사람들이 고통을 받고 희생을 치렀지만, 두 차례의 감형으로 1988년 10월 3일, 7년 4개월의 옥고를 치른 이태복이 마지막으로 석방되면서 학림사건 당사자들은 모두 석방되었다. 앞서 이선근은 1984년 3월 2일 삼일절 특사로, 박문식은 1983년 12월 23일 성탄절 특사로 석방되었다.

이 밖에 전민학련의 이덕희, 홍영희와 전민노련의 양승조를 비롯한 많은 사람들이 1983년 8월 광복절 특사로 석방되었으며 집시 관련자들은 그 전해인 1982년 12월 24일 석방되었다.

수형 상황과 이감, 석방일과 실형기간 등에 대해서는 본문의 4장 '감옥 생활'에서 다룬다.

1장
———
1심 재판

1. 개괄

검찰은 1981년 8월 31일에 윤성구 외 6명(사건번호 81고단5934), 이어 9월 8일에 이태복 외 4명을 전민학련(사건번호 81고합883)으로, 10월 5일에는 이태복 외 14명을 전민노련(사건번호 81고합981)으로 기소했다. 서울형사지방법원 11부는 1981년 10월 21일에 전민학련의 첫 심리를 시작해 1981년 11월 25일 6차 공판에서 집시파트(윤성구 외 6명)를 병합 심리하고, 1981년 12월 26일 10차 공판에서 그동안 별도로 6차 공판까지 진행하던 전민노련까지 병합해 총 21차례의 공판을 거쳐 1982년 1월 22일에 앞서 기술한 1심 형량대로 선고했다.

2. 검찰과 재판부

재판부 : 서울형사지방법원 11부(재판장 허정훈, 판사 이영애, 판사 장용국)

검찰 : 공안부 안강민, 임휘윤, 김경한, 박순용

사건번호 : 81고합883(이태복, 이선근, 박문식, 이덕희, 홍영희 등 5인)

81고단5934(윤성구, 민병두, 김창기, 최경환, 김진철, 손형민, 이종구 등 7인)

81고합981(이태복, 신철영, 김철수, 양승조, 박태연, 김병구, 유해우, 송병춘, 송영인, 노숙영, 최규엽, 오상석, 정경연, 엄주웅, 박태주 등 15인)

3. 변호인

당시 천주교 사제단의 지도적 인사이자 동대문 성당의 주임 신부인 김승훈 신부와 한국기독교 인권위원회(NCCK)의 소개로 당시 인권변호사로 활동하던 변호사분들이 변호를 맡아주셨다.

다음은 전민학련, 전민노련 사건을 맡으셨던 변호사들이다.

변호인 : 이돈명-이태복, 이선근,

조영일-박문식, 최규엽, 박태주

황인철-이덕희, 유해우, 김병구

이영환-신철영, 김철수, 양승조, 박태연

조준희-송병춘, 송영인, 노숙영

이돈희-오상석, 엄주웅, 정경연

기타 사선 변호인 김태원, 유택형(1981년 12월 24일 선임)-홍영희

윤성구 외 6인의 집시피고인들은 별도의 변호사가 없었다.

4. 기소 내용

검찰은 1981년 8월 31일에 윤성구외 7명을 시작으로 세 개의 사건으로 나누어 기소하였으나 법원은 1981년 11월 25일 6차 공판에서 집시파트를 병합 심리하고, 1981년 12월 26일 10차 공판에서 그동안 별도로 6차 공판까지 진행하던 전민노련까지 병합하여 재판을 진행한 결과, 판결문도 하나로 작성되었다.

그러나 여기서는 검찰 공소장도, 판결문도 별도로 수록하지 않는다. 2심 판결문과 검찰 논고 등에서 내용이 반복되기에 2심 판결문(144쪽 참조)만 수록하면 충분해 보이기 때문이다. 무엇보다 공소장과 판결문 내용이 별 차이가 없는 탓도 있다.

5. 공판 일정

1차	81. 10. 21	첫 심리	
2차	81. 10. 28		
3차	81. 11. 11		
4차	81. 11. 18		
5차	81. 11. 21		
6차	81. 11. 25	집시파트 병합 : 집시파트 심리 이날 모두 끝	
7차	81. 11. 28		
8차	81. 12. 2		
9차	81. 12. 5		
10차	81. 12. 26	첫 병합심리	피고 26명 전원(박태주 포함)

11차	81. 12. 29	증인신문
12차	82. 1. 6	증인신문
13차	82. 1. 9	
14차	82. 1. 13	각 최후 진술 및 변론
15차	82. 1. 22	선고

한편 전민노련(사건번호 81고합981)은 이와는 별개로 1981년 12월 9일부터 이달 중 이미 6차례에 걸친 독자 재판을 받았다. 그 일정은 아래와 같다.

1차	81. 12. 9	
2차	81. 12. 12	
3차	81. 12. 16	
4차	81. 12. 19	
5차	81. 12. 21	
6차	81. 12. 23	
7차	81. 12. 26	병합심리

재판은 매우 신속하게 3개월 만에 집중적으로 이루어졌다. 특히 81년 12월에 들어서는 2~3일 만에 다음 공판이 이루어진 경우도 있었고, 노련(81고합 981)의 경우 12월 중순에 며칠 간격으로 6차례나 공판이 진행됐다. 전체 21차례의 공판 중 12월에만 10차례의 공판이 이루어졌다.

이는 구속자의 경우 6개월 안에 1심을 끝내야 하는 형사소송법 규정 때문이었다.

1심 6개월 만기일은 1982년 1월 22일이었고, 실제로 1심 선고일도 정확히 이날 이루어졌다. 학림의 1심 재판은 정확히 6개월 걸린 것이다.

6. 공판의 흐름과 주요 쟁점 그리고 대응

(가) 사건을 둘러싼 정치환경

1979년 12.12 군사쿠데타로 불법적으로 정권을 장악한 전두환 정권은 1980년 5월 전국의 학생시위를 진압하기 위해 계엄령을 선포하고, 특히 본보기로 삼기 위해 광주시민과 학생들을 총칼로 학살하고 전면에 등장한다. 이어 1980년 7월 4 전두환 정권은 민주세력의 구심인 김대중을 내란음모죄를 씌워 사형을 언도하면서 관련 민주정치세력까지 뿌리 뽑으려 획책했다.

전두환 정권은 또한 민주노동운동에 대해서도 칼날을 휘둘렀다. 원풍모방노조 탄압을 자행하던 와중에 1980년 8월 21일, 노동부장관 이름으로 소위 '노동계 정화조치'를 단행하여 1차 조치로 160여 개의 전국 지역노조 지부를 해체하고, 한국노총 산별노조 위원장급 12명을 강제사직시킨다. 그리고 얼마 후 민주노조 간부들도 대대적으로 강제사퇴시킨다. 이밖에 10.26 이후 봇물처럼 터져나오던 각종 노동현장의 자발적인 노동자권익운동도 온갖 방법을 동원하여 탄압한다.

특히 민주세력을 탄압하기 위해 가능한 모든 방법과 수단을 동원해 민주화운동을 좌경용공 사건으로 호도하고 조작했다. 70년대와는 다른 순수 민주화운동 세력의 성장을 두려워한 신군부는 민주화운동에 자생적인 공산주의의 딱지를 붙여 사회로부터 격리시키려고 획책했다. 학림사건 이후에 나타난 부림사건, 아람회, 오송회 등 사건 등은 이런 맥락에서 조작된 것이었다. 전두환 정권은 이들 사건들을 벌이면서 언론을 통제하여 사실조차 보도하지 못하게 했고, 그나마의 보도도 철저히 정권의 입맛대로 된 내용만 보도하도록 했다. 학림사건의 과거 보도자료가 너무 없는 것도 이 때문이다.

전민학련과 전민노련 사건(학림사건)이 북한과 관련 없는 순수 민주세력을 국가보안법의 반국가단체로 조작한 최초의 사건이었음은 전혀 우연이 아니었다. 특히 79년 말의 '남민전' 사건과 80년 김대중 내란음모 사건 이후 민주세력을 억누를 다른 '거리'를 찾고 있던 그 악랄한 정권조차 이러한 조작이 얼마나 힘들었으면(반국가단체로 몰 근거가 너무나도 없어서) 처음에 반국가단체로 수사하다가 중간에는 순수한 집시법으로 재수사하고 나중에는 일부만 반국가단체로 몰아 조서를 작성했을 정도였다.

(나) 종교계와 인권단체의 지원을 받다

신군부가 총칼로 만든 얼어붙은 정국은 학림 재판에 큰 영향을 끼쳤다. 무엇보다도 학림 사건을 접하게 된 민주세력들도 폭압적인 정권 아래서 이미 많은 인사가 구속되거나 연행, 고문 조사를 경험하고 있던 상황이라 다른 사건에 대해서는 신경 쓸 여력 자체가 없는 형국이기는 했지만, 정말로 자생적인 공산주의 사건이라고 생각했는지 한동안 지원하거나 옹호할 엄두도 못낸 채 놀라고 있었다.

물론 당시 민주세력이라고 해야 김대중 등 야당도 핵심이 수감돼 있어서 종교계 외에는 학림 사람들을 지원해줄 다른 세력도 없는 상태였다. 그런데 이 종교계조차 공산주의자들과는 손을 끊어야 한다는 주장이 득세하면서 학림사건에 대한 지원에 소극적이었다. 학림 구속자 가족들은 이런 분위기에서 한동안 어려움을 겪었고, 구속자들도 처음에 고립무원의 상태에서 재판을 준비해야 했다.

그런데 이런 상황에서 천주교 사제단의 지도적 인사이자, 동대문 성당의 주임신부로 있던 김승훈 신부가 학림사건을 적극적으로 옹호하면서, '이태복이 교회교육도 받았고 영세 준비도 끝났으나 수배로 영세식에 참여하지 못했는데 공산주의자일 리가 없다'며 교계를 설득하기 시작했다. 이무렵 기독교인권위원회(KNCC)도 발벗고 나섰고, 그동안 인권변호사로 활동하던 변호사분들을 섭외하여 구속자들을 면회하기 시작했다. 공판이 시작되기 얼마 전이었다.

당시 변호사들 중 이돈명 변호사는 신군부에 의해 변호사활동을 정지당했다가 이제 막 풀린 상태였으나 기꺼이 변론을 맡으며 황인철 변호사, 조준희 변호사 등과 호흡을 맞춰 재판 준비에 들어갔다.

(다) 구속자들의 상태와 재판의 흐름

장기간의 불법구금과 고문, 진술조작과 협박 등에 의해 심신이 지칠 대로 지친 학림사건 관련자들은 사실상 검찰에서 자기주장을 펼 엄두를 내지 못했다.

특히 이태복, 이선근과 몇몇 핵심 관련자들은 검찰에서 경찰 진술을 번복했다가 검사에게 따귀를 맞고 다시 대공분실로 되돌려보내겠다는 협박도 받았으며, 이태복과 이선근은 검찰청 15층인가에 있는 방에 함께 끌려가, 사건 수사관들에게 '둘 중에 하나는 죽어야 할텐데 누가 책임질래. 어차피 피할 수 없으니 너희가 정해라'라는 협박을 듣고, 아예 검찰 진술과정에서 반항할 생각을 접었다고 한다.

다른 관련자들도 장기간의 불법구금과 강제학습, 체념과 자포자기의 영향이 크기는 했지만 법정에서 사건수사의 증거능력을 무력화하고 사실상 조작이라는 것을 밝힐 수 있는 적절한 때를 놓친 셈이 되었다. 법정에서 검찰조서에 왜 사인했느냐는 질문에 당사자들이 제대로 된 답변을 할 수 없었던 이유는 대부분 이런 자포자기 때문이다.

불법구금 상태에서의 진술은 증거로 인정되지 않는다는 사실을 당사자들은 알고 있었는 데도 불구하고 시국사건에서 그러한 대응은 별 의미 없는 저항이라는 생각을 하고 있었던 이유도 한몫했다. 돌이켜봐도 당사자들이 제때에 불법구금이나 고문 조작 등을 밝혔다 해도 사건 재판에 무슨 변화가 있었겠는가를 생각해보면 불을 보듯 뻔하다.

이런 이유로 법정에서는 처음부터 불법구금과 고문, 진술 조작과 관련된 증거능력을 문제 삼고 기소 자체를 무효화하는 노력을 생각조차 하지 못했다. 이 문제들은 재판이 한창 진행되고 사실 심리가 어느 정도 마무리되는 시점에서야 법정진술에 등장한다.

최초로 불법구금과 고문 등에 대한 법정 진술이 나온 것은 모든 당사자들이 처음으로 병합심리를 받은 1981년 12월 26일의 10차 공판 때였다.

그전까지는 주로 사실심리와 관련해서 반국가단체 구성은 사실이 아니고, 어떤 실체도 없으며, 사회주의혁명이나 이념도 조작이라는 진술에 집중했다.

(라) 반국가단체 구성에 대한 대응

당사자들은 반국가단체 구성과 관련해서는 법정에서 첫 심리 때부터 강력하게 부인했다. 실제로 사실도 아니고 그럴 만한 실체적 역량도 없었으니 그것을 인정하는 것 자체가 터무니도 없었고 우스웠기 때문이다.

검찰은 공소장 여러 곳에서 '이태복은 사회주의혁명을 실현하기 위해 노동자와 학생을 아우르는 반국가단체를 구성할 것을 구상하고, 주체집단으로서 노동자집단은 자신이 직접 조직키로 하였으나, 보조집단인 학생집단은 학생운동의 순수성을 가장시켜 조직한 후 배후에서 조종하기로 하고, 이선근에게 공산주의사상 등을 주입시킨 후 학생조직 구성을 제의하였다. 이에 이선근은 박문식, 이덕희, 홍영희, 박성현 등을 포섭하여 전국적인 학생운동조직을 구상하고, 1981년 2월 27일 정부를 참칭하고 국가를 변란하여 종국적으로 현 정부를 타도하고 사회주의혁명을 목표로 한 반국가단체인 '전국민주학생연맹'을 조직하였고, 이태복을 동 연맹의 수괴로 결정하였다'고 터무니없이 사실을 날조하였고, 심지어는 출판사 광민사의 운영조차 의식화작업과 자금조달을 위해 운영하였다고 강변하였다.

그러나 전민학련의 경우, 조직 목적을 회칙에 다음과 같이 명시하고 있다(2심 판결문 참조).

- 〈전국민주학생연맹 회칙〉 전문 -

광주시민의 민주항쟁을 유린하고 등장한 독재정권은 한국사회를 정치적 억압과 경제적 빈곤의 파국으로 몰아가고 있다. 기만과 폭력에 가득 찬 현 정권에 저항하는 민주적인 모든 운동을 탄압하고 특히 가장 기초적인 양심과 학원의 자유마저 빼앗아가고 있다. 이러한 민족적 일대 위기 앞에서 우리 청년학도는 학원의 자유와 사회의 민주화를 위해 한국민주주의의 보루로서 기만과 폭력에 가득 찬 현 정권의 위기를 심화시켜 민주화의 열기를 불태워야 할 것이다.

지난 80년대 초반의 학생운동은 조직적이고 통일적인 투쟁의 필요성을 주었다. 따라서 우선 문제를 가장 첨예하게 인식하는 민주학생이 조직되어 학생운동의 고립 분산성을 극복하고 학생 대중의 열기를 융합하여 발전되어야 할 것이다.

제1장 총칙

　제1조 명칭

　　본회는 전국민주학생연맹이라 한다.

　제2조 목적

　　본회는 대학생 일반의 민주적 조직적 사고와 실천능력을 배양하여 학원의 민주화와 사회의 민주화를 달성하는 데 그 목적을 둔다.

- 이하 생략 -

이렇듯 전민학련이 회칙의 전문과 2조에 명시한 목적은 민주화 이외의 어떤 것도 아니다. 여기 어디에도 사회주의혁명이나 이념을 연상할 만한 기술은 없다.

뿐만 아니라 법정에서의 진술이나 검찰에서도 종래 학생운동의 활동범주를 뛰어넘은 것이 아니라는 사실을 강조하였고, 심지어 당시 사건을 수사한 사법경찰들도 나중에 진화위에 소환되어 진술할 때 '위의 지시로 무리하게 사건을 반국가단체로까지 몰아갔다'고 진술할 징도였다(진화위 재심 권고 결정문에 나오는 사법경찰관 이○○ 진술 참조).

그러나 당시 검찰은 이 회칙상의 기술에 대해 '학생운동의 순수성을 가장하고 보안상 사회주의 목적을 위장은폐하였다'고 하면서 있는 그대로의 '민주화 목적'을 인정하지 않았고, 법원 또한 마찬가지였다.

검찰 논고문에서는 이 문제에 대해 투쟁방법이 '반국가적이고 사회주의적'이라면서 독재타도를 위한 '비합법 투쟁', '전투', '대중동원' 등의 표현을 빌려 이것이 사회주의혁명전쟁이 아니고 무엇이냐고 주장했다.

하지만 검찰의 주장은 반독재투쟁을 조직적으로 펼치면 그것이 곧 사회주의혁명이라는 황당한 주장을 편 것에 불과했다.

사건 당사자들은 시종일관 '학생운동이나 노동운동을 조직적으로 펼친 것은 맞지만 사회주의나 반국가단체 구성은 터무니없다고 진술하였다.

그러나 이미 결과는 달라질 수가 없었다.

재판부는 초기 몇 차례 재판에서 이를 몇 번 질문하더니 '그러면 검찰 조서에는 왜 사인을 했느냐'고 질문하고 공소장의 다른 사실 확인작업에 집중했다. 결국 여기서도 검찰 조서에 사인한 것이 걸림돌이 되었다. 만일 검찰 조서에 사인을 하지 않았다면 죽기보다 두려웠던 남영동으로 다시 가게 될 것이라고 믿고 있었던 상황이었지만……

(마) 서적의 이적성 문제

검찰은 전민학련 관련으로 총 76권의 책자를 압수하고, 전민노련 관련으로 98권의 책자를 압수했다. 그러면서 당사자들이 사회주의혁명을 추구하고 이념을 학습하는 증거라고 주장하였다. 이것은 증거가 부족한 상황에서 반국가단체 구성을 꾀한 이념서적으로 포장돼 증거부족을 보완하는 형태로 이용되었다.

그러나 검찰이 주장한 책들에 대한 검찰 측 서적감정인 홍성문(중앙정보부의 지원을 받아 운영되던 연구소의 직원) 등 정체불명의 인물이 낸 서적감정서를 보면 모든 것을 견강부회하고 있음을 알 수 있다.

다음은 검찰이 불온서적이라고 압수한 마르쿠제의 책 '위대한 거부'에 대한 검찰 측 감정서의 한 부분이다.

"(마르쿠제의) 신마르크스주의는 현대 사회의 청년들의 의식을 공산주의적으로 좌경화시키는" 역할을 하니 "마땅히 판금되어야 함".

그러나 2010년 재심 판결문에 나오는 '위대한 거부'에 대한 재판부의 판단은 다음과 같다. "1980년대 당시 잘 알려진 책으로서, 노동이 자동화되는 고도의 산업사회에서 인간의 자유가 실현되는 미래가 올 수 있음을 설파한 책. 저자인 마르쿠제는 프랑크푸르트 학파 사회학자로서, 미국 하버드대학 등의 교수를 역임했으며 개인의 자발성이 보장되는 미국사회에 지지를 보낸 인물."

검찰 측 감정서가 얼마나 악의적이고 낮은 수준이었는지를 단적으로 보여준다.

또 근거 중의 하나로 제시된 마글라야 저 '민중과 조직'에 대한 검찰 측 서적감정인들의 의견을 보자. "본서는 필리핀 기독교회협의회(NCCPh) 소속의 도시특수선교회의 활동교본으로 저술했으며, 따라서 우리나라 도시산업선교회 계열의 민중조직교본으로서도 이용되고 있는 불온책자임. 본서는 반체제활동을 하는 자들이 조직적으로 국민대중이나 학생집단을 이용하고 동원하여 사회혼란을 조성, 조장하는 좌경운동에 효과적으로 활용할 수 있는 불온 책자이므로 마땅히 판금 조치해야 됨."

그러나 이 책에 대한 2010년 재심 재판부의 판단은 다음과 같다.

"마글라야가 필리핀 빈민층을 교육하던 중 문맹자, 하층민들과 어떻게 대화하며 이끌어 나가는가에 대한 저자의 체험서로 공산주의와는 관계없음."

또 전민학련이 반국가단체라는 것을 뒷받침하는 유력한 증거라고 검찰에 의해 주장된 E. H. 카의 '러시아혁명사'에 대한 2010년 재심 재판부의 판단을 보자.

"러시아 역사를 객관적으로 서술한 책으로서, 마르크스주의의 오류를 지적하고 사회주의혁명이 불가능하다는 내용을 담고 있음. 저자는 영국의 역사학자로서 제2차 세계대전 중에 정보성 및 외교부장을 지냈으며 아시아의 민족주의 운동에 대한 유럽인들의 이해를 촉구한 인물."

결국 압수된 서적들은 학림사건의 당사자들이 사회의 민주화를 위해 무엇을 고민하고 연구해야 하는지를 두루 학습하던 과정에서 보았거나 참고한 책들이다. 적어도 민주사회였다면 이러한 서적들을 보는 것이 곧 사회주의로 동일시되지는 않았을 것이다.

하지만 당시 정권은, 어쩌면 오늘날도 크게 달라지지는 않았지만, 이러한 견강부회로 정권을 유지하기 위해 터무니없는 희생을 강요했다.

다음은 학림사건 재심에서 무죄로 판결된 2010. 12. 30일날 재심판결문에 나오는 81년 낭시 압수도서에 대한 새심법정의 판단으로 진문을 이미지 그대로 전재한다.

(재심 법정 판결문에서)

1. 이적 표현물로 분류된 서적들의 제목, 저자, 내용 및 평가 등

	제목	저자	내용, 평가 등
1	피압박자의 교육학 (페다고지)	파울로 프레이리 (Paulo Freire)	원심 공동피고인 송병춘이 서울대학교 사범대학 이홍우 교수로부터 추천받은 책. 브라질에서의 문맹퇴치 경험을 바탕으로 저술된 교육학 전문서로서, 공산주의자들의 교조주의를 날카롭게 비판. 현재 교육학 전공자들의 필독서로 꼽힘. 피고인 송영인은 1975년 교육학개론 수업 때 알게 된 책.
2	변증법이란 어떤 과학인가	일본 체신노조	인간과 노동과의 관계, 변증법 등을 설명한 책
3	노동의 철학		위 '변증법이란 어떤 과학인가'의 번역서
4	구주문학발달사	V. M. 프리체	이미 1933~1934년경에 일본을 통해 소개된 것으로서, '종합적이며 기념비적인 예술'과 '문화적이며 친밀한 예술'로 양분하여 예술사를 서술한 책. 한편, 이에 대해서는 한국천주교 정의평화위원회가 제출한 의견서가 있으나 인쇄상태가 좋지 않아 판독이 어려움. 다만 "이런 정도의 책을 가지고 있거나 읽었다는 것이 사상적으로 문제된다는 것은 대한민국의 지식풍토가 폐쇄적이고 낙후된 것"이라고 평가
5	레닌의 철학노트	레닌	레닌이 헤겔의 '대논리학'을 읽으면서 느낀 점과 중요부분에 그 나름의 해설(주석)을 그 책의 여백에 써 놓은 것을 순서에 따라 정리해 놓은 책
6	민중과 조직	마글라야	마글라야가 필리핀에서 빈민층을 교육하던중 문맹자, 하층민들과 어떻게 대화를 하며 이끌어나가는가에 대한 저자의 체험서일 뿐, 공산주의와는 관계가 없음. 신학박사 이용복은 1982. 1. 6. 원심법정에 제출한 의견서에서, "이 책은 빈민지역에서 일하는 기독교계 실무자의 활동의 경험을 토대로 이를 정연하게 정리하여 고난을 함께 하려는 예비 실무자들에게 도움을 주려는 목적에서 쓴 보고서 형태의 책이며 절대로 좌익적 내용의 책이 아니다"고 진술
7	자본주의 발전연구	모리스 돕 (Maurice Dobb)	자본주의의 형성과정을 설명한 책으로서, 1972~1973년 서울대학교 상과대학에서 안병직 교수가 강의교재로 사용. 모리스 돕은 근대 경제학에 가치 문제를 도입한 '신리카디안' 학파에 속하는 저명한 영국학자이며, 이 책의 발간으로 이른바 '돕-스위지 논쟁'으로 불리는 자본주의 이행논쟁을 불러일으킴. 서울대 사범대 교수였던 임종철은 원심법정에서 이 책에 대하여 정치적인 서적이 아니고 학술적인 서적으로서 경제학도가 읽으면 이해하는 데 도움이 된다고 증언. 피고인 최규엽은 고려대학교 조용범 교수의 '후진국경제론'이라는 수업을 듣던 중 교수의 추천으로 구입
8	근대경제학의 추세	모리스 돕	모리스 돕의 '정치경제학과 자본주의' 번역서

9	자본주의 이행논쟁	모리스 돕 외 4인	모리스 돕과 폴 스위지 간의 자본주의 이행에 관한 논쟁을 엮은 책. 서울대 사범대학 교수였던 임종철은 원심법정에서 이 책은 경제학도에게 필요한 책이라고 증언
10	자본주의 발달 연구	폴 스위지 (P. M. Sweezy)	폴 스위지는 미국의 유명한 경제학자로서 봉건적 토지소유가 분해되어 가는 과정에서 자본주의가 생성이 되었다는 점을 분석, 검토한 내용
11	마르크스의 자본론에 있어서의 변증법		당시 서울대학교 상과대학 학장이었던 변형윤 교수는 1982. 1. 6. 제출한 소견서에서, 현재 서울대학교 경제학원론 강의의 부교재로 사용되는 책에 '마르크스 경제학의 기초'가 포함되어 있으며, 1~4학년 동안 학생들은 마르크스 경제학에 대한 지식을 얻게 되어있고, 이를 위해 마르크스의 입장에서 쓴 책들, 예컨대 모리스 돕이나 스위지, 高橋幸八郎, 大冢久雄 등의 저서를 읽게 된다고 서술. 서울대 경제학과 교수인 이승훈 교수 역시 당시 이와 비슷한 소견서를 제출. 서울대학교 사범대학 교수였던 임종철은 원심법정에서 학자가 되려면 마르크스 경제학은 해야 한다고 생각한다고 진술

15	노동의 역사	바레 프랑소아	원시공동체에서 자본주의에 이르기까지의 경제사를 쉬운 말로 간략하게 서술한 책
16	위대한 거부	마르쿠제(Herbert Marcuse)	1980년대 당시 이미 국내에 잘 알려져 있던 책으로서, 노동이 자동화되는 고도의 산업사회에서 인간의 자유가 실현되는 미래가 실현될 수 있음을 설파한 책. 피고인 이덕희는 교수의 추천에 의하여 구입. 저자인 마르쿠제는 프랑크푸르트파 사회학자로 미국 하버드대학교 등의 교수를 역임했으며 개인의 자발성이 보장되는 미국사회에 지지를 보냈던 인물
17	해방에 관한 소론	마르쿠제	피고인 이덕희는 '사회철학'이라는 강의시간에 교수로부터 추천받아 구입
18	모순론, 실천론	모택동	모택동의 대표적인 저서로서, '실천론'은 유물변증법의 입장에서 인식을 해명한 것이고, '모순론'은 레닌의 변증법관을 '모순'이라는 이론으로 체계화시킨 것. 피고인 최규엽 등은 근로자들이 근로조건에 맞는 대우를 전혀 받지 못하고 있는 현실을 목격한 후, 근로자들이 노동법에 규정된 대우를 받기 위해서는 합법적인 노동운동을 통해서만 가능하다고 판단하여 노동법, 노동법규에 관한 서적은 물론 미국 노동운동사에 관한 책을 보던 중 일본의 여성근로자들까지도 본다는 모택동의 모순론, 실천론이 과연 어떤 내용인지 궁금하여 이를 읽어보았으나 우리나라 실정에는 맞지 아니하여 더 이상 읽지 아니하였다고 진술. 피고인 이태복, 최규엽 역시 원심법정에서 이 책들은 우리 현실에 맞지 않는다고 진술
19	한국노동문제의 구조	광민사 간	국내 잡지, 논문집 등에 이미 발표되었던 논문들을 모아서 출간한 책임

20	영국노동운동사	콜	각각 영국, 프랑스, 독일의 노동운동의 발전사를 기술한 책. 특히 '영국노동운동사'의 경우 서울대학교 사범대학 교수였던 임종철은 원심법정에서 노동경제학의 필수서적이며 공산주의와는 무관한 책이라고 증언
21	프랑스노동운동사		
22	독일노동운동사		
23	자본주의 발달사	다카하시 고하쩨로 (高橋行八郎)	산업혁명과 농업혁명이 시민사회에 어떠한 영향을 미쳤는지에 대해 서술한 책으로서 경제학을 공부하는 사람들의 기본서에 해당. 저자인 다카하시 고하쩨로는 일본 내에서 프랑스 경제사의 권위자로서, 일본 동경제국대학의 경제학부 교수를 역임하였던 저명한 학자
24	소유와 생산양식의 역사이론	시바하라 다꾸지 (芝原拓自)	봉건제에서 자본제로의 이행에 관하여 설명한 책
25	제3세계의 경제구조	유아사 다께요 (湯成男)	제3세계 경제이론 입문서로서 세계 자본주의의 '중심부와 주변부' 구조를 명쾌하게 설명한 책
26	사회사상사개론	프랑초프	사회주의 사상을 찬양하는 내용이 아니라 단지 서양철학의 흐름, 사회사상이 각 사회에 미친 영향을 등을 서술한 책으로서, 오히려 당시 소련에서는 금기시되던 우파 사회학자 구르비치, 미국의 반공주의 경제학가 로스토우 등의 학설을 싣고 있음
27	러시아(볼셰비키) 혁명사	이 에이치 카 (Edward Hallett Carr)	러시아 역사를 객관적으로 서술한 책으로서 마르스크주의의 오류를 지적하고, 사회주의 혁명이 불가능하다는 내용을 담고 있음. 저자인 이 에이치 카는 1950~1970년대 최고의 러시아 혁명사 및 소련사 전문의 영국 역사학자. 제2차대전 중에 정보성 외교부장을 지냈으며 아시아의 민족주의 운동에 대한 유럽인들의 이해를 촉구한 인물
28	행동신학	오재식 편저	동남아 교회협의회의 공식문서를 출간한 책으로서 기독교인들의 사회적 책임성을 신앙고백의 행위로 파악한 내용
29	여성해방의 논리	줄리엣 미첼	줄리엣 미첼은 페미니즘 이론의 역사에 있어 낸시 초도로우, 제인 갤럽과 함께 '정신분석학적 페미니스트'로 분류되는 이론가로서, 이 책의 내용은 변화된 사회경제적 상황에도 불구하고 여성을 가정에 구속하고 있는 현대자본주의 사회의 구조적 모순을 분석
30	현대의 휴머니즘	무다이 리사쿠 (務台理作)	저자는 일본의 반폭력 평화주의자, 자유주의자 철학자로서 이 책은 사회주의나 공산주의와는 전혀 관련이 없으며, 오히려 소련을 비판하는 내용
31	인류의 재화	레오 휴버만 (Leo Huberman)	저자는 미국을 대표하는 진보지식인으로서 봉건제에서 1930년대까지의 자본주의 형성과 발달사를 서술한 책
32	사회학과 발전	이마뉴엘 데카르트	신용하 교수의 '사회발전' 수업의 교재로 선정되어 피고인 이덕희가 사회학과 사무실에서 구입한 책
33	농업문제의 기초 이론	우메가와 쓰도무 (梅用勉)	농업문제에 대한 입문서로서 총 11장 중 한 장만이 사회주의하의 농업을 다루고 있을 뿐임
34	자본제경제의 구조와 발전	고모부쩨 마사아끼 (菰淵正晃)	자본주의 경제의 기본 원리를 설명한 책

35	정치경제학	오스카 랑게 (Oskar Lange)	정치경제학의 기본개념, 연구대상, 연구방법 등에 관해 서술한 책. 저자는 폴란드 경제학자로서 미국에서 마르크스주의 경제학과 주류 경제이론을 비교, 검토. 오늘날까지 대안적인 사회주의 경제이론의 중요한 이론적 준거가 되고 있음. 피고인 최규엽은 고려대학교 조용범 교수의 '후진국 경제론'이라는 수업을 듣던 중 교수의 추천으로 구입
36	구체적 변증법	카렐 코직 (Karel Kosik)	네오마르크스주의 입장에서 변증법을 서술한 책. 카렐 코지크는 체코 출신의 대표적인 네오마르크스주의 철학자로서 1963년 이 책을 발표하면서 서방세계에 널리 알려지기 시작
37	국가와 자본	솔 피치오토, 존 홀리웨이 공편	피치오토와 홀리웨이는 네오 마르크시즘 학자로 분류되며, 국가는 개별자본 모두로부터 분리되어 있고, 직접 생산과정과도 떨어져 있다는 정치적 제도로 파악한 책

(바) 불법구금과 증거능력 문제

이 문제는 앞서의 공판 흐름에 대한 기술에서 언급했듯이, 당시 사건 피의자들에게 시급한 당면 문제가 아니었다. 반국가단체 구성과 관련한 공방이 무엇보다 시급하고 중요했기 때문이다. 무엇보다 여기에는 몇 가지 이유가 있었고 다소 부끄러운 당사자들의 두려움과 강제학습에 따른 착각도 있었다.

첫째 당사자들은 이미 검찰에서 조서를 작성할 때까지, 실제로는 재판이 몇 차례 진행될 때까지 사실상 이른바 '멘붕 상태'였다. 적게는 19일부터 무려 78일까지 불법구금 상태에서 고문과 구타, 진술조작으로 심신이 극도로 지쳐 있어서 더 이상 저항할 힘도 없었다. 검찰에서 경찰 조서 내용을 뒤집는 진술을 하는 것은 또 다른 고문과 구타의 과정을 거치는 것이어서 두려움에 떨고 있었다. 실제로 이태복, 이선근, 박문식은 검찰에 넘어오기 전에 경찰 수사관들에게 '진술을 번복하면 다시 끌려올 것'이라는 협박을 받았다.

둘째, 오랜 불법구금과 강제진술 과정에서 강제학습이 반복되다 보니 실제와는 다른 것을 사실이라고 착각하는 경우도 많았고, 그로 인해 당사자들이 한동안 착각에서 헤어나오지 못한 측면도 있다. 이 강제학습에 의한 착각에서 벗어나기까지는 어느 정도의 시간이 필요했다. 재판과정에서 처음보다는 뒤로 갈수록 당사자들의 대응이 활기를 띈 것도 이 때문이다.

가장 큰 게 사회주의사상 내용이다. 당사자들 중 많은 사람은 수사과정에서 수사관들에게 이와 관련된 많은 모욕을 받았다. 어떤 사람의 경우 경찰에서 진술할 때 사회주의 내용을 잘 몰라 구박과 모욕을 받으면서 다른 사람의 진술서를 보고 베낀 경우도 있었다. 수사관들이 가한 대표적인 모욕은 이런 것이었다. "야, 니가 ○○대생 맞아? 어떻게 사회주의 내용도 잘 모르냐?" 부끄럽지만 사건 당사자들은 이런 점에서 경찰 조사 과정에서 많은 반복 진술을 강요받으면서 강제학습을 한 셈이었다. 당사자들의 술회를 보면 이 과정이 사실 조사 부분보다 훨씬 더 고통스러웠고 부끄러웠다고 한다.

또한 학내 써클에서 스터디를 하거나 세미나를 할 때의 내용들에 대한 결론도 말이 안 되는 것이었다. 공소장은 대학 1, 2학년 때의 세미나 내용을 언급하면서 모든 결론을 사회주의로 귀결 지었으나 이것이 사실도 아니고 또 터무니없다는 것은 누가 보아도 명백하다. 도대체 대학 1, 2학년 때 사회주의라는 결론을 가지고 공부하는 학생들이 어디 있겠는가. 그런데도 공판 조서를 보면 대다수 당사자들이 학습과 관련해서는 아예 사실과 조작을 구별해서 진술하지 못했다. 그 이유는 여러 가지가 있겠으나 당시로서도 오랜 시간이 지난 책의 내용이나 토론 내용을 제대로 기억하기도 어려웠고(누가 그 내용을 몇 년이 지나서도 기억하고 법정투쟁에서 대항하기 위해 조리있게 정리해낼 수가 있겠는가? 책을 제공해준다면 모르지만……), 또한 이런 부분에 대해서 당사자들이 자포자기한 측면이 있다. 물론 여기서도 다른 기소사실들에 비해 그다지 중요하지 않다고 생각한 측면도 있었다.

그러나 검찰과 재판부는 이러한 전제들을 반국가단체 구성의 근거 중 하나로 삼았다.

셋째, 대개의 공안사건의 경우 관행적으로 불법구금과 고문, 진술 조작이 이루어지고 있었기 때문에 당사자들 또한 이런 것을 문제 삼는다고 해서 달라질 게 없다는 인식을 하고 있었다. 또한 검찰에서 진실을 얘기함으로써 경찰 조서를 뒤집는다고 해서 공소장이 달라질 것이라고 생각하기 어려웠다. 말하자면 오늘날에도 아직 사태가 달라지지 않았지만, 법정이 실체적 진실의 규명을 위해 합리적인 공방을 하는 곳이라는 기대를 하는 사람은 거의 없었다.

넷째, 당장은 재판이 '언제 어디에서 누구와 만나 무슨 얘기를 했고'로 이어지는 사실 심리 중심으로 이루어지기 때문에 이와 관련된 진실을 명확히 할 필요가 있어서 다른 이야기를 할 틈이 없었고, 재판 흐름을 당사자들과 변호사들이 주도하기도 어려웠다.

결국 불법구금과 고문, 진술조작과 진술의 증거능력 무효와 관련된 주장은 재판을 시작하고 나서 한참 후인 1981년 12월 26일, 첫 병합심리인 10차 공판에서 비로소 나타나기 시작했고 1심 최후진술에서도 변호사들이 일일이 다 거론하면서 증거능력이 없다는 것을 주장하고 무죄를 주장하였으나, 검찰은 물론 재판부조차 꿈쩍도 하지 않았고 이를 귀담아듣지도 않았다. 가족들은 이와 관련된 진술들이 12월에 나오고 나서야 겨우 답답함을 벗을 수 있었다고 한다.

다음은 2010년 12월 30일 학림사건 재심에서 무죄로 판결된 재심판결문에 나오는 고문 관련 자료다.

피고인	진술 장소	진술 내용
이태복	원심 10차 공판 변호인 신문답변	남영동 대공분실로 연행되고 얼마 있지 않아 수사관이 '네가 수괴고 공산주의자냐'고 묻기에 아니라고 대답하자 옷을 벗기며 신문을 시작하였고, 수괴와 공산주의자라는 것을 자백할 것을 강요하였으나, 계속 부인하자 물고문, 전기고문, 발바닥 때리기 등을 하였다.
	재심대상 항소심, 변호인 신문답변	계속해서 전민학련 수괴라는 것과 공산주의자라는 것에 대해 부인하자 다른 방으로 데리고 가서 발가벗기고 고문대에 앉혀 물고문을 하며 항복을 강요하였고, 나중에는 고문에 못 이겨 비명을 지르며 토하자 시끄럽다고 하며 수건으로 입을 막고 전기고문과 구타를 계속하였다.
	진실화해위원회 조사	일단 전 조사기간 동안 잠을 거의 잘 수가 없었고, 거의 모든 시간을 칠성판에 묶여 있었다. 칠성판의 모양은 직사각형의 나무판에 벨트가 4개 달려 있었는데, 이 벨트로 발목, 허벅지, 배, 가슴을 묶었다. 초기 단계는 주로 구타와 폭행이 이루어졌는데, 구타는 주먹으로 몸 전체를 가격하였고, 침대 각목을 이용하기도 하고, 빨래방망이 등으로 얼굴, 앞가슴, 발바닥, 허벅지 등 전신을 가격하였다. 물고문을 시작하였는데, 칠성판의 발쪽을 들어서 그대로 욕탕에 밀어 넣었다. 그렇게 하자 입과 코로 물이 들어왔고, 물을 마시지 않으려고 발버둥을 쳤다. 이때 수사관은 항복할 의사가 있으면 발가락을 움직이라고 하였다. 항복을 하지 않자 이번에는 입을 벌려서 주전자로 물을 붓기 시작하였고, 한참 물을 마시고 까무라쳤다. 이 과정을 몇 번에 걸쳐 반복했다. 그래도 항복을 하지 않자 이제는 젖은 수건을 얼굴 위에 덮고 그 위에다 물을 붓기 시작하였는데, 이때는 숨을 쉴 수가 없어 무척 괴로웠다. 그래도 버티자 다음 단계로 수건을 입에 넣고 코를 막은 상태에서 물을 부었다. 이때도 숨을 쉴 수가 없었기 때문에 무척 힘들었고, 입으로 똥물까지 다 토해내야 했다. 물고문은 욕탕에 집어넣는 것은 6~7회, 얼굴에 수건을 덮고 하는 것은 3~4회가량 당하였다.

		물고문 이후에는 전기고문이 이어졌는데 전기고문은 당시 타작반장으로 유명했던 이○○의 발명품으로 알고 있다. 전기고문 도구는 배터리 몸체가 있고, 전선이 연결되어 있었고, 전선 끝부분에 코일 같은 것이 연결되어 있어서 이 코일을 발가락 등에 감는 방법을 사용했다. 배터리 몸체에 붙어 있는 손잡이를 통해 전기의 강도를 조절하였는데, 처음에는 천천히 돌리다가 점차 빨리 돌리는 방식으로 이루어졌다. 전기고문 부위도 처음에는 발가락으로 시작해서 손가락, 성기로 이어졌다. 이때는 신체적 고통보다도 심리적 공포가 대단했고, 전기고문은 10여 차례 당하였다. 연행된 지 일주일 정도가 지난 이후에는 수사관들이 안 되겠다고 판단을 했는지 작전을 바꿔서 4단계 혁명론(전두환 정권의 타도와 공산주의 정권수립이 주요 골자)이라는 것을 조작해서 이것을 항복하라고 하면서 계속해서 발바닥을 때렸는데, '민중과 조직'이라는 책을 가져와 읽으면서 한 글자 읽을 때마다 발바닥 한 대씩을 때렸다. 그래서 나중에 재판에 회부하기로 하고 나서 온몸에 멍을 빼는 작업을 하는데 발바닥은 너무 많이 맞아서 멍이 빠지지 않자 경찰병원으로 데려가 발바닥을 째서 고름을 빼고 봉합수술을 하였다. 지금도 그때의 봉합수술 흉터가 남아 있다. 당시 수사관들이 얘기하기로는 '증거를 남기게 되었다. 이것까지 완벽하게 없애야 하는데'라는 말을 했던 것으로 기억한다.
이선근	항소이유서	남영동 치안본부 분실로 끌려가자 곧 고문이 시작되었는데, 6명가량이 둘러서서 난타하면서 구둣발로 차 이쪽, 저쪽으로 몸이 떠다닌다고 할 정도로 구타를 당하였다. 계속 시인을 하지 않자 물고문이 시작되었는데, 둘러싼 사람들이 '칠성판이 뭔지 아느냐? 빨리 시인해라'라고 하면서 그 옆에 있던 딱딱한 나무 침대처럼 생긴 판 위에 온몸을 벌거벗겨 눕히고서 판에 붙어 있는 가죽 띠로 온몸을 꼼짝하지 못하게 한 채 수건으로 얼굴을 덮고, 물을 코와 입 위로 부어 숨을 못 쉬게 하고, 까무러치자 다시 깨워 반복하면서 발가락에 전선을 연결하여 물고문과 전기고문을 교대로 수차에 걸쳐 하였기 때문에 칠성판 위에서 자기도 모르게 오물을 쏟아낼 지경이었다. 이후 다시 목욕탕에 집어넣는 고문이 이어졌는데, 손을 뒤로 돌려 수갑을 채운 뒤 목욕탕에 거꾸로 집어넣는 것을 오랫동안 반복하였고 다시 고춧가루를 탄 물을 부었다. 이외에도 주먹으로 계속 가슴의 한 부분만을 난타하고 머리를 벽과 책상에 계속 찧어대고 구둣발로 맨발가락을 짓이기는 등의 수를 헤아릴 수 없는 갖가지 고문을 당하였다.
		먼저 연행된 날로부터 고문이 시작되어 약 6일 동안 거의 한숨도 자지 못하였고, 구타는 몇 번이라고 말할 수 없을 정도로 조사기간 내내 이루어졌다. 물고문은 일단 수사관 두세 명이 옆에서 움직이지 못하게 붙잡은 후 한 명이 머리를 잡고 물이 받아져 있는 욕조에 머리를 밀어넣었

	진실화해위원회 조사	다. 그것을 몇 번 반복한 이후에 칠성판이라는 고문판에 꼼짝 못하게 고정시켰는데 가죽 벨트 같은 것으로 발목, 무릎, 복부, 목을 고정시킨 후, 그 위에 주전자로 물을 부었다. 그리고 얼굴 위에 수건을 덮고, 그 위에 물을 뿌렸고, 또 수건으로 입을 막은 후에, 그 위에 고춧가루를 탄 물을 부었다. 이러한 일련의 과정을 계속해서 반복하였고, 물고문 이후에 거의 탈진해 있을 때 곧바로 전기고문이 이어졌는데, 먼저 양쪽 발가락에 전선을 연결하고, 자세히는 보지 못했지만, 무엇인가를 돌리는 소리가 나면 곧바로 충격이 왔고, 전기충격이 가해지면 허리가 하늘로 올라가는 듯한 느낌을 받을 정도로 강력했다. 그리고 발가락에 이어 손가락도 똑같은 과정의 전기고문을 당했다. 검찰조사도 남영동과 별반 다를 것이 없었는데, 당시 내가 부인하면 검사가 나의 따귀를 2~3차례 때리면서 조사실 문 밖에 있는 남영동 수사관들을 불러 '너희들이 어떻게 수사를 했기에 이렇게 진술이 바뀌느냐'면서 15층 수사실로 데려가 다시 조사해보라고 하였다.
박문식	재심대상 항소심 변호인 신문 시	물고문은 일단 칠성판에 묶고 나서 얼굴에 수건을 덮었고, 그 위에 주전자 같은 것으로 계속해서 물을 부었다. 그러자 숨을 제대로 쉴 수가 없었고, 속에 있는 것을 모두 토했다. 그리고 이어진 전기고문은 긴 전선이 있었고, 전선 끝에 코일 같은 것을 돌려서 전압을 올렸던 것으로 기억한다. 물고문은 수 차례 받았고, 전기고문은 한 차례 정도 받았던 것으로 기억한다.
	진실화해위원회 조사	일단 연행된 날부터 여러 명이 함께 구타를 하기 시작하였고, 조사받는 내내 이어졌다. 그리고 물고문과 전기고문이 이어졌는데 이 고문들은 주로 조사 초기에 이루어졌다. 왜냐하면 그때까지 아직 검거되지 않은 사람이 있었기 때문에 이들을 검거하기 위해 소재지를 대라고 하면서 강한 고문을 하였기 때문이다.
이덕희	재심대상 항소심 변호인 신문 시	남영동에서 검찰로 송치될 때 수사관이 '집회에 관한 것 이외에는 아무 것도 없으니 걱정하지 말라'고 하면서 '그동안 고문한 것에 대해 미안하다'고 하였다.
	진실화해위원회 조사	조사과정에서 주로 당한 고문은 잠 안 재우기, 구타, 볼펜고문, 물고문 등이었다. 물고문은 약 10차례 정도 받았고, 방법은 수사관 2~3명이 달라붙어서 꼼짝 못하게 한 후에 머리를 잡고 물이 받아져 있는 욕조로 밀어넣는 것을 반복하였다. 그리고 관절 뽑기는 팔과 몸을 꺾어서 고통을 주는 고문이었는데, 특히 관절 뽑기 같은 경우에는 기억에 남는 것이 당시 이○○이 학생시위를 목격하고 와서는 나에게 분풀이를 하듯이 갑자기 관절뽑기를 시도하였다. 그리고 이외에도 몽둥이로 발바닥 때리기를 당했는데 2~3 차례 당했던 것 같다. 검찰조사에서는 당시 내가 검사질문에 대해 부인을 하자, 갑자기 무릎을 꿇게 한 상태에서 따귀를 여러 차례 때리면서, 이런 식으로 하면 다시 남영동으로 보내 조사를 받게 하겠다고 협박하였다.

홍영희	진실화해위원회 조사	나 같은 경우는 남자들과 달리 심한 고문을 받지는 않았다. 나는 주로 구타, 잠 안 재우기, 성적 협박 등을 많이 당했다. 구타는 주로 진술서 작성을 거부하면 당하였는데, 발로 걷어차기도 하고, 책 같은 것으로 머리를 내려치기도 하였다. 잠 안 재우기는 조사실로 연행된 날부터 3일 정도 전혀 잠을 자지 못했다. 당시 수사관들이 성적으로 협박을 많이 하였는데, 자기가 '예전에 남민전 때 붙잡혀온 여자를 강간했다. 너라고 괜찮을 줄 아냐'고 이야기했고, 나중에는 '젊은 수사관들이 겁탈을 할지도 모르니까 조심해라'라는 이야기도 했던 것으로 기억한다. 그리고 조사실 문을 열어놓고 옆방에서 구타당하는 소리를 들려주며 공포감을 조성하였다.
윤성구	진실화해위원회 조사	심한 가혹행위는 잡혀간 첫날 많이 당했는데, 구체적으로 구타는 무릎을 꿇리게 하거나 엎드리게 한 상태에서 주로 몽둥이로 때렸고, 물고문은 일단 칠성판에 묶은 다음에 얼굴에 수건을 덮고 그 위에 물을 부었고, 물고문이 끝나면 곧바로 전기고문이 이어졌는데, 엄지발가락에 전선을 감고 다이얼을 돌려 충격을 주는 방식이었다.
민병두	진실화해위원회 조사	대공분실에 들어가서 조사받을 때 첫날부터 3일가량 잠을 재우지 않았고, 여러 명의 수사관이 빙 둘러싼 상태에서 몽둥이, 워커발 등으로 집단 구타를 하였다.
이종구	진실화해위원회 조사	구타는 주로 넓적다리와 같은 곳을 몽둥이로 많이 맞았고, 물고문을 의자에 앉혀놓은 상태에서 욕조에 물을 가득 채운 후 몸을 뒤로 젖히도록 한 다음 머리를 물에 밀어넣었다.
최경환	항소이유서	정식으로 구속될 때까지 43일 동안 불법구금 상태에서 치안본부 수사관들의 구타와 위협 속에서 공포를 느끼며 아무런 법적 보호도 받지 못한 채 수 회에 걸쳐 강요된 진술서를 작성하였다.
김진철	진실화해위원회 조사	대공분실에 잡혀가 조사받는 첫날부터 무지막지한 구타가 시작되었고, 다짜고짜 물이 받아져 있는 욕조에 거꾸로 집어넣어 물을 먹이고, 권총을 꺼내 죽여버리겠다고 협박하고, 주먹으로 닥치는 대로 때렸다. 또한 조사 초반에는 3~4일가량 잠을 재우지 않았다.
손형민	진실화해위원회 조사	구타는 주로 손을 사용해서 가슴을 가격하였는데, 나중에는 가슴에 시커멓게 멍이 들 정도였고, 욕조에 물을 받아놓고 머리를 잡고 물속으로 밀어넣으려고 하다가 그만두기를 몇 차례 하면서, 물고문을 하겠다는 협박을 하였다.
김창기	항소이유서	비록 본인은 심한 고문을 당하지 않았다고는 하나 40여 일 동안 외부와의 연락이 두절된 채 조사를 받았다.
양승조	재심대상 판결 공판 조서	수사관들이 '사회주의자가 아니냐' 하면서 각목으로 마구 때리고, 고문실로 데려가 다른 피고인들과 같이 신문을 하면서 공산주의자라는 것을 항복하라고 강요하였다.

	진실화해위원회 조사	우선 칠성판에 몸을 고정시킨 이후에 수사관 한 명이 코를 막고 머리를 못 흔들게 고정시킨 후에 입으로 물을 부었다. 그렇게 몇 차례 한 후에 양 발가락에 전선을 감아 전기고문을 하였다. 이러한 과정을 10여 일간 매일 되풀이하면서, 물고문과 전기고문을 5번 정도 받았다.
신철영	진실화해위원회 조사	주로 당한 가혹행위는 구타, 물고문, 전기고문이었는데, 구타는 주먹과 몽둥이를 사용해서 온몸을 가격하였고, 물고문은 일단 칠성판에 고정한 후에 얼굴에 수건을 덮고 그 위에 물을 부었고, 바로 전기고문이 이어졌는데 칠성판에 묶여 있는 상태에서 발가락에 전선을 걸어 전기충격을 가했다.
김철수	재심대상판결 공판 조서	수사관들은 내 집에 가서 40여 권의 책을 갖고 와서 나를 고문하였고, 나중에는 '네가 자술서를 못 쓰겠으면 이것을 보고 해라'라고 하며 이태복, 최규엽의 자술서를 주면서 쓰라고 강요하였다.
박태연	진실화해위원회 조사	처음에는 머리를 때리고, 발로 차는 등의 구타를 하다가, 이어서 칠성판에 묶어놓고 얼굴에 수건을 덮은 후에 물고문을 하였고, 이어서 발가락에 무엇인가를 거는 느낌이 있었는데, 그것이 전기고문을 하는 것이었고, 이때는 사람이 완전히 통통 튀는 느낌이었다.
노숙영	재심대상 판결 공판 조서	수사관들이 '얘는 이태복이 괜찮은 아이라고 하였으나 한번 고문대에 태워야겠다'라고 하여 여자의 몸으로 고문을 받아서는 안 될 것 같아 공산주의자라고 시인하였는데도 고문대에 올려놓고, 박태연에 대해 이야기하라며 고문하였다. 고문 후 이태복과 송영인의 자술서를 갖다주고 그것을 토대로 자술서를 작성하라고 하였다.
김병구	진실화해위원회 조사	먼저 옷을 모두 벗긴 후에 구타를 시작하였고, 구타는 물구나무 세우기, 손가락에 쇠를 꽂아 비틀기, 조인트 까기 등 조사 기간 내내 당하였고, 이어서 칠성판에 묶은 후에 물고문, 전기고문을 하였는데, 물고문은 먼저 물을 받아놓은 욕탕에 머리를 밀어넣었고, 곧이어 얼굴에 수건을 덮고 그 위에 물을 붓는 고문을 당하였다.
송영인	재심대상 판결 공판 조서	남영동 수사관들이 '사회주의자가 아니냐'며 엎드리게 한 후 때리고, 물고문 등을 하면서 사상을 자백하라고 하였고, 잠을 재우지 않았다.
최규엽	항소이유서	본인은 1981. 8. 12. 체포되었는데, 파출소 대기실에서 각종 구타를 당하여 턱뼈가 빠졌고, 무릎에 각목을 끼고 양쪽에서 짓밟는 고문을 당하였다. 치안본부 대공분실에 도착해서는 각종 구타를 당하고 손을 등 뒤로 수갑을 채운 상태에서 칠성판에 있는 고문실에서 물고문, 전기고문을 당했다.
	진실화해위원회 조사	일단 조사실에 들어가자마자 구타가 시작되었는데, 구타는 몽둥이 같은 것으로 가리지 않고 때렸고, 심지어는 머리까지 가격하였다. 그리고 욕조에 물을 가득 받아놓고 수사관이 머리를 잡고 그대로 담갔다.

오상석	진실화해위원회 조사	나는 조사 막바지에 잡혀서 구타 정도를 당하였는데, 나보다는 현재 나의 아내가 고문을 많이 당했고, 이 사건 당시 현재의 아내도 함께 노동운동을 하던 친구로 당시 사귀고 있었는데, 아내가 먼저 경찰에 잡혔고, 수사 과정에서 내가 있는 곳을 말하라고 하면서 물고문, 발바닥 때리기 등의 고문을 받았다.
엄주웅	항소이유서	본인은 1981. 8. 5. 치안본부 대공분실로 연행되어 쇠파이프로 구둣발 등으로 집단구타 당하고, 강제로 물을 먹이고, 잠을 재우지 않는 등 악몽과 같은 상황 속에서 무려 26일간 영장없이 구금되어 있었다.
정경연	진실화해위원회 조사	물고문이나 전기고문 같은 것은 당하지 않았고, 주로 구타를 많이 당했는데, 몽둥이로 엉덩이 등을 때렸고, 몽둥이를 사타구니에 끼운 채 위에서 누른다든가, 머리를 벽에다 강하게 부딪치게 한다든가, 구둣발로 머리를 밟는 것 등을 당하였다.
유해우	진실화해위원회 조사	당시 결핵을 앓고 있었기 때문에 조사 시작부터 건강이 매우 안 좋았으나, 주먹으로 때리고, 바닥에 내동댕이친 상태에서 짓밟고, 손가락에 볼펜을 꽂아 위에서 누르는 등 수많은 구타를 당하였고, 그래도 안 되자 이번엔 몸을 번쩍 들어 물이 가득 받아져 있는 욕조에 그대로 쳐 박는 물고문을 하였다. 그 후로 건강이 급격히 나빠져 경찰병원도 몇 차례 왔다 갔다 했다.

7. 검사의 논고와 구형량

검사가 논고문을 따로 제출하면서 구두로 주장한 구형량은 다음과 같았다.

	이름	기소내용(적용법)	검찰구형
전민학련	이태복	국가보안법, 반공법, 형법, 계엄법, 계엄포고령	사형
	이선근	국가보안법, 반공법, 형법	무기징역
	박문식	국가보안법, 반공법	징역 15년, 자격정지 15년
	이덕희	국가보안법, 반공법	징역 7년, 자격정지 7년
	홍영희	국가보안법, 반공법	징역 7년, 자격정지 7년
	윤성구	집시법, 계엄법, 계엄포고령	징역 5년

	민병두	집시법, 계엄법, 계엄포고령	징역 5년
	김창기	집시법, 계엄법, 계엄포고령	징역 3년
	최경환	집시법, 계엄법, 계엄포고령	징역 3년
	김진철	집시법, 계엄법, 계엄포고령	징역 3년
	손형민	집시법, 계엄법, 계엄포고령	징역 3년
	이종구	집시법, 계엄법, 계엄포고령	징역 2년
전민노련	양승조	국가보안법, 계엄법, 계엄포고령	징역 5년, 자격정지 5년
	신철영	국가보안법, 반공법, 계엄법, 계엄포고령	징역 5년, 자격정지 5년
	최규엽	국가보안법, 계엄법, 계엄포고령	징역 5년, 자격정지 5년
	정경연	국가보안법, 반공법, 계엄법, 계엄포고령	징역 5년, 자격정지 5년
	오상석	국가보안법, 계엄법, 계엄포고령	징역 5년, 자격정지 5년
	엄주웅	국가보안법, 반공법, 계엄법, 계엄포고령	징역 5년, 자격정지 5년
	김철수	국가보안법, 반공법, 계엄법, 계엄포고령	징역 5년, 자격정지 5년
	송영인	국가보안법, 반공법, 계엄법, 계엄포고령	징역 5년, 자격정지 5년
	송병춘	국가보안법, 반공법, 계엄법, 계엄포고령	징역 5년, 자격정지 5년
	노숙영	국가보안법, 반공법, 계엄법, 계엄포고령	징역 5년, 자격정지 5년
	박태연	계엄법, 계엄포고령	징역 3년
	김병구	계엄법, 계엄포고령	징역 3년
	유해우	계엄법, 계엄포고령	징역 3년
	박태주	?	징역 2년, 자격정지 2년

놀랍게도 검찰은 이태복에게 극형(사형)을 구형했다. 과연 이게 죽을 만한 일이었을까? 지금은 몰라도 당시에는 사형을 구형받으면 감옥 안에서도 허리와 양팔에 가죽 수갑을 차고 생활해야 했다.

다음은 검사측에서 제출한 논고문이다.

사료 1-1) 검사측 논고문 전문(69쪽)

8. 변호사 최후 변론 (1심 공판 조서 그대로 전재함)

이돈명 변호사(이태복, 이선근)

피고인 이태복은 노동자 권익옹호를 위하여 노동자연맹을 조직한 것이고, 피고인 이선근은 학원의 민주화와 사회의 민주화를 위해 전민학련을 조직한 것입니다. 전민학련은 전민노련과는 관계가 없는 것이며, 피고인 이태복은 공산주의자나 사회주의자가 아니며, 본인도 부인하고 있으며 또한 그 증거도 없는 것입니다.

경찰에서 쓴 자술서나 검찰에서 쓴 피의자신문조서도 장기간 구속상태하에서 이루어진 강요된 진술이므로 그 증거능력이 없는 것이며 그 감정서도 감정한 사람의 생각이지 책은 사람마다 읽고 생각하기에 따라 각양각색이다. 따라서 그 감정서도 증거능력이 없으며 받아들여져서는 안 된다고 생각합니다.

저 낮은 곳을 향하여 노동자 편에 서서 그들의 권익을 스스로 지키도록 옹호하는 이 사람들이 왜 법정에 서게 된 것인지 알 수 없습니다.

계엄법은 그 시기가 지나면 해제되는 것이므로 각하하고, 그 나머지는 모두 무죄를 선고하여 주시기 바랍니다.

조영일 변호사(박문식, 최규엽, 박태주)

피고인들은 사회주의사상을 가졌다는 증거가 없으며, 자술서는 고문에 의한 강요된 진술이므로 증거능력이 없는 것입니다. 감정서도 이돈명 변호인의 진술을 원용하며 법원이 실체적 진실을 발견하는 판단을 해주시기 바랍니다.

황인철 변호사(이덕희)

학생운동은 민주화운동입니다. 그 자술서는 자필로 쓴 타술서입니다. 따라서 임의성이 없으므로 증거능력이 없는 것입니다. 검찰 피의자신문조서는 불법구금과 임의성 없는 자술서를 바탕으로 쓰고, 피고인 이덕희가 진실로 사실을 말하고자 검찰에서 노력하였음에도 불구하고 들어주지 아니했기에 그렇게 된 것입니다. 따라서 증거로 쓸 수 없는 것입니다.

동인규의 자술서나 진술서도 강요된 진술이라고 했으므로 증거능력이 없으며 피고인 이덕희의 의도도 당초부터 그런 것이 아닙니다. 그 책 가지고 있다 해서 반국가단체라 추단할 수는 없으며 그 책들은 과학사 연구에 필요한 책이며 그 책을 가지고 공산주의를 찬양하거나 동조한 일도 없습니다. 따라서 증거능력이 없는 것입니다. 진실에 부합하는 무죄를 선고 바랍니다.

황인철 변호사(유해우, 김병구)

계엄포고령은 이미 폐지된 법이며, 노동운동하기 위하여 서로 만난 것에 불과하고, 이들에게 노동운동은 일상의 일입니다. 노동운동은 준법운동이며 민주화운동이며, 노동조합운동이며, 인간화운동입니다. 따라서 있는 그대로 공정한 판단을 바랍니다.

김태원 변호사(홍영희)

학생운동은 민주발전을 촉구하는 운동입니다. 자술서는 장기간 구속과 강압에 의한 것이므로 임의성이 없으며 검찰 피의자신문조서는 신빙성이 없는 진술이고, 그 책자 등은 국가보안법 3조에 미치지 못하는 것입니다. 피고인은 성적이 우수하여 회장이 된 것을 계기로 학생운동을 한 것이며, 가정도 반공주의 집안입니다. 관대한 처분을 바랍니다.

이영환 변호사(신철영, 김철수, 양승조)

상 변호인들의 진술을 원용하며, 헌법이 보장한 노동삼권 보호는 노동자 권익보장을 위한 운동입니다. 계엄법은 그 시기가 지난 지금에 외서 적용한다는 것은 불가하며, 보안법 2조를 적용해야 반공법 적용이 가능하고 생각합니다.

피고인들은 반국가단체를 위한 인식으로 그 책을 소지하지 아니했습니다. 관대한 처분을 바랍니다.

조준희 변호사(송병춘, 송영인, 노숙영)

상 변호인들의 진술을 원용하며, 고도산업성장으로 빈부의 차가 심화되고 분배가 고르게 되지 못했다는 현실비판을 하고 계획을 했다고 해서 공산주의라고는 할 수 없는 것입니다. 사회주의사상을 가졌다는 논거가 없습니다. 경찰 자술서는 강압에 의해 작성된 것이고, 검찰 피의자신문조서는 경찰 자술서를 근거로 그대로 진행된 진술이므로 모두 증거능력이 없는 것입니다. 그 책 소지한 것만으로는 처벌할 수 없고, 소지의 목적, 즉 이적 목적이 있어야 처벌 가능한 것입니다.

송병춘과 송영인은 긴급조치 위반, 즉 유신독재에 항거한 것이므로 본건과 동일선상에서 취급 판단하지 않기를 바랍니다.

이돈희 변호사(오상석, 엄주웅, 정경연)

계엄법을 그 시기가 지난 지금에 와서 적용한다는 것은 불가하며, 불온서적은 선동적인 것이어야 합니다. 먼저 불온서적으로 판명되어야 하고, 소지의 목적을 가지고 있어야 하는데 여기서는 반국가단체를 이롭게 할 목적이 있어야 합니다. 이 요건이 갖추어져 있어야 처벌 가능한 것입니다.

기타 상 변호인들의 진술을 원용하며 관대한 처벌을 바랍니다.

9. 피고 최후진술

다음은 법원 공판조서에 기록된 피고인들의 최후진술이다. 다른 기록이 없고 법원에서 제대로 된 문장으로 기록을 하지 않아 어색하고 이상한 부분이 많지만 공판조서의 원문을 그대로 기술한다.

• 이태복

고문과 협박으로 빨갛게 물을 들이는 것이 올바른 민주적 기본질서인가요. 참으로 암담합니다.

노동자의 권익을 보장받고, 인간의 존엄성을 인정받자는 사람들을 탄압하는 것이 민주적 기본질서인가요?

만약 그런 것이 민주적 기본질서라면 나는 기꺼이 파란 지붕과 흰벽, 그리고 그 안에 회색으로 된 행복이 충만한 집(감옥)에서 살아가렵니다.

본인은 전민학련과는 관계가 없으므로 무죄를 선고바랍니다.

출판사 경영은 사회주의를 의도한 게 아닙니다.

노동자연맹활동은 공산당 주체를 만들기 위한 것이 아니며 정치문제를 위한 것도 아닙니다. 노동자가 인간답게 살기 위한 점진적인 운동입니다. 이는 가난한 형제들의 사랑의 운동이며, 정의의 운동이며, 평화의 운동입니다. 노조운동은 올바른 민주발전이며 어떤 명분으로도 탄압되어서는 안 됩니다.

노동자연맹 활동은 국민의 다수인 노동자의 입장에서 시작된 것이며 공산주의 의도나 목적을 가지고 있지 않습니다.

기대고 싶은 것은 사법부의 용기있고 양심적인 판결뿐입니다.

• 이선근

학생을 사회주의자로 몰고 국가보안법을 적용한 것은 이 건이 처음입니다. 학생을 빨갱이로 만드는 정권, 그 정권이 바로 지탄받아야 합니다. 악날했던 박 정권도 특별법을 제정해서 처벌했던 것입니다.

박성현, 홍영희, 이덕희 등은 좋은 가정에서 태어나 생활해온 사람들로 제가 사회주의하자고 해도 동조할 사람들이 아닙니다. 뿐만 아니라 저 자신 사회주의자가 아닙니다.

러시아혁명사(E. H. 카 저)는 마르크스주의의 잘못을 폭로하고 사회주의혁명이 불가능하다는 내용이며 저자 또한 공산주의자가 아닙니다.

현대의 휴머니즘 저자는 일본의 자유주의자입니다.

10.26 이후 참으로 민주주의가 왔구나 하고 기본권 부활에 꿈이 부풀어져 있었는데, 3월에 가서 검은 구름(유신잔당인 공화당)이 일기에 80년 5월에 가서 학생시위로 유신잔당 물러가라는 확답을 구하였으나 그 답이 없었습니다. 유신잔당에 속은 학생들에게 올바른 경험을 가르쳐주어야겠다는 뜻에서 조직을 결성하게 되었습니다.

• 박문식

공산주의로 몰고 있는 부분과 관련해서 말하자면 나는 공산주의자가 아닙니다.

러시아혁명사 세미나는 공산주의를 주입시키는 세미나가 아니며 아카데미 그룹 독서활동입니다.

자술서는 강압에 의하여 작성된 것이며 전민학련은 반국가단체가 아닙니다.

꽁꽁 얼어붙은 얼음을 녹여주시기 바랍니다.

• 이덕희

자유민주주의가 사회주의보다 우월합니다. 나는 사회주의자가 아닙니다.

• 홍영희

(나는) 학생운동의 기본원칙을 벗어난 일 없습니다.

그러나 이로 인해 어른들에게 걱정을 시킨 것을 죄송하게 생각합니다.

사회주의국가 건설 망상해본 적이 없습니다.

반국가단체나 정부를 전복하는 일도 생각해본 일 없으며 개인적으로도 공산주의자가 될 수 없습니다. 저희 조부도 공산당에게 학살되었습니다.

• 윤성구

학생운동은 우리 사회의 현실입니다. 학생운동을 불법화한 책임은 누가 질 것인가요?

• 민병두

비민주적 수사 불만이며 무죄 주장합니다.

• 김창기

솔직한 마음으로 잘못이 받아들여지지 않습니다.

• 최경환

박문식이 이데올로기적 측면에서 러시아혁명사를 비판한 일이 있으며 이선근이 공산주의사상 교육한 일 없습니다.

• 김진철

이 건 기소는 우리 사회의 타락상을 말하며, 사법부가 우리 사회의 새로운 기풍을 일으켜주시기 바랍니다.

• 손형민

이선근, 박문식과 같이 세미나 한 내용을 (반국가단체나 사회주의로) 기소한 점은 조작날조된 것이라고 생각합니다.

• 이종구

세미나 과정을 통해서 정치적 민주주의와 경제적 자유주의를 배웠으며 내가 잘못했다는 생각을 할 수 없습니다. 이선근 형이나 박문식 형과 같은 일을 했으나 구형이 다른 것을 (이분들에게) 미안하게 생각합니다.

• 신철영

근로자 스스로 노조를 만들고 노동운동하는 것은 민주적 발전을 가져오는 것입니다. 이태복은 공산주의자가 아니며, 저희들 또한 한쪽으로 끌려갈 사람들이 아닙니다.

• 김철수

노동운동도 구체적으로 한 일 없으며, 허가 없이 불법 집회하고 불온서적 소지했다는 이유로 기소된 것으로 압니다. 하지만 홍성문 감정 내용 믿을 수 없습니다. 역사적으로 기록될 만한 공정한 판결을 바랍니다.

• 양승조

노동자에 대한 비인간적 대우를 고쳐달라는 것이며 근로조건을 개선하기 위하여 노동운동한 것에 불과합니다.

• 박태연

발언 없음.

• 유해우

근로자도 인간다운 생활을 할 권리를 가지고 있습니다. 참다운 노동운동을 하기 위하여 전민노련을 만들었습니다. 병을 앓고 있지만 가난한 노동자로서 치료를 못 받는 것을 인간적 비애로 생각합니다.

• 김병구

한국 노총이 노동법을 지키지 않아서 진정한 질서를 지키는 노조운동을 하자는 것이었습니다. 타당한 판결을 바랍니다.

• 송병춘

사회주의 건설이나 볼셰비즘을 망상해본 적 없습니다. 공정하고 포용력 있는 관대한 처분을 바랍니다.

• 송영인

이태복으로부터 교육받고 공산주의자가 되었다는 점은 절대로 받아들일 수 없는 일이며, 사회주의나 공산주의에 동조한 일도 없습니다. 노무관리는 구체적 문제해결을 위해 공부한 것이며 노동현장이 활성화되면 사회가 (역으로) 안정화됩니다.

• 노숙영

88년 올림픽 유치도 좋지마는 노동3권 보장되는 것이 참다운 일등국민으로 생각됩니다. 시간과 여유가 있다면 노동문제 해결을 위해 모든 책을 읽겠습니다.

• 최규엽

모순론, 실천론 검토한 일 있으나 원용한 일 없으며 모든 책임 저에게 주시고 후배들에게 주지 마시기 바랍니다.

• 오상석

모순론과 실천론 읽어본 일 없습니다. 레닌과 노동조합은 남산도서관에서 복사한 것이며 김철수로부터 받은 것이 아닙니다. 대학생으로 60여 권의 책 중 2~3권의 책이 문제된 것에 불과합니다.

• 엄주웅

저에 대한 계엄법 적용은 일사부재리의 원칙에 어긋납니다. 홍성문 감정인의 감정서에 동의할 수 없습니다. '사회주의적 휴머니즘'은 경제학 공부와 관련해 서점에서 구입한 책이며, 저는 대학 4학년으로 그 책 읽을 수 있는 비판 능력 있습니다.

노동운동은 사회주의 운동아닙니다. 사실대로 공정한 판단을 바랍니다.

• 정경연

산골짜기의 맑은 물을 독사가 마시면 독이 되고 소가 마시면 우유가 되어 사람들이 그것을 배부르게 먹을 수 있습니다. 단군의 한 핏줄기로 어찌 이럴 수가 있으랴. 건전한 노동운동을 탄압하려는 것이 아닌가.

저는 공산주의자도 사화주의자도 아니며, 가난하고 헐벗은 노동자를 위하여 일하렵니다.

• 박태주

서적감정인은 철저한 흑백주의자입니다. 제 자신의 결백을 증명해주는 계기가 되었으면 합니다.

– 이상 개인 최후 진술 끝

10. 최후진술서

자료 1-2) 박문식 최후진술서(108쪽)
자료 1-3) 이덕희 최후진술서(114쪽)

11. 선고

1심 선고는 1982년 1월 22일에 있었다. 1심 판결문은 2심 판결문과 특별히 다르지 않기에(일부 감형 부분과 관련된 형식적 무죄 처리 부분만 제외한다면 2심 판결문과 완전히 같다. 2심 판결문은 144쪽 참조) 별도로 수록하지 않는다.

다음은 선고내용이다. 박태주만 무죄로 선고되었을 뿐 나머지 다른 모든 피고들은 유죄를 선고받았다.

	이름	기소내용(적용법)	검찰구형	1심
전민학련	이태복	국가보안법, 반공법, 형법, 계엄법, 계엄포고령	사형	무기징역
	이선근	국가보안법, 반공법, 형법	무기징역	징역 10년, 자격정지 10년
	박문식	국가보안법, 반공법	징역 15년, 자격정지 15년	징역 7년, 자격정지 7년
	이덕희	국가보안법, 반공법	징역 7년, 자격정지 7년	징역 5년, 자격정지 5년
	홍영희	국가보안법, 반공법	징역 7년, 자격정지 7년	징역 3년, 자격정지 3년
	윤성구	집시법, 계엄법, 계엄포고령	징역 5년	징역 3년
	민병두	집시법, 계엄법, 계엄포고령	징역 5년	징역 3년
	김창기	집시법, 계엄법, 계엄포고령	징역 3년	징역 2년
	최경환	집시법, 계엄법, 계엄포고령	징역 3년	징역 2년
	김진철	집시법, 계엄법, 계엄포고령	징역 3년	징역 2년
	손형민	집시법, 계엄법, 계엄포고령	징역 3년	징역 2년
	이종구	집시법, 계엄법, 계엄포고령	징역 2년	징역 1년
전민노련	양승조	국가보안법, 계엄법, 계엄포고령	징역 5년, 자격정지 5년	징역 3년, 자격정지 3년
	신철영	국가보안법, 반공법, 계엄법, 계엄포고령	징역 5년, 자격정지 5년	징역 2년, 자격정지 2년
	최규엽	국가보안법, 계엄법, 계엄포고령	징역 5년, 자격정지 5년	징역 3년, 자격정지 3년
	정경연	국가보안법, 반공법, 계엄법, 계엄포고령	징역 5년, 자격정지 5년	징역 3년, 자격정지 3년
	오상석	국가보안법, 계엄법, 계엄포고령	징역 5년, 자격정지 5년	징역 3년, 자격정지 3년

엄주웅	국가보안법, 반공법, 계엄법, 계엄포고령	징역 5년, 자격정지 5년	징역 3년, 자격정지 3년
김철수	국가보안법, 반공법, 계엄법, 계엄포고령	징역 5년, 자격정지 5년	징역 3년, 자격정지 3년
송영인	국가보안법, 반공법, 계엄법, 계엄포고령	징역 5년, 자격정지 5년	징역 3년, 자격정지 3년
송병춘	국가보안법, 반공법, 계엄법, 계엄포고령	징역 5년, 자격정지 5년	징역 3년, 자격정지 3년
노숙영	국가보안법, 반공법, 계엄법, 계엄포고령	징역 5년, 자격정지 5년	징역 3년, 자격정지 3년
박태연	계엄법, 계엄포고령	징역 3년	징역 2년
김병구	계엄법, 계엄포고령	징역 3년	징역 2년
유해우	계엄법, 계엄포고령	징역 3년	징역 2년, 집행유예 4년
박태주	?	징역 2년, 자격정지 2년	무죄

불행 중 다행히도 이태복은 사형이 아닌 무기징역을 선고받고 감옥 안에서 수갑을 풀고 생활할 수 있었다.

논고문

1982. 1. 13 10:00
법정제출

소위 전국민주학생연맹사건
및 전국민주노동자연맹사건등

서울지방검찰청 공안부
검사 안강민

논 고 문

제1. 서론

1. 본건에 대한 검찰관의 의견진술에 앞서 소위 "전국민주학생연맹사건" "전국민주노동자연맹사건" 및 "집회및시위에관한법률 위반사건" 등 3개의 사건을 병합하여 700페이지에 달하는 공소장과 26명의 피고인들을 주 2-3회에 걸쳐 단기간 집중적으로 심리하여 주신 재판장을 비롯한 양배석 판사에게 심심한 사의를 드리는 바이며 실체적 진실 발견과 피고인들의 인권옹호를 위하여 소송진행에 적극 협력하여 주신 여러 변호인들께도 감사의 말씀을 드리지 않을 수 없습니다.

2. 본건은 "전국민주학생연맹"(이하 "전민학련"이라 칭함)이라는 반국가단체와 이를 중심으로 전개된 국가보안법위반 사건 및 미처 반국가단체적 성격을 가지지 못한 "전국민주노동자연맹"(이하 "전민노련"이라 칭함)을 중심으로 한 계엄법위반사건 등 및 위 "전민학련"의 산하 조직원 등의 "집회및시위에관한법률위반"사건 등 3개의 사건이 주로 피고인 이태복과 "전민학련"의 중앙위원들과 관련을 가짐으로써 병합된 것이니만큼 피고인들에 따라서는 위 3개의 사건에 공통점을 갖지 못한 사람이 많기 때문에 우선 위 두 단체의 반국가단체성 여부를 먼저 언급한 후 각 피고인별로 공소사실, 증거요지 및 정상의 순으로 검찰관의 의견을 말씀드릴까 합니다.

제2. 사실 및 증거론

1. 반국가단체 구성 및 동 미수

가. 공소사실 개요

피고인 이태복, 동 이선근, 동 박문식, 동 이덕희, 동 홍영희 등 이 공소 외 박성현과 함께 "전민학련"이라는 반국가단체를 구성하고, 피고인 이태복은 "전민노련"을 조직하여 이를 반국가단체로서의 성격을 발전시켜 나가려다가 미수에 그친 사실에 대하여는 공소장에 구체적으로 적시되고 있습니다만 이를 유형별로 요약하자면

(1) "전민학련"에 대하여는

(가) ○ 피고인 이태복은,

고등학교 때부터 흥사단 아카데미 활동을 하면서 도산 안창호의 구국이념에 공명하여 민족 국가건설에 관심을 가지고 도산의 "민족 개조론"에 공명을 하여왔으나 동 개조론이 일제의 식민사관과 맥락을 같이하고 있는 것이 아닌가에 대해 회의를 느끼고 우리 사회 노동자들의 생활이 비참하다고 생각하면서 현 사회가 빈익부, 부익부, 부정부패가 만연된 사회로서 단순히 "도덕적 개조"만으로는 이를 해결하기 어렵다고 일방적으로 판단하고 대학진학 후에도 "소외된 민중" 즉 "피지배계급"이 역사의 주체가 되어야 한다고 생각하고 한국사회의 철저한 분석과 세계사적인 일반원리를 알아야겠다는 생각에서 한국 역사, 경제에 대한 학습과 외국학자들의 자본주의 비판서적 내지 사회주의 서적 등을 탐독하면서 인류역사의 발전원리는 어떤 초월적 의지나 절대적 정신으로 이루어지는 것이 아니고 생산력과 생산관계의 모순 지양적인 발전과정에 따라 필연적으로 원시공산사회, 노예사회, 봉건사회, 자본주의사회, 공산주의사회로 이행하지 않을 수 없다는 사적유물론을 신봉하게 되고 결국 후발자본주의 국가인 한국의 민중문제도 선진독점의 지배를 받는 제3세계의 보편적 모순의 하나에 불과하며 자본주의에 있어서의 초과이윤, 잉여가치의 창출을 위한 착취와 수탈의 대상으로서 노동자들이 압박받지 않을 수 없었던 것이고 이를 극복하기 위하여는 노동자들이 역사의 주체로 등장하여 사유재산제를 폐지시켜 노동자 국가 내지 공산주의사회를 실현시키는 길밖에 없고 우리 사회에 있어서 이를 실현시키는 방법으로서는 첫째, 자본주의 이데올로기의 허구성을 폭로하여 대중의 사회의식, 정치의식, 역사의식을 함양시키는 의식화작업을 하여야 하고, 둘째, 의식화된 활동가들이 사회의 저변을 넓히면서 각자 독자적인 운동의 조직기반을 형성한 다음, 세째, 노동자들이 중심으로 된 "노동운동"이 주가 되고 "학생운동"은 노동운동의 "보조집단"으로서 "문제제기집단"으로 행세하여 먼저 학생운동으로서 사회혼란을 조성한 후 노동자들이 민중운동의 "주체집단"으로서 혁명주체가 되어 폭력혁명으로 현 정부를 전복시키고, 노동자, 농민, 소시민 등으로 구성된 민중정권을 수립하여 선진독점자본과 국내 매판자본으로부터 민중을 해방시킬 사회적 조건을 창조한 다음 낡은 생산관계를 청산하고 사적소유의 철폐 및 생산의 사회성이 보장되는 공산주의사회를 실현시켜야 한다고 생각하고,

ㄱ. 우선 의식화작업 및 자금조달을 위해서는 출판사를 경영하는 것이 가장 적절하다고 판단하고,

1977. 9. 13. 도서출판 광민사를 설립하여 후술하는 바와 같이 "노동의 철학" "위대한

거부" "노동의 역사" "민중과 조직" "자본주의 발달사" "자본주의 이행논쟁" 등 10여
종의 불온서적 2만여 권을 제작, 반포하고

ㄴ. 피고인 자신이 학생이 아니므로 인해 학생운동의 순수성을 가장하고 보안유지의 필요
에 따라 1980. 9경 약 2년 전부터 사회주의혁명의 필요성과 방법론 등을 교양해오던
상 피고인 이선근에게 동 혁명의 보조집단으로서의 학생집단의 조직구성을 지시하고

ㄷ. 그 후부터 계속 동인을 수시 회합하면서 조직의 진전상황에 대한 보고를 받고 앞으로
의 활동방향에 대한 지시를 하는 등으로 배후에서 이를 조종하면서 부산 등 다른 지방
에서의 조직확산을 꾀하였고

○ 피고인 이선근은

고등학교 때 흥사단 아카데미 회원으로 가입하고 대학진학 후에도 서울대 흥사단 아카데
미에 가입하여 현실문제에 대한 토론과 각종 현실비판 서적을 탐독하면서 사회의식과 역사의
식을 깨우치게 되어 우리나라의 경제정책이 지나치게 외자의존적이고 수출주도형의 경제정
책, 기업의 과보호주의 정책으로 인한 노동자의 임금착취 등으로 자립경제를 이룩할 수 없을
뿐 아니라, 사회부패, 정치비리로 인해 정치경제적 혼란만 계속되고 있다고 판단하여 자본주
의 체제에 대한 회의를 느끼게 되고 1976. 8경 긴급조치9호 위반으로 구속되었다가 석방된 후
에는 정부 및 현실에 대한 비판의식만 고조되어오던 중 1977. 5경 흥사단 창단기념 행사에서
만나게 된 상 피고인 이태복의 권유로 동년 10. 1부터 동인이 경영하던 "도서출판 광민사"에
편집부장으로 근무하면서 각종 사회주의, 공산주의 이론서적 등을 탐독하고 동인으로부터 자
본주의 체제의 모순, 사회주의의 우월성, 학생 및 노동자 조직의 필요성과 성격, 사회주의혁명
의 필요성 등에 대한 교양을 받고 학생집단이 문제제기집단으로서 학생운동을 기폭제로 하고
노동자집단 내지 민중집단을 문제해결집단으로 하여 민중혁명을 일으켜 현 정부를 타도하고
사유재산제가 폐지된 노동자사회 내지 사회주의국가를 건설해야 한다고 생각하고 있던 중

ㄱ. 우선 학생조직을 구성키 위해 80. 7부터 상 피고인 이덕희, 동 홍영희, 동 최경환, 동
손형민, 공소 외 박성현, 동 김찬, 동 이한주, 동 문은희 등을 접촉하여 동인들에게 사
회주의혁명을 교양하고 조직에 가입할 것을 권유하여 그 동조를 얻고

ㄴ. 80. 9경 위 이태복으로부터 학생조직 구성지시를 받은 다음에는 다시 상 피고인 박문
식, 동 이종구, 동 김창기 및 공소 외 이연미, 동 김철, 동 주정주 등과 부산에 있는 공
소 외 이호철, 동 이상록 등을 만나 같은 방법으로 조직가입에 대한 동조를 얻는 한편

ㄷ. 80. 7부터 81. 1 사이에는 위 최경환 등 4명과 이종구 등 4명을 각각 산하조직의 예비
그룹으로 구성하여 "사회사상사" "노동의 철학" 등 불온서적을 교재로 하여 유물론의
우위성과 막스의 유물론적 변증법 등을 교양하고

ㄹ. 81. 2. 27. 위 박문식, 동 이덕희, 동 홍영희, 동 박성현 등과 함께 "전국민주학생연맹"
을 결성하여 그 중앙위원이 되고

ㅁ. 81. 3부터 동년 6. 중순까지 사이에 20회에 걸쳐 중앙위원회를 개최함과 동시 조직확
대, 하부조직원 교양 등으로 목적사항 결정을 수행하면서, 동 기간 중 14회에 걸쳐 서
울대학 등 각 대학시위를 배후조종하였고

○ 피고인 박문식은

서울대학교 사회계열 1학년 때 반정부시위에 가담하면서 학업을 포기하고 반정부사상을
고취시켜오던 중 2학년 때인 1978. 4경 동 대학교 사회대학 학보편집위원이 되고 나서 편집위
원끼리 현실비판서적을 탐독, 토론하는 과정에서 유물사관에 입각한 한국민중운동의 필요성
을 느끼게 되고, 1978. 5경 공소 외 박성현의 권유로 야학교사로 일하면서 우리나라는 권력과
부가 소수의 손에 집중되고 대중이 가난과 핍박 속에 신음하고 있다고 결론을 내리면서 계속
현실비판 및 자본주의 비판 서적 등을 탐독하여 변증법적 유물사관을 신봉하게 되고 이에 따
라 우리나라는 선진자본주의의 종속국으로서 선진독점 자본으로부터 수탈을 당하고 있는 한
편, 국내적으로는 매판자본, 매판군부를 등에 업은 팟쇼정권이 근로대중을 착취하고 있어 결
국 근로대중은 선진독점자본과 팟쇼집단으로부터 이중의 착취를 당하고 있으며 이와 같은 구
조적 모순은 단순한 정권교체만으로는 시정될 수가 없고 생산수단의 사회화, 계급폐지로 인
한 사회주의사회가 실현되어야만 하며 이를 실현하기 위하여는 우선 첫 단계로 학생 등 전위
적 진보세력이 기폭제 역할을 하여 시위 등으로 정치적 위기상황을 초래하고 이에 일반대중
이 가세하여 폭력적 방법으로 팟쇼정권을 붕괴시켜 민주화 단계를 이룩한 다음 제2단계로 북
괴나 미, 쏘 등 외부세력의 개입유무나 여건에 따라 폭력혁명 또는 평화적 방법으로 사회주의
국가를 건설하여야 한다고 맹신하고 있던 중,

ㄱ. 80. 11. 공소 외 박성현의 소개로 상 피고인 이선근을 만나 사회주의혁명을 하기 위해
학생집단을 조직할 것을 모의하고 그 시경부터 동 조직을 위해 활동하고

ㄴ. 80. 12부터 81. 3까지 동인으로부터 위 2개의 예비학습그룹을 인계받아 "러시아혁명
사"(이. 에이취. 카)를 교재로 사회주의혁명과 조직의 필요성, 지식인의 역할 등에 대한

교양을 하고

ㄷ. 81. 2. 27. 위 "전국민주학생연맹"을 결성하여 그 중앙위원이 되고

ㄹ. 81. 3부터 6월 중순까지 19회에 걸쳐 동 중앙위원회를 개최함과 동시 산하단체조직, 하부조직원 포섭 등 조직확대, 각종 시위조종 등 목적사항을 결정 수행하면서, 동 기간 중 서울대, 성균관대, 외국어대 등 7회의 시위를 배후조종하였고

○ 피고인 이덕희는

1977. 3경 서울대학에 입학하면서 흥사단 서울대 아카데미 회원으로 가입하여 현실비판 서적을 탐독하고 회원들과 현실문제 토론을 하면서 현재 세계역사의 발전단계는 자본주의의 최후단계인 독점자본주의 단계로서 선진국의 독점자본이 후진국의 경제잉여를 수탈함으로써 최고이윤의 획득이 가능하며 우리 한국의 경우 해방 후 귀속재산불하와 미국의 원조 미·일 등의 차관에 기생한 매판재벌이 매판관료와 결탁하여 노동자, 농민 등의 대중수탈을 강화함으로써 빈부의 격차를 강화시키고 이에 대한 비판을 강압적인 팟쇼 체제로 억압하고 있으므로 이와 같은 모순을 해결하는 길은 노동자, 농민들을 해방시켜 그들의 창의력을 바탕으로 한 한국적 토성에 맞는 산업을 발전시키고 생산된 잉여경제의 해외유출을 막고 생산된 부가 국민 모두에게 골고루 분배될 수 있는 사회주의국가를 건설하는 것이 옳다고 생각하고 그 실천 방법으로서는 현재 학생들의 세력이 강하므로 학생운동을 중심으로 한 대정부항쟁으로 시작하여 노동자, 농민들의 정치의식을 고취시켜 대중봉기를 유발한 후 부르죠아 민주혁명과 사회주의 폭력혁명을 동시에 달성하는 것이 옳다고 확신하여오던 중

ㄱ. 80. 7경 상 피고인 이선근과 만나 사회주의혁명을 위한 학생조직을 구성할 것을 모의한 후 동 조직구성 활동을 하고

ㄴ. 81. 2. 27. 위 "전민학련"을 결성하여 그 중앙위원이 되고

ㄷ. 81. 2부터 동년 6 중순까지 사이에 20회에 걸쳐 중앙위원회에 참석하여 조직 확대, 하부조직원 포섭, 학생시위 조종 등 목적사항을 결정, 수행하고

○ 피고인 홍영희는

1977. 이화여대에 입학한 후 정부나 대학당국이 학생들의 현실비판을 탄압하고 있다고 생각하고 2학년 때 이념써클인 "불휘"에 가입하고 3학년 때는 흥사단 대학생 아카데미 경인지구 연합회에 가입하여 동 부회장으로 활동하면서 상 피고인 이태복, 동 박성현, 동 민병두 등

과 접촉하면서 각종 현실 및 자본주의 비판 서적 등을 탐독하고 이에 대한 토론을 거쳐 자본주의사회는 그 모순의 극한점에서 프로레타리아 계급투쟁에 의해 필연적으로 사회주의사회로 넘어가게 된다는 변증법적 유물사관을 신봉하게 되고 이에 따라 우리나라도 자본주의 구조의 모순을 지닌 채 선진자본국에 예속되어 있고 현 정권은 군부 및 자본가가 결탁한 매판팟쇼집단으로서 민중의 노동력을 수탈하고 있으므로 민중은 이중의 착취 속에 허덕이고 있다고 생각하고 그 타개책으로서는 제1차로 매판팟쇼집단을 타도하여 민주화를 달성하고 궁극적으로는 모든 생산수단의 공유 또는 국유를 통한 사회화를 이룩하여 계급이 소멸되고 분배의 평등이 이루어지는 사회주의국가 건설을 달성하여야 한다고 생각하여오던 중

ㄱ. 1980.7경부터 상 피고인 이선근과 만나면서 사회주의혁명을 위한 학생조직을 구성할 것을 모의, 활동하고

ㄴ. 81. 2. 27. "전민학련"을 구성하여 그 중앙위원이 되고

ㄷ. 81. 2부터 6 중순까지 사이에 18회에 걸쳐 동 중앙위원회에 참석하여 조직확대, 하부조직원포섭, 학생시위 조종 등 목적사항을 결정수행하면서, 동년 5. 29 및 6. 4 이화여대 학생시위를 배후조종하였고

(나) 위와 같은 활동에 따라 "전민학련"은

○ 1980. 9경부터 1981. 6까지 사이에 전국 12개 대학에 30여 명의 책임조직원들을 확보하게 되었고 의식화작업을 받고 있던 예비후보자만 해도 210명이나 되는 방대한 단체로까지 확대되었으며

○ 또한 동 단체의 회칙에 따라 피고인들로서 구성된 중앙최고기관인 중앙위원회 산하에 단위기구로서 경인지구 및 시·도단위의 지부 1개, 지역단위의 지회 3개, 학교단위의 분회 8개, 학내단위의 지반 17개 등이 구성되어 있었고 동 단위기구 등은 독자적인 명칭과 회칙을 보유하면서 핵심분자 1명 이외에는 관련조직을 알지 못하도록 철저한 비밀지하조직으로 구성하면서 보안상 회칙에는 사회주의혁명 목표도 은폐시키고 있었다는 것입니다.

(2) 한편 "전민노련"에 대하여는

피고인 이태복이 전술과 같은 사회주의혁명을 이룩하기 위해

(가) 1979. 12. 초순부터 1980. 4까지 사이에 상 피고인 김철수, 동 신철영, 동 양승조, 동 박태연, 동 김병구, 동 유해우, 공소 외 윤상원, 동 하동삼 등과 만나 노동자조직 구성을 위해 활동하고

(나) 1980. 5. 3~5. 5에 "전민노련"을 결성하여 위 김철수 등 9명과 함께 중앙위원이 되고

(다) 1979. 12경부터 1981. 5까지 사이에 위 중앙위원 및 조직확대를 위해 다른 피고인들이나 공소 외인들을 접촉하면서 때로는 사회주의혁명의 필요성 등에 대해 직접, 간접적으로 교양을 함과 동시 노동현장 침투를 종용하였으나 미리 동 혁명구상을 말하다가는 계획이 노출되어 실패할 가능성이 있으므로 운영과정에서 현실적인 문제가 발생하면 해결과정에서 동 단체의 성격을 변질시키려고 하던 중 본건으로 체포됨으로써 그 목적을 이루지 못하고 미수에 그친 것이라 할 것입니다.

나. 증거개요

이상 언급한 범죄사실에 대해 피고인 이태복을 비롯한 본건 관련 피고인들은 경찰 이래 검찰에 이르기까지 한결같이 이를 전부 자백하였음에도 불구하고 당 공판정에 이르러서는, 각 "전민학련""전민노련"을 조직하고 동 조직과 조직확산을 위해 조직원 또는 예비구성원 등을 만난 사실 및 학생시위 등을 배후조종한 사실 등에 대하여는 공소사실 기재와 같이 이를 전부 인정하면서 동 단체는 사회주의혁명을 목표로 한 것이 아니고 현 정부를 비판할 목적이었다면서 그 범행을 일부 부인하고 있으므로 동 단체의 반국가단체성 여부에 대한 중요한 증거만 언급하고자 합니다.

(1) 검사작성의 피고인들에 대한 피의자신문조서

특단의 사정이 없는 한 검찰에서의 자백을 번복하고 공판정에서 범행을 부인하는 것은 다른 피고인들에 대한 배신감, 또는 많은 방청객의 면전에서 오는 범죄수치심 때문이라 할 것이며 이것이 인지상정이라 보아야 할 것입니다. 우리의 경험 측으로는 조사자와 피조사자가 같은 환경과 조건일수록 대화하는 거리가 가까울수록 비밀의 유지가 보장될수록 공범자의 면전이 아닐수록 범죄수치심을 덜 느낄수록 피조사자가 진실을 말하게 된다는 것을 알고 있으며 피의자의 변호사에게 타인의 비밀을 보장케 하는 제도나 피고인이나 증인을 분리심리하는 장치도 그와 같은 관점에서 생긴 것으로 보아지기 때문입니다. 따라서 피고인들이 진정 성립을 인정하고 있고 또한 진정 성립이 인정되는 검사작성의 피고인들에 대한 각 피의자신문조서는 각 피고인들 상호 간의 범행과정이나 그 내용에 있어 일관성이 있을 뿐 아니라, 피고인들의

당 공판정에서의 진술보다 더욱 논리적이고 경험 측에 부합하는 것이므로 당연히 본건 증거로 될 수 있다 할 것입니다.

(2) 압수된 각종 불온책자
피고인들의 당 공판정에서의 부인에도 불구하고 피고인 이태복이 발간한 각종 책자 및 다른 피고인들이 구입하거나 복사하여 소지하고 있다가 압수된 서적 등은 대부분 공산주의 혁명가 또는 동 이론가 내지 신봉자들이 공산주의를 선전하거나 동 혁명을 선동하는 책자들로서 그 소지목적이 바로 사회주의 내지 공산주의 이론 내지 그 혁명실천 등을 위함이었다는 것을 무엇보다도 여실히 증명하고 있습니다. 당 공판정에서 증언한 증인 임종철은 서울대학교 상과대학 교수로서 경제학을 전공하고 있음에도 불구하고 본건책자 중 이를 탐독한 것은 2권에 불과하다고 증언하고 있습니다. 대학교수가 전문분야에 속하는 책자를 2권밖에 읽어보지 못하였다는데 반해 이제 30세를 갓 넘었거나 아직 대학에 재학 중인 피고인들이 수십 권에 달하는 본건 불온서적 등을 구입하여 소지하고 있다는 것도 문제려니와 이를 탐독하고 교양이라는 명목으로 다른 사람들에게 전파한 것은 그 저의가 어디에 있다고 보여지겠습니까.

(3) "전민학련" 회칙 내용
나중에 말씀드리는 바와 같이 원래 "전민학련"의 회칙은 조직의 보안을 유지하기 위해 피고인들의 목표를 은폐, 위장시켜 제정하고 있음에도 불구하고 그 내용을 살펴보면 공산주의 조직, 투쟁이론 등이 산재해 있음을 엿볼 수 있습니다. 즉,

(가) 동 회칙 제2장 제5조 회원의 의무란 제1항에는
"독재정권 타도를 위한 합법, 비합법, 반합법, 투쟁에 헌신한다"
"선전, 선동 시위 등의 모든 수단을 동원하여 독재체제의 본질을 폭로하고 독재체제에 대한 학생대중의 적개심을 고취하여 반독재투쟁에의 길을 인도한다"라고 규정하고,
동 제12조에는 "전국 규모의 투쟁을 단계적으로 수행하고 결정적 시점에 총력전을……"이라 규정하고 있으며
동조 제3항에는 "각 지회는 전투요원의 양성과 대중동원을 위해…"라고 규정하고, 제38조 지반의 활동란 제3항에는 "전쟁세포의 핵이 되어 투쟁에 학생대중을 동원한다"
고 규정하여 투쟁의 방법 등을 열거하고 있는바, 그중 "비합법" "전투" "전쟁세포" "대중동원" 등은 바로 동 전민학련의 목표가 비합법적인 방법으로 일반대중까지 동원시켜 전쟁까지

하겠다는 것으로서 그와 같은 투쟁은 바로 사회주의혁명전쟁이라 보지 않을 수 없고, 이는 북괴 김일성이 "혁명가들은 모든 투쟁형태에 다 준비되어 있어야 하며 정치투쟁과 경제투쟁, 폭력투쟁과 비폭력투쟁, 합법투쟁과 비합법투쟁 같은 여러 가지 투쟁형태와 방법을 옳게 배합하여 혁명운동을 실속있게 발전시켜나가야 한다"고 주장하는 말과 같으며(김일성 저작선집) "모든 수단을 동원하고… 본질을 폭로…" 운운하는 것은 바로 레닌이 "조직활동의 기본적 내용 중 초점은 가장 광범한 대중을 대상으로 한 정치적 선동이다""전면적 정치적 폭로야말로 대중의 혁명적 적극성을 배양하는 데 필요한 기본적 조건이다(레닌의 "무엇을 할 것인가"에 수록)라고 하는 말과 상응하는 것이고 "결정적 시기"라는 것도 공산주의자들의 상투어로서 이는 레닌이 대중이 변혁을 요구하고 지배계급이 정치위기에 빠져 있을 때를 결정적 시기또는 혁명의 시기로 보는 것과 (레닌의 공산주의에 있어서의 소아병론) 같은 말이며

(2) 또한 동 회칙 제5조 회원의 의무 제5항에는 "…조직의 노출은 자살행위임을 명심하고 조직노출을 막기 위한 보안책을 강구하고…"라 하고 동 제6항에는 "사조직은 용인할 수 없으며 구성원의 모든 활동은 조직에 의해 통제된다"라고 규정하고, 제13조 1항에는 "각 조직구성원은 상부 및 동급조직의 존재를 알지 못해야 한다"라 하고

동 제19조 1항에는 "전민학련의 회칙도 중앙위원만이 열람할 수 있다"라고 하고 동 제21조에는 "각 지회의 구성원은 다른 지회의 존재를 알지 못해야 한다"고 규정하는 등으로 철저한 비밀조직, 차단조직과 조직의 절대성을 강조한 것은 레닌의 "프로레타리아 또는 권력획득을 위한 투쟁에 있어서 조직 이외는 아무런 무기가 없다"(1보 전진, 2보 후퇴) "유일하고 진지한 조직원칙은 가장 엄격한 비밀활동…"(무엇을 할 것인가)이라는 말과 역시 상통하는 것으로서, 동 연맹의 반국가적 성격을 여실히 나타내주고 있는 것이라 하지 않을 수 없읍니다.

(4) 관련 피고인 등의 진술

그러나 본건 반국가단체성에 대하여는 관련 피고인등의 구체적 진술 등을 종합해볼 때 더욱 명백해진다 할 것입니다. 즉,

(가) 피고인 이태복이 동 이선근을 교양하는 과정에서, 이태복의

ㄱ. "자본주의사회는 생산의 사회성에 반하여 사적소유의 양식으로 인한 모순이 있으므로 이를 타파하기 위하여는 노동운동이 중요하고 학생집단은 문제해결집단이 아니고 문제제기집단에 불과하며 문제해결집단은 결국 노동자집단이다."

"우리나라와 같은 대간첩작전용 타격대가 있는 사회에서는 일본의 적군파, 독일의 바더,

마인호프 등 극좌 테러단체의 테러이론은 불가능하며 우리는 먼저 학생운동의 과정을 통하여 구체적인 힘의 역학관계를 과학적으로 파악하는 능력을 키우고 그 과정 속에서 지식인의 관념성, 낭만성을 극복하면서 학생운동을 함으로써 끊임없이 문제가 제기되게 하고 사회가 활성화하기 때문에 학생운동자가 사회운동, 즉 노동운동, 농민운동, 소시민운동을 극대화시켜 민중운동을 유도하여야 하고 그와 같은 과정을 거쳐서 궁극적으로는 사회주의국가를 건설할 계기를 마련하여야 한다"

"학생집단은 문제제기집단인데 학생운동을 사회운동처럼 잘못 인식하는 성향이 있는데 이는 틀린 것이며 학원에서의 반미구호는 일반대중으로부터 고립될 우려가 있기 때문에 아직은 동 구호를 외칠 때가 아니다"

"기회주의, 모험주의, 패배주의는 원래 하나의 뿌리이고 그 형제이며 5. 17사태는 선진독점의 지배강화를 위하여 그동안 국민들의 원성의 표적을 제거하고 새로운 체제를 출범시킨 것에 지나지 않는데 광주사태로 인해 아까운 인명이 죽어갔지만 우리는 그 죽음의 의미를 곰곰이 생각하여야 하며 대중의 운동기반이 없어 열매를 걷어들일 수는 없고 의식화된 지식인들이 현장에 들어가 기반구축을 해야 한다"

"사회 각 집단은 각기 독자적인 운동목표와 운동전략을 가져야 하고 학생집단은 그 의식의 동질적 토대가 다른 집단보다 강한 세력을 갖고 있으나 생산력에 있어서는 국가독점적 성향이 있고 생산관계에 있어서는 반봉건적 제도의 잔재가 남아 있으므로 소외계층인 노동자들을 의식화하여 운동의 주집단으로 하고 학생들을 보조집단으로 하여 운동전략을 구성해야 한다"는 진술

ㄴ. 동 이선근의 이에 부합하는 각 진술

(나) 피고인 이태복이 동 이선근에게 학생조직 지시를 하면서 이태복의

ㄱ. "그저 막연히 의식화하여야 한다는 것은 과학적이 아니고 의식화된 민중의 조직 없이는 사회주의혁명이 불가능하다. 그 예로서 광주사태를 보면 아는데 그 엄청난 시민항거에도 불구하고 그것이 조직화되지 않아 1주일도 못되어 진압되어 버리지 않았는가"

"모든 세력이 정권타도에 규합되어 있지 않으면 안 되고 기본역량으로서 노동자집단이 중심으로 이루어져야 하며 학생집단은 문제제기집단으로서 보조적인 역할도 중요하니 내가 소개하는 사람들을 근간으로 하여 학생조직을 하되 인맥, 성향 등을 재평가하여 선임하라"

"남민전은 60만 군부와 경찰, 미국의 배경 등 매판세력에 대항할 수 있는 민중의 기반 없이 소수 지식인만이 모여 사회주의를 표방한 지식인 운동체를 만든 모험주의 때문에 실패했고

김대중 등 국민연합은 10. 26이라는 우발적 사태를 이용하여 정권을 잡으려 한 기회주의자이니 새로운 학생운동은 이러한 모험주의, 기회주의를 탈피하여야 한다"

"우리의 투쟁목표는 정권을 잡는 것이 아니라, 혁명토대를 닦는 기본적 작업이 필요하다"는 등의 진술 및

ㄴ. 동 이선근의 이에 부합하는 진술

(다) 피고인 이태복의 "전민노련" 조직과정에서 동 피고인의

ㄱ. 피고인 양승조에 대한

"사람들이 사회와 자연에 대해 어떻게 보느냐 하는 것은 크게 두 가지로 볼 수 있는데 하나는 신이나 절대의지에 의해 세상을 보는 것이고 하나는 물질에 의해 자연과 사회가 발전한다고 하는 견해이다. 철학적으로는 전자를 관념론이라 하고 후자를 유물론이라 하는데 노동자의 입장에서 볼 때 생산품이 만들어지는 것은 신이나 절대의지에 의해서 만들어지는 것이 아니고 노동자가 노동을 함으로서만이 물건이 만들어진다는 것은 우리가 다 알 수 있는 사실이므로 유물적으로 생각하는 것이 옳다"

"봉건제사회에 살던 사람들이 자본주의사회가 되리라고 꿈에도 생각지 못했던 것처럼 자본주의사회에 살고 있는 우리가 어떻게 변하리라고 예측할 수 있는가"

"그러나 20세기 인류역사의 지평에는 사회주의사회가 도래하였고 자본주의, 사회주의사회로 나뉘어져 있다"는 등의 유물론, 사회주의 찬양진술

ㄴ. 공소 외 이상록에게 대한 전항같은 진술 및

"우리나라 현 단계의 역사발전은 생산력에 있어서는 관료국가독점의 현상이 사회적 관계에 있어서는 반봉건적 유래가 온존하고 있는 사회이므로 노동자를 중심으로 한 노동운동을 전개하여 노동삼권을 확보하고 그 후 억압과 착취가 없는 사회를 건설하여야 한다"

"노동자를 중심으로 한 민중혁명은 지식인들끼리 단순히 노동자를 선동하여 달성되지 않는다"는 진술

ㄷ. 피고인 신철영에 대한

"자본주의 경제의 모순을 극복하기 위하여는 우선 광범위한 노동자를 노동조합으로 조직하여야 하는데 우리나라 노동의 조직율은 15%에 지나지 않고 그것도 유명무실한 실정이니 운동을 추진할 주체세력을 노동삼권의 요구, 최저임금제 실시 등을 운동 내용으로 갖는 비공개의 조직으로 조직화할 필요성이 있으며 그 조직을 통하여 노동자를 노조로 결합시켜 강력한 조직적 토대를 구축하여야 하며 그 이후에 노동자를 중심으로 한 민중정권을 수립하여 선

진독점의 지배로부터 민족적 이익을 옹호하고 국내의 매판적 독점과 그 정권으로부터 민중을 해방시켜 나가야 한다"는 진술

ㄹ. 피고인 김철수에 대한

"우리나라는 객관적 조건으로는 노동관계법의 악화가 해외의존적인 경제구조의 심화로 나타나고 주체적 조건으로는 전근대적인 노사관, 소시민적 보수성이 지배적이기 때문에 노동자를 중심으로 한 민주노동운동이 전체 민중해방운동에 있어서 지도적 입장을 가지고 노동삼권의 요구와 같은 반합법적 운동 내용을 비공개의 조직형태로 전개하여야 하고 그 과정에서 노동자를 의식화시키고 선진독점의 지배로부터 민족적 이익을 옹호하고 자본과 노동 사이의 기본모순을 해결하는 운동으로 전환시켜야 한다"는 진술

ㅁ. 피고인 송영인에 대한

"자본주의사회는 반드시 제국주의화하고 특히 후진국에서는 선진제국주의와 결탁한 매판자본가 매판관료, 매판군부를 탄생시킨다"

"이 팟쇼집단은 이익증대를 위해 독재화하지 않을 수 없는데 결과적으로 근로대중만 착취와 수탈을 당하고 있다. 그러나 조합운동가는 개량주의에 빠질 위험이 많으므로 이들을 직업적 혁명가에 의하여 지도되어야 한다. 따라서 대정부 투쟁운동은 폭력적일 수밖에 없으며 이는 부르죠아 혁명의 단계와 프로레타리아 혁명의 단계를 밟게 된다. 사회주의는 프로레타리아 혁명의 단계에 있는 사회로서 중요한 생산수단의 공유와 생필품 등의 사유가 허용되고 평등이 보장되므로 노동자, 농민이 잘살수 있는 사회주의국가가 건설되어야 한다"

"폭력적 혁명의 힘은 결국 대중조직에서부터 나올 수밖에 없다. 따라서 우리는 현장운동을 하여야 한다"

"자본주의는 제국주의 단계를 거쳐 필연적으로 사회주의로 이행한다. 자본주의의 기본모순은 자본과 노동이나 중요한 모순은 제국주의와 노동이다"

"제국주의는 자본주의의 최후단계로서 후진제국의 팟쇼집단과 결탁하여 신식민주의를 형성하며 현 단계는 반제, 반팟쇼운동의 단계이며 이는 노동자, 농민을 핵심으로 하고 학생, 지식인, 중소자본가를 포함하는 광범위한 통일전선을 결성함으로써 가능하나, 이 통일전선은 직업적 혁명가에 의해 지도되며 이 전위조직은 결정적 시기가 되면 민중봉기를 일으켜 폭력적으로 혁명을 성공시켜 사회주의국가가 건설된다. 전위조직은 점조직으로 이루어지며 직업적 혁명가는 노동자, 농민을 지도하여 올바른 혁명성을 기초로 대중의식을 불안케 하여 조직을 확대시키고 민중봉기를 일으키게 하는 것이다.""사회주의국가 건설을 위한 혁명을 성공시키기 위해서는 조직과 자금이 필요하다. 직업적 혁명가는 전위조직을 만들고 노동자, 농민

을 핵으로 하는 학생, 중소자본가 지식인 등을 포함한 광범위한 통일전선을 구축하여 반팟쇼 투쟁을 하여야 하고 이 통일전선은 전위조직의 지도를 받는다. 이 조직을 위한 자금을 그 지지세력들로부터 지원받을 수도 있으나 필요하면 은행강도라도 하여야 한다. 그리하여 팟쇼집단의 경제체제를 뒤흔들고 세력을 약화시켜 우리의 전력을 증강하는 것이다"는등의 레닌의 직업적 혁명가에 의한 볼셰비키 혁명이론 및 통일전선 전술과 공산주의 혁명 투쟁방법의 교양에 관한 진술

ㅂ. 피고인 송병춘에 대한

"현 단계에서의 노동운동을 노동조합 중심운동, 점진적 민주노동운동, 혁명적 노동운동으로 분류할 수 있는데 어떤 운동권에서의 일이 올바르다고 생각하는가"

"남민전은 우리에게 좋은 경험을 갖게 한다. 대중조직의 힘이 없는 상부조직만으로는 어떤 싸움도 올바르게 유도해내지 못한다"는 진술

ㅅ. 피고인 최규엽에게 "계급투쟁의 원리를 해명하고 자본주의 및 제국주의의 모순에서 공산주의가 필연적으로 승리한다는 내용" 및 "공산주의 혁명실천의 필요성, 정당성"에 대해 기술한 모택동의 "모순론"과 "실천론" 복사물을 교부하였다는 진술

ㅇ. 위 양승조에게 노동자들에게 반자본주의적 계급투쟁의식을 포기케 하고 공산주의 노동자들의 선동문구인 물화론을 인용하여 노동운동을 선동하는 내용의 "노동의 철학" 유물사관에 입각한 역사분류법의 입장에서 노동의 변천과정을 저술한 "노동의 역사" 공산주의 교리에 따른 계급의식과 계급투쟁을 고취시키고 피억압자의 조직전술을 소개하여 민중운동을 선동하는 내용의 "민중과 조직" 책 각 1권을 교부하였다는 진술

ㅈ. 부산에서 공소 외 송병곤, 동 이호철, 동 노재열 등에게 대중조직 운동의 전위적 활동으로서 각 조직에 침투하는 방법과 이를 선동, 선전하면서 실천적 유물론을 주장하는 일본 마르크스주의자 미우라 쓰도무의 "대중조직의 이론과 실제"라는 책자로 교양하였다는 진술

ㅊ. 이에 각 부합하는 위 양승조, 동 신철영, 동 김철수, 동 송영인, 동 송병춘, 동 최규엽 등의 각 진술

(라) 피고인 이선근이 "전민학련"을 조직하는 과정에서 동 피고인의

ㄱ. 상 피고인 이덕희에 대한

"학생운동은 문제제기집단으로서의 운동이고 문제해결은 역시 노동자가 주가 되고 농민, 소시민, 의식화된 일부 학생들로 조직된 민중집단이 하여야 한다"

"앞으로 학생운동이 내실있는 투쟁이 되어야 하고 현 정부는 정치적 탄압과 경제적 수탈이

강화될 것이니 끈질기게 투쟁하면 현 정권을 타도하고 사회주의혁명을 이룩할 수 있으니 같이 조직활동을 하자"는 진술

ㄴ. 공소 외 박성현에 대한

"현 정부는 정치적 탄압과 경제적 수탈을 강화할 것이 예상되므로 끈질기게 투쟁하면 현 정부를 타도하고 사회주의혁명을 할수 있으니 조직활동을 같이하자"

"우리들이 추구하고 있는 사회주의혁명은 시기적으로 대중이 경제적 수탈을 당하고 합법적 통치가 불가능하며, 정치적 탄압이 가중되고 있을 때이다"는 진술

ㄷ. 위 이덕희, 박성현, 상 피고인 홍영희에 대한

"앞으로 대정부항쟁 및 사회주의혁명을 위한 학생노동의 조직을 구성하는 데 참가할 예비그룹을 조직했다"는 진술

ㄹ. 상 피고인 박문식에 대한

"현재 우리의 목표는 학생운동을 조직화하여 대정부 항쟁세력으로 성장시켜 학원의 민주화를 달성하고 대중을 동원하여 폭력혁명으로 사회주의국가건설을 하는 데 있다"

ㅁ. 위 이덕희, 동 박성현, 동 박문식, 동 홍영희에 대한

"우리 조직은 의식화를 통해 학원의 민주화와 전 조직을 장악하고 이에 의식화된 조직원을 현장에 침투시켜 일반대중을 의식화하여 동 조직을 동원, 민중봉기를 유발시켜 사회혼란을 조성하고 폭력혁명을 하여 사회주의국가를 건설하는 것이다"

"우리 조직에 대한 회칙은 당초 보안이 누설될 시 조직원의 희생을 염려하여 제정치 않으려고 하였으나 회칙이 없을 경우 조직원에 대한 구속력을 행사할 수 없고 조직에 대한 기준이 없어 이를 제정하는 것이 좋겠으나 보안상 전문에는 학원의 민주화, 광주사태, 정치적 탄압을 강조하여 합법성을 가장하여야 한다"

면서 공산주의 혁명 실현방법으로서의 침투전술 및 조직의 목적을 위장한 회칙제적의 교양에 대한 진술

ㅂ. 제20차 중앙위원회에서 각 중앙위원들에 대한

"싸움의 목적은 학생운동을 통하여 민중봉기를 일으켜 사회주의혁명을 해야 한다는 신념을 사전 주입시켜야 하고 양상은 소극적이 아닌 적극적 방법으로 특수화 해야 한다"는 진술

ㅅ. 상 피고인 최경환, 동 손영인, 공소 외 이한주, 동 문은희등 예비그룹원들에게

"사회사상사" "세계 철학사" 등의 책자로 합리론과 경험론의 부당성 및 유물론의 우위성, 막스의 유물론적 변증법, 사회주의 기본지식 등을 교양하였다는 진술

ㅇ. 상 피고인 이종구, 공소 외 김연기, 동 김철, 동 이연미 등 예비그룹원들에게 같은 교양

을 했다는 진술

ス. 위 박문식, 동 이덕희, 동 홍영희, 동 박성현, 동 최경환, 동 손형민, 동 이한주, 동 문은희, 동 이종구, 동 김연기, 동 김철, 동 이연미 등의 이에 부합하는 각 진술

(마) 피고인 박문식이 위 최경환, 동 손형민, 동 이한주, 동 문은희 및 동 이종구, 동 김연기, 동 김철, 동 이연미 등 각 예비학습그룹에 대해 이 에이취 카의 "러시아 혁명사" 책으로 교양하는 과정에서

ㄱ. "레닌은 대중운동이 대중의 자발성에 기초하는 것이 아니라 혁명적인 인테리겐챠에 의하여 선도되어야 한다고 주장하였으며 우리도 이와 같은 레닌의 적극적이고 철저한 삶을 배우고 그 이론을 학생운동조직에 흡수, 종용하여 볼셰비키와 같은 중앙집권적 조직으로 확대 강화해나아감으로써 학생운동이 팟쑈체제 타도에 선도적 역할을 해야 할 것이다"

"멘셰비키 이론은 당시 러시아의 특수상황을 제대로 파악하지 못하고 마르크스의 도식적인 혁명이론 즉 사회주의국가건설에 이르기 위하여는 먼저 부르죠아 민주혁명을 거친 후 상당한 기간이 지나 자본주의가 종말 단계에 이르러야 비로소 제2단계인 프로레타리아 혁명이 가능해진다는 이론에 집착하고 있었음에 반해 볼셰비키는 당시의 러시아가 경제적으로 이미 상당한 자본주의 단계에 있었으므로 부르죠아 혁명단계를 거쳐 바로 프로레타리아 혁명단계로 진입할 수 있다고 주장하였는데 역시 볼셰비키의 이론이 옳았으며 우리 현실에도 이를 적용해볼 때 학생들이 추진하고 있는 반팟쑈 민주혁명이 이루어지면 바로 제2단계인 사회주의 혁명으로 이어질 것이다"

"우리나라에도 제1단계로는 노동자, 농민, 학생, 대중이 반파쑈 투쟁을 전개하여야 할 것이고 그 후 제2단계로 반제국주의 투쟁을 하는식으로 구분하여 행해져야 할것이며 이를 위하여는 자연발생적인 시위만으로는 부족하고 탄압을 견디면서 대중적 운동으로 발전시키기에 충분한 조직체가 있어야 한다"

"한국에서의 반팟쑈투쟁은 학생, 노동자, 농민은 물론 소시민이나 일부 관료까지 참가할 것이며 반독재투쟁이 치열해지면 반제국주의투쟁은 당연히 이루어질 것이고 경우에 따라 미군이 개입하거나 북한이 혁명수출을 위해 개입할 가능성도 없지않다"

"반제국주의 투쟁단계에서는 한편으로는 매판정부, 매판자본, 고급군인들이 결합할 것이고 다른 한편으로는 노동자, 농민, 하급군인, 의식화된 학생들이 결합하여 상호 투쟁할 것인데 이 투쟁에서 후자가 승리하면 사회주의체제로 이행될 것이다"

면서 레닌의 직업적 혁명가에 의한 볼셰비키 혁명이론 등을 교양하였다는 진술

ㄴ. 위 최경환, 동 손형민, 동 이한주, 동 문은희, 동 이종구, 동 김연기, 동 김철, 동 이연미 등의 이에 부합하는 각 진술

(바) 피고인 이덕희의

ㄱ. 상 피고인 이선근으로부터 사회주의혁명을 같이하자는 제의 및 위장회칙 작성에 대한 제의를 받고 이에 동조하였다는 진술

ㄴ. 동인규에 대한

"의식화되지 못한 일반대중을 학생이 기폭제가 되어 대중폭동을 일으켜야 하며 그렇게 하기 위하여는 학생운동이 확산되어야 하고 폭동화되어야 하며 한국은 부르죠아 혁명과 사회주의혁명이 단계적으로 일어나는 것이 아니라, 연속적으로 일어나야 가능하다"고 한 진술

ㄷ. 위 이선근 및 동인규 등의 이에 부합되는 각 진술

(사) 피고인 홍영희의

ㄱ. 위 이선근으로부터 사회주의혁명을 위한 학생조직을 함께하자는 제의와 조직원칙에 보안을 고려하여 목적을 은폐하자는 제의 등을 받고 이에 동조하였다는 진술

ㄴ. 위 이선근의 이에 부합하는 진술 등을 보면 피고인 등은 혁명적 방법으로 사회주의국가를 건설하기 위해 단체를 구성하였거나 구성하려 하였다는것이 틀림없습니다.

(5) 이상의 증거에 증인 홍성문, 동 임종철의 당 공판정에서의 각 증언, 검사작성의 참고인 김정신, 동 이우암, 동 선경식, 동 우명숙에 대한 각 진술조서 및 내외정책연구소 작성의 불온서적 감정분석서, 위 박성현에 대한 군법회의 재판기록 사본, 압수된 증 제31-33, 제40-44호의 각 회칙, 회의록 각 기재내용 등을 종합하면 본건 "전국민주학생연맹"은 국가를 변란할 목적으로 공산계열의 노선에 따라 활동하는, 반국가단체임이 명약관화하고 "전국민주노동자연맹"은 피고인 이태복이 구성원들로부터 동조를 얻지 못한 채 동 단체의 성격을 변질시키려 하던 중 적발됨으로써 미수에 그친 사실을 입증하고도 남음이 있다 할 것입니다.

2. 피고인 이태복

1. 공소사실 개요

피고인 이태복은 이미 언급한 바와 같이 사회주의혁명을 성공시키기 위하여는 먼저 의식

화작업을 하여 학생집단과 노동자집단이라는 전위조직을 구성한 다음 학생집단은 문제제기집단, 보조집단으로서 사회혼란을 조성하고 노동자집단은 문제해결집단, 주체집단으로서 현 정부를 타도하고 사회주의혁명을 완수시킨다는 구상하에

가. 학생집단은 보안유지, 학생운동의 순수성 가장이라는 목적에서 직접 조직의 전면에 나서지 않고 동 혁명사상을 주입시켜오던 상 피고인 이선근으로 하여금 조직케 한 후 본건 검거 시까지 10여 회에 걸쳐 동인과 회합하면서 조직활동 상황에 대한 보고를 받고 지시사항을 전달하면서 함께 부산으로 가서 조직확산을 기도하는 등으로 동 "전민학련"을 배후에서 조종하여 그 수괴로서의 임무에 종사하는 한편,

나. (1) "전민노련"은 그 구성원들에게 그 목적을 숨긴 채 자신이 직접 조직하고
(2) 동 중앙위원인 상 피고인 양승조, 동 신철영, 동 김철수 및 하부조직원 또는 예비그룹인 동 송영인, 공소 외 송병곤, 동 이호철, 동 노재연 등에게 공산계열의 활동을 찬양, 고무하는 등으로 동 단체의 목적을 사회주의혁명으로 변질시키려 하였으나 그 목적을 이루지 못하고 미수에 그치고

다. 위 이선근에게 경비 명목으로 금 50,000원을 제공하고

라. 각 반국가단체를 이롭게 할 목적으로,
(1) 공산주의 노동자 선전문구인 "물화론"을 인용하고 공산주의자들의 말을 다른 문구로 은폐시키면서 이를 선전하고 있는 "노동의 철학" 등 불온책자 12종 2만여 권을 제작, 반포하고
(2) 막스의 자본론과 레닌의 제국주의론에 입각하여 종속이론을 전개한 공산주의 교조이론 학습서인 일본 유아사 다케오의 "제3세계의 경제구조" 등 불온책자 유인물 등 8종을 소지하고
(3) 모택동의 "모순론" "실천론" 복사물을 반포하고

마. 계엄당국의 허가 없이 상 피고인들과 집회하였다는 것입니다.

2. 증거요지

가. (1) 본건에 대해 피고인은 각 집회 및 회합사실과 금품제공사실에 대하여는 경찰이래 당 공판정에 이르기까지 전부 자백하고 있고 각 관련 피고인들이나 공소 외인들의 진술도 이에 부합하고 있으므로 문제가 되지 않는다고 생각됩니다.
(2) 다만 위 회합 및 금품제공이 반국가단체의 구성원과 이루어진 것인가의 여부 및

위 양승조 등에 대한 찬양, 동조의 점에 대하여는 이미 반국가단체성 판단에서 언급한 바와 같으므로 이를 재론치 않기로 하겠으며

(3) 여기서는 피고인이 위 전민학련의 수괴로서의 임무에 종사하였는지의 여부와 본건 불온책자 등에 대한 증거요지만 말씀드리겠습니다.

나. 반국가단체의 "수괴" 여부

본건에 대하여도 피고인은 수사기관에서의 일관된 자백을 번복하고 당 공판정에 이르러 이를 부인하고 있습니다. 그러나 본건은 피고인의 사상, 활동 목적과 방법, 구체적 행위 등을 종합하여 판단해야 할 문제라고 생각합니다.

(1) 우선 피고인은 공산주의사상을 포지하고 동 혁명을 위해 상 피고인 이선근을 시켜 "전민학련"을 조직하고, 직접 "전민노련"을 조직한 것은 이미 언급한 바와 같고

(2) 동 목적을 위한 의식화작업의 일환으로서 불온서적 등을 제작 출판한 사실은 경찰이래 당 공판정에 이르기까지 피고인이 자백하고 있으며

(3) 위 이선근이 전민학련을 조직한 후에도 본건 검거 시까지 계속 10여 회에 걸쳐 동인으로부터 보고를 받고 지시를 한 사실에 대하여는 검사작성의 피고인 이태복 및 동 이선근에 대한 각 피의자신문조서에 의해 그 증명이 충분합니다. 그렇다면 결국 위 "전민학련"은 피고인의 사회주의혁명사상의 일환으로 조직된 것으로서 동 단체구성을 지시하였던 것이고 이를 조직한 위 이선근으로부터 계속하여 보고를 받고 지시를 한 것은 그 배후에서 이를 조종하는 수괴의 임무에 종사한 것이라 보지 않을 수 없을 것입니다.

다. 불온책자여부

본건 압수된 책자 등이 국외 공산계열의 활동을 찬양, 고무하는 등의 소위 불온성에 대하여는 증인 홍성문, 동 임종철의 당 공판정에서의 각 증언, 피고인의 당 공판정에서의 일부 부합하는 진술, 검사작성의 피고인에 대한 피의자신문조서 내외정책연구소 작성의 불온서적 감정 분석서 각 기재내용 및 압수된 본건 각서적, 유인물 등의 내용등을 종합하면 그 증명이 충분하다 할 것입니다.

3. 피고인 이선근

1. 공소사실 개요

피고인에 대한 공소사실을 요약하면 피고인은

가. (1) 전시 반국가단체인 "전민학련"을 조직 구성하여 중앙위원으로 취임, 활동하는 등
으로 그 지도적 임무에 종사함과 동시
(2) 동 구성원인 각 중앙위원들 및 수괴인 위 이태복 등과 회합하고

나. (1) 동 조직활동을 위해 상 피고인 박성현, 동 이태복 등으로부터 금품을 수수하고
(2) 상 피고인 박문식에게 금품을 제공하고

다. 동 전민학련의 조직확대를 위해
(1) 상 피고인 송영인에게 성대생 2명을 소개하여 노동현장에 취업토록 알선하고
(2) 공소 외 이호철에게 부산지역의 조직을 지시하는 등으로 각 반국가단체를 이롭게
하고

라. 시위사건으로 피신 중인 위 이호철, 공소 외 김진모 등 범인들을 은익하고

마. (1) 공산주의 학습서인 "프랑쵸프"의 "사회사상사개론" 일어판 서적 등 불온책자 5권
을 취득하고
(2) "레닌의 철학노트"를 복사 제작하여 반포한 것이라는 데 있읍니다.

2. 증거 개요

가. (1) 피고인도 위 "전민학련"의 조직, 그 구성원과의 회합, 금품수수, 금품제공, 현장취
업자알선, 부산지역 조직지시 등의 각 사실과 범인은익의 점에 대하여는 수사기관이
래 당 공판정에 이르기까지 이를 전부 자백하고 있으나 다만 "전민학련"의 반국가단
체성에 대하여는 당 공판정에 이르러 검찰에서의 진술을 번복하여 이를 부인하고 있
읍니다.
(2) 그러나 이에 대하여는 이미 언급한 바 있으므로 동 반국가단체성을 전제로 한 위
각 범죄사실 등은 피고인의 자백과 관련 상 피고인들 및 참고인 등의 각 진술에 의해
그 증명이 충분합니다.

나. 또한 본건 책자 등의 불온성에 대하여는 위 각 증인들의 증언, 검사작성의 피고인에
대한 피의자신문조서 내외정책연구소 작성의 불온서적 감정분석서 각 기재내용 및 압

수된 서적, 유인물 등의 내용에 의해 그 증명이 충분하다고 봅니다.

4. 피고인 박문식

가. 공소사실 개요

피고인 박문식은 대학 입학 후부터 계속 체제에 대한 불만을 포지하고 각종 학생시위를 주동하는 한편 써클활동과 야학활동 또는 문제서적을 탐독하는 과정에서,

0. 역사는 생산력과 생산관계의 모순에서 빚어지는 계급투쟁에 의하여 발전한다는 이른바 유물사관을 신봉하게 되고

0. 그러한 사관에 입각하여 현재는 자본주의 모순이 극도에 달한 독점 자본주의, 제국주의 단계로 이 단계는 프로레타리아 계급혁명에 의하여 필연적으로 사회주의사회로 이행하게 되어 있으며, 특히 우리나라의 "근로대중"은 선진독점자본 및 국내 "매판집단"으로부터 이중의 착취를 당하고 있는 바, 그러한 모순을 오로지 사회주의혁명에 의하여서만 해결될 수 있다고 확신하고,

0. 사회주의를 실현하기 위한 구체적 방법으로는 학생 등 전위적 진보세력이 시위 등 방법으로 정치적 위기상황을 초래한 후 일반 대중의 가세를 얻어 폭력혁명으로 현 정권을 타도하고, 제2단계로 당시의 여건 여하에 따라 폭력혁명의 방법 또는 평화적 방법으로 사회주의국가를 실현해야 한다고 생각하는 등 반국가적 마르크스사상에 도취되어 있던 중,

   1980. 11. 중순경 상 피고인 이선근 등이 현 정권 타도 및 궁극적인 공산국가 실현을 목적으로 하는 문제제기집단으로서의 본건 학생조직을 한다는 사실에 접하자 그 목적이 평소 피고인의 사상과 일치하는 점에 적극 공감한 나머지, 즉각 이에 가담하여

0. 같은 달 하순경부터 1981. 2. 경까지 사이에 장차 조직의 구성원이 될 2개의 학습예비그룹 지도를 맡아 러시아의 공산혁명을 다룬 마르크스주의 사학자 이. 에취. 카의 "러시아 혁명사(볼셰비키 혁명)"를 교재로 여러 차례의 세미나를 개최, 동인 등을 좌경의식화하고,

0. 1981. 2. 27. 반국가단체인 전민학련 결성 시 중앙위원에 취임하여

0. 그 경부터 검거 시까지 20회의 중앙위원회에 참석, 그 구성원인 상 피고인 등과 목적

수행을 위해 회합하고,

0. 동 기간 중 전민학련 경인지부 집행위원장으로 17회에 걸쳐 집행위원회를 개최하는 외, 서울시내 각 대학의 시국불만 학생 다수와 끊임없이 접촉하여 학생시위를 유도하는 등 목적사항을 수행하여 반국가단체를 이롭게 하고,

0. 1981. 6. 13 경 레닌의 "철학노트"를 취득, 보관, 탐독함을 비롯하여 여러 권의 좌경 불온서적을 취득, 보관하여 북괴 등 반국가단체를 이롭게 한 것이라 함에 있읍니다.

4. 증거관계

0. 피고인은 경찰이래 검찰의 수사과정에 이르기까지
    * 자신의 적색사상
    * 예비학생그룹 지도내용
    * 전민학련의 구성목적
    * 기타 활동상황을 포함한 공소사실에 대하여 이를 모두 자백한 바 있읍니다.

0. 그러나 피고인은 당 공정에 이르러서는 다른 공동 피고인들과 말을 맞추어 자신의 사상 및 전민학련의 구성목적을 비롯한 몇 가지 주요한 내용을 부인하고 있는바,
    피고인이 위와 같이 주요사항을 부인하는 이유는 이태복, 이선근 피고인의 경우와 전적으로 같은 이유에서라고 보이므로 결국 그러한 이유로 피고인의 부인은 일종의 법정투쟁 방편으로서의 허위진술이라고 단정하지 않을 수 없읍니다.
    오히려
    * 피고인은 당 공정에서의 검찰 직접신문 시 검찰조사가 아무론 제약도 받지 않은 자유스러운 분위기하에서 임의로 이루어진 사실을 명백히 시인한 바 있어 검찰조서는 사안의 진상을 반영하는 가장 확실한 증거가 될 뿐만 아니라 공동 피고인에 대한 검찰조서 등과 모두어볼 때 그것만으로도 공소사실을 인정하기에 모자람이 없고, 나아가
    * 당 공정에 증인으로 나와 그 성립의 진정과 진술의 임의성, 신빙성을 증언한 바 있는 경찰 참고인 김연기, 이연미, 문은희, 김종삼, 조진원, 동인규 등의 자술서 및 진술조서 기재가 이를 강력히 뒷받침하고 있으며,
    * 압수된 증 40-52호의 증거물 및 불온서적 감정서, 증인 홍성문, 동 임종철의 증언 등에 의하면,

피고인에 대한 본건 공소사실은 그 증명이 충분하다 할 것입니다.

5. 피고인 이덕희

가. 공소사실 개요

피고인 이덕희에 대한 공소사실의 요지는
피고인은,

(1) (가) 전시 반국가단체인 "전민학련"을 조직 구성하여 중앙위원으로 취임함과 동시 이를 위해 활동하는 등으로 지도적 임무에 종사하고,
(나) 동 구성원인 각 중앙위원들과 회합하고,
(2) 동 조직확대를 위해 공소의 동인규를 포섭하고 상 피고인 민병두와 접선시키는 등으로 반국가단체를 이롭게 하고,
(3) 사회주의사상을 선전하고 쏘련을 찬양하고 있는 레오. 휴버만의 "인류의 개화" 등 불온서적 6권을 취득한 것이라는 데 있읍니다.

나. 증거개요

(1) (가) 피고인도 위 "전민학련"의 조직, 구성원과의 회합, 조직확대를 위한 활동사실에 대하여는 경찰이래 당 공판정에 이르기까지 전부 자백하고 있으나 다만 "전민학련"의 반국가단체성에 대해 검찰에서의 자백을 번복하여 공판정에서 이를 부인하고 있습니다.
(나) 그러나 이에 대하여도 이미 반국가단체성 판단에서 언급한 바 있으므로 이를 전제로 한 위 각 공소사실은 관련 피고인들 및 참고인들의 부합된 진술로서 그 증명이 충분하다 할 것입니다.
(2) 또한 본건 서적의 불온성에 대하여도 위 홍성문, 임종철 등의 증언, 피고인의 당 공판정에서의 일부 부합되는 진술, 검사작성의 피고인에 대한 피의자신문조서, 내외정책연구소 작성의 불온서적 감정분석서 각 기재내용 및 압수된 서적내용에 의해 증명이 충분합니다.

6. 피고인 홍영희

가. 공소사실 개요

피고인 홍영희는 1977. 이화여자대학교 사회학과에 입학한 이래 학내의 각종 반정부시위와 써클활동 및 독서과정을 통하여 체제비판 활동에 경도하는 일방 그 과정에서

0. 자본주의사회는 경제구조의 자기모순에 의해 "말기적 증세"인 제국주의로 이행하게 되고 그 모순의 극한점에서 프로레타리아 계급투쟁에 의해 필연적으로 사회주의사회로 넘어간다는 역사관을 신봉하게 되고,

0. 이러한 역사관에 입각하여 우리나라에 사회주의를 실현하기 위하여서는 제1단계로 노동자, 농민, 지식인 등이 광범위한 연합전선을 형성, 민중봉기로 현 "팟쇼정권"을 타도하는 "민족적 민주주의 혁명"을 수행한 후 제2단계로 그 혁명의 여세를 몰아 중요 생산수단의 국유화 등 사회주의 건설의 전제를 마련하고 궁극적으로 프로레타리아 지배를 실현하며 부르죠아 잔재를 철저히 배제하여 계급 그 자체가 소멸하는 이상사회를 건설하여야 한다고 확신하는 등 반국가적 마르크스사상에 도취되어 있던 중,
1980. 7. 초순경 상 피고인 이선근 등으로부터 본건 전민학련 구성작업에 가담할 것을 권유받고 이를 수락, 그로부터 1981. 2.에 이르기까지 상 피고인 등과 접촉하는 과정에서 동 단체가 현 정권 타도및 궁극적인 사회주의국가 실현을 목적으로 하는 반국가단체인 점을 확연히 지실하고도 자신의 평소 사상과 일치하는 점에 크게 공감한 나머지 적극 이에 가담하여,

0. 그시경부터 1981. 2. 경까지 사이에 그 결성작업을 모의 협력하고,

0. 1981. 2. 27. 반국가단체인 전민학련 결성 시 중앙위원에 취임하여,

0. 그 경부터 검거 시까지 19회의 중앙위원회에 참석, 그 구성원인 상 피고인 등과 목적 수행을 위해 회합하고,

0. 동 기간 중 이화여대 내에서 동조자 포섭 및 의식화에 주력하는 한편 1981. 5. 및 동년 6. 2회의 이화여대 학내시위를 배후조종하는 등 목적사항을 수행하여 반국가단체를 이롭게 하고,

0. 1979. 2. 경부터 1981. 3. 까지 사이에 파울로. 프레이저 저 "페다고지"를 비롯하여 7권의 좌경 불온서적을 취득, 탐독하여 북괴 등 반국가단체를 이롭게 한 것이라 함에 있읍니다.

4. 증거관계

0. 피고인은 경찰이래 검찰의 수사과정에 이르기까지

    - 자신의 적색사상
    - 전민학련의 구성목적
    - 기타 활동상황을 포함한 공소사실에 대하여 이를 모두 자백한 바 있읍니다.

0. 그러나 피고인 역시 당 공정에 이르러서는 다른 공동 피고인과 말을 맞추어 자신의 사상 및 전민학련의 구성목적을 비롯한 몇 가지 주요한 내용을 부인하고 있는바,

    피고인이 위와 같이 주요 사항을 부인하는 이유는 상 피고인이 이태복, 이선근의 경우에 언급된 바와 같은 이유라고 보이므로 결국 그러한 이유로 피고인의 부인은 법정투쟁 방편으로서의 허위진술이라고 단정하지 않을 수 없읍니다.

    오히려

    - 피고인은 당 공정에서의 직접신문 시 검찰조사가 아무런 제약도 받지 않은 자유스러운 분위기하에서 임의로 이루어진 사실을 명백히 시인한 바 있어 검찰조서는 사안의 진상을 반영하는 가장 확실한 증거가 될 뿐만 아니라 공동 피고인에 대한 검찰조서 등과 모두어볼 때 그것만으로도 공소사실을 인정하기에 모자람이 없고, 나아가 경찰 참고인 문은희, 검찰 참고인 김정신, 우명숙의 자술서 및 진술조서 기재가 이를 강력히 뒷받침하고 있으며,
    - 압수된 증 59호 내지 76호의 증거물 및 불온서적 감정서, 증인 홍성문, 동 임종철의 증언 등에 의하면,

    피고인에 대한 본건 공소사실은 그 증명이 충분하다 할 것입니다.

7. 피고인 신철영

가. 공소사실 개요

피고인 신철영에 대한 공소사실의 요지는

피고인은,

(1) 계엄당국의 허가 없이

"전민노련" 조직 등을 위해 동 단체에 관련된 상 피고인 등과 집회하고,
(2) 반국가단체를 이롭게 할 목적으로 공산주의 교조인 유물사관에 입각하여 자본주의 체제의 모순을 폭로하는 모리스. 돕의 "자본주의 발전연구" 등 불온서적 11권을 취득한 것입니다.

나. 증거요지
(1) 위 사실 중 계엄법위반의 점에 대하여는 피고인이 경찰이래 당 공판정에 이르기까지 전부 자백하고 관련 피고인들이나 참고인들의 각 진술도 이에 부합하여 문제가 되지 않는다고 보며
(2) 본건 서적 등의 불온성에 대하여는 증인 홍성문, 동 임종철의 당 공판정에서의 증언, 피고인의 당 공판에서의 일부 자백, 검사작성의 피고인에 대한 피의자신문조서, 내외 정책연구소 작성의 불온서적 감정분석서 각 기재내용 및 압수된 서적내용에 의해 그 증명이 충분합니다.

8. 피고인 김철수

가. 공소사실 개요
피고인 김철수에 대한 공소사실의 요지는
피고인은,

(1) 계엄당국의 허가 없이
동 "전민노련" 조직 등을 위해 동 단체에 관련 상 피고인 등과 불법집회하고,
(2) 반국가단체를 이롭게 할 목적으로 공산주의 혁명에 있어서의 노동조합 이론의 기초가 되고 적색 노조운동을 정당시 하는 일본공산당 중앙위원회 노동조합부 편집발행의 "레닌. 노동조합 이론과 운동" 중 "레닌과 노동조합론" 부분을 발췌 복사한 표현물 1권을 취득, 상 피고인 오상석에게 반포한 외 불온서적 3권을 취득한 것이라는 데 있읍니다.

나. 증거요지

(1) 위 사실 중 계엄법위반의 점에 대하여는 피고인이 당 공판정에 이르기까지 전부 자백하고 관련 피고인의 진술도 이에 부합하고 있으며

(2) 본건 서적의 불온성에 대하여는 위 각 증인 등의 당 공판정에서의 증언내용, 피고인의 당 공판에서의 일부 자백, 검사작성의 피고인에 대한 피의자신문조서, 위 내외정책연구소 작성의 분석서, 각 기재내용 및 압수된 서적내용에 의해 그 증명이 충분하다 할 것입니다.

9. 피고인 양승조

가. 공소사실 개요

피고인 양승조에 대한 공소사실의 요지는
피고인은,

(1) 계엄당국의 허가 없이
동 "전민노련" 조직 및 활동을 위해 동 단체에 관련 상 피고인 등과 불법집회하고,

(2) 위 "노동의 철학" 등 불온서적 3권을 취득하고,

(3) 공소 외 서재석, 동 김선주 등에게 위 "노동의 철학"을 교재로 하여 전후 8회에 걸쳐 교양하면서 동 책자내용에 있는 공산주의 선전, 선동이론인 "물화론" "변증법적 유물론" "반자본주의론" "계급투쟁론" "실천론" "레닌의 소아병론" 등을 교양하는 등으로 공산계열의 활동을 찬양, 동조한 것이라는 데 있습니다.

나. 증거요지

(1) 계엄법위반의 점에 대하여는
피고인이 당 공판정에 이르기까지 이를 전부 자백하고 있고 관련 피고인 등의 진술도 이에 부합하여 더 이상의 증명이 필요없다고 보여집니다.

(2) 또한, 본건 서적 등의 불온성에 대하여는 위 증인 홍성문의 당 공판정에서의 증언, 검사작성의 피고인에 대한 피의자신문조서, 위 내외정책연구소 작성의 분석서 각 기재

내용 및 압수된 서적내용에 의해 그 증명이 충분합니다.

(3) 찬양, 동조의 점에 대하여도

피고인은 검찰 및 당 공판정에 이르러서도 대체적으로 이를 자백하고 있고 증인 서재석, 동 김선주 등의 각 증언내용도 이에 부합할 뿐 아니라, 압수된 본건 책자에 대한 전항 불온성 인정사실 등을 종합하면 그 증명이 충분하다고 보여질 것입니다.

10. 피고인 박태연, 동 유해우, 동 김병구

가. 공소사실 개요

피고인 등은 모두 노동현장에서 주도적으로 노동운동을 해왔던 자들로서 노동착취로 인한 빈부격차의 양극화현상을 시정키 위해서는 노동자를 조직화, 의식화시켜 조직된 힘으로 대기업주 투쟁은 물론 대정부 정치투쟁으로 발전시켜야 한다는 생각으로 비밀지하단체인 전국민주노동자연맹을 결성 동 중앙위원이 되어 그 조직확대를 위한 활동을 하면서 계엄하에서 당국의 허가 없이 이태복 등과 같이 십수 회에 걸쳐 만나 동 연맹의 하부조직을 위한 세부지침 노동운동의 방향등을 논의하는 등 불법집회를 가져왔음.

나. 증거요지

피고인 등은 사법경찰 이래 당 공정에 이르기까지 불법집회 사실을 모두 자백하고 있고 또 각 피고인들의 자백이 상호보강 증거를 이루어 증거는 문제없다고 판단됨. 즉 피고인 등의 당 공정에서의 진술과 검사작성의 각 피의자신문조서, 상 피고인 이태복, 신철영, 김철수, 양승조, 노숙영 등에 대한 각 피의자신문조서 등에 의하면 그 증명이 충분함.

11. 피고인 송병준, 동 송영인, 동 노숙영, 동 박태주

가. 공소사실 개요

(1) 불법집회의 점

피고인 송병준, 송영인, 노숙영 등은 대학생들로서 노동자 농민을 해방시키기 위해서는 지식인들의 노동현장에 참여해야 한다는 생각하에 자신들의 신분을 은폐하면서까지 노동현장에 들어가 노동자를 의식화 조직화 시키고 비밀지하조직인 전국민주노동자연맹에 정회원으로 가입하여 이태복 등과 십수 회에 걸쳐 불법집회를 가져왔음.

(2) 국가보안법 등 위반의 점

피고인 등은 모택동의 "모순론" "실천론" 등 용공불온서적을 소지 탐독하고 또는 이를 교재로 세미나를 갖는 등 국외 공산계열의 활동에 동조하고 또는 국외 공산계열의 활동에 찬양 동조하여 반국가단체를 이롭게 할 목적으로 불온용공서적을 취득보관한 것임.

나. 증거요지

피고인 등은 사법경찰이래 당 공정에 이르기까지 위와 같은 불법집회를 하고 공소장 기재와 같은 책을 소지 탐독하거나 동 책자 내용을 이야기한 것은 사실이나 그러한 책자들이 불온용공서적이 아니라고 주장하고 있지만 위증인 홍성문의 당 공판정에서의 증언, 검사작성의 피고인에 대한 각 피의자신문조서, 상 피고인 이태복, 동 노숙연, 동 박태연에 대한 각 피의자 신문조서, 압수된 각 서적 각 내용 및 내외정책연구소 작성의 불온서적 감정분석서등에 의하면 그 증명이 충분함.

12. 피고인 최규열, 동 오상석, 동 엄주웅, 동 정경언

가. 공소사실 개요

(1) 계엄법위반의 점

피고인들은 비상계엄기간 중 각 당국의 허가 또는 당국에의 신고 없이 불법집회를 감행하여 계엄포고 제1호 1항 및 제10호 2항 가호를 위반하는 행위를 하였으며.

(2) 찬양, 동조의 점

피고인들은 각 노동계에 침투, 근로자들을 의식화, 조직화시키기 위한 방안을 모색키 위하여, 불온 공산주의 서적인 모택동 저 "모순론"과 "실천론" 및 저자미상의 "레닌과 노동조합론"을 교재로 수 회에 걸쳐 세미나 형식으로 학습하면서 동 서적에 기술해놓은 방법론의 논리정연성 및 우수성에 공감, 앞으로의 노동활동 방법에 참고토록 하는 등 각 국외 공산계열의 활동에 동조하여 같은 노선을 걷고 있는 북괴 등 반국가단체를 이롭게 하고.

(3) 표현물 취득의 점

피고인들은 각 그 점을 알면서도 수 권씩의 불온용공서적을 입수하여 탐독하는 등 반국가단체를 이롭게 할 목적으로 표현물을 취득하였음.

나. 증거요지

피고인들은 경찰 이래 검찰에 이르기까지 본건 범행 일체를 자백하였을 뿐 아니라 당 공정에서도 공소사실을 대체로 시인하고 있으므로 당 공정에서의 피고인 상호간의 진술과 상 피고인 이태복, 김철수의 진술 및 각 피고인의 자술서, 피의자신문조서 기재내용 등에 의하여 본건 공소사실은 그 증명이 충분하다 하겠음.

다만 피고인들은 당 공정에서 그들이 취득한 표현물의 불온성에 대하여 일부 부인하고 있는 듯하나 증인 홍성문의 당 공판정에서의 증언내용, 내외정책연구소 작성의 불온서적 감정분석서, 검사작성의 피고인들에 대한 각 피의자신문조서, 참고인 신은철에 대한 진술조서 각 기재내용 및 압수된 각 서적내용에 의하여 그 증명이 충분하다 하겠음.

13. 피고인 윤성구, 동 민병두, 동 김창기, 동 최경환, 동 김진철, 동 손형민, 동 이종구

가. 공소사실 개요

(1) 피고인들은 비상계엄기간 중 각 당국의 허가 또는 당국에의 신고 없이 불법집회및시위를 감행하여 계엄포고 제1호 1항 및 제10조 2항 가호를 위반하는 행위를 하였으며,

(2) 집회및시위에관한법률위반의 점
피고인들은 상호간의 공적, 횡적인 연계체계를 갖추어 81년도 1학기 서울시내 각대학의 시위를 배후조종하거나 이에 직접 참가하는 등 현저히 사회적 불안을 야기시킬 우려가 있는 시위에 참가하거나 이를 직접 주관하였음.

나. 증거요지

피고인들은 경찰이래 검찰에 이르기까지 범행 일체를 자백하였고 당 공정에서도 공소사실을 대체로 시인하고 있을 뿐 아니라 당 공정에서의 피고인들 상호간의 진술, 검사 및 사법경찰관 작성의 피고인들에 대한 각 피의자신문조서, 피고인들 작성의 각 자술서 및 상 피고인

박문식, 이선근 작성의 각 자술서, 참고인 김태환, 임상엽, 전상규, 김시향, 신상원, 이승무, 윤부철, 용원영, 김연기, 김종삼, 이동익, 김종찬, 이홍수, 김영봉, 김기대, 이창석, 조윤동, 백의숙, 신춘수, 김기태, 유연식, 허정수, 이주선 등의 각 진술서 및 자술서, 검사작성의 참고인 윤익수에 대한 진술조서, 사법경찰관 사무취급 및 검찰주사 작성 등의 각 수사보고서와 압수물의 현존 등에 의하여 본건 공소사실은 그 증명이 충분함.

제3. 정상론

1. 피고인 이태복

○ 피고인은 공산주의사회를 실현시키기 위해서는 첫째, 대중의 사회의식, 정치의식, 역사의식을 함양시키는 의식화작업을 하여야 하고 두째, 의식화된 활동가들이 사회의 저변을 넓히면서 각자 독자적인 운동기반을 형성한 다음 세째, 노동자들이 중심이 된 노동운동이 주가 되고 학생운동은 노동운동의 보조집단으로서 문제제기집단으로 행세하여 학생운동으로서 사회혼란을 조성한 후 노동자들이 주체집단으로 등장하여 폭력혁명으로 현 정부를 전복시키고 노동자, 농민, 소시민 등으로 구성된 민중정권을 수립하여 선진독점자본과 국내매판자본으로부터 민중을 해방시킬 사회적 조건을 창조해야 한다고 보고 동 의식화작업을 위해 출판사를 설립하여 각종 불온서적을 제작, 반포하고, 학생조직인 "전민학련" 노동자집단인 "전민노련" 등을 조직하는 한편 1979부터 1981.6. 까지 사이에는 직업혁명가를 자칭하면서 서울뿐만 아니라 부산에도 방을 빌려 광주, 대구 등 전국을 돌아다니면서 오로지 본건 조직작업 내지 목적달성을 위한 사회혼란에만 전력을 기울여온 나머지 이미 언급한 바와 같이 본건 반국가단체를 포함한 방대한 2개의 조직을 갖추고 1981. 봄 14건의 대학생 시위를 배후조종하는 등으로 그 의도한 대로 하나씩 계획을 진행시켜 나가면서 우리 국가를 상당한 위험 속에 빠뜨렸던 것입니다.

○ 또한 검찰 조사과정에서는 아무 제약 없는 상태에서 피고인 스스로 조서의 한자한자를 샅샅이 훑어보고 탈자, 오자까지 정정해가며 서명날인까지 하였음에도 불구하고 당 공판정에 이르러서는 공소사실을 일부 부인하는 등 법정투쟁을 하면서 개전의 정마저 전혀 보이지 않고 있는 것입니다.

○ 그러나 본건이 전적으로 피고인의 의도에서 이루어진 것이 밝혀진 만큼 그 책임에 대

하여도 그에 상응한 처벌이 뒤따라야 한다는 것은 두말할 필요가 없다고 할 것입니다.

2. 이선근

○ 피고인은 1976. 서울형사지방법원에서 긴급조치9호 위반 및 반공법 위반으로 징역 2년, 집행유예 4년의 형을 선고받은 전과가 있음에도 불구하고 반성함이 없이 다시 본건에 이르렀읍니다.

○ 더욱이 이번에는 사회주의혁명이라는 목적 아래 직접 "전민학련"이라는 반국가단체까지 구성하였을 뿐 아니라 위 이태복으로부터 조공을 받았다고는 하나 실질적으로는 피고인이 전부 조직한 것으로 사실상으로는 동 조직의 수괴나 다름없다고 보아야 할 것입니다.

사실 피고인은 학업은 완전히 포기한 채 불과 11개월이라는 기간 동안에 70여 회에 걸쳐 다른 사람들과 개별접촉하고 20회에 걸쳐서 위 "전민학련"의 중앙위원회를 주도하여 개최하는 등으로 조직활동을 이끌어나왔던 것입니다.

○ 그럼에도 불구하고 당 공판정에서는 주요부분을 부인하면서 신성한 공판정이 마치 피고인의 정치연설장인 것처럼 대담하게도 "광주의 피" "군인들의 총칼이 젖가슴을 찌르고"라는 등 극력한 반정부 발언을 주저없이 하면서 추호도 개전의 정을 보이지 않고 있으므로 피고인에게도 의당 그에 상응한 책임이 부가되어야 할 것입니다.

3. 피고인 박문식

○ 피고인은 5세 시 부친을 여의고 인쇄소 타자수로 일하는 모친 아래에서 빈한한 생활을 하며, 모친의 부양으로 세칭 일류대학에까지 들어갔읍니다. 그렇다면 피고인으로서는 응당 학업에 전념하여 건실한 사회인이 될 수련을 쌓음으로써 부모와 국가의 기대에 부응하였어야 할 것임에도 이와 반대로 자신의 불우한 처지를 체제의 잘못으로 돌리고 부모와 국가의 부름을 외면하여 버린채 자유민주주의를 전면 부정하는 반국가적 사상을 스스로 체내에 길러왔읍니다.

○ 피고인의 이와 같은 반국가적 사상은 본건 전민학련이라는 반국가단체와 조우함으로써 여지없이 그대로 표면에 드러났으며, 동 단체에 가장 늦게 뛰어든 피고인이 동 단체의 목적수행을 위하여 누구보다 많은 활동을 한 사실만 보더라도 피고인의 사상성향을 짐작하고도 남음이 있읍니다.

○ 전민학련의 조직확충이 주로 피고인의 손에 의하여 이루어지고 조직예비원의 의식과

학습도 직접 담당하였으며, 나아가 1981년도 봄 학기의 수많은 대학가 소요도 직접, 간접으로 피고인과 연결되고 있는 등 피고인이 전민학련이라는 조직에 기여한 정도는 실로 세인의 상상을 초월하는 것입니다.

○ 피고인에 대한 공소사실이 100여 항에 이르고 있는 점, 경찰조사과정에서 본건 당시 피고인은 잠자는 몇 시간을 제외하고는 오로지 이 조직을 위해 뛰었다고 실토한 점, 조직과정에서 가정의 감독을 피하기 위하여 집을 나와 타처에서 수개월간 자취까지 하고 자신의 신분을 은폐하기 위하여 가명까지 사용한 점등이 이를 잘 말해주고 있읍니다.

○ 그럼에도 불구하고 피고인은 당 공정에 이르러 다른 피고인들과 함께 말을 맞추어 공소사실의 주요 부분을 극구 부인하면서 자신의 죄과 은폐와 현 정부 비방에 급급하는 등 개전의 빛이 전혀 엿보이지 않고 있읍니다.

○ 따라서 피고인에 대하여는 공소사실에 보태어 위와 같은 정상이 충분히 고려되어야 할 것입니다.

4. 피고인 이덕희

○ 피고인도 또한 사회주의사상을 포지하고 학생운동을 중심으로 한 대정부항쟁으로 시작하여 노동자, 농민들의 정치의식을 고취시켜 대중봉기를 유발한후 부르죠아 민주혁명과 사회주의 폭력혁명이 동시에 달성되어 사회주의국가를 건설하여야 한다고 생각해오던 중 상 피고인 이선근의 권유를 받고 위 "전민학련"의 중앙위원으로 선임되어 조직확대를 위해 계속 활동해왔음에도 불구하고

○ 공판정에 이르러 이를 부인하는 등 개전의 정이 전혀 없는 자이므로 엄벌하여야 할 것이라 사료됩니다.

5. 피고인 홍영희

○ 피고인은 유복한 가정에서 출생, 성장하고 좋은 학교에서 교육을 받는 등 부모와 국가의 혜택을 누구 못지않게 흡족히 받아온 여성입니다. 그럼에도 불구하고 피고인은 그러한 은혜를 저버린 채 대학입학 직후부터 학교와 사회에 환멸을 느끼고 기회 있을 때마다 반정부 집회 또는 시위에 참여하는 일방 써클활동과 무분별한 독서 등을 통하여 반국가적 사회주의사상을 길러왔읍니다.

○ 피고인의 이와 같은 반국가적 사상이 바로 피고인을 쉽사리 전민학련이라는 반국가적

단체에 흡수되게 하고, 그곳에서 각종 반정부시위를 배후조종하는등 적극 활동케 한 원동력이 되었다 함을 우리는 알게 되었읍니다.

○ 뿐만 아니라 피고인 또한 당 공정에 이르러 그전까지의 태도를 돌변, 공소사실의 일부 주요부분을 극구부인하면서 자신의 죄과 은폐에 급급하고 있는 등 반성하는 빛이 전혀 엿보이지 않습니다.

○ 비록 피고인이 여자의 몸이기는 하나 본건으로 그의 반국가적 사상이 명백히 표출되고 그의 가정이 그를 제대로 제어하지 못한다는 사실이 입증된 이상, 적절한 기간 사회와 격리하여 응징, 교화하는 길밖에 도리가 없다고 생각됩니다.

6. 피고인 신철영, 동 김철수

○ 피고인 등은 위 이태복의 권유를 받고 전민노련 조직을 위해 불법집회를 하는 한편 현실비판적인 생각에서 그 비판서적을 탐독하던 중 급기야는 공산주의 선전, 선동 책자까지도 탐독하기에 이르렀던 것입니다.

○ 언급한 바와 같이 전민노련은 위 이태복의 구상에 따라 서서히 반국가단체로 변질되어가고 있었음에도 불구하고 대학까지 다닌 피고인들이 이에 동조하여 위와 같은 불온서적까지 구입, 탐독하였다는 것은 도저히 납득할 수가 없는 일입니다.

○ 따라서 피고인들에게는 이번 기회를 이용하여 엄격한 법의 제재를 보여 절실한 반성의 기회를 보여주어야 한다고 봅니다.

7. 피고인 양승조

○ 피고인은 1976. 12. 15. 범인은익죄로 징역3월의 형을 선고받은 전과가 있음에도 불구하고 위 이태복의 권유를 받고 동인과 주동하여 본건 "전민노련"을 조직하면서 불법집회하고 불온서적 등을 취득하였을 뿐 아니라, 동 책자를 탐독한 후 나아가 공산주의이론을 선전, 선동하고 있는 책자로서 다른 공원들에게 교양까지 하였던 것입니다.

○ 그럼에도 불구하고 반성의 빛을 전혀 보이지 않은 채 법정에서 이를 일부 부인까지 하고 있는 자이므로 엄벌에 처해야 할 것이라 사료됩니다.

8. 피고인 박태연, 동 유해우, 동 김병구

피고인 박태연은 Y.H. 무역노조지부 사무장으로서 Y.H 무역의 노조원을 이끌고 구 신민당사에 들어가 농성을 벌였던 속칭 Y.H 사건의 주동자로서 국가보위에 관한 특별조치법 위반

구속기소되었다가 보석으로 석방된 자이고, 피고인 유해우는 삼원섬유에서 노조를 결성하여 스스로 분회장에 피선되어 불법적 노동운동을 하다가 사주측의 고발로 업무상횡령및폭력행위등처벌에관한법률 위반으로 구속기소되었다가 보석으로 석방된 자이며,

피고인 김병구는 광산노조지부장 전국연합 노조경북 동해지부장 등의 노동운동을 해온 자인바, 각 개전의 정 없이 노동자를 조직화하고 의식화시켜 대정부투쟁을 벌여야만 노동자의 권익을 확보할 수 있다고 판단, 불법적인 비밀지하단체를 스스로 결성 각 중앙위원이 되어 조직확대를 위해 적극 활동하면서 십수 회에 걸쳐 불법집회한 자들이므로 각 엄한 형벌로 다스려야 할 것입니다.

9. 피고인 송병춘, 동 송영인, 동 노숙영, 동 박태주

피고인 송병춘은 서울사대 3년 재학 시인 1975. 5. 대통령긴급조치9호 위반으로 징역2년, 자격정지 2년을 선고받고 제적되었다가 1980. 3. 복적된 자로서 1980. 9. 노동현장에 침투하기 위해 스스로 휴학한 자이고, 동 송영인은 역시 서울사대 2년 재학 시인 1975. 10. 대통령긴급조치9호 위반으로 징역 1년 자격정지 1년의 형을 선고받고 제적되었다가 1980. 3. 복적되었으나 노동현장에 침투키 위해 스스로 휴학한 자이며, 동 노숙영은 서울여대에 다니다가 노동현장에 침투키 위해 학교를 스스로 그만둔 자이고, 동 박태주는 1975. 4. 교내시위 관계로 학교에서 제적된 후 노동현장에 침투하여 활동해오던 자들인바, 피고인 등은 모두 대학생들로서 남북이 대치되어 있는 우리의 긴장된 현실을 누구보다도 잘 알고 있으면서도 이를 망각한 채 우리 경제는 미·일 식민지경제체제에 예속된 수탈경제라고 판단하고 매판자본가에 의한 횡포를 극복키 위해서는 피압박계급인 노동자들을 의식화 조직화시켜 볼셰비즘적 조직력을 갖추어야 한다고 판단 이를 위해 수시로 불법집회함은 물론 우리의 현실을 왜곡하고 공산계열에 동조하는 불온 용공서적들을 소지 탐독한 자들입니다.

위와 같이 피고인들은 과거 우리의 현실을 망각한 채 경거망동하여 제적되는 등의 전비가 있음에도 불구하고 전혀 개전함이 없이 위와 같은 범죄사실을 저질러 스스로 의식화, 좌경화의 길을 걷고 있던 자들입니다. 오늘날 극소수이긴 하지만 무분별한 일부 학생들이 전후 판단 없이 무비판적으로 알게 모르게 좌경화되어가고 있는 현실을 비추어볼 때 이러한 망국적 범행은 마땅히 엄한 형벌로서 응징하여 일벌백계의 실을 거두어야 할 것입니다.

10. 피고인 최규엽, 동 오상석, 동 엄주웅, 동 정경연

피고인 최규엽은 1975. 5경 시위관계로 서울형사지방법원에서 경범죄처벌법위반으로 구

류 7일을, 1980. 9. 27. 교내시위관계로 수도경비사령부 계엄보통군법회의에서 포고령 위반으로 선고유예판결을 받은 사실이 있고, 같은 오상석은 1978. 6. 26. 광화문시위관계로 서울형사지방법에서 경범죄처벌법위반으로 구류 15일을, 1979. 1경 교내시위관계로 서울형사지방법원에서 대통령긴급조치 제9호 위반으로 징역 2년을 선고받고 안양교도소에서 복역타가 같은 해 8. 15 형집행정지로 출소한 사실이 있는 자, 같은 엄주웅은 1979. 3경 교내시위관계로 서울형사지방법원에서 대통령긴급조치 제9호 위반으로 징역 2년 6월을 선고받고 대전교도소에서 복역타가 같은 해 8.15 형집행정지로 출소한 후 1980. 8. 7. 교내시위관계로 포고령위반으로 수도경비사령부 계엄보통군법회의에서 기소유예처분을 받은 사실이 있는 자, 같은 정경연은 1979. 1경 교내시위관계로 서울형사지방법원 영등포지원에서 대통령긴급조치 제9호 위반으로 징역 2년을 선고받고 안양교도소에서 복역타가 같은 해 7. 17 형집행정지로 출소한 사실이 있는 자 등으로서, 하등 그 개전의 정이 없이 각 비상계엄하 질서유지를 위한 계엄당국의 포고령을 위반하였을 뿐 아니라 본래의 신분을 은폐하고 노동현장에 잠입하여 생업에 열중하고 있는 선량한 근로자들을 선동, 불순의식화, 조직화하려고 기도하였던 자들로서 그 죄질이 매우 중하다 하겠읍니다.

11. 피고인 윤성구, 동 민병두, 동 김창기, 동 최경환, 동 김진철, 동 손형민, 동 이종구

피고인 등은 각 서울시내 유수 대학에 재학하면서 이념써클활동 등을 통하여 반체제의식을 체질화한 고학년 학생들로서 10. 26 이후의 어려운 국가현실을 외면한 채 질서유지를 위한 계엄당국의 포고령을 위반하였을 뿐 아니라 이후 각 대학 간의 연계체제를 갖추어 81년 봄 시내 각 대학의 시위를 배후조종하여 사회혼란을 가중시켰던 자들로서 그들의 소위는 중형으로 다스려 마땅하다고 사료됩니다.

특히 피고인 윤성구, 같은 민병두는 반국가단체인 "전국민주학생연맹"의 경인지부격인 "서울민주학생연맹"을 조직, 각 동 연맹의 지부장 및 부지부장으로 취임하고 서울시내 각 대학의 연계체제를 주도하여 각 대학의 시위를 지휘, 통솔한 자들로서 그 범증이 매우 중하다고 하겠읍니다.

12. 결론

○ 결론적으로 본 사건의 최대 심각성은 반공을 국시로 하는 우리나라의 청년학생들 중에서 자생적으로 공산주의자가 출현하고, 급기야는 그들이 자신의 사상 실현을 위한 비밀조직까지 구성하였다는 점에 있읍니다.

수도 서울의 바로 20키로 지점에 세계에서 가장 표독하고 호전적인 공산주의 세력을 대치하고 있는 우리 대한민국의 젊은이들이, 비록 국가안보의 강화를 위하여 적극 헌신하지는 못할망정, 오히려 조국의 민주적 기본이념을 외면하고 저들과 같은 사상에 물들어 날뛴다면 과연 우리나라를 누가 지킬수 있겠읍니까.

이와 같은 현상을 보고 기뻐할 사람은 북괴의 김일성밖에 없을 것이며, 따라서 본 검찰관은 행여 이번 사건이 북괴의 김일성에게 알려지지나 않을까 심히 염려스럽고, 지금까지의 장기간에 걸친 수사 및 재판과정에도 불구하고 이번 사건이 보도가 전혀 되지 않고 있는 것도 그러한 취지에 따라 보도기관 자체가 스스로 자제하고 있는 까닭이 아닌가 짐작됩니다.

○ 공산주의는 그 기만적 이론성으로 인해 과거 많은 사람들을 현혹케 하여왔으나, 발생 100여 년이 흐른 현재에 이르러서는 온갖 미사여구와 이론 변명에도 불구하고 결국 그 정체는 몇 사람의 정권장악 내지 정권탈취의 수단에 불과하였다 함이 공지의 사실로 되어버린 현실입니다. 노동자 국가라고 하는 공산 폴란드 정부가 노동자를 무력으로 쳐부수는 아이러니와 자식까지 우상화시켜가면서까지 정권세습을 기도하고 있는 북한 공산주의자들에게서 우리는 바로 그러한 예를 발견합니다.

○ 그럼에도 불구하고 피고인들은 문제서적, 비판서적, 용공서적을 골라 읽고 공산주의의 기만성과 허구성에 대하여는 애써 눈을 가린 채, 어느 사회에나 있을 수 있는 일부 부정적인 현실문제를 곧바로 자유민주주의 내지 자본주의의 근본적인 병리, 모순에서 연유하는 것으로 망상하고 이를 시정하기 위하여는 자유민주주의 내지 자본주의 자체를 타도하지 않으면 안 되며 그 대신에 공산주의를 실현하지 않으면 안 된다고 하는 극히 도식적인 사고방식을 정립하고 이를 곧바로 행동에 옮기고 있는바, 그러한 사고방식과 행동이 국가 및 사회에 미칠 위험성이 얼마나 큰가 하는 점은 재론의 여지가 없다고 하겠읍니다.

○ 더구나 본건 반국가단체의 조직방법이나 활동상황을 보면 공산주의자들이 상투적으로 쓰는 조직이론이나 소위 혁명투쟁방법을 그대로 답습하여, 철저한 비밀조직, 지하조직, 점조직의 체제하에 움직이면서 불과 1년밖에 되지 않는 기간에 수백 명의 조직원과 예비조직원을 포섭하고, 지난 81년 봄학기에 발생한 20건 미만의 학생시위사건 중 무려 14건을 배후에서 조종하여 극심한 사회혼란 조성을 획책함으로써 공산주의자들이 말하는 소위 결정적 시기 조작에 혈안이 되었던 것입니다. 또한 본 사건의 초동수사과정에서 그 가담 정도가 가볍다 하여 훈방하였던 일부 조직구성원이 81년 가

을학기에 들어 조직원리에 따라 대학 간 동시시위의 주동자로 부상한 점만 보더라도 본건 조직사건의 뿌리가 얼마나 깊은가를 잘 알 수 있는 것입니다.

○ 특히 우리를 전율, 경악케 하는 것은 주로 전민노련사건의 경우 대학 재학중이거나 대학을 졸업한 일부 피고인들이 자신의 학력이나 경력을 속여가면서까지 노동현장에 공원으로 침투, 공산주의자들이 공산혁명의 주체계급이라고 일컫는 선량한 근로자들을 비밀리에 선동, 의식화하여온 새로운 양상입니다. 여기에서 우리는 국제 공산주의자들이 즐겨 쓰는 소위 침투전술의 한 실례를 발견하게 됩니다.

○ 피고인들 중 대학 재학생이나 졸업생들은 생산공장 등지에서 고생하는 근로자들에 비하여 훨씬 좋은 가정과 여건하에 살아왔으며 우리 사회와 체제 혜택을 누구보다 많이 받고 있는 사람들입니다. 그러한 피고인들로서는 응당 근로자들의 어려운 사정을 이해하고 그들을 따뜻한 동포애와 인간애로서 보살펴주어야 할 것이며, 나아가서 피고인들의 좋은 두뇌를 국가사회의 발전에 적극 이바지하는 건설적이고 긍정적인 삶을 살아야 할 것입니다.

그럼에도 불구하고 일부 피고인들은 산업전선에서 묵묵히 고생하는 선량한 근로자들을 그들의 반국가적 목적 실현의 도구로 사용하며 획책하는 등, 수단 방법을 가리지 않는 저들 특유의 기질을 마음대로 발휘한 것입니다.

○ 물론 피고인들 가운데는 공산주의 혁명조직에 관한 제의를 받고 이를 거부한 사람도 있고 또한 그러한 사상적 배경 없이 조직에 가담한 사람들도 있습니다. 그러나 조직활동을 하는 과정에서 자신도 크게 의식하지 못하는 가운데 공산주의 선전, 선동책자를 구입, 탐독하고 이를 전파하는 등으로 서서히 반국가적 사상에 말려들어가는 과정에 있던 사람도 없지 않았는바, 본건으로 인해 그러한 과정이 중단된 것은 불행 중에서나마 다행한 일이라 하지 않을 수 없습니다.

○ 피고인들은 대부분 젊고 장래가 있는 지성인들입니다. 이 사건 담당 경찰관들의 가장 큰 아픔은 바로 이 점에 있었읍니다. 그런 의미에서 우리 검찰관들은 피고인들이 자신의 과오를 진실로 뉘우치고 다시 건실한 조국의 젊은이로 되돌아와 주기를 간절히 바라며 수시로 설득하고 타일렀읍니다. 그러나 피고인들은 우리의 이와 같은 간곡한 희구를 끝내 마다하고, 법정에서까지 뉘우침 없는 강변으로 죄책을 은폐하며 소위 법정투쟁으로 일관하여 마침내 오늘에 이르렀읍니다.

○ 남북분단이라는 기막힌 여건하에서, 그리고 중공과 쏘련이라는 공산강대국의 끝머리에 고립무원하게 붙어 있는 지정학적 여건하에서 기적적으로 버티어 나가고 있는 것

이 우리나라의 현실이거늘, 이러한 우리나라의 절박한 상황하에서 본 사건 피고인들의 경우와 같이 스스로 적색사상을 기르고 이를 행동화하려는 무리들이 거듭 생겨난다면 이는 우리의 체내에 자신도 모르게 발생하는 암세포와도 같이 어느 땐가는 우리 전체를 죽일 수도 있다는 무서운 교훈을 이번 사건에서 깨달아야 할 것입니다.

실로 이러한 내부적 병리 현상은 외부에서 침투한 몇 사람의 간첩보다 훨씬 더 심각한 위험요소임을 우리는 모두 명심해야 할 것입니다.

○ 우리가 뼈를 깎는 아픔을 참으면서 피고인들에게 엄한 처벌을 요구하지 않을 수 없는 이유도 바로 그러한 범행들이 우리 국가의 존재 및 우리 모두의 생존을 파괴할 수 있는 충분한 가능성으로 직결될 수 있는 것이므로 상처가 더 커지기 전에 곪은 환부를 도려내지 않을 수 없는 것은 국가적 민족적 요청과 당위성이 너무나 절실하다고 판단되기 때문이며, 본건의 이와 같은 심각성에 관하여는 현명하신 재판장님 이하 재판관들께서 장기간의 심리과정을 통하여 충분히 이해하시고 납득하시리라 믿어 의심치 않는 바입니다.

81고합883

1981형제41033호

최후진술서

피고인 박문식

서울구치소 재감 중

수번 89번

서울지방법원 합의 11부

재판장 귀하

본적: 서울 서대문구 북아현동 544

주소: 서울 은평구 구산동 구산연립 10동 101호

성명: 박문식

생년월일: 1958. 7. 30.

직업: 학생

존경하는 재판장님,

저는 이미 지난 1월 13일자 공판에서 구두로 최후진술을 한 바 있습니다만 다시금 본 사건에 대한 저의 마지막 진술을 서면을 통해 제출할까 합니다.

신문과정과 최후진술을 통해 누누이 말씀드린 바 있지만 저희들이 학생연맹을 조직한 근본적인 의도는 학원과 사회의 민주화라는 학생운동 본래의 목표에서 조금도 벗어난 것이 아니었습니다. 그럼에도 불구하고 검찰 측은 저희들을 정부를 참칭하고 국가를 변란할 목적으로 불법조직된 북한공산집단과 동일한 반국가단체로 기소하여 극형, 무기징역, 저의 경우에는 15년이라는 중형을 구형하였습니다. 형량의 문제를 떠나서, 저희가 용공집단으로 규정된다는 것 자체가 이미 저희를 이 사회에서 완전히 매장시킬 수 있는 것이라는 점을 저는 잘 알고 있습니다. 따라서 저는 지금 저희가 반국가단체가 아니며 또 반국가단체일 수도 없다는 점을 강변하고자 합니다.

고소장의 첫머리에서 밝혀져 있는 바와 같이 학내시위라든가 써클활동 또는 야학활동 등을 통해 제가 사회현실에 대해 비판적인 생각을 갖게 된 것은 사실입니다. 그리고 독서와 토론 등을 통해 제가 가지게 된 문제의식이 조금은 체계화되고 또 구체화된 것도 사실입니다. 제가 읽은 책 중의 몇몇 권이 또 저희가 토론 중에 나누었던 몇 마디의 대화가 극단의 반공적인 입장에서 본다면 불온시 되어질 수도 있다는 점을 인정합니다. 그러나 공소장 p131~p133에 적혀 있는 것처럼 제가 변증법적 유물사관을 신봉하고 있다거나 폭력혁명을 통한 사회주의국가 건설을 추구하여왔다는 것은 전혀 사실과 다릅니다.

재판장님께서도 아시다시피 우리나라는 반공을 국시로 삼고 있고 그에 따라 저희는 대학에 입학하기까지 그리고 대학에 입학한 이후에도 철저한 반공교육을 받아왔습니다. 그런 저희가 남북 대치의 현실을 무시한 채 공소장에 나와 있는 몇몇 권의 책―그것도 대부분 국내 학자의 저작이거나 또는 대단히 전문적인 학술서적인데―을 읽고 반국가단체를 조직할 만큼 철저한 공산주의자가 되었다는 검찰 측의 주장은 저로서는 도저히 받아들일 수가 없는 것입니다. 더욱이 그 이하의 모든 공소사실이 제가 공산주의자라는 기본전제 위에 저희들의 실제 활동을 왜곡 기술하고 있음을 볼 때 놀라지 않을 수가 없었습니다. 공소장에 의지해볼 때도 저희 4인―이태복의 경우는 저희와 만난 사실이 없기 때문에 제외합니다―의 구체적인 하나하나의 행위가 공산계열의 노선에 따른 국가변란행위가 아님이 분명함에도 저희가 공산주의자라는 검찰 측의 대전제는 저희들의 모든 활동을 반국가단체를 조직하고 또 그것을 이롭게 한 행위로 몰아가고 있음을 알 수가 있습니다. 이는 검찰 측이 경찰에서 작성된 자술서 및 조서를 토대로 몇몇 구절과 문맥을 세련되게 다듬은 데 그친 결과로 연유한 것입니다. 실제로 저는 모진 육체적 고통을 받은 후 "사회주의사상을 포지하게 된 경위" "나의 정치신념"이라는 제하의 자술서를 쓴 바 있습니다. 이미 말씀드린 바대로 저의 자술서는 경찰이 미리 작성한 조서와 보고서를 그대로 옮긴 것입니다만 이 부분의 자술서는 제가 기히 작성했던 자술서와 2~3장에 달하는 매판자본, 매판군부, 파쇼정권 운운하는 내용이 담겨져 있던 복사된 종이―경찰은 이것이 같이 구금돼 있던 다른 친구의 자술서라고 했습니다만 이 내용이 고스란히 옮겨져 있는 것이 바로 공소장 p132의 두 번째 단락입니다―를 토대로 소위 1981. 5월 학생시위 이후 변경된 북괴의 대남전략에 맞추어 작성된 것입니다. 경찰의 설명에 따르면 북괴는 1981. 5월의 학생시위와 그로 인한 광주사태를 보고 학생 등 전위적 진보세력의 대정부투쟁의 가치를 높이 평가하여 노동자, 농민에 기초한 혁명이 현실적으로 불가능한 현실정하에서는 학생시위 등으로 사회혼란을 조성하고 그 틈에 남침혁명을 수출하는 전략으로 바꾸었다는 것이며 저희가 비록 북한의 대남전략을 몰랐다 하더라도 실질적으로는 그에 동조한 바와 다름이 없다는 것이었습니다. 경찰에서 작성된 이런 식의 강요된 자술서와 조서가 저의 부인에도 불구하고 검찰에 의해 그대로 조서로서 작성됨을 보고 검찰이 사건의 진상규명에 전혀 성의가 없다고 단정한 것은 무리가 아니었다고 생각합니다. 본건의 요지가 되는 사회주의적인 내용의 부인은 하나도 받아들여주지 않으면서 작성된 조서에 제가 서명날인한 것은 제가 경찰의 허위 조서에 서명날인한 것과 전혀 동일한 사유에서였던 것입니다. 검찰은 조서작성 과정에서 전혀 구타나 강요 등이 없었던 자유로운 분위기에서 작성되었다고 주장합니다만 외부와의 연락이 두절된 채 두 달 이상 동안 장기 구금되었던 사람이 어떻게 서명날인을 거부할 수가 있겠습니까?

제가 조직원에게 소위 공산주의사상을 학습시켰다는 공소내용에 대해서도 말씀드릴 것이 있습니다. 이미 검찰 측 증인이나 같이 기소된 최경환, 이종구, 손형민 등의 진술에서도 공소장의 내용이 사실과 다름이 명백해졌습니다만 이 부분에 관해 세 가지만 말씀드릴까 합니다.

첫 번째는 저희가 전민학련 결성 이전에 러시아혁명을 다룬 책자를 놓고 학습을 했기 때문에 마치 저희가 조직원을 공산주의 교양을 한 후 가입시킨 것처럼 되어 있습니다만 사실은 그와 전혀 다릅니다. 우선 학생운동 그 자체가 독서토론회를 중심으로 전개된다는 사실을 유념해주시기 바랍니다. 어떤 의미에서 저희들의 경우는 흥사단 아카데미 멤버들이 같이 모여 공부를 하다가 그것이 조직적인 것으로 발전한 것이지 공소장에 있는 바처럼 조직을 하기 위해 일부러 공산주의 교양을 목적으로 하는 학습그룹을 만든 것이 아닙니다. 그러면 왜 많은 서적 중에 하필이면 그런 책을 선택하게 되었는가가 문제로 남겠습니다만 이는 이미 말씀드린 대로 현대사를 공부하기 위한 두 가지 테마—동서 간의 이념대립과 선후진국 간의 문제—를 다루는 과정에서 최경환 그룹의 이야기 중에 자연스럽게 결정된 것이며 뒤늦게 사회사상사 공부를 끝낸 이종구 그룹에서는 제가 말을 꺼내 결정된 것입니다.

두 번째는 검찰의 주장대로 제가 공산주의 교양을 하였다면 이는 검찰의 논고 자체가 자기모순에 빠지는 것입니다. 왜냐하면 회칙에서 사회주의적인 내용을 뺀 것이나 민병두, 윤성구 등 가장 핵심 멤버와의 활동 또 제가 학습과정에서 만난 친구들과의 이후 접촉과정의 어디에서도 사회주의적인 내용을 발설한 적이 없는 것은 학생운동의 순수성을 가장하기 위한 것이라는 게 검찰 측이 실제의 회칙이나 활동에도 불구하고 저희의 반국가단체성을 논증한 주요한 논리인데 이 논리가 그대로 무너지기 때문입니다. 또 상식적으로 생각해본다 하더라도 제가 처음 만난 학생들 그것도 각 대학에서 모인 2학년 학생들에게 반제국주의 투쟁이 어떻다느니 폭력혁명이 어떻다느니 하는 극단적인 얘기를 한다는 것이 있을 수 없는 일임이 분명한 것입니다.

셋째는 조서 및 자술서 작성경위입니다. 처음 경찰에서 신문을 받을 때 저희가 러시아혁명을 다룬 책으로 학습했다는 것이 경찰의 비상한 관심을 끈 게 사실이었고 고문 직후 제가 제일 먼저 쓴 것이 바로 학습내용 부분이었습니다. 그러나 경찰의 요구는 "필요한 것은 학습내용이 아니라 너희가 내린 사회주의혁명에 대한 결론"임을 다그치기 시작하였고 특히 책의 2장 부분—이 부분은 러시아의 혁명 단계와 각 단계에서의 혁명 주체 즉 노동자, 농민, 하급군인, 인텔리겐챠의 역할 등에 대한 러시아 사회주의자들의 논쟁이 일부 실려 있습니다—을 지적하면서 공소장에 내용을 강요하였습니다. 저는 저의 자술서가 강요에 의한 것임을 입증하기 위해 문법도 엉망이고 글의 문맥도 맞지 않은 조서를 한 자 빼놓지 않고 자술서에 옮겼고 이를 검찰에서도 주장한 바 있습니다만 검찰은 우리가 북한과 손을 잡는다는 부분만을 뺀 채 경찰이 작성한 조서를 세련되게 꾸며 공소장으로 제출하기에 이른 것입니다.

이상과 같이 검찰은 강요된 조서와 자술서를 근거로 저희를 반국가단체로 규정하고 있습니다. 실제로 회칙이나 소위 회의록—이는 우리가 회합 중에 단편적인 사실을 메모한 용지이며 그 자체에는 전혀 공산주의적인 내용을 담은 것이 없음에도 이선근의 경찰신문 중 강요에 의해 사회주의적인 내용으로 해석되어 있습니다. 이것이 소위 전민학련 중앙위의 회의라고 공소장에 적혀 있는 부분입니다—의 어디에서도 저희가 정부를 참칭하거나 국가를 변란할 목적으로 공산계열의 노선에 따라 불법 조직된 반국가단체임을 입증하는 대목은 없음에도 검찰은 이것이 학생운동의 순수성을 가장하고 만일의 경우 발각되었을 때를 대비한 것이라고 말하고 있습니다. 그러나 검찰이 지적하는 바와 같이 회칙의 곳곳에 일반인으로서는 생경하고 과격한 용어를 남발하고 있는 것이 사실이고 그러한 회칙을 갖는 것만으로도 저희가 어떻게 처벌될 것인가는 능히 사전에 알 수 있는 것이 사실이라면 저희가 위장할 목적을 가질 경우 이러한 용어마저 세련화시켜야 했을 것임은 자명하다 하겠습니다. 이러한 점 외에도 회칙을 잡힐 때를 대비해 만든다는 검찰의 주장은 억지에 불과한 것이라고 생각합니다.

검찰은 저희가 불과 2개월여의 활동으로 조직원 210명 데모 조종 14건을 기록하는 위협적인 단체로 성장하였다고 주장하고 있으나 도대체 210명이라는 숫자가 어떻게 나온 것인지는 경찰·검찰의 신문과정에서도 전혀 얘기된 바가 없었습니다. 아마도 검찰은 전국대학의 학생운동자의 수를 210명이라고 파악하고 또 소위 중앙위원 5人 사이에서 얘기된 시위 건수가 14건임을 비추어 그렇게 주장하고 있는 것 같으나 실제로는 전민학련의 단체구성원이라고 말할 수 있는 자는 저희 중앙위원 5人 외에 불과 10여 명 정도일 뿐이며 그나마 10여 명은 자신이 전민학련의 구성원임을 알지 못하는 아니 오히려 우리가 일방적으로 구성원이라고 생각하고 있었음에 불과합니다. 공소장의 모든 사실이 검찰 측의 주장대로 사실이라고 가정한다 하더라도 이러한 소수의 학생들로 구성된 그룹이 정부를 참칭하고 국가를 변란할 목적을 지닌 반국가단체가 될 수 있는지 의문입니다. 사실 저희들이 현 정권에 대한 비판적인 견해를 가지고는 있습니다만 또 학생시위의 구호 중에 "○○○타도"라는 구호가 없는 바도 아니지만 저희는 어느 한 시도 저희가 현 정권을 타도할 수 있다고 생각하거나 또는 정치적 목적도 역량도 지니지 않은 학생들에 의해 현 정권이 붕괴되는 것을 바라지도 않았습니다. 저희가 바랐던 바는 폭력에 의한 현 정권 타도도 국가변란도 아닌 정치·사회·경제·문화 제반 분야에 걸친 국민대중의 각성과 개혁이었습니다.

저희는 이러한 각성과 개혁이 폭력에 의해 일시적으로 급격하게 이루어질 수 있으리라고 생각하지 않으며 그것은 끊임없는 연구와 교육, 나아가서는 시위 등을 통해 이루어질 수 있으리라고 생각하였던 것입니다.

따라서 저는 본건에 대해 전적으로 무죄를 주장하는 바입니다.

재판부의 밝은 판단을 바라며, 이만 최후진술을 마칩니다.

1982. 1. 19.
피고인 박문식
위 본인의 무인임을 증명함.
교도 박○ ○

[자료1-3]

81고합883
1981형제41033호

최후진술서

피고인 李德熙
서울구치소 재감 중
수번 147번

서울형사지방법원 합의 11부
재판장 귀하

본적: 충북 청원군 강내면 저산리 10-3

주소: 인천시 동구 송림5동 57

성명: 이덕희(李德熙)

생년월일: 1959. 7. 19.생

직업: 학생 (서울대 대학원 미생물학과 1년)

재판장님, 그리고 배석 판사님

검토하셔야 할 많은 자료에 또 하나의 번거로움을 끼치게 되는 것 같아 죄송한 마음 금할 길이 없습니다. 그러나 저를 포함한 상 피고인들에게 주어진 혐의가, 국가의 적으로까지 규정하고 있듯이 너무나 지나치다고 생각이 되어 지금까지의 법정진술을 통하여 사실을 말해왔으나, 미처 진술하지 못한 것을 중심으로 최후진술을 대신할까 합니다.

먼저 본인의 사상문제에 대하여 말씀드리겠습니다. 제가 사회주의사상을 포지하게 되었다고 쓰게 된 것은 다른 피고인들의 경우에서와 같이 치안본부 대공분실에 연행된 후 약 2주일 후였읍니다. 담당수사관이 팜플렛을 가지고 와서 보여주면서, 사회주의사상을 갖게 된 동기, 전민학련의 목적, 사회주의국가 건설방법에 대하여 쓸 것을 강요했읍니다.

이에 저는 구타와 협박을 받으면서도, 결코 그러한 사실이 없음을 얘기했읍니다. 그러자 다른 수사관이 와서 하는 말이 '수출경제에 대하여 비판하는 것은 곧 자본주의 경제를 포기하고 사회주의를 원하는 것이 아니냐'면서, 다른 사람들이 이미 다 썼으며, 여기는 국가기관이기 때문에 무한정 구금상태에서 수사를 할 수 있다며 또 다시 구타를 당했습니다. 그래서 처음 작성을 했으나 수사관은 자신의 사인펜으로 수정을 하여 다시 쓸 것을 강요했읍니다. 이러한 몇 차례의 과정을 거쳐서 본인의 공소장의 내용과 같은 진술서가 만들어졌읍니다. 특히 부르죠아 민주혁명과 사회주의혁명의 내용은 본인이 혁명론에 대하여 공부한 바도 없고 내용도 모른다면서 거부하자, 그러면 두 혁명을 동시에 달성한다고 하고, 사회주의혁명 앞에는 '폭력'이라는 말을 넣으라고 강요를 당했읍니다.

이것이 검찰조사 시에 사실을 밝히려고 노력하였으나 앞의 증거조사 시에 말씀드렸던 바와 같이, 거의 대화도 없는 상태에서 경찰의견서대로 작성이 되었습니다.

그러나 공소장에서와 같이 책을 읽고, 그것도 사회주의에 대하여는 하나도 거론하고 있지 않는 책으로 사회주의자가 될 수 있습니까? '역사란 무엇인가'라는 책은 국내 거의 모든 사학과에서 필독서로 지정되고 있는 것이고, 특히 제가 '서양근세사'(서양사학과 개설 강의) 강의를 들을 때 리포트로서 서평제출을 하였던 책입니다.

'현대사회사상사'는 그 저자인 황성모 교수님이 정신문화연구원에서 수석연구원으로 계신 분입니다. 한국경제의 전개과정은 서울대학교 대학신문에서 '한국경제의 실상'이라는 제하에 시리즈로 발표되었던 논문들을 재편집한 것입니다. 그 외에 후진국경제론, 민족경제론, 한국농업문제의 인식 등의 책들은 그 주요 내용이 한국경제의 최대 과제라 할 수 있는 경제자립문제에 대한 것입니다.

따라서 그 책들을 읽고 본인이 생각했던 바는 역시 사회주의가 아니며, 자립경제에 대한 문제였습니다. 제가 변호사님을 통하여 제출한 서울대학교 대학논문상 현상모집에서 가작으로 입선한 '한국과학기술의 문제점과 그 대책'이라는 논문도 자립경제와 과학·기술의 연관문제를 다루고 있습니다.

둘째로 저희들의 모임에 대하여 말씀드리겠습니다.

80년 5월 이후 학생들 사이에서는 5월 민주화시위에 대한 분분한 얘기가 진행 중이었고, 특히 많은 선배들과 친구, 후배들이 5월 민주화시위로 인하여 학원을 떠나게 되었습니다. 저역시 5월에 서울대의 경우 만여 명의 학생들이 한자리에 모여 민주화에 대한 결의를 스스로 확인할 때 학생의 한 사람으로서 참가하는 과정에서 옳다고 느꼈던 바를 탄압이 강하다고 하여 망설인다는 것은 제 양심을 속이는 것이라고 생각되었고, 어린 후배들마저도 주저 없이 국가에 대한 충정을 표하는 것을 보고 부끄러움을 느끼지 않을 수 없었습니다.

그러던 중 같은 서클의 회원이었던 상 피고인들과 모여 토론하는 과정에서 여러 가지 면에서 혼란을 겪고 있던 학생운동을 정비하여 보자는 의견의 일치를 보았고, 80년 12월의 서울대 유인물사건을 평가하면서 학생 본연의 순수한 입장을 견지하여야 한다고 생각을 하였습니다. 그렇기 때문에 민주화에 대한 열기를 표명하기 위하여는, 소수의 학생들만이 경거망동한다는 비난을 받아서는 안 되고, 보다 많은 학생들이 참가하되 학생의 순수성을 견지하여야 한다고 생각했습니다. 결코 폭력에 관한 문제는 우리들 모임에서 거론된 바도 없거니와, 우리들 자신이 배격을 했습니다.

그리고 모임 자체가 그렇게 구속력을 가졌던 것이 아니라 자기 양심에 의하여, 각 개인의 사정에 따라 참가하거나 못하는 경우가 있었고, 또 그렇기 때문에 서로 얘기하다가 먼저 가는 경우도 있었고, 늦게 참가하는 사람도 있었습니다.

또한 많은 용어들, 즉 점조직, 예비학습그룹, 발기인대회, 그룹지도자, 조직책, 조종, 내정, 추천 등이 저희들의 모임에서 일상적으로 쓰던 용어가 아니라, 경찰 수사과정에서 새롭게 창조된 저희들조차도 생소한 것들입니다. 하물며 사회주의혁명, 국가건설 등의 내용은 더더구나 없었습니다.

셋째로 책에 대하여 말씀드리겠습니다.

'현대의 휴머니즘'은 광화문 해외출판물 서적센타에서 구입을 했듯이 문공부의 정식허가에 의하여 수입이 되고 있는 책입니다. 또한 저자가 철저한 자유민주주의자인 것으로 알고 있읍니다.

그리고 '자본주의 어제와 오늘', '인류의 재화', '해방에 관한 소론', '사회학과 발전', '농업문제의 기초이론'은 국내 출판사에서 대학신문이나 잡지 등을 통하여 선전하면서 전국적으로 판매되고 있었읍니다. 또 제가 변호사님을 통하여 확인한 바에 의하면 문공부에 정식납본이 되었던 책으로 알고 있읍니다.

또 제가 불법적으로 취득한 것도, 은닉하고 있었던 것도 아닙니다. '해방에 관한 소론', '사회학과 발전' 등은 제가 수강했던 「사회철학」, 「사회발전론」이라는 강의 시 교수님으로부터 추천을 받은 책입니다.

'농업문제의 기초이론'이라는 책은 책 제목에서와 같이 농업문제 입문서적 정도의 책으로 알고 있고, 총 11장 중 한 장만이 '사회주의하의 농업'에 관하여 다루고 있는 것으로 알고 있읍니다. 따라서 그 주 내용은 공소장과 같은 불온한 책이 아닙니다. 그리고 책을 구입하고 소지하고 있던 동기는, 제가 어려서 농촌에서 자랐고 한 해에도 두세 차례 고향을 찾게 되면서 농업문제에 대한 이론적인 공부를 해봐야겠다는 생각을 했기 때문이고, 특히 2학년 때 한국사 강의를 들으면서 식민사관의 내용이 한국의 봉건사회 부재를 주요 원인으로 분석하고 있는 것을 보고, 전통적인 농업사회인 한국의 농업문제에 대하여 공부해보아야겠다는 생각이 있었읍니다.

그리고 경제사 분야의 책들은, 제가 공부하고자 했던 과학사, 과학정책 분야에 참고가 될까 해서 구입, 소지하고 있었읍니다.

이 책들은, 제가 대학 재학 중 구입한 약 300권의 책 중의 극히 일부분에 불과합니다. 또 제가 본 사건에서 이 책으로 구속이 되기 전까지도 계속 팔리고 있었읍니다. 뿐만 아니라 신문

지상을 통하여 위험한 불온서적이라고 고지받은 적도 없습니다. 대학도서관에서 물론 대출도 자유롭게 되는 책입니다. 그런데 어떻게 위험한 불온서적이고, 적을 이롭게 할 목적으로 소지하였다고 할 수 있읍니까?

재판장님, 그리고 배석 판사님

저희들이 사회생활의 경험이 부족함으로 인하여 현실의 다양한 면을 보지 못하고, 보다 우선해야 할 것을 나중에 생각하기도 할 수 있음으로 해서, 저희들이 목표했던 바와는 달리 사회에 물의를 일으켰을지도 모르겠읍니다. 또 그렇게 될 가능성이 반드시 없으리라고는 생각되지 않읍니다. 그러나 민주화를 위한 조그만 진통은 발전을 위하여 건설적인 입장에서 평가해야 한다고 생각해왔읍니다. 그 과정에서 성숙되지 못함으로 인하여, 격한 감정 속에서 일어날 수도 있는 혼란의 문제는 깊이 반성해야 될 줄로 압니다.

그러나 저희들이 폭력적으로 정부를 전복하고, 사회주의국가 건설을 하겠다는 터무니없는 망상은 결코 가져보지 못했읍니다. 한 인간의 생명에 관계가 되는 문제일 뿐 아니라 저희들 모두가, 대한민국의 적으로 규정을 받는 문제입니다.

우리 현실에서 본인들과 같이 큰 사건으로 인하여 물의를 일으키게 되면, 더 이상 본 사건과 같은 일에는 관여할 수 없을 뿐 아니라, 관여해서도 안 된다고 알고 있읍니다. 본인도 본 사건으로 인하여 죄 있는 만큼 벌을 받고 나서는 대학과 대학원에서 연구 중이던 과학사, 과학정책을 더욱 열심히 하여 학문의 길을 가려고 합니다.

재판장님, 그리고 배석 판사님.

마지막으로 드리고 싶은 말은, 제가 그토록 사랑하는 우리 민족과 국가로부터 적으로 규정을 받고 있는데 이는 어떠한 다른 형벌보다도 무겁게 느끼지 않을 수 없읍니다. 국가와 민족에 민주화가 필요하다고 생각을 했고, 그렇기에 누구보다 자유민주주의에 대한 강한 신념을 갖고 있다고 생각했을 뿐 아니라, 앞으로도 이 땅과 이 하늘 밑에서 모두를 벗하여 살아야 하기 때문입니다.

아무쪼록 저희들이 잘못한 바를 벌하시더라도 대한민국이 본인들의 조국임을 확인할 수 있게 하여주시길 바랍니다. 감사합니다.

1982년 1월 18일
피고인 이덕희
위 본인의 무인임을 증명함
교도 이○○

2장
_____

2심 재판

1. 개괄

사건 당사자들은 1심 선고가 있은 지 4일 후인 1982년 1월 26일에 전원 항소하였고 검찰도 다음 날 항소하였다.

사건은 서울고등법원 제1형사부로 배정되었고, 1982년 4월 24일 첫 심리를 시작하여 총 4차례의 심리 끝에 1982년 5월 22일 선고가 있었다.

선고내용은 대부분 일부 감형 수준이었으나 이태복만 여전히 1심과 동일한 무기징역이었다. 그리고 김병구와 유해우는 항소 기각이었고, 박태주는 검사 항소가 기각되었다(박태주는 1심 판결 이후 불구속 상태로 재판을 받았다).

2. 검찰과 재판부

재판부 : 서울고등법원 제1형사부(재판장 최종영, 판사 이강국, 판사 황우여)

검찰 : 공안부 안강민, 임휘윤, 김경한, 박순용, 조우현

사건번호 : 82노771(피고인 전원 26명)

3. 변호인

1심을 맡았던 인권변호사분들이 변론을 맡아주셨다.

변호인　이돈명, 조영일, 황인철, 이영환, 조준희, 이돈희(이태복, 이선근, 박문식, 최규엽, 박태주, 이덕희, 유해우, 김병구, 신철영, 김철수, 양승조, 박태연, 송병춘, 송영인, 노숙영, 오상석, 엄주웅, 정경연)

홍성우(국선) : 윤성구, 민병두, 김창기, 최경환, 김진철, 손형민

4. 항소이유서

대부분의 피고들이 항소이유서를 작성했으나 모두를 수록하기 어렵고, 전체 의사를 잘 대변한 이태복의 항소이유서 하나만 수록한다.

자료 2-1) 이태복 항소이유서(125쪽)

5. 공판 일정

1차	82. 4. 24
2차	82. 4. 26
3차	82. 5. 3
4차	82. 5. 10
5차	82. 5. 22 선고

재판은 1심에서의 병합 이후 한 사건(사건번호 82노771)으로 진행되었다.

6. 공판의 흐름

2심 재판은 사실상 변호인 신문으로 진행되었고(검사 측은 1심 내용 이외에 더 이상 신문할 내용이 없다고 진술함) 그것도 2차와 3차의 두 차례의 공판에 집중되었다. 1차에는 재판부가 항소 의사 등 기본 사항들을 확인하고 다음 일정을 고지하고 마무리했고 4차에는 자료보강과 증인신문, 최후진술이 진행되었으나 1심과 다른 특별한 사항이 없었다.

변호인 신문은 주로 불법구속과 고문, 진술 조작 등을 집중적으로 파헤치는 데 할애되었다. 이태복은 특히 검찰 조서 작성 시 검사가 묻고 답변하면서 타자치는 방식으로 일방적으로 진행되었고, 심지어 몇 가지 사항 이외에는 검찰이 질문한 것도 없이 검찰 조서가 일방적으로 작성되어 어차피 기대할 게 없다고 생각하였으며, 이 때문에 나중에 서명을 요구할 때 검찰 조서를 아예 보지도 않았다고 진술했다.

이 당시 검찰은 조서를 작성하면서 이태복에게 '너나 이선근 둘 중의 하나는 죽어야 할 것 같은 데 누구를 죽일까?'하고 물었다고 한다.

또한 경찰 수사 과정에서 수사관들은 이태복에게 '이미 조직이 노출되었으니 자백을 하든 말든 너를 죽여 한강에 버릴 수도 있다'고 협박하여 포기를 하였다고 진술하였다.

그리고 노동운동과 관련해서 노동자들의 최저생활보장이나 노동3권 등의 기초적인 권리조차 보장되지 않는 현실의 생존운동을 사회주의나 공산주의로 매도하고 있다고 검찰을 비판하였다.

이러한 공판 진행과정에서 항소심을 담당한 서울 고검 검사가 제대로 내용을 알지 못해 대응이 부실해지자 당국은 곧바로 사건 조사를 담당했던 안강민 등 서울지방검찰청 검사들을 고검 검사로 승진 발령하여 대응하게 하였다.

그러나 2심 재판부도 역시 이러한 피고들의 진술에는 관심이 없었다.

2심 재판은 다만 일부 감형 이외에 불법구금과 고문, 진술 조작 등에 대해 조금 더 집중적으로 진술할 기회를 가졌을 뿐 실체적 진실을 가리는 재판과는 거리가 멀었다.

* 당시 2심 재판부 판사 황우여는 30년도 더 지난 2014년에 '당시 학림사건 당사자들에게 사과한다'고 말하였다. 당시 판사들도 이미 실체적 진실을 알고 있었던 것이다.

7. 선고

2심 선고일은 1심 선고가 내려진 지 정확히 4개월 후인 1982년 5월 22일이었다.

다음은 2심 선고 내용 중 형량 부분이다.

	이름	기소내용 (적용법)	검찰 구형	1심	2심
전민학련	이태복	국가보안법, 반공법, 형법, 계엄법, 계엄포고령	사형	무기징역	무기
	이선근	국가보안법, 반공법, 형법	무기징역	징역 10년, 자격정지 10년	징역 7년, 자격정지 7년
	박문식	국가보안법, 반공법	징역 15년, 자격정지 15년	징역 7년, 자격정지 7년	징역 5년 , 자격정지 5년
	이덕희	국가보안법, 반공법	징역 7년, 자격정지 7년	징역 5년, 자격정지 5년	징역 3년, 자격정지 3년
	홍영희	국가보안법, 반공법	징역 7년, 자격정지 7년	징역 3년, 자격정지 3년	징역 2년6월, 자격정지 2년 6월
	윤성구	집시법, 계엄법, 계엄포고령	징역 5년	징역 3년	징역 2년

	민병두	집시법, 계엄법, 계엄포고령	징역 5년	징역 3년	징역 2년
	김창기	집시법, 계엄법, 계엄포고령	징역 3년	징역 2년	징역 1년 6월
	최경환	집시법, 계엄법, 계엄포고령	징역 3년	징역 2년	징역 1년 6월 (확정)
	김진철	집시법, 계엄법, 계엄포고령	징역 3년	징역 2년	징역 1년 6월
	손형민	집시법, 계엄법, 계엄포고령	징역 3년	징역 2년	징역 1년 6월 (확정)
	이종구	집시법, 계엄법, 계엄포고령	징역 2년	징역 1년	징역 10월
전민노련	양승조	국가보안법, 계엄법, 계엄포고령	징역 5년, 자격정지 5년	징역 3년, 자격정지 3년	징역 2년 6월 (확정), 자격정지 2년 6월
	신철영	국가보안법, 반공법, 계엄법, 계엄포고령	징역 5년, 자격정지 5년	징역 2년, 자격정지 2년	징역 2년, 자격정지 2년, 집행유예 4년
	최규엽	국가보안법, 계엄법, 계엄포고령	징역 5년, 자격정지 5년	징역 3년, 자격정지 3년	징역 2년(확정), 자격정지 5년
	정경연	국가보안법, 반공법, 계엄법, 계엄포고령	징역 5년, 자격정지 5년	징역 3년, 자격정지 3년	징역 2년 6월 (확정), 자격정지 2년 6월
	오상석	국가보안법, 계엄법, 계엄포고령	징역 5년, 자격정지 5년	징역 3년, 자격정지 3년	징역 2년(확정), 자격정지 2년
	엄주웅	국가보안법, 반공법, 계엄법, 계엄포고령	징역 5년, 자격정지 5년	징역 3년, 자격정지 3년	징역 2년 6월(확정), 자격정지 2년 6월
	김철수	국가보안법, 반공법, 계엄법, 계엄포고령	징역 5년, 자격정지 5년	징역 3년, 자격정지 3년	징역 2년 6월 (확정), 자격정지 2년 6월
	송영인	국가보안법, 반공법, 계엄법, 계엄포고령	징역 5년, 자격정지 5년	징역 3년, 자격정지 3년	징역 2년 6월, 자격정지 2년 6월
	송병춘	국가보안법, 반공법, 계엄법, 계엄포고령	징역 5년, 자격정지 5년	징역 3년, 자격정지 3년	징역 2년(확정), 자격정지 2년

노숙영	국가보안법, 반공법, 계엄법, 계엄포고령	징역 5년, 자격정지 5년	징역 3년, 자격정지 3년	징역 2년, 자격정지2년(확정), 집행유예 4년
박태연	계엄법, 계엄포고령	징역 3년	징역 2년	징역 1년(확정), 집행유예 3년
김병구	계엄법, 계엄포고령	징역 3년	징역 2년	항소 기각 (확정)
유해우	계엄법, 계엄포고령	징역 3년	징역 2년, 집행유예 4년	항소 기각 (확정)
박태주	?	징역2년, 자격정지 2년	무죄	항소 기각

2심 판결에서는 우선 이태복의 형량이 1심과 같이 무기로 선고됐다. 그리고 김병구, 유해우는 기각 처리하여 원심을 확정하고, 박태주는 검사 항소를 기각하여 원심대로 석방하였다. 그리고 나머지 다른 피고들은 일부 감형하였다.

8. 판결문 전문

다음은 2심 판결문 전문이다. 경찰 조서, 검찰 조서, 공소장, 1심 판결문 등 모든 공소사실과 관련된 전체 내용은 이 2심 판결문과 다를 바가 없다. 게다가 분량이 너무 많아 모두 수록하기 어렵다. 다만 2심에서 감형 명분으로 일부 무죄처리를 한 사항들이 있으나 이도 2심 판결문에 다 수록되어 있으니 이 2심 판결문으로 전체 공소사실과 관련된 기록을 대신하고자 한다.

자료 2-2) 2심 판결문 전문(144쪽)

항소이유서

피고인 이태복(李泰馥)
서울구치소 재감인
수번 120

서울고등법원
형사1부 재판장 귀하

본적: 충남 보령군 천북면 신죽리 132번지

주소: 인천시 북구

성명: 이태복(李泰馥)

생년월일: 1950. 12. 11.생

직업: 출판업

항소요지

저는 서울지법 11재판부가 1982. 1. 22일 원고 측의 공소사실을 전부 인정하고 무기징역을 선고한 1심 판결에 놀라움과 분노를 금할 길이 없습니다.

원심이 인정한 공소내용을 요약하면 본 피고인이 공산주의자로서 첫째로, 출판을 통하여 대중의 사회의식, 정치의식, 역사의식을 함양시키는 의식화작업을 하고, 두 번째로, 의식화된 활동가들이 사회의 저변을 넓히면서 각자 독자적으로 운동기반을 형성한 다음, 셋째로, 노동자들이 중심이 된 노동운동이 주가 되고 보조집단으로 학생운동을 전개하여 사회혼란을 조성한 후 노동자들이 폭력혁명의 주체가 되어 현 정권을 타도하고 민중정권을 수립하여 궁극적으로 공산주의사회를 건설하여야 한다고 생각하고, 그러한 목적으로 출판사를 설립하여 각종 불온서적을 출판하고 혁명의 주체집단으로 전국민주노동자연맹을 조직하고 보조집단으로 이선근 피고인에게 지시하여 전국민주학생연맹을 조직하고 그 수괴가 되어 반국가활동을 하였다는 것입니다.

1심 재판부는 판결의 근거로서 원고 측의 검찰조서와 증인들의 일부 증언, 그리고 압수된 서적을 일괄 인정하고 있습니다.

그런데 원심의 공소사실에 대한 판시, 증거에 대한 판시사실들을 미루어보면, 본 사건의 성격을 규정하는 데 매우 중요한 공소사실의 명백한 상호모순, 즉 학생연맹의 이선근 피고인에 대한 교양사실 중 혁명적 전위조직이론의 반대와 도시게릴라 비판의 판시사실과 송영인 피고인 등에 대한 도시게릴라이론 지지의 판시사실의 모순, 검찰이 혁명의 주체집단으로 전제하고 있는 전·노·련에 대한 반국가단체 구성미수와 보조집단으로 교정하고 있는 학생연맹의 반국가단체 인정이라는 모순, 그리고 혁명운동의 한 단계로서 출판을 통한 정치의식의 함양 필요성과 전·노·련 위 피고인에 대한 교양 중 경제투쟁과 정치투쟁의 상호관계에 대한 운동 과정에서의 결합필요성의 판시사실의 모순 등에 대하여 재판부의 의견을 개진하고 있지 않으며, 또 압수된 서적에 대한 검찰 측의 감정서를 증거로 채택하지 않으면서도 서적의 현존만으로 공산주의자일 것이라는 불분명한 추정의 논리를 전개하고 있습니다.

심지어 판결문에는 검찰 측의 무지(예, 이론과 실천은 별개며 실천이 중요하다는 운운, 반봉건적 유제 운운하고 있으나 반봉건적 유제가 경제사의 용어로 합당하고, 노동관계법의 악화가 해외의존적 경제구조의 심화 운운으로 되어 있으나 문맥으로 보아 노동관계법의 악화, 해외의존적 경제구조의 심화일 것이고), 허위(10.26 이후 김대중은 국민연합을 결성 운운은 상식으로도 알 수 있는 전혀 사실무근으로 국민연합은 10.26 이전부터 존재하였으며, 국민연합 지지하의 학생 운운은 국민연합은 학생조직을 산하조직으로 갖고 있었던 사실이 없었기 때문에 거짓임) 사실조차도 그대로 인정하여 판결내용으로 하고 있습니다.

이러한 원심에 의하여 저는 도시게릴라이론을 반대하고 남·민·전과 같은 혁명적 전위조직을 부인하는 공산주의자가 되고, 그러면서도 조사받는 과정에서 알게 된 혁명적 전위조직이라는 학생연맹의 수괴가 되었고 간부와 활동내용도 모른 채 14개 대학의 학생시위를 배후조정하여 폭력혁명을 기도한 반국가활동을 하였으며, 정부의 검열을 받아 공산주의 서적을 출판하고, 폭력적 혁명적 노동운동을 반대하면서 단계적 점진적 방법으로 폭력혁명을 추구한 어처구니없는 반국가사범으로 낙인이 찍히고 말았습니다.

재판장님,

저는 3개월에 걸친 심리기간을 통하여 검찰의 이른바 범죄사실이라는 것은 영장 없는 장기간의 불법구속 상태하에서 살해협박, 물고문, 전기고문, 발바닥치기, 허벅지치기 등등의 인간으로서 감내할 수 없는 야만적인 각종 고문과 폭행과 수단으로 진실이 왜곡되고 사실이 날조된 것이며, 원래 있었던 진실의 모습을 낱낱이 밝히면서 서울지법재판부의 용기 있고 양식 있는 판결을 호소하였습니다. 저는 1심 재판정에서, 국민들이 정치적으로 억압되고 노동자들이 국민경제의 주된 생산자이면서도 노동한 정당한 댓가가 보장되고 있지 않은 것은 우리 사회의 민주주의가 형식적으로 규정되고 있을 뿐 참되게 실현되고 있지 않기 때문이므로 국민의 대다수를 차지하고, 노동조합이라는 조합 내 민주주의를 통하여 일상적인 생활 속에서 그 뿌리를 굳건히 내릴 수 있는 민주노동조합운동을 자주적으로 전개하여 인간의 존엄과 자유를 실현해야 한다고 생각해왔으며, 10.26 이후 각계의 민주화운동에 발맞추어 노동계에서도 민주노동운동을 추진하여, 현 어용한국노총에 대신하는 새로운 전국적인 노동조합의 조직을 구성하여 노동3권의 보장, 8시간 노동제, 최저임금제 등 노동자의 기본적 권익을 확보하기 위한 운동체로서 전국민주노동자연맹을 조직, 활동하였으나 그것은 검찰 측도 인정하는 바와 같이 반국가단체가 아니었을 뿐만 아니라 정치권력의 획득을 목적으로 하는 혁명적인 노동운동조직과는 반대되는 입장에 있는 생존권적 기본권의 확보를 위한 인간회복운동이라고 진술하였읍니다.

그리고 전국민주학생연맹은 조사받는 과정에서 명칭, 중앙위원, 활동내용을 알았고, 이선근을 만난 것은 사실이나 전부 본 피고인이 경영하는 사무실에 놀러 와서 만난 것이며 이미 학교를 졸업하고 노동운동에 몰두하고 있는 입장에서 학생운동에 대한 직접적인 관심을 갖고 있지 않았으며 사회주의 교양이나 학생연맹의 조직지시 등은 사실무근이며 출판사는 본 피고인이 (주)광성피혁 무역부에 근무할 때 봉급생활에서 벗어나 경제적인 자립과 자유생활을 하기 위해서 퇴사하고, 소자본으로 할 수 있는 출판사를 설립한 것으로, 실제의 출판행위가 문화공보부의 납본필증이 없이는 도서의 제작 배포가 불가능하도록 되어 있기 때문에 공산주의 서적의 반포 운운은 어불성설일 수밖에 없다고 주장하였읍니다.

그럼에도 불구하고,

1심 재판부는 저와 다른 피고인들의 법정진술, 검찰 측 증인의 증언 중 피고인들의 진술과 부합하는 증언, 피고인 측 증인의 증언, 변호인의 변론을 통하여 명징하게 표출된 진실을 외면하고 원고 측의 주장을 전적으로 받아들여, 저의 개인적인 형량이 충격적이든, 또 본인과 관련이 없었던 간에, 민족과 운명을 함께 해온 민주적인 학생운동을 반국가운동으로, 학생시위를 폭력혁명 기도로, 헌법에 보장되어 있고 당연히 누려야 할 기본권 확보를 위한 노동운동의 몸부림을 반국가활동의 시도로 몰아가려는 정치권력의 음모를 법적으로 정당화해주고 말았읍니다.

존엄한 법의 이름으로, 권력의 횡포와 억압을 비판하고 우리 사회의 민주주의를 실현시키려는 민주화운동을 탄압하려는 이러한 물리적 폭력을 사법부가 합법화해주는 것이라면, 도대체 우리 헌법에 삼권분립을 토대로 사법부의 독립을 규정한 이유는 무엇이며, 공개재판을 하도록 하는 것은 무엇 때문이며, 법관에게 재판권을 위임하는 이유는 무엇인지 의문을 품지 않을 수 없읍니다. 재판은 모름지기 공정하고 공개된 심리를 거쳐 실체적 진실을 밝히고, 정의를 옹호하며 국민기본권을 보호함으로써 이 땅의 민주주의를 발전시키는 창조적 과정이지 않으면 안 될 것입니다.

그런 의미에서 볼 때

이번의 원심재판은 사법부의 존재의의, 법과 재판의 당위, 법관에의 재판권위임에 대한 보다 근본적이고 심각한 문제를 제기하고 있습니다.

사법부가 행정부의 횡포로부터 국민을 지키지 못하고 법과 재판이 민주세력을 탄압하려는 좌경화 명분을 합리화해주고 구속력 있는 근거를 제공해주는 요식행위에 지나지 않는다면, 국민으로부터 위임받은 재판권은 그 의미를 상실한다고 생각합니다.

항소심의 재판장님

물론 저는 오늘날 사법부를 둘러싸고 있는 제도적 심리적 압박상태를 모르는 것은 아닙니다.

우리의 노동운동의 현장에서 당연히 누리도록 되어 있는 노동기본권을 주장하면 보다 열악한 중노동의 부과, 지방공장으로의 전출, 해고 등의 현실에 부딪히는 것과 마찬가지로 양심적이고 용기 있는 법관에게 주어지는 환경도 예외는 아닌 것으로 알고 있습니다.

그러나, 법관들이 누리고 있는 사회적 지위나 경제적 여유보다 훨씬 어려운 여건에 있는 사람들도 인간의 존엄과 자유의 실현을 위해서, 인간의 이름에 어울리는 삶의 현실을 창조하기 위해서 공산주의자로 몰릴 위험을 무릅쓰고서도 민주화운동을 전개하고 있습니다.

그에 비해서 우리 노동자들의 꿈에서도 생각할 수 없는 모든 시설이 갖추어진 사무실과 일반 국민보다 월등하게 나은 고임금의 조건 속에 있는 법관들의 안정된 생활은, 사실 국민경제의 차원에서 보면 노동자를 비롯한 대다수 국민들의 희생의 토대 위에서 이루어질 수밖에 없는 것이라면, 그 노동자들도 인간이며, 또 인간답게 살지 않으면 안 되며, 그러기 위해서는 최소한의 생존권이 보장되어야 한다는 사람을 죄인으로 만들고, 그것도 반국가행위를 한 공산주의자로서 기약 없는 감옥생활을 하도록 해도 법관은 괜찮은 것일까요?

따지고 보면, 이 모든 국민상호간의 불행과 비극은 건국 이후의 역사에서 일관되게 나타나고 있는 것처럼 역사공간의 허공에 방황하는 민주주의, 우리의 생활 속에 깊이 뿌리박지 못한 겉치레의 민주주의, 반민주적인 독재권력의 예복으로서의 위장 민주주의에서 벗어나지 못하고 있기 때문입니다.

그렇기 때문에 오늘의 정치상황에서 법관의 재판행위는 좁게는 단순한 법률적 심판이지만, 넓게는 살아 있는 민주주의의 실현을 위한 참여의 과정이라는 당위의 자리에 이제 사법부의 법관들도 서지 않으면 안 된다는 것을 요청하는 것입니다.

만일 법관의 재판권의 행사가 이와 같은 국민의 절실한 염원을 배반하고 무기력한 타성에 빠져 권력에의 맹종으로 시종하고 만다면, 그것은 개인적으로 진리와 양심을 팔아 불의의 예복을 사 입는 파렴치한 공법행위일 뿐만 아니라 전체적으로는 겉치레의 민주주의, 위장민주주의자들의 충성스러운 도구로서 법의 이름으로 법을 모독하고 국민의 이름으로 국민을 기만하고 민주주의의 이름으로 민주주의를 압살하는 가해행위라고 하지 않을 수가 없습니다.

최 재판장님

저는 법이 진실과 정의의 상징이며, 따라서 70년대 이래의 사법부에 실망하여 왔다 하더라도 재판은 신성한 것이라고 믿어왔으므로, 1심에서 소송당사자의 평등원칙에 어긋난 심리진행, 본질문제에 대한 발언제지 등에 복종하였습니다. 이제 와서 되돌아보면 그것도 법관의 의무와 책임을 스스로 포기하여 현실을 유지하려는 비열한 보신책을 동조하여 권력에의 맹종으로 끝나버리고 만 것이라는 배리감을 벗어버리지 못하고 있습니다.

그런 기기묘묘하고 자기모순적인 엉터리 재판은 무엇 때문에 했는가, 그 재판에 항소의 이유를 쓸 필요는 어디에 있는가 하면서도 항소의 이유를 쓰기로 작정한 것은 모진 고문과 절망의 벽 속에서도 한줄기 희망과 같았던, 그리하여 사실은 재판정에서 얘기하고 요구하는 대로 쓰자고 생각하여, 허위의, 공산주의자라면 이렇게 했을 것이라는 상상 속에서 한 편의 시나리오를 끝내고, 이제 남은 것은 재판뿐이라고 중얼거렸던, 바로 그 재판이기 때문이고, 허구의 민주주의는 국민에 대한 끊임없는 배반을 통하여 패배한다는 역설적인 교훈과, 사법부가 아무리 정치권력에 예속되어 있다 하더라도, 양심적인 법관은 남아 있고 살아 있을 것이며 또 2심 재판부는 1심 재판부보다는 양식 있는 재판부일 것이라는 일반적인 희망에 힘입어 구체적인 항소의 이유를

1. 본 피고인의 사상성에 관하여
2. 학생연맹의 관계에 대하여
3. 노동자연맹을 조직한 이유, 목적, 활동상황에 대하여
4. 출판, 소지한 서적에 관하여 나누어 진술하고자 합니다.

1. 본 피고인의 사상성에 관하여

원심은 본 피고인이 흥사단아카데미를 통하여 좌경의식화되어 공산주의사회가 필연적으로 도래한다는 사적유물론을 신봉하는 공산주의자가 되어 우리나라에서 이를 실현시키기 위해서는 1단계로 의식화작업을 통하여 대중의 정치의식, 사회의식을 높이고 2단계로 의식화된 활동가들이 각자 독자적인 활동기반을 확보하여 사회의 저변을 높이고 3단계로 노동자집단을 혁명의 주체집단으로 하고 학생집단을 보조집단으로 하여 폭력혁명으로 현 정권을 타도하여 4단계로 공산주의국가를 건설하여야 한다고 되어 있는 검찰의 공소사실을 전부 인정하고,

이어서 혁명의 주체집단으로 전국민주노동자연맹을 조직하고 보조적인 조직으로 전국민주학생연맹을 이선근 피고인에게 지시하여 조직하고 학생시위를 통한 폭력혁명을 기도하면서, 다른 피고인에게는 남민전과 같은 혁명적인 전위조직이론의 반대, 도시게릴라와 같은 과격한 방법의 반대, 또는 혁명적인 노동운동의 반대 또는 지지 등을 교양하였다는 내용의 공소사실을 그대로 인정하는 상호모순되는 판시를 하였는바, 재판부는 그 판단의 이유와 증거를 명시적으로 밝히고 있지 않으나, 전반적인 증거의 판시사실로 보면, 원심은 검찰조서와 서적의 현존만으로 그 증거를 삼고 있다는 것을 알 수 있습니다.

그러면서 1심 재판부는 선고 당일, 본 피고인이 남민전의 가입 권유에 대한 거절, 도시게릴라 등에 대한 일관된 반대로 나타나고 있는 사실로 비추어보면 폭력적 방법이 아닌 점진적 단계적 방법을 그 실현수단으로 한 것으로 이해할 수 있다고 요약 낭독하였으나, 이 괴상한 공산주의사상 내용은 사실 검찰 공소사실의 앞부분과 뒷부분의 구체적인 범죄사실을 전부 인정한 데서 표출된 것으로, 이를 원래의 본 피고인의 사상에 조명하여 규명하기 위해서는

1) ~ 좌경의식화되어 공산주의자가 되고의 부분과
2) ~후반의 폭력혁명 운운의 부분으로 나누어 살펴볼 필요가 있습니다.

저는 1967년 이후 고교·대학 아카데미 활동을 하였고 1973년 예비단우로 흥사단에 입단하였고, 소속된 흥사단 서울지부에서 활동하여오다가 1978년에 평생을 흥사단주의에 헌신하기로 서약하여 통상단우가 되었습니다. 1979년에는 관의 지원 없이 명맥을 유지해온 유일한 사회단체라고 해도 과언이 아닌 흥사단을 어용단체로 만들려는 관권개입 때문에 청년단우들이 이에 저항하여, 약법상, 정당의 임원된 자는 단의 임원이 될 수 없음에도, 공화당 총재고문이었던 최희송 군이 이사회장으로 취임한 데 대한 일과 집행부인 이사회의 일방적 독주에 대하여 불신임서명운동이 벌어졌는데, 이 단보호운동 때문에, 흥사단 청년회 임원이었던 본 피고인이 표결권을 박탈하는 정권처분을 당하였고, 10.26 이후 유신체제하에서 어용화를 획책해온 반단(反團) 인사의 축출과 정권 처분의 해제 움직임이 있었으나, 5.17로 다시 10.26 이전의 상태로 되돌아가 있는 입장에 놓여 있었읍니다. 다 알고 있는 바와 같이 흥사단은 1913년 도산 안창호 선생이 민족전도변영의 기초를 수립하기 위하여 務實力行, 忠義勇敢의 정신을 생명으로 삼는 청년남녀를 동맹독서, 동맹저축, 동맹수련으로 건전한 인격을 지닌 인물을 키워낼 목적으로 조직한 단체로서 우리나라 민족주의운동의 명맥을 지금까지 유지해온, 신민회 후신의 애국계몽운동의 성격을 띤 독립운동의 조직이었습니다.

이와 같은 흥사단의 민족주의, 인격주의, 점진주의의 민족운동론은 해방 이후에도 계속되어 1963년부터는 고등학교·대학교의 학생들을 흥사단 정신으로 수련시키기 위하여 아카데미를 창설하고 흥사단의 본부, 지부, 분회 등의 각급 지역조직에 소속시켜, 그 조직의 지도하에 각종의 동맹독서, 동맹수련의 활동을 하여왔읍니다.

물론 흥사단 내에서도 예수의 말씀을 둘러싼 기독교의 여러 분파처럼 도산 말씀의 해석의 차이에 따라 그 입장의 차이가 있으나, 아카데미는 일반적으로 흥사단 이념에 대한 교육과, 민족이 당면한 정치·경제·사회·문화 등의 민족문제에 대한 객관적인 인식과 동맹수련에 주력하고 입단한 단우들은 소속된 지역조직에서 전개하는 활동에 참여하도록 되어 있읍니다.

그렇기 때문에 민족주의, 인격주의, 점진주의를 바탕으로 하는 흥사단의 민족운동론은 흥사단 사상(史上) 두 갈래의 흐름을 갖게 되었읍니다.

하나는 이광수, 주요한, 최남선 등과 같은 국내파 단우들의 입장으로서, 실력을 키울 때까지는 건전인격수련은 개인적으로 하여야 한다는 것이고, 다른 흐름은 중국 원동위원부와 같은 해외 단우들의 견해로서, 건전인격, 즉 務實力行, 忠義勇敢의 정신은 고독한 방 안에 앉아서 이룩되는 것이 아니고 민족문제에 대한 적극적 실천을 통해서 이루어진다는 내용인데, 오늘날 아카데미세대나 청년단우들의 대부분은 후자의 운동론을 지지하고 있으며 본 피고인도 민족문제에 대한 적극적인 실천을 통하여 건전한 인격을 가져야 한다고 믿고 있으며, 그 과정 속에서 자기완성을 지향하는 노력을 계속해왔으나, 인격 그 자체의 절대화로서는 한계가 있고 종교적인 입장을 보완하여야 한다고 생각하는 것입니다.

이러한 제가 아카데미 활동을 통하여 좌경의식화되어 오오스까 히사오, 다까하시 고하찌로 등의 저작을 통하여 사적유물론을 신봉하게 되었다는 것은 관제공산주의자를 만들려는 어거지 주장 이외에 아무것도 아닙니다.

본 피고인이 좌경의식화되었다면, 그것은 민족의 운명공동체에 대한 외면이 아니라 참여하는 자세를 범죄시하는 데에서 나온 것일 것이며, 지식인의 양심적인 비판과 민족문제에 대한 실천적 참여를 봉쇄하기 위한 모략일 것입니다. 왜냐하면 검찰이 좌경화의 기점으로 잡고 있는 1971년도의 제적체험은 민족문제에 대한 보다 치열한 관심을 갖게 해주었고, 그 때문에 1973년도에 흥사단 예비단우로 입단 활동하였으며, 오오스까나 다까하시는 증인 임종철 서울대교수의 법정증언에서 드러난 것처럼 일본 마르크스주의 경제학파에 대립되는 근대경제학파에 속하는 저명한 경제사학자들이며, 우리나라 대학의 경제사와 경제발전론의 강의에서 필독서로 소개될 정도의 책자이고, 5년의 예비단우 활동을 끝내고 흥사단에 평생을 헌신하기로 서약한 것은 1978년임은 그들이 작성한 조서에서도 명백히 밝혀진 일이기 때문입니다.

따라서 원심이 고문과 강요에 의해서 날조된 사상성을 토대로 작성한 검찰의 공소사실을 인정하는 것은 진실에 배반하는 것이라고 하지 않을 수 없습니다.

2) 공사주의자로서 폭력혁명 운운에 대하여

우리의 상식으로 공산주의라면 전투적 유물변증법으로 이론 무장된 혁명적 전위조직인 노동자정당을 만들어 계급투쟁을 통한 폭력혁명으로 현 정권을 타도하고 공산당의 일당독재와 계획경제를 실현하는 것을 그 사상체계로 알고 있습니다. 물론 오늘날의 세계공산주의운동의 흐름에서 볼 때 유로콤뮤니즘이나 일본공산당같이 폭력혁명노선을 포기한 공산주의운동이 없는 것은 아니지만, 검찰이 주장하는 폭력혁명을 통한 현 정권의 타도 등등의 문맥에서 판단하면, 검찰공소의 공산주의는 이른바 마르크스레닌주의적인 공산주의운동임에 틀림없고, 따라서 위와 같은 이론체계, 즉 전투적 유물변증법, 계급투쟁을 통한 폭력혁명, 전위적인 혁명조직인 노동자정당, 그리고 노동자독재와 계획경제의 요소가 필수적이어야 하고 그 어느 하나라도 결여되어 있다면, 그것은 공산혁명을 추구하는 공산주의자가 아닌 것으로 이해할 수 있읍니다.

그러므로 본 피고인이 공산주의자로서 공산주의자라면 마땅히 전국민주노동자연맹은 폭력혁명을 기도하는 전위적인 혁명조직이어야 하고, 전투적 유물변증법으로 무장된 공산주의자에 의한 계급투쟁활동을 전개하여야 하는데 노동자연맹은 전혀 그런 운동론과는 반대되는, 노동3권, 8시간 노동제, 최저임금제 등을 실현하기 위한 새로운 노총조직을 목적으로 구성되었고, 그에 따른 활동을 전개하였을 뿐, 정치학의 상식으로 되어 있는 정권 담당의 세 요소, 즉 혁명적인 정치이데올로기, 정강을 가진 정권담당 의사를 표명한 정당조직, 대중적 정치운동의 어느 것하고도 인연이 없는 노동운동의 조직이었읍니다.

본인이 직접 활동한 노동자연맹의 활동의 실상이 이러했다면 보조집단이라고 규정하는 학생연맹의 폭력혁명 운운은 그 얼마나 우스꽝스러운 논리인지 모르겠습니다.

더욱이 본 피고인이 사적유물론에 대하여 비판적인 견해, 다시 말해서 유물변증법을 역사발전에 적용하여 객관적으로 인식하고 그 발전의 법칙을 과학적으로 인식하는 세계관으로서의 사적유물론은, 역사발전의 필연성을 인식하여야 한다고 하지만, 우리가 어떤 역사적인 운동에 참여하는 것은 필연성의 인식에 의한 자동적인 참여가 아니라 인간적·개인적·인격적·종교적 결단에 의하여 이루어지기 때문에 잘못이고, 현대 인류역사의 실재하는 현실은 계급간의 적대적 모순을 무자비한 투쟁에 의해서만 해결되는 것이 아니라 매개를 통하여 해결할 수 있는 모순이 증가하고 그에 의한 방법이 확대되고 있으며, 노동 그 자체는 고통이기 때문에, 생산수단의 국유화를 이룩한다 하더라도 그 고통으로부터의 자유는 달성되지 않는 것입니다.

하물며 인간의 해방은 그 의미 자체가 근원적인 것이기 때문에 정치적·경제적 변혁으로 끝날 수 없으므로, 그 사상체계는 하나의 이론일 뿐 유일무이한 진리라고 생각할 수 없다고 판단해왔던 것입니다.

이러한 사실들을 종합해보면 본 피고인이 공산주의자이고 폭력혁명 운운은 학생연맹과의 관련사실 여부를 불문하고 전혀 진실이 아닌 것이며, 본인이 활동한 동기는 공산주의사회를 실현하기 위해서가 아니라, 우리 사회의 근대화과정에서 매우 중요한 민족문제로 대두된 노동문제, 그중에서 특히 국민의 대다수를 차지하고 있는 노동자들의 생존권적 기본권, 저임금 문제, 장시간 노동문제 등을 지식인의 양심과 주체적인 도덕적 결단에 의하여 참가하였다는 것을 알 수 있습니다.

아울러 제가 평소에 정치공동체의 가장 바람직한 모습에 대하여 단편적으로 생각해온 몇 가지를 요약, 진술하고자 합니다.

1) 우익이든 좌익이든 1당 독재체제를 반대한다.

2) 정당활동은 실질적인 복수정당제가 참답게 제도적으로 보장되어야 한다.

3) 언론·출판·집회·결사 등의 기본권이 제한 없이 완전 보장되어야 한다.

4) 노동자의 단결권, 단체교섭권, 단체행동권은 제한 없이 완전 보장되어야 한다.

5) 사유제산제를 기본으로 하되 제헌헌법과 같이 이윤에 대한 노동자의 균점권을 명문화하고, 임금계약은 협약계약의 방법이어야 한다.

6) 공동선이 무시되는 독점자본의 활동은 제한되어야 한다.

7) 권력을 다원화하여 지방자치제, 노동조합, 농협 등 각종의 사회중간단체에 생산관리, 이윤분배에 대한 참가와 자주관리를 제도화해야 한다.

8) 인간의 사회화과정과 정치화과정에 관계되는 모든 기구는 특정한 정치세력에게 독점되지 않아야 한다.

9) 각종의 사회입법은 그 뜻에 맞게 실질적으로 확충하고 비용부담의 원칙을 실수요자 2 : 사용자 4 : 3자 4의 비율로 해야 한다.

10) 4주 5휴제를 전제로 8시간 노동제를 확립하고, 전국 전 산업일률의 최저임금제를 실시하고, 최저임금의 수준, 물가연동률, 그 실시감독을 위한 최저임금제 위원회를 노사동수(勞使同數)로 구성운영하여야 한다.

는 등인데 이것은 공산주의사회의 계획경제의 모순, 즉 낮은 생산성, 생필품의 만성적인 부족, 관료화 등의 문제를 극복하고 고전적 시장경제이론의 한계를 극복하여 인간의 존엄과 자유를 실현하기 위한 정치경제적 요소라고 생각하고 있습니다.

2. 학생연맹과의 관계

원심은 검찰의 공소사실에서 노동자집단의 보조집단에 불과하다는 학생연맹을 또 혁명의 주체적인 전위조직으로 규정하여 반국가단체로 한 공소내용을 그대로 인정하고, 학생시위를 폭력혁명을 기도한 반국가활동으로 하고 있는바, 이것은 전혀 사실과 다른 것입니다.

또 무엇보다도 학생연맹이라는 조직은 1심의 재판정에서 진술한 바와 같이 조사받는 과정에서 알게 된 것으로 저와는 아무런 관련도 없습니다.

학생연맹의 조직작업을 주도한 이선근 피고인이 본인이 경영한 출판사의 편집장을 지냈고, 같은 아카데미 출신이고, 조직체제가 노동자연맹과 유사하다는 점에서 저의 배후조종을 강변하고 고문을 통해서 사건을 조작하였으나 실제는 이와 다른 것이었습니다.

1) 먼저 학생연맹이 노동자연맹과 조직체제가 유사하다는 점에 대해서

앞에서 진술한 바와 같이 저와 이선근 피고인은 고교·대학의 아카데미 활동을 하였고 저는 예비단우 통상단우이며 이선근 피고인은 예비단우의 단계에 있는 흥사단출신입니다. 노동자연맹의 조직작업은 회칙 등을 작정할 때에 흥사단 약법을 참조하고 그 골격을 짤 정도로 조직론에 대한 발상법이 흥사단적이었고, 이선근 피고인의 법정진술과 마찬가지로 흥사단식이었기 때문에, 흥사단을 잘 이해하지 못하는 사람에게는 일견 그런 인상을 주고 있으나, 흥사단의 현재 조직이 본부·지부·분회·반으로 짜여져 있는 것을 안다면, 지부·반 등의 유사명칭은 노동자연맹의 독창적인 것이 아니라는 사실을 알 수 있고, 핵심이라고 할 수 있는 조직방법은 일반써클이나 아카데미에서 자주 활용하는 방식이기 때문에 새삼스러운 것이 아니며, 검찰의 주장대로 저의 지시에 의한 것이라면 노동자연맹의 보조집단으로 학생연맹을 조직하였을 것이고, 그 목적에 맞는 조직체제 방법을 선택하였을 것임에도 민학련과 전노련은 그 점에서 유사점을 갖는 정도에서 벗어나지 않고 있으며, 무엇보다도 혁명의 주체집단이라는 노동자연맹의 조직이 상향식과 하향을 결합하는 절충적인 방법인 것에 비하여 보조집단이라는 학생조직이 강제성을 강조하는 하향식 편제라는 점에서 검찰주장의 허구가 증명되고 있습니다.

2) 조직의 형태·방법의 지시에 대하여

본 피고인이 이선근 피고인에게 공산혁명을 위한 학생조직을 구성하라고 지시한 시기가 공소장에 의하면 1980. 10월로 되어 있고, 이어, 세포조직 및 비밀조직 요령과 간부·하부조직 구성에 대한 지시를 1980. 12월에 한 것으로 되어 있읍니다.

그런데 이상한 것은, 학련의 조직작업은 공소장에 의하더라도 이미 5. 17 이후에서부터 시작되었고 8, 9월에 이르면 구체적인 조직방법까지 결정, 진행되어 예비그룹의 스터디까지 하고 있는 것으로 되어 있는 점입니다.

이것이 갖는 의미는 아카데미 출신자를 그 대부분의 구성원으로 하고 있는 학생연맹은 저와 관계없이 흥사단식 조직론을 활용하여 기본적인 골격을 갖고 기왕에 해왔던 학생운동을 계속하고 있는 것을 나타내는 것입니다.

따라서 본 피고인이 이선근 피고인에게 1980년 9월에 조직할 것을 지시하고, 12월에 구체적인 방법을 지시하였다는 것은 공소사실 자체에서 이미 거짓임이 증명되는 것입니다.

3) 이선근을 배후조종하여 반국가활동을 하였다는 것에 대하여

검찰의 공소장에 의하면 전국민주학생연맹의 수괴인 본 피고인은 이선근 피고인으로부터 1981. 3 초에 조직결성 사실을 보고받고, 몇 가지의 막연한 내용의 얘기를 한 것으로 되어 있으며, 조직의 기본이라고 할 수 있는 회칙을 4개월이 지난 뒤에서야 제시받고 검토하였다는 사실이 기재되어 있읍니다.

더욱이 이 시기는 본 피고인이 부산에서 거주하면서 임시로 서울에 다녀오던 기간으로 거의 전부 출판사의 사무실에서 만난 것으로 되어 있읍니다.

다시 말하면, 이선근 피고인의 거주지를 모르고 있었던가 아니면 특정한 약속 없이 다른 직원들이 함께 있는 8, 9평의 좁은 사무실에서 반국가활동을 논의해왔다는 것입니다. 검찰은 노동자연맹의 공소에서 본 피고인이 치밀하고 냉정하게 본심을 숨기고 같은 중앙위원에게까지 위장한 자로 규정하면서, 학생연맹의 공소에서는 조직원도 아니고 단지 직원일 뿐인 사람들과 함께 있는 자리에서 공소사실과 같은 논의를 하였다는 자가당착적인 주장을 하고 있읍니다.

뿐만 아니라 검찰은 노동자연맹의 공소에서 다른 중앙위원에게 조직목적을 은폐하고 사실을 얘기하지 않았다고 하였으나, 노동자연맹의 지식인출신 중앙위원이나 다른 피고들은 전부 학생운동의 경험을 가지고 있고 현장에서 일하고 있을 정도로 그 생활태도를 신뢰할 수 있는 사람들이기 때문에 당연히 사회주의혁명을 위한 조직을 구성하려 하였다면 그 피고인들이 1

차적인 대상이 되고, 조직 자체를 그와 같이 구성하였을 것임은 상식으로도 알 수 있는 일입니다.

그런데도 검찰은 그런 자명한 사실을 외면하고, 엉뚱하게도 학교에 재학 중인 이선근 피고인에게 사회주의혁명을 하기 위한 조직을 하라고 지시하였다니, 기가 찰 노릇이 아닐 수 없습니다.

그렇기 때문에 수사과정에서는 학생연맹의 조직결성 시기를 어느 때로 잡느냐 하는 문제로, 몇 차례 번복이 됨에 따라, 1980. 10월을 결성시기로 하였을 때는 본 피고인의 조직 지시는 그보다 몇 개월 앞서는 6월로 하기도 하고 1980. 12월로 했을 때는 8월경으로 조직 지시한 것으로 하고 10월에 구체적인 지시를 하는 것으로 강요하여 자술서를 작성하기도 하였으며, 끝내는 학련의 결성시기가 1981. 2월 말로 수사상 확정됨에 저의 자술서도, 경찰조서도 그에 맞게 정정되었던 것입니다.

이와 같이 원심이 인정한 검찰의 공소사실은 정말로 어처구니없는 과정을 통하여 만들어진 것인데, 법을 전공했다는, 그래서 진실을 밝히고 정의를 옹호해야 할 법관이 근엄한 목소리로 그것을 인정한다는 사실은 실로 누구를 위한 희극이고, 누구를 위한 비극인지 알 수 없습니다.

3. 노동자연맹을 조직한 이유·목적·활동상황에 대하여

원심은 본 피고인이 활동한 노동자연맹의 활동사실에 대하여도 원고 측의 공소내용을 그대로 인정하여, 본인이 공산주의자로서 사회주의혁명을 할 의도를 숨기고, 노동자연맹을 조직하여 단계적·점진적인 방법으로 폭력혁명을 기도하려 하였으나 미수에 그치고, 다른 관련 피고인들에게 사회주의 교양을 하고 불법집회를 하여 포고령을 위반하였다고 판시하였습니다.

이 기기묘묘한 판결에 대하여는 이미 몇 차례에 걸쳐 검찰 공소논리의 모순을 항의하였기 때문에 되풀이하여 진술하지 않겠으며, 몇 가지 부분만 나누어 말씀드리겠습니다.

1) 노동3권, 8시간 노동제, 최저임금제의 실현은 왜 절실한가

1979년도 경제기획원의 통계에 의하면 우리나라 임금노동자가 약 730만 명, 국세청 통계는 900만 명으로 나타나고 있는데, 1인당 3인의 부양가족을 합하면 전 임금노동자가족은 2400~2500만 명이 되는 셈입니다. 이들 중 75%가 세금조차 낼 수 없는 저임금노동자이고, 그들은 대부분 주당 56시간의 노동을 하고, 그 노동으로 1년에 수천 명이 작업도중 사망하고 있으며 수십만 명이 산업재해로 각종의 육체적 고통을 받고 있읍니다.

그런데 이 노동자들이 받는 봉급이 사실은 70%가 8시간 노동을 한 몫이고 나머지 30%는 초과노동 등으로 받은 것이며, 그들 가운데 고졸자의 평균임금액을 100으로 할 때 국민학교 졸업자의 임금액은 60이고 대졸자는 230이나 되는 엄청난 격차가 있으며, 또 여성노동자의 경우에는 남자보다 평균 6시간 이상 더 노동하고 있으며 남자의 임금을 100으로 할 때 여자는 50%도 못 되는 42밖에 받지 못하고 있읍니다.

여기에 경기의 기복에 따라 증감추세를 보이는 실업자문제, 주거문제, 교육문제 등을 일단 제외해놓고, 앞의 공식발표된 통계로 생각해보더라도 우리 사회의 노동문제가 어느 만큼 심각한 상황에 놓여 있는지 짐작할 수 있을 것입니다.

생계비에도 훨씬 못 미치는 기아임금을 장시간 노동을 하여 벌고 있다면, 그것은 가위 가혹한 노동조건과 함께 살인적인 현실임에 틀림없읍니다.

하느님의 구속사업으로서의 노동이 야만적인 인간조건의 벽 속에서 부서지고 닳아서 없어져 소멸되어가고 있는 것입니다. 이 현실은 우리나라가 가난하기 때문도 아니요, 사용자가 자본이 없어서도 아니요, 경기가 불황이기 때문도 아닙니다. 왜냐하면 경기가 호황일 때도 노동자의 형편은 나아지지 않았고, 사용자가 공장을 더 지을 때도 근로조건을 개선하지는 않았으며, 우리나라보다 더 가난한 나라의 노동자도 우리나라의 노동자보다는 낫게 살기 때문입니다.

헌법은 이러한 처지에 놓여 있는 노동자들이 자신들의 형편을 개선할 수 있도록 노동조합을 조직하여 팔고 싶은 가격으로 노동력을 팔고, 그를 위하여 단체로 교섭하고, 그 교섭이 제대로 안 될 때는 노동력을 팔지 않겠다고 주장할 수 있는 권리를 주고 있으나, 현실적으로는 단체교섭권에 대하여는 노동위원회법이, 단체행동권은 쟁의조정법이 무력화하였고 70년대에는 임시조치법과 긴급조치 등이 아예 노동3권을 사장화 했었다는 것은 우리 모두가 알고 있는 일입니다. 그것도 노동조합이 있는 경우의 얘기이고, 전 노동자의 15%밖에 노조에 조직되어 있지 않으므로 나머지 85%가 무권리상태에 방치되어 있었던 것입니다. 15%의 노동자들이 소속되어 있는 노조 가운데 그 대부분이 정체불명의 노사협조주의, 무사안일주의, 노동귀족화, 부패 등에 의하여 유명무실한 실정이라는 것도 10. 26 이후의 언론에 의하여 부분적으로 드러나기도 하였읍니다.

그렇다면 압도적 다수의 노동자들은 법조인들이 추상적이고 막연하게 알고 있는 노동관계법이 무엇인지도 모른 채, 체념과 운명론에 자신들의 육신을 학대하면서 인간의 존엄 그 자체를 저주하는 것임에 틀림없읍니다.

만일 여기에서 노동자들이 각성해서 어렵게 노동조합이라는 것을 조직하였다 하더라도 그들이 소속되어 있는 한국노총의 이른바 노사협조주의에 얽매여 권익투쟁을 할 수 없고, 회사의 어용이 되거나, 물가가 30~40% 뛰고 있을 때 5%의 임금인상교섭을 하는, 있으나 마나 한 노동조합으로 전락해가지 않을 수가 없었읍니다.

왜냐하면 노동조합의 산업별 전국조직인 한국노총의 조직형태는 형식상 산업별 조직으로 되어 있으나, 단체교섭 자체를 산업별로 하지는 못하고, 산하노동조합을 통제하는 역기능의 역할로 그 의미를 갖고 있었기 때문이며 10. 26, 5. 17 이후의 기업별 노조는 그 한계를 극복하기 위해서가 아니라 조합의 단체교섭의 기능을 약화시키고 노조에 대한 분할지배를 달성하고, 신규노조의 결성을 억제하는 데 그 목표가 있기 때문입니다.

그렇기 때문에 노동자들은 자신들이 노동한 정당한 댓가를 받고 인간답게 살기 위해서는 노동3권, 8시간 노동제, 최저임금제 등을 실현해야 하고 그것을 실현하려면 전국적인 노동조합의 단일조직이 없으면 불가능한 일이니, 그 작업을 제대로 추진할 운동체로 조직된 것이 전국민주노동자연맹이었던 것입니다.

이러한 노동자연맹을 폭력혁명의 주체집단으로서의 조직인데 본 피고인이 그 의도를 은폐하였다 운운하는 것은, 마치 노사협조주의를 반대하는 것은 공산주의자이며, 정부의 저곡가·저임금 수출정책을 비판하는 것은 제국주의이론에 입각하여 보기 때문이며, 권익투쟁을 주장하는 것은 계급투쟁의 한 수단이라는 등의 터무니없는 강변을 하는 것과 같은 논리에서 나온 것으로, 이는 예링이 말한 바처럼 민주사회가 발전하기 위해서는 시민들이 자신들의 권리를 위한 투쟁을 의무처럼 인식하여야 하며, 그렇게 하지 않을 때 시민들은 자신들도 모른 채 권리를 박탈당하고 침해받게 된다는 역사적인 경험 앞에서 전혀 그 타당성이 없는, 노동자들의 권리를 무참히 짓밟아온 자들의 기만적인 선전이고, 저임금 수출정책을 비판하는 것은 제국주의이론에 입각하여 보기 때문이 아니라 현실의 노동문제의 심각성 때문이며 노사협조주의를 반대하는 것은, 헌법에 노사는 이해관계가 대립되므로 사회경제적 약자인 노동자의 권익을 보호하기 위하여 명백히 노동3권을 설정해놨음에도, 그것조차 유린하는 자들이 노사협조가 어떤 근거라도 있기 때문인 것처럼, 그래서 그를 반대하면 계급투쟁을 주장하는 자로 몰아 비판과 저항을 침묵시키고 권익옹호운동을 파괴하려는 술책에 지나지 않는 것입니다.

저는 1심 재판부가 동일노동·동일임금의 원칙 같은 것을 공산주의 경제이론으로 불온시하는 데에 매우 놀랐읍니다.

아니 이것은 단지 1심 재판부의 법관들뿐 아니라, 노동문제나 노동운동에 깊은 관심을 갖고 있지 않은 대다수 지식인들에게서 나타나는 한 현상에 지나지 않는다고 생각합니다. 노동력을 상품이라고 하면 그것은 공산주의의 물화론으로만 받아들이는 상식 아닌 편견 속에서 국민의 세금으로 운영되는 정부가 사용자의 입장을 유인물, 차트, 슬라이드까지 만들어서 경제교육이란 이름으로 실시하는 풍토에서, 바람직한 민주노동운동은 지난한 일임에 틀림없읍니다. 노동력이 상품이라는 것은 제품의 요소비용으로 계산될 때 확실히 알 수 있고, 1945. 8. 15. 비오12세가 동일노동·동일임금의 원칙은 지켜져야 한다, 낮은 품삯을 지불하기 위해서 남성노동자 대신에 여성노동자를 고용하는 것이 노동의 모욕이며 공식에 어긋나고, 교회는 이 원칙이 지켜지도록 촉구해야 한다는 말씀을 40여년 전에 하고 있는 것으로 보아 공산주의의 경제이론이 아니며, 국민의 권익투쟁은 그 사회의 법의 정신을 실현하는 것이기 때문에 공산주의자들의 선동수단으로 독점되어 있을 수 없고, 하는 등등의 주장은 우리 사회의 민주주의 수준을 보여주는 바로미터입니다.

노동3권, 8시간 노동제, 최저임금제의 실현은 단순히 노동자만의 문제가 아니라 우리나라 민주주의의 문제와도 관계된 복잡한 문제인 것만은 틀림없읍니다.

그러나, 그것이 우리나라의 민주주의 문제와 복잡한 관계를 갖고 있다고 하여서, 그 조직이 정권획득을 목적으로 하지도 않았고, 헌법에서 보장하는 노동자의 생존권적 기본권을 요구하고 있는데, 이를 공산혁명의 기도로 공격하는 것은 객관성을 전혀 갖고 있지 않다는 것을 알수 있을 것입니다.

2) 포고령 위반에 대하여

노동자연맹의 집회가 계엄기간 중 계엄당국에 허가 없이 이루어진 것은 사실입니다. 그러나 노동문제는 일차적으로 노사의 문제이고, 그런 관계에서 발생합니다. 따라서 노동자연맹이 현실적인 노동문제에 대한 노사분규를 일으키지 않은 한 포고령에 위반을 할 의도를 갖고 있다고 보기 어렵고, 또 같은 기간에 사용자단체 즉, 전경련, 대한상공회의소, 무역협회 등의 집회에 대하여 기소권이 형평하게 행사된다면 모르지만, 노동자연맹만이 집회에 포고령 위반을 주장하는 검찰의 주장은 납득하기 어렵습니다.

4. 출판·서적 관계에 대하여

원심은 이 부분도 검찰의 공소사실을 전부 인정하여 사회주의사상을 선전할 목적으로 출판사를 설립하여 불온서적을 제작배포하고 소지하였다고 판시하였읍니다. 1심 재판부는 그 증거의 판시에서 검찰 측이 제출한 서적의 감정서를 증거로 채택하지 않고, 검찰조서와 서적의 현존만으로 하고 있읍니다.

이로 보건대, 사상성이나, 본 피고인의 활동의 판시에 서적의 현존은 검찰조서와 함께 절대적인 증거의 토대가 되고 있는 것으로 판단됩니다.

그런데 원심은 서적의 현존의 어느 부분이 어떠하다는 점을 구체적으로는 판시하지 않고 검찰의 공소내용을 그대로 인정하는 도무지 요령부득의 결과가 되고 있는바, 검찰의 서적에 대한 공소내용은 서적에 대한 감정서의 내용과 동일한 것이므로, 재판부가 감정서의 증거로서의 진실성, 신빙성이 없기 때문에 채택하지 않았다면 마땅히 검찰조서도 배제되었어야 함에도 검찰조서를 그대로 인정하는 것은 납득할 수 없는 것입니다.

왜냐하면, 검찰 공소내용이 교조적인 마르크스주의, 제국주의 등의 극열한 정치적 용어로 규정하고 있는 저자나 책들 내용은 사실과 전혀 다른 것이 명백하기 때문입니다.

예를 들면, 『위대한 거부』의 경우 저자인 H. 마르쿠제는 마르크스주의자로 폭력혁명을 정당시하고 공산주의사회인 쏘련을 찬양하고 있다고 되어 있는데 H. 마르쿠제는 선진 고도산업사회, 즉 미국·영국·일본·소련·동서독을 비판대상으로 삼고 있는 프랑크푸르트학파에 속하면서 뉴-레프트로 지칭되지만, 유럽지성풍토에서 뉴-레프트의 개념은 네오마르크스주의자에서부터 최근의 앙리 그뤼크스만과 같은 신철학까지 포괄되는 다양한 색채의 입장을 지칭하는 것이며, 지배체제의 부당한 폭력으로부터 저항하는 폭력은 정당하고 윤리적인 타당성을 갖는다고 하는 것이 폭력혁명을 선동하는 것이라면 헌법전문에 3.1 운동의 숭고한 독립정신을 계승하고~의 문맥도 폭력혁명의 선동으로 보아야 할 것입니다.

더욱이, 마르쿠제는 그의 말년에 개인의 자발성이 보장되는 미국사회는 많은 문제점을 안고 있기는 하나 소중스러운 요소를 갖고 있다고 주장하였던 것입니다. 그러므로 책에 대한 이해는 단편적인 몇 가지 단어나, 문장을 끄집어내어 주관적으로 전혀 그 저자의 사상적 맥락과는 관련 없는 정치적인 도그마를 적용하여 재단하는 일은 있을 수 없는 일일 뿐만 아니라, 그 저의가 눈앞에 훤히 보일 수밖에 없습니다.

또 『자본주의 발달사』의 다까하시 고 하찌로를 사적유물론자 운운하는 것은 경제학파의 상식조차 없는 일입니다.

다까하시는 일본의 마르크스주의 경제학파에 대립되는 근대경제학파에 속하고 오오스카 히사오의 문하생이며, 『자본주의 발달사』는 근대경제사학의 여러 학문적 성과를 집약한 탁월한 秀作으로 알려진 저작입니다. 경제사학에서 봉건적 토지소유에서 시민계급의 발생과 시민혁명의 경제적·사회적 구조를 분석하는 것은 그 학문 자체의 기본 영역입니다. 그것을 마치 마르크스주의자이기 때문에 자본론 등의 이론을 적용하고 있다 운운하는 것은 가당치 않은 비난일 것입니다.

모든 서적에 대해서도 일일이 구체적으로 공소내용의 악랄한 중상에 대하여 언급하고 싶으나, 본 피고인이 발행한 산업선서의 노동관계 서적과 그중에서도『노동의 철학』에 대해서 간략하게 말씀드리겠읍니다.

산업선서는, 산업선교회의 활동사례집인 민중과 조직, 프랑스, 독일의 노동운동사, 그리고 노동의 역사와 철학을 출판하였는데, 이 책의 원본 텍스트는 국내에서 수입되거나 판매되고 있는 것으로 하였고, 상술한 바와 같은 노동문제에 대한 입장에서 편집하였읍니다.

『노동의 철학』은 1964 일본의 사용자 단체인 '일경련'에서 16차 총회를 개최하면서 국민 총화를 위하여 노·사가 대오반성하며 생산성을 향상시키고, 국력을 신장시키기 위하여 노·사 협조체제를 강화해야 한다는 요지의 대회선언문을 채택한 이후, 노동조합에 대한 분할지배를 노골화 하는 것에 대한 대책으로 일본 노동조합 각파, 즉 사회당 계열의 총평, 공산당 계열의 노조, 중간파, 민사당 계열의 동맹 등의 노조에서 사용자 측의 이념공격, 다시 말해서 노사협조를 강조하고 노무관리를 사용자의 이익에 일방적으로 종속시키기 위한 노조에 대한 직간접적 공격에 대응하기 위해서 노동자 교육용의 서적들을 출판하였읍니다.『노동의 철학』은 그 대본이 우리나라 야당과 우당의 자매관계에 있는 민사당(民事黨) 계열의 동맹에 소속된 체신노조의 출판물입니다. 물론 그 책은 일본노동운동의 현실이 생생하게 반영되고 있고, 노동운동의 이른바 우파에 서 있는 '동맹'의 입장이 곳곳에서 나타나고 있으나, 노동운동에 생경한 우리나라의 풍토에서 보면 다소의 문제성이 전혀 없는 것은 아닙니다. 그러나 200여년의 노동운동사의 여러 역사적 경험과 이론들은 어느 나라, 어느 조건에서도 무조건적으로 배제해야 한다는 것은 있을 수 없는 일이며, 취사해야 할 것은 취사하고 버릴 것은 버려야 할 것입니다.

따라서『노동의 철학』은 '일경련'의 노사협조주의에 반대하여 노동자의 권익을 옹호할 것을 적극 주장하고 있고, 그를 위한 사고방식과 사용자 측의 노무관리를 분석하고 있읍니다.

이 책에 대해서는 일본의 좌파계열의 노조로부터는 사용자의 이익을 간접적으로 옹호한다는 비판이 있었던 것으로 알고 있으며,「동맹」자체에서는 너무 직접적으로 사용자의 공격에 대응한 것이라는 견해가 있었읍니다.

그것과 다른 후진적인 노동운동의 현실에 있는 우리나라에서는 노동자다운 견해, 사고방식을 옹호한다는 것은 바로 공산주의자나 하는 것이라는 뿌리 깊은 편견 속에서 그 책에서 인용하는 마르크스 또는 레닌 등의 이름을 그대로 출판할 수는 없기 때문에 원의에 어그러지지 않는 범위에서 표현을 바꾸었으나, 그것은 그 책의 입장이 기본적으로 우파계열의 동맹의 노동운동의 노선의 성격을 띠고 있기 때문에, 고의적인 찬양이 아님은 확실한 것입니다.

또 이 책은 문화공보부에의 납본과정에서 불허되어 판매금지의 조치가 되었으며, 그에 따라 각서를 제출하고 판매를 위한 배포를 하지 않았던 것입니다.

항소심의 최 재판장님,

이상과 같은 저희 항소 이유를 냉철히 검토해주시고, 우리 사회를 보다 아름답게, 그리고 건강하게 만들어, 참다운 민주주의의 실현을 위한 양심적인 실현을 공산주의 건설이라는 터무니없는 반민주세력의 정책적 필요에 의한 허구를, 법과 진리와 정의에 합당하도록, 원심을 파기하시고 국보와 반공법 부분에는 무죄를, 계엄법 부분에는 공소를 기각하여주십시오.

1982. 4. 17.

피고인 이태복

위 본인의 무인임을 증명함.

교도 양○○

판결

2-1

서울고등법원

제1형사부
판결

사건 81노771   국가보안법위반

반공법(법률 제1997호)위반

범인은닉

구국가보안법(법률 제549호)위반

계엄법위반

집회 및 시위에 관한 법률위반

피고인 명부

항소인 : 피고인 이태복, 같은 이선근, 같은 박문식, 같은 이덕희, 같은 홍영희, 같은 윤성구, 같은 민병두, 같은 김창기, 같은 최경환, 같은 김진철, 같은 손형민, 같은 이종구, 같은 신철영, 같은 김철수, 같은 양승조, 같은 박태연, 같은 유해우, 같은 김병구, 같은 송병춘, 같은 송영인, 같은 노숙영, 같은 최규엽, 같은 오상석, 같은 엄주웅, 같은 정경연 및 검사(피고인들 전원에 대하여)

검사 : 조우현, 안강민, 임휘윤, 김경한, 박순용

변호사 : 변호사 이돈명, 같은 이영환, 같은 조준희, 같은 이돈희, 같은 황인철, 같은 조영일 (피고인 이태복, 같은 이선근, 같은 박문식, 같은 이덕희, 같은 홍영희, 같은 신철영, 같은 김철수, 같은 양승조, 같은 박태연, 같은 김병구, 같은 송병춘, 같은 송영인, 같은 노숙영, 같은 최규엽, 같은 오상석, 같은 엄주웅, 같은 정경연에 대하여) 변호사 홍성우(피고인 윤성구, 같은 민병두, 같은 김창기, 같은 최경환, 같은 김진철, 같은 손형민에 대하여)

원판결 : 서울형사지방법원 1982. 1. 22. 선고

81고합883, 81고단5934, 81고합 981(병합)판결

주문 : 원심판결 중 피고인 이태복, 같은 이선근, 같은 박문식, 같은 이덕희, 같은 홍영희, 같은 윤성구, 같은 민병두, 같은 김창기, 같은 최경환, 같은 김진철, 같은 손형민, 같은 이종구, 같은 신철영, 같은 김철수, 같은 양승조, 같은 박태연, 같은 김병구, 같은 송병춘, 같은 송영인, 같은 노숙영, 같은 최규엽, 같은 오상석, 같은 엄주웅, 같은 정경연에 대한 부분을 파기한다.

피고인 이태복을 무기징역에,

같은 이선근을 징역 7년과 자격정지 7년에,

같은 박문식을 징역 5년과 자격정지 5년에,

같은 이덕희를 징역 3년과 자격정지 3년에,

같은 홍영희, 같은 김철수, 같은 양승조, 같은 정경연을 각 징역 2년 6월과 자격정지 2년 6월에,

같은 신철영, 같은 송병춘, 같은 송영인, 같은 노숙영, 같은 오상석을 징역 2년과 자격정지2년에,

같은 윤성구, 같은 민병두, 같은 김병구를 각 징역 2년에, 같은 최규엽을 판시 제1의

가, 제7 내지 9 죄에 대하여 징역 1년과 자격정지 1년에, 나머지 죄에 대하여 징역 1년
과 자격정지1년에

같은 엄주웅을 판시 제7죄에 대하여 징역 1년과 자격정지 1년에, 나머지 죄에 대하여
징역 1년과 자격정지 1년에,

같은 김창기, 같은 최경환, 같은 김진철, 같은 손형민을 각 징역 1년 6월에,

같은 박태연을 징역 1년에,

같은 이종구를 징역 10월에 각 처한다.

원심판결선고 전의 구금일수중 피고인 이선근, 같은 박문식, 같은 이덕희, 같은 홍영
희에 대하여는 각 180일씩을, 같은 윤성구, 같은 민병두, 같은 김창기, 같은 최경환, 같
은 김진철, 같은 손형민, 같은 이종구에 대하여는 각 170일씩을, 같은 신철영, 같은 김
철수, 같은 양승조, 같은 송병춘, 같은 송영인, 같은 노숙영, 같은 오상석, 같은 정경연
에 대하여는 각 140일씩을, 같은 박태연, 같은 김병구에 대하여는 각 135일씩을 같은
피고인들에 대한 위 징역형에 각 산입하고 같은 최규엽에 대하여는 판시 제1의가, 제7
내지 9 죄를 제외한 나머지 죄에 대한 위 징역형에, 같은 엄주웅에 대하여는 판시 제7
죄를 제외한 나머지 죄에 대한 위 징역형에 각 140일씩을 각 산입한다.

피고인 신철영, 같은 김병구, 같은 노숙영에 대하여는 각 4년간, 같은 박태연에 대하여
는 3년간 위 각 징역형의 집행을 각 유예한다.

압수된 별지목록기재의 물품 중 서울지방검찰청 81압제2364호 증제1내지16호, 증제
19호, 증제21내지30호, 81압제2743호 증제1내지 7호, 81압제2743호 증제108호를 피
고인 이태복으로부터,

81압제2364호 증제31내지39호를 같은 이선근으로부터,

81압제2364호 증제40내지52호를 같은 박문식으로부터,

81압제2364호 증제53내지58호를 같은 이덕희로부터,

81압제2364호 증제59내지76호를 같은 홍영희로부터,

81압제2387호 증제 1내지14호를 같은 윤성구로부터,

81압제2743호 증제 8내지21호를 같은 신철영으로부터,

81압제2743호 증제22내지30호를 같은 김철수로부터,

81압제2743호 증제31내지34호를 같은 양승조로부터,

81압제2743호 증제47내지66호를 같은 최규엽으로부터,

81압제2743호 증제67내지69호를 같은 오상석으로부터,

81압제2743호 증제70내지73호를 같은 송병춘으로부터,

81압제2743호 증제74내지78호를 같은 노숙영으로부터,

81압제2743호 증제79내지92호를 같은 엄주웅으로부터,

81압제2743호 증제93내지97호를 같은 정경연으로부터,

각 몰수한다.

피고인 윤성구에 대한 공소사실 중 제1의가 1980. 1. 초순부터 같은 해 9. 중순까지 국제경제학회모임을 불법집회하였다는 점과 제1의라, 같은 해 12. 초순경 불법집회하였다는 점,

피고인 민병두에 대한 공소사실 중 제5. 1981. 5. 25.부터 같은 해 6. 8.경까지 불법시위를 음모하였다는점,

피고인 김창기에 대한 공소사실 중 제1. 1979. 10. 하순부터 1980. 12. 초순까지 불법집회하였다는점,

피고인 김진철에 대한 공소사실 중 제1의가. 1980. 3. 초순 불법집회하였다는 점. 제1의나. 1980. 3. 초순부터 같은 해 6. 중순까지 자연과학회모임을 불법집회하였다는점. 제1의다. 같은 해 7. 초순부터 같은 해 12. 하순까지 불법집회하였다는점, 제2. 1981. 3. 28.부터 같은 달 31.까지 불법시위를 선동하였다는점,

피고인 이종구에 대한 공소사실 중 제1의가 1979. 11. 초순부터 1981. 1. 하순까지 불법집회하였다는 점,

피고인 송영인에 대한 공소사실 중 제12. 반국가단체를 이롭게 할 목적으로 1976. 11. 중순경 파울로 프레이리 저 "피압박자의 교육학" 1권을,

제13. 1979. 9. 일자불상경 폴 스위지 저 "자본주의 발전론" 1권을,

제14. 1980. 12. 초순경 모리스 돕 저 "자본주의 발전연구" 1권을,

제15. 1981. 1. 일자미상경 미우라츠도무 저 "대중조직의 이론" 1권을,

제16. 1981. 3. 초순경 광민사 편역 "노동의 철학" 1권을 각 취득 소지하였다는 점은 각 무죄.

피고인 유해우의 항소 및 검사의 피고인 유해우에 대한 항소와 피고인 박태주에 대한 항소를 모두 기각한다.

이유제목요지

1. 항소이유의 요지
   가. 검사의 항소이유
   나. 피고인들의 항소이유

2. 항소이유에 대한 판단
   가. 모두 사실을 다투는 부분
   나. 검찰에서의 진술의 임의성을 다투는 부분
   다. 피고인 이태복, 같은 이선근, 같은 박문식, 같은 이덕희, 같은 홍영희의 항소이유에 대
      한 판단
      (1) 위 피고인들의 사실오인 주장에 대한 판단
         (가) 피고인 박문식의 파기이유
         (나) 피고인 홍영희의 파기이유
         (다) 객관적 사실의 인정
      (2) 전민학련, 전민노련의 반국가단체성
      (3) 서적취득 출판행위의 위법성
      (4) 계엄법 위반의 위법성
      (5) 피고인 이태복, 같은 이선근, 같은 이덕희의 파기이유
         - 반국가단체의 수괴 또는 간부가 된 죄와 국가보안법 또는 구 반공법 소정의 다른
           죄와의 관계
   라. 피고인 윤성구, 같은 민병두, 같은 김창기, 같은 최경환, 같은 손형민, 같은 이종구의
      항소이유에 대한 판단
   마. 피고인 신철영, 같은 김철수, 같은 양승조, 같은 박태연, 같은 김병구, 같은 송병춘, 같
      은 송영인, 같은 노숙영, 같은 최규엽, 같은 오상석, 같은 엄주웅, 같은 정경연의 항소이
      유에 대한 판단
   바. 검사의 피고인 박태주에 대한 항소이유에 관한 판단
   사. 피고인 유해우 및 그에 대한 검사의 항소이유에 관한 판단
   아. 결론

3. 파기하는 피고인들에 대한 판단

이유

1. 항소이유의 요지

가. 검사의 항소이유

(1) 피고인 박태주에 대한 항소

검사의 피고인 박태주에 대한 항소이유의 요지는 같은 박태주의 검찰에서의 진술 등을 모두어보면 피고인도 원심이 유죄로 인정한 다른 상 피고인들과 마찬가지로 반국가단체를 이롭게 할 목적으로 공소장 기재의 서적들을 취득하였음을 넉넉히 인정할 수 있는데도 원심이 채증법칙에 위배한 나머지 피고인에게 반국가단체를 이롭게 할 목적이 없다 하여 피고인에게 무죄를 선고한 것은 판결의 결과에 영향을 미칠 사실오인의 위법을 범하였다는 것이다.

(2) 나머지 피고인들에 대한 항소

검사의 피고인 박태주를 제외한 나머지 피고인들에 대한 항소이유의 요지는 원심이 피고인들에 대하여 선고한 형의 양정이 너무 가벼워서 부당하다는 데 있다.

나. 피고인들의 항소이유

(1) 피고인 이태복 및 그 변호인 변호사 이돈명의 항소이유의 요지는,

(가) 원심은 피고인이 반국가단체인 전국민주학생연맹(이하 전민학련이라고만 한다)을 구성하여 그 수괴가 되었으며 전국민주노동자연맹(이하 전민노련이라고만 한다)을 구성하려다 미수에 그쳤다고 인정하나, 위 전민학련은 대한민국의 민주화와 진정한 자유확보를 평화적으로 이루자는데 그 목적이 있는 학생운동이고 전민노련은 억압된 노동자의 권익을 보호하기 위한 노동운동으로서 달리 정부를 참칭하거나 국가를 변란할 목적이 없었는데도 불구하고 원심이 피고인에 대하여 위 두 단체를 반국가단체로 인정하고 이에 기하여 반국가단체의 구성 및 그 수괴임무종사죄, 국가보안법 또는 구 반공법상의 회합죄, 편의제공죄, 금품수수죄로 다스렸음은 국가보안법상 반국가단체에 관한

법리를 오해하였거나 판결의 결과에 영향을 미친 사실오인을 범한 위법이 있고,

(나) 피고인이 취득하고 출판한 서적들은 반국가단체의 활동을 찬양, 고무 또는 이에 동조하는 내용이 아니며, 사상, 학술서적을 독서하고, 문화공보부의 출판승인을 받아 서적을 출판함은 헌법상 학문과 출판의 자유의 범위 안에 속함에도 불구하고 원심이 피고인을 구 반공법 또는 국가보안법상의 찬양고무등죄로 다스렸음은 헌법상 학문과 출판의 자유에 대한 법리를 오해하였거나 판결의 결과에 영향을 미친 사실오인의 위법이 있다는 것이며,

(다) 원심은 피고인을 유죄로 인정하는 증거로서 검사가 작성한 피고인에 대한 피의자신문조서와 원심판결 적시의 나머지 여러 증거들을 들고 있으나 검사의 피고인에 대한 피의자신문조서는 피고인의 진술에 따라 진정하게 성립된 것이 아닐 뿐 아니라 신체구속의 부당한 장기화와 경찰에서 당한 고문으로 인한 공포, 고통 속에서 이루어진 임의성 없는 진술로서 증거능력이 없으며 나머지 증거들만으로는 원심판시 범죄사실을 인정할 수 없음에도 불구하고 원심은 증거능력 없는 증거들을 채택하고 논리칙과 경험칙에 어긋나게 증거의 가치판단을 하는 등 채증법칙을 위배하여 적법한 증거에 의하지 아니하고 범죄사실을 잘못 인정한 위법이 있다는 것이고,

(라) 원심판결에는 피고인이 반국가단체인 전민학련을 구성 활동한 사실을 기수로, 전민노련에 대하여는 그 미수로 각 인정 이에 기하여 공소사실 모두에 대하여 유죄로 인정하고 있으나 이는 위 두 단체가 반국가단체라고 볼 만한 실체가 없으며, 혁명성공의 개연성도 없는 점, 기본집단과 보조집단의 기, 미수가 전도된 점, 민주화 위장과 사회주의 교양실시의 상호모순, 증거취사 및 서적에 대한 평가 등에 있어서의 상호모순, 판결문에 나타나는 문맥의 상충, 오기 등에 대하여 심리를 다하지 못한 나머지 원심은 판결이유를 붙이지 아니하거나 상호모순을 내포한 이유모순의 위법을 범하였다는 것이며,

(마) 원심은 피고인이 계엄하에서 당국의 허가 없이 집회를 한 사실에 대하여 계엄법 위반죄로 다스렸으나

① 위 계엄은 국가원수가 피살되었다는 사실만으로 선포된 계엄으로서 우리나라가 적의 포위공격을 받은 일이 없었고 군사력이 아니면 질서유지를 할 수 없는 사회교란상태도 없었을 뿐 아니라 그 후 국가기능이 정상화되었음에도 불구하고 1981. 1. 26.까지 계속되었던바, 이는 계엄선포 요건에 어긋나 무효인 계엄이었고 당시에 민주화를 위한 모든 집회는 당국의 허가 없이 일반적으로 허용되었던 것이니 피고인도 노동계의

민주화를 위하여 공소장 설시와 같은 집회를 할때 아무런 위법성을 인식하지 못하였는데도 피고인을 계엄법위반으로 다스린 위법이 있다는 취지이며,

② 그 계엄이 해제되면 향후는 물론 과거 계엄하의 모든 조치도 효력이 상실되어 이는 범죄 후 법령의 개폐로 형이 폐지되었을 때에 해당함에도 불구하고 피고인을 유죄로 인정한 원심판결은 판결의 결과에 영향을 미친 법령위반의 위법을 범하였다는 것이고

③ 당시에 모든 민주화를 위한 집회가 일반적으로 당국의 허가 없이 허용되었는데 유독 피고인에 대하여만 이를 소추함은 공소권의 남용으로서 부적법한 공소 아니 공소기각하여야 함에도 피고인을 유죄로 인정한 것은 원심판결에는 판결의 결과에 영향을 미칠 위법이 있다는 것이며,

(바) 원심은 피고인에게 공소범죄 사실을 모두 인정한 후 무기징역형을 선고하였으나 이는 너무 무거워서 부당하다는 것이다.

(2) 피고인 이선근 및 그 변호인 변호사 이돈명의 항소이유의 요지는

(가) 원심은 피고인이 반국가단체인 전민학련을 구성하여 그 간부가 되었다고 인정하나 위 전민학련은 대한민국의 민주화와 진정한 자유확보를 평화적으로 이루자는 데 그 목적이 있는 학생운동으로서 달리 정부를 참칭하거나 국가를 변란할 목적이 없었는데도 불구하고 원심이 이를 반국가단체로 인정하고 이에 기하여 피고인을 국가보안법상 또는 구 반공법상 반국가단체 구성 및 간부임무종사죄, 회합죄, 편의제공, 금품수수죄로 다스렸음은 국가보안법상 반국가단체에 관한 법리를 오해하였거나 판결의 결과에 영향을 미친 사실오인을 범한 위법이 있고,

(나) 피고인이 취득한 서적들은 반국가단체의 활동을 찬양, 고무 또는 이에 동조하는 내용이 아니며, 사상, 학술서적을 취득 독서함은 헌법상 학문의 자유 안에 속함에도 불구하고 원심이 피고인을 구 반공법 또는 국가보안법상의 찬양고무등죄로 다스렸음은 헌법상 학문의 자유에 대한 법리를 오해하였거나 판결의 결과에 영향을 미친 사실오인의 위법이 있다는 것이며,

(다) 원심은 피고인을 유죄로 인정하는 증거로서 검사가 작성한 피고인에 대한 피의자신문조서와 원심판결 적시의 나머지 여러 증거들을 들고 있으나 검사의 피고인에 대한 피의자신문조서는 피고인의 진술에 따라 진정하게 성립된 것이 아닐 뿐 아니라 신체구속의 부당한 장기화와 경찰에서 당한 고문으로 인한 공포, 고통 속에서 이루어진 임의성 없는 진술로서 증거능력이 없으며 나머지 증거들만으로는 원심판시 범죄사실을 인

정할 수 없음에도 불구하고 원심은 증거능력 없는 증거를 채택하고 논리칙과 경험칙에 반하여 증거의 가치판단을 하는 등 채증법칙을 위배하여 적법한 증거에 의하지 아니하고 범죄사실을 잘못 인정한 위법이 있다는 것이고,

(라) 원심판결에는 피고인에 대한 공소사실 모두에 대하여 유죄로 인정하고 있으나 이는 위 단체가 반국가단체라고 볼 만한 실체가 없으며, 혁명성공의 개연성도 없고, 민주화 위장과 사회주의 교양실시의 모순성, 증거취사 및 서적에 대한 평가상의 상호모순성, 판결문상의 문맥의 상충, 오기 등에 있어서 심리를 다하지 못한 나머지 원심은 판결이유를 붙이지 아니하거나 상호모순을 내포한 이유 모순의 위법을 범하였다는 것이며,

(마) 원심은 피고인에게 공소범죄사실을 모두 인정한 후 징역 10년, 자격정지 10년을 선고하였으나 이는 너무 무거워서 부당하다는 것이다.

(3) 피고인 박문식 및 그 변호인 변호사 조영일의 항소이유의 요지는

(가) 원심은 피고인에 대하여 공소장 기재 모두 사실을 비롯한 모든 사실을 유죄로 인정하고 피고인을 유죄로 인정하는 증거로서 검사가 작성한 피고인에 대한 피의자신문조서와 원심판결 적시의 나머지 여러 증거들을 들고 있으나 검사의 피고인에 대한 피의자신문조서는 피고인의 진술에 따라 진정하게 성립된 것이 아닐 뿐 아니라 신체구속의 부당한 장기화와 경찰에서 당한 고문으로 인한 공포, 고통 속에서 이루어진 임의성 없는 진술로서 증거능력이 없으며 나머지 증거들만으로는 원심판시 범죄사실을 인정할 수 없음에도 불구하고 원심은 증거능력 없는 증거를 채택하고 논리칙과 경험칙에 반하여 증거의 가치판단을 하는 등 채증법칙을 위배하여 적법한 증거에 의하지 아니하고 범죄사실을 잘못 인정한 위법이 있다는 것이고,

(나) 원심은 피고인이 반국가단체인 전민학련을 구성하여 그 간부가 되었다고 인정하나 위 전민학련은 학원의 자율화와 민주화를 찾고자 흥사단아카데미 활동을 좀더 적극적으로 할 목적으로 구성한 학생운동조직으로서 달리 정부를 참칭하거나 국가를 변란할 목적이 없었는데도 불구하고 원심이 이를 반국가단체로 인정하고 이에 기하여 피고인을 그 구성 및 간부임무종사죄, 회합죄, 반국가단체를 이롭게 한 죄, 금품수수죄로 다스렸음은 국가보안법상 반국가단체에 관한 법리를 오해하였거나 판결의 결과에 영향을 미친 사실오인을 범한 위법이 있으며,

(다) 피고인은 경제학도로서 전공분야의 학술서적을 여러 서적과 함께 학문상 목적으로 공개리에 취득하였을 뿐 반국가단체를 찬양, 이롭게 할 목적으로 공소장 기재의 서적을

구입한 일이 없는데 이를 모두 구 반공법 또는 국가보안법상의 찬양고무등죄로 다스렸음은 판결결과에 영향을 미친 사실오인의 위법을 범하였다는 것이고

(라) 국가보안법 제8조 제1항은 반국가단체의 구성원이 아닌자가 반국가단체의 이익이 되는 점을 알면서 그 구성원 또는 지령을 받은 자와 회합하는 경우이고, 같은 법 제7조 제1항은 반국가단체의 구성원 아닌 자가 반국가단체, 그 구성원 또는 지령을 받은 자를 이롭게 하는 경우이며 반국가단체 구성원의 행위는 모두 같은 법 제3조 제1, 2항에만 해당한다 볼 것이므로 같은법 제7조제1항, 제8조제1항 위반행위는 같은법 제3조제 1,2항에 흡수됨에도 불구하고 원심은 이를 실체적 경합범으로 인정하였음은 국가보안법의 법리를 오해하여 판결의 결과에 영향을 미친 위법이 있다는 것이며,

(마) 원심이 피고인에 대하여 선고한 징역 7년 자격정지 7년은 너무 무거워서 부당하다는 것이다.

(4) 피고인 이덕희 및 그 변호인들의 항소이유의 요지는

(가) 원심은 피고인이 반국가단체인 전민학련을 구성하여 그 간부가 되었다고 인정하나 위 전민학련은 대한민국의 민주화를 위한 학생운동을 계속하기 위하여 구성한 단체로서 비록 반정부운동을 목적으로 한 단체일지는 모르나 결코 정부를 참칭하거나 국가를 변란할 목적으로 구성된 반국가단체가 아님에도 불구하고 원심이 이를 반국가단체로 인정하고 이에 기하여 피고인을 그 구성 및 간부임무종사죄, 반국가단체를 이롭게 한 죄로 다스렸음은 국가보안법상의 반국가단체에 관한 법리를 오해하였거나 판결의 결과에 영향을 미친 사실오인을 범한 위법이 있으며,

(나) 원심은 피고인을 유죄로 인정하는 증거로서 검사가 작성한 피고인에 대한 피의자신문조서와 원심판결 적시의 나머지 여러 증거들을 들고 있으나 검사의 피고인에 대한 피의자신문조서는 피고인의 진술에 따라 진정하게 성립된 것이 아닐 뿐 아니라 신체구속의 부당한 장기화와 경찰에서 당한 고문으로 인한 공포, 고통 속에서 이루어진 임의성 없는 진술로서 증거능력이 없으며 나머지 증거들만으로는 원심판시 범죄사실을 인정할 수 없음에도 불구하고 원심은 증거능력 없는 증거를 채택하고 증거의 가치판단을 그릇하는 등 채증법칙을 위배하여 적법한 증거에 의하지 아니하고 범죄사실을 잘못 인정한 위법이 있다는 것이고,

(다) 피고인은 과학사를 연구할 목적으로 사회과학과 역사에 관한 학술서적을 정부의 허가 아래 수입하여 판매하는 서점에서 공개리에 취득하였으며 그 내용도 반국가단체를 찬

양, 이롭게 하는 서적이 아님에도 불구하고 원심이 피고인을 구 반공법 또는 국가보안법상의 찬양고무등죄로 다스렸음은 채증법칙에 위배하여 판결결과에 영향을 미친 사실을 오인하였거나 찬양고무등죄로 법리를 오해한 위법이 있다는 것이고,

(라) 원심이 피고인에 대하여 선고한 징역 5년 자격정지 5년의 형은 그 양정이 너무 무거워서 부당하다는 것이다.

(5) 피고인 홍영희 및 그 변호인들의 항소이유의 요지는

(가) 원심은 피고인에 대하여 공소장 기재 범죄사실을 모두 유죄로 인정하고 그 인정하는 증거로서 검사가 작성한 피고인에 대한 피의자신문조서와 원심판결 적시의 나머지 여러 증거들을 들고 있으나 검사의 피고인에 대한 피의자신문조서는 피고인의 진술에 따라 진정하게 성립된 것이 아닐 뿐 아니라 신체구속의 부당한 장기화와 경찰에서 당한 고문으로 인한 공포, 고통 속에서 이루어진 임의성 없는 진술로서 증거능력이 없으며 나머지 증거들만으로는 원심판시 범죄사실을 인정할 수 없음에도 불구하고 원심은 증거능력 없는 증거를 채택하고 증거의 가치판단을 그릇하는 등 채증법칙을 위배하여 적법한 증거에 의하지 아니하고 범죄사실을 잘못 인정한 위법이 있다는 것이고,

(나) 원심은 피고인이 반국가단체인 전민학련을 구성하여 그 간부가 되었다고 인정하나 위 전민학련은 대한민국의 민주화를 위한 학생운동을 올바른 현실 인식아래 유지하고자 구성한 단체로서 비록 반정부운동을 목적으로 한 단체일지는 모르나 결코 정부를 참칭하거나 국가를 변란할 목적으로 구성된 반국가단체가 아님에도 불구하고 원심이 이를 반국가단체로 인정하고 이에 기하여 피고인을 그 구성 및 간부임무종사죄, 반국가단체를 이롭게 한 죄로 다스렸음은 국가보안법상 반국가단체에 관한 법리를 오해하였거나 판결의 결과에 영향을 미친 사실오인을 범한 위법이 있으며,

(다) 원심은 피고인이 1981. 5. 29. 같은 해 6. 4.자 이대 학생 데모를 각 지시한 사실이 없는 데도 이를 모두 유죄로 인정하였으니 원심판결에는 판결결과에 영향을 미칠 사실오인의 위법이 있다는 것이고,

(라) 피고인은 사회학을 연구할 목적으로 사회과학에 관한 학술서적을 정부의 허가를 얻은 수입상에서 여러 다른 책과 함께 공개리에 취득하였으며 그 내용도 반국가단체를 찬양, 이롭게 하는 서적이 아님에도 불구하고, 원심이 피고인을 구 반공법 또는 국가보안법상의 찬양고무등죄로 다스렸음은 채증법칙에 위배하여 판결결과에 영향을 미친 사실을 오인하였거나 찬양고무등죄로 법리를 오해한 위법이 있다는 것이며

(마) 원심이 피고인에 대하여 선고한 징역 3년 자격정지 3년의 형은 너무 무거워서 부당하다는 데 있다.

(6) 피고인 윤성구, 같은 민병두, 같은 김창기, 같은 최경환, 같은 김진철, 같은 손형민 및 그들의 변호인 변호사 홍성우와 피고인 이종구의 항소이유의 요지는

(가) 원심은 피고인들에 대하여 공소장 기재 범죄사실을 모두 유죄로 인정하고 피고인들을 유죄로 인정하는 증거로서 검사가 작성한 피고인에 대한 각 피의자신문조서와 원심판결 적시의 나머지 여러 증거들을 들고 있으나 검사의 피고인에 대한 피의자신문조서는 피고인의 진술에 따라 진정하게 성립된 것이 아닐뿐 아니라 신체구속의 부당한 장기화와 경찰에서 당한 고문으로 인한 공포, 고통 속에서 이루어진 임의성 없는 진술로서 증거능력이 없으며 나머지 증거들만으로는 원심판 시 범죄사실을 인정할 수 없음에도 불구하고 원심은 증거능력 없는 증거를 채택하는 등 채증법칙을 위배하여 적법한 증거에 의하지 아니하고 범죄사실을 잘못 인정한 위법이 있다는 것이고,

(나) 원심판결은 피고인들이 계엄포고령이 금지한 옥내집회 또는 정치적 목적의 집회를 하였고, 집회 및 시위에 관한 법률이 말하는 현저히 사회적 불안을 야기시킬 우려가 있는 시위를 하였다고 유죄로 인정하였으나 피고인들은 학내의 지적 토론을 위한 회합 및 써클활동을 한 것으로서 이는 학생으로서 필요불가결한 사람 사이의 만남에 불과하고 피고인들의 시위도 학교구내에서 한 평화적인 시위에 불과하며 구호도 현 정권을 비판하는 민주주의사회에서 필요한 언동이므로 전혀 계엄포고령이 금지된 집회나 현저히 사회적 불안을 야기시킬 우려가 있는 시위에 해당하지 아니하는데도 불구하고 원심이 이를 모두 유죄로 인정하였음은 사실을 오인하였거나 계엄법과 집회 및 시위에 관한 법률에 관하여 법리를 오해한 위법이 있다는 것이며,

(다) 원심판결에는 다음과 같은 사실오인의 위법이 있으니

① 원심판결은 피고인들이 상 피고인 박문식, 공소 외 박성현의 지시에 따라 서울민주학생연맹, 민주학우회, 신촌지역 모임 등의 학생시위를 위한 써클을 결성하고 그들의 지시에 따라 학생시위를 주관, 음모, 선동, 참가한 후 이를 다시 보고한 것으로 인정하였으나 피고인들은 위 박문식, 박성현의 지시에 따라 써클을 결성하고 시위에 관계한 사실이 없으며 그들에게 보고한 일도 없고 그들과 만난 경우에도 단지 평등한 학생 간에 정보교환을 한 일이 있을 뿐인데 이를 모두 그대로 인정한 것은 판결이 결과에 영향을 미친 사실오인에 해당하고,

② 피고인 윤성구는 서울민주학생연맹을 결성하거나 전민학련의 경인지부장으로 취임한 사실이 없고 1981년도 4차의 서울대 시위를 주관, 조정한 일(공소사실 2, 3, 4, 6)이 없는데도 원심은 이를 모두 인정하여 사실을 오인하였으며,

③ 피고인 김창기는 공소사실 2항의 1981. 5. 27.자 시위를 주관한 사실이 없는데도 원심이 이를 유죄로 인정하였음은 사실오인을 범한 때에 해당하고,

④ 피고인 최경환은 공소사실 2항 중 민주학우회의 위원장에 취임한 일이 없으며 공소사실 3항 중 1981. 5. 12.자 시위를 주도한 일이 없고 공소사실 4항 1981. 6.경의 모임은 순수한 하기봉사활동을 위한 모임이었을 뿐 시위에 관한 집회가 아니었음에도 원심이 이를 모두 인정한 것은 사실오인에 해당한다는 것이고,

⑤ 피고인 손형민은 공소사실 3항 1981. 5.경 살포한 유인물은 사위선동용이 아니었음에도 원심이 이를 시위선동하였다고 인정하였음은 사실오인이며,

⑥ 피고인 이종구는 공소사실 2항 중 1981. 5. 6. 시위 및 공소사실 3항 중 1981. 5. 하순 시위에 각 참가하지 아니하였는데도 원심은 이를 모두 인정하였으니 사실오인을 범한 위법이 있다는 것이며,

(라) 원심판결에는 다음과 같은 판결에 영향을 미친 법령 위배가 있으니

① 검사는 피고인 윤성구가 1981. 3. 19. 시위에 참가하였다고 집회 및 시위에 관한 법률 제14조 제3항, 제3조 제1항 제4호로 기소하였는데 원심은 기소범위를 넘어 같은 법 제14조 제1항, 제3조 제1항 제4호 시위주관으로 처벌하였음은 판결의 결과에 영향을 미친 법령위배를 범하였고,

② 원심은 피고인 민병두가 변호인의 도움을 받지 않는 상태에서 공판을 진행하였는데 이는 필요적 변호조항에 위배한 것이고,

③ 원심은 민병두에게 범죄 후 개정으로 형이 무거워진 집회 및 시위에 관한 법률을 적용한 위법이 있으며,

④ 원심은 같은 민병두를 계엄이 해제된 후에도 포고령위반으로 처벌하였음은 폐지된 법령을 적용한 위법이 있고,

⑤ 원심은 같은 김창기에게 최후진술 기회를 비롯하여 진술의 기회를 박탈함으로써 공판절차상의 법률위반을 범하였으며,

(마) 원심은 피고인 윤성구, 같은 민병두에게 각 징역 3년을, 같은 김창기, 같은 최경환, 같은 김진철, 같은 손형민을 각 징역 2년에, 같은 이종구를 징역 1년에 각 처하였던바 이는 피고인들이 모두 초범으로서 연소한 학생이란 점을 고려할 때 위 각 형은 너무 무

거워서 부당하다는 것이다.

(7) 피고인 신철영, 같은 김철수, 같은 양승조, 같은 박태연 및 그들의 변호인 변호사 이영환의 항소이유 요지는

(가) 원심은 피고인들에 대하여 공소장 기재 범죄사실을 모두 유죄로 인정하고 피고인들을 유죄로 인정하는 증거로서 검사가 작성한 피고인에 대한 각 피의자신문조서와 원심판결 적시의 나머지 여러 증거들을 들고 있으나 검사의 피고인에 대한 각 피의자신문조서는 피고인의 진술에 따라 진정하게 성립된 것이 아닐 뿐 아니라 신체구속의 부당한 장기화와 경찰에서 당한 고문으로 인한 공포, 고통 속에서 이루어진 임의성 없는 진술로서 증거능력이 없으며 나머지 증거들만으로는 원심판 시 범죄사실을 인정할 수 없음에도 불구하고 원심은 증거능력 없는 증거를 채택하고 증거의 가치판단을 잘못하는 등 채증법칙을 위배하여 적법한 증거에 의하지 아니하고 범죄사실을 잘못 인정한 위법이 있다는 것이고,

(나) 피고인 신철영, 같은 김철수, 같은 양승조가 반국가단체를 이롭게 할 목적으로 공소사실적시의 서적을 각 취득하였다는 점에 관하여

① 위 피고인들은 각자의 전공분야와 작업분야에서 지식을 넓히고자 공개리에 시중서점이나 대학도서관에서 여러 다른 서적들과 함께 위 서적들을 취득한 것으로서 그 내용도 반국가단체를 찬양, 이롭게 하는 서적이 아님에도 불구하고 원심이 위 피고인들에 대하여 반국가단체를 이롭게 할 목적을 인정하고 구 반공법 또는 국가보안법상의 찬양고무등죄로 다스렸음은 채증법칙에 위배하여 사실을 오인하였거나 위 법률의 찬양고무등죄로 법리를 오해한 위법을 범하였다는 것이며,

② 원심판결은 위 피고인들에 대한 사상적 배경을 설시하지 아니한 채 구체적인 다른 사실도 인정하지 아니하고 반국가단체를 이롭게 할 목적을 인정한 것은 그 이유에 모순이 있거나 이유불비의 위법이 있다는 것이며,

③ 피고인 김철수는 공소사실 13항의 가, 나의 점에 관하여 레닌과 노동조합론을 취득하여 상 피고인 오상석에게 교부한 사실이 없었는데도 원심이 이를 인정한 것은 판결의 결과에 영향을 미친 사실오인의 위법이 있다는 것이고,

(다) 원심은 피고인들이 계엄하에 신고나 허가 없이 집회를 하였다고 공소사실을 모두 유죄로 인정하였으나 그 집회는 노동운동 정상화를 위한 여러 모임 중의 하나로서 계엄당국에 신고나 허가를 받을 성질의 것이 아님에도 불구하고 원심이 위 피고인들을 모

두 유죄로 인정한 것은 사실오인의 위법이 있거나 계엄법의 법리를 오해한 위법이 있다는 것이고,

(라) 원심판결에는 판결의 결과에 영향을 미친 법령위배의 점이 있으니

① 원심판결은 피고인들에 대하여 현행 계엄법을 적용하였으나 공소사실 중 각 집회의 점은 현 계엄법에 의하여 선포된 계엄하에서 행하여진 행위가 아님에도 위 법률을 적용한 것은 법령위배라는 취지이며,

② 원심이 피고인 신철영, 같은 김철수에 대하여 계엄해제 후 소급하여 당시의 계엄포고령 위반죄를 유죄로 인정함은 폐지된 법을 적용하여 처벌하는 법령위배를 범하였다는 것이고,

③ 피고인 신철영, 같은 김철수에 대하여 역시 폐지된 반공법을 아무런 원용규정을 설시하지 아니한 채 적용하였음은 원심이 법령위배를 범한 것이고,

(마) 피고인들은 그 동기가 노동자들의 처우를 개선하고자 하는 것뿐이었고, 현재 개전의 정이 있음에 비추어 원심이 피고인 신철영을 징역 2년, 자격정지 2년에, 같은 김철수, 같은 양승조를 징역 3년, 자격정지 3년에, 같은 박태연을 징역 2년에 각 처한 것은 그 형의 양정이 너무 무거워서 부당하다는 데 있다.

(8) 피고인 유해우의 항소이유 요지는 피고인이 계엄 하에서

신고나 허가 없이 가졌던 집회는 모두 사회질서를 파괴하는 과격한 집회가 아니었고 단지 미조직된 노동자를 노동조합으로 조직하기 위한 목적아래 모였던 집회였는데 이에 대하여 원심이 피고인을 징역2년에 4년의 집행유예를 선고하였음은 그 형의 양정이 너무 무거워서 부당하다는 것이다.

(9) 피고인 김병구 및 그의 변호인들의 항소이유의 요지는

(가) 피고인에 대한 원심판시 사실 중 시기, 장소, 조직의 성격, 용어에 있어서 피고인이 한 행위와 달리 인정된 사실오인의 점이 있고,

(나) 피고인이 계엄하에서 신고나 허가 없이 가졌던 집회는 모두 피고인이 노동자로서 생업과 관련된 일상적인 노동문제를 의논하는 모임이었을뿐 전혀 정치적인 집회가 아니므로 신고나 허가의 대상이 아님에도 원심이 피고인을 모두 유죄로 인정한 것은 사실을 오인한 위법이 있거나 계엄법의 법리를 오해한 위법을 범한 것이라는 것이며,

(다) 피고인은 모든 점을 순수한 동기로 하였고 위법사실은 뉘우치고 있음에도 원심이 징

역2년을 선고하였음은 그 형의 양정이 너무 무거워서 부당하다는 데 있다.

(10) 피고인 송병춘, 같은 송영인, 같은 노숙영 및 그들의 변호인 변호사 조준희의 항소이유 요지는

(가) 원심판결은 피고인들에 대한 공소사실을 모두 유죄로 인정하고 피고인들을 유죄로 인정하는 증거로서 검사가 작성한 피고인들에 대한 각 피의자신문조서와 원심판결 적시의 나머지 여러 증거들을 들고 있으나 검사의 피고인들에 대한 각 피의자신문조서는 피고인들의 진술에 따라 진정하게 성립된 것이 아닐 뿐 아니라 신체구속의 부당한 장기화와 경찰에서 당한 고문으로 인한 공포, 고통 속에서 변호인의 조력을 받을 권리도 박탈된 채 이루어진 임의성 없는 진술로서 범죄사실을 인정할 수 없음에도 불구하고 원심은 증거능력 없는 증거를 채택하고 증거의 가치판단을 잘못하는 등 채증법칙을 위배하여 적법한 증거에 의하지 아니하고 범죄사실을 잘못 인정한 위법이 있고, 피고인 노숙영의 경우에 이는 헌법 제11조에 위배한 경우에 해당한다는 것이고,

(나) 피고인들이 계엄하에 신고나 허가 없이 집회를 가졌다는 점에 관하여

① 피고인들은 1980. 11. 중순, 하순경 모택동의 모순론, 실천론을 학습하는 모임을 가진 사실이 없음에도 불구하고 원심이 이를 유죄로 인정한 것은 판결의 결과에 영향을 미친 사실오인의 위법이 있고,

② 피고인 송영인은 위 모임 중 "노동경제학", "철학입문" "대중조직의 이론과 역사"는 학습교재로 선정한 사실이 없으며, 위 피고인이 한 말의 내용, 위 집회의 동기 등이 사실과 다르며, 같은 노숙영은 한 달에 3번 이상의 집회는 노동현실에 의하면 불가능함에도 1980. 11.에는 6회의 불법집회를 가졌다고 인정하였으며, 학습교재도 "철학입문"은 사용한 일이 없는데도 불구하고 원심은 위 피고인들에게 모두 유죄로 인정하였음은 사실오인의 위법이 있다는 것이며,

③ 계엄포고령 제10호가 규정하는 정치목적의 집회는 정권획득을 위한 정당활동이나 이에 준하는 정도의 조직적인 정치활동을 목적으로 하는 집회로서 군사상의 필요나 공공의 안녕질서유지에 명백히 위해를 주는 집회만을 제한적으로 지칭한다고 보아야 하며 피고인들이 모였던 집회란 근로현장에서 생기는 신상문제 등을 서로 상의하고 돕기 위한 친지 사이의 모임으로서 위 집회개념에 해당하지 아니함에도 불구하고 원심이 이를 모두 유죄로 인정한 것은 포고령의 법리를 오해한 위법이 있다는 것이고,

④ 피고인 노숙영에게 원심이 적용한 계엄법 및 포고령은 이미 소멸된 법으로서 헌법 제12조제1항에 위반하여 소급처벌한 헌법위반에 해당하며, 같은 송영인의 경우에는

폐지된 법령으로 처벌하는 법령위반의 경우에 해당하고,

⑤ 피고인 송영인의 경우 위와 같은 노동자들의 집회는 노동운동의 일부로서 노동자들의 권익을 보호하기 위한 정당행위에 속하여 위법성을 조각한다는 취지이며,

(다) 피고인들이 반국가단체를 이롭게 할 목적으로 서적을 취득하였다는 점에 관하여

① 피고인들이 취득한 공소사실적시의 모든 서적은 그 저자나 내용 및 저술의도 등에 있어서 공산주의나 과학적 사회주의와는 무관한 전문적 학술서적들로서 국내에서 자유롭게 출판, 수입 및 판매된 책자들이며 피고인들도 다른 여러 책들과 함께 이를 공개리에 구득하였으며, 피고인 송병춘은 교육학도로서, 같은 송영인은 역사학도로서, 같은 노숙영도 각 노동운동에 도움을 얻기 위하여 구득한 것인데 원심이 피고인들을 모두 반공법 또는 국가보안법상의 찬양, 고무등죄로 다스렸음은 채증법칙에 위배하여 사실을 오인한 위법이 있거나, 위 법령의 법리를 오해한 위법이 있다는 것이고,

② 피고인 송영인에 대하여는 서적이 압수되어 있지 않은 상태에서 원심이 피고인의 진술만으로 위 서적의 취득사실을 인정하였음은 보강증거 없이 피고인을 유죄로 인정한 위법이 있다는 취지이며,

③ 피고인 노숙영에 대하여는 원심이 소멸된 반공법을 적용하였음은 헌법 제12조제1항에 위배된다는 취지이고,

(라) 원심이 피고인들에게 선고한 징역3년 자격정지3년의 형은 그 양정이 너무 무거워서 부당하다는 것이다.

(11) 피고인 최규엽과 그 변호인 변호사 조영일, 피고인 오상석, 같은 엄주웅, 같은 정경연과 그들의 변호인 변호사 이돈희의 항소이유의 요지는

(가) 피고인들이 계엄하에 신고나 허가 없이 집회를 가졌다는 점에 관하여

① 계엄하의 포고령이 금지하는 집회란 포고령의 목적에 위배하여 시위나 단체행동 등으로 사회질서를 혼란케 할 목적으로 모이는 집회를 금지하는 것으로서 피고인들의 경우와 같이 우연한 기회에 잘 아는 사람들끼리 술집, 다방, 하숙집 등지에서 모여서 잡담이나 공동관심사를 논의하는 것까지 신고나 허가대상의 집회에 해당한다고 볼 수 없음에도 원심이 피고인들을 모두 유죄로 인정하였음은 채증법칙에 위배한 나머지 사실을 그릇 인정하였거나 위 법령의 법리를 오해한 위법이 있었다는 것이고,

② 피고인 정경연에 대하여 계엄이 해제된 후에 계엄법위반으로 처벌한 원심판결은 폐지된 법령을 적용한 법령위배가 있다는 취지이며,

③ 피고인 엄주웅에 대한 공소사실 2 내지 6항 중 같은 엄주웅이 주제발표를 하거나 세미나토론을 한 사실이 전혀 없고, 같은 오상석도 공소사실 2내지6항의 모택동의 모순론, 실천론이나 레닌과 노동조합론을 학습한 사실이 없는데도 원심 이들 모두 유죄로 인정한 것은 사실을 오인한 위법이 있다는 것이고,

(나) 피고인들이 반국가단체를 이롭게 할 목적으로 서적을 취득하였다는 점에 관하여

① 피고인들은 위 서적들을 순수한 학구적 목적에서 당국이 판매를 허용한 서점에서 공개리에 구입하였고 그 책들은 다른 학술서적에서 흔히 인용되는 것으로서 제목이나 내용이 공산주의이론을 전개한 것으로 알아차릴 수 없었고 달리 당국에 의하여 구독이 금지된 바도 없었을 뿐 아니라 피고인들이 구득한 여러 책들과 비교하면서 평가하여야 하며 단지 위 책들의 일부가 사회주의이론과 관련을 가진다 하여도 북괴나 이를 후원하는 같은 계열의 활동이나 목적 수행을 위한 서적이 아님에도 불구하고 피고인들에게 모두 반공법 또는 국가보안법상의 찬양고무등죄를 적용하였음은 채증법칙을 위배하여 사실을 오인한 위법이 있거나 위 법령의 법리를 오해한 위법이 있다는 것이고

② 피고인 오상석에 대하여는 공소사실 7, 8항의 모택동의 모순론, 실천론, 레닌과 노동조합론이란 서적을 취득한 사실이 없는데도 이를 모두 유죄로 인정한 원심판결은 사실오인의 위법이 있으며,

(다) 원심은 피고인 오상석, 같은 정경연을 유죄로 인정하는 증거로서 검사가 작성한 피고인들에 대한 각 피의자신문조서와 원심판결 적시의 나머지 여러 증거들을 들고 있으나 검사의 피고인들에 대한 각 피의자신문조서는 피고인들의 진술에 따라 진정하게 성립된 것이 아닐뿐 아니라 신체구속의 부당한 장기화와 경찰에서 당한 고문으로 인한 공포, 고통 속에서 이루어진 임의성 없는 진술로서 증거능력이 없으며 나머지 증거들만으로는 원심판 시 범죄사실을 인정할 수 없음에도 불구하고 원심은 증거능력 없는 증거를 채택하고 증거의 가치판단을 그릇하는 등 채증법칙을 위배하여 적법한 증거에 의하지 아니하고 범죄사실을 잘못 인정한 위법이 있고 같은 정경연의 경우에는 이는 헌법 제11조제6항에 위배에 해당한다는 것이며,

(라) 원심이 피고인들에게 선고한 각 징역 3년 자격정지 3년의 선고형은 그 양형이 너무 무거워서 부당하다는 데 있다.

2. 항소이유에 대한 판단

가. 피고인들의 모두사실을 다투는 부분

피고인들 중 일부는 항소이유에서 원심판결 적시의 모두사실에 관하여 다투고 있으나 이는 범죄사실이 아니므로 이 부분을 다투는 것은 적법한 항소이유가 되지 못하고 따라서 이에 대한 판단을 하지 아니한다.

나. 피고인들의 검찰에서의 진술의 임의성을 다투는 부분

경찰에서의 피고인들의 피의자신문조서나 자술서는 피고인들이 원심에서 그 내용을 인정하지 아니하여 원심판결이 피고인들에 대한 유죄의 적법한 증거로 채택하지 아니하였으나 피고인 유해우, 같은 엄주웅, 같은 최규엽을 제외한 나머지 피고인들은 원심판결이 같은 피고인들에 대한 유죄의 적법한 증거로 채택한 검사작성의 피고인들에 대한 각 피의자신문조서의 진정성립과 그 임의성에 관하여도 이를 다투나 일건기록을 정사하여 볼 때 피고인들은 여러 차례(특히 피고인 이태복, 같은 이선근, 같은 박문식, 같은 이덕희, 같은 홍영희에 대하여는 5회 내지 9회의 신문을 거쳤고, 그 주관적인 목적, 범의와 동기의 점에 관하여 마지막 신문 시 반복하여 확인하고 있다)에 걸쳐 신문한 바 있고 피고인 홍영희에 대하여는 변호인의 반대증거제출의 기회가 보장되었으며 그 조서의 내용에는 피고인들이 자신의 범행사실을 일부 부인하고 또는 변명하는 진술이 기재되어 있고, 피고인들이 조서의 말미에 각 서명 무인하고 간인한 바도 있는 등의 점을 모아보면 피고인들의 검찰에서의 진술은 특히 신빙할 수 있는 상태하에서 행하여진 임의의 진술임이 인정되고 달리 피고인들의 검찰에서의 각 진술이 임의성이 없다거나 임의성이 없는 진술이라고 의심할 만한 사유가 있다고 인정할 아무런 증거가 없으므로 이 점을 다투는 피고인들의 각 항소이유는 받아들일 수 없다.

다. 피고인 이태복, 같은 이선근, 같은 박문식, 같은 이덕희, 같은 홍영희의 항소이유에 대한 판단

(1) 위 피고인들의 사실오인의 항소이유에 관한 판단

(가) 피고인 박문식에 대한 사실오인의 항소이유를 살피건대, 같은 피고인에 대한 공소사실 중 2. 1981. 2. 하순경 반국가단체를 이롭게 하고,

5. 동년 3. 초순경 반국가단체를 이롭게 하고,

12. 동년 3. 중순경 반국가단체를 이롭게 하고,

51. 동년 5. 8. 13:00경 반국가단체를 이롭게 하고,

60. 동년 5. 18. 14:00 반국가단체를 이롭게 하고,

64. 동년 5. 21.경 반국가단체를 이롭게 하고,

92. 동년 6. 17.경 반국가단체를 이롭게 하고,

동시에 반국가단체의 간부임무를 수행하였다는 점에 관하여 살펴건대, 이를 뒷받침할 증거로는 위 피고인의 검찰 이래의 이에 일부 부합하는 자백 외에는 달리 이를 보강할 아무런 증거도 적법한 증거조사를 마쳐 채택된 바가 없어 결국 범죄의 증명이 없는 때에 돌아가 무죄를 선고하여야 하는데도 원심이 이 점에 관하여도 모두 유죄로 인정한 것은 판결에 영향을 미칠 사실오인의 위법이 있다 하겠으니 나머지 항소이유에 관하여 판단할 필요 없이 원심판결은 이 점에서 파기를 면치 못한다.

(나) 피고인 홍영희에 대한 사실오인의 항소이유를 살펴건대, 같은 피고인에 대한 공소사실 중 18. 1981. 5. 31. 제17차 중앙위원회회합의 점에 관하여 이를 뒷받침하는 듯한 적법한 증거조사를 마친 증거로는 검사가 장성한 상 피고인 이선근, 같은 박문식, 같은 이덕희의 각 피의자신문조서의 기재가 있으나, 같은 홍영희는 수사기관이래 당심에 이르기까지 일관하여 1981. 5. 31. 중앙위원회가 열린다는 사실은 알았으나 이에 참석한 일은 없다는 취지로 극구 부인하며, 상 피고인들도 원심에서 같은 피고인은 참석한 일이 없다고 진술을 번복하고 있고, 상 피고인들의 검찰에서의 진술내용에서도 피고인 홍영희가 위 중앙위원회에 참석하여 진술한 내용에 관한 구체적 진술을 찾아볼 수 없고 오히려 같은 피고인이 참석하였다면 마땅히 그녀가 이화여자대학교 축제 때의 데모에 관한 보고를 하였어야 할 것인데 상 피고인 박문식이 그 점에 관한 보고를 한 점(수사기록 5734, 5884)에 비추어 위 상 피고인들의 검찰에서의 각 진술을 선뜻 믿기 어렵고 달리 이를 인정할 증거 없으니 이 점에 관하여는 증거 없음에 돌아가 무죄를 선고하였어야 할 것을 원심이 이점에 관하여도 유죄를 선고한 것은 판결에 영향을 미친 사실오인에 해당한다 할 것이니 같은 피고인에 대한 원심판결은 나머지 항소이유에 대한 판단에 나아갈 필요 없이 이 점에서 파기를 면치 못한다.

(다) 위 피고인 박문식, 같은 홍영희의 위에서 본 인정되지 아니하는 사실을 제외한 위 피고인들 5인에 대한 나머지 범죄사실에 관하여 보건대, 원심이 적법한 증거조사를 마쳐 채택한 여러 증거들을 기록에 비추어 종합검토하면 원심판시적시와 같은 전민학련, 전민노련의 구성과 활동에 관한 객관적인 외형사실을 모두 인정하기에 충분하고 위 인정되지 않는 사실을 제외하여도 같은 두 피고인에 대하여도 위 조직의 실체를 충분히 인정할 수 있어 이 점을 다투는 항소이유는 받아들이지 않는다.

(다만 일부 범죄사실 중 부정확하거나 잘못 기재된 부분이 있으나 이는 판결결과에 영향을 미치지 아니한 오기에 불과하므로 파기사유가 되지 못하고 범죄사실을 정정하는 데 끝인다)

(2) 전민학련, 전민노련의 반국가단체성

국가보안법 제2조 제1항 소정의 반국가단체란 정부를 참칭하거나 국가를 변란할 목적으로 구성된 결사 또는 집단을 말하는바,

먼저 위 피고인들이 구성한 전민학련에 관하여 살피건대, 원심이 적법하게 증거조사를 마쳐 채택한 여러 증거들을 기록과 대조하며 자세히 검토하여 전민학련의 조직목적과 경위, 그 회칙과 활동내용을 면밀히 살펴보면, 1981. 2. 27. 18:00 피고인 이선근, 같은 박문식, 같은 이덕희, 같은 홍영희, 공소 외 박성현이 발기인이 되어 결성한 전민학련이 채택한 회칙 전문에 「한국사회를 정치적 억압과 경제적 빈곤의 파국으로 몰아가고 있는 것은 「광주시민의 민주항쟁을 유린하고 등장한 독재정권」이고 「청년학도는」 「기만과 폭력에 가득 찬 현 정권의 위기를 심화시켜 민주화의 열기를 불태워야 할 것」이고 이를 위하여 「우선 문제를 가장 첨예하게 인식하는 민주학생이 조직되어 학생운동의 고립분산성을 극복하고 학생대중의 열기를 융합하여 발전될 것」을 목적으로 하며 제2조 「대학생 일반의 민주적 조직적 사고와 실천능력을 배양하여 학원의 민주화와 사회의 민주화를 달성하는 데 그 목적을 둔다」고 정하고 있는 이들이 전민학련을 구성하여 달성하고자 하는 민주화된 사회란 학생대중을 의식화 조직화하여 그 조직원들을 현장에 침투시켜 일반대중을 의식화하고 동 조직을 동원 민중봉기를 유발시켜 사회혼란을 조성하고 폭력혁명을 하여 사회주의국가를 건설하고자 하는 데 의견의 일치를 보았던 것이고 이는 피고인 이태복이 현실사회의 문제점을 현 정치경제체제에 내포된 소위 구조적 모순으로 인한 것으로 보아 이를 지양하기 위하여는 유물론적 역사관에 따라 자본주의 경제질서가 필연적으로 사회주의 내지 공산주의로 이행되는 과정이 속히 촉진되어야 하는데 그 과정은 대중에게 자본주의 이데오로기의 허구성을 폭로하고 이들을 의식화하여 그 주체로서 노동자집단이 주가 되고 학생집단은 이를 위한 문제제기집단 내지 보조집단으로 등장하게 하고 이들을 통한 폭력을 불사하는 혁명으로 현 정부를 전복하고 노동자, 극소수의 지식인, 소시민 등으로 억압받는 자들로 구성된 민중정권을 수립하여 선진독점자본과 국내매판 자본 및 군사파쇼정권으로부터 민중을 해방시킬 사회적 조건을 창조하여야 한다는 목적에 따라 이를 실천하는 단계로서 학생운동의 조직체를 구성하되 그 순수성을 가장하고 조직의 보안을 위하여 현재 학생인 자들을 조직의 전면에 나서게 하고 조직목적의 표현을 학원과 사회의 민주화로 위장하여야 한다는 조직방법상의 원칙에 먼저 피고인 이선근이 다음에 나머지 피고인들이

동의하였던 것이고,

전민학련의 조직과 활동방법으로는 회칙 제5조 제1항에 「독재정권타도를 하기 위한 합법, 비합법, 반합법투쟁에 헌신」하고 「선전, 선동, 시위 등의 모든 수단을 동원하여 독재체제의 본질을 폭로하고 독재체제에 대한 학생대중의 적개심을 고취하여 반독재투쟁에의 길을 인도한다」로 정하고 제4항에 「과학적 이론학습을 통해 투쟁의 이론적 기반을 다지고 이를 수행하기 위해 효과적인 전술을 개발한다」 제5항에 「독재정권의 정치 탄압하에서 조직의 노출은 자살행위임을 명심하고 조직노출을 막기 위한 보안대책을 강구하고 구성원의 보안교육, 보안점검을 수시로 한다」고 정하여 그 수단의 무제약성을 표방하고 이를 위한 구체적인 방법으로는 학생대중의 교양과 의식화를 위하여 이태복 경영의 광민사에서 발간하는 사회주의 내지 공산주의사상을 은폐하고 있는 불온문서들을 비롯한 내외의 비판서적, 사회주의혁명의 방법론에 관한 서적, 그 이념서적 등을 숙독하고 토론하면서 상호비판하는 비밀집회를 계속하였으며, 그 조직으로 최고의결기관으로서 「중앙위원회」를 설치하여 회칙 제12조에 「전민학련은 하나 또는 두 대학 이상의 투쟁과 지역 및 전국 규모의 투쟁을 단계적으로 수행하고 결정적 시점에 총력전을 펼 수 있기 위하여 중앙위원회 산하에 지부, 지회, 분회, 지반을 갖는다.」 그 제1항에 「지부는 서울, 경기지부, 부산, 경남지부, 강원, 전남, 전북, 경북, 충남, 충북, 제주지부를 원칙으로 하되 증설합병할 수 있다.」 제2항에 「서울, 경기지부-신림, 강남, 청량리, 동대문지회와 인천, 수원, 용인지회를 둘 수 있다.」 제3항에 「각 지회는 전투요원의 양성과 대중동원을 위해 분회원의 소속 대학 내에 분회원을 중심으로 하는 지반을 조직한다.」고 정하여 전국적인 규모의 점조직을 구상하고, 그 기본적인 조직원리로서 제13조에 「전민학련의 기본적인 조직원리는 하부조직에 대한 상부조직의 관리방식과 하향식 조직편제에 있다.」 제1항에 「각 조직구성원은 상부 및 동급조직의 존재를 알지 못해야 한다. 그리고 각 조직은 외견상 자치적으로 운영되어야 한다.」 그 제2항에 「하부, 조직통제-하부조직구성원 중의 한사람(연락요원)과 상부조직의 연락원의 관계를 통해 이루어진다.」 그 제3항에「연락요원은 자신의 역할을 은폐하며 상부의 지시 사항을 소속조직에서 자치적으로 결정, 수행해야 한다.」 그 제4항에 「각 조직은 전민학련에 속하지 않은 조직과 동등하게 생각해서는 안 된다.」 고 정하여 하향식 비밀통제조직으로 운영하고, 그 수괴의 자리에 피고인 이태복이 있고 그와 중앙위원회 사이에는 같은 이선근이 연락원으로서 있어 대외적 대내적 비밀구성원으로 취임하는 동시에 전민학련의 중앙위원회를 구성하여 피고인 이선근을 비롯한 위 5인의 발기인이 중앙위원으로 취임하고 그 예하에 지부, 지회를 조직확산하여나가되 지부, 지회는 중앙위원회의 실체를 파악할 수 없도록 연락원을 두도록 조직하여왔으며 이들은 20차에 걸친 중앙위원회를 개최하여 전국적인 정세

판단과 하부조직의 관리, 학생소요의 조정, 분석 등의 임무를 수행하였음을 인정할 수 있고,

다음 전민노련에 관하여 살펴보건대 피고인 이태복이 1980. 5. 4. 조직한 전민노련은 선진독점자본의 지배로부터 민족적 이익을 옹호하고 국내매판자본과 그 정권으로부터 민중을 해방시키기 위하여 그 모순의 직접적인 피해자인 노동자를 조직화하여 민주투쟁을 전개하면서 노동자를 의식화하여야 하는데 그 활동의 토대를 어용한국노총을 대신하는 새로운 전국적인 노동조합의 조직이라는 현실적인 목표를 갖는 조직으로서 요컨대 반합법의 운동내용을 갖는 비공개의 조직형태를 갖자고 목적을 표방하여 상 피고인 신철영, 같은 김철수, 같은 양승조, 같은 박태연, 같은 유해우, 같은 김병구, 공소 외 하동삼, 같은 윤상원의 동의를 받아 조직된 단체로서 그들에게 점진적인 교양을 통하여 본래의 전민노련의 조직목적인 피고인 이태복 자신의 이상적 사회건설을 위한 주된 노동자집단으로서의 성격을 불어넣고자 하였던 것이나 그 목적을 완전히 달성하지 못한 상태에서 이 사건이 발각되었던 것으로써 그러나 그 조직의 명칭, 회칙, 조직방식과 활동은 전민학련과 궤를 같이하고 있어 조직체제로서는 중앙위원회, 시도행정단위의 지부, 생산공장, 밀집공단 단위에 지회, 단위생산기업체 단위의 지반으로 구성키로 하고

조직원칙은, 반합법 비공개적인 원칙하에 핵심회원을 초기에 선발하여 하향식으로 지회를 조직하고 지회 구성원들이 선발한 회원들로 지부를 조직하고 지반조직은 지회핵심 회원들로 엄선하여 구성토록 하는 하향식과 상향식의 결합을 원칙으로 하고 지도체제는 1인에 의한 권한집중은 구성원의 창의적인 노력을 봉쇄하므로 집단지도와 운동의 통일성을 확보하기 위하여 하부는 상부에, 소수는 다수에, 전체는 중앙에 복종토록 하는 민주집중 원칙으로 하되 그 정점에서 피고인 이태복을 통하여 전민학련과의 연계를 유지하게 되어 있고 다만 현 단계의 활동방안은 노동삼권의 요구, 8시간노동제, 최저임금제의 전국 산업별 단일요구를 실현하기 위한 미조직의 조직화와 기존조직의 민주화를 추진하기 위해 하부조직인 지부, 지회, 지반조직에 총력을 기울이고 가입회원이 증가하면 통일성 확보를 위한 교육을 실시하기로 하며 비밀가입식을 통하여 조직확산을 진행하면서 한편 지식인들의 현장침투를 유도하는 한편 자신이 경영하는 출판사 광민사를 통하여 사회주의 내지 공산주의사상을 은폐하고 있는 불온문서들을 다수 출간하고 특히 자신의 사상체제를 정립하고자 반자본주의적 계급투쟁의식을 고취하고 물화론적 이론을 도입한 "노동의 철학"을 편술하여 익명으로 발간한 후 이를 통한 교양을 하여오면서 4차의 예비회담과 7차의 중앙위원회를 개최하였던 사실을 각 인정할 수 있으니 그렇다면 자유민주적 기본질서를 더욱 확고히하여 정치, 경제, 사회, 문화의 모든 영역에 있어서 각인의 기회를 균등히 하고, 능력을 최고도록 발휘하게 하며, 자유와 권리에 따르는 책

임과 의무를 완수하게 하여 국민생활의 균등한 향상을 기한다는 자유민주주의 질서를 기반으로 하며 사회복지를 지향하는 법치국가의 테두리 안에 있는 대한민국의 기본질서에 반하여 일부의 이익집단인 노동자, 소시민의 이익을 위하여 이른바 계급의식과 계급투쟁을 통한 매판정권, 매판자본, 군사팟쇼를 축출하고 진정한 사회주의를 세우겠다는 이념아래 비합법 반합법의 일체의 수단을 사용하여 국가질서의 혼란을 꾀하고 이를 위한 투쟁방법은 사회주의혁명 과정을 원용하려고, 교양과 의식화, 비밀결사와 사회폭동에 이르는 투쟁과정을 채택한 전국적 비밀학생연합조직인 전민학련과 이와 같은 취지의 노동자집단으로 발전하고자 하였던 관련 노동자조직인 전민노련의 반국가성은 분명하다 하겠기에 이 점에 관한 법리오해 내지 사실오인의 항소논지는 받아들이지 않는다.

(3) 위 피고인들의 서적출판 또는 그 취득행위가 헌법상 보장 안에 있고 구 반공법 또는 국가보안법상의 찬양고무죄에 해당하지 않는다는 항소이유에 대한 판단

우리 헌법 제20조제1항, 제21조제1항의 언론출판 또는 학문의 자유도 헌법 제35조에 의하여 국가안전보장, 질서유지 또는 공공복리를 위하여 필요한 경우에 한하여 본질적 내용을 침해하지 않는 한 그 제한이 가능하므로 구 반공법 또는 국가보안법에 의한 제한은 헌법상 언론출판 또는 학문의 자유의 합헌적인 한계를 이룬다 하겠으며, 원심이 적법하게 증거조사를 마쳐 채택한 여러 증거들을 기록에 비추어 종합검토하면 위 서적들은 그 자체 반국가단체를 이롭게 할 수 있는 내용이 들어 있음을 인정할 수 있을 뿐만 아니라 피고인들은 위 서적들을 다른 사람에게 대여 또는 복사, 반포 및 출판하였고, 대부분의 경우에는 써클을 조직하여 집단적으로 공동연구를 하였으며 그 토론내용, 특히 비합법적인 단체의 활동을 위한 방법론을 연구하고자 위와 같은 서적을 취득반포하였던 점 등 피고인들이 위 서적을 출판 및 취득소지한 여러 객관적인 사정들을 종합하여 살펴보면 위 피고인들에게 반국가단체를 이롭게 할 목적이 있었다고 넉넉히 인정할 수 있고 원심판결에는 논지주장과 같은 이에 관한 법리오해나 사실오인의 위법이 없어 이 점에 관한 항소이유는 받아들이지 아니한다.

(4) 위 피고인들의 계엄법위반죄 적용의 위법성주장에 대한 판단.

계엄선포행위는 국가의 통치행위에 속하여 계엄선포요건에 어긋나 무효인지 여부는 사법심사 대상에서 벗어나며, 계엄이 해제된 후라 할지라도 달리 계엄포고령 위반행위의 처벌에 관한 특별한 조치가 없는 한 당연히 계엄포고령 위반행위를 처벌하지 못한다고 할 수 없으니 이 점에 관한 항소논지는 역시 이유 없다.

(5) 반국가단체구성죄의 수괴 또는 간부가 된 죄와 국가보안법 또는 구 반공법소정의 다른 죄와의 관계.

피고인 이태복, 같은 이선근, 같은 이덕희의 나머지 항소이유에 관하여 판단하기에 앞서 직권으로 살피건대, 원심판결 이유에 의하면 원심은 위 피고인들이 반국가단체를 구성하여 그 수괴 또는 간부가 된 점과 반국가단체 수괴 또는 간부의 임무에 종사한 점은 포괄하여 국가보안법 제3조 제1항제1호에 해당함과 동시에 각 회합의 점, 금품수수의 점, 찬양동조의 점, 계엄법위반의 점, 표현물제작반포의 점과 각 1개의 행위가 수개의 죄명에 해당한다 하여 상상적 경합범으로 처벌하였음이 원심판결문에 의하여 명백하다.

그러나 국가보안법 제3조 제1항 소정의 반국가단체 구성죄는 정부를 참칭하거나 국가를 변란할 목적으로 하는 결사 또는 집단의 구성을 함으로써 성립하는 즉시범이라 할 것이고 그 후 수괴 간부 또는 지도적 임무에 종사하였다 하여도 이는 수괴의 임무에 종사한 자로서 반국가단체를 구성한 죄에 흡수되어 별개의 죄로서 처벌대상이 된다고 할 수가 없으며 간부 또는 지도적 임무에 종사한 자도 또한 같다할 것이다.

한편 반국가단체의 구성원이 국가보안법 및 구 반공법 소정의 회합 편의제공죄, 찬양고무죄 등의 범법행위를 한 경우에는 별개의 죄를 구성한다고 할 것이고, 이는 수괴, 간부 또는 지도적 임무에 종사한 자가 그와 같은 범법행위를 하는 경우에도 같다고 할 것인바 따라서 반국가단체구성죄와 국가보안법 또는 반공법 소정의 위 다른 죄와는 실체적 경합관계에 있다고 보아야 할 것인데도 원심이 피고인들의 반국가단체구성죄와 국가보안법, 구 반공법, 형법위반의 각 소위를 1개의 행위로 보고 이 행위가 수개의 죄명에 해당한다 하여 위 피고인들을 상상적 경합범으로 처벌한 것은 국가보안법 제3조 제1항 및 행위 또는 죄수의 개념을 오해한 위법이 있어 판결에 영향을 미칠 법률위반이 있다 할 것이다. 그러므로 이 점에서 위 피고인들에 대한 원심판결은 다른 항소이유에 대한 판단을 할 것 없이 파기를 면치 못할 것이다. (대법원 1980. 12. 23.선고 80도2570사건)

라. 피고인 윤성구, 같은 민병두, 같은 김창기, 같은 최경환, 같은 손형민, 같은 이종구의 항소이유에 대한 판단

(1) 검사작성의 피고인들에 대한 피의자신문조서 등의 증거능력을 다투는 부분에 관한 판단은 전 나.항에서 판단한 바와 같다.

(2) 위 피고인들의 사실오인의 항소이유에 대한 판단.

(가) 먼저 피고인 최경환의 항소이유 중 다의 ④에 관하여 보건대 같은 피고인은 검찰이래

1981. 5. 12.자 성균관대학생 3-4,000명이 한 시위에는 자신도 이에 참가는 하였으나 위 시위를 주관한 일이 없다고 주장하여오며 달리 같은 피고인이 위 시위를 주관하였다고 인정할 자료도 없어 이를 시위 주관으로 인정한 원심판결에는 판결에 영향을 미친 사실오인의 위법이 있다 할 것이니 나머지 항소이유에 관한 판단이 필요 없이 이 점에서 파기를 면치 못한다.

(나) 피고인 윤성구, 같은 민병두, 같은 김창기, 같은 김진철, 같은 이종구에 대한 사실오인의 항소이유에 대한 판단에 앞서 직권으로 살피건대, 피고인 윤성구에 대한 공소사실 중 제1의가 1980. 1. 초순부터 같은 해 9. 중순까지 국제경제학회모임을 불법집회 하였다는 점과 제1의라 같은 해 12. 초순경 불법집회 하였다는 점,

같은 민병두에 대한 공소사실 중 제5, 1981. 5. 25.부터 같은 해 6. 8.경까지 불법시위를 음모하였다는 점,

같은 김창기에 대한 공소사실 중 제1. 1979. 10. 하순부터 1980. 12. 초순까지 불법집회 하였다는 점,

같은 김진철에 대한 공소사실 중 제1의가 1980. 3. 초순 불법집회 하였다는 점,

제1의나 1980. 3. 초순부터 같은 해 6. 중순까지 자연과학회모임을 불법집회 하였다는 점,

제1의다 같은 해 7. 초순부터 같은 해 12. 하순까지 불법집회 하였다는 점,

제2 1981. 3. 28.부터 같은 달 31.까지 불법시위를 선동하였다는 점,

같은 이종구에 대한 공소사실 중 제1의가 1979. 11. 초순부터 1981. 1. 하순까지 불법집회 하였다는 점에 관하여는 이에 부합하는 증거로는 피고인들의 검찰 이래 이에 일부 부합하는 각 진술 이외에는 이를 보강할 아무런 적법한 증거조사를 거친 증거가 없어 결국 범죄의 증명이 없는 때에 돌아가 무죄를 선고하여야 하는데도 원심이 이 점에 관하여도 모두 유죄로 인정한 것은 판결에 영향을 미칠 사실오인의 위법이 있다 하겠으니 나머지 항소이유에 관하여 판단할 필요 없이 원심판결은 이 점에서 파기를 면할 수 없다.

(다) 피고인 손형민의 항소이유에 관하여 보건대 원심이 적법한 증거조사를 마쳐 채택한 여러 증거들을 기록에 비추어 종합검토하면 원심이 유죄로 인정한 사실을 넉넉히 인정할 수 있고 달리 원심의 사실인정과정에 논지가 지적하는 바와 같은 위법이 없어 이 점에 관한 항소이유는 받아들이지 않는다.

(3) 다음 피고인 손형민에 대한 양형부당의 항소이유를 살피건대

같은 피고인의 이 사건 범행에 이르게 된 동기와 경위, 이 사건 범행의 결과, 사회에 미친 영향과 피해의 정도, 피고인의 연령, 학력, 환경 및 범행 후의 정황 등 원심이 적법하게 조사한 양형의 조건이 되는 여러 가지 사정에 이 법정에서의 개정의 정 여부 등을 모두어 자세히 살펴보면, 원심의 형의 양정은 가볍다기보다는 너무 무거워서 부당하다고 보이므로 검사의 항소이유는 받아들일 수 없으나 같은 피고인의 항소는 이유 있고 따라서 원심판결은 파기를 면치 못한다.

마. 피고인 신철영, 같은 김철수, 같은 양승조, 같은 박태연, 같은 김병구, 같은 송병춘, 같은 송영인, 같은 노숙영, 같은 최규엽, 같은 오상석, 같은 엄주웅, 같은 정경연의 항소이유에 대한 판단

(1) 피고인 김병구를 제외한 나머지 위 피고인들의 검사작성의 피의자신문조서 등의 증거능력을 다투는 부분에 관한 판단은 전 나. 항에서 판단한 바와 같다.

(2) 피고인 김병구, 같은 송영인을 제외한 나머지 위 피고인들의 서적에 관한 항소이유는 전 다의 (3)항에서 판단한 바와 같다.

(3) 피고인 김병구를 제외한 나머지 위 피고인들의 계엄포고령의 효력을 다투는 부분에 관한 판단은 전 다의 (4)항에서 판단한 바와 같다.

(4) 위 피고인들의 사실오인의 항소이유에 대한 판단

(가) 먼저 피고인 송영인의 항소이유 중 (다)의 ②점을 보건대 같은 송영인에 대한 공소사실 중 제12 반국가단체를 이롭게 할 목적으로 1976. 11. 중순경 파울로 프레이리저 "피압박자의 교육학" 1권을,

제13. 1979. 9. 일자불상경 폴 스위지 저 "자본주의 발전론" 1권을,

제14. 1980. 12. 초순경 모리스 돕 저 "자본주의 발전론" 1권을,

제15. 1981. 1. 일자미상경 미우라츠도무 저 "대중조직의 이론" 1권을,

제16. 1981. 3. 초순경 광민사 편저 "노동의 철학" 1권을

각 취득 소지하였다는 점에 관하여 이를 뒷받침하는 증거로는 검찰이래의 같은 피고인의 이에 일부 부합하는 진술이 있을 뿐 달리 이를 보강할 증거조사를 마친 적법한

증거가 없는데도 원심이 이 점에 관하여도 유죄를 인정한 것은 판결에 영향을 미칠 사실오인의 위법이 있다 할 것이니 나머지 항소이유에 대하여 판단할 필요 없이 원심판결은 파기를 면치 못한다. (비록 다른 상 피고인들로부터 같은 책명의 서적이 압수되어 있다 하여도 상 피고인들의 범행에 대한 증거는 될 수 있으나 그러한 서적이 피고인의 서적 취득의 점을 보강하는 증거는 되지 못한다)

(나) 원심이 적법한 증거조사를 마쳐 채택한 여러 증거들을 기록에 비추어 종합검토하면 원심이 피고인 송영인을 제외한 나머지 위 피고인들에 대한 각 범죄사실을 넉넉히 인정할 수 있으며 위 피고인들의 집회가 계엄포고령에서 규정하고 있는 의례적인 일상의 모임에서 벗어난다고 인정한 원심판단에는 계엄법의 법리오해의 위법이나 사실오인의 위법이 없고 달리 원심의 사실인정과정에 논지가 지적하는 위법이 없어 이 점에 관한 항소이유는 받아들이지 아니한다.

(다) 피고인 신철영, 같은 김철수, 같은 양승조, 같은 박태연의 항소이유 중 (나)의 ②에 관하여 보건대 위 피고인들에 관한 반국가단체를 이롭게 할 목적으로 서적을 취득한 점에 대하여 원심판결이 그 사상적 배경에 관하여 설시가 없다 하여도 이는 모두사실에 속할 뿐 범죄요건사실이 아니므로 이를 이유모순 또는 이유불비의 위법이 있다는 항소이유의 논지는 이유 없다.

(5) 위 피고인들의 법령위반의 항소이유에 대한 판단

(가) 피고인 송병춘, 같은 노숙영에 대한 법령 위반의 항소이유에 대한 판단에 앞서 직권으로 살피건대, 원심은 적법한 증거에 의하여 피고인 송병춘에 대한 원심판시(5) 1980. 11. 중순경 국외 공산계열의 활동에 동조하여 반국가단체를 이롭게 한 점에 관하여, 같은 노숙영에 대한 원심판 시 9. 1980. 11. 중순경 국외 공산계열의 활동에 동조하여 반국가단체를 이롭게 한 점에 관하여, 각 범죄사실을 인정한 후 이에 관하여 법률적용을 누락하였으니 이는 판결에 영향을 미칠 법률위반의 위법이 있다 할 것이니 나머지 항소이유에 대한 판단이 필요 없이 원심판결은 파기를 면치 못한다.

(나) 피고인 최규엽, 같은 엄주웅에 대한 법령위반의 항소이유에 대한 판단에 앞서 직권으로 살피건대, 원심은 적법한 증거에 의하여 피고인 최규엽은 1980. 9. 27. 수도경비사령부 계엄보통군법회에서 포고령 위반으로 선고유예 판결을 받아 그 시경 확정된 사실과 같은 엄주웅은 1979. 3. 초순경 서울형사지방법원에서 대통령긴급조치 제9호 위반으로 징역 2년 6월의 선고를 받아 그 시경 확정된 사실을 각 인정하였으면 위 판결

확정 전의 범죄인 같은 엄주웅의 원심판 시 1의 가 1980. 2. 초순 불법집회한 죄와 같은 엄주웅의 원심판시 7. 1979. 3. 하순경 반국가단체를 이롭게 할 목적으로 표현물을 취득한 죄와 위 확정판결과는 형법 제37조 후단의 경합범관계에 있는데도 위 법률의 적용을 누락하였으니 원심판결은 판결에 영향을 미칠 법률위반의 위법이 있어 나머지 항소이유에 대한 판단의 필요 없이 이 점에서 파기를 면치 못한다.

(다) 피고인 신철영, 같은 김철수의 항소이유(다)의 ③에 관하여 보건대, 구 반공법의 원용규정인 국가보안법 부칙 제2조 단서를 설시하지 아니하였다 하더라도 구 반공법을 적용한 이상 위 법조를 설시하지 아니한 점은 위법이라 할 수 없어 논지는 결국 이유 없다.

(6) 다음 양형부당의 항소이유를 살피건대

피고인 신철영, 같은 양승조, 같은 박태연, 같은 김병구, 같은 오상석, 같은 정경연에 대한 원심의 선고형은 이 사건 범행에 이르게 된 동기와 경위, 이 사건 범행의 결과 사회에 미친 영향과 피해의 정도, 피고인들의 연령, 학력, 환경 및 범행 후의 정황 원심이 적법하게 조사한 양형의 조건이 되는 여러 가지 사정에 이 법정에서의 개전의 정 여부 등을 모두어 자세히 살펴보면 위 피고인들에 대한 원심의 형의 양정은 가볍다기보다는 너무 무거워서 부당하다고 보이므로 검사의 항소이유는 받아들일 수 없으나 같은 피고인들의 항소는 이유가 있고 따라서 원심판결은 파기를 면치 못한다.

바. 검사의 피고인 박태주에 대한 항소이유에 관한 판단

원심의 증거조사 과정이나 증거의 취사선택 조처에는 아무런 위법이 없으며 또한 원심이 들고 있는 증거들을 종합하여도 같은 피고인이 공소사실 적시의 서적들의 취득목적이 국외 공산계열의 활동을 동조하여 반국가단체를 이롭게 할 목적이 있었다고 인정되지 아니하며, 또 공소장 적시의 서적 번역에 있어서도 번역료를 벌기 위한 목적일 뿐 달리 반국가단체를 이롭게 할 목적이 있었다고 인정할 자료가 없어 결국 같은 피고인에 대한 공소사실은 이를 증명할 만한 증거가 없다는 이유로 무죄를 선고한 조처는 옳고 위 항소논지는 이유 없다.

사. 피고인 유해우 및 그에 대한 검사의 양형부당의 항소이유를 살피건대

같은 피고인이 이 사건 범행에 이르게 된 동기와 경위, 이 사건 범행의 결과, 사회에 미친 영향과 피해의 정도, 피고인의 연령, 학력, 환경 및 범행 후의 정황 등 원심이 적법하게 조사한 양형의 조건이 되는 여러 가지 사정에 이 법정에서의 개전의 정 여부 등을 모두어 자세히 살펴보면, 원심이 피고인 유해우에 대하여 징역2년에 4년간 집행유예를 선고한 형의 양정은 적당하고 너무 무거워서 부당하다는 같은 항소이유는 모두 받아들일 수 없다. 피고인의 항소이유나 오히려 너무 가벼워서 부당하다는 검사의 항소이유는 모두 받아들일 수 없다.

아. 결론

그러므로 피고인 유해우의 항소 및 검사의 피고인 유해우에 대한 항소와 피고인 박태주에 대한 항소는 이유가 없어 형사소송법 제364조 제4항에 의하여 기각하기로 하고, 그들을 제외한 나머지 피고인들에 대하여는 같은 법조 제2항, 제6항에 의하여 원심판결을 파기하고 당원이 다시 판결하기로 한다.

3. 파기하는 피고인들에 대한 판단(범죄될 사실)

피고인 이태복은,

본적지에서 부 이순구, 모 이정숙의 6남매 중 장남으로 출생하여 1963. 1. 천북국민학교를 졸업하고 1966. 2. 예산중학교를 거쳐 1966. 3. 서울 성동고등학교에 입학하여 흥사단 고교아카데미 회원으로 활동한 후 1969. 3. 동 고등학교를 졸업하고 1970. 2. 국민대학교 법과를 입학하여 동년 3경 흥사단 대학생 아카데미 회원으로 가입, 활동하면서 1971. 3월부터 10월까지 사이에 동 회장을 역임하고 동년 10. 15. 부정선거규탄 등 시위사건 주동자로 제적된 후 바로 군에 입대하여 1974. 7. 14. 제대한 다음 동년 9경 복학하여 1977. 2.경 졸업할 때까지 흥사단 아카데미 특별위원, 서울아카데미 지도부장 등을 역임하고 졸업 후에도 79. 3. 정권처분을 받을 때까지 흥사단 정식단원으로 활동하면서 1977. 9. 13. 도서출판 광민사를 설립하여 출판업에 종사하면서 1980. 7.부터 8.까지 사이에 경북 포항시 소재 포항종합제철 하청업체인 삼풍공업주식회사 용삭공으로, 동년 8.부터 10.경 사이에는 서울 영등포구 문래동 소재 대림통상주식회사 양식품 공장 견습공으로 종사하던 자.

피고인 이선근은,

1954. 10. 3. 본적지에서 부 이경중, 모 신갑수의 2남1녀 중 차남으로 출생하여 부산동신국민학교, 경남중학교를 거쳐 1973. 2. 경남고등학교를 졸업하고 1974. 3. 서울대학교 사회계열에 입학하여 재학 중 1976. 8. 일자 미상경 서울형사지방법원에서 대통령긴급조치 제9호 및 반공법위반으로 징역 2년, 집행유예 4년의 형을 선고받고 학교에서 제적당한 후 1977. 10.부터 1978. 12.까지 "도서출판 광민사" 편집부장으로 종사하면서 동년 8.부터 10.까지 사이에 민주청년인권협회 운영위원으로 재직하고 1979. 12.부터 약 2개월간 효성물산 구로공단 봉제공장 공원으로 취업한 후 1980. 3. 특별사면과 동시 학교에 복학하여 서울대 사회대 경제학과 3학년에 재학 중인 자.

피고인 박문식은,

1958. 7. 30. 서울 서대문구 영천동 이하 미상지에서 토목업에 종사하던 망부 박동진과 모 김영희 사이의 4남 중 3남으로 출생하여 5세 되던 1963. 여름 부 박동진이 병사하자, 인쇄소 타자수로 근무하던 편모 슬하에서 성장하여 1971. 2경 서울 금화국민학교 6년을 졸업하고 1974. 2경 서울 보인중학교 3년을, 다시 1977. 2경 마포고등학교 3년을, 각 졸업한 후 동년 3. 서울대학교 사회계열 1학년에 입학, 1978. 3. 동교 사회과학대학 경제학과에 진입하여 재학 중 동년 9. 유신반대 교내시위에 가담한 사실로 한 학기간 유기정학을 당하고 79. 3. 정학 해제로 계속 수학하다가 4학년 재학 시인 1980. 7. 10경 그해 5월 학생시위에 가담한 사실로 동교에서 제적처분된 후 일정한 직업 없이 현재에 이른 자.

피고인 이덕희는,

본적지에서 망부 이상일, 모 박승희의 3남3녀 중 차남으로 출생하여, 인천송림국민학교, 대헌중학교를 거쳐 1977. 2. 제물포고등학교를 졸업하고 동년 3. 서울대학교 생약계열에 입학하여 동년 4.부터 1978. 10.까지 사이에 흥사단 서울대 아카데미 회원으로 가입하여 활동한 후 1981. 2경 동대학교 자연과학대학 미생물학과를 졸업하고 동년 3.경 동 대학교 대학원 미생물학과에 입학하여 1학년 재학 중인자.

피고인 홍영희는,

1958. 1. 9. 원적지인 대전시 오류동 36에서 부 홍순근(52세)과 모 한경자(52세)의 2남2녀 중 장녀로 출생하여 1964. 3경 대전시 대흥국민학교 입학, 2학년 재학 중, 1966. 5.경 미군부대에 근무하던 위 부친의 전근으로 가족과 함께 상경하여 1970. 2경 서울 노량진국민학교 6년을 졸

업하고, 1973. 2.경 보성여자중학교를, 다시 1976. 2.경 수도여자고등학교를 각 졸업한 후, 1년 간 재수하여 1977. 3. 이화여자대학교 문리대 인문사회계열에 입학, 1979. 3. 동 문리대 사회학 과에 진입하여 1981. 2. 동 사회학과를 졸업한 후 일정한 직업 없이 현재에 이른 자.

피고인 윤성구는,

1978. 2. 배문고등학교를 졸업하고 1978. 3. 서울대학교 자연계열에 입학하여 현재 동 대학 교 자연대학 수학과 3년에 재학 중인 자이고,

피고인 민병두는,

1977. 2. 경기고등학교를 졸업하고 1977. 3. 성균관대학교 경상대학 무역과에 입학하여 현 재 동과 4년에 재학 중인 자.

피고인 김창기는,

1975. 2. 경동고등학교를 졸업하고 대학진학에 실패하여 재수한 후 1978. 3. 한국외국어대 학 영어과에 입학하여 현재 동과 4년에 재학 중인 자.

피고인 최경환은,

1978. 2. 광주상업고등학교를 졸업하고 1979. 3.에 성균관대학교 문과대학 사학과에 입학 하여 현재 동과 3년에 재학 중인 자.

피고인 김진철은,

1977. 2. 전주 전라고등학교를 졸업하고 재수하여 1978. 3. 서울대학교 사범대학 자연계열 에 입학하여 현재 동 대학교 사범대학 물리교육과 4년에 재학 중인 자.

피고인 손형민은,

1978. 2. 경기고등학교를 졸업하고 재수하여 1979. 3. 연세대학교 이과대학 물리과 계열에 입학하여 현재 동대학 수학과 3년에 재학 중인 자.

피고인 이종구는,

1978. 2. 경기고등학교를 졸업하고 재수하여 1979. 3. 동국대학교 사범대학 교육학과에 입

학하여 현재 동과 3년에 재학 중인 자.

　피고인 신철영은,

충남 당진군 신평면 신송리에서 망부 신용현, 모 유정순(54세)의 2남 중 차남으로 출생하여 1964. 2. 아산 배방국민학교를 졸업하고 온양중학교, 천안고등학교를 거쳐 1970. 3. 서울대학교 공과대학 기계공학과에 입학하여 그 시경 흥사단 서울대 아카데미 회원으로 가입하고 1970. 12경 새문안교회 대학생부에 들어가서 활동 중 1971. 10.경 서울 명동 흥사단본부에서 개최한 전국학생연맹 결성대회에 참석한 혐의로 조사를 받고 훈방된 후 1973. 1. 초순 제일교회 대학생부에 가입하고, 1974. 2. 28. 육군에 입대하여 1976. 10. 26 상병으로 제대한 다음 1977. 3.경 위 대학교에 복학하여 1978. 2.경 졸업하고 한양주택주식회사 해외기술부 사원으로 종사타가 1978. 7.경 퇴사한 후 바로 영등포 도시산업선교회 간사로 선임되어 동 교회에서 근로자들에 대한 교육상담 등을 담당해오던 자.

　피고인 김철수는,

본적지에서 부, 김두성, 모 이지숙의 5남1녀 중 4남으로 출생하여 1969. 2. 오류국민학교를 졸업하고, 숭실중학교, 성남고등학교를 거쳐 1975. 3.경 서울대학교 사회계열에 입학하여 동년 4.경 흥사단 서울대 아카데미 회원으로 가입 활동하던 중 1978. 5. 8. 학원데모에 가담한 다음 동년 8. 26. 육군에 입대하여 복무 중 1979. 5. 12. 불명예 제대된 후, 1980. 3.경 삼경물산 주식회사 공원으로 취업하여 동년 7.경 퇴사한 후 일정한 직업 없이 지내는 자.

　피고인 양승조는,

본적지에서 농업에 종사하는 부 양옥석, 모 조기례의 2남5녀 중 장남으로 출생하여 1964. 2경 본적지 소재 남국민학교를 졸업하고 1966. 10경 학다리중학교 3학년 재학 중 가세빈곤으로 중퇴한 후 가사를 돌보다가 1969. 2경 구직차 상경하여 동년 4.경 서울 중구 만리동 소재 미림화장지공장 공원 1970. 4.경 평화시장 피복공장공원을 거쳐 1971. 1. 전국연합노조 청계피복지부 선교부원으로 가입하여 종사 중 1974. 2. 23. 방위병으로 입대하여 1975. 5. 20. 제대한 다음 동년 12경 동대문 종합시장 피복공장 재단공장으로 들어가서 공원으로 종사하던 중 1976. 6경 청계피복노조 총무부장에 선임되었으나 동년 8. 9 노사분규 피의자를 도피시킨 혐의로 검거되어 동년 12. 15경 서울형사지방법원에서 징역 8월의 형을 선고받아 복역 중 1977. 2. 8 형집행정지로 석방된 다음 동년 6경 동 청계피복노조 지부장에 선임되어 활동한 후 1978. 10부터 1980. 2까지 동아설비배관공 보조로 종사하고, 양재학원 재단사 재단보조공으로 종사타가 1980. 6경 인천 경동산업 공원으로 취업한 후 1981. 1경부터 일정한 직업 없이 지내고 있는 자.

피고인 박태연은,

1956. 8. 15 본적지에서 부 박윤복의 2남3녀 중 3녀로 태어나 1967년 본적지 송림국민학교를 졸업한 뒤 1971. 3경 대구신흥복장 봉제공원으로 일하다가 1973. 10경 서울 와이·에취 무역(주) 봉제공원으로 입사하여 1976. 5. 위 와이·에취 무역 노조지부 쟁의부장, 1977. 3. 동 노조지부 사무장서리 1978. 5 동 노조지부 사무장으로 1980. 6. 4부터 구로공단 소재 국제보세(주) 공원으로 종사하고 있는 자.

피고인 유해우는,

1949. 1. 19 본적지에서 부 유억의 4남3녀 중 장남으로 태어나 1961년 본적지의 안정남부국민학교를 졸업한 뒤 1968. 3. 서울가내요꼬편물견습공으로 일하다가 동년 6월 서울유림통상(주) 요꼬편집공원, 1970. 5. 서울태성산업(주) 요꼬편집공원, 1971. 2. 금은세공기술을 배워 1972. 11까지 각지에서 금은세공원으로 종사타가 1973. 2. 인천시 부평공단 소재 삼원섬유(주) 요꼬편집공으로 종사하면서 기독교 대한감리회교단의 "훼슬레 신학교" 통신강의를 4개월 이수하고, 1973. 12. 위 삼원섬유의 노조를 결성 초대 분회장으로 피선 활동하던 중, 1974. 12. 노사분규와 관련되어 폭력행위 등 처벌에 관한 법률위반 등으로 구속기소되었다가 서울지방법원 인천지원에서 보석으로 석방된 후 1975. 8. 초순경 동 지원에서 선고유예의 형을 선고받은 자로서 그 후 1976. 8. 의류행상, 1977. 1. 인천도시산업선교회 근로자 상담역, 1978. 6. 서울 본 막스상사프레스부 공원, 1978. 10. 영등포 조일공업(주) 공원, 1978. 11. 시흥삼양통삼(주)공원, 1979. 5. 한국기독교장로회 산업선교회 근로자 상담역, 1980. 5.부터 1981. 3.경까지 천주교 안양 근로자회관 근로자 상담역 등에 종사한 자로 현재는 무직인 자.

피고인 김병구는,

1964. 7. 26. 본적지에서 망부 김철명의 3남1녀 중 장남으로 태어나 본적지의 장기국민학교, 장기중학교를 졸업한 뒤 1965. 5. 함태광업소 전공으로 일하다 군복무를 필한 후 1970. 10.부터 1972. 2.경까지 서울평화시장에서 피복상을 하다가 1972. 3. 강원도 경동탄광(주) 상덕광업소 광부로 입사하여 1972. 11. 전국광산노조 경동광업소 총무부장 1974. 7. 동 노조지부

장, 1976. 8. 전국연합노조 경북동해지부장, 1979. 3. 전국연합노조 경북지부장을 거쳐 1980. 6. 대명공원묘원 포항연락사무소장으로 일하다가 1981. 3.부터 현재까지 삼부토건 포항현장사무소 목공십장으로 종사하는자.

피고인 송병춘은,

1953. 3. 1. 원적지에서 망부 송영수의 4남3녀중 4남으로 태어나 충남 강경성북국민학교, 강경중학교를 거쳐 1973. 2. 대전고등학교를 졸업하고 동년 3. 서울대학교 사범대학 교육과에 입학하여 재학 중 1976. 4. 말경 서울고등법원에서 대통령긴급조치 제9호 위반으로 징역 2년 자격정지 2년을 선고받고 복역타가 1977. 6. 1. 만기출소한 자로서 군복무를 마치고 1980. 3. 특별사면과 동시 동교 3년에 복학하였으나 노동현장 경험을 위하여 1980. 6. 구로공단 소재 금속센타(주) 신관공에 종사하면서 1980. 9. 동 대학을 다시 휴학하고 1980. 1.부터 현재까지 대한광학(주) 연마공으로 종사하는 자.

피고인 송영인은,

1955. 4. 20. 본적지에서 부 송우종의 4남2녀 중 3남으로 태어나 서울 삼선국민학교, 신일중학교를 거쳐 1974. 2. 신일고등학교를 졸업하고 동년 3. 서울대학교 사범대학 인문사회계열에 입학, 동 대학 역사과에 재학중 1976. 8. 일자미상경 서울고등법원에서 대통령긴급조치 제9호 위반으로 징역 1년, 자격정지 1년을 선고받고 복역타가 만기 출소한 후 군복무를 마치고 1980. 3. 특별사면과 동시 동교 2년에 복학하였으나 노동현장 경험을 위하여 1980. 6. 대한광학(주) 연마공, 1980. 7. 경동산업(주) 공원으로 종사하면서 1980. 10. 동 대학을 다시 휴학하고 1981. 3.부터 현재까지 동양물산(주)공원으로 종사하는 자.

피고인 노숙영은,

1955. 5. 26. 본적지에서 부 노운기의 4남6녀 중 장녀로 태어나 광주교대 부속국민학교, 전남여중을 거쳐 1974. 2. 전남여자고등학교를 졸업하고 동년 3, 서울여대 가정학과에 입학하여 재학 중 1977. 9. 노동현장 경험을 위하여 동 대학에 등록하지 않음으로써 제적된 자로서 1977. 9. 대구 현대금속공원, 1978. 3. 포항 제망공장 공원, 1978. 6. 대구 해성양행 공원 등을 거쳐 1980. 7. 26.부터 현재까지 한일합성(주) 구로공장 공원으로 종사하는 자.

피고인 최규엽은,

1953. 11. 3. 본적지인 전북 부안군 부안읍 동중리 237-1에서 최학렬(58세)의 3남2녀 중 장남으로 출생, 1967. 2. 부안국민학교, 1970. 2. 전주북중학교, 1973. 2. 전주고등학교를 순차 졸업하고 1974. 3. 고려대학교 문과대학에 입학하여 1975. 5. 유신철폐 시위관계로 동 대학 독문과 2년에서 제적당한 후 그 시경 서울형사지방법원에서 경범죄처벌법위반으로 구류 7일을 선고받은 사실이 있으며 동년 8.경 고대 한봉환 교수의 소개로 공주 용지 재건중학교의 국어담당 강사로 일하다가 1976. 11. 육군에 입대, 군복무타가 1979. 7. 육군병장으로 만기 전역한 후 1980. 3. 고려대학교 독문과 2년으로 복학, 동년 7. 교내시위 관계로 제적되고 동년 9. 27. 수도경비사령부 계엄 보통군법회의에서 포고령 위반으로 선고유예판결을 받은 후 일정한 직업 없이 지내다가 노동현장운동을 위하여 1981. 2. 11. 서울 성동구 성수동 소재 잉꼬법랑 전자공업사 현장공원으로 신분을 위장, 취업하여 오늘에 이른 자.

피고인 오상석은,

1957. 5. 20. 본적지인 서울 동작구 상도동 49에서 목수인 부 오세천(58세)의 1남1녀 중 장남으로 출생, 1970. 2. 강남국민학교, 1973. 3. 상도중학교, 1976. 2. 양정고등학교를 순차 졸업하고 1976. 3. 고려대학교 경제학과에 입학하여 재학타가 1978. 6. 26. 서울형사지방법원에서 광화문 데모관계로 경범죄처벌에 관한 법률위반으로 구류 15일을 선고받은 사실이 있으며 1978. 10. 고대데모사태로 제적된 후 1979. 1. 일자미상경 서울형사지방법원에서 위 데모건으로 대통령긴급조치법제9호 위반으로 징역 2년을 선고받고 안양교도소에서 복역타가 같은 해 8. 15. 형집행정지로 출소한 후, 1980. 3. 고대 경제학과 3년에 복학하여 재학 중 동년 7월 고려대학 5월 데모사태에 관련되어 무기정학처분을 받고 일정한 직업이 없이 지내다가 노동현장운동을 위하여 1981. 5. 4. 인천시 주안 소재 서울 엔지니어링(주)에 신분을 위장, 취업하여 오늘에 이른 자.

피고인 엄주웅은,

1958. 2. 10. 원적지인 경남 울주군 매양면 동토리 74에서 당시 직업군인이었던 엄하영(54세)의 4남1녀 중 차남으로 출생, 1970. 2. 서울 한남국민학교, 1973. 2. 선린중학교, 1976. 2. 배제고등학교를 순차 졸업하고 1976. 3. 고려대학교 경제학과에 입학, 재학타가 1978. 11. 23. 고대 데모사태로 제적된 후 1979. 3. 초순 일자미상경 서울형사지방법원에서 위 데모 건으로 대통령긴급조치 제9호 위반으로 징역 2년 6월을 선고받고 대전교도소에서 복역하다가 같은 해 8. 15. 형집행정지로 출소한 후, 1980. 3. 동교 경제과 4년에 복학하여 재학 중 1980. 8. 7. 포고

령위반으로 수도경비 사령부 계엄보통군법회의에서 기소유예처분을 받고 동년 9. 일자미상 경 고려대학교 경제학과 4년에서 제적된 후 노동현장운동을 위하여 동년 10.부터 12.까지 사이에 세신금속공업사 선반견습공, 동년 12.부터 1981. 3.까지 선반기술학원 수료, 1981. 4.부터 동년 7.까지 사이에 인천소재 동양정밀(주)의 프레스공, 1981. 7.부터 인천 주안 소재 경일화성 (주)의 기모공으로 각 그 신분을 위장, 취업하여 오늘에 이른 자.

피고인 정경연은,

1956. 10. 8. 본적지인 전남 함평군 해보면 해보리 685에서 농업에 종사하던 부 정기원(52세)의 2남5녀 중 장남으로 출생, 1968. 2. 함평 해보국민학교, 1972. 2. 광주 서중학교, 1975. 2. 광주제일고등학교를 순차 졸업하고, 1975. 3. 고려대학교 정치외교과에 입학, 재학타가 1978. 10. 유신철폐 데모관계로 동교 4년 제적된 후 1979. 1. 일자미상경 서울형사지방법원 영등포지원에서 위 데모 건으로 대통령긴급조치 제9호 위반으로 징역 2년을 선고받고 안양교도소에서 복역타가 1979. 7. 17. 형집행정지로 출소한 후 1980. 3. 동교 정치외교학과 4년에 복학, 동년 9, 위 정외과 4년을 졸업한 후 노동현장운동을 위하여 동년 10. 초순경부터 1981. 1. 하순경까지 사이에 영등포구 신도림동에 있는 광신기어제작소 견습공, 1981. 3. 초순경부터 1981. 4. 중순까지 사이에 영등포구 양평동 소재 성원공업사 견습공, 1981. 5. 1부터 구로구 구로동 소재 동일제강(주)의 권선 견습공으로 각 그 신분을 위장, 취업하여 오늘에 이른 자인바,

피고인 이태복, 동 이선근, 동 박문식, 동 이덕희, 동 홍영희 등은, 북한 공산집단이 정부를 참칭하고 국가를 변란할 목적으로 불법조직된 반국가단체로서 대남 적화통일과 세계 적화혁명의 기지화를 기도하고 그 목적수행을 위하여 활동하고 있다는 사실을 알고 있으면서,

제1. 피고인 이태복은

고등학교 때부터 흥사단 아카데미 활동을 하면서 도산 안창호의 구국이념에 공명하여 민족국가건설에 대해 관심을 가지게 되어 도산의 "민족개조론"에 공명을 하여왔으나 동 개조론이 식민사관과 맥락을 같이 하고 있는 것이 아닌가에 대해 회의를 느끼고 대학진학 후 노동자들의 생활이 비참하다고 생각하면서 현 사회가 빈익빈, 부익부, 부정부패가 만연된 사회로서 단순히 "도덕적 개조"만으로는 이를 해결하기 어렵다고 판단하고, "한국민족주의"의 당

면과제는 첫째, 소외된 민중의 주체적 역사참여, 둘째 매판세력에 의한 복고적 민족주의의 극복, 세째, 민중문화의 현대적 계승발전에 있다고 판단함과 동시 "소외된 민중" 즉 "피지배계급"이 바로 역사의 주체가 되어야 한다고 생각하고 대학에 복학한 후 한국사회의 철저한 분석을 한다면서 한국역사, 경제 등에 대한 학습을 하고 다시 세계사적인 일반원리를 알아야겠다는 생각에서 일본학자인 대총구웅(大塚久雄)의 "구주경제사" 고교행팔랑(高橋幸八郎)의 "시민혁명의 구조", 영국학자 모리스 돕(Maurice Dobb)의 "자본주의 발전연구" 피 스위지(P. Sweezy)의 "정치경제학" 일본 우야홍장(宇野弘藏)의 "경제원론" 삼목청(三木淸)의 "철학입문" 케이 마르크스(K. Marx)의 "도이취 · 이데오로기" 등의 저서를 탐독하면서 인류역사의 발전원리는 어떤 초월적 의지나 절대적 정신으로 이루어지는 것이 아니고 생산력과 생산관계의 모순, 지양적인 발전과정에 따라 필연적으로 원시 공산사회, 노예사회, 봉건사회, 자본주의사회, 공산주의사회로 이행하지 않을 수 없다는 사적유물론을 신봉하게 되고 결국 후발자본주의국가인 한국의 민중문제도 선진독점의 지배를 받는 모든 제3세계의 보편적 모순의 하나에 불과하며 자본주의에 있어 초과이윤 잉여가치의 창출을 위한 착취와 수탈의 대상으로서 노동자들이 계속 압박을 받지 않을 수 없었던 것이며 이를 극복하기 위하여는 노동자들이 역사의 주체로서 등장하여 소상품 생산경제를 타파하고 사유재산제를 폐지시켜 노동자국가 내지 공산주의사회를 실현시키는 길밖에 없고, 우리 사회에 있어 이를 실현시키는 방법으로서는 첫째, 자본주의 이데오로기의 허구성을 폭로하여 대중의 사회의식, 역사의식을 함양시키는 의식화작업을 하여야 하고, 둘째, 의식화된 활동가들이 사회의 저변을 넓히면서 각자 독자적인 운동의 조직기반을 형성한 다음 세째, 노동자들이 중심으로 된 노동운동이 주가 되고 학생운동은 노동운동의 보조집단으로서 문제제기집단으로 행세하여 먼저 학생운동으로서 사회혼란을 조성한 후 노동자들이 민중운동의 주체집단으로서 혁명주체가 되어 폭력혁명으로 현 정부를 전복시키고 노동자, 농민, 소시민 등으로 구성된 민중정권을 수립하여 선진독점자본과 국내매판자본으로부터 민중을 해방시킬 사회적 조건을 창조한 다음 낡은 생산관계를 청산하고 사적소유의 철폐 및 생산의 사회성이 보장되는 공산주의사회를 실현시켜야 한다고 생각해 오던 중,

1. 우선 그 실현을 위한 운동의 주체로서 위 노동자 및 학생집단의 조직이 필요하다고 생각하고, 그 조직을 구상하면서 노동자집단은 이를 직접 조직키로 하였으나 "학생집단은 일반 학생들에게 학생운동의 순수성을 가장시키고 조직의 보안을 유지하기 위해 다른 재학생을 내세워 이를 조직시키고 자기는 형식상 그 배후에서 이를 조종하는 비밀구성원으로서 조직을 구성하는 것이 옳다고 판단하고, 1977. 5. 중순 일자미상경 홍

사단 창단 기념행사에서 알게 된 상 피고인 이선근을 만나, 동인이 2년 전 김지하 양심선언문 사건으로 서울대학교 재학 중 제적되었다는 말을 듣고 동년 10. 1. 동인을 피고인이 경영하던 도서출판 "광민사" 편집장으로 채용하여 접촉하는 과정에서 위 학생조직의 적임자로 판단하고 동인에게 위 공산주의사상 등을 주입시켜 함께 반국가단체인 학생조직을 구성할 것을 마음먹고,

- 그 시경부터 1978. 12. 동인의 퇴사 시까지 서울(이하 "서울"은 생략)종로구 명륜동1가 97의 1 위 광민사 등지에서 동인에게 "자본주의사회는 생산의 사회성에 반하여 사적 소유의 양식으로 인한 모순이 있으므로 이를 타파하기 위하여는 노동운동이 중요하고 학생집단은 문제해결집단이 아니고 문제제기집단에 불과하며 문제해결집단은 결국 노동자집단이다"는 등으로 말하고
- 1979. 3. 초순부터 4. 하순까지 사이에 동 사무실에서 동인에게
  "실천이 중요하다. 지식인의 관념성, 낭만성을 극복하기 위하여는 구체적인 문제를 구체적으로 볼 필요가 있고 이를 실천할 의지가 중요하다"고 말하고
- 1979. 8. 초순 18:00경 동 사무실에서 동인에게 일본의 적군파, 독일의 바더, 마인호프 등의 극좌 테러단체에 대한 설명을 하면서 동 테러는 혁명적 지식인들이 도시게릴라를 전개하려는 것이나 이는 환상적인 것에 불과한 것이라고 비판하고
  "우리나라와 같은 대간첩작전용 타격대가 있는 사회에서는 동 테러이론은 불가능하며 우리는 먼저 학생운동의 과정을 통하여 구체적인 힘의 역학관계를 과학적으로 파악하는 능력을 키우고 그 과정 속에서 지식인의 관념성, 낭만성을 극복하면서 학생운동을 함으로써 끊임없이 문제가 제기되게 하고 사회가 활성화하기 때문에 학생운동자가 사회운동 즉 노동운동, 농민운동, 소시민운동을 극대화시켜 민중운동을 유도하여야 하고 그와 같은 과정을 거쳐서 궁극적으로는 사회주의국가를 건설할 계기를 마련하여야 한다"고 하고
- 동년 9. 하순 19:00경 영등포구 노량진동 소재 옥호미상 다방에서 동인에게 당시 광민사에서 출판 중인 중국의 "5·4운동"에 관한 설명을 하면서
  "중국의 5·4운동은 그 후 지식인 운동의 흐름을 크게 3가지로 나누어 보는데 하나는 리베랄리스트세력, 두 번째는 쌩디칼리스트, 아나키스트세력, 세 번째는 혁명적 사회주의자들인바, 리베랄리스트들은 현장(노동현장 : 이하 현장이라 칭함)에 들어가 몇 개월 생활하거나 포기하였고 일부는 장개석에서 붙고 일부는 문화운동에 가담하였으며, 쌩

디칼리스트·아나키스트들은 20년대 초반에 맹렬한 사회운동을 전개하였으나 사살되거나 투옥 탈락되었고, 세 번째인 혁명적 사회주의자만이 끝까지 살아남으면서 혁명운동을 전개하여 현재의 중공에서 살아남고 농민운동으로서 성공을 하였는데 훌륭한 운동가는 역시 현장에 들어가 노동자들과 함께 생활하여야 하는 것이다"고 하고,

- 동년 12 하순 15:00경 위 광민사에서 동인에게 "러시아혁명사"에 대한 설명을 하면서 "러시아 노동운동은 선전, 선동이나 하는 것처럼 보이지만 이는 인물 중심으로 역사를 보았기 때문이며 그 이면을 자세히 보지 못하면 "레닌"이 말하는 "소아병적 사고 방식"에 빠져들고 마는데 운동가들에게는 이것이 위험한 일이고 현실과는 거리가 있는 것이며 우리나라는 초보적 사회운동에서 빨리 비약해야 한다"는 등으로 말하고

- 1980. 1. 하순 19:00경 영등포구 노량진 소재 옥호미상 다방에서 동인을 만나 동인으로부터 구로공단에 공장포장공으로 취업하여 현장에서 체험을 쌓고 있다는 말을 듣고 "지식인과 노동자 대중과의 관계는 대개 2가지로 분류되는데 하나는 대중을 선동하는 것이고 하나는 대중으로부터 배우는 것이다"라고 하고 다시 "민중과 조직" 책자에 대한 설명을 하면서
"민중이란 추상적 존재가 아니고 구체적, 사회적, 역사적 정치, 경제적 실체이기 때문에 미화할 수도 무시할 수도 없다. 지식인들이 자신들의 다양한 체제를 노동자와 일치시킴과 동시에 또 다른 세계를 새롭게 창조하여야 하며 노동자들은 이념 때문에 일하는 것이 아니고 먹고살기 위해서 일하는 것이기 때문에 먼저 경제적 요구를 충족시켜야 하고 그 후에 정치적으로 발전시켜나가야 한다"고 하고

- 동년 4. 초순 17:00경 동 사무실에서 동인에게 학회 출신 대학생들의 학생운동을 비판하면서
"학생집단은 문제제기집단인데 학생운동을 사회운동처럼 잘못 인식하는 성향이 있는데 이는 틀린 것이며 학원에서의 반미구호는 일반 대중으로부터 고립될 우려가 있기 때문에 아직은 동 구호를 외칠 때가 아니다"라 하고

- 동년 5. 초순 13:00경 동 사무실에서 당시 학생데모에 대한 말을 하던 중 동인에게 "김대중, 윤보선, 함석헌 등 국민연합의 기회주의적인 속성이 이번 싸움을 결정적으로 패배하게 할 것이다"라면서
"학생들은 국민들의 호응이 없다고 하지마는 국민의 개념이 무엇이냐, 민중의 주체적인 경험의 부족과 노동집단의 미형성이 민중운동을 확산시키는 데 장애요인이 되어왔고 유신독재하에서도 그 작업을 제대로 수행하지 못하였기 때문에 민중운동이 소시민

종교세력에 의해 주도될 수밖에 없었으며 그 운동의 결과가 지금의 현실이다"라고 하면서 노동자집단이 민중운동의 주체가 되지 못한 현실을 개탄하고,

- 동년 7. 초순 일자미상 19:00경 부산시 부산진구 사상 소재 공소 외 이상록의 집에서 동인과 위 이선근 등에게 5.17 이후의 사태비판을 하면서
  "기회주의, 모험주의, 패배주의는 원래 하나의 뿌리이고 그 형제이며 5.17사태는 선진 독점의 지배강화를 위하여 그동안 국민들의 원성의 표적을 제거하고 새로운 체제를 출범시킨 것에 지나지 않는데 광주사태로 인해 아까운 인명이 죽어갔지만 우리는 그 죽음의 의미를 곰곰이 생각해야 하며 대중의 운동기반이 없이 열매를 걷어들일 수는 없고 의식화된 지식인들이 현장 속에 들어가 기반구축을 해야 한다"는 등으로 교양하고,

- 동년 8. 하순 18:00경 위 광민사 사무실에서 위 이선근에게
  "사회 각 집단은 각기 독자적인 운동목표와 운동전략을 가져야 하고 학생집단은 그 의식의 동질적 토대가 다른 집단보다 강한 세력을 갖고 있으나 생산력에 있어서는 국가독점적 성향이 있고 생산관계에 있어서는 반봉건적 요소의 잔재가 남아 있으므로 소외계층인 노동자들을 의식화하여 운동의 주집단으로 하고 학생을 보조집단으로 하여 운동전략을 구성해야 한다"면서 사회혁명 과정에 있어서의 역할을 설명하는 등으로 동인에게 사회주의혁명을 이룩하기 위한 학생조직의 필요성 등을 강조하여 동 혁명사상을 주입시켜 각 동인의 동조를 얻고

- 1980. 1. 하순부터 공산주의혁명의 주체집단으로서의 노동자집단을 조직하기 시작하여, 동년 5. 5. 연합노조 경북지부장 공소의 김경구, 청계 피복노조지부장 상 피고인 양승조, 삼원노조지부 분회장 동 유동우, 와이·에이취 노조사무장 동 박태연, 영남화학 노조총무 공소 외 하동삼, 영등포 산업선교회 간사 상 피고인 신철영, 복학생들인 공소 외 전점석, 망 윤상원, 상 피고인 김철수 및 피고인 등 10명을 중앙위원으로 하여 "전국민주노동자연맹"을 결성하고,

- 1980. 9. 중순 13:00경 위 광민사에서 위 이선근에게 사회주의운동 목표를 달성하기 위하여는 조직이 필요하다는 사실을 역설하면서
  "남민전은 교조적인 운동론의 전형으로 대중과 접촉할 기회가 상실된 주도집단이 비합법적인 전위조직을 만들어 민중을 선동하려 했던 것이고, 도시게릴라이론은 대간첩 작전부대를 비롯한 기동타격대가 각처에 산재해 있고 정보기구가 전국에 널려 있는 우리 현실에는 적합한 이론이 아니다"고 말하고 동인으로부터 한국상황에서 어떤 운

동이 필요한가라는 질문을 받고, 동인에게

"그저 막연히 의식화만 하여야 한다는 것은 과학적이 아니고 의식화된 민중의 조직 없이는 사회주의혁명이 불가능하다. 그 예로서 광주사태를 보면 아는데 그 엄청난 시민항거에도 불구하고 그것이 조직화되지 않아 1주일도 못 되어 진압되어버리지 않았는가"라고 하고 다시 동인으로부터

"형의 말이 옳다. 사회주의혁명을 성공시키기 위하여는 첫째 대중의 경제사정이 현저히 나쁠 때, 둘째 합법적인 수단으로 통치가 불가능할때, 세째, 민중조직이 강할 때인데 광주사태가 조직이 없어 실패한 것은 사실이다."면서 동조하는 말을 듣고 다시

"모든 세력이 정권타도에 규합되어 있지 않으면 안 되고 기본 역량으로서 노동자집단이 중심으로 이루어져야 하며 학생집단은 문제제기집단으로서 보조적인 역할도 중요하니 내가 소개하는 사람들을 근간으로 하여 학생조직을 하되 인맥, 성향등을 재평가하여 선임하라"고 말하면서 흥사단 아카데미 활동 시 알게 되었던 공소 외 박성현, 상피고인, 홍영희, 성균관대학교 경제과 4년 공소 외 김찬, 서강대 철학과 4년 공소 외 홍승구 등을 추천하여 조직구성할 것을 제의하고 위 이선근으로부터

"앞으로 형의 사회주의혁명 노선에 동조하겠으며 학생조직을 주도하여 현 정부를 타도하고 사회주의혁명을 하겠다"는 등 동인의 승낙을 받는 등으로 사회주의혁명을 위한 반국가단체를 구성할 것을 공모하고,

- 동년 10. 초순 13:00경 동 사무실에서 동인에게 김대중은 국민연합을 결성, 정권을 잡으려다가 10.26 이후 기회주의자로 몰리고 있다"

"남민전은 주위의 보호 없이 소수 지식인만이 모여 지식인의 운동체를 만들었기 때문에 부서질 수밖에 없었다"

"현 정권은 60만 군부와 경찰, 미국의 배경 등 매판세력이 너무 크기 때문에 남민전이 실패했다"

"우리의 투쟁목표는 정권을 잡는 것이 아니라 혁명토대를 닦는 기본적 작업이 필요하다"

"학생운동은 학생들이 지적으로 훈련을 많이 받았기 때문에 조직운동에 빨리 흡수되어 활동이 가능하다"

"학생운동을 하려면 국민연합에 대한 토대를 완전히 파악하여 학생대중으로부터 분리시켜야 한다"

"노동자의 의식화작업에는 학생운동이 보조적 역할을 해야 한다"

"학생조직은 노동자의 역량이 성숙될 때까지 시위나 선동을 하여 정치의식을 일깨워 주어야 한다"

"조직원 선발대상자로서는 파시즘 반대학생, 국민연합 지도하의 학생, 서울대는 아카데미 회원등을 주축으로 하는 것이 좋다"는 말을 하고 다시 동인에게

"조직확대에만 주력을 하고 싸움을 피하라"

"기관에 노출될 우려가 있어 내가 직접 관여치 않을 것이니 중요사항만 보고하라"

"나의 경제적 여건이 좋지 않으니 번역료를 받아 활동비에 충당하라"고 말하고 그 승낙을 받는 등으로 조직의 수괴로서 비밀구성원이 될 것을 동인과 모의하고,

- 동년 11. 하순 12:00경 동 사무실에서 동인에게

  "조직의 목표를 반독재투쟁에 두고 조직의 성격을 노동운동의 보조집단으로 하고 조직의 체계는 중앙의 의결기관과 시도 단위의 지부, 지역 단위의 지회, 학교 단위의 지반으로 구성하되 학생활동의 여건에 맞게 하고 운영은 민주집중제에 의한 집단지도체제로 하여 구성원의 자발적 창의력을 보장하고 중앙의 기능을 강화하여 조직의 에네르기를 최대한 활용하여야 한다"는 등으로 조직구성 및 형태에 대한 지시를 하고,

- 동년 12. 초순 15:00경 동 사무실에서 동인으로부터 서울대를 중심으로 예비학습그룹을 만들어 세포조직을 하려는데 어떤 방식이 좋은가에 대한 질문을 받고 동인에게 현장조직에서 세포조직을 한 것이 있는데 참고하라면서 위 "전국노동자연맹규약"을 보여주고 열람케 한 후 인근 동숭동 소재 문예회관 앞으로 함께 가서 동인에게

  "오늘의 흥사단 조직이 보수적인 운동단체로 전락하였지만 일제하에서 오늘날까지 수많은 민족운동에 참여하고도 살아남은 조직이 흥사단 조직이다. 1963년도에 흥사단의 하부조직으로 아카데미를 창설할 때 원로 선배들이 모여서 세포조직에 관한 세미나를 하고 의견을 모은 것이 세포조직 요강이다."

  "조직원은 예비그룹 구성으로 학습스터디를 하고 적격자를 선발 정회원으로 개별 가입시키고 예비그룹을 해산하여 보안을 유지하고 가입회원이 주도적으로 별도 예비그룹을 구성하여 스터디 후 회원을 개별 선발, 가입시키는 과정을 되풀이, 반복하여 저변을 확대해가는 것이 가장 이상적이다"

  "예비그룹 선발기준으로서 기회주의자, 모험주의자, 패배주의자는 배제하고 반독재투쟁에 적극적으로 실천할 의지가 있는 자로 선발하여 구성하여야 한다"

  "학생운동의 특성을 고려하여 여건에 맞게 조직하고 운동의 독자성과 보안상의 문제가 있으니 구체적인 조직내용은 보고하지 말라"

"회칙을 만들 때에는 외부에 알려질 것을 대비하여 표면상 합법적으로 하고 학원의 민주화를 강조하는 정도 및 민주사회의 정의를 구현하는 정도로 작성하라"

"초창기 조직으로는 전 아카데미 회장단을 조직의 근간으로 하고 완전 의식화가 안 된 자를 포섭하기 위하여는 단순히 불의에 저항하는 써클 정도로 남겨주라"고 말해 동인의 승낙을 받는 등으로 세포조직 및 비밀조직 요령과 간부, 하부 조직 구성 등에 대한 지시를 하며 비밀지하단체를 조직할 것을 모의하고

• 동년 12. 하순 12:00경 동 사무실에서 동인으로부터 고향인 부산에 다녀오겠다는 말을 듣고 동인에게 부산대학 학내운동 중심인물인 공소 외 이호철(부산대법과4년)과 이상록(부산대법과졸업)의 연락방법을 가르쳐주면서 장차 지방학생조직을 하게 될 때 도움이 될 것이니 동인 등을 만나 개인적인 신뢰관계를 만들도록 하라고 지시하고,

• 위 이선근은 "제2의 1항"기재와 같이 1980. 7. 3.부터 1981. 2. 27.까지 사이에 상 피고인 박문식, 동 이덕희, 동 홍영희 및 공소 외 박성현 등을 포섭하여 동년 2. 27. 동인들과 함께 중앙위원이 되어 현 정부를 타도하고 사회주의혁명을 목표로 한 전국민주학생연맹을 조직함으로써 정부를 참칭하고 국가를 변란할 목적으로 반국가단체인 위 학생연맹을 구성하여 그 수괴가 되고,

2. 1981. 3. 초순 11:00경 종로구 혜화동 소재 위 광민사 서고에서 위 이선근으로부터 반국가단체인 "전국민주학생연맹" 결성사실을 보고받고, 동인과 조직확대에 대해 의논하면서 동인에게,

"관악(서울대)을 중심으로 하는 것은 일반대학의 문제점을 중앙에서 제대로 파악하지 못할 우려가 있으므로 다른 대학의 활동가들을 포섭하되 조직확산에 신경 쓰는 나머지 질적 통일성을 고려하지 않으면 차후에 반드시 문제가 발생할 것이니 유의하여야 하며, 조직확산의 속도를 늦추라"고 지시하고 동인으로부터

"관악과 신촌, 동부 쪽으로 3분하여 조직하겠다"는 말을 듣는 등으로, 반국가단체의 구성원인 동인과 회합하고

3. 동년 3. 15. 17:00경 동 사무실에서 동인과 만나 동인으로부터 "이대 법학과를 졸업한 권미혁(24세)이 현장에 들어갈 의사를 가지고 있다"는 말을 듣고 동인을 전국민주노동자련맹 회원으로 현장에 있는 상 피고인 송영인(서울대 사대 복학생)에게 인계해주라고 지시하는 등으로 반국가단체의 구성원과 회합하고

4. 동년 3. 중순 15:00경 같은 곳에서 위 이선근과 만나 동인으로 부터 서울지역 학생조직 완료에 대한 보고를 받고 동인에게

"조직 확장이 너무 빠르지 않느냐"고 반문하고 다시 동인으로부터

"대상자를 엄선하였기 때문에 별문제가 없고 일부 졸업한 학생이 있어 곤란하다"는 말을 듣고 다시

"졸업생은 가능하면 대학원 진학을 권유하고 그렇지 못할 경우에는 군복무 후 노동자연맹에서 흡수하면 되니 현장에 들어가려는 사람이 있으면 추천하라" 하고 지방조직 확장에 대한 질문을 받고

"앞서 조합중심으로 과거에 알게 된 지방 인맥을 나중에 소개하겠다."

"개학 후 학생들이 데모를 하려고 할 것이지만 조직자체가 싸움을 하는 것은 초창기에 노출될 우려가 있으니 가급적 싸움을 피하고 조직확대에 주력하라"고 지시하는 등으로 반국가단체의 구성원과 회합하고,

5. 동년 4. 초순 15:00경 동 사무실에서 동인과 만나 동인에게

"이상록관계에서 문제가 발생하고 있으므로 이호철, 송병곤 중심으로 다시 시작하는 것이 좋겠는데 둘 다 군대문제가 있으니 이호철은 학교 쪽에, 송병곤은 현장 쪽으로 설득하여 정리시키는 것이 좋겠다"

고 하면서 함께 부산으로 가서 다음 날 19:00경 부산시 부산진구 사상 번지미상 피고인의 자취방에서 이선근에게 동인들을 설득케 하고 자리를 비켜준 후 동일 23:00경 같은 방에서 이선근으로부터 이호철이 학교쪽 일을 맡기로 하였는데 군에 가기 때문에 문제가 생기지 않겠는가라는 말을 듣고

"일단 맡겨두고 추진과정에서 보완할 수밖에 없다. 송병곤을 설득하여 현장에 들어가도록 하라"

고 지시하는 등으로 반국가단체의 구성원과 회합하고

6. 동년 4. 하순 17:00경 위 광민사에서 위 이선근으로부터 광주지역은 들불야학 교사로 있던 성명 미상자와 연결하려 하였으나 연락이 끊어졌으므로 성대 대학생인 이정현을 통해 연결해보겠다는 말을 듣고 동인에게

"앞으로 지방학교 쪽의 사람들은 내가 연결하지 않겠으니 완전히 독자적으로 하는 것이 보안상 좋겠고 조직확대는 너무 서두르지 말라" 하고 동인으로부터

"연대, 성대, 동대 쪽에서 싸움준비를 하고 있다"는 말을 듣고

"중앙에 학교를 설치하여 교육을 체계적으로 실시하는 것이 좋을 것이다"고 지시하는 등으로 반국가단체의 구성원과 회합하고

7. 동년 5. 18. 19:00경 전남 광주시 북구 유동 번지미상 위 광민사 편집장인 공소 외 선경식의 집에서 동인 및 위 이선근과 만나 동인들에게

"6.25 이후 최대비극인 광주사태는 자연발생적인 봉기의 무력함을 그대로 보여준 것이며 소시민의 기회주의, 모험주의, 운동기반이 없는 변혁 초조증 등을 극복하고 각 사회집단에 뿌리박은 운동을 확산하여 수행해나가지 않는 한 우리나라 사회운동은 발전할 수 없고 매판지배는 계속될 수밖에 없다"

면서 조직의 필요성을 역설하는 등으로 반국가단체의 구성원인 위 이선근과 회합하고

8. 동년 5. 하순 14:00경 위 광민사에서 이선근을 만나 동인으로부터 여의도에서 개최 중인 국풍81에 대한 데모여부에 대해 질문을 받고 동인에게

"수개월 전부터 매스콤을 총동원하여 선전해온 복고적 내쇼날리즘의 훼스티발인데 적어도 2-3만의 치안병력을 확보하고 있지 않겠느냐, 여의도의 지리적 여건으로 보아도 불러놓고 치자는 전술인데 거기에 말려들 필요가 있겠느냐"

면서 이를 만류하고 동인으로부터

"탈춤반 학생들이 데모를 하려는 것 같아서 거들어주려고 했다"

는 말을 듣고 하지 않는 것이 좋을 것이다라고 말하는 등으로 반국가단체의 구성원과 회합하고,

9. 동년 5. 하순 10:00경 동 사무실에서 동인과 만나 동인으로부터

"서울대 사회대 경제과 학생 김태훈이 도서관 5층에서 구호를 외치다가 추락하여 사망하였는데 공부하던 책은 미시경제학 계통이었고 평소 활동적인 학생은 아닌데 동인의 죽음으로 서울대 분위기가 바뀌어지고 참가하는 학생수가 늘어나 데모를 계속할 수 있을것 같다"

"군에 입대할 사람인데 성대생 2명이 현장에 들어가겠다고 하니 어떻게 했으면 좋겠느냐"는 질문을 받고 동인에게

"군에 간다면 곤란한데 현장의 송영인과 연결해보라"고 지시하는 등으로 반국가단체

의 구성원과 회합하고

10. 동년 6. 초순 17:00경 같은 곳에서 동인과 만나 동인으로부터
"전국민주학생연맹회칙"을 작성했는데 검토해달라는 말을 듣고 동일 21:00경 같은 시
성동구 행당동 번지미상 동인의 자취방으로 함께 가서 동 회칙을 열람한 후 동인에게
"세부지침 사항이 규약으로 제정되어 있는 것 같은데 규약과 지침이 분리되어야 하지
않겠느냐"
"조직재정문제는 매우 심각하나 개선될 여지가 없으므로 자급하도록 하라"
고 지시하는 등으로 반국가단체의 구성원과 회합하고

11. 동년 6. 초순 14:00경 같은 곳에서 위 이선근과 만나 동인으로부터 부산에 가서 이호
철 등의 조직상황을 점검해오겠다는 말을 듣고 동인에게,
"내가 이호철, 송병곤에게 6월 초에 내려가겠다고 했는데 편집부 일거리 때문에 1주
일 정도 늦게 내려갈 것이니 부산에 가서 동인들에게 알려주고 이호철, 송병곤이가 이
상록으로부터 떨어져나와 정신적으로 불안하게 생각할 것이니 내 부산지역 활동기반
이 이상록보다 토대가 훨씬 셀 것이라는 등의 연막을 쳐서 심리적으로 안정을 시켜주
라"
는 등으로 말하면서 경비조로 돈 50,000원을 주는 등으로 반국가단체 구성원과 회합
함과 동시에 본인에게 금품을 제공하고,

12. 전항과 같이 학생 및 노동자집단의 조직이 필요하다고 판단하고 학생집단은 일반학생
들에게 학생운동의 순수성을 가장시키고 조직의 보안을 위해 다른 재학생으로 하여금
조직의 전면에 나서게 하는 것이 좋다고 보고 이를 상 피고인 이선근에게 지시하여 조
직케 하고, 노동자집단은 이를 직접 조직하되 미리 위와 같은 자기의 사상을 다른 사
람들에게 알리면 이에 응하지 않거나 먼저 계획만 노출되어 실패할 염려가 있으므로
우선은 현실적인 목표로서 노동삼권보장, 최저임금제, 8시간근로제 등을 내세워 먼저
조직을 구성한 후 문제가 발생하면 이를 해결해 나가는 과정에서 개별적인 접촉 등을
통해 서서히 위 사상을 조직원들에게 주입시켜 이를 반국가단체로 구성한 다음 그 수
괴 또는 간부가 될 것을 마음먹고,

(1) 1979. 12. 초순 일자미상 20:00-22:00 사이에 서울 구로구 구로동 번지미상 상 피고인 양승조의 자취방에서 크리스찬 아카데미 주최의 "중간집단지도자교육" 과정에서 알 게 된 동인에게 "사람들이 사회와 자연에 대하여 어떻게 보느냐 하는 것은 크게 두 가 지로 볼 수 있는데 하나는 신이나 절대의지에 의하여 세상을 보는 것이고 하나는 물질 에 의하여 자연과 사회가 발전한다고 하는 견해이다. 철학적으로는 전자를 관념론이 라 하고 후자를 유물론이라 하는데 노동자의 입장에서 볼때, 생산품이 만들어지는 것 은 신이나 절대의지에 의해서 만들어지는 것이 아니고 노동자가 노동을 함으로써만이 물건이 만들어진다는 것은 우리가 다 알 수 있는 사실이므로 유물론적으로 생각하는 것이 옳다고 보아야 한다"

"봉건제사회에서 살던 사람들이 자신의 사회가 자본주의사회가 되리라고는 꿈에도 생각지 못했던 것처럼 자본주의사회에 살고 있는 우리도 우리의 지금 사회가 어떻게 변하리라고 예측할 수 있겠는가."

"그러나 20세기 인류역사의 지평에는 사회주의사회가 도래하였고 자본주의와 사회주 의가 나뉘고 있다."

"70년대 노동운동은 조합운동이나 종교, 사회 등에 의한 노동운동으로서 사실 지식인 들의 간접적인 보조운동에 의하여 몇 개 노조에서 활성화되기도 하였으나 노동자들이 주체적으로 스스로의 문제를 해결하는 노력을 제대로 했었는지에 대하여는 반성을 해 야 할 점이다."

"노동자들이 인간답게 살 수 있는 길은 노동자들 자신이 없는 시간을 쪼개서 노동문 제를 연구하고 권리를 찾는 운동에 적극적으로 나서는 길밖에 없다"

고 하는 등으로 유물론적 입장에서의 노동운동의 당위성에 대한 교양을 함으로써 공 산계열의 활동을 찬양, 동조하여 반국가단체를 이롭게 하고,

(2) 1979. 12. 중순 21:00-23:00 사이에 같은 방에서 위 양승조에게,

"10.26 후 한국노동계가 한국노총의 김영태 위원장에 대한 반대조직, 70년대 민주노 조운동을 주도한 몇 개의 노조, 그리고 중간파를 끌어들여 노총의 민주화를 주장할지 모르지만 객관적인 상황 자체가 매우 유동적이므로 그 가능성은 희박하다고 보아야 한다."

"새로운 노조운동을 모색하여 국민의 대다수를 구성하고 있는 노동자를 위한 사회를 이룩하여야 하며 이를 위하여는 노동자들의 기본적인 노동삼권을 쟁취해야 할 것이므

로 미조직 노동자들의 조직화, 기존 노조의 민주화운동을 전개하여 전국적인 노동운동의 토대를 마련하여야 한다.”

“그런 튼튼한 기반의 구축 없이는 노동운동은 발전할 수 없으며 이를 위하여 새로운 운동조직을 만들어야 하고 그것을 노동자의 요구를 진정으로 반영시키는 조직으로 육성하여 노동자가 대우받는 사회를 만들어야 한다”

는 등으로 교양하고

- 1980. 1. 중순 일자미상 21:00-22:00경 같은 방에서 동인에게,

  “70년대 현장출신노조 중심인물들의 지론인 어용한국노총의 민주화운동은 70년대 민주노조운동의 중심세력이었던 몇 개의 노조와 김영태의 반조직 및 중간파를 중심으로 할 수밖에 없다는 주장은 권력에 영합하는 기존노조의 기회주의적 속성으로서 운동의 지속성, 통일성을 기하기 어려우므로 환상에 지나지 않는다.”

  “민주노조 운동과정에서 의식화된 조합간부와 실천적 지식인이 결합하여야 하며 궁극적으로는 노동자의 해방을 목표로 하지만 700만 임금노종자 중 15%에 지나지 않는 조직율과 그 조직의 95%가 어용적이라는 현실적 여건, 노동자들의 소시민적 보수성 등을 고려하고 노동운동을 활성화시키기 위해서는 노동삼권 등의 민주제 권리의 확보가 필수적이므로 당면한 운동목표를 민주적 권리의 확보에 두고 비공개로 일을 추진하여야 한다”

  는 등으로 교양하여 그 동조를 얻고 노동현장 출신인 상 피고인 김병구, 동 박태연, 동 유해우 등을 각 개별접촉하여 조직구성을 하기로 합의하고,

- 1979. 11. 중순부터 1980. 1. 중순까지 사이에 위 자취방에서 함께 있던 부산대학교 출신 공소 외 이상록에게

  “봉건제사회에서 살던 사람들이 자신들의 사회가 자본주의사회가 되리라고는 생각지 못하였는데 지금 우리 사회가 어떻게 변하리라고 알지 못한다”

  “그러나 봉건제사회는 자본주의사회가 되었고 20세기 인류 역사의 지평에는 사회주의사회가 도래하여 자본주의와 사회주의사회로 나뉘어져 있으며 자연의 현상에도 생과 사의 법칙이 있는 것과 마찬가지로 인간 사회에도 그 법칙이 있다”

  “그 법칙의 기본을 세 가지로 나누어볼 수 있는데 첫째는 부정의 부정, 둘째는 양에서 질, 세째는 상호침투로서 이런 현상을 보는 원리를 역사적으로 파악할 때 사적 유물론이라 하고 그 기본요소를 사회경제적 조건에서 찾는 것이다”

"그러나 인간의 역사적 발전은 기계적으로 그와 같은 조건에 의하여 변하는 것이 아니고 생산관계의 요소를 파악하지 않으면 안 된다"

"지식인들에게 경제사관은 역사적 필연성을 보여준다는 점에서 매력적이지만 자신의 행동을 전제하지 않기 때문에 경계해야 한다"

"우리나라 현 단계의 역사발전은 생산력에 있어서는 관료국가독점의 현상이, 사회적 관계에 있어서는 반봉건적 유제가 온존하고 있는 사회이므로 노동자를 중심으로 한 노동운동을 전개하여 노동삼권을 확보하고 그 후 억압과 착취가 없는 사회를 건설해야 한다"

"그런데 노동자를 중심으로 한 민중혁명은 지식인들끼리 단순히 노동자를 선동하여 달성되지는 않는다"

"우리 사회의 노동자들은 70년도의 몇 개 노조사건 중심의 운동에서 이제는 저변을 확대하기 위하여 조직되지 않은 노동자를 조직하고 다시 조직된 노조를 민주화하여 민주노동 운동의 중심기반을 확립해야 하는데 이를 위해서는 70년대 노조운동을 통하여 그 한계를 깨닫고 있는 노조간부들이 중심으로 실천적인 지식인과 함께 전개하여야 하고 그 운동에서 노동자들은 피동성을 지양하고 민주노동운동의 주체가 바로 자신들이어야 한다는 것을 각성해야 한다"

는 등으로 교양하고

• 1980. 1. 하순 14:00경 부산시 부산역 앞 태양다방에서 동인을 만나 동인에게,
"노동운동의 불모지에 최초의 예비활동가가 탄생되느냐 불발이 되느냐 하는 것은 너의 의지와 각오에 달려 있다"
는 등으로 말하면서 노동현장에 취업할 것을 권유하여 그 동조를 받고

• 동년 1. 하순 일자미상 11:30경 고속버스 편으로 대구로 가서 위 크리스찬 아카데미 교육과정에서 알게 된 상 피고인 김병구에게 연락하여 동일 14:00경 대구시 중구 이하불상 옥호미상 다방에서 동인을 만나 동인에게
"어용노총의 민주화운동이 70년도에 노총에서 소외되었던 몇 개의 노조가 중심이 되고 반 김영태세력과 중간파를 흡수하여 추진하자는 발상법이 있음직하지만 민주노조의 토대가 빈약하고 흡수세력은 속성이 기회주의적인데 지속적인 운동으로 발전할 수 없는 환상에 불과하며 새로운 민주노동운동은 그 운동을 추진할 주체세력의 형성작업이 선행되어야 하는 것이 순서이다"
라고 하면서 위 양승조와 함께 노동자 조직문제를 의논하고 있는 중인데 함께 의논

하자고 하여 그 동조를 받고

- 동년 1. 하순 13:00경 서울 종로구 명륜동 소재 옥호미상 음식점에서 같은 교육연수 과정에서 알게 된 상 피고인 박태연을 만나 동인이 "와이·에이취"사건으로 구속되었던 사실을 위로한 다음 노동자조직의 필요성에 대해 토론을 하면서 동인으로부터

"분산고립된 노조가 아무리 열심히 싸워도 노조를 대변하는 노총이 무력하면 패배할 수밖에 없기 때문에 새로운 노총이 있어야 된다고 생각한다"

는 말을 듣고, 동인에게

"10.26 이후 일부에서 어용노총에 대신하는 새로운 노총을 만들기 위해 원풍, 반도, 청계등의 노조가 중심이 되고 김영태의 반조직과 중간파를 흡수하여 전개하려는 발상이 있을 법하지만 민주노조는 노조대로 단위 노조별 사정이 있고 반조직이나 중간파는 기회주의가 그 속성인데 여건이 어려워지면 반드시 이탈하게 되고 몇 개 노조와 결합한다 해도 전 노동자의 1퍼센트(%)도 되지 못하는 조합원 가지고는 지속적인 운동을 전개할 수 없는 것은 명약관화한 사실이며 새로운 노조운동은 노동자가 중심이 되어야 하는데 지식인에 대하여는 어떻게 생각하느냐"

고 물어 동인으로부터

"노조운동이 활발해지려면 지식인의 도움이 필요하지만 지식인들은 먹고살 만해서 그런지 평소에는 노동자를 위해서 헌신할 것처럼 기염을 토하다가도 막상 도움이 필요할 때면 뒤로 돌아서 버리는 것이 대부분이더라"

는 말을 듣고 동인의 지식인에 대한 불만이 상당히 깊다고 생각하고 70년대의 노동운동에 관여했던 지식인들의 속성을 함께 비판하여 동인의 동조를 받고

- 동년 1. 하순 21:00경 위 양승조의 자취방에서 동인 및 대구에서 상경한 위 김병구와 만나 양승조로부터

"근간 원풍노조 같은 데서 새로운 노조운동이 필요하지 않겠느냐고 막연한 이야기가 들어오는데 늦게 노조가 중심이 되어서 새로운 노조운동이 가능하겠는가"

라는 말을 듣고 다시 김병구로부터

"10.26 이후 나도 막연하게 그런 생각을 해보았으나 현실성이 없는 것 같다고 생각했다"

는 말을 듣고 동인들에게

"운동이라는 것은 통일성과 지속성이 있어야 되고 집을 지으려면 순서가 있는 것

처럼 기초공사가 있고 난 뒤에 상량식이 있어야 되는데 기초공사가 있기 전에 상
량식부터 하자는 것이 제2노총의 발상법 같다. 70년대의 민주노조조합 간부들끼리
새로운 노동조합 운동을 어떻게 전개할 것인가를 논의해봐야 될 것이다"
라고 제의하여 다른 민주노조간부들과 예비접촉을 통한 의견교환의 필요성에 대
한 의견일치를 보는 등으로 허가 없이 집회하고

(3) 1980. 1. 하순 14:00경 서울 마포구 신촌로타리 부근 옥호미상 제과점에서 흥사단 아
카데미 모임에서 알게 된 상 피고인 신철영을 만나 동인에게
"그동안 서로 노동문제에 관심을 갖고 있으면서도 개인적인 토론을 갖지 못했는데 앞
으로 자주 만나서 대화했으면 좋겠다"
고 하면서 어떤 방식으로 토론하는 것이 서로의 입장을 이해할 수 있겠느냐고 물어 동
인으로부터,
"우리들이 대학 재학생도 아니고 우선 현실적인 일거리가 있으면 그 문제부터 토론하
고 그 과정에서 서로의 입장을 확인하는 것이 확실하지 않겠느냐"
는 말을 듣고, 동인에게
"그렇다면 현 정세를 어떻게 볼 것인가, 당면한 노동운동의 과제는 무엇인가, 그것을
해결하기 위한 방법은 무엇인가의 순서로 토론하자"
고 제의하고 다시 동인으로부터
"우선 전제해둘 것은 본인이 현재 산업선교회에 몸담고 있는 입장이고 산업선교 운동
의 필요성을 인정하고 있기 때문에 그런 테두리안에서 이야기하겠다"
는 말을 듣고 이에 동의한 다음,
"내가 생각하기에는 10.26은 부마사태로까지 번진 시민항거의 표적을 제거함으로써
선진독점의 지배체제를 유지하려는 것으로, 지배세력 내부의 모순이며 그 모순이 변
화한 것으로 보는 것이 상황의 본질을 그대로 본 것이다. 반유신투쟁에 앞장서 온 사
람들이 중심이 되어 민주화운동이 본격적으로 추진되겠지만 대중의 토대가 없는 민주
화운동은 팟쇼의 거대한 힘 앞에서 좌절될 수밖에 없다"
고 하고 동인으로부터
"10.26은 경제적 측면에서 볼 때 10.26 이전 미국의 입장이 중공에 상품시장을 개척하
여 한국을 중개로 한 시장형성을 노리고 있었는데 시민항거가 일어나자 내부의 권력
투쟁을 이용하여 원성의 표적을 제거한 것이 아니겠느냐"

는 말을 듣고 다시 동인에게

"일부의 지식인들은 객관적 모순의 증대가 바로 문제해결의 길로 보는데 그런 관점은 기계적인 반영론으로서 경계해야 하고 또 모순의 구체적 발전단계의 특수성을 연구하여 그에 기초한 운동을 전개하지 않고 관념적인 지식인끼리 전위적인 조직으로 대중을 선동하면 된다고 보는 사고방식도 문제다"

고 비판하여 동인의 동조를 받고

• 동년 1. 하순 19:00경 서울 영등포구 구로동 소재 옥호미상 다방에서 흥사단 아카데미 후배인 상 피고인 김철수를 만나, 동인에게

"영국노동운동사의 옮긴이의 글을 보니 정치투쟁의 필요성을 강조하였던데 정치투쟁과 경제투쟁에 대하여 어떻게 생각하느냐"

고 물어 동인으로부터

"자본주의가 독점자본주의의 단계에 이르게 되면 노동조합도 산업별 조직의 형태로 발전하게 되고 노동자의 요구도 자연히 정치적 요구로 발전하는 것이 아니냐"

는 말을 듣고 다시 동인에게

"문제는 정치투쟁과 경제투쟁에 대하여 주로 지식인 쪽에서 정치투쟁 우선주의를 주장하고 조합출신들이 경제투쟁 우선주의를 강조하는 이분적 사고방식이다. 노동자들은 임금을 받기 위해서 일하는 사람들이므로 경제요구가 기본이고 경제요구를 제대로 성취하려면 정치투쟁을 통한 노동자들의 사회의식, 정치의식, 역사의식이 발전하지 않으면 안 되는 관계이므로 그들의 관계는 변증법적 관계로서 현장에서 경제투쟁으로 시종하게 되면 투쟁의 열매를 제대로 얻어낼 수 없고 정치투쟁으로 시종하게 돼도 현장운동은 쇠퇴하게 된다. 왜냐하면 노동자들은 공동의 강령에 모인 정당원도, 동일한 교육수준에 있는 의식화된 학생들도 아니기 때문이다"

"한국경제를 구조적으로 이해하고 있다고 하는 일부의 사람들은 또 경제투쟁을 열심히 하면 정치투쟁으로 발전할 수 있다고 보는 견해도 있는데 이것은 정치투쟁과 경제투쟁을 지나치게 단순화하는 함정이다. 또한 의식화된 학생들이 정치투쟁을 하는 경향을 경계해야 하지만 경제투쟁 지상주의도 과학적인 것은 아니다. 이것은 운동론에 있어서도 마찬가지인데 관념적으로 급진적인 사람들이 전위적인 조직을 만들어 경제투쟁을 하자는 운동론이 있고 민중의 의식이 낮기 때문에 민중을 의식화하여야 한다는 견해도 있는데 어떻게 생각하느냐"

라고 묻고 동인으로부터

"대중의 현실을 무시하고 출발한 운동이 성공한 예가 있느냐 두가지 방식 모두 지양되어야 한다"

는 말을 듣고 다시 동인에게

"운동은 어떤 특정한 형식이 있는 것이 아니라 각 나라의 역사적, 사회적, 정치적 조건을 고려하여 전개하여야 하는데 우리나라의 역사적, 사회적, 정치적인 조건을 구체적으로 분석하지 않고 급진적인 지식인들이 외국의 운동이론을 도그마적으로 해석하여 우리 현실에 적용하려는 것은 바람직하지 않으며 또 그저 단순히 의식화만 하여야 하는 것은 문제의 본질을 회피하려는 것이고 운동사의 경험을 무시한 기회주의적인 것이므로 이 두 가지 경향을 모두 극복하여야 한다"

고 말하여 동인의 동조를 얻은 다음 동인과 함께 당면한 노동운동 목표와 운동내용을 다시 만나 재론키로 약속하고,

• 동년 2. 초순 19:00경 서울 마포구 서교동 소재 위 신철영의 집에서 동인과 만나 동인에게

"일부에서 제2노총 움직임이 있는데 말을 들어본 적이 있느냐"

고 묻고 처음 듣는 말이라는 대답을 들은 다음

"70년대의 민주노조운동을 벌였던 조합에서 민주노조를 중심으로 김영태의 반조직, 중간파를 흡수하면 되지 않겠느냐는 식의 발상으로서 지금 상황을 상당히 낙관적으로 보는 것 같으나 여건이 어려워지면 그것은 환상일 수밖에 없지 않겠느냐"

"어용노총에 대신하는 새로운 노조운동의 필요성을 느끼고 있는 조합간부들을 어떻게 결합시켜 80년대 새로운 민주노조운동의 기반을 만드느냐 하는 것은 시급한 과제이다"

"자본주의 경제의 모순을 극복하기 위해서는 우선 광범위한 노동자를 노동조합으로 조직하여야 하는데 우리나라 노조의 조직율은 15퍼센트(%)에 지나지 않고 그것도 대부분 유명무실한 노조인 실정이니 그 운동을 추진할 주체세력을 노동삼권의 요구, 최저임금제의 실시 등을 운동내용으로 갖는 비공개의 조직으로 조직화 할 필요가 있으며 그 조직을 통하여 노동자를 노조로 결집시켜 강력한 조직적 토대를 구축하여야 하며 그 이후에 노동자를 중심으로 한 민중정권을 수립하여 선진독점의 지배로부터 민족적 이익을 옹호하고 국내의 매판적 독점과 그 정권으로부터 민중을 해방시켜나가야 한다"

"새로운 민주노동운동에 적극적으로 참여하는 것이 어떠냐"

고 권유하여 계급투쟁 의식을 고취시키고 "민중의 해방"을 주장하는 등으로 공산 계열의 활동을 찬양, 동조하고

(4) 1980. 2. 중순 위 명륜동 소재 명륜다방에서 위 박태연을 만나 인근 옥호미상 음식점 으로 함께 가서 동인에게

"막연하게 제2노총을 거론하는 것은 비생산적이니 노조간부 중심으로 관심있는 사람 들끼리 만나서 얘기할 필요가 있을 것 같은데 어떻게 생각하느냐"

고 하여 동인으로부터

"혼자 생각하니 답답한데 여럿이 만나면 좋은 의견이 있을 것 같다"

는 말을 듣고 다시 동인에게

"외국 노동운동의 경우를 보면 초창기 노동운동에서 각성된 지식인들의 역할이 굉장 히 많았는데 우리나라의 경우에는 대부분 현장 밖에서 현장 안에 있는 노동자를 만나 선동하는 스타일이 대부분이었으나 이제는 그런 방법으로 선동될 노동자도 없을뿐더 러 구체적인 현장문제를 모르고서는 설득력을 가질 수 없는 것 같다"

"새로운 노동운동에 있어서 그 운동주체를 첫째, 노동자만으로 한다는 의견, 둘째, 지 식인만으로 한다는 의견, 세째, 노동자 중심으로 하되 지식인과 함께해야 한다는

의견 등이 있을 수 있는데 각성된 노동자가 많을 경우에는 노동자들만의 노동운동이 바람직하지만 어느 나라든 예외 없이 노동자만으로 노동운동이 발전한 경우는 없다"

"노동자를 중심으로 하되 신뢰할 수 있는 실천적 지식인이 함께하는 것이 현실성 있 는 노동운동이다"

라는 등으로 말해 동인의 동조를 얻고

- 동년 2. 초순 17:00경 위 아카데미 연수교육 과정에서 알게 된 경기도 시흥군 군포 읍 번지미상 상 피고인 유해우의 집으로 가서 동인에게

"10.26 이후 민주화의 열망이 고조되면서 노동계에도 노동삼권의 보장, 노조의 민 주화운동이 활발히 논의되고 있는데 그동안 노동운동을 해본 사람들끼리 힘을 뭉 쳐서 민주노동운동의 주체세력을 형성하자"

고 제의하여 동인의 동조를 얻고

- 동년 2. 중순 21:00경 서울 영등포구 구로동 옥호미상 여관에서 위 김철수와 함께

숙박하면서 동인으로부터 전에 들은 말에 대해 동감한다는 말을 듣고 동인에게,

"우리 사회의 역사발전 단계는 일면에 있어서 생산력이 관료국가 독점자본주의적 성격을 갖고 사회적 관계에 있어서는 반봉건적 유재가 잔존하고 있으며 객관적 조건으로는 노동관계법의 악화가 해외의존적 경제구조의 심화로 나타나고 주체적 조건은 전근대적인 노사관, 소시민적 보수성이 지배적이기 때문에 노동자를 중심으로 한 민주노동운동이 전체 민중해방운동에 있어서 지도적 입장을 가지고 노동삼권의 요구와 같은 반합법적 운동내용을 비공개의 조직형태로 전개하여야 하고 그 과정에서 노동자를 의식화시키고 선진독점의 지배로부터 민족적 이익을 옹호하고 자본과 노동 사이의 기본모순을 해결하는 운동으로 전환시켜야 한다"

면서 사회주의 내지 공산주의 입장에서의 자본과 노동의 모순 해결방법을 주장하는 등으로 공산계열에 찬양, 동조하여 반국가단체를 이롭게 하고,

(5) 1980. 2. 중순 20:00경 서울 종로구 명륜동 소재 피고인 경영의 "도서출판 광민사"에서 상 피고인 송영인을 만나 동인에게

"자본주의사회는 반드시 제국주의화하고 특히 후진국에서는 선진제국주의와 결탁한 매판자본가, 매판관료, 매판군부를 탄생시킨다"

"이 꽛쇼집단은 이익증대를 위해 독재화하지 않을 수 없는데 결과적으로 근로대중만 착취와 수탈을 당하고 있다. 그러나 조합운동가는 개량주의에 빠질 위험이 많으므로 이들은 직업적 혁명가에 의하여 지도되어야 한다. 따라서 대정부투쟁운동은 폭력적일 수밖에 없으며 이는 부르죠아혁명의 단계와 프로레타리아혁명의 단계를 밟게 된다. 사회주의는 프로레타리아혁명의 단계에 있는 사회로서 중요한 생산수단의 공유와 생필품 등의 사유가 허용되고 평등이 보장되므로 노동자, 농민이 잘살 수 있는 사회주의 국가가 건설되어야 한다"

고 말하고 동인으로부터

"사회주의국가를 건설하는 데는 여러 가지 운동방식이 있지 않겠느냐"

는 말을 듣고 동인에게

"현재 한국의 학생운동은 너무 첨예화되었고 교회 쪽은 이미 그 기회주의적 성격을 나타냈고 청년운동 역시 활발한 것같지 않다. 이는 기본적인 대중조직이 결여되었기 때문이며 폭력적 혁명의 힘은 결국 대중조직에서부터 나올 수밖에 없다. 따라서 우리는 현장운동을 하여야 한다"

는 등으로 사회주의혁명을 위한 노동현장 조직운동의 필요성에 대해 교양하는 등으로 공산계열의 활동을 찬양동조하여 반국가단체를 이롭게 하고

(6) 1980. 2. 하순 14:00경 대구시 중구 옥호미상 다방에서 위 김병구를 만나 동인에게 "민주노동운동의 새로운 주체세력을 형성하려면 뜻이 맞는 사람이 많이 있어야 하는데 그동안의 민주노조운동이 서울지역 중심이어서 애로가 많다. 사람을 물색해보아야 하지 않겠느냐"고 하고 동인으로부터 전에 알던 사람들 가운데서 접촉해보겠다는 말을 듣고

- 동년 2. 하순 13:00경 전남 광주시 계림동 소재 녹두서점에서 전남대학교 제적생으로서 "들불야학" 교사로 있던 공소 외 윤상원을 만나 동인에게 노동운동 및 그 조직의 필요성에 대한 역설을 하고 광주지역의 운동을 위해 노동현장에 취업할 것을 권유하여 그 동조를 받고,
- 동년 3. 초순 14:00경 위 명륜동 소재 성균관대학교 구내 명륜당에서 위 박태연을 만나 동인에게, 그동안 조합운동을 해보면서 함께 이야기해볼 수 있다고 생각한 사람이 있느냐고 묻고 동인으로부터,
  "원풍, 반도, 청계, 콘트롤데이타 등의 조합간부들과 공식적 모임에서 만났으나 개인적으로는 잘 모른다"
  는 말을 듣고 그동안 접촉하여온 위 양승조, 동 김병구, 동 유해우 등에 대한 말을 하여 그런 사람들이라면 이의가 없다는 말을 듣고 다시 학생출신자인 위 신철영, 동 김철수를 거론하면서 "학교 시절 같은 써클 출신으로서 신철영은 현재 영등포 도산 간사로 일하면서 근로자 교육을 담당하고 있고 김철수는 광민사에서 발간한 영국노동운동사의 역자로서 각 실천의지가 강한 후배나 전체적으로 만나서 토론할 때 학생출신자들이 문제가 있으면 말해달라"
  면서 예비모임에 참석할 것을 권유하여 그 승낙을 받고
- 동년 3. 초순 20:00경 위 명륜다방에서 대구에서 올라온 위 김병구를 만나 연합노조일로 올라왔다는 말을 듣고 위 박태연, 신철영, 김철수 등과 접촉하고 있다는 말을 하면서 양승조도 유해우와 만나고 있는 중이라고 설명하고 동 접촉인물들에 대하여 이의가 있으면 말하라고 하여 이의 없다는 말을 들은 다음 동인에게
  "3월 중순경에 일단 모여서 그동안 개별적으로 진행되었던 토론을 집약 정리해보

자"

고 하여 그 승낙을 받고

• 동년 3. 중순 19:00경 서울 영등포구 구로공단 입구 아담다방에서 위 신철영, 동 김철수, 동 양승조, 동 박태연, 동 유해우 등을 만나 서로 인사를 나눈 다음 구로동 번지 미상 양승조의 자취방으로 함께 가서 그날 21:00경부터 다음 날 01:00까지 사이에 제1차 예비모임을 갖고 동인들에게,

"그동안 개별적으로 만나오는 과정에서 우리나라의 노동운동의 현실, 곧 분산고립된 여건 속에서 고군분투하면서 서로 만나야 할 필요성을 절실히 느끼고 있음을 알았다. 멸시받고 천대받는 노동자로서 길게는 10년이 넘게 적게는 5~6년의 조합운동을 하면서 느낀 감정과 의견들을 허심탄회하게 교환하면서 80년대의 새로운 노동운동의 방향을 모색해보자. 서로 얼굴은 알지만 이 자리에서 자신들의 성장과정과 노동조합운동에 관심을 갖게 된 경위를 이야기해보자"

고 제의하여 박태연, 유해우, 양승조 본인 김철수, 신철영 등을 순서로 자기소개를 마친 다음 위 양승조로부터

"지식인의 경우는 예외지만 우리나라 노동자들의 경우는 눈물 많은 사연들이 많이 있는데 오늘은 첫 모임이니 자연스럽게 새로운 노동운동의 방향을 꾸밈없이 이야기하자"

는 말을 듣고 다시 유해우로부터

"지금 이야기를 들어보니 눈물이 날정도로 열심히 각자가 소속된 노조나 조직내에서 맹렬히 활동했지만 그 성과가 별로 없는것 같다. 이런 식으로 운동 한다면 10년~20년 가도 마찬가지일 것이니 새로운 노동운동이 있어야 한다"

는 말을 듣고 다시 신철영으로부터

"분산고립된 개인적 활동이란 그 한계가 언제나 명백하다. 70년대에 조합운동을 하면서 고생들도 많았지만 노동삼권은 아직도 묶여 있고 최저임금제는 실현하지 못했다"

는 말을 들은 다음 다시 박태연으로부터

"와이·에이취 싸움에서 타 노조와의 연대된 힘이 필요했으나 노동자의 조직인 한국노총은 무력했다. 노동자의 권익을 대변하는 진정한 노총이 필요하다고 본다"

면서 노총집행부를 비판하는 말을 듣고 김철수로부터는

"우리나라의 전 노동자 700만 가운데 조직노동자는 15퍼센트(%)에 지나지 않는 백

십만 명이다. 노동자의 조직화가 긴급한 과제가 아닐 수 없지만 추진할 운동주체가 없다"

는 말을 들은 다음 동인들에게

"해방 이후의 역사에서 볼 때 민주노동의 움직임은 자유당말기 어용대한노총에 반기를 든 전국민주노동자 협의회가 있었으나 조직토대의 취약성 때문에 외부의 압력으로 붕괴되고 만 역사가 있고 60년대 초기에는 광산노조의 김정원을 중심으로 한 정치운동의 시도가 있었으나 그것도 실패했다. 10.26 이후 한국노총에 반대하는 새로운 노동운동의 물결이 일고 있다. 현 한국노총의 김영태 집행부에 반대하는 세력과 일부의 중간세력을 끌어들여 민주노조를 중심으로 한국노총의 어용적 체질을 개편하여 새로운 노총을 만들자는 이야기도 있다. 지난 30년의 역사에서 보아온 것처럼 새로운 노조운동을 전개하려면 무엇보다도 굳건한 노동조합의 적극적인 하부토대가 구축되어야 한다. 그 운동의 중심을 70년대의 고립된 민주노동 운동을 하면서 각성된 노동자들이 담당하여야 하며 새로운 방향을 모색하기 위해서는 현 한국의 노동조합운동의 실상을 면밀히 분석평가하는 작업을 하여야 한다"

고 회합하는 등으로 허가 없이 집회하고,

(7) 1980. 3. 하순 21:00부터 다음 날 01:00 사이에 같은 자취방에서 동인들 및 위 김병구 등 7명이 만나 제2차 예비모임을 갖고 각 노조의 현황을 분석하면서 양승조로부터,

"청계노조의 경우 외부에 알려지기는 조합의 토대가 튼튼한 것으로 소문났지만 실상은 그렇지 못하다. 활동인구는 20~30명 정도로 전태일 동지의 정신이 청계의 정신이라고 할 수 있는데 지나치게 잇슈 중심이 되고 간부 위주의 활동을 하다 보니 조합의 교육이라든가 현장 내에서 일어나는 갖가지의 기본적 활동을 소홀히 한 결과로 생각한다"

고 하면서 청계노조에 대한 설명을 듣고, 박태연으로부터

"와이·에이취의 경우에는 조합의 집행부와 조합원 사이가 다른 노조에 비하여 일체감이 있었던 것 같다. 비교적 조합원 교육을 간부 일반 조합원별로 실시했고 그것이 힘이 되었던 것으로 생각한다. 반성해보면 감원선풍이 일기 시작했을 때부터 효과적인 대책을 세우지 못한 것이 잘못이었다"

는 말을 듣고 다시 유해우로부터

"옆에서 원풍을 볼 때 가장 완벽하게 현장과 집행부가 일치되어 있는 곳이 원풍이라

고 할 수 있고 그와 같은 노조가 20개만 되어도 새로운 노조운동은 가능하다고 할 정도로 현 박용석 집행부는 안정되어 있다. 문제는 다른 노조가 깨어지고 난 뒤에 원풍이 견딜 수 있느냐 하는 점이다. 원풍의 현장조직은 다른 노조에서 배워야 할 것이다"

는 말을 듣고 다시 신철영으로부터

"우리나라의 노동조합 조직은 형식적으로 산별체제로 되어 있으나 기업별 노조가 기본이기 때문에 조합의 교섭력의 제한, 기업 내 노조의식 등을 특성으로 하고 따라서 기업의 조직파괴 작업이 용이하므로 인해 조합의 힘이 상대적으로 약화되었고 형식적인 산별체제는 그와 같은 기업별 노조의 벽을 뚫어서 달성된 결과가 아니고 오히려 기업별 노조의 요구를 통제하는 역기능의 역할을 하고 있다"

는 말을 듣고 다시 김병구로부터는

"대구 지역은 17개의 산별노조 가운데 전부가 어용노조의 성격을 띠고 있기 때문에 연합노조는 고립되어 있고 지부장 회의 같은 데에 나가면 골치 아픈 친구가 참석한다는 식으로 인식하고 있다. 대부분 50-100명의 중소기업 중심으로 조직되어 그 기반은 취약하고 경북전지역에 산재해 있기 때문에 조직관리가 어렵다. 지방에 있기 때문에 서울 쪽 사정도 어둡고 이런 자리에 모여 한국노총에 대신할 새로운 민주노동 운동의 주도체를 논하게 되어 감회가 새롭다"

는 말은 들은 다음 동인들에게

"70년대 노조운동을 활발하게 전개한 것은 피복섬유 계통의 조직노동자들인데 60~70년대의 경제개발의 명분 아래 가장 비인간적 상황에 처해 있었던 것도 그들이었다. 똑같은 조건이었던 미조직의 피복, 섬유, 화학의 노동자들이나 조직노조의 반민주적 어용성 때문에 정당한 생존권적인 기본권리를 빼앗겨온 노동자들의 운동은 몇 개 노조의 조합원보다 훨씬 불행한 것이었다. 노동자의 힘은 단결밖에 없는데 우리나라의 헌법은 단결권을 보장하고 있으면서도 현실적으로는 조합 하나 조직하는 데 얼마나 힘이 드는가, 노동삼권 가운데 가장 실질적인 힘은 노동자들이 노동력을 팔지 않겠다고 주장할 수 있는 단체행동권인데 이는 국가보위에 관한 특별조치법에 묶여 있다. 말하자면 노동자들은 기업주에 의하여 무장해제 되어 있다고 말할 수 있다. 외국의 노동조합은 조합을 만드는 것이 아니라, 산별에 가입하는 것인데 우리나라의 노조는 기업별 노조로 갇혀 있고 따라서 회사의 지배를 받는 노조가 될 수밖에 없는 악순환이 되풀이되는 것이다. 우리는 이렇게 모여 밤새워 토론하고 산적되어 있는 문제 가운데 그 해결의 방향을 찾자는 것은 전 인구의 70%에 달하는 전체 노동자들의 절실한 문제들을 노동운동의 차원에서 해결하자는 것이다. 개별노조가 끊임없이 진정한 노동자의 요구를 대변하는 것은 최소한의 것이지 전부는 아니다. 기업별 노조의 잘못된 풍토에서 벗어나 그 테두리를 깨고 전 업종 전 산업의 통일된 민주노조운동의 필요성은 70년대의 뼈아픈 경험에서 우리 노동자들이 깨달은 훌륭한 교훈이다"

라고 하고 위 김병구로부터 다시

"지금까지의 얘기를 정리해보면 70년대에 각자 자신들의 생산현장에서 열심히 활동하였으나 기업별 노조의 한계를 벗어나지 못하였고 전체 노동운동으로 활성화시키지 못하였다는 반성으로 집약되는 것 같은데 전 산업의 통일노조운동은 어떤 사람들이 어떤 방향에서 어떤 목표로 전개되어야 할 것인가를 논의해야 될 것이다"

는 말을 듣는 등으로 회합하여 같은 집회를 하고

⑻ 1980. 3. 하순 15:30경 경남 울산시 번지미상 미도다방에서 위 김병구로부터 들어서 알고 있던 공소 외 하동삼에게 전화 연락하여 만나 인사를 나눈 후

"현재 일하고 있는 직장은 근로조건이나 조합 활동이 어떤 편이냐"

고 묻고 동인으로부터

"재벌급 회사로서 임금은 비교적 높은 편이나 노조는 별다른 활동을 하지 않는다"는 말을 듣고 동인에게

"우리나라 노조운동은 재벌회사일수록 노조가 없거나 있어도 중소기업의 노조운동보다 못한 경우가 많은데 현장의 노조를 활성화시킬 방법은 없느냐"

고 묻고 동인으로부터 조합활동에 적극 참여하려 해도 여건이 좋지 않아 애로가 많다는 말을 들은 다음 마침 그곳에 도착한 김병구와 함께 근처 옥호미상 주점으로 가서 함께 술을 마시면서 노동자 조직운동에 참여할 것을 권유하여 그 동조를 얻고

• 1980. 4. 초순 전남 광주시 충장로 소재 옥호미상 다방에서 위 윤상원을 만나 노동조직에 대한 토론을 하면서 동인에게

"노동운동이 소시민 집단과 연합을 하려면 노동운동의 독자적 기반구축 없이는 무의미한 것이다. 새로운 노동운동을 제2의 노총운동으로 보고 노동삼권의 요구와 같은 운동목표에 동감하는 핵심적인 인물들이 비공개의 운동조직을 만들어 구체세력을 형성하여 반합법적으로 추진하여야 한다"

고 하면서 광주지역의 노동운동을 대표하여 발기모임에 참석하라고 권유하여 그

승낙을 받고,

- 동년 4. 초순 22:00부터 다음 날 01:00 사이에 위 양승조의 자취방에서 위 신철영, 동 김철수, 동 양승조, 동 박태연, 동 유해우 등과 모여 제3차 예비모임을 갖고 새로운 노조운동에 대한 토론을 하면서 동인들에게,

"지난번 모임에서 분산고립된 기업별 노조단위의 노동운동은 그 한계가 뚜렷하기 때문에 전 산업의 통일된 노조운동이 필요하다는 점에 의견이 모여졌는데 한 가지 확실하게 해둘 것은 통일된 노조운동이라면 조직된 노조 가운데 민주적인 노조를 규합하여 전 산업별의 규모로 전개하는 운동이고 통일된 노동운동이라면 조직 미조직 할 것 없이 전 산업에서 통일된 노동운동을 하자는 것이니 그 점을 짚고 넘어가야 할 것 같다"

고 문제를 제기하고 양승조로부터

"그건 말할 것도 없이 민주노조를 중심으로 미조직 노동자를 조직하고 조직노조를 민주화하자는 것이니 통일된 노동운동이라야 한다"

는 말을 듣고 다른 사람들과 함께 이에 동의한 다음 다시 박태연으로부터

"새로운 노동운동이 기존노조의 민주화운동에 적극 뛰어들어 어용집행부 대신에 노동자의 권익을 대변하는 집행부를 만드는 활동을 전개해야 한다. 기존노조가 95퍼센트(%)이상 있으나 마나 한 노조라면 우선 무엇보다도 우선해야 할 작업이다"

는 말을 듣고 다시 동인들에게,

"새로운 노동운동의 중심세력이 무엇을 해야 하느냐 하는 문제를 토론하기 전에 먼저 그 조직이 어떤 운동목표를 가져야 하는가를 논의하는 것이 순서일 것이다"

라고 하면서 새로운 노동운동의 운동목표에 대한 토론을 주장하고 유해우로부터

"새로운 노동운동의 목표는 노동삼권의 완전 보장이나 단체 행동권이 묶여 있는 한 노동자의 권리주장은 아무 힘을 가질 수 없다. 기존 노조의 민주화도 미조직의 조직화도 노동삼권의 보장요구에 전력되어야 한다. 노동삼권의 완전보장이어야말로 최소이고 최대의 목표다"

라는 말을 듣고 다시 김철수로부터

"노동삼권은 모든 민주사회의 기본적 권리인데 그것이 기본권리가 되기까지는 수많은 희생을 치루어야 했다. 그런데 노동삼권은 일종의 법률적 성격을 띠고 있는 정치요구라고 할 수 있으나 대다수의 노동자들은 저임금의 문제를 생활을 통하여 실감하고 있으므로 최저임금제의 요구도 새 노동운동의 목표가 되어야 한다"

는 주장을 들은 다음 다시 양승조로부터

"정확한 통계는 잘 모르나 잔업이나 철야를 밥먹듯이 하는 현실이 있는 한 노동문제에 대한 연구나 토론도 시간이 없어서 할 수 없다. 8시간노동제의 확립이 시급하다"

는 말을 들은 후 대구에서 김병구로부터 울산 영남화학에 있는 하동삼을 추천받았고 광주에서 윤상원과 접촉한 사실을 보고하면서 동인들도 발기인으로 참여시킬 것을 제의하여 전부의 찬성을 얻은 다음 앞으로는 지식인 출신이 너무 많으면 곤란하니 지방의 경우 조직확산을 위한 필요성 이외에는 원칙적으로 받아들이지 않기로 합의를 보는 등으로 같은 불법집회를 하고

(9) 1980. 4. 중순 20:00부터 다음 날 01:00 사이에 위 명륜동 소재 명륜여관에서 위 6명 외다시 김병구가 참석하여 7명이 모여 제4차 예비모임을 갖고 김병구로부터

"울산 영남화학에 있는 하동삼을 접촉하여 함께 모임을 참석키로 했다"

는 보고를 듣고 양승조로부터

"이 모임의 성격이나 참석자들에 대한 설명이 어떤 식으로 됐는지 궁금스럽다"

는 말과 다시 박태연으로부터

"사람을 늘리는 데 신경을 써서 그 사람의 배경이나 환경 등을 정확하게 파악하지 않으면 문제가 생길지도 모르니 자세한 얘기를 듣고 싶다"

는 말 및 김병구로부터

"모임에 대하여는 70년대 민주노동 운동을 했던 사람들이 중심이 되어 80년대의 새로운 노동운동을 하자는 모임이다라는 설명을 하였고 사람들에 대해서는 구체적으로 언급하지 않았다"

는 말을 각 듣고 동인들에게

"구체적으로 언급하지 않아도 참석할 정도로 믿는 사이인가"

라고 물어 동인으로부터 오래 사귄 사이는 아니지만 서로 알 만큼은 알고 있다는 대답을 듣고, 다시 신철영으로부터는

"일단 모임에 참석하자고 권유하였으니 전체 모임에 참석시키면서 김병구동지가 보안에 대하여 하동삼에게 주의를 주도록 하자"

는 말을 듣고, 김병구로부터는

"대구에 야학을 하는 전점석이라는 사람이 있는데 그간 몇 차례 접촉하면서 판단해보

니 전체 모임에 참석시켜도 괜찮을 것 같은데 의견을 모아달라"

는 말을 듣고 유해우로부터는

"나도 전점석을 알고 있으니 김병구가 우리 모임의 성격을 간접적으로 타진하고 운동을 같이할 생각이 있는지 확인이 되면 내가 대구에 내려가 접촉해보겠다"

는 말을 들은 다음 김병구에게 전점석이가 학생출신인지의 여부를 물어 학생출신이라는 대답을 들은 후 동인들에게

"전점석은 윤상원과 같은 케이스로 처리하고 유해우가 내려가서 김병구와 둘이서 판단하여 결말을 짓자"

고 제의하여 일단 동인들의 조직문제에 대하여는 결론을 내린 다음 양승조로부터

"이제 우리의 모임을 카토릭 노동청년회, 산업선교회와 같이 드러내놓고 할 것인지 아니면 다른 방식을 택할 것인지 여부에 대해 의견을 모아야 할 것 같다"

는 제의를 듣고 박태연으로부터

"노동삼권의 요구라든가 8시간노동제 같은 요구사항은 한국노총의 전국대회에서 결의되는 사항이니만큼 구태여 커다란 비밀이 있는 것처럼 할 필요는 없지만 새로운 노동운동을 한다면 탄압이 있을 것이니 비밀히 해야 한다"

는 주장을 들은 다음 신철영으로부터는

"노동삼권의 보장, 최저임금제 실시, 8시간노동제 등 기본적 권리를 쟁취하는 데 의견이 모아졌다"

는 말을 듣고 양승조로부터

"어용노조 어용노조 하다 보면 노조 자체가 필요 없는 것처럼 인식되는데 어용이라도 노조가 있을 때와 없을 때는 큰 차이가 있는 것 같다. 어찌 되었건 전 노동자의 15퍼센트(%)밖에 안 되는 낮은 조직율로는 노총이라도 별수가 없다. 새로운 노동운동은 미조직의 생산현장을 조직하는 데 전력을 기울여야 한다"

고 역설하는 말을 듣고 다시 박태연으로부터

"기존노조의 민주화도 미조직의 조직화와 함께 중요한 일이니 주력을 기울여야 한다"

는 말을 들은 다음 동인들에게

"할 일이 너무 많아서 욕심을 내다 보면 미리 질려버리는 수도 있는데 일단 미조직의 조직화, 조직의 민주화에 주력하기로 하자"

고 말하며 운동방법에 대한 결론을 내린 다음 김병구로부터 동 조직의 규약제정에 대한 제안을 받고 동인들에게

"어떤 운동이든 그것이 종교운동이거나 학생운동이거나 또는 합법이든 비합법 또는 반합법이든 간에 운동의 형태를 갖추려면 운동의 통일성과 지속성은 일단 공식화되는 약속을 통하여 가능하다"

고 말하면서 규약제정의 당위성을 역설하여 전원의 찬동을 얻은 다음 모두 연휴인 80. 5. 3부터 5. 5까지 2박3일 간 결성대회를 갖기로 하고 예비회합에서의 토의내용을 종합 정리하기로 결정을 한 다음 그 준비작업으로서, 피고인과 신철영이 규약초안을 작성하고 유해우, 양승조, 박태연이 조합의 민주화와 미조직의 조직화를 위한 세부적인 계획을 작성할 것을 결의하고 윤상원과 하동삼, 전점석 등 예비회합에 불참한 발기인도 전부 참석토록 연락을 하기로 결의하는 등으로 같은 불법집회를 하고

(10) 1980. 4. 중순 18:00경 서울 관악구 신림동 신림다방에서 대구 양서조합관계로 알게 되어 접촉해오면서 현실 부정에 대한 사상을 고취시키고 있던 중인 상 피고인 박태주를 만나 동인에게 위 모리스 돕의 "자본주의 발전연구" 영문판 책자 번역을 부탁한 다음 위 송영인에게 박태주와 접촉할 것을 지시하고 동년 7. 중순 14:00경 광민사에서 동인으로부터 위 책자 중 전반 부분인 제1장 "자본주의의 개념", 및 제2장 "봉건제의 붕괴와 조직성장"을 번역한 원고지 500매를 교부받아 당시 광민사에서 출판한 "자본주의 이행논쟁"에 편제하여 이를 발간하고 나머지 부분인 제3장 "부르죠아의 기원" 제4장 "산업자본의 발생" 제5장 "자본축적과 중상주의" 제6장 "노동계급의 성장" 제7장 "산업혁명과 19세기" 제8장 및 후기 2차대전 이후 등 번역문 원고지 약 1,800매는 동년 7. 하순경 교부받아 "자본주의 발전연구"라는 제목으로 출판하고

- 동년 4. 27. 13:00경 위 광민사 사무실에서 흥사단 아카데미 규약, 흥사단 약법 및 도산연구회 회칙 등을 참고하여 총칙, 회원, 조직, 재정, 부칙 등 4장 20여 조로 된 "전국민주노동자연맹규약" 초안을 작성하고
- 동년 4.30. 13:00경 영등포구 영등포역전 예전다방에서 위 신철영과 만나 위 "전국민주노동자연맹" 규약 초안을 보여주면서 검토해보라고 하여 동인의 검토를 마친 다음 전체 모임에서 다시 검토 처리하자고 합의하고
- 동년 5. 3. 22:00경 인천시 북구 계산동 홍진아파트 2동 408 피고인의 집에서 위 신철영, 동 김철수, 동 양승조, 동 박태연, 동 유해우, 동 김병구, 동 하동삼, 동 윤상원 등 9명이 모여 "전국민주노동자연맹" 결성대회를 개최하면서 동일 23:00-24:00

사이에 피고인이 "한국노동 문제의 역사적 전개와 노동운동의 과제"라는 제목으로 우리나라의 개항기 이후 10.26사태까지의 노동문제 상황에 대한 발제를 하면서 "한국 임금노동자의 형성"으로서 개항기 일본의 상업자본이 침입하고 19세기 말 제국주의열강의 이권개입으로 금, 광공업이 개발되면서 근대적인 임금노동자계급이 발생하였다.

"초기의 노동조합"으로서 우리나라 초기의 노동조합은 부두 광산과 같이 계절적, 일시적 취업이 노동자의 여건이었기 때문에 동업자끼리의 공제적 성격을 띄고 있었다.

"1919.까지의 노동문제와 노동운동"에 대하여 일본 제국주의는 한국을 침략하여 일본의 상품시장화하였고 그 과정에서 자생적인 수공업적 생산조직을 파괴함으로써 상품시장의 기반을 닦고 1919.까지는 주로 경공업 부문의 일본자본이 진출하여 노동자들도 경공업 노동자층이 형성되었고 선미, 제사 등의 노동조합이 조직되기 시작하였다.

"1919.부터 1930.까지 조선노동 공제회와 항일운동"에 대해, 3.1운동이후 일본자본주의는 경공업 중심의 진출에서 중공업 부문으로 이동함으로써 노동자들도 산업노동자가 증가하였고, 일본자본의 식민지 초과이윤을 획득하기 위한 노동강화로 노동자들도 일본본토 노동자 임금의 1/4의 참혹한 현실에 있었고 노동자들은 자신들의 비참한 현실을 일제의 지배에서 찾고 항일운동에 참여하기 시작하였으며 노동조합 조직은 조선노동공제회 같은 전국조직을 시도하였다.

"1930.에는 일본의 독점자본이 중국침략을 본격화하기 시작하여 조선을 병참기지화하였으며 이에 따라 중공업 노동자 수가 증가하고, 전국 각지에서 노동쟁의가 계속되었으나, 일제의 야만적인 탄압으로 말기에는 지하에 숨어드는 암흑기를 지내게 되었다."

"1945~1960.까지의 노동운동의 좌우대립 즉 전평과 대한노총과의 대립 및 자유당 정권하의 관권의 개입과 노총의 어용성"에 대하여

8.15. 해방 당시 우리나라 노동자는 약 60~70만 명 정도였는데, 노동조합 조직은 좌우의 대립으로 전평과 대한노총으로 나뉘어졌다. 1950. 6. 25 이후 4.19 직전까지 한국노동조합운동은 대한노총의 어용적 성격과 노동귀족화, 파벌분쟁으로 정당한 자기주장을 세우지도 못하고 새로운 세력을 규합하지도 못하였다. 자유당 말기에 어용대한노총에 반대하는 세력이 전국민주노동조합 협의회를 결성, 새로운 운동을

시도하였으나 관권의 탄압으로 실패하였다.

"1960~1979.까지의 노동운동"에 대하여

4.19에 의하여 한국의 노동운동은 폭발적인 노동쟁의를 가져왔으나 그 운동의 중심도 경험도 올바로 세우지 못하였고, 5.16 이후 4차에 걸친 경제개발은 노동인구의 엄청난 증가를 가져오고 국민경제의 양적팽창을 기록했으나 그 성장의 가장 큰 공헌자였던 노동자들은 분배과정에서 소외되고, 비인간적인 생활을 강요당하였다. 오늘의 노동자 상태, 즉 세금도 내지 못하는 저임금노동자가 전 임금노동자의 75퍼센트(%)에 달하고 주 60시간에 달하는 장시간노동, 생산현장의 열악한 조건은, 이제 노동자들로 하여금 자신들의 인간다운 생활을 보호받고, 민주적인 제권리를 확보하기 위해서는 양심적인 민주노동 운동세력이 새로운 운동조직에 의하여 규합되어야 할 필요성을 일깨워주고 있다. 새로운 노동자의 운동조직은 700만 임금노동자를 조직하고 일상적인 경제운동과 그 점을 장기적 지속적으로 수행한 기초 위에 정치적 권리투쟁을 전개하여야 한다.

고 설명하고

- 다음 날인 5. 4. 08:30부터 14:00까지 사이에 조직의 성격과 운동목표 설정을 위하여 피고인과 위 김병구, 동 유해우, 동 하동삼이 1조, 동 양승조, 동 박태연, 동 신철영, 동 김철수, 동 윤상원 등이 1조로 된 두 개의 반을 편성하여 분반토론을 마친 다음, 피고인이 조직의 성격으로서

"선진독점의 지배로부터 민족적 이익을 옹호하고 국내매판자본과 그 정권으로부터 민중을 해방시키기 위해서는 그 모순의 직접적 피해자인 노동자를 조직화하여 민주투쟁을 전개하면서 노동자를 의식화하여야 하는데 그 활동의 토대를 합법적 노동조합을 통하여 달성키로 하고 어용한국노총에 대신하는 새로운 전국적인 노동조합의 조직이라는 현실적인 목표를 갖는 조직으로서 한마디로 반합법의 운동내용을 갖는 비공개의 조직형태이다"

라고 말하여 전원의 동의를 얻고

- 동일 18:00부터 다음 날인 5. 5 02:00까지 사이에 동 조직의 조직요강에 대한 토론을 하고

조직체계로서는 중앙위원회, 시도행정단위의 지부, 생산공장 밀집공단 단위에 지회, 단위생산기업체 단위의 지반으로 구성키로 하고

조직원칙은,

반합법 비공개적인 원칙하에 핵심회원을 초기에 선발하여 하향식으로 지회를 조직하고 지회 구성원들이 선발한 회원들로 지부를 조직하고 지반조직은 지회핵심회원들로 엄선하여 구성토록 하는 하향식과 상향식의 결합을 원칙으로 하고 지도체제는 1인에 의한 권한집중은 구성원의 창의적인 노력을 봉쇄하므로 집단지도와 운동의 통일성을 확보하기 위하여 하부는 상부에, 소수는 다수에, 전체는 중앙에 복종토록 하는 민주집중 원칙으로 하며

운동역량은 전국 생산현장의 노동자를 조직하고 기존노조의 민주화라는 당면목표를 성취하기 위해 공단지역에 회원을 우선적으로 집중 분배토록 원칙을 세우고, 운동과 조직방법으로서는,

노동삼권의 요구, 8시간노동제, 최저임금제의 전국 산업별 단일요구를 실현하기 위한 미조직의 조직화와 기존 조직의 민주화를 추진하기 위해 하부조직인 지부, 지회, 지반조직에 총력을 기울이고 가입회원이 증가하면 통일성 확보를 위한 교육을 실시하고 지식인들의 모험주의적 경향을 경계하여 노동자와 지식인의 조직비율을 6:1로 제한하고 지식인의 가입자격도 현장노동을 하고 있는 자로 한정하며 남자와 여자의 비율도 4:1로 할 것을 결의하는 등 조직요강을 결정하고

• 동년 5. 5. 10:00~12:00까지 사이에 피고인의 사회로
"전국민주노동자연맹 결성대회"의 개회를 선언하고 임시의장에 최연장자인 김병구를 선출한 다음 위 규약초안에 대한 제안설명 및 축조심의를 거쳐 동 초안 중 월봉급의 2%로 되어 있던 회비를 5~10%로 인상 조정하고 최저 5,000원 이상의 단서를 추가 삽입하는 등 초안대로 무수정 통과시킨후, 활동토의에 들어가서,

규약부칙에 의해 중앙위원회는 위 참석자 9명과 전점석을 포함한 10명이 중앙위원이 되어 중앙위원회를 구성하고 담당부서로서는 중앙위원장에 김병구, 조직관리에 양승조, 교육에 유해우, 김철수, 조사통계에 신철영, 회계재정에 박태연, 총무에 피고인이 각각 선임되어 부서담당을 결정하고 회의소집은 정기회의는 연 1회로 하되 필요에 따라 임시회의를 소집하고 잠정적으로 월 1회 임시회의를 개최키로 합의하고

활동사항으로서 하부조직을 위한 조직요강은 피고인과 양승조, 신철영이 작성키로 하고 교육계획은 유해우, 김철수에게 위임하여 세부계획을 작성 보고키로 결의하는 등으로 허가 없이 집회함과 동시 우선 노동자조직으로서의 동 "전국민주노동자연맹"을 조직, 구성하고

(11) 1980. 5. 중순 19:00경 대구시 중구 옥호미상 다방에서 위 김병구와 함께 위 전점석을 만나 동인이 모임에 참석치 않은 사실을 추궁하고 인근 옥호미상 여관으로 함께 가서 동인에게 당면한 노동운동의 과제에 대한 질문을 하고 동인으로부터

"무엇보다도 민주노동운동이 주체세력을 결집시켜 노동3권을 확보하여야 한다"

"70년대의 노동운동을 통하여 성장한 사람들을 중심으로 하고 노동문제에 관심이 있는 지식인들이 결합하여 추진하여야 하지 않겠느냐"

는 말을 듣고 동인에게

"노동자 교육기관에서 일하는 방식은 70년대의 있었던 방식으로 일종의 간접적인 접근이라고 할 수 있는데 이제는 그런 방식을 지양해야 하지 않겠느냐, 병구 형과 충분한 토론을 하였다고 들었는데 지금 입장이 어떠냐"

고 묻고 동인으로부터 앞으로 김병구와 함께 열심히 활동해보겠다는 말을 들은 다음 세부적인 활동지침은 김병구를 통하여 연락할 것이니 앞으로 어려운 일은 함께 고생하면서 열심히 하자고 말해 그 동조를 얻는 등으로 허가 없이 집회하고,

(12) • 1980. 5. 중순 19:00경 서울 구로구 구로동 소재 위 양승조 자취방에서 동인을 만나 "5. 17 이후 검거되고 있는 사람 가운데 조합운동에 관련된 사람들은 많은 숫자에 이르지 않고 소위 민주인사 학생들이 대부분이지만 70년대에 활발한 활동을 벌였던 노동조합도 반드시 그 활동기반을 제거하려 할 것이므로 전민노련의 현실적 의의와 필요성은 더욱 높아지나 보안문제에 각별히 유의하여야 한다. 다른 중앙위원들을 개별접촉하여 동요가 없도록 하라"

고 지시하고,

• 동년 5. 하순 20:00경 같은 방에서 동인과 만나 동인에게,

"대구에 내려가보니 전점석이가 체포되었고 윤상원이는 실종되었는지 사망하였는지 아직 잘 모르겠으며 김병구 형은 포항으로 내려간 것 같다"

고 말하면서 유해우의 안부를 물어 별일 없다는 대답을 듣고

"6월 초 전체 모임에서 제안하기로 한 세포조직요강은 어떻게 되었느냐"

고 묻고 동인으로부터

"아무리 생각해봐도 정리가 되지않는데 초안을 잡아주면 그것을 토대로 검토하여 제안하겠다"

는 말을 듣고 세포조직요강을 초안 작성하여 검토키로 약속하고

- 동년 5. 하순 14:00경 경기도 시흥군 군포읍 소재 위 유해우의 집에서 동인을 만나 5. 17 이후 노동운동이 침체된 이때 전국민주노동자연맹(이하 "전민노련"이라 약칭함)이 현장에 파고 들어가 현장기반을 확보하는 노력을 경주하여야 한다고 강조하고 동인으로부터 현장작업을 감당하기에는 건강에 자신이 없다면서 생활비도 걱정인데 치료는 무슨 치료냐는 말을 듣고 다시 동인에게

  "조합활동의 경험을 바탕으로 교육문제에 대하여 전담하여 활동하면 그것도 매우 중요한 일이니 각자 자신들의 처지에서 열심히 하자"

  고 격려한 다음 반국가단체를 이롭게 할 목적으로 유물사관에 입각한 역사분류법의 입장에서 노동의 변천과정을 서술한 위 광민사 발행의 "노동의 역사" 책 1권을 교부하여 표현물로 반포하고,

(13) ○ 1980. 5. 하순 20:00경 위 양승조의 자취방에서 동인을 만나 미리 작성해간 세포조직요강 세부지침 초안을 제시하고 검토하면서 동인으로부터 초안에 포함되어 있는 "예비회원제"가 너무 복잡하니 삭제하자는 말을 듣고 이에 동의한 다음 일단 전체모임에 제안하여 문제점을 차츰 보완해나가기로 합의하고,

○ 동년 6. 5. 19:00-23:00 사이에 위 유해우의 전세방에서 동 연맹 중앙위원중 윤상원, 전점식을 제외한 나머지 8명의 중앙위원들이 모여 제1차 중앙위원회를 개최하고 하부조직을 위한 세포조직요강 세부지침초안에 대해 토론하면서 양승조로부터 제안 설명으로서,

  "선발대상자로서는, 현장 출신가로 노동운동 전반에 대한 문제점과 종사하는 업체의 문제점 및 노동운동에 대한 자세와 인식도를 측정하여 선발한다"

  "예비그룹운영에 대하여는 선발기준에 맞는 예비자 5~6명으로 예비그룹을 구성하여 4~5개월간 현장문제, 노동법, 노동조합론 등의 학습으로 의식화하여 실천의지에 따라 예비그룹 구성원 중 암암리에 회원을 개별 선발하여 회원으로 입회시킨 후 예비그룹을 해체하여 보안 유지하고 입회회원이 각자 독자적으로 예비그룹을 구성하여 학습을 주도하여 위 방식에 따라 회원을 선발, 가입시킨후 해체하는 과정을 반복 실시하여 회원을 확보한다.

  "회원의 가입과 책임에 있어서는 정회원 가입 시는 추천인이 입회하고 가입 주체자가 별도 정하는 신규 가입자의 출신성분, 노동운동에 임하는 자세 등을 문답을 통하여 확인하고 가입시키며 개별입회 시는 추천자가 전적인 책임을 지며 적극적인 활동회원은

조직의 보안유지를 위하여 필요에 따라 가명을 사용한다"

는 등의 말을 듣고 전원이 이에 찬성하는 등으로 허가 없이 집회하고

(14) ○ 1980. 6. 중순 21:00경 서울 영등포구 구로동 소재 피고인의 자취방에서 위 김철수
   를 만나, 동인에게
   "포항에 내려가서 현장일을 할 생각인데 그동안 다른 중앙위원들과 만나서 얼굴도 익
   히고 조합운동의 여러 실상 등을 공부하는 것도 유익할 것이니 너무 어려워하지 말고
   자주 만나라. 현장일 때문에 시간이 없겠지만 예비그룹의 교안작성을 유해우와 상의
   해서 초안을 만들어보라"
   고 지시하고

   ○ 동년 6. 중순 17:00경 위 명륜다방에서 흥사단 아카데미 회원으로서 알게 된 상 피고
   인 송병춘을 만나 동인으로부터
   "앞으로 관념적인 사고방식을 극복하고 민중의 실상을 파악하기 위해 공장에 들어가
   일해보고 싶은데 조언을 해주었으면 좋겠다"
   는 말을 듣고 동인에게
   "노동현장은 인생의 연습무대가 아니라 인간의 노동이 현실적으로 어떻게 왜곡되고
   이윤획득의 도구로 되면서 노동자들의 생활이 비인간적일 수밖에 없는가 하는 모순의
   구조와 만나는 것이다"
   라고 하면서 자본주의체제하의 노동자들에 대한 구조적모순을 비판하고 다시
   "지식인의 입장에서 볼 때 노동자를 지나치게 미화하는 경우와 아주 포기해 버리는
   경향이 있지만 그것은 개인의 특수한 주관적 모순의 반영일 뿐 객관적으로 파악한 것
   은 아니며 구체적으로 자신이 부딪쳐보는 것이 좋다. 단순노동과 숙련노동 가운데 지
   식인 출신들이 흔히 장기론을 펴면서 숙련노동의 자격증을 따려는 경향이 있는데 그
   런 방식도 나쁜 것은 아니나, 우리 현실에서 숙련노동은 현장에서 노동강도나 노동밀
   도가 미숙련보다 높지 않고 상대적인 고임금을 받기 때문에 노동자의 의식도 소시민
   적 보수성향이 강하며 따라서 목적적인 노동운동과는 일단 거리가 있는 것으로서 집
   안형편이 아주 어렵다든가 개인적으로 장기론을 가지고 있을 때 선택하는 방법이다.
   개인사정이 좋은 편이나 단순노동을 택하고 구로동 지역에는 회사들이 많고 사람을
   수시로 모집하니 그쪽에 취직해보라"
   고 권유하고

○ 동년 6. 중순 17:00경 동 광민사에서 위 송영인을 만나 함께 인근 성균다방으로 가서 동인으로부터

"노동문제에 대한 공부를 하고 싶은데 자료를 구하지 못하여 진척이 없다"

는 말을 듣고 동인에게,

"대학교수가 되어 강의를 할 것이 아니라면 지식인들은 일관된 논리체계로 세상을 보기 때문에 자신이 알지 못하면 아무것도 할 수 없다고 생각하나 그것은 잘못된 사고방식이다. 노동문제를 연구하려는 이유는 무엇이냐"

고 묻고 동인으로부터

"학생운동은 한계가 있다는 것을 데모를 통해 느꼈고 본격적인 사회운동으로서 노동운동을 해볼 생각으로 일단 이론적인 공부를 해야겠다고 작정했기 때문이다"

라는 말을 듣고 동인에게

"그 정도로 생각했다면 현장생활을 해보면서 보충하는 것이 원칙적인 자세가 아니겠느냐"

면서 노동현장 가입을 권유하고

○ 동년 6. 하순 13:00경 위 명륜다방에서 한일합섬 공원인 상 피고인 노숙영을 만나 동인으로부터

"고향 농장 일을 도와주다 올라왔는데 일을 하기는 해야겠는데 자신이 없다"

는 말을 듣고 동인에게

"여자들의 경우는 운동이 무엇인지 알 만한 때가 되면 혼인을 해버리고 그 뒤에는 운동과는 멀어지는 경우가 대부분인 것 같더라. 70년대 우리나라의 노동운동은 주로 섬유화학의 여성노동자들이 주역이었으나 지식인 출신의 여성운동가들은 전무하고 관련단체에서 보조적인 일을 하는 정도의 패턴에서 그쳤던 것은 우리나라의 지식인 출신 여성운동가들이 극복해야 할 과제이다."

"객관적인 여건이 섬유화학 계통의 업종에서 미혼여성 위주로 취업군을 이루고 있으나 운동에 참여한 지식인 출신 여성들이 부재했던 사실은 변명의 여지가 없는 일이고, 고급 여성운동을 하는 사람들이 남성으로부터의 억압을 얘기하나 그것은 그들의 눈으로 보는 것이며 현장여성 노동자들의 비인간적인 노동조건을 객관적으로 볼 필요가 있고 그러기 위해서는 그들과 함께하는 생활을 통하여 문제를 풀어나가야 한다"

는 등으로 말하면서 현장취업 운동의 필요성을 역설하여 이에 동조를 받고

○ 동년 6. 하순 18:00경 경북 포항시 이하 미상 위 김병구의 전세방에서 동인에게 취업

차 포항으로 왔다고 인사를 한 다음 포항의 업체현황에 대해 묻고 동인으로부터

"포항은 노동자의 대다수가 포철의 노동자나 공공기업에서 조합결성이 어려운 실정이고 본인이 동해지역 지부장으로 있을 때 포철 하청업체의 조직결성을 시도하였으나 실패한 경험이 있다"

는 말을 듣고 동인에게

"이번에 포항에 내려온 것은 실제적인 일보다 현장경험을 하기 위해서이니 취직처를 알아봐달라"

고 부탁하고 동인으로부터

"막일 자리는 있는 편이나 공단 내의 사정을 잘 모르고 있으니 황건식이라는 전 경북 지부 노조조합원이 공단의 용접공 회사에서 근무하고 있으니 그에게 부탁하여보자"

고 하면서 함께 가자고 하므로 동일 21:00경 포항시 이하 미상 공단 근처의 황건식 자취방으로 가서 동인과 인사를 나눈 다음 일자리를 부탁하고 동인으로부터 그 알선을 수락받는 등으로 동인들과 허가 없이 집회하고

(15) ○ 동년 7. 초순 10:00경 위 포항시 공단 근처에 있는 영일군 오천면 번지미상 피고인의 자취방에서 위 김병구를 만나 동인에게 포항종합제철의 노동조건을 설명하면서

"포철은 생산과정이 형식적으로 직영과 하청으로 나뉘어져 있으나 실제적인 생산관리는 전적으로 포철에서 하고 있고 하청회사는 단지 값싼 노동력을 공급하는 인력회사로서 매월 최소한 1억 2천만 원, 년 15억 원을 임금비 부문에서 노동자들이 손해보고 있는 실정이다"

라고 하면서

"전민노련의 경북조직을 위한 기초 작업이 대구, 포항을 중심으로 이루어져야 할 것인데 복안이 있느냐"

고 묻고 동인으로부터

"내가 동해지역 지부장으로 있을 때 노동청이나 관계기관에서 얼굴을 알고 있으므로 직접 활동하기는 어렵고 포항에서 근무하고 있는 황건식을 통하여 시작할 수밖에 없으나 동인의 집안사정이 복잡하여 아직 구체적인 말을 못했다"

는 말을 듣고,

○ 동년 7. 초순 15:00경 대구시 남구 이하 미상 소재 위 전점석의 집에서 동인에게 5.17 사태에 대한 말을 하면서

"대구에는 수배된 사람들이 많으냐"

고 묻고 동인으로부터

"상당히 많은 사람이 수배된 것 같은데 정확한 숫자는 모르겠다"

는 말을 듣고 동인에게

"서울에서 내려오는 길인데 서울 쪽도 어수선한 상황이다. 복학생이나 학생운동 출신
자들이 5.17로 상당히 위축되어 있는 것이 사실이고 걱정이 된다"

고 하면서 동인의 의중을 본 다음 동인으로부터

"우선 먹고사는 문제도 있고 해서 학교 선생으로 취직할 생각이다"

는 말을 듣고 동인이 전민노련의 조직에 대한 말을 하지 않는 것을 보고 다시 의사를
타진할 목적으로

"김병구 형과 한번 만나야 하지 않겠느냐"

고 묻고

"시간나는 대로 연락해보겠다"

는 말을 듣고 노동운동에 참여의사가 없음을 간파하고,

○ 동년 7. 초순 15:00경 경남 울산시 소재 영남화학 주식회사 구내매점에서 위 하동삼을
만나 동인에게

"포항에 내려와 용삭공으로 일하고 있다. 영남화학은 어떤가"

라고 묻고 동인으로부터

"내가 집행부와 사이가 좋지 않은 입장이기 때문에 현재 보일러실에 일하고 있고 회
사 측에서도 감시가 심하여 움직일 수 없는 상황이다"

라는 말을 듣고 다시 동인에게

"이미 그렇게 노출되어 있는 입장이라면 두 가지 방법밖에 없는 것 같은데 하나는 직
장을 바꾸는 일이며, 하나는 회사 내에서 과격하지 않다는 이메지 체인지 작업을 하는
것이다. 지금 나이에 전직을 한다는 것은 현실적으로 어려운 일이니 이메지 체인지 작
업을 하는 것이 좋은 것 같다. 마음에 안 들고 잘 못한다고 하여 사사건건 물고 늘어지
면 단순한 불평불만이 가득 차 있는 사람으로밖에는 다른 사람이 생각하지 않는다. 혼
자 일하는 것보다 주위의 동료와 화목하고 그들의 지지를 얻어 단계적으로 접근하는
것이 올바른 방식이다"

라고 권유하고

○ 동년 7. 중순 21:00경 위 영일공단 내 피고인의 자취방에서 위 김병구를 만나 동인

에게

"시간이 있는 대로 전점석과 하동삼을 접촉하여 구체적으로 판단한 후 중앙위원회에 보여 결정키로 하고 황건식에 대하여도 동인이 현장운동의 열의는 대단하나 집안사정이 너무 어렵고 자신도 책임 있는 자세를 취하지 않으므로 현장운동을 계속한다면 그 때까지 개별적으로 거론하는 것이 좋겠으며 내가 포항에 있는 동안 황건식의 희망대로 노동운동사에 대한 공부를 해보겠다"

는 말을 하고

○ 동년 7. 하순 13:00경 포항시 동명미상 5거리에 있는 옥호미상 다방에서 다시 동인을 만나 전점석을 접촉한 결과를 묻고 동인으로부터

"전점석은 조직에 대한 말을 하지 않고 개인적인 이야기를 하다가 조직문제를 거론하자 활동은 해야겠으나 학교선생으로 취직하려 한다고 말하는 것으로 보아 활동의사가 없으나 체면상 자신의 의사를 감추고 있는 것 같다"

는 말을 듣고 동인에게

"5.17 이후에 지식인들의 대부분이 기회주의적인 태도를 취하고 있으나 전점석에 대하여는 잘 알지 못하므로 한번 더 만나 확실한 태도를 요구하여 보고 활동하지 않는 것이 분명해졌을 경우에도 보안문제를 고려하여 결정적인 태도를 보이지 말고 계속 만나서 얘기해보자는 정도로 하는 것이 좋겠다"

는 등으로 조직관리에 대한 의논을 하고

○ 동년 7. 하순 17:00경 영등포구 구로동 남서울아파트 소재 흥사단 서울대 아카데미 후배로서 노동운동에 관심이 많았던 공소 외 길문숙의 방으로 찾아가서 당시 전자업체 회사에 공원으로 현장취업 중에 있던 동인에게 동 생활에 대해 묻고 동인으로부터

"작업이 고되지 않아 육체적으로는 견딜 만한데 얘기할 만한 상대를 만나지 못해서 헤매는 입장이다"

라는 말을 듣고 동인에게

"서두르거나 초조하게 생각해서 덤비면 실수하기 마련이며 애써 만든 기반조차도 상실할 우려가 있다. 노동운동은 개별 현장과 전체 운동의 관계를 정확하게 보면서 자기 현장의 문제를 보고 목표를 세워 추진하여야 한다"

는 등으로 교양하고

○ 동년 7. 하순 20:00경 서울 구로구 구로동 소재 유정다방에서 위 송병춘을 만나 현장 생활이 어떠냐고 묻고, 학교생활과는 180도 달라서 그럭저럭 적응하는 편인데 동료들

을 사귀지 못해서 걱정이라는 말을 듣고, 동인에게

"샌님 체질을 대중적인 체질로 바꾸려면 아직 한 달 정도 가지고는 될 수 없으니 느긋하게 생각하고 소그룹으로 만드는 데 3개월 걸리는 사람도 있고 6개월 걸리는 사람도 있고 1년이 지나도 못 만드는 사람도 있으니 초조하게 생각하지 말라, 소그룹을 만들고 싶은 모양인데 소그룹을 만들어서 어떻게 운영할 생각이냐"

고 묻고 구체적인 생각은 없고 노동문제 같은 것을 토론하면 되지 않겠느냐는 말을 듣고 다시 동인에게

"그렇게 막연하게 생각하고 있다면 소그룹을 만들어도 한 달이 안 가서 깨지겠다. 8월 말에 올라올 계획이니 그때 자세한 토론을 하고 그동안 회사안의 동료들에 대한 개인적인 신상, 사고방식, 취미 등을 면밀하게 파악하는 데 주력하고 시간 있는 대로 노동법 등 노동지식을 정확하게 숙지하라"

고 권유하고

○ 동년 7. 31. 20:00부터 8. 1. 14:00 사이에 위 길문숙의 남서울아파트 자취방에서 상 피고인 신철영, 동 김철수, 동 양승조, 동 박태연, 동 유해우, 동 김병구와 함께 7명이 모여 제2차 중앙위원회를 개최하고 7. 31. 20:00-24:00까지 사이에는 "예비그룹교육안"에 대한 토의를 하면서 동 그룹에 대한 교육과정안을 위임받았던 유해우와, 김철수가 시간부족으로 안을 준비하지 못하였다고 하면서 교안에 대한 의견을 모아달라는 말을 듣고 동인들에게

"예비그룹에서는 노동법, 노동조합론, 임금론, 노동운동사 및 사례를 공부시켜 현장활동가로서 이론적 토대를 갖도록 하고 학생출신자의 경우에도 수준을 높일 수 있게 하되 위 내용을 포함시키기로 하고 위임받은 자가 분야별로 교안을 작성하여 중앙위원회의 심의를 거쳐 확정하도록 하자"

고 제의하여 전원의 찬성을 받고

• 8. 1. 10:00~12:00까지에는 동인들에게 "프랑스 노동운동사" "독일운동사" 등에 대한 특강을 하면서

"프랑스 노동운동사로서는,
프랑스의 초기 노동운동은 공상적 사회주의자들의 영향을 받고 있었으며 19세기 후반에 이르러 전국적인 단일노동조합 조직이 출현하고 이때의 노동운동의 주류는 아나코 생디칼리즘(무정부주의적 총파업주의)이고 기독교 노조가 생기기 시작하

여 노동운동 내부에 분열이 생기기 시작하여 1차대전 전까지는 과학적 사회주의의 영향을 받는 노조까지 합하여 3가지 흐름이 발전하였고 1930년대에는 인민전선으로 결집되었으나 히틀러 침공으로 붕괴되고 반나치 저항운동에 노동자들이 적극적으로 참가하였으며 2차대전 이후에는 사회보장제도의 확대로 체제 내의 안주경향을 보이고 있으나 불황국면이 심화되면 쟁의가 증가하는 추세이다"

라 하고,

"독일노동운동사로서는,

독일노동운동은 프랑스보다 40여 년 늦게 근대적인 노동조합이 출현하였으나 노동자들의 노사관은 아주 전근대적인 것이고, 19세기 말부터 20세기 초에 이르러 노동운동은 자유입헌주의 계열조합과 기독교 노조, 과학적 사회주의의 흐름이 있었고, 1차대전 시에는 독일군부의 국내융화정책에 의하여 노동세력을 전시체제에 흡수하였고 대전 말기에는 11월혁명을 맞이했으나 사민당세력이 득세하여 바이마르 체제를 출범시켰다. 그 후 나치즘이 일어나 히틀러의 파시즘정책으로 독일의 모든 노조가 독일노동 전선에 편입되고 노동운동은 지하로 들어가지만 프랑스 노동자들처럼 적극적인 반나치투쟁을 전개하지 못하였고 2차대전 후 독일노동운동은 사회민주주의의 정치적 성과를 거두었으나 노동쟁의는 세계경제의 기복에 따라 증감추세를 보이고 있다"

는 등으로 파악하고

- 8. 1. 12:00~14:00까지 사이에 "여자예비그룹조직"에 대한 토의를 하면서, 유해우가 박순희, 신철영이가 김현숙, 피고인이 위 노숙영, 박태연이 최태임을 각각 추천하여 개별적인 접촉을 통하여 이를 박태연에게 인계하여 여자 예비그룹을 운영관리케 하기로 결정하고, 김병구로부터 전점석이가 조직에 참석하지 않으려고 한다는 보고를 듣고 이에 대한 논의를 하면서 전점석의 기회주의적인 태도를 비판한 다음,

"보안문제를 감안하여 추천자인 김병구가 접촉하여 본심을 재확인하고 다시 보고를 받은 다음 그에 대한 대책을 논의하자"

고 제안하여 전원의 찬성을 얻는 등으로 회합하여 허가 없이 집회하고

(16) ○ 1980. 8. 초순 14:00경 위 포항공단 부근 피고인의 자취방에서 김병구, 하동삼과 만나 같이 포항해수욕장으로 가서 술을 마시면서 하동삼에게 7월 중앙위원회에 불참한

이유를 묻고, 동인으로부터 집안사정이 복잡하여 참석치 못하고 바빠서 연락을 하지 못했는데 현장활동을 열심히 하겠다는 말을 듣고 다시 동인들에게 서울에 자주 상경하면 보안에 문제가 있으니 앞으로 모이면서 김병구를 통하여 소식을 듣는 것으로 하자고 한 후 하동삼이 먼저 가고 난 다음 다시 김병구에게

"하동삼이 토론하는 자세가 진지하지 못한 것 같은데 어떻게 생각하느냐"

고 묻고 동인으로부터

"자세한 내용은 모르겠으나 집안문제가 복잡한 것은 사실이며 그것을 정리할 때까지 적극적인 활동을 기대하는 것은 어려울 것 같다"

는 말을 듣고 하동삼과 계속 접촉해보라고 하는 등으로 동인들과 회합하여 허가 없이 집회하고

(17) ○ 1980. 8. 중순 20:00경 포항시 번지미상 김병구의 전세방으로 찾아가서 상경인사를 한 다음 동인에게

"이번의 금속분야에서 얻은 현장경험은 매우 소중한 것이었다. 여러 가지 집안사정이 어렵고 나이 때문에 현장생활이 어려운 줄은 알지만 지부장으로 있을 때 조합을 조직하는 경우처럼 한두 달 활동하고 조합결성을 하는 것은 이제부터 지양하고 장기적으로 지속적인 조합활동을 하기 위하여는 활동가들이 현장에 직접 들어가 만나서 얘기하고 신뢰하고 하는 과정을 통하여 현장 내의 조직기반을 튼튼히 쌓지 않으면 안 되는 것이니 현장에 들어가는 것이 좋겠다"

고 권유하여 동인의 동조를 받고

○ 동년 8. 하순 20:00경 위 구로동 소재 위 양승조의 자취방에서 동인을 만나 취업현장에 대하여 묻고 동인으로부터

"오랫동안 일을 안 하다가 하니 활동이고 뭐고 피곤해서 죽을 지경이다"

는 말을 듣고 동인에게

"5.17 이후 노조운동이 전면적으로 금지되어 있는 상황에서 노동운동은 점점 어려워지고 있으나 그만큼 전민노련의 활동 필요성은 증가하는 것이니 분발하여 서로 격려하고 힘을 합하여 조직확대를 위해 노력하자. 청계조합원 가운데 예비그룹으로 구성할 수 있는 방안이 없느냐"

고 물어 동인으로부터

"청계노조는 그동안 쟁의 중심으로 한 활동이었기 때문에 사실 중심층이 매우 얇고

외부와의 관계가 복잡하여 쉽게 손을 댈 수 없으나 예비그룹의 구성보다도 먼저 기초
작업부터 선행해야 하는데 남자조합원이 거의 없어서 문제가 많다"

는 말을 듣는 등으로 조직확대를 위한 예비그룹 구성 문제를 토의하고,

○ 동년 8. 하순 19:00경 영등포구 구로동 아담다방에서 위 노숙영을 만나 동인으로부터
현장에 들어가 일을 하겠다는 말을 듣고 취업하는 데는 별문제가 없느냐고 물어 괜찮
을 것 같다는 말을 듣고, 현장에 일하는 자세를 교양하기 위하여 동인에게

"한강에 돌을 던지면 그 돌을 찾을 수 없는 것처럼 수만 개의 생산현장에 노숙영 한 사
람이 들어간다고 해서 문제가 해결되는 것이 아니므로 어떻게 운동역량을 효율적으로
결합할 것인가를 연구해보자"

고 하고 동인으로부터

"남민전 같은 사람들은 도무지 이해가 가지 않은 사람들이다"

라는 말을 듣고 다시 동인에게

"오해한것 같은데 나는 현장 밖에 있는 사람들이 대중적인 토대 없이 전위적인 조직
을 만들자는 데는 반대하는 입장이다. 그러나 현장에서 생활해보면 알 수 있는 것처럼
수공업적인 운동방식의 한계도 명확하기 때문에 우리 현실에 맞는 옷을 만들어야 한
다"

면서 조직의 필요성을 강조하고

○ 동년 8. 하순 21:00경 서울 구로구 구로동 번지미상 위 박태연의 자취방에서 동인을
만나 여자예비그룹 운영실태를 묻고 동인으로부터 밤10시에 자취방에 모여 각자 현
장에 일어난 일들을 얘기하고 개인적인 사정을 털어놓는 등 얼굴 익히는 작업을 하고
있으나 같은 얘기들이 되풀이되어 피곤한 상태라는 말을 듣고 동인에게

"지나치게 서두르면 오히려 의구심을 갖게 할 우려가 있으니 자연스럽게 공부하는 방
향으로 인도하도록 하는 것이 좋다. 그다음에 개별적으로 접촉하여 조직의 필요성, 당
위성을 강조하고 상대의 반응에 따라 전민노련의 활동목표를 간접적으로 제시하고 용
의가 있으면 구체적으로 설득 가입시키는 방식으로 하자"

고 하면서 그 과정에서 예비그룹의 각 추천자들과 긴밀히 연락, 그 반응도를 정확히
점검하고 보안에 유의하라고 하면서 예비그룹 운영방법에 대한 지시를 하고

○ 동년 8. 하순 같은 동 소재 피고인의 자취방에서 위 김철수를 만나 교안 작성의 진전상
황을 묻고 동인으로부터

"자료가 부족하고 유해우가 나에게 초안을 맡겼으나 아직 구체적인 착수는 못하고 있

다"

는 말을 듣고 동인에게

"교안은 현장 출신 노동자를 대상으로 하는 것이니만큼 쉽고 예를 많이 들어 설명하는 방식으로 기술하고 1회 모임에 적당한 분량씩 끊어서 정리할 수 있도록 구성하는 것이 좋겠다"

고 하면서 노총발행의 노동교본, 상·하권을 교안작성에 참고하라면서 동인에게 배부하고

○ 동년 8. 하순 21:00경 같은 동 소재 위 송병춘의 자취방에서 동인으로부터 자기가 일하는 부서가 5~6명이 주야 교대를 하기 때문에 다른 부서의 사람들을 만날 수 없다는 말을 듣고 동인에게

"반장이나 주임에게 이야기하여 부서이동을 부탁해보고 그것이 안 되면 큰 생산공장으로 옮기는 문제도 생각해보라"

고 하면서 현장에 들어온 이후 학교사람을 만난적이 있느냐고 물어 공단 밖으로 나가보지도 않았다는 말을 듣고 보안문제에 신경을 써야 한다고 충고한 다음

"앞으로의 관계에 대하여 현장에서 일어나는 문제나 개인적인 고민이나 모든 것을 각자 털어놓고 상의해서 결정하는 방식으로 관계를 갖는 것이 좋지 않겠느냐"

"앞으로 현장에 들어와서 헤매고 있는 사람들끼리 서로의 경험담도 얘기하고 그런 과정에서 시행착오도 줄인다면 현장에서의 뿌리도 튼튼하게 박을 수 있지 않겠느냐"고 하면서 예비그룹 참석 여부에 대한 의사를 간접적으로 타진하며 동인으로부터 아는 사람이 전혀 없는데 그런 기회가 있었으면 좋겠다고 하여 그 동의를 얻는 데 성공하고

○ 동년 8. 하순 20:00~24:00 사이에 서울 구로구 가리봉동 소재 양승조의 자취방에서 위 전점석, 동 하동삼, 동 윤상원 및 동 김병구가 불참하고 나머지 6명의 중앙위원들이 모여서 제3차 중앙위원회를 개최하고 "예비그룹조직"에 대한 토론을 하면서 박태연으로부터,

"여자예비그룹(노숙영, 최태임, 박순희, 김현숙)을 접촉해본 결과 구성원의 의식, 경험, 성격의 차이가 있으나 개인적으로는 가까운 사이가 되었고, 아직 우리조직에 가입시킬 정도로 정리되지 못하였고 사명감이 약하다. 앞으로 개별접촉을 통하여 새로운 민주노동운동 조직의 필요성을 인식시키겠으며 앞으로 예비그룹 모임은 토론 주제를 사전에 정해놓고 다음번 모임에서 진행하도록 하겠다"

는 보고를 듣고 동인들에게

"김병구로부터 경북연합 노조조직부장이던 황건식을 만났는데 현재 실업상태에 있고 앞으로 노동현장에 취직할지 모르겠다는 말을 들었는데 그 말을 듣고 현장운동의 필요성에 대해서만 얘기하고 조직운동의 필요성까지는 말하지 말라고 했으며, 다시 동인이 전점석은 활동 의사가 없다고 말하기에 5.17 이후 우리 모임이 해체 위기에 있다고 연막을 치고 개인적으로 계속 접촉 보안에 유의토록 하라는 지시를 하였다. 그리고 하동삼에 대하여는 진상을 파악한 다음에 결정하자고 했다."

"송영인, 길문숙은 개인적으로 스터디를 할 수 있을 정도로 되었으나 현장생활에 익숙치 못하여 3~4개월 더 접촉 후 예비그룹으로 묶도록 하는 것이 좋은 것 같고 다른 중앙위원들도 예비그룹조직을 위하여 계속 노력해야 하며 단, 신철영, 유해우는 노출 위험이 많으므로 직접적인 예비자 접촉을 피하고 대상자가 생기면 다른 중앙위원에게 인계하도록 하는 것이 좋겠다"

고 말하여 전원의 찬성을 얻는 등으로 회합하여 허가 없이 집회하고

(18) ○ 1980. 9. 초순 13:00경 위 송영인의 전화연락으로 위 구로동 유정다방에서 동인을 만나 동인으로부터 7월 중순경 구로동 대한광학에 취직하여 연마공으로 일하고 있다는 말을 듣고 동인에게 연마는 작업이 센 곳인데 힘들지 않느냐고 물어 동인으로부터 집에 들어오면 곯아떨어질 형편이라, 생각이고 고민이고 아무것도 하지 못한다는 말을 듣고, 동인에게 본인도 현장에서 일하고 있다고 말하면서 생활비도 줄일 겸 3개월 정도 함께 생활하면서 현장운동에 대하여 토론하자고 제의하여 동년 9. 중순경부터 위 구로동 소재 피고인의 자취방에서 함께 기거하고,

○ 동년 9. 초 19:00경 위 남서울아파트에서 길문숙을 만나 동인에게 현장에 들어가서 헤매는 사람들이 있는데 같이 모여 토론해보는 것이 좋지 않겠느냐면서 예비그룹 가입을 권유하여 동인의 동의를 얻고

○ 동년 9. 중순 20:00경 위 구로구 소재 구로다방에서 위 노숙영을 만나 동인으로부터 한일합섬에 취직하였으나 3교대 사업장이어서 사람 만나기가 어렵다는 말을 듣고, 동인에게

"큰 사업장이니 한두 달에 끝낼 수 없지 않겠냐, 같은 반의 한 부서 사람들과 친해지면서 서서히 시작해보라"

"현장에 들어와서 고생하고 있는 사람들이 있는데 함께 모여서 현장문제에 대한 토론을 할 생각이 없는가"

라고 하며 예비그룹 가입을 권유하고 동인으로부터 어떤 내용의 토론이냐는 질문을 받고 동인에게,

"남민전식 토론이 아니니 걱정하지 말라"

고 하면서 노동자와 함께 생활한다는 단순한 민중주의자적 태도를 비판하고 무조건의 장기론자들의 기회주의적 태도를 분석하면서 현장 예비운동가들이 여러 가지의 사례를 연구하고 소그룹의 조직방식, 운영방법 등의 실제적인 현장활동에 도움이 될 만한 현실적인 공동요구를 연구하자는 것이다"

라고 하면서 10월 중순부터 시작하자고 권유하여 동인으로부터

"사업장이 3교대이기 때문에 다른 사람들과 시간이 맞을지 모르겠지만 그런 공부라면 나에게도 필요하므로 참석하겠다"

는 등으로 그 동조를 얻은 다음, 10월 중순경에 다른 예비그룹과 함께 만나 교육을 시작하자고 합의하고

○ 동년 9. 중순 21:00경 위 구로동 피고인의 자취방에서 위 박태연을 만나 함께 여자예비그룹 운영문제를 토의하면서 동인으로부터 예비그룹의 노숙영은 학생출신자로 자기가 교양하는 것은 무리가 있을 것 같으니 피고인이 담당하는 것이 좋겠다는 말을 듣고 피고인이 노숙영을 인수하여 교육키로 합의하고

○ 동년 9. 중순 21:00경 같은 동 소재 옥호미상 다방에서 위 김철수를 만나 현장에 다시 들어가보는 것이 어떠냐고 권유하여 동인으로부터

"그럴 생각으로 있으나 일자리가 마땅치 않다"

"김광섭이라는 서울공대 복학생을 만나고 있는데 현장에 들어갈 생각이 있는지는 아직 잘 모르겠다"

는 말을 듣고 동인에게

"김광섭을 만나 동기로서 너무 적극적인 얘기를 하면 부담감을 가질 우려가 있으니 무리가 가지 않게 설득하라"

는 등으로 지시하고

○ 동년 9. 중순 21:00경 위 구로동 소재 피고인의 자취방에서 송병춘, 송영인들을 만나 동인들을 인사시킨 후 현장생활의 애로점에 대한 이야기를 하면서 동인들에게 현장에서의 활동원칙, 소그룹 조직과정, 노동실무, 한국의 노동운동 등에 대한 의견을 토론하는 것이 어떻겠느냐면서 노숙영, 길문숙 등을 포함하여 송병춘이 중심이 되어 스터디를 할 필요가 있지 않겠느냐고 제의하여 동인들의 동조를 얻는 등으로 허가 없이 집회

하고,

(19) ○ 1980. 9. 하순 20:00~23:00 사이에 위 구로동 소재 피고인의 자취방에서 역시 전점
석, 하동삼, 윤상원, 김병구 등을 제외한 위 6명의 중앙위원들이 모여 제4차 중앙위원
회를 개최하고 "예비그룹조직"에 대한 토론을 하면서, 동인들에게
"제3차 회의 시 보고한 송영인, 길문숙, 송병춘을 추가시켜 예비그룹을 구성하려 한
다"
는 말을 하고 박태연으로부터 자기가 운영하는 예비그룹 중에서 노숙영을 피고인의
예비그룹에 넣어서 조직하자는 말을 듣고, 이에 동의한 다음 다시 신철영으로부터
"도시산업선교회 인명진 목사가 구속되고 경찰의 감시가 심하여 조직활동을 하지 못
하고 있다"
는 보고를 받고 다시 동인들에게
"유해우는 신병을 앓고 있고 취직을 못하여 생계가 어렵다"
고 말하고 김철수로부터
"2학기에 복학을 하면 조직활동이 어려울 것 같다"는 말을 듣고 동인의 복학문제는
자신이 알아서 처리키로 결의하고 유해우의 생계비 보조 명목으로 피고인이 15,000
원, 박태연이 5,000원, 신철영이가 10,000원 등 매월 3만 원씩 보조키로 결의하고 다시
동인들에게 예비그룹 교육안은 노동운동사 부문에서 광민사에서 출간한 독일 노동운
동사와 불란서 노동운동사를 요약 정리하여 사용하고 조합론 등은 자료를 수집하여
장기작업으로 하자고 제의하여 전원의 찬성을 받는 등으로 허가 없이 집회하고,

(20) ○ 1980. 10. 3. 17:00경 위 명륜다방에서 위 김병구를 만나 무슨 일로 갑자기 상경하였
느냐고 묻고 동인으로부터 대구 두레서점 유인물 사건에 연루되어 찾을 것 같아 잠시
피하기 위해서 왔다는 말을 듣고 함께 자취방으로 가자고 하여 그날 22:00경부터 동월
17일까지 위 피고인의 자취방에서 함께 기거하면서 당시 취업 중이던 대림통상의 양
식기업종의 현장실태와 조합간부와 평조합원과의 관계 등을 설명하면서 동인에게 현
장에 들어가서 활동할 것을 권유하고,
○ 동년 10. 초순 17:00경 위 광민사에서 대구 양서조합 관계로 알게 된 상 피고인 박태주
를 만나 근처 옥호미상 주점으로 함께 가서 동인에게
"당국에서 노동계정화라는 미명하에 유능한 조합간부를 잘라낼 뿐 아니라 노조의 지

역 지부까지 없애버렸다"

면서 당국 처사를 비난하고 동인으로부터 우리나라의 노동운동이 아직 형편없는 단계
라는 말을 듣고 다시 동인에게

"그동안 노조지역 지부에서 신규노조 결성을 도맡아왔는데 아마 노조조직을 와해시
키려는 처사 같은데 큰 문제다"

고 하면서 현장 운동을 권유하고,

○ 동년 10. 중순 21:00경 위 피고인의 자취방에서 위 송영인에게

"자본주의는 제국주의 단계를 거쳐 필연적으로 사회주의로 이행한다. 자본주의의 기
본 모순은 자본과 노동이나 중요한 모순은 제국주의와 노동이다"

"제국주의는 자본주의의 최후 단계로서 후진 제국의 팟쇼집단과 결탁하여 신식민주
의를 형성하며 현 단계는 반제, 반팟쇼운동의 단계이며 이는 노동자, 농민을 핵심으로
하고 학생, 지식인, 중소자본가를 포함하는 광범위한 통일전선을 결성함으로써 비로
소 가능하다. 이 통일전선은 직업적 혁명가에 의해 지도되며 이 전위조직은 결정적 시
기가되면 민중 봉기를 일으켜 폭력적으로 혁명을 성공시켜 사회주의국가가 건설된다.
전위조직은 점조직으로 이루어지며, 직업적 혁명가는 경험주의, 개량주의에 빠진 노
동자, 농민을 지도하며 올바른 혁명성을 기초로 대중의식을 불안케 하여 조직을 확대
시키고 민중 봉기를 일으키게 하는 것이다"

라고 하면서 사회주의혁명들을 주장하고 동인으로부터

"노동운동을 통한 대중 조직을 확대하여 민중봉기 대열에 참여하겠다"

는 말을 듣는 등으로 공산계열의 활동을 찬양, 동조하여 반국가단체를 이롭게 하고,

(21) ○ 1980. 10. 중순 21:00경 위 구로동 소재 피고인의 자취방에서 위 양승조를 만나 당
시 노조에서 쫓겨난 사람들에 대한 이야기를 하면서

"노동계의 정화작업은 양면도를 휘두르는 폭인데 부패 타락한 노동 귀족들을 정화명
분에 맞게 몰아내면서 한편으로 70년대의 민주 노조운동의 핵심인물들을 제거하거나
노조를 약화시키려 하고 있다"

고 분석 설명하면서 피고인이 구성한 예비그룹에서 위 노숙영을 전민노련에 입회시켜
박태연을 지원키로 하기로 하고 동 입회 시 양승조가 문답을 받기로 합의하고,

○ 동년 10. 19 10:00경 같은 자취방에 위 송병춘, 동 송영인, 동 노숙영, 동 길문숙 등을
오게 해서 함께 신림동 쪽 관악산으로 가서 동인들을 서로 인사시키고 각기 자기소개

를 하게 한 다음 바로 하산하여 위 구로동 소재 송병춘의 자취방으로 함께 가서 그 시경부터 동일 19:00까지 사이에 동 자취방에서 동인들을 예비그룹으로 하여 학습교육을 시키면서

"각자가 열심히 활동하는 것을 피부로 느꼈으나 그 성과가 별로 없는 것 같았다. 실수는 되풀이되고 아무런 실마리를 찾지 못하게 되면 지쳐서 현장생활에 환멸을 느끼고 모처럼 각오한 노동운동도 포기하게 될지 모른다고 판단이 되는데 각 개인들이 자기 나름대로의 수공업적인 현장활동을 같은 환경에 있는 사람들이 허심탄회하게 토론함으로써 유능한 현장활동가의 자질을 키우고 현장 내에서 굳건한 뿌리를 갖는 일을 우리 모두가 절실히 필요로 하는 일이다. 지식인 출신으로서 현장에 들어와 있는 사람들이 서로 만난다는 것은 많은 위험 부담을 안는 일이지만 개인운동의 한계를 느끼고 있는 우리들이 만나는 것조차 기피해야 할 이유는 없다고 생각한다"

"앞으로 이 모임에서 무엇을 토론할 것인지에 대해서는 그동안의 접촉에서 노동 실무에 관한 요구사항이 많았고 그 점에서는 대체적인 입장인 것이 확인됐다. 각자 자유스럽게 모임을 어떤 내용으로 하는 게 좋을지 이야기해보자"

고 제의하여 노숙영으로부터는

"사례 연구 중심이었으면 좋겠다"

길문숙으로부터는

"노동경제학의 공부가 부족한데 노동 경제학분야, 임금, 노동조합, 노사관계등이 토론되었으면 좋겠고 소그룹구성의 기술을 배웠으면 좋겠다"

송영인으로부터는

"노동경제학과 소집단의 조직 일원을 공부할 필요가 있다"

다시 송병춘으로부터는

"각자 현장운동하는 입장을 확인하고 토론할 필요가 있으니 적당한 텍스트를 가지고 하자"

는 등의 각 의견을 들은 후 동인들에게

"약간씩의 차이가 있는데 무기한으로 학습을 할 수 없으니 학습기간을 정하고 거기에 맞게 조정하는 것이 좋겠다"

고 하면서 개별적으로 더 접촉하여 의견을 조정하기로 결의하는 등으로 허가 없이 집회하고

(22) ○ 1980. 10. 하순 21:00경 영등포구 영등포역 전 예전다방에서 위 신철영을 만나 동인에게

"요즈음 산업선교회에 대한 조사가 있다고 하는데 어떻게 된 것이냐"

고 묻고 동인으로부터

"기관에서 나와 산업선교회의 입장을 청취하고, 조직상황을 조사하였으나 5.17 이후 산업선교회가 예전처럼 활기를 띄고 있지 않기 때문에 별문제 없을것 같지만 목사님이 해외에 나가서 아침 8시부터 밤 10시까지 일하는 것이 보통이기 때문에 정신이 없어 다른 사람들을 만나지 못했다"

는 말을 듣고 동인에게

"출판계도 정리한다는 말들이 많은데 걱정이 되고 바쁘더라도 다른 사람들을 만나 보아야 조직상황도 알게 되고 일거리도 만들어질 것인데 중앙위원 가운데 실질적으로 활동하고 있는 사람이 몇 사람 되지 않으니 문제다. 예비그룹으로 구성할 수 있는 사람이 없느냐"

고 물어 동인으로부터

"산업선교회는 남자회원으로 거의 없는 여건이기 때문에 마땅한 사람이 찾아지지 않는데 알아보겠다"

는 등으로 예비그룹 구성문제를 토론하고

○ 81. 10. 하순 22:00경 위 구로동 소재 피고인의 자취방에서 위 송병춘을 만나 동인으로부터

"송영인, 노숙영, 길문숙과 접촉하여 철학과 노동경제학 소그룹조직 이론을 공부하기로 했는데 소그룹 운영의 실제 문제는 직접 특강해주었으면 좋겠다"

는 말을 듣고 동인에게

"철학텍스트는 송본청장의 철학입문으로 하고 노동 경제학은 노동경제학의 기초이론과 소그룹의 조직이론 삼포 쓰도무의 대중조직의 이론과 역사로 하는 것으로 좋겠으며 교재는 내가 제공하겠다"

"학습 기간은 80. 11. 초부터 81. 2. 말까지 월 2회씩 그룹학습을 하도록 하고 운영은 네가 중심이 되어 자율적으로 실시토록 하는 것이 좋겠다"

고 말하는 등으로 예비그룹운영 방법에 대해 지시하고

동년 10. 24. 20:00경 서울 관악구 노량진 소재 은좌다방에서 위 노숙영을 만나 학습그룹에 대한 의견을 묻고 동인으로부터

"현장활동을 하다 보니 이론적인 공부를 소홀히 하기 쉬우니 이론과 실천이라는 점에서 좋은 기회더라"

는 말을 듣고 동인에게

"현 단계에서의 노동운동을 노동조합주의운동 점진적 민주노동운동 혁명적노동운동으로 분류할 수 있는데 어떤 운동권에서의 일이 올바르다고 생각하느냐"고 묻고

"사회구조적인 모순을 궁극적으로 해결하기 위해서는 비공개적이고 반합법적인 운동을 할 수밖에 없지 않겠느냐"는 대답을 들은 다음 다시 동인에게

"그렇다면 개인 운동의 한계를 극복하고 조직적 차원에서 일을 한다면 보다 성과 있는 일을 할 수 있다고 생각하는데 조직에 가담하여 일을 할 생각이 있느냐"

고 묻고 동인으로부터

"남민전은 우리에게 좋은 경험을 갖게 한다. 대중조직의 힘이 없는 상부 조직만으로는 어떠한 싸움도 올바르게 유도해내지 못한다. 현장 기반을 확보하고 대중조직의 지도자를 현장에서 발굴하는 정신으로 현장 일을 충실히 하는 사람들의 조직이라면 위험부담은 있지만 과감히 입회하여 조직적 차원에서 보다 폭넓게 진척시켜 보고 싶다"

는 말을 들은 다음 10월 말경 만나서 입회하도록 하자고 약속하고

○ 동년 10. 하순 20:00경 위 군포읍 소재 유해우의 전세방을 찾아가서 동인에게

"요즈음 생활은 어떻게 지내냐, 예비그룹 교안은 작성하였느냐"

고 묻고 동인으로부터

"몸이 불편해서 집에서 쉬고 있다 보니 교안작성을 못했다"

는 말을 들은 후 동인에게

"내가 다른 중앙위원들과 상의하여 보조를 강구해볼 터이니 우선 살고 보자"

고 하고 다시 동인으로부터

"다른 사람들도 어려운 형편인데 신세질 수 있나, 있는 놈들을 쳐서 먹어야 마음이 편하지 그런 말 꺼내지 말라"

는 말을 듣고,

○ 동년 10. 26. 17:00경 위 구로구 구로동 피고인의 자취방에서 위 양승조, 동 박태연, 동 노숙영과 만나 노숙영의 전민노련 가입절차를 취하면서 피고인과 박태연이 참관하고 양승조가 입회 문답을 하면서 노숙영의 출신성분, 학력, 현장 내에서의 인간관계 및 써클 노동문제에 관심을 갖게 된 동기와 현장실태 및 그 해결방안 등을 문답을 통하여 확인한 다음 자격을 인정하고 동 연맹의 조직원으로 정식 가입시키는 등으로 허가 없

이 집회하고,

(23) ○ 1980. 10. 하순 20:00~23:00 사이에 위 구로동 소재 박태연의 자취방에서 위 신철
영, 동 김철수, 동 박태연, 동 유해우 등 중앙위원 5명이 모여 제5차 중앙위원회를 개최
하고 위 전점석, 동 하동삼의 배신문제에 대한 토론을 하면서 동인들에게
"전점석, 하동삼은 김병구가 추천하였으므로 책임지고 처리케 하되 전점석에게는 "전
민노련"의 해체를 통고하고 개인적인 접촉으로 보안문제를 유지시키고 하동삼에게는
찬동을 받아 관계를 유지하기로 하자"
고 제의하고 전 위원들이 전점석을 제명하자고 하여 이를 제명키로 결의하고, 다시 김
철수로부터 조합론의 교안을 작성하였다는 보고를 들은 다음 "중앙위원회 소집문제"
에 대한 토론을 하면서, 다시 동인들에게
"매월 1회의 중앙위원회 개최는 지방위원의 경우 부담이 크므로 중요안건 토의시에만
참석케 하고 서울 쪽 중앙위원은 필요에 따라 수시 회합키로 하자"
고 제의하고 전원의 동의를 받는 등으로 허가 없이 집회하고,

(24) ○ 1980. 11. 초순 20:00경 위 구로동 소재 옥호미상 다방에서 위 김철수를 만나 교안
작업의 진척 상황을 묻고, 자료를 수집해서 정리하고 있는 중이라는 말을 듣고 동인에
게
"전민노련의 활동이 생각보다 너무 부진하여 고민스럽다"
고 말하고 동인으로부터 활동문제도 그렇지만 중앙이 하부조직을 관리하는 방식에도
문제가 있는 것 같다는 말을 듣고, 앞으로의 중앙모임에서 이 문제를 토의하자고 합의
하고,
○ 동년 11. 중순 14:00경 위 영등포 예전다방에서 위 유해우를 만나 예비그룹 교안 작성
에 대하여 진척 상황을 물어 동인으로부터 동인이 어떻게 체계를 잡아야 할지 마음만
바쁘고 잘되지 않는다는 말을 듣고 동인에게
"대학교 교과서도 아닌데 너무 어렵게 생각하는 것 같다. 우리가 일상적으로 쓰는 말
들을 일차적으로 정리하여 함께 모여서 토론하고 그것을 가지고 사용하다가 부족한
부분이 있으면 보완하는 방법으로 하자. 김철수와도 상의해서 부족한 대로라도 초안
이 있어야겠다"
고 하면서 교안 작성을 지시하고,

○ 동년 11. 중순 14:00경 위 구로동 피고인 등의 자취방에서 위 송영인에게
"사회주의국가 건설을 위한 혁명을 성공시키기 위해서는 조직과 자금이 필요하다. 직업적 혁명가는 전위조직을 만들고, 노동자, 농민을 중심핵으로 하여 학생, 중소자본가, 지식인 등을 포함하는 광범위한 통일전선을 구축하고 반팟쇼 투쟁을 하여야 하고 이 통일전선은 전위조직의 지도를 받는다. 이러한 조직을 하기 위해서는 자금이 필요한 것이다. 자금은 전위조직운동을 지지하는 세력들로부터 지원받을 수도 있으나 필요하다면 은행 강도라도 하여야 한다. 그리하여 팟쇼집단의 경제체제를 뒤흔들고 세력을 약화시켜 우리의 전력을 증강하는 것이다"
라면서 동인에게 사회주의국가 건설을 위한 투쟁방법 등을 교양하여 그 동조를 얻는 등으로 공산계열의 활동을 찬양, 동조하여 반국가단체를 이롭게 하고,

(25) ○ 1980. 11. 하순 21:00경 위 박태연의 자취방에서 동인을 만나 동인으로부터
"여자 예비그룹 가운데 최태임이 반응이 좋아 여자 가입자로 추천하고 싶은데 문답자를 누구로 하는 것이 좋을 것인지 모르겠다"
는 말을 듣고 동인에게
"유해우나 양승조 가운데 최태임의 얼굴을 모르는 사람으로 하는 것이 좋겠다"
고 하고 다시 동인으로부터
"예비그룹 가운데 김현숙은 폐결핵으로 상당 기간 요양하지 않으면 안 되기 때문에 가입문제는 꺼내지 못했고 모임에도 참석치 않고 있으며 예비그룹 해체과정은 보안문제가 가장 중요하니 자연스럽게 개별적으로 만나면서 장기모임을 중단하는 방법으로 처리하겠다"
는 말을 듣고 다시 동인에게
"좋은 방법이다. 부작용이 없도록 추천자와 접촉하여 마지막 반응까지 확인하는 신중한 자세가 필요하다. 새로운 여자 예비그룹은 다른 중앙위원과 만나 추천을 받는 방식으로 모색해보자"
고 하는 등으로 예비그룹 운영에 대한 토의를 하고,

○ 동년 11. 하순 20:00~23:00 사이에 영등포구 영등포동 번지미상 위 신철영의 집에서 동인과 위 김철수, 동 양승조, 동 박태연, 동 유해우 등 6명의 중앙위원들이 모여 제6차 중앙위원회를 개최하고 중앙위원들의 분담업무에 관해 토론을 하면서 동인들에게
"위원장제를 폐지하고 조직요강을 세분하여 규정토록 하자"

고 제의하여 전원의 동의를 얻고, 다시 남자 예비그룹 조직이 부실하다고 말하여 신철
영으로부터

"현장 남자 근로자 중에 만날 수 있는 사람이 없다"

유해우로부터

"내가 아는 사람 중에 예비그룹으로 할 만한 사람이 없다"

양승조로부터

"내가 아는 사람은 청계노조뿐인데 지금 만나지 못하고 있고, 70년대 노동운동은 여
성 중심이어서 남성운동가가 없다"

는 말을 각 듣고 동인들에게

"학생 출신, 지식인 및 중앙위원이 현장 노동을 통하여 대상을 선발토록 하자"

"현재 현장에 들어갈 수 있는 사람은 본인과 양승조뿐이니 우선 2명이라도 현장에 들
어가자"

고 제의하여 전원의 동의를 얻는 등으로 허가 없이 집회하고,

(26) ○ 1980. 12. 중순 22:00경 위 피고인의 자취방에서 위 양승조를 만나 중앙위원들의 활
동성과가 부진한 원인을 분석하면서, 유해우는 생계가 유지되고 있지 않고 부인이 보
따리장사를 하는 입장에서 적극적인 활동을 기대하는 것은 무리이며 신철영은 산업선
교회의 실무자로서 매여 있는 입장이므로 활동이 자유롭지 못하고 본인은 노출이 되
어 일선 활동을 하기가 어렵게 됐으며 김철수와 박태연은 아직 별문제가 없는 편이나
성과가 부진하다는 점에 의견의 합치를 보고, 유해우에게 재경중앙위원들이 성의껏
각출하여 월 5만 원 이상을 지원키로 하고 신철영은 현실적인 활동은 어려우나 교육
문제 등을 연구하게 하고 박태연은 현장 작업에 주력하되 여성 예비그룹이나 여성회
원들에 대하여 조합운동에 대한 지도를 담당케 하도록 하자고 합의하고,

○ 동년 12. 하순 19:00경 종로구 종로1가 옥호미상 다방에서 공소 외 한경남으로부터 고
대 독문과 재학 중 제적되었다는 상 피고인 위 최규엽을 소개받고 동인으로부터 학원
사태로 도피 중인데 집이 전주여서 거처가 마땅치 않아 곤란하다는 말을 듣고 은신처
를 제공하겠다고 하면서 그날 21:00경 버스를 타고 함께 위 길문숙의 아파트로 안내한
후 동인에게 노동현장 운동의 중요성을 강조하고 동인으로부터 현장에 들어가겠다는
말을 듣고 동인에게

"남민전을 어떻게 생각하느냐"

고 물은 동인으로부터

"민중의 기반이 없는 지식인끼리의 조직이었기 때문에 실패했다"

는 말을 들은 다음 다시 동인에게

"우리 사회의 운동경험과 객관적 조건을 구체적으로 분석하지 않는 운동론은 비과학적인 것이다. 그동안 어떤 공부를 하였느냐"

고 묻는 동인으로부터

"1학년 때 제적되었기 때문에 체계적인 공부를 하지 못하였으나 실천하면서 공부하는 것이 바람직할 것이라고 생각한다"

는 말을 듣고 바람직한 사고방식이라고 칭찬한 다음

"학생 출신자들이 학생운동의 스타일을 극복하고 대중운동의 자세를 갖기 위하여 현장에 들어가서 경험을 통하여 강령으로 모인 정당원이 아니라 이질적 요소가 복합된 대중이므로 정치투쟁은 다양한 노동자의 요구를 반영하지 못하므로 현장의 에네르기를 지속적으로 동원하지 못하고 두 번째 견해는 경제투쟁을 효과적으로 전개하기 위해서는 노동자의 단결된 힘이 필요한데 그 단결된 힘은 바로 노동자의 정치의식, 사회의식, 역사의식의 밑받침 없이는 불가능하다는 점을 간과한 것이고 세 번째 견해는 경제투쟁에서 정치투쟁으로 전환하여 입법 요구를 관철하는 구체적 단계이나 각 현장의 구체적인 조건을 무시한 것으로 지나친 단순화의 논리라고 본다. 임금인상 등의 경제투쟁은 각 현장의 노동자의식, 운동경험을 조건으로 하여 전체 운동과정에서 정치투쟁을 결합할 것인가를 고려해야 한다"

고 교양한 다음

"자연성장성 운동론과 목적의식성 운동론에 대하여 각 현장에 들어가 있는 사람들이 근로자와 함께 생활하며 배우되, 그때가 되면 시간이 없을 것이니 현장에 들어가기 전에 노동법, 노동경제학등의 구체적인 문제를 정리해둘 필요가 있다"

고 하고 동인으로부터 "모순론"과 "실천론"을 읽고 싶은데 구해달라는 부탁을 받고 이를 승낙하고

○ 동년 12. 중순 22:00경 위 구로동 주공아파트 위 송병춘의 자취방에서 동인과 송영인, 노숙영, 길문숙 등과 만나 동인들이 그동안 학습한 "노동경제학의 기초이론"을 마치면서 그에 대한 강평으로

"노동운동에 있어서의 경제투쟁과 정치투쟁에 있어서의 잘못된 견해는 첫째, 운동의 각 단계조건을 고려하지 않은 정치투쟁 우선주의와 둘째, 노동자가 일하는 목적은 임

금을 받기 위해서이기 때문에 경제투쟁으로 끝나야 하는 입장 및 세째로, 한국경제의 투쟁으로 보아 경제투쟁은 곧 정치투쟁이다라는 견해들이 있는데 첫 번째 견해의 비판은 현실의 노동자는 강활동가들이 많아지거나 노조활동을 열심히 하면 운동은 발전한다는 논리가 자연성장성 운동론으로서 이념적으로는 경제주의, 민중주의, 개인주의 등의 반영으로서 모순 자체에 대한 객관적 인식의 결여에서 나오는 견해다. 현장의 활동자들은 개별현장의 목표와 지역운동의 목표, 전체운동과의 관계를 언제나 염두에 두고 실천하는 운동자세를 가져야 한다"

면서 노동운동의 실천의지를 고취시키는 등으로 허가 없이 집회하고,

(27) ○ 1980. 12 하순 21:00~23:00경 위 길문숙의 아파트에서 동인 및 최규엽을 만나 최규엽에게

"고대는 일반적으로 학생운동의 분위기가 센 곳으로 알려졌는데 어떠냐"

고 묻고, 동인으로부터

"일반적으로 보수적인 셈이지만 다른 학교와 마찬가지로 현장운동에 관심을 갖는 학생들도 아직 없는 것은 아니다"

는 말을 듣고 후배들을 잘 지도해서 현장에 들어갈 수 있도록 하라고 권장하는 등으로 허가 없이 집회하고

(28) ○ 1980. 12 하순 21:00경 사이에 위 구로동 양승조의 자취방에서 동인을 만나 동인에게

"청계노조가 수천의 조합원을 가지고 있으면서 그들을 조합주변에 모으지 못한 것은 심한 이직현상과 근로조건이 나쁜 것에도 원인이 있으나 조합의 집행부와 조합원 사이에 관계인식이 잘못된 데 원인이 있고 간부 중심 운동관을 탈피하고 노조가 인력관리의 창구 노릇을 할 수 있는 방안이 모색되어야 한다. 70년대 몇 개의 노조를 중심으로 노동자의 권익을 위한 활동을 하였으나 전체 노조 운동으로 확산시키지 못한 채 일방적 희생만 강요당할 수밖에 없었다. 앞으로 새로운 방향모색이 필요하다"

고 교양하고,

○ 동년 12. 하순 20:00경 구로공단 입구 동 다방에서 위 최규엽을 만나 동인으로부터 당국에서 지금 찾지 않는 것 같으니 잠실집으로 가서 쉬면서 공부하겠다는 말을 듣고 반국가단체를 이롭게 할 목적으로 공산주의 혁명전선 교조로서의 계급투쟁의 원리를 해

명하고 자본주의 및 제국주의의 모순에서 공산주의가 필연적으로 승리한다는 내용 및 "공산주의혁명 실천 필요성·정당성"에 대해 주장하고 있는 모택동의 "모순론" 및 "실천론" 책 복사물을 동인에게 교부하는 등으로 표현물을 반포하고,

(29) ○ 1981. 1 중순 20:00~23:00 사이에 위 신철영의 집에서 동인 및 위 김철수, 동 양승조, 동 박태연, 동 유해우, 동 김병구 등과 만나 제7차 중앙위원회를 개최하고 "81년도 전민노련 활동방안"을 토론하면서 신철영으로부터
"조직 확장은 6차 회의에서 결정한 대로 중앙위원 각자가 활동영역을 확대하기 위해 현장활동에 주력하자"
는 말을 듣고, 김병구에게 6차회의에서 위원장 제도를 폐지키로 결의하였다고 알려 동인으로부터
"나는 전에부터 능력도 없었는데 잘했다"는 말을 듣고 다시 동인들에게
"중앙위원회 개최는 7월 이후로 하고 그 개최여부는 서울지역 중앙위원회에서 결정토록 하자. 나는 부산에 내려가 부산지역 예비그룹을 구성 운영하겠다"
고 하여 전원의 찬성을 얻는 등으로 허가 없이 집회하고,

(30) ○ 1981. 1 중순 20:00경 영등포구 노량진역 부근 옥호미상 다방에서 위 최규엽을 만나 동인으로부터 현장에 들어가려는데 어느 지역이 좋겠느냐는 말을 듣고 동인에게
"다른 지역보다 뚝섬지역이 구로공단 쪽보다 근로조건이 더 나쁜데 그 쪽에서 활동하는 것이 좋지 않겠느냐"
고 권유하여 동인으로부터 현장에 들어가면 방도 빌려야 되겠는데 돈이 없어 걱정된다는 말을 듣고 동인에게 이 책을 번역하여 원고료를 받아 방값으로 충당하라"
면서 가지고 있던 일어판 "자본주의의 발자취와 사상"이라는 책자 1권을 주고
  ○ 동년 1. 하순 19:00경 위 구로동 주공아파트에 있는 피고인과 송병춘의 자취방에서 위 박태연을 만나 동인으로부터
"여자 예비그룹의 구성작업이 진전되고 있지 않으나 현장작업에 신경을 써야겠다"
고 하므로 본인이
"학생 출신인 노숙영이 길문숙 등을 개별적으로 접촉하여 노숙영에게는 현장 내에서 활동방향에 대하여 서로 상의하고 길문숙은 현장에서의 실마리를 잡고 있지 못하여 매우 슬럼프에 빠져 있으니 격려하는 역할을 담당하여야 하지 않겠느냐"

고 하여 그 동의를 받고

○ 동년 1. 하순 21:00경 위 구로동 5거리 소재 가로등다방에서 김철수를 만나 동인에게
"출판계의 정리작업은 일단 고비를 넘겼으나 광민사와 본인에 대한 소문이 나도는 것
같아서 활동하기가 매우 어렵게 되었고 2월경에 부산에 내려가 부산지역의 활동기반
을 구축하는 작업을 할 것이니 교안문제를 매듭짓고 양승조를 도와서 서울지역의 활
동을 카바해달라"
고 부탁하면서 동인에게 소천등 저서 "노동경제학의 기초이론" 일어판원서 1권을 주
면서 교안작성에 노동조합론 부분을 참고해보라고 한 다음 다시
"본인이 운영 관리한 예비그룹 구성원들을 전부 가입시키게 되면 네 선배가 하부조직
에 있게 되는 문제가 발생하지만 학교와 현장은 다른 것이니 개의할 필요가 없다"
는 등으로 격려를 하고

○ 동년 2. 4. 18:00경 위 피고인의 자취방에서 위 유해우, 동 송영인을 만나 유해우의 문
답으로 송영인에 대한 전민노련 가입절차를 취한 다음 동인을 동 연맹 회원으로 가입
시키고

○ 동년 2. 초순 10:00경 관악구 노량진역 부근 옥호미상 다방에 위 최규엽을 만나 동인
으로부터 현장에 들어가므로 만나기가 어려울 것 같다는 말을 듣고 동인에게
"부산지방에 내려갈 예정이므로 김철수를 소개할 테니 현장문제 등에 관하여 상의하
는 것이 좋겠다"
고 하면서 3월 초에 성수동에 있는 경동국민학교 앞에서 만나도록 약속을 하고 김철
수를 만나면 현장문제에 대해서만 이야기하고 구체적인 이야기는 피하라고 주의를 준
다음
"지식인이 현장에 들어가면 현장지상주의적 경향이 있는데 자신이 현장에서 최선을
다하면 된다는 사고방식만 가지고는 올바른 행동을 할 수 없다"
고 현장운동 자세에 대한 교양을 하고,

○ 동년 2. 중순 20:00~23:00 사이에 위 피고인의 자취방에서 위 신영철, 동 김철수, 동 양
승조, 동 박태연, 동 유해우 등과 6명이 모여 제1차 서울지역 중앙위원회를 개최하고,
조직관리에 대한 토론을 하면서 동인들에게
"내가 관리하던 예비그룹 구성원인 길문숙, 송영인, 송병춘, 노숙영을 조직에 가입시
켜 구로 1, 2, 3 공단 및 영등포 지역 중심으로 활동시켜 조직확대에 주력하되
그 담당은 양승조, 보조는 김철수가 맡는 것이 좋겠다"

"김철수는 새로운 예비그룹을 구성, 운영토록 하고 예비그룹교재를 단시일 내에 완료토록 하자"

고 제의하여 전원의 동의를 얻은 다음 신철영에게 길문숙에 대한 입회문답을 실시해 달라고 부탁하고 동인으로부터 그 승낙을 받고

○ 동년 2. 중순 20:00경 같은 자취방에서 위 송영인을 만나 동인에게

"정회원으로서 영등포지역에서의 예비그룹의 구성과 운영 등 모든 문제를 스스로 책임 있게 처리하라. 당분간 부산에서 활동하게 되어 못 볼 것 같으니 앞으로는 영등포 산업선교회에 있는 서울대 공대 출신 아카데미 선배인 신철영을 소개할 테니 만나서 도움을 받으라"

고 말한 다음 약속 일시와 장소를 정하고

○ 동년 2. 중순 20:00경 영등포구 영등포 로타리 부근 신한다방에서 위 신철영, 동 송영인을 만나 신철영에게는 서울지역 하부조직을 양승조가 인수하기까지 영등포지역의 경동산업에 다니는 송영인의 조직관리를 당분간 맡아달라고 하고 송영인에게는 조직 상부로부터 영등포지역에서 너를 담당한 분이라면서 신철영을 인사 소개시키고,

○ 동년 2. 중순 20:00경 위 구로동 피고인의 자취방에서 위 김철수를 만나 "노동경제 기초이론"책자를 반환받고 동인에게 예비그룹 교안을 빨리 완성하라면서 격려를 한 다음 동 연맹에 가입시키기로 마음먹고 있던 잉꼬법랑 공원 위 최규엽에 대한 말을 하면서 동인과 접촉하여 관계를 유지토록 하되 보안문제에 특히 유의하라고 하면서 최규엽과 만날 수 있도록 미리 약속된 일시 장소를 지시하고

○ 동년 2. 중순 21:00~24:00경 사이에 같은 자취방에서 위 송병춘, 동 송영인, 동 길문숙, 동 노숙영을 만나 동인들이 스터디한 "대중조직의 이론과 역사"에 대한 토론을 듣고 이에 대한 강평으로

"노동하면서 책을 보았기 때문인지 충분한 이해가 부족한 것 같다"

"친목계든 소그룹이든 노동조합이든 정당이든 조직은 하나의 이론체계이다"

"과학적인 이론체계는 소그룹을 하면서 그저 얻어지는 것도 아니고 주어진 이론모형을 맹목적으로 실천하는 것도 아니다"

"각 활동가들이 각자 활동하는 장소의 모순을 객관적으로 인식하는 것이 중요하다"

"대중조직의 이론과 역사는 사회운동의 자유가 보장되는 일본사회를 전제로 하여 주장하는 것이니만큼 그것과 다른 우리 사회에서 그대로 적용될 수 없는 문제가 있다. 그러나 모순의 객관적인 인식의 중요성이라든가 다양한 대중의 요구를 어떻게 결합할

것인가 하는 원칙 같은 것은 귀담아 배워야 할 점이니 충분히 학습할 가치가 있다"
는 등으로 교양하고,

○ 동년 2. 하순 21:00경 구로동 양승조 자취방에서 동인과 만나 함께 각 중앙위원들이
올라운드활동을 하다 보니 상부조직과 하부조직의 보안에 문제가 발생하고 세포조직
요강은 예비그룹 구성에 대해서만 규정해놓았는데 예비그룹을 구성하기 이전의 그룹
에 대한 작업이 있지 않고서는 현실적으로 예비그룹의 구성이 어려우므로 그에 대한
지침이 필요하며 서울지역의 조직활동에 대해서 양승조가 이를 담당키로 합의하고,

○ 동년 3. 초순 19:00경 포항시 번지미상 위 김병구의 전세방에서 동인에게
"부산에 내려가서 부산지역의 조직작업을 위한 기초작업을 하기 위하여 상주하겠다.
경북지역의 그동안의 활동상황은 어떤가"
라고 묻고 동인으로부터
"황건식은 현장 작업을 결국 포기하고 고향에 내려간 뒤 연락이 없고 전 경북연합노
조의 조합원인 이병학이 군에서 제대하니 접촉해보겠다. 그리고 본인은 될 수 있는 대
로 현장에 돌아가겠다"
는 말을 듣고 하동삼과의 관계를 묻고 연락이 없었다는 말을 듣고 부산으로 돌아갈 때
만나보겠다고 하는 등으로 조직활동 상황에 대해 토론하고,

○ 동년 3. 초순 12:00경 경남 울산시로 가서 울산고속버스터미널 부근 옥호미상 다방에
서 위 하동삼을 만나 동인에게
"조합운동은 침체기에 있는 상황이고 이번에 개정된 노조법은 그동안 형식적이었던
산별체제를 완전한 기업별 노조로 묶고 조합의 단체교섭력의 강화를 제도적으로 제한
하려는 의도인 것 같다"
고 말하고, 영남화학의 내부사정을 물어 동인으로부터
"조합개편에서 별다른 변화는 없고 본인은 전과 마찬가지로 보일러실에서 일하고 있
고 집안문제가 미해결인 채로 남아있어 다른 문제에는 신경을 쓰지 못했다"
는 말을 듣고 3.하순경 부산에서 만나자고 약속하고

○ 동년 3. 중순 22:00경 위 구로동 소재 위 양승조의 자취방에서 동인을 만나 서울지역
의 조직관리를 위하여 다른 위원들을 만나보았느냐고 묻고 취직자리를 구하러 다니느
라고 만나지 못하였다는 말을 듣고 동인에게
"현실적으로 어렵다면 보완책으로 김철수, 박태연이 구로공단 쪽을 담당하고 신철영
이 영등포를 맡고 너는 뚝섬 쪽을 카바하는 것이 어떻겠느냐"고 하여 그 동의를 얻은

다음, 다시

"김병구 형도 그 나이에 현장에 다시 돌아가겠다는 결의를 하고 있더라. 현장기반의 확보 없이는 노동삼권의 보장 요구는 그 목표를 달성할 수 없는 것이므로 피곤하더라도 현장에 들어가서 활동기반을 확보하라"

고 지시하고,

○ 동년 3. 중순 22:00경 같은 자취방에서 위 양승조를 만나 반국가단체를 이롭게 할 목적으로 동인에게 노동자가 읽어봐야 할 책이라면서 노동자들에게 반자본주의적 계급투쟁의식을 포지케 하고 공산주의 노동자들의 선동문구인 물화론을 인용하여 노동운동을 선동하는 내용의 광민사 발행 "노동의 철학" 책 1권, 유물사관에 입각한 역사분류법의 입장에서 노동의 변천과정을 서술한 프랑스 바레 프랑소와의 "노동의 역사"를 같은 광민사에서 번역 출판한 같은 제목의 책 1권 및 공산주의 교리에 따른 계급의식과 계급투쟁을 고취시키고 피억압자의 조직, 전술을 소개하여 민중운동을 선동하는 내용의 필리핀 마글라야 저 "민중과 조직"을 같은 출판사에서 번역 출판한 같은 제목의 책 1권을 각 교부하여 표현물을 반포하고,

(31) ○ 1981. 3. 중순 21:00경 구로동 소재 김철수의 자취방에서 동인을 만나

"최규엽은 아직 연락이 안 되어 만나지 못하였고 교안 초안은 대강 정리되었는데 곧 끝나게 될 것 같다"

는 말을 듣고 동인에게 가지고 간 "임금입문"(소도건사) 일어판 원서 1권을 주면서 임금론 부분을 참고하라고 하면서

"2월 모임에서 양승조가 서울지역을 담당하도록 결정되었으나 현실적으로 무리가 되고 있으니 보완책으로 박태연과 함께 구로공단을 담당토록 해라. 신철영이 영등포를 맡아 관리하고 전체관리를 양승조가 하는 것이 좋을 것 같다"

는 등으로 제의하자 동인의 승낙을 받고

○ 1979. 5. 하순경부터 1981. 4. 초순까지 사이에 부산에서 양서조합관계로 알게 된 공소 외 이상록과 만나면서 부산지역의 학생조직, 노동자조직을 구성키 위해 동인을 통해 부산대학교 학생동인 공소 외 이호철, 동 송병곤, 동 노재열 등을 소개받고 동인들과 만나 동 노동운동의 조직필요성 등에 대한 교양을 하고,

○ 1981. 4. 중순 19:00경 부산시 북구 사상 번지미상 피고인의 자취방에서 위 송병곤을 만나 동인에게

"요즈음 현장 지향적인 학생들이 너무 자기 나름대로의 행동 계획서를 갖고 있어서 자기와 조금 다른 입장이면 매도해버리는 자기 절대주의적인 경향이 있는데 경계해야 하며 그것은 결과적으로 운동권 내부의 분파와 파쟁을 만드는 심리적 요인이다. 그런 현상들은 기본적으로 기존 사회구조에서 반영되는 모순들이지만 끊임없는 자기반성 들을 통하여 올바른 운동가의 자세를 가져야 한다"

는 등으로 현장운동의 자세에 대한 교양을 하고,

○ 동년 4. 중순 20:00경 경북 포항시 고속버스터미널 지하다방에서 위 김병구를 만나 상 경하였다가 하부하는 길에 들렀다면서 인사를 나눈 다음

"5월 하순에 광주에 들려 윤상원의 1주기에 부친을 뵙고 인사하려고 한다"

고 하고 동인으로부터

"지금 친척의 소개로 막일 십장을 하고 있는 형편이기 때문에 참석이 어렵고 운동에 대한 전망이 잘 보이지 않는다"

는 말을 듣고 동인에게

"전민노련을 조직하여 기초작업을 하고 있으나 성과가 별로 나타나고 있지 않는 것은 사실이나 이 어려움을 함께 이겨 나가자"

고 하면서 조직이탈을 방지하고

○ 동년 4. 중순 20:00경 위 광민사에서 위 최규엽으로부터 번역한 원고를 받고 원고료 10만 원을 준 다음 함께 부근 주점으로 가서 식사를 하면서 고생을 치하하고 현장생활 에 대해 물어 동인으로부터

"노조를 만들기 위해 친목회를 만들었는데 잘되지 않는다"

는 말을 듣고 동인에게 조직가입을 권유하여 동인으로부터

"지금은 너무 빠르니 우선 사업장에서 공장 동료들을 의식화하는 일에 주력하겠다"면 서 사양하는 말을 듣고 다음에 만나 의논하기로 하고

○ 동년 4. 중순 20:00경 성동구 소재 성수전철역 앞 독일제과점에서 동인을 만나 동인에 게

"현장운동의 자세는 지역써클주의에 불과하며 현장운동의 양에 알맞은 적당한 형식 이 아니다"

라고 하면서 동인의 자세를 비판하고 오랫동안 현장운동에 몸담아왔던 사람들이 오래 전부터 만든 모임이 있는데 가입할 생각이 없느냐고 권유하여 구성원들에 대한 질문 을 받고 동인에게

"근로자 출신으로 노동운동을 해본 경험이 있는 사람들과 지식인 출신으로서 현장경험이 많은 사람들로 선발 구성되어 있다"

고 하여 동인으로부터 가입하겠다는 승낙을 받고 다음 날 가입절차를 취하기로 합의하고

○ 다음 날인 동년 4. 중순 20:00경 위 독일제과점에서 동인과 위 양승조를 만나 동인들을 인사시킨 다음 최규엽의 안내로 인근 성수동소재 동인의 자취방으로 함께 가서 동인에게

"조직의 명칭은 전국민주노동자연맹이며 목표는 현 한국노총의 개혁에 의한 새로운 형태의 민주노동조직을 창설하는 데 있다"

는 등으로 말하고 위 양승조가 최규엽에게 출신성분, 학력, 노동경력, 현장 내에서의 인간관계, 써클 노동문제에 관심을 갖게 된 동기 등에 대하여 입회문답을 한 다음 동인을 위 전민노련에 정식회원으로 가입시키고

○ 동년 4. 하순 20:00경 위 박태연의 자취방에서 동인을 만나 서울 쪽의 모임에 대해 묻고 동인으로부터

"현장이 잔업에도 철야를 계속해서 다른 사람들은 거의 보지 못하였고 노숙영, 길문숙, 최태임 등과 만나 현장활동에 대하여 이야기를 나누었으나 특별한 내용은 없다"

고 말을 듣고

○ 동년 4. 하순 13:00경 위 예전다방에서 위 신철영을 만나 예비그룹 구성원인 위 길문숙에 대한 입회문답 결과를 묻고 동인으로부터 아직 완전히 끝나지 않았다는 말을 듣고 너무 까다롭게 할 필요가 없다고 한 다음

"7~8월경까지 중앙의 모임은 하지 않기로 하였으나 서울지역 사람들은 바쁘더라도 만나봐야 하지 않겠느냐"

고 하여 동인으로부터

"몸은 하나고 잘못 움직이면 오히려 곤란한 입장에 빠질 우려가 있기 때문에 좀처럼 시간을 내기가 어렵다. 연락해서 한번 만나보겠다"

는 말을 듣고 위 노동자연맹규약과 세포조직요강을 주면서 보관하라고 지시하고,

○ 동년 4. 하순 20:00경 위 구로동 소재 김철수의 집에서 동인으로부터 "임금입문" 책을 반환받고 3월 하순경에 최규엽을 만났으나 조합결성을 너무 서두르는 것 같아 말렸지만 선배여서 그런지 어떻게 생각하는지 모르겠다는 말을 듣고 동인에게 최규엽을 한번 만나서 이야기해보겠다고 하고,

○ 동년 5. 중순 20:00~23:00까지 사이에 위 구로동소재 피고인의 자취방에서 위 김철수, 동 박태연, 동 양승조 등과 4명이 만나 제2차 서울지역 중앙위원회를 개최하고 지역조직에 대한 토론을 하면서 박태연으로부터

"내가 운영하던 예비그룹 중 최태임은 4. 22에 유해우가 입회문답을 받았고 길문숙은 4. 말에 신철영의 입회문답을 받아 입회시켰다"

는 보고를 받고 동인들에게 중앙위원회의 지도력 부족과 조직확대의 부진, 새로운 재정을 마련하는 방법 등 현안문제의 해결방안을 토의하자고 제의하면서

"중앙위원이 각 대상지역을 분할해서 분담하는 것을 지양하게 서울지역은 양승조가 전담하고 김철수의 지원을 받도록 하며 재정문제는 김철수가 연구 보고토록 하자"

고 제의하여 전원의 동의를 받은 다음 위 양승조로부터

"부산지역의 활동을 중지하고 서울로 올라와서 같이 활동하자"

고 권유를 받고 5.말에 시작될 예정인 부산지역의 예비그룹을 구성한 다음에 올라오겠다고 말하고

○ 동년 5. 중순 19:00경 경기도 안양시 동 번지미상 위 유해우의 전세방에 찾아가서 동인으로부터

"돈이 없어서 약을 먹지 못하고 있고 활동도 하지 못해서 미안하게 생각한다"

는 말을 듣고 동인에게

"활동도 여건이 맞아야 되는 것인데 재정문제가 심각한 형편이지만 현재로서는 다른 묘안이 없으니 활동력있는 사람이 예비그룹을 확보하는 길밖에 없다"

고 말한 다음 송병춘을 입회시키기로 하였는데 동인의 자취방에서 입회문답을 해달라고 부탁하여 그 승낙을 받고

○ 동년 5. 중순 18:00경 위 구로동 소재 송병춘의 자취방에서 동인과 위 유해우를 만나 송병춘에게

"기존노동조합이나 노총 등이 노동자의 권익, 노동삼권의 보장을 위해 투쟁을 하지 못하므로 새로운 민주노동자조직이 필요하다. 현재의 노동법체제에서는 노총 이외의 노동운동조직이 가능하지 않으므로 의식있는 노동자와 현장활동의 경력이 있는 지식인으로 구성되는 반합법 비공개의 조직이 필요하다. 아직 현장 내에서 조직활동을 하지 못하고 있으나 일하려는 자세는 되어 있다고 생각하는데 조직에 가입하겠는가"

고 권유하여 그 동의를 얻은 다음 유해우의 입회문답으로 출신성분, 학력, 경력, 노동문제에 관심을 갖게 된 동기, 노동운동의 과제 등 문답을 마친 후 동인을 위 전국민주

노동자연맹에 가입시키고,

○ 동년 5. 중순 21:00경 위 박태연의 자취방에서 동인에게 광주의거에서 죽은 윤상원의 1주기가 되는데 그동안 중앙위원들이 한 사람도 묘소에 참배하지 않았으니 이번에 내려가 묘소를 참배하고 윤상원의 아버님을 뵙고 위로의 말씀을 드리는것이 예의가 맞지 않겠느냐고 하면서 함께 내려갈 것을 권유하여 동인의 승낙을 받고 5. 17. 19:00경 광주시 충장로 소재 전남일보 지하다방에서 만나기로 약속하고

○ 동년 5. 17. 19:00경 위 지하다방인 전일다방에 광민사 편집장인 공소 외 선경식 녹두서점 주인인 같은 동생 김상집 위 유해우, 동 박태연과 만나 함께 선경식의 집으로 가서 자고 다음 날 08:00경 그곳으로 온 전민학련 중앙위원인 상 피고인 이선근을 만나 동일 10:00경 광주사태 희생자 묘소에 있는 윤상원의 묘지를 참배하고

○ 동년 5. 중순 20:00경 부산시 북구 사상 피고인의 자취방에서 송병곤을 만나 동인에게 "노동운동에 참여하는 활동가들이 동기는 구체적으로 민중을 해방시키기 위해서지만 내부 심리로는 열등감, 지배욕, 명예욕 같은 것도 있다고 보아야 한다"

"훌륭한 운동가는 고난과 고통의 운동과정에서 자신을 민중과 일치시킴으로써 민중의 고뇌, 절망, 희망과 해방의 세계에서 다시 태어나는 것이다"

는 등으로 말하여 동인의 동조를 얻고 앞으로 이호철과 만나 대책을 세우기로하는 등 부산지역의 조직을 하고

○ 다음 날인 동년 5. 중순 21:00경 같은 방에서 동인과 위 이호철을 만나 함께 최근에 석방된 위 노재열을 설득시켜 동년 5. 하순경부터 세 사람이 학습을 시작하기로 결의하고

○ 동년 5. 하순 20:00경 같은 자취방에서 동인들 및 위 노재열을 만나 동인으로부터 "석방된 지 얼마 되지 않아 현황을 잘 몰랐고 이상록이가 현장에서 고생한다는 애기를 들은 정도였는데 이호철, 송병곤으로부터 상황 설명을 듣고 이상록을 만나보니 애기한 대로 소영웅주의적 경향이 아직도 남아 있는 것 같다. 우리 동기들이 적극적으로 나서면 이상록도 현실적으로 영향력을 행사할 수 없을 것이다"

라고 하면서 참여하겠다는 말을 들은 다음 동인들을 예비그룹으로 구성하고,

○ 동년 5. 하순 19:00경 같은 방에서 동인들에게 본격적인 스터디로 6. 초부터 임금론, 노동법, 노동조합론, 운동사사례 등으로 토론키로 하고 우선 일본 마르크스주의 이론가인 미우라 쓰도무(三浦)의 "대중조직의 이론과 역사" 책에 대한 특강을 하면서 "인식과 실천의 문제에 대하여"

학생출신자들이 흔히 모순의 객관적, 과학적인식의 주체만이 실천의 주체가 될 수 있다고 생각하기 쉬우나 그것은 인식과 실천에 대하여 변증법적인식의 결여에서 나오는 것으로 잘못된 것이며 인식의 참다운 획득은 주체적인 실천과정에서 얻어지는 것이므로 현장의 경제요구를 기초로 한 정치요구의 단계적인 결합과정을 통하여 현장의 노동운동이 전개되어야 한다.

"운동은"

그 형태 면에서 개인운동, 써클운동, 조직운동으로 나누어볼 수 있는데 노동운동도 산업혁명 초기의 개인적저항, 써클적 저항, 노동조합조직으로의 저항의 단계로 발전해온 것처럼 운동의 통일성, 지속성을 확보하기 위해서는 분산 고립된 개인운동이나 지역적 써클주의 등의 현실을 극복하고 조직운동으로 발전하여야 한다. 그러나 지역적 써클주의에서 조직운동으로 발전은 그 나라의 역사적 조건이라는 구체적 특수성을 고려하여 운동의 내용과 조직의 형태가 결정되어야 하며 우리나라의 경우에는 남북분단의 특수한 상황 그동안의 노동운동의 경험 등을 연구하여 우리나라의 현실조건에 맞는 운동론을 개발하여야 한다.

"복트류의 유물론은"

이른바 속류유물론으로서 오늘의 현실에서도 그 경향은 나타나고 있다. 즉 객관적 모순의 증대가 바로 주체적 역험이라든가 하는 것이 그와 같은 것이며 모험주의적 운동론, 패배주의적 장기교육론 등도 경계하여야 한다

고 하는 등으로 대중조직운동의 전위적 활동으로서 각 조직에 침투하는 방법과 이를 선동, 선전하면서 실천적 유물론을 주장하는 동 책자에 대한 교양을 하는 등으로 공산계열의 활동을 찬양, 동조하여 반국가단체를 이롭게 하는 등으로, 정부를 참칭하고 국가를 변란할 것을 목적으로 위 "전국노동자연맹"을 조직하고 그 구성원들을 가입시키는 등으로 조직확산을 하면서 동 연맹의 성격을 반국가단체로 변질시키려 하였으나 사전에 발각됨으로써 그 목적을 이루지 못하고 미수에 그치고

13. 위 사회주의혁명을 실현시키기 위하여는 우선 민중을 사회주의 또는 공산주의사상으로 의식화하여야 하고 의식층의 저변확대에는 동 사상을 주입시킬 수 있는 책자를 발간할 수 있고, 운동자금도 마련할 수 있는 출판사를 경영하는 것이 적당하다고 판단하여 1977. 9. 13. 종로구 명륜동1가 97의 1에 "도서출판 광민사"를 설립하고, 각 북괴 또는 국외 공산계열의 활동을 찬양 고무하거나 이에 동조할 목적으로, 동 광민사에서

가. 1978. 11. 25.경 국내 사회학자 경제학자 등 11개의 논문을 편집하여
"한국노동문제의 구조"라는 제목으로 책자를 발간하면서 공산주의자들의 선전인 "농
민수탈" "국민대중의 수탈" "미제 지배" 등의 문구를 사용하면서 역사의 발전이 생산
력과 생산관계의 변증법적 발전소산이라는 "유물사관" 및 "제국주의론" "반자본주의
이론"을 전개한 조용범의 논문인 "한국자본주의의 전개과정" 과거 좌익단체인 조선
노동조합 전국평의회(약칭 "전평")의 노동운동이 정치지향적 운동으로서 정당한 노동
운동이고 대한노총의 운동은 순수 노동조합주의적 운동으로서 노동운동을 오히려 퇴
색시켰다는 등으로 "정치적 노조운동론" "전투적 노동운동의 전개"를 주장한 동인의
"노동조합의 현실참여문제" "스위지" "모리스 돕" 등 공산주의 마르크스 이론가들의
문장을 그대로 인용한 김기의 "자본의 논리와 저임금구조" 공산주의 이론, 유물사관,
계급투쟁의식 고취, 적색운동의 선동이론인 "제국주의론". "장기적 안목의 과학적 방
법론" 등에 입각하여 저술한 박현채의 "한국노동운동의 현황과 당면과제" 등의 각 논
문을 수록하고, 그 "책머리에"란에는 피고인의 노동문제는 "사회의 구조적 모순이 구
체적 표현현상" 또는 "역사발전의 기본적인 관건문제"라 하고
"노동은 자본의 한 구성요소가 아닌 노동 그 자체로서 존재할 수 있는 조건의 창조를
(…) 요구하고 있다"
하며 노동문제의 본질을 파악하기 위하여는
"올바른 인식은 실천을 통한 변증법적 인식과정에서만이 획득할 수 있다" "노동현상
의 본질을 올바로 규명하고 맹렬히 실천하는 일이야말로 시대의 가장 중요한 임무…"
라는 등으로 공산주의자들의 상투적인 반자본주의 선전교조에 따른 내용등을 수록하
여 도합 1,500부를 발행하고,

나. 1979. 11. 25.경 공산주의 교리에 따른 계급의식과 계급투쟁을 고취시키고 피억압자의
조직, 전술을 소개하여 민중운동을 선동하는 내용으로 된 필리핀 "마글라야"의 "민중
과 조직" 영문판 원서를 번역 출판하면서 그 서문에 공산주의 선전교조인 "소외론"을
전개하여 같은 제목으로 도합 1,500부를 발간하고,

다. 1980. 3. 7경 공산주의 이론가들의 여성해방이론을 소개한 책자로서 혁명적 운동의 일
환으로서 "여성해방"을 주장한 영국 "쥬리어트 밋첼"의 "여성해방의 논리"라는 영문
판 원서를 번역하여 같은 제목으로 도합 1,500부를 발간하고,

라. 1979. 11. 10. 및 1980. 9. 일자미상경 유물사관에 입각한 역사분류법의 입장에서 노동
의 변천과정을 서술한 불란서 "바레 프랑소와"의 "노동의 역사" 일어판 서적을 번역

하여 같은 제목으로 도합 3,000부를 발간하고,

마. 1980. 2. 1 및 동년 10. 12 영국 노동운동의 흐름을 사건 중심으로 기술한 영국 "코올"의 "영국노동운동사" 영문판을 번역하여 발행하면서 그 서문 "옮긴이의 말"에

"독점자본주의 단계에서는 노동운동이 경제투쟁에서 정치투쟁으로 발전하지 않을 수 없게 되고 정치투쟁은 노동운동의 최고 형태로서 고용주보다는 국가권력을 대상으로 하는 운동"

이라는 등으로 헌법질서에 대항하는 노동운동을 강조하는 내용으로 서술하여 도합 각 1,500부를 발간하고,

바. 1979. 3. 일자미상경 및 1980. 11. 일자미상경 기존 체제에 대항하는 반폭력도 역사적 정당성을 가지며

"급진적이고 질적인 변혁에는 당연히 폭력이 수반된다"

"기존 체제의 체제 내에로의 흡수를 위한 관용은 고도산업 이외의 노동자의식을 마비시키며, 고도산업사회의 소비적 각성으로부터 위대한 거부를 함으로써 진정한 인간해방을 성취할 수 있는 것"

이라면서 청년학생들의 의식을 좌경화시켜 "폭력적 사회혁명"을 정당시하는 미국 반자본주의학자 "마르쿠제"의 논문을 수록한 영문판 책자를 번역하여 "위대한 거부"라는 책명으로 도합 2,500부를 발간하고,

사. 1980. 11. 25경 노동운동의 개량주의를 반봉건적 의식의 잔재를 이용한 가부장적 노사관계라고 비난하면서 전투적 적색노조방식을 주장한 일본 유비각 편집발간의 "현대노동문제" 중 "프랑스노동운동사"편을 번역하여 "프랑스노동운동사"라는 제목으로 출판하면서 그 서문에 같은 내용으로 선동한 서문을 수록하여 도합 1,500부를 발간하고,

아. 그 시경 전항기재와 같이 개량주의 노동운동론을 비판하고 과학적 사회주의 내지 공산주의이론에 따른 노동운동론을 전개한 위 "현대노동문제" 중 "독일노동사"편을 번역하여 "독일노동운동사"라는 제목으로 출판하면서 기층노동자들에게 유물변증법적 논리에 입각한 정치적 적색혁명을 선동하는 내용을 그 서문에 수록하여 도합 1,500부를 발간하고,

자. 동년 12. 15경 유물사관에 입각한 공산주의 이론서적인 위 "모리스 돕"의 "자본주의발전연구" 영문판 원서를 번역하여 같은 제목으로 1,500부를 발간하고,

차. 동년 4. 20경 및 1981. 1. 일자미상경 공산주의 교조인 유물사관에 입각하여 사회경제

적 구조를 설명하면서 불란서 시민혁명 이후의 자본주의 발달과정을 분석한 일본 "디카히시 고하찌로(高橋行八郞)"의 "자본주의 발달사" 일어판 원서를 번역하여 같은 제목으로 도합 3,000부를 발간하고,

카. 1980. 9. 15 및 1981. 2. 일자미상경 위 "폴 스위지" "모리스 돕" "다까하시" "고바야시" 등 사적 유물론자들이 막스주의를 정당화하는 이론적 토대 위에 자본주의 이행과정에 대한 세부적 이론을 전개한 논문을 편집하여 "자본주의 이행논쟁"이란 제목으로 도합 3,000부를 발간하고,

타. 1981. 3. 5경 노동자들에 대한 반자본주의적 계급투쟁의식을 포지케 하고, 노동운동의 활성화를 내용으로 한 일본 체신노조 간행의 "노동의 철학" 및 일본학자 미우라 쓰무무(三浦)의 "변증법이란 어떤 과학인가"라는 일어판 원서를 번역 편집하면서 공산주의의 노동자 선동문구인 "물화론"을 인용하고 공산주의자들의 말을 다른 문구로 은폐하여 번역하면서 "노동의 철학"이란 제목으로 도합 1,500부를 발간함으로써 각 표현물을 제작하고,

14. 각 전항과 같은 목적으로

가. 1976. 4. 일자미상경 서대문구 연희동 연세대학교 앞 옥호미상 서점에서 마르크스 및 레닌의 공산주의 이론을 찬양하면서 사회주의 경제체제가 "인간생활의 이해가 지상지고"라는 등으로 전개한 영국 모리스 돕의 "정치경제학과 자본주의"를 국내에서 번역한 "근대 경제학의 추세" 1권을,

나. 그 시경 같은 시 청계천 6가 번지 미상 그 서점에서 동일어판 책자 1권을

다. 1979. 3. 종로구 당주동 진흥문화사에서 동 영문판 1권을 각 매입하여 위 광민사 등지에 은닉하여 이를 각 소지하고,

라. 1979. 9. 일자미상경 서울국회도서관에서 레이들러(Radler)의 "사회경제운동" 영문판 책 1권을 대여받아 그 시경 위 명륜동 소재 옥호불상 제록스집에서 그중, 마르크스주의의 역사, 공산당선언 동 이론적 기초 등을 수록한 "마르크스주의의 기원" 부분을 복사 편제하여 표현물을 취득하고,

마. 1980. 2. 초순일자 미상경 종로구 광화문 소재 논장서점에서 마르크스의 자본론 레닌의 제국주의론에 입각하여 경제사총론을 전개한 일본 시바하라 다꾸지(芝原拾自) "소유와 생산양식의 역사이론" 일어판 원서 1권 및 마르크스의 자본론과 레닌의 제국주의론에 입각하여 "종속이론"을 전개한 공산주의 교조 이론의 학습서인 일본 유아사

다께요(湯成男)의 "제3세계의 경제구조" 일어판 원서 1권을 각 매입하여 취득하고,

바. 1981. 4. 초순경 부산시 중구 보수동 소재 옥호미상 고서점에서 마르크스의 공산주의 이론 중 자본론의 내용으로서 유물변증법과 논리학, 인식론상의 문제등을 서술한 엠엠 로쟌다리 원저 일본학자 이이다 간니찌(飯田貫一) 번역의 "마르크스의 자본론에 있어서의 변증법" 일어판 책자 1권을 매입하여 이를 취득하고,

사. 동년 6. 초순경 위 광민사에서 직원인 공소 외 이우암을 시켜 구라파 문학을 공산주의적 계급투쟁의 논리에 의해 비판하고 노동자 계급문학만이 올바른 문학이라고 선전하고 있는 소련공산당 문학이론가 "불다다밀 막시 모빗치 프레체"의 "구주문학발달사" 국내 번역판 1권을 구입하여 이를 취득하고,

제2피고인 이선근은

고등학교 재학 시 흥사단 아카데미 회원으로 가입하여 도산 안창호의 민족주의에 대해 관심을 갖기 시작하고 대학진학 후에도 다시 서울대 아카데미에 가입하여 "역사란 무엇인가", "페다고지", "이성과 혁명", "후진국경제론", "3.1운동", "성장의 경제학" 등 서적을 탐독하고 각종 세미나 등에 참석, 토론하면서 사회의식과 역사의식을 깨우치게 되어 우리나라의 경제정책이 지나치게 외세의존적이고 수출주도형의 경제정책 및 기업의 과보호주의 정책으로 인한 노동자의 임금착취 등으로 자립경제를 이룩할 수 없을 뿐 아니라 사회의 부패, 정치적 비리로 인해 정치 경제적 혼란만 계속되고 있다고 생각하여 자본주의 체제에 대한 회의를 느끼게 되고, 1976. 8경 긴급조치9호 등으로 구속되었다가 석방된 후에는 정부 및 현실에 대한 비판의식만 고조되어오던 중,

1977. 5. 중순경 흥사단 창단 기념행사에서 만나게 된 상 피고인 이태복의 권유로 동년 10. 1부터 동인이 경영하던 "도서출판 광민사"에 편집부장으로 근무하면서 각종 사회주의 내지 공산주의 이론서적 등을 탐독하고, 그 시경부터 동인으로부터 위 "제1의 1"항 기재와 같이 자본주의체제의 모순, 사회주의의 우월성, 학생 및 노동자 조직의 필요성, 혁명적 방법에 의한 사회주의국가 건설 등에 대한 교양을 받고 학생집단이 문제제기집단으로서 학생운동을 기폭제로 하고 노동자집단 내지 민중집단을 문제해결집단으로 하여 민중혁명을 일으켜 현 정부를 타도하고 사유재산제가 폐지된 노동자사회 내지 사회주의국가를 건설하여야 한다고 생각해오던 중

1. 1980. 5. 중순 일자미상경 노동자 쪽은 위 이태복이 맡을 것이라고 보고 우선 흥사단 대학아카데미 회원 중 상 피고인 이덕희, 공소 외 박성현 같은 김찬 등을 포섭하고, 동인들을 통해 다른 대학생들을 끌어들여 사회주의혁명을 위한 학생단체를 조직할 것을 마음먹고,

○ 1980. 7. 3. 11:00경 서울(이하 "서울"은 생략) 관악구 봉천동 소재 유정다방에서 위 이덕희를 만나 80. 1. 학생시위 실패에 대한 말을 하면서

"그 실패원인은 서울대 학생회장 심재철과 배후 복학생인 김병곤 등에게 책임이 있으며 앞으로 그 사람들에 의해 학생운동이 주도되어서는 안 된다"

"앞으로 학생운동이 내실 있는 투쟁이 되어야 하고 현 정부는 정치적 탄압과 경제적 수탈이 강화될 것이니 끈질기게 투쟁하면 현 정권을 타도하고 사회주의혁명을 이룩할 수 있으니 같이 조직활동을 하자"

고 하여, 동인의 동조를 얻은 다음

"아카데미 회원 중 79학번(79년도 대학입학생)을 소개해달라"

고 하여 동인으로부터 2주일 내에 소개하겠다는 말을 듣고 조직 방법으로서는 79학번 학생들을 모아 예비학습그룹을 만들어 의식화 교육을 실시한 다음 그중에서 조직책을 선발키로 합의하고,

○ 동년 7. 초순 13:00경 같은 동 소재 천우다방에서 동인으로부터 서울대 공대 2년생 공소 외 이한주를 소개받고 동인에게

"5월 학생운동은 지도적 위치에 있는 학생들이 망설이고 안이하게 생각하여 오히려 악화되어 실패하였으므로 학생운동을 재정비하기 위해 학습을 같이 해보자"

고 하여 동인의 승낙을 받고

○ 동년 7. 초순경 중구 명동 소재 흥사단 본부에서 위 김찬을 만나 동인에게 학생조직을 하는데 이화여대 쪽에 77학번 중(77년도 입학) 아는 학생이 있으면, 소개해달라고 부탁하고

○ 동년 7. 초순 15:00경 영등포구 양평동 소재 석굴암다방에서 동인으로부터 상 피고인 홍영희를 소개받고 동녀에게

"흥사단 아카데미 연합회가 5.17 후 전혀 움직임이 없으니 조직을 재정비하자"

면서 79학번 학생을 소개해달라고 하여 승낙을 받은 다음 위 "예비학습그룹"을 만들어 조직하자는 등으로 합의하고

○ 동년 7. 중순 12:00경 위 광민사 앞 옥호미상 다방에서 공소 외 박성현에게

"5월 학생운동은 무의미하고 광주사태로 인해 완전히 마비되어버렸으니 앞으로 학생운동은 조직적이고 내실 있는 투쟁이 되어야 한다"

"현 정부는 정치적 탄압과 경제적 수탈을 강화할 것이 예상되므로 끈질기게 투쟁하면 현 정부를 타도하고 사회주의혁명을 할 수 있으니 조직활동을 같이하자"

는 등으로 권유하여 동인의 승낙을 받은 다음 앞으로 계속 접촉할 것을 약속하고,

○ 동년 7. 중순 14:00경 영등포구 양평동 소재 유리다방에서 위 이덕희, 동 홍영희, 동 김찬 등과 만나 5월 학생시위에 대한 분석을 하면서 "학생운동의 한계점"과 "학생조직의 필요성" 및 노동자조직과의 연결필요성에 대해 토론하고

○ 동년 7. 중순 17:00경 서대문구 신촌역 부근 "부라암스" 경양식 집에서 위 홍영희와 만나 "학생운동의 필요성" "현 정부 타도" "사회개혁 추진활동 참여" 등에 대한 말을 하여 그 동조를 받고

○ 그 약 1시간 후 인근 "80주점"에서 동녀로부터 이대 사회생활과 2년 공소 외 문은희를 소개받고 동인에게 학생운동을 함께하자고 제의하여 그 승낙을 받고

○ 동년 7. 중순 14:00경 위 석굴암다방에서 위 김찬으로부터 성균관대학교 2년 상 피고인 최경환을 소개받고 동인에게

"타대 학생들과 연합모임이 있으니 같이 학습해보자"

고 하면서 학생조직의 필요성에 대한 말을 하여 동인의 승낙을 받고

○ 의식화된 조직원을 선발키 위해, 동년 7. 중순 17:00경 동작구 사당동 소재 위 이한주의 집에서 위 문은희, 동 최경환, 동 이한주 등을 모아 이를 에이(A) "예비학습그룹"으로 구성한 다음, 동인들에게

○ 그 시경부터 동년 8. 중순까지 사이에 약 10회에 걸쳐 "일본어 교본" 및 자본주의 비판 서적인 "노동의 철학" (일어판) 복사판을 주면서 일본어 문법 및 동 책자 강의를 하고

○ 동년 8. 중순경부터 동년 11. 중순까지 사이에 관악구 신림동 소재 피고인의 자취방에서 동인들 및 같은 그룹으로 가입한 상 피고인 손형민 등에게 "사회사상사" "세계철학사" 등의 책자로 합리론과 경험론의 부당성, 유물론의 우위성, 마르크스의 유물론적 변증법, 사회주의의 기본지식 등을 교양하고

○ 동년 7. 하순 18:00경 종로구 광화문 소재 전원다방에서 위 김찬의 소개로 연세대 수학과 2년 위 손형민을 만나 동인에게 함께 공부를 하자고 제의하여 그 승낙을 받은 후 위와 같이 동인을 "에이 · 그룹"에 편성하여 교양하고

○ 동년 8. 5. 15:00경 관악구 봉천동 소재 유정다방에서 상 피고인 이덕희와 만나 동인에

게 의식화 대상자를 물색조직하여 그중에서 "핵"을 선발해서 조직의 근간을 삼아야 한다면서

"궁극적 목표는 사회주의혁명을 하는 데 있다"

고 하자 동인도 이에 동조하여 함께 현 정부를 타도하고 사회주의혁명을 위한 조직결성을 하기로 공모하고

○ 동년 8. 초순 12:00경 위 광민사에서 위 박성현을 만나 조직발기인대회를 구상 중에 있는데 참석하라고 권유하여 그 승낙을 받은 다음, 79학번 학생들을 학습시킬 만한 사람을 소개해달라고 부탁하고

○ 동년 8. 12. 11:00경 위 유정다방에서 위 이덕희와 만나 조직요령을 교양하면서 "조직은 1:1의 점조직을 완벽하게 해야 하고 우리들이 추구하고 있는 사회주의혁명은 시기적으로 대중이 경제적 수탈을 당하고, 합법적 통치가 불가능하며, 정치적 탄압이 가중되고 있을 때인데 학생운동을 하기 위하여는 대학원진학을 하도록 해라"

는 등으로 말해 동인의 동조를 얻고

○ 동년 8. 20. 14:00경 같은 시 관악구 신림동 소재 고려제과점에서 상 피고인 이덕희, 동 홍영희, 공소 외 박성현, 동 김찬 등과 만나 인근 중국음식점으로 가서 동인들에게, "학생운동을 치열하게 하기 위하여는 조직체가 필요하니 각 대학교를 망라하여 79학번 학생을 포섭, 의식화 학습을 실시하여 활동성이 강한 자를 선발하여 각 대학에 "핵"으로 침투케 해야 한다"

고 하여 동인들의 동조를 받고

○ 동년 8. 하순. 18:00경 위 광민사에서 상 피고인 이태복과 만나 동인으로부터 학생집단과 노동자집단과의 관계에 대해 "학생집단은 그 의식의 동질적 토대가 다른 집단보다 강한 성격을 띠고 있으나 생산력에 있어서는 국가독점적 성향이 있으므로 이들 소외계층인 노동자들을 운동의 주집단으로 하고 학생을 보조집단으로 하여 운동전략을 구성해야 한다"

는 등의 말을 듣고 이에 동조하고

○ 동년 8. 30. 17:00 위 피고인의 자취방에서 위 이덕희, 동 박성현, 동 홍영희, 동 김찬 등과 만나 동인들에게 학생운동의 조직화에 대한 필요성을 강조하고, 박성현으로부터 조직 확산의 필요성에 대한 말을 듣고 이에 전부 찬성하는 등으로, 조직구성을 해오던 중

○ 동년 9. 중순 13:00경 위 광민사에서 위 이태복과 만나 동인으로부터

"어떤 나라에든 조직이 없이는 사회주의혁명이 불가능하다. 그 예로 광주사태를 보면 안다. 그 엄청난 시민의 항거에도 불구하고 조직이 없어 1주일도 못 가서 진압되어버리지 않았는가. 앞으로 우리나라도 사회주의혁명을 위해서는 노동자와 학생조직의 운동이 꼭 실현되어야 한다"

는 말을 듣고 다시 동인에게

"형의 말이 옳다. 사회주의혁명을 성공시키기 위하여는 몇 가지 조건이 필요한데 첫째, 대중의 경제사정이 현저히 나쁠 때, 둘째, 합법적인 통치가 불가능할 때, 세째, 대중조직이 강할 때 등인데 광주사태는 조직이 없어 실패했다"

고 말하고 동인으로부터

"동감이다. 한국의 혁명은 분단국가이니만큼 특이한 성격을 갖고 있기 때문에 모든 세력이 현 정권을 타도하는 데 규합되지 않으면 안 된다. 혁명 기본역량은 노동자가 중심이지만 학생도 그에 못지않으니 학생운동의 조직화를 주도해보라"

는 말을 듣고 동인에게

"참 좋은 생각이다. 앞으로 형의 사회주의혁명이론에 동조하겠으며 학생조직을 주도하여 현 정부를 타도하고 사회주의혁명을 하겠다"

면서 이를 승낙하고, 다시 동인으로부터

"그러면 전 아카데미 회장단 및 회원 중 의식화된 박성현, 홍영희, 김찬, 홍승구 등을 접촉하여 전국학생조직의 근간으로 삼으라"

는 말을 듣고 이를 승낙하는 등으로 동인과 사회주의혁명을 위한 반국가단체를 구성할 것을 공모하고

○ 동년 9. 20. 17:00경 위 봉천동 소재 옥호미상 중국음식점에서 상 피고인 이덕희, 동 홍영희 및 공소 외 김찬과 만나 고려대학교 학생포섭 문제에 대해 토론하고

○ 동년 9. 27. 15:00경 같은 중국음식점에서 동인들과 만나 5월 시위사건 이후의 서울대학교의 미온적인 태도에 대해 비난을 하면서

"광주사태의 실패원인도 서울대가 주도한 5월싸움의 실패 때문이다"

라는 유언비어를 퍼뜨려 동 대학을 자극하자고 결의하고

○ 동년 9. 하순 12:00경 위 명륜동 소재 성균관대학 앞 중국음식점에서 공소 외 이정숙의 소개로 경희대학교 경제학과 2년 공소 외 김연기를 만나 동인에게 경희대 시위사건에 대한 말을 묻고 나서

"앞으로의 학생운동은 좀 더 철저히 하지 않으면 언제나 대중의 열기를 받아들이지

못하고 학생운동가로서의 역할을 하지 못하게 된다"

라고 하고 동인으로부터 경희대 시위때 대중의 호응이 없었다는 말을 듣고, 다시

"그렇지 않다. 주동학생들이 효과적으로 하지 못해서 그렇다."

고 하여 동인의 동조를 얻고

○ 그 시경 위 종로구 혜화동 소재 옥호미상 주점에서 동인을 만나 동인에게 의식화 학습 권유를 하고

○ 동년 10. 초순 18:00경 같은 구 종로6가 소재 금강다방에서 다시 동인에게 같은 권유를 하여 그 승낙을 받고

○ 동년 9. 하순 18:00경 위 혜화동 소재 황제다방에서 위 김찬의 소개로 성신여대 국문과 2년 공소 외 이연미를 만나, 인근 주점으로 함께 가서 동인에게 5월사태에 대한 말을 하면서 학습그룹에 가입할 것을 권유하여 그 승낙을 받고

○ 동년 9. 하순 18:00경 같은 다방에서 위 김찬의 소개로 동국대학교 사범대학 교육학과 2년 상 피고인 이종구를 만나 동인에게

"과거의 학생운동은 자연발생적이고 고립분산적이어서 5.17 이후 아무런 힘도 발휘할 수 없었다. 앞으로의 학생운동은 조직적이고 체계적이어야 하므로 같이 힘을 모아 일하자"

고 권유하여 동인의 승낙을 받고

○ 동년 10. 초순 18:00경 성북구 삼선교 부근 나폴레옹제과점에서 위 박성현의 소개로 서울대 경제학과 2년 공소 외 김철을 소개받고 동인에게 조직의 필요성을 역설하고 같이 학습하자는 등으로 제의하여 그 승낙을 받고

○ 동년 10. 4. 17:00경 위 금강다방에서 위 이종구, 동 이연미, 동 김연기, 동 김철 등을 만나 동인들을 "비(B)" 학습그룹으로 한 다음

○ 동년 10. 20경부터 동년 11. 중순까지 사이에 영등포구 신길동 소재 위 이종구의 집에서 동인들에게 위 "사회사상사" "세계철학사" 등의 책으로 위 "에이" 학습그룹과 같은 내용의 교양을 하고

○ 동년 10. 초순 13:00경 위 광민사에서 상 피고인 이태복으로부터

"10.26 후 김대중은 국민연합을 결성, 정권을 잡으려다가 기회주의자로 몰리고 있다"

"남민전은 주위의 보호 없이 소수 지식인만이 모여 지식인의 운동체를 만들었기 때문에 부서질 수밖에 없었다"

"현 정권은 60만 군부와 경찰, 미국의 배경 등 매판 세력이 너무 크기 때문에 남민전이

실패했다"

"우리의 투쟁목표는 정권을 잡는 것이 아니라 혁명토대를 닦는 기본적 작업이 필요하다"

"학생운동은 학생들이 지적으로 훈련을 많이 받았기 때문에 조직운동에 빨리 흡수되어 활동이 가능하다"

"학생운동을 하려면 국민연합에 대한 토대를 완전히 파악하여 학생대중으로부터 분리시켜야 한다"

"노동자의 의식화작업에는 학생운동이 보조적 역할을 하여야 한다"

"학내조직을 노동자의 역량이 성숙될 때까지 시위나 선동을 하여 정치의식을 일깨워 주어야 한다"

"조직원 선발대상자는 파시즘 반대학생, 국민연합 지도하의 학생, 서울대는 아카데미 회원 등을 주축으로 하는 것이 좋다"

는 말을 듣고 다시 동인으로부터

"조직확대에만 집중을 하고 싸움을 피하라"

"기관에 노출될 우려가 있어 내가 직접 관여치 않을 것이니 중요사항만 보고하라"

"나의 경제적 여건이 좋지 않으니 번역료를 받아 활동비에 충당하라"

는 등의 말을 듣는 등으로 위 이태복을 조직의 수괴로서 비밀구성원으로 할것을 모의하고

○ 동년 10. 11. 15:00경 동작구 대방동 소재 중국음식점에서 위 이덕희, 동 박성현, 동 홍영희, 동 김찬 등과 만나 조직의 회칙제정에 대한 필요성 여부를 토의한 후 이를 제정키로 함과 동시 동 회칙 초안을 위 박성현, 김찬 등이 초안 작성키로 결의하고

○ 동년 10. 18. 15:00경 종로구 창신동 옥호미상 중국집에서 동인들과 모여 회칙문제를 토의하던 중 김찬으로부터 자기학교 유인물살포 사건으로 동인이 의심받고 있으며 고대에서 데모가 크게 번졌다는 말을 듣고

○ 동년 10. 25. 15:00경 위 명동 소재 롯데백화점 앞 경양식집에서 위 이덕희, 동 박성현, 동 홍영희 등과 만나 위 김찬의 구속사실에 대해 의논하면서 앞으로 보안상 피고인의 자취방에서 회합키로 결의하고

○ 보안상 문제 및 조직작업 등으로 위 예비학습그룹을 더 이상 지도하기 어렵다고 판단하고, 그 지도자를 물색하던 중 동년 11. 14. 15:00경 위 피고인의 자취방에서 위 이덕희, 동 박성현, 동 홍영희 등과 만나 동인들에게

"앞으로 대정부항쟁 및 사회주의혁명을 위한 학생운동의 조직을 구성하는데 참가할 79학번 중 "에이" 예비그룹은 문은희, 최경찬, 손형민, 이한주 등으로 조직하였고 "비" 예비그룹은 이연미, 김연기, 김철, 이종구 등으로 조직하였는데 이를 본인이 지도하기 곤란하니 그 지도학습을 담당할 사람을 소개해달라"

고 하고 박성현으로부터

"77학번 중 서울대학교 경제학과 4학년에 재학 중인 박문식이라는 사람이 있는데 적당할 것이다"

는 말을 듣고 이를 검토해보겠다고 하고

○ 동년 11. 17. 18:00경 종로구 종로3가 사르비아다방에서 위 박성현으로부터 상 피고인 박문식을 소개받고 인근 중국음식점으로 자리를 옮겨 동인들에게

"5월 학생운동의 실태는 당시 서울대 학생회장 심재철과 배후 복학생 김병곤 등에게 책임이 있다"

고 하고 박문식으로부터

"작년에 활동해본 결과 그와 같은 심증이 가는데 내가 학원민주화 추진위원장이 되기 전에 학내에서 시위를 하려고 하는데 동기 중에서 어떤 학생이 본인에게 교회와 관련을 가진 것이 아니냐면서 의심을 하였던 사실이 있다"

"77학번 지도부가 학내를 장악하기 위해 그때부터 움직인 것 같다"

라는 말을 듣고 학생운동의 조직화에 같이 일하자고 권유하여 동인의 승낙을 받고

○ 동년 11. 18. 10:00경 서대문구 충정로1가 소양다방에서 동인을 만나 동인에게

"의식화된 학생을 포섭하여 조직요원을 확보하고 곧 조직작업에 착수할 것이니 같이 활동하자"

고 권유하여 그 동조를 받고 활동비 명목으로 금 3,000원을 주면서

"현재 우리의 목표는 학생운동을 조직화하여 대정부항쟁세력으로 성장시켜 학원의 민주화를 달성하고 대중을 동원하여 폭력혁명을 일으켜 사회주의국가 건설을 하는 데 있다"

라고 하고 동인으로부터

"형의 말이 옳다. 조직작업을 위해 열심히 활동하겠다"

는 말을 듣는 등으로 동인과 현 정부를 타도하고 사회주의혁명을 위한 반국가단체를 구성키로 공모하고

○ 동년 11. 23. 11:00경 영등포구 문래동 소재 옥호미상 다방에서 위 이덕희, 동 박성현,

동 홍영희 등과 만나 위 박문식을 만난 결과에 대해 말하면서 썩 좋은 인상을 받았고 같이 활동하기로 약속했다는 등으로 말하고

○ 동년 11. 25. 18:00경 위 피고인의 자취방에서 "에이" 예비학습그룹 4명에게 박문식을 소개시키면서 앞으로

"러시아혁명사"를 가르쳐줄 사람이라고 소개하고 동인들에게

"사회주의사상을 철저히 학습하기 위하여는 이 책을 보는 것이 좋다"

고 하면서 준비해간 "사회사상사"(水田中 編) 일어 복사판 4권을 각 교부하고,

○ 동년 11. 28. 15:00경 같은 자취방에서 위 이덕희, 동 홍영희, 동 박성현 등에게 동 박문식을 소개시키고 동인을 위 예비학습그룹 지도자로 맡길 것을 결의하고

○ 동월 하순경 위 이종구의 집에서 위 "비" 예비학습그룹 4명에게 같은 방법으로 위 박문식을 소개시키고 같은 책자 복사판 4권을 각 교부하고

○ 동년 11. 하순 12:00경 위 광민사에서 위 이태복에게 학생운동의 조직을 하고 있는데 그 목적과 성격규정을 묻고, 동인으로부터

"조직의 목표를 반독재투쟁에 두고 조직의 성격은 노동운동의 보조집단으로 하며 조직의 체계는 중앙의 의결기관과 시도단위의 지부, 지역 단위의 지회, 학교단위의 지반으로 구성하되 학생활동에 여건에 맞게 하고 운영은 민주집중제에 의한 집단지도체제로 하여 구성원의 자발적 창의력을 보장하고 중앙의 기능을 강화하여 조직의 에네르기를 최대한 활용하여야 한다"

는 말을 듣고

○ 동년 12. 초순 15:00경 같은 곳에서 동인에게 서울대학교를 중심으로 예비학습그룹을 만들어 새로 조직을 하려고 하는데 어떤 방식이 좋을까?

라고 물어 동인으로부터 현장조직에서 세포조직을 한 것이 있는데 참고하라면서 "전국노동자연맹규약"을 제시받고 이를 열람한 후 함께 인근 동숭동 소재 문예회관 앞으로 가서, 다시 동인으로부터

"오늘의 흥사단 조직이 보수적인 운동단체로 전락하였지만 일제하에서, 오늘날까지 수많은 민족운동에 참여하고도 살아남은 조직이 흥사단조직이다. 1963년도에 흥사단의 하부조직으로 아카데미를 창설할 때 원로 선배들의 모여서 세포조직에 관한 세미나를 하고 의견을 모은 것이 세포조직 요강이다"

"조직원은 예비그룹 구성으로 학습스터디를 하고 적격자를 선발, 정회원으로 개별 가입시키고 예비그룹을 해산하여 보안을 유지하고, 가입회원이 주도적으로 별도 예비그

룹을 구성하여 스터디 후 회원을 개별선발, 가입시키는 과정을 되풀이, 반복하여 기반을 확대해가는 것이 가장 이상적이다"

"예비그룹 선발기준으로서 기회주의자, 모험주의자, 패배주의자는 배제하고 반독재투쟁에 적극적으로 실천할 의지가 있는 자로 선발하여 구성하여야 한다"

"학생운동의 특성을 고려하여 여건에 맞게 조직하고 운동의 독자성과 보안상의 문제가 있으니 구체적인 조직 내용은 보고하지 말라"

"회칙을 만들 때에는 외부에 알려질 것에 대비하여 표면상 합법적으로 하고 학원의 민주화를 강조하는 정도 및 민주사회의 정의를 구현하는 정도로 작성하라"

"초창기 조직으로는 아카데미 회장단을 조직의 근간으로 하고 완전의식화가 안 된 자를 포섭하기 위하여는 단순히 불의에 저항하는 서클 정도로 남겨두라"

는 등으로 세포조직 및 비밀조직 요령과 간부, 하부조직구성 등에 대한 말을 듣고 이에 동조하는 등으로 조직목적을 비밀로 하고 비밀 지하단체조직을 할 것을 모의하고

○ 동년 12. 10. 19:00경 종로구 소재 고려다방에서 공소 외 한내희로부터 외국어대학 영문과 3년 공소 외 김창기를 소개받고 동인에게 5월 이후 학생운동의 침체와 타개책을 의논하면서 외국어대 조직책을 맡아줄 것을 부탁하여 동인의 승낙을 받고

○ 동년 12. 13. 15:00경 위 종로2가 파고다공원 옆 옥호미상 경양식집에서 위 이덕희, 동 박성현, 동 홍영희, 동 박문식 등과 만나 서울대 12. 11 유인물살포사건 실패에 대한 의논을 하면서

"유인물 내용이 학생 본연의 자세에서 너무 유리되었고 학생들이 데모를 바라는데 오히려 그 열기를 약화시키려는 행동이었다"

는 등의 유언비어를 유포시키라고 합의하고

○ 동년 12. 중순 18:00경 종로구 소재 금강다방에서 위 이정숙의 소개로 문제된 경희대학교 한의대 2년 공소 외 주정주를 만나 동인에게 학생운동을 조직화하여 현 정권을 타도하라고 제의하여 그 승낙을 받은 후 그 시경 같은 곳에서 위 박성현에게 소개하여 인계하고

○ 동년 12. 20. 15:00경 서대문구 홍은동 소재 미미다방에서 위 이덕희, 동 박성현, 동 홍영희, 동 박문식 등을 만나 서울대 12. 11 유인물사건으로 박성현이 수배된 사실을 듣고

○ 동년 12. 하순 12:00경 위 광민사에서 위 이태복을 만나 부산에 다녀오겠다는 말을 하고 동인으로부터 부산에는 부산대학 학내운동 중심인물인 공소 외 이호철(부산대 법과

4년), 동 이상록(동대학 법과 졸업)등이 있는데 장차 지방학생조직을 하게 될 때 도움이 될 것이니 동인들을 만나 개인적인 신뢰관계를 만들도록 하라는 말을 듣고 그 연락방법을 교시받고

○ 1981. 1. 2 10:00경 부산에서 위 이호철에게 전화를 걸어 동일 12:00경 같은 시 중구 남포동 옥호미상 주점에서 동인을 만나 부산사태 시 동인의 구속사건에 대한 위로를 한 후 80. 5. 당시 부산의 동향에 대해 묻고 동인으로부터

"그때 학생회장 선출문제에만 정신이 팔려 싸움할 생각을 전혀 하지 못했다"

는 말을 듣고 동인에게

"그것은 정세판단을 잘못한 것이다"

라고 하고

○ 다음 날 17:00경 같은 동 옥호미상 다방에서 동인을 만나 동인으로부터

"부산대의 운동권이 다른 지방 정보에 어두우니 연결이 되었으면 좋겠다"

는 말을 듣고 동인에게

"5.17 학생운동은 무의미하고 광주사태로 인해 완전히 마비되어버렸다. 앞으로 학생운동이 질적으로 높아져야 하는데 현 정부는 정치적 탄압과 경제적 수탈을 강화할 것이니 민심이 정권으로부터 떠나게 되면 우리는 끈질기게 투쟁하여 현 정권을 타도한 후 사회주의혁명을 할수 있을 것이니 같이 활동해보자"

고 하여 동인의 승낙을 받고

○ 동일 22:00경 같은 시 북구 사상 소재 위 이상록의 자취방에서 동인의 근황을 묻고 동인으로부터

"사상공단 베아링공장 교선부장으로 노동조합에 들어가 일을 보고 있는데 조합원중 젊은 사람은 상당히 열심이나 나이 든 사람은 별로 의욕이 없다"

"앞으로 책자를 구입하여 조합원의 의식화를 시켜야겠다"

는 등의 말을 듣고

○ 동년 1. 중순 14:00경 서울 종로구 혜화동 소재 위 광민사에서 위 이태복을 만나 동인에게 이호철, 이상록을 만난 결과를 보고하면서

"이상록이는 현장 노조교선부장으로 있으면서 아직 소영웅주의적 일면이 있고 이호철은 학생운동을 조직하겠다는 확답을 받았다"

는 등으로 말하고 고생이 많았다면서 격려를 받고

○ 동년 1. 17. 14:00경 동대문구 이문동 소재 중국음식점에서 위 이덕희, 동 박성현, 동

박문식, 동 홍영희 등을 만나 조직을 정비하여 예비학습그룹을 지도할 프로그램을 만들자고 합의되어 각자 한 분야씩을 담당키로 하여 피고인은 "사상사" 이덕희는 "문학" 홍영희는 "운동사" 박문식은 "경제" 박성현은 "역사"를 각 맡기로 합의하고

○ 동년 1. 24. 15:00경 같은 중국집에서 동인들을 만나 위 프로그램 작성에 대한 토의를 한 후 박문식에게 맡고 있는 예비그룹에 대한 학습지도를 강화할 것을 지시하고

○ 동년 1. 31. 15:00경 관악구 신림동 소재 위 피고인의 자취방에서 동인들을 만나 회칙 문제로 토의하면서 위 홍영희로부터

"우리 조직의 회칙에는 이미 의견의 일치를 본 바 있는 현 정부 타도 반독재구국투쟁의 뜻이 포함되어야 한다"

는 말을 듣고, 다시 박성현으로부터

"조직의 목적은 일반학생의 의식화를 통해 학원의 민주화를 달성하여야 한다"

는 말을 들은 다음, 동인들에게

"우리 조직은 의식화를 통해 학원의 민주화와 전 조직을 장악하고 이미 의식화된 조직원을 현장에 침투시켜 일반대중을 의식화하여 동 조직을 동원 민중봉기를 유발시켜 사회혼란을 조성하고 폭력혁명을 하여 사회주의국가를 건설하는 것이다"

라고 말해 동인들의 동의를 얻은 다음 비밀조직 구성에 대해 합의하는 등으로 현 정부를 타도하고 사회주의혁명을 위한 반국가단체를 구성할 것을 결의하고

○ 동년 2. 10. 10:00경 위 자취방에서 동인들을 만나 회칙 작성에 대해 의논하면서 동인들에게

"우리 조직에 대한 회칙은 당초 보안이 누설될 시 조직원의 희생을 염려하여 제정치 않으려고 하였으나 회칙이 없을 경우 조직원에 대한 구속력을 행사할 수 없고 조직에 대한 기준이 없어 조직확장이 어려우므로 제정하는 것이 좋겠다"

"보안상 전문에는 학원의 민주화, 광주사태, 정치적 탄압을 강조하여 합법성을 가장하여야 한다"

는 등으로 말해 전원의 찬성을 받은 후 회칙내용에 대한 대체토론을 하고

○ 동년 2. 21. 18:00경 같은 방에서 동인들과 만나 위 박문식이 초안 작성해온 5장 16조로 된 회칙 초안을 검토하면서 동인으로부터

"이 회칙에는 우리 조직의 목적이나 조직구조에 대한 명확성이 없어 마치 학생회 써클회칙 같고 내용이 빈약하다"

는 말을 듣고 동인들에게

"일단 작성된 것이니 내가 보관하겠다. 그러니 조직작업은 이 회칙이 조직구조에 대한 틀은 잡혔으니 그대로 진행토록 하고 지회단위에 내려갈 분회회칙은 정리해온 수준에서도 가능하다"

고 하면서 위 이덕희에게

"이 회칙을 근거로 하여 각 분회회칙을 작성토록 하라"

고 하고, 다시 위 박문식에게는

"각 대학별로 조직대상을 추천하겠으니 적합 여부를 다음 회의 시까지 보고하라"

고 하면서 성균관대학교 위 최경환, 서울대는 동 이한주, 연세대는 동 손형민, 이화여대는 동 문은희, 동국대는 동 이종구, 성신여대는 동 이연미 등을 각 추천하고, 다시 홍영희에게 조직원의 생활태도 및 내규를 작성해오도록 지시하고

○ 동년 2. 22. 18:00경 같은 방에서 위 이덕희, 동 박문식, 동 박성현, 동 홍영희 등과 만나 동인들에게

"지금까지는 조직예비 대상자를 개별적으로 접촉, 의식화과정에서 사회주의혁명을 목적으로 조직의 필요성에 대해 공감하였으므로 기존 학습그룹의 운영을 통해 조직 책임자로 일할 사람들이 어느 정도 확보되었다. 이제는 학생운동을 전국적인 조직체로 확대하여 조직할 시기가 왔다"

고 말해 동인들의 찬성을 얻은 다음 위 박문식과 같이 조직회칙을 재작성키로 하고

○ 동년 2. 22부터 동월 26일까지 사이에 같은 자취방에서 위 박문식과 함께 위 회칙 초안을 참고하여 "전국민주학생연맹"의 회칙을 작성하면서

전문

광주시민의 민주항쟁을 유린하고 등장한 독재정권은 한국사회를 정치적 억압과 경제적 빈곤의 파국으로 몰아가고 있다. 기만과 폭력에 가득 찬 현 정권에 저항하는 민주적인 모든 운동을 탄압하고 특히 가장 기초적인 양심과 학원의 자유마저 빼앗아가고 있다. 이러한 민족적 일대 위기 앞에서 우리 청년학도는 학원의 자유와 사회의 민주화를 위해 한국민주주의의 보루로서 기만과 폭력에 가득 찬 현 정권의 위기를 심화시켜 민주화의 열기를 불태워야 할 것이다.

지난 80년대 초반의 학생운동은 조직적이고 통일적인 투쟁의 필요성을 주었다. 따라서 우선 문제를 가장 첨예하게 인식하는 민주학생이 조직되어 학생운동의 고립 분산성을 극복하고 학

생대중의 열기를 융합하여 발전되어야 할 것이다.

제1장 총칙

제1조 명칭

본회는 전국민주학생연맹이라 한다.

제2조 목적

본회는 대학생 일반의 민주적 조직적 사고와 실천능력을 배양하여 학원의 민주화와 사회의 민주화를 달성하는 데 그 목적을 둔다.

제3조 소재지

본회의 본부는 서울에 둔다.

제2장 회원

제1조 본회의 회원의 자격은 대학 재학생 또는 졸업 제명된 자 중 학생대중의 조직적인 투쟁의 필요성을 깨닫고 본회의 조직 중 어느 하나에서 활동하며 본 회칙을 준수할 것을 약속한 자로 한다.

제5조 회원의 의무

제1항 독재정권 타도를 하기 위한 합법, 비합법, 반합법 투쟁에 헌신한다.

선전, 선동, 시위 등의 모든 수단을 동원하여 독재체제의 본질을 폭로하고 독재체제에 대한 학생대중의 적개심을 고취하여 반독재투쟁에의 길을 인도한다.

제2항 모든 결정을 충실하게 수행한다.

제3항 겸손, 성실한 자세로 학생대중들에게 민주적 사고와 실천을 고취하고 그들을 조직화하여 학생대중과 연대, 확대 강화한다.

제4항 과학적 이론학습을 통해 투쟁 이론적 기반을 다지고 이를 수행하기 위해 효과적인 전술을 개발한다.

제5항 독재정권의 정치 탄압하에서 조직의 노출은 자살행위임을 명심하고 조직노출을 막기 위한 보안대책을 강구하고 구성원의 보안교육, 보안 점검을 수시로 한다.

제6항 자기반성 상호비판을 철저히 하여 운동원이 가져야 할 개인적 도덕성을 견지한다.

제7항 사조직은 용인할 수 없으며 구성원의 모든 활동은 조직에 의해 통제된다.

제6조 회원권리

제1항 회원은 자신이 속한 조직 내에서 조직의 결성상황에 대해 충분히 토론 자유의견을 개진할 권리를 가진다.

제2항 회원은 자신이 속한 조직 및 하부조직의 구성원에 대해 건설적인 비판을 할 수 있다.

제7조 본회의 회원은 준회원 수습예비기간을 성공적으로 마친 자 중 상부조직의 승인에 의해 가입

제8조 자격의 상실

본회의 활동에 계속적인 참여가 불가능한 자는 회원의 자격을 상실한다.

제9조 징계

회원으로서의 의무에 태만한 자에 대해서는 그 회원이 속한 조직 내에서 자기반성과 상호비판을 통해 해결되지 않을 때는 상부조직에 보고

징계의 종류

근신, 정권, 자격박탈이 있다.

제3장 조직의 구성원칙

제10조 전국민주학생연맹은 중앙위원회, 지부, 지회, 분회, 지반으로 구성한다.

제11조 중앙위원회는 전민학련의 최고 기관이다.

제12조 전민학련은 하나 또는 두 대학 이상의 투쟁과 지역 및 전국 규모의 투쟁을 단계적으로 수행하고 결정적 시점에 총력전을 펼 수 있기 위하여 중앙위원회산하에 지부, 지회, 분회, 지반을 갖는다.

제1항 지부는 서울, 경기지부, 부산, 경남지부, 강원, 전남, 전북, 경북, 충남, 충북, 제주지부를 원칙으로 하되 증설합병할 수 있다.

제2항 서울, 경기지부

신림, 강남, 청량리, 동대문지회와 인천, 수원, 용인지회를 둘 수 있다.

제3항 각 지회는 전투요원의 양성과 대중동원을 위해 분회원의 소속 대학 내에 분회원을 중심으로 하는 지반을 조직한다.

제13조 전민학련의 기본적인 조직원리는 하부조직에 대한 상부조직의 관리방식과 하향식 조직편제에 있다.

제1항 각 조직구성원은 상부 및 동급조직의 존재를 알지 못해야 한다. 그리고 각 조직은 외견상 자치적으로 운영되어야 한다.

제2항 하부, 조직통제

하부조직 구성원 중의 한 사람(연락요원)과 상부조직의 연락원의 관계를 통해 이루어진다.

제3항 연락요원은 자신의 역할을 은폐하며 상부의 지시사항을 소속조직에서 자치적으로 결정, 수행해야 한다.

제4항 각 조직은 전민학련에 속하지 않은 조직과 동등하게 생각해서는 안 된다.

제4장 중앙위원회

제15조 중앙위원회는 전. 민. 학. 련의 발기인으로 구성된다. 결원이 생길 경우는 중앙위원으로서 자격을 갖춘 자 중에서 중앙위원 2명 이상의 추천과 3분의 2 이상의 찬성으로 지명한다.

제16조 전. 민. 학. 련내에서 일정기간 이상 활동한 회원은 중앙위원이 될 수 있다.

제17조 중앙위원회 회의는 필요에 따라 수시로 소집한다.

제18조 중앙위원회는 위원 과반수의 출석과 출석위원 과반수의 찬성으로 안건 처리한다.

제19조 중앙위원회의 업무와 권한

제1항 전. 민. 학. 련 회칙은 중앙위원만이 열람할 수 있다.

제2항 중앙위원회는 각 지부장을 통해 하급조직의 구성원 활동상황 등을 정기적으로 보고받는다.

제3항 중앙위원회는 각 지부장을 통해 중앙위원회의 결정을 하급조직에 전달한다.

제4항 중앙위원회는 지부장을 인선하고 지부장의 추천에 의해 각 지부장의 승인 여부를 결정한다.

제5항 모든 투쟁의 방법과 시기를 결정한다.

제6항 각 조직에서의 자체학습의 요강을 결정한다.

제7항 하부조직에서 결정된 징계사항은 승인하고 이에 대한 수정을 명령할 수 있다.

제5장 지부

제20조 지부는 1개 이상의 지회로 구성된다.

제21조 각 지회의 구성원은 다른 지회의 존재를 알지 못해야 한다.

제22조 지부장의 선출

제1항 지부장은 중앙위원회의 추천 또는 전임 지부장의 추천에 의해 수습기간을 거친

후 중앙위원회에 의해 지명된다.

제2항 수습기간 중 중앙위원 특정인이 특정프로그램으로 교육하는 과정에서 지부장으로서의 자격을 심사받는다.

제23조 지부장의 업무

제1항 지회장을 비롯한 하급조직원을 추천할 수 있다.

제2항 지회장의 교육 및 지도를 담당한다.

제3항 지회장을 통해 지회를 조직한다.

제4항 중앙위원회의 지시사항을 지회장을 통해 하급조직으로 전달한다.

제5항 지회장으로부터 올라오는 모든 정보 및 활동사항을 중앙위원에게 보고한다.

제6항 지부장은 지부 단위의 활동투쟁 조직계획을 작성 중앙위원에게 보고할 수 있다.

제24조 지부장의 업무를 돕기 위해 부지부장을 들 수 있다.

제6장 지회

제25조 지회는 지회장과 1개 이상 분회로 구성한다.

제26조 각 분회의 구성원은 다른 분회의 준재를 알지 못해야 한다.

제27조 지회장의 선임절차

제1항 지회장은 중앙위원 지부장 또는 전임 지부장의 추천에 의해 중앙위가 지명한다.

제2항 지회장으로 내정된 자는 철저한 교육을 받아야 한다.

제28조 지회장의 업무

제1항 분회 연락원을 추천한다.

제2항 분회 연락원의 교육을 담당한다.

제3항 분회 연락원을 통해 분회를 구성한다.

제4항 분회의 준회원 정회원의 자격심사

제5항 지반의 준회원 정회원의 자격심사

제6항 분회 상호 간의 활동 및 의견을 중재한다.

제7항 본회 연락원을 통해 상부 지시사항을 분회, 지반으로 전달한다.

제8항 하부조직의 활동사항을 지부장에게 정기적으로 보고한다.

제7장 분회

제29조 분회가 속한 지역 내의 2개 이상의 대학으로 구성된다.

제30조 분회 연락원의 추천과 지부장의 승인을 받고 회칙준수를 서약한 자로 구성한다.

제31조 분회의 준회원 지역 단위 투쟁이 조직적으로 이루어질 필요성을 절감한 자로 한다.

제32조 준회원은 정회원과 자체 학습 및 교육을 받지만 중요사항의 논의에는 참가할 수 없다.

제33조 분회의 운영은 지회장의 승인을 받은 자체 지침에 따른다.

제34조 분회의 임무

> 제1항 분회 구성원은 지반을 구성하는 핵이 된다.
>
> 제2항 분회 구성원은 상급조직의 결정사항을 자연스럽고 민주적인 방식으로 수행하여야 한다.
>
> 제3항 분회 구성원은 지반의 활동상황과 학내상황을 분회 연락원에게 보고하여야 한다.
>
> 제4항 분회 구성원은 학교 단위로 투쟁 및 분회 차원 투쟁의 핵이 된다.
>
> 제5항 자체 학습을 수행한다.
>
> 제6항 분회 연락원은 지반의 정·준회원의 자격을 심사·승인한다.

제35조 분회 연락원

> 제1항 수습기간을 거친 자 중 지회장의 추천과 지부장의 중앙위원회 승인을 받아 지명
>
> 제2항 수습기간 중 지회장에게 일정기간 교육심사를 받는다.
>
> 제3항 분회 연락원은 분회 구성의 핵이 된다.
>
> 제4항 분회 연락원은 지회장의 지시사항을 민주적인 방식으로 수행해야 한다.
>
> 제5항 분회 연락원은 분회로 들어오는 모든 정보와 활동상황을 지회장에게 보고한다.

제8장 지반

제36조 지반은 분회 구성원이 속한 대학에 조직적인 투쟁의 필요성을 절감하는 자로 구성된다.

제37조 지반은 분회의 승인을 받은 자체 회칙에 의해 운영된다.

제38조 지반의 활동

> 제1항 선전, 선동, 시위 등으로 학생 대상을 반독재민주화투쟁으로 인도한다.
>
> 제2항 학생들을 조직화하여 학생대중과 전. 민. 학. 련의 연대를 확대한다.
>
> 제3항 전투세포의 핵이 되어 투쟁에 학생대중을 동원한다.
>
> 제4항 자체 학습을 행한다.

제5항 지반은 분회 구성원을 통해 전달되는 상급조직의 결정사항은 충실히 수행한다.

제39조 지반의 정회원은 준회원 중 분회원의 추천과 분회, 지회장의 승인을 받은 자로 한다.

제40조 지반 준회원은 정회원 2명 이상의 추천과 분회, 지회장의 승인을 받은 자로 한다.

제9장 재정

제41조 전. 민. 학. 련의 회원은 일정한 회비를 납부해야 한다.

제42조 전. 민. 학. 련의 회원은 일정액의 회비 외에 기부 및 증여를 할 수 있다.

제10장 부칙

제43조 각 조직의 회칙

각 조직은 결성과 동시에 전. 민. 학. 련에 맞는 회칙을 정해야 한다.

제44조 회칙개정 재적 3분의 2 출석자 3분의 2 찬성으로 개정한다.

제45조 이 회칙은 공포와 동시 발효된다는 내용으로 작성하고, 동년 2. 27. 발기인대회를 개최키로 합의하고

○ 동년 2. 27. 18:00경 같은 방에서 위 박문식, 동 박성현, 동 이덕희, 동 홍영희 등과 만나 발기인대회를 개최하고, 위 회칙에 대한 토의를 한 다음 자구수정들을 하여 이를 회칙으로 확정하는 동시 단체의 명칭을 전국민주학생연맹이라고 하고 동 단체의 최고의 결기관을 중앙위원회로 확정한 후 피고인 등을 포함한 위 발기인 5명이 중앙위원으로 취임키로 결의하고 각 이에 취임함과 동시 위 이태복을 동 조직의 수괴로서 비밀구성원으로 함으로써 정부를 참칭하고 국가를 변란할 목적으로 반국가단체인 "전국민주학생연맹"을 구성하여, 그 간부가 되고

2. 그 시경 같은 곳에서 동 중앙위원들과 제1차 중앙위원회를 개최하고 조직확대방안에 대한 토의를 하면서 위 박성현을 서울, 경기지부(경인지부) 조직·관리책임자로 선임하고 각 대학별로 조직책을 인선키로 결의함으로써 반국가단체의 구성원들과 회합하고

3. 동년 3. 초순 11:00경 위 광민사에서 위 이태복을 만나 서고로 함께 가서 동인에게 위 전국민주학생연맹 결성 사실을 말하고 조직확대에 대해 의논하던 중 동인으로부터 "관악(서울대)을 중심으로 하는 것은 일반 대학의 문제점을 중앙에서 제대로 파악하지

못할 우려가 있으므로 다른 대학의 활동가들을 포섭하되 조직확산에 신경 쓰는 나머지 질적 동일성을 고려하지 않으면 차후에 반드시 문제가 발생할 것이니 유의해야 하며 조직확산의 속도를 늦추라"

는 지시를 받고 동인에게

"관악과 신촌, 동부 쪽으로 3분하여 조직하겠다"

고 말하는 등으로 반국가단체의 구성원과 회합하고

4. 동년 3. 6. 12:00경 위 피고인의 자취방에서 위 이덕희, 동 박성현, 동 박문식, 동 홍영희 등 중앙위원들과 만나 중앙위원회를 개최하고, 하부조직책 임명, 승인, 조직원 훈련계획 등을 토의하면서,

○ 하부조직 책임명, 승인 건에 대하여는 위 박문식으로부터

- 경인지부 부지부장에는 박성현이 추천한 성균관대 4년 민병두
- 경인지부 중앙지회장에는 위 최경환
- 동 지부 남부지회 서울대 지반책에는 위 이한주
- 지부 신촌지회연대 지반책에는 위 손형민
- 동 이대 지반책에는 위 문은희
- 동 지부 중앙지회 동국대 지반책에는 위 이종구
- 동 성신여대 지반책에는 위 이연미

를 각 내정하였다고 보고 동 위원회에서 이를 확정 결의하고

○ 조직원 훈련계획에 대해 동인들에게

"훈련계획으로 훈련담당책임자가 1:1로 동숙하면서 실시함이 효과적이며 철저한 교육이 필요하다"

하고, 다시 박문식으로부터

"유인물의 제작내용을 사회 및 학원의 이슈인 현 정권의 팟쇼경제적 부패, 학원탄압, 광주사태 등을 삽입하자"

고 하여 이에 전원 찬성하고, 다시 조직원의 모든 활동목표는 중앙위원회에서 구상, 입안하며 동 사업목표에 대한 계획은 지부장과 분회장이 수립하고 지방에서도 동교 내 지반회원이 조직책과 같이 합의하여 구체적인 실행방법이 이루어지도록 하며 이 모든 사안이 보고되면 중앙위원회에서 심의승인한 후 시달토록 하자고 합의하고, 다시 박성현에게,

"3월 중 개학과 동시 학내시위를 2~3건 유발해야겠으니 각 대학교 지반책을 동원하여 학내는 물론 사회질서를 문란토록 하라"
고 제의하여 동 위원회에서 이를 가결하는 등으로 반국가단체의 구성원들과 회합하고

5. 동년 3. 15. 12:00경 같은 자취방에서 동 중앙위원들과 함께 제3차 중앙위원회를 개최하고

○ 학내시위계획에 대해, 위 박성현으로부터
"1학기 학내에서 싸울 수 있는 이슈는 철저하게 학생대중을 끌어들일 수 있는 방안이 있어야 하겠다"
는 말을 듣고, 다시 동 이덕희로부터 학교졸업정원제 "학원자율화 문제" "광주사태 진상규명" 등이 좋을 것 같다는 말을 들은 후 전부 이에 찬성하고,

○ 조직강화 방안에 대해
다시 박성현으로부터 경인지부 지부장으로 서울대 수학과 4년 윤성구를 추천받고 전부 이를 찬성한 후, 다시 동인으로부터
"합법, 비합법조직을 강화하기 위하여 13개 대 학회 대표모임을 만들어 대표 등에게 현 정부 타도의 필요성의 의식을 강화하자"
는 말을 듣고, 동인들에게
"각 대학에 등록된 써클 중 써클을 중심으로 하여 싸움이 활발해져야 한다"
고 하고, 다시 박성현으로부터
"3. 19. 20:00경 서울대 인문대 사회관 앞에서 싸움이 있을 계획이다"
"서울대 인문대 4년 최민, 동 국문과 2년 김현근, 동 수학과 4년 김영호와 같이 싸움 계획을 수립했다"
"그중 1명은 메가폰을 들고 구호와 노래를 부르면서 선동하고 나머지 2명은 현 정권을 타도하자는 내용으로 제작한 불온 유인물을 살포한 후 집결된 군중을 동원, 교내에서 시위할 계획이다"
라 하고, 위 홍영희는 자기동창인 이대 법학과 출신 권미혁이 노동자 의식화 및 체험을 위해 현장에 들어가겠다고 한다고 보고하고 이에 전 위원들이 위 계획실행에 대해 예정대로 실시토록 가결한 다음, 다시 위 박문식, 동 박성현등에게,
"서울대 싸움계획은 우리 조직에서 처음 시도하는 일이니만큼 실수 없이 세밀히 하라"

하고 다시 동 홍영희에게 권미혁의 현장취업 문제는 현장 사람에게 인계해주겠다는 등으로 말해 반국가단체의 구성원들과 회합하고

6. 동년 3. 15. 17:00경 위 광민사에서 위 이태복을 만나 동인에게 위 권미혁의 현장침투 문제를 보고하고 동인으로부터
"전. 민. 노. 련" 회원으로서 현장에 들어가 있는 공소 외 송영인에게 인계하라고 지시 받는 등으로 반국가단체의 구성원과 회합하고

7. 동년 3. 16. 12:00경 영등포구 영등포역 앞 남서울제과에서 위 홍영희, 송영인 등을 만나 동인들을 서로 소개시켜준 후 위 권미혁을 송영인에게 인계해주라고 하는 등으로 반국가단체의 구성원인 위 홍영희 등과 회합하고

8. 동년 3. 중순 15:00경 위 광민사에 위 이태복을 찾아가서 동인에게
"서울지역 학생조직은 대강 마무리되었다"
고 보고하고, 동인으로부터
"조직확장이 너무 빠르지 않느냐"
는 말을 듣고, 다시 동인에게,
"조직대상자를 엄선하였기 때문에 별문제는 없고 일부 졸업반 학생들이 있어 곤란하다"
고 하고, 동인으로부터,
"졸업생은 가능하면 대학원 진학을 권유하고 그렇지 못한 경우에는 군복무 후 노동자 연맹에서 흡수하면 되니 현장에 들어가려는 사람이 있으면 추천하라"
는 말을 듣고 동인에게
"지방조직을 착수해야 하는데 아는 사람이 있으면 소개를 해달라"
고 하고, 다시 동인으로부터
"양서조합 중심으로 과거에 알게 된 지방인맥을 나중에 소개해주겠다"
"개학 후 학생들이 데모를 할려고 할 것이지만 조직자체가 싸움을 하는 것은 초창기에 노출될 우려가 있으니 가급적 싸움을 피하고 조직확대에 주력하라"
는 지시를 받음으로써 반국가단체의 구성원과 회합하고

9. 동년 3. 21. 10:00경 위 피고인의 자취방에서 동 중앙위원 4명과 만나 제4차 중앙위원회를 개최하고, 지방조직, 중앙학교 설립문제와 싸움계획 등에 대한 토의를 하면서, 피고인이,

"지방조직은 중요대학을 파악하여 지방출신자 중 전민학련 조직원이 있으면 그 사람을 선발하여 출신지로 파견, 조직의 우선권을 주도록 하겠다"

"중앙학교 설립문제는 이덕희를 학교장 후보로 추천하니 설립에 따른 계획을 추진해보라"

하고 박문식으로부터

"서울대 싸움은 경찰의 방비소홀로 상당히 큰 규모로 발전되었다. 성대에서도 3. 31. 12:00경 문리대 건물에서 데모를 할 계획인데 경인지부 부지부장 민병두의 조종으로 성대 철학과 4년 윤익수, 동과 2년 윤일권, 동대 사학과 4년 강석신 등과 모의하여 교문을 잠그고 경상대학 옥상에서 선동을 한 후 유인물을 살포하고, 학생이 집결하면 시위를 하기로 되었다"

는 보고를 받고, 다시

"건물옥상 점거방법은 새롭고 효과적인 방법인 것 같다. 계획대로 실행하라"

고 말하는 등으로,

반국가단체의 구성원들과 회합하고,

10. 동년 3. 27. 19:00경 같은 자취방에서 위 박문식, 동 이덕희, 동 홍영희 등 중앙위원들과 만나 제5차 중앙위원회를 개최하고, 조직책 선정사항을 토의하면서, 위 박문식으로부터, 박성현이 추천한 서울대 공대 4년 공소 외 박순섭을 남부지회장으로 추천받고, 피고인은 위 김창기를 청량리 지회장에, 동 김연기, 동 주정주를 각 경희대 지반책에 추천하여 동 위원회에서 가결받고 위 박문식으로부터 나머지 조직책은 4월 중 완전히 마치기로 하겠다는 말을 듣고 동인에게 조직관리를 잘하라고 지시하는 등으로

반국가단체의 구성원들과 회합하고

11. 동년 4. 3. 16:00경 같은 방에서 위 박성현을 포함한 동 중앙위원들 4명과 만나 제6차 중앙위원회를 개최하고, 박문식으로부터 싸움실태에 대해

"성대는 경인지부 부지부장 민병두가 조종하여 유인물 200매를 살포하여 2시간 동안 학내시위를 하였고 중앙대는 다른 팀에서 동년 3. 21. 불온유인물이 살포되었으며, 서

울대는 4. 13. 경인지부장 윤성구가 서울대 인문대 4년 최민을 조종하여 3. 19. 사건 수배자를 중심으로 교내시위 계획을 수립하였는데 그중 1명은 교문 위로 올라가 선동을 하고 2명은 군중 속에서 유인물을 살포토록 되었다"

는 보고를 받고, 다시 위 박성현으로부터

"내일 방위소집관계로 입대하게 되니 경인지부 조직관리를 다른 위원에게 담당케 해 달라"

는 말을 듣고 동인의 후임으로 위 박문식을 그 후임으로 임명, 승인하고

다시 동인으로부터

"성대 내 유인물 살포 및 시위계획이 누설되었고 광민사 대표 이태복은 다른 조직과 관련되어 있다는 말이 있다"

는 보고를 받고 동인에게 당초 발설자 및 진원을 알아보고 철저히 보안조치를 강구하도록 하라면서 시위 시 집결된 군중을 선동케 하여 폭력화를 유도하고 교내 상담실 유리를 파괴하고 그것이 불가능할 때에는 단과대학별 학생과 사무실에 돌맹이를 던져 유리를 파괴하라고 지시하는 등으로 반국가단체의 구성원들과 회합하고

12. 동년 4. 초순 15:00경 위 광민사에서 위 이태복을 만나 동인으로부터

"부산에서 이상록 관계에 문제가 발생하고 있으므로 이호철과 동인의 친구 송병곤을 중심으로 다시 시작하는 것이 좋겠는데 둘 다 군대문제가 있으니 이호철을 학교 쪽에 송병곤은 현장 쪽으로 설득하여 정리시키는 것이 좋겠다"

면서 부산에 같이 가자는 말을 듣고 동일 23:30발 기차를 타고 부산으로 가서 다음 날 동인들에게 연락하여,

그날 19:00경 부산진구 사상 소재 이태복의 자취방에서 위 이호철 동 송병곤등과 만나 부산대 시위사건 및 동인들이 각 11월 중 군입대 예정이라는 말을 듣고 송병곤에게는,

"현장생활 경험을 갖는 것이 좋겠다" 하고, 이호철에게는

"학생운동을 계속하라"

고 하면서 부산지역 학생운동을 주도하고 4.19를 기해 부산대 조직을 동원하여 시위를 하라는 등으로 권유하여 동인들의 승낙을 받고

동일 23:00경 같은 다방에서 위 이태복에게 위 이호철 등의 접촉결과를 보고하고 동인으로부터 이호철이가 군에 입대할 것인데 너무 맡기지 말라는 지시를 받고, 우선 임무를 주고 추진과정에서 보완할 수밖에 없다고 보고한 다음 동인으로부터 송병곤을 설

득시켜 현장에 들어가도록 하라는 지시를 받는 등으로
반국가단체의 구성원인 위 이태복과 각 회합하고

13. 동년 4. 14. 18:00경 위 피고인의 자취방에서 동 중앙위원들과 만나 제7차 중앙위원회를 개최하고 경인지부 부산지부 조직책 임명문제를 토론하면서 위 박문식으로부터,
    • 수원 지회장에는 이덕희가 추천한 서울농대 4년 동인규
    • 관악 연락책에는 박성현이 추천한 서울사대 4년 김진철
    • 중앙대 지반책에는 동인이 추천한 동 대 국문과 4년 조진원
    • 관악 연락책에는 서울대 자연대 3년 김태환
    • 수원 분회장에는 성균관대 공대 3년 함동명 등을 내정하였다
    는 보고를 받고 이를 전원 찬성, 가결한 후, 부산지부장에 위 이호철을 추천하면서 동인의 승낙을 얻었다면서 동인에게 가급적 빨리 동교 지반책을 선임토록 하고 4.19를 기해 조작을 동원, 시위하라고 하였다고 보고하여 다른 위원들의 찬성을 얻고 홍영희에게
    "이대 쪽에는 싸움이 어떻게 되었느냐"
    고 묻고 동인으로부터 현재 싸우려고 하는 사람이 전혀 없다는 말을 듣고 다시 동인에게
    "이대 지반책인 문은희와 상의하여 조직준비를 빨리 끝내라"
    하고, 위 박문식에게는
    "전남지부 결성문제가 후보자를 물색치 못하던 차에 성대 4년 이정현이가 전남 광주 출신으로 학생운동의 경험이 많아 동 지부장 후보로 내정하였으니 친근 관계를 잘 검토해 보라"
    "이태복이 다른 조직에 가담되었다는 말의 진원을 확인했는가"
    등으로 말하고 동인으로부터 발설자를 확인할 수 없다는 말을 들은 후 이를 보안조치토록 지시하는 등으로 반국가단체의 구성원들과 회합하고

14. 동년 4. 17. 18:00경 같은 자취방에서 동 중앙위원들과 만나 제8차 중앙위원회를 개최하고, 위 박문식으로부터
    "서울대는 본래 계획대로 주동자들이 실행치 않아 약 15분간 시위도중 경찰의 제지로 해산되었다"

는 말을 듣고 위 박성현이

"왜 계획대로 실행이 되지 않았는지 원인을 설명하라"

고 하자 위 이덕희가

"당초 교문에 올라가기로 되어 있었던 행동대원이 올라가지 않고 인문 사회관5동 쪽으로 뛰어가 이미 실행 중인 데모대와 합류하였으나 경찰관이 사복을 입고 군데군데 잠복하고 있어 실패하였다"

고 하고, 다시 박문식으로부터

"경인지부장 윤성구는 최민과 함께 만나고 있는데 일부 상급학생들이 데모 기피현상으로 실패했다"

는 말을 듣고 동인에게 두 사람을 철저히 교양하라고 지시하는 등으로 반국가단체의 구성원들과 회합하고

15. 동년 4. 20. 15:30경 종로구 혜화동 소재 제일다방에서 공소 외 김진모를 만나 동인으로부터 부산대학 4.17 유인물살포사건에 관련되어 집회 및 시위에 관한 법률위반으로 경찰의 수배를 받고 있는데 은신처를 구해달라는 부탁을 받고 그 시경부터 동월 25까지 사이에 서울 성동구 행당2동 322 피고인의 자취방에 은신토록 하여 범인을 은닉하고

16. 동년 4. 21. 17:00경 위 행당2동 322 피고인의 자취방에서, 동 중앙위원들과 만나 제9차 중앙위원회를 개최하고, 중앙학교 설립 및 학내여론에 대한 대책을 협의하면서 동인들에게

"학교설립 전 해결해야 할 문제가 5가지가 있는데 첫째, 두뇌진은 의식화된 자, 둘째, 교육책임자가 있어야 하고, 세째, 조직의 의식화를 통한 훈련계획이 세워져야 하며, 네째, 교육대상은 본 조직원에 한하고, 다섯째, 하향식 체제의 결점을 보완하는 방법을 개발하여야 한다"

"서울대는 4.14 데모가 실패하여 학생들의 사기가 저하되어 있으니 빨리 다른 싸움을 해서 사기를 진작시켜야 한다"

라고 말하고 위 홍영희로부터,

"이대에서는 지반결성작업보다 먼저 협의체를 만들어야 하기 때문에 이대지반책 문은희는 사대 내에서 3명, 써클회장 4명을 모아 학내 협의체를 만들 계획 중이고 78학

번인 문리대 기독교학과 4년 이현숙은 사대써클기독교학생회, 봄매, 황토, 참솔 회원 중 4명의 회장을 포섭하여 학생운동의 의식화에 당할 예정이다"

라는 보고를 받고 다시 박성현으로부터, 학내 여론대책에 대해

"선전은 정치적인 합법성을 띄기 위해 민주적으로 위장하고 선동은 민생고, 경제적 비리를 강조하면서 수출주도형의 경제피해를 폭로해야 한다. 대중에 대한 정부의 선전에 대해서 우리 조직원은 역선전으로 맞서야 한다"

는 말을 듣는 등으로 반국가단체의 구성원들과 회합하고

17. 동년 4. 24. 18:00경 같은 방에서 동 중앙위원들과 만나 제10차 중앙위원회를 개최하고 각 대학의 데모계획을 토론하면서, 위 박문식으로부터

"경인지부 부지부장 민병두가 직접 성대 내 행동대원을 조종하여 81. 5. 12. 동교 문리대 건물 옥상에서 3명이 옥상에 올라가 메가폰으로 학생을 선동한 후 유인물을 뿌리고 동년 5. 13~15까지 전교생이 맹휴에 돌입토록 계획을 세우고 있다"

"서울대는 자연대 3년 구용회의 주동으로 동년 5. 13. 09:30경 학생 1명이 교문과 건물 사이에서 메가폰으로 구호 및 노래를 부르며 선동 후 집결된 학생을 도서관 부근으로 데리고 가서 그쪽 인원과 합류하고 시위를 하려고 한다"

"경인지부장 윤성구가 위 구용회를 조종하여 5. 25~29까지 동교 도서관 베란다와 대중 속에 2명이 섞여서 유인물을 살포하고 집결된 군중이 시위키로 되어 있다"

"홍영희가 이대 교육심리학과 4년 우명숙을 조종하여 5월 말경 동교 탈춤 공연장에서 메가폰으로 구호를 외치고 유인물을 살포키로 되었다"

는 보고를 하여 전 위원들이 이에 찬성하고 동 박문식에게 보고내용대로 차질없이 시행하라고 말하는 등으로 반국가단체의 구성원들과 회합하고

18. 동년 4. 하순 17:00경 위 광민사에서 위 이태복과 만나 동인에게,

"광주지역은 5.17 이전의 들불 야학교 교사인 공○○과 연결하려 하였으나 연락이 되지 않아서 성대 재학생인 이정현을 통해 연결해보겠다"

고 하고 동인으로부터

"앞으로 지방학교 쪽의 사람들은 본인이 연결하지 않겠으니 완전히 독자적으로 하는 것이 보안상 좋겠다. 조직확대를 너무 서두르지 말라"

는 말을 듣고 동인에게 연대, 성대, 동대 쪽에서 싸움준비를 하고 있다고 말하고

다시 동인으로부터

"중앙대학교를 설치하여 교육을 체계적으로 실시하는 것이 좋을 것이다"

는 말을 듣고 다시 동인에게 신상이 노출된 것 같은데 조심하라고 말하는 등으로 반국가단체의 구성원과 회합하고

19. 동년 5. 3. 17:00경 같은 자취방에서 동 중앙위원등과 만나 제11차 중앙위원회를 개최하고 서울대 시위계획에 대한 토론을 하면서, 박문식으로부터,

"경인지부장 윤성구가 서울대 자연계 3년 구용회로 하여금 싸움계획과 유인물 제작, 살포계획을 주도하라고 하였으나 동인이 능력이 부족하여 계획이 실패로 끝났다"

"제적학생인 79학번 조규형, 김인봉이가 노동자의 의식화와 조직을 위하여 현장에 들어가겠다고 한다"

는 보고를 받고 동인에게

"이미 현장에 들어가 있는 사람과 접선시켜주겠다"

고 한 다음 다시 한 번 더 확인하라고 말하고, 박성현으로부터

"서울대 시위가 실패한 것은 당시 주동자 구용회가 싸움 경험이 없고 유인물 살포도 해보지 못한 사람이니 세밀히 지도교양하여야 한다"

는 말을 듣고 다시 박문식에게 경인지부장 윤성구를 통해 철저한 교육을 실시하여 앞으로 실수 없게 하라고 말하는 등으로 반국가단체의 구성원들과 회합하고

20. 동년 5. 7. 17:00경 같은 방에서 위 박문식, 동 박성현, 동 이덕희 등 중앙위원들과 만나 제12차 중앙위원회를 개최하고 싸움계획 및 조직관리 학생써클문제, 교류조관계, 이정현 문제 등을 토론하면서 박문식으로부터

"동국대학교에서 4. 22 유인물을 살포하려고 기도한 학생이 있어 동 대학 지반책 이종구를 시켜 만류토록 하고 5. 6에 규모가 큰 싸움을 하도록 조종하였다"

"서울대 경제학과 3년 김철은 기독교학생 내 써클에 침투하여 동 써클을 완전히 조직 목적 수행에 동조토록 의식화작업을 실행했다"

"성대에서도 5. 12 실시할 싸움계획에 대하여는 변함이 없다"

"한양대, 세종대에서도 유인물이 살포되었다는 말을 경인지부 부지부장 민병두로부터 보고받았다"

"성대조직은 과거 민병두가 지반책까지 겸직하였으나 동년 5. 3 복선화되어 제1지반

은 최경환이 5개 이념써클, 학회장회, 대학신문, 써클연합체를 한 파트로 하여 담당하고 제2지반 권종로(경제과 4년)는 법대, 문리대, 경상대, 농대, 의과대를 한 파트로 관리, 조종토록 구성하였고, 동 조직 목적수행에 동조토록 분위기를 조성토록 지시하였다"

"이정현은 전민학련 전남지부장으로 물색 중 고대 최규엽 학생과 접촉하고 있다는 사실을 확인 후 가급적 조직책으로 가입시켜 활용토록 구상 중이다"

는 보고를 받고 위 이덕희는

"성대 공과대학 3학년 함동명이 공대지반책으로 이미 임명되었으니 조직적 운동에 대한 교양과 일을 원활하게 처리할 수 있는 수완을 길러주자"

는 말을 하여 전 위원이 이에 찬동하는 등으로 반국가단체의 구성원들과 회합하고

21. 동년 5. 초순 18:00경 같은 자취방에서 위 박문식과 만나 동인으로부터 경인지부 부지부장 민병두가 성대시위사건으로 도주 은신 중인데 은신장소가 노출될 우려가 있어 다른 곳으로 옮겨야 하는데 방을 구할 보증금을 마련해달라고 부탁받는 등으로 반국가단체의 구성원과 회합하고

22. 동년 5. 초순 21:00경 종로구 종로3가 백궁다방에서 위 박성현을 만나 동인에게 전항 사실을 말한 후 금 70,000원을 교부받는 등으로 반국가단체의 구성원과 회합함과 동시 금품을 수수하고

23. 동년 5. 중순 12:00경 위 피고인의 자취방에서 위 박문식과 만나 동인에게 민병두에게 주라고 하면서 전항 70,000원에 피고인의 돈 30,000원을 합쳐 도합금 100,000원을 교부하여, 반국가단체의 구성원과 회합함과 동시 금품을 제공하고

24. 동년 5. 14. 17:00경 같은 자취방에서 위 박문식, 동 이덕희, 동 박성현, 동 홍영희 등 중앙위원들과 만나 제13차 중앙위원회를 개최하고 싸움결과 보고 및 싸움강화 방법등에 대한 토론을 하면서 위 박성현으로부터

"서울대 4. 14 학내싸움의 실패 때문에 대중들이 위축되어 있으니 동원체제 점검, 유인물 살포 강화, 싸움팀 조직화 등으로 현 정부를 타도할 수 있는 전술을 개발하여야 한다"

"그 구체적 방법으로는 현장에 야샤(지휘책임자)가 있어야 하고 해산을 할 때에는 다음 집결지를 알려야 한다"

는 말을 듣고 박문식으로부터는

"서울대 인문대학 내에서 78학번 2명과 79학번 1명 등으로 구성하여 경인지부장 윤성 구가 인문대 최민을 통해서 싸움팀을 조직했다"

"성대 철학과 은우근의 말에 의하면 광주사태 국풍행사 비난을 하는 유인물을 제작타가 중단된 사실이 있다"

"청량리지회에서 외국어대 중어과 3년 소준섭은 청량리지회장 김창기를 만나서 국풍에 대비하여 싸움하자고 하였으나 김창기가 거절했다 하더라"

는 보고를 받고 다시 박성현은

"김창기가 싸울 사람도 아닌데 잘했다"

는 말을 하여 동인들에게

"부산지부장 이호철이가 군입대 관계로 후임자를 물색 중에 있다"

"각 써클, 중요 학과, 신문사 등에 조직을 침투시켜 의식화작업을 하도록 하라"

고 말하여 전위원들이 동 싸움계획을 승인하는 등으로 반국가단체의 구성원들과 회합하고

25. 동년 5. 중순 14:00경 위 광민사 위 이태복과 만나 동인으로 부터 동 출판사 편집부장 선경식이가 선보러 광주집으로 가면서 광주사태 1주년을 맞이하여 사망자 유족들이 기념식이라도 할 것 같다고 하더라면서 함께 광주에 갈 것을 권유받고 고려해보겠다면서 대답하는 등으로 반국가단체의 구성원과 회합하고

26. 동년 5. 18. 19:00경 전남 광주시 북구 유동 번지미상 공소 외 선경식의 집에서 동인 및 위 이태복을 만나, 이태복으로부터

"6.25 이후 최대 비극인 광주사태는 자연발생적인 봉기의 무력함을 그대로 보여준 것이며 소시민의 기회주의, 모험주의, 운동기반이 없는 변혁초조증 등을 극복하고 각 사회에 뿌리박은 운동을 확산하여 수행해나가지 않는 한 우리나라 사회운동은 발전할 수 없고 매판지배는 계속될 수밖에 없다"

는 말을 듣는 등으로 반국가단체의 구성원인 위 이태복과 회합하고

27. 동년 5. 16. 19:00 위 피고인의 자취방에서 동 중앙위원들과 만나 제14차 중앙위원회를 개최하고 위 박문식으로부터

"중앙대에서는 81. 5. 초에 실시한 싸움 때문에 지반책 조직원의 조직작업이 원활해지고 있다"

"경인지부 남부지역 교류조인 이한주가 유네스코 한국학생회 및 유.엔.에스.에이(U.N.S.A.)에 침투하여 의식화작업 중이다"

"경인지부 수원지회 소속 인하대 77학번 안형근은 80학번 30여 명을 모아 의식화교육을 하고 있는데 매우 성향이 좋다"

"연세대 손형민은 동교 법대 아카데미, 경상대, 평화문제연구소의 써클을 확보 협의체를 구성 중에 있다"

"데모계획으로는 서울 농과대학에서 국풍기간을 전후하여 싸움계획을 수립 중이고 손형민이 유인물을 작성했으나 감시가 심하여 뿌리지 못하고 있다"

"이대 지반책 문은희는 국풍은 경제적 낭비다. 현 정권은 팟쇼집단이다. 광주사태는 민중의 항쟁이다. 라는 유인물을 고무판으로 제작 중이며 경인지부 청량리 지회 외국어대 지반책 김창기는 77학번을 동원, 싸움계획을 짜고 있다. 또한 서울대 김진철은 동교 인문대 및 고전연구회 등을 조종하여 국풍장소에서의 싸움계획을 짰다"

"조직원의 활동상황은 계획대로 실천투쟁하고 있다"

는 말을 듣고 동인들에게

"국풍기간 중 싸움계획은 계획대로 실행하고 광주사태 당시 학생민중의 학살현장 사진을 복사하여 현장에 살포하라"

고 지시하는 등으로 반국가단체의 구성원들과 회합하고

28. 동년 5. 22. 18:00경 같은 방에서 동 중앙위원들과 모여 제15차 중앙위원회를 개최하고 활동상황 보고, 싸움계획 및 조직관리에 대해 위 박문식으로부터

"81. 3. 19~5. 22 간 조직을 통한 각 대학별 활동상황은 서울대 3. 19, 4. 14, 5. 13이고 성대 3. 31, 5. 12이며 부산대 4. 17이고 동국대 5. 5, 중앙대 5. 7로서 도합 8회에 이른다"

"서울대는 5. 26, 27경 서울대 교문에서 경인지부장 윤성구의 지시로 동 김진철이 싸움계획을 세우고 있고 성대지반책 겸 중앙지회장 최경환은 27. 전까지 싸움팀을 구성하기 위해 활동 중이다"

"서울농대 지반책 동인규가 주동이 되어 축제 시 유인물을 살포할 계획을 짜고 있다"

"청량리지회장 김창기는 외국어대학생을 선동하여 싸움팀을 구성 중이다"

"성신여대 지반책 이연미는 유인물 및 학생동원 시위계획을 짰다"

"서울법대 제적생 이범영이가 국풍기간 중 싸움계획을 준비 중이다"

"연대지반책 손형민은 동교 공과대학에 조직을 확장했다"

"전남 광주지부의 전남대 학생 77학번인 신영일과 조선대 아카데미 회원 장갑수가 있는데 이 사람들을 접촉하여 전남지부를 결성토록 구상 중에 있다"

"연대 78학번 전상규를 윤성구에게 소개하여 만나도록 하고 서강대 79학번 차상민은 일을 하지 않고 있고 군에 간다고 하더라"

는 보고를 하고 동 이덕희는 유네스코 한국학생회의 조직체계에 대해 이야기하면서

"조직원을 동 조직에 들어가게 하여 의식화작업을 하는 것이 중요하다"

고 말해 전원이 이에 찬성한 다음, 박문식에게

"사람의 선정 대상은 문제발생이 되지 않도록 신원파악을 철저히 하라"

"연대 79학번 정원용을 소개해줄 것이니 지반책 손형민이 접촉을 하여 조직을 확대하도록 하라"

고 지시하고 다시 전 중앙위원들이

"예비그룹은 상급조직원이 확인한 후 추천 가입시킨다"

"10.26사건의 동기는 경제적 파탄, 지배층의 분열상 때문이었다"

"12.12사건은 극우파 전00이 자유민주주의란 환상의 가능성을 말살했다"

"이런 상황을 종합건대 학생운동이나 민중봉기도 폭발적으로 일어날 수밖에 없기 때문에 현 정부 타도가 가능하다"

하고 합의를 하는 등으로 반국가단체의 구성원들과 회합하고

29. 동년 5. 26. 18:00경 같은 방에서 동 중앙위원들과 모여 제16차 중앙위원회를 개최하고 위 박문식으로부터

○ 활동상황으로

"성심여대에서 5. 22 지반책 이연미가 조종하여 유인물을 살포하는데 수사기관에 검거되어 실패했다"

○ 싸움계획으로

"서울대가 5. 27. 11:53에 위 김진철의 조종으로 동교 약대 4년 황성동, 자연대 4년 윤

승권 등이 주동하여 도서관 현관 옥상에서 유인물을 뿌린 후 학생시위를 계획 중이다"

"경인지부장 윤성구의 조종에 의하여 서울 사회대가 5. 27 거행키로 한 광주사건 위령제는 침묵시위를 하도록 했다"

"청량리지회장 김창기가 주동이 되어 외국어대 싸움계획을 수립하는데 국풍현장이나 학교에서 실시할 계획이었다"

"5. 26. 이후 싸움을 할 수 있는 대학은 성대 6. 초순, 서울대 6. 초순, 이대 5. 하순, 한양대 6. 중순, 동국대 9. 중순, 성심여대 6. 하순 등이다"

는 보고를 받고 중앙위원회에서는

"국풍의 시행목적은 정부권력층의 분열상 때문이다"

"학생운동과 사회운동 전반을 둔화시키기 위한 포석이다"

"학생운동과 관계치 않은 학생을 규합하여 국풍회를 조직할 기도가 있다"

"그 대책으로는 국풍기간 중 싸움을 타 계열에서 실시할 때 측면지원을 해서 우리 조직의 노출을 은폐하여야 한다"

는 결론을 내리고 다시 박문식으로부터,

"남부지회 중앙대 지반책 조직원은 동교 유도부 핵인 체육과 1년 유재선을 통하여 체육대를 의식화하고 문리대 국문과 사학과를 의식화할 계획이다"

"서울대 이한주, 김철 등이 주동이 되어 기독교학생회 및 쿠사써클(한국유네스코학생회)에 침투, 의식화작업 중이다"

는 보고를 받고 동인에게,

"수원은 아주공대에 빨리 지반책을 물색하라"

고 지시하는 등으로 반국가단체의 구성원들과 회합하고

30. 동년 5. 하순 22:00 같은 방에서 위 박문식과 만나 동인으로부터 청량리지회장 김창기가 외국어대 유인물살포사건 배후인물로 수배당하고 있다면서 은신처로 사용할 방을 구해야 하니 돈을 마련해달라는 말을 듣고 이를 승낙하는 등으로 반국가단체의 구성원과 회합하고

31. 동년 5. 27. 22:00경 같은 방에서 동인과 만나 동인에게
"서울대생 김태훈의 죽음으로 학교 문을 닫을 가능성이 있으니 다음 날 09:00를 기해

관악구 신림동 네거리에서 데모를 하도록 경인지부장 윤성구 등에게 동원령을 내려라"

고 지시한 후 동인으로부터

"국풍기간 중 싸움계획을 수립코자 5. 25. 여의도 국풍현장을 답사하였는데 대중이 많이 운집할 수 있는 현장과 제2무대 뒤에 전선이 있는데 밤에 이것을 절단하면 혼란된 틈을 타서 메가폰으로 대중을 선동하고 유인물을 살포한 후 시위를 하면 좋겠다"

는 말을 듣고 다시 동인에게

"우선 김태훈의 죽음으로 학생들의 열기가 클 것이며 조직을 동원한다 해도 들어날 우려는 없을 것이니 경인지부장 윤성구를 만나 지시를 하도록 함께 가자"

는 등으로 말하면서 동인에게 활동비 명목으로 금 50,000원을 주는 등으로

반국가단체의 구성원과 회합함과 동시 금품을 제공하고

32. 동년 5. 하순 14:00 위 광민사에서 위 이태복을 만나 동인에게

"국풍81때 데모계획이 있는데 어떻게 생각하느냐"

고 묻고 동인으로부터

"수개월 전부터 매스콤을 총동원하여 선전해온 복고적 내쇼날리즘의 훼스티벌인데 적어도 2~3만의 치안병력은 확보하고 있지 않겠느냐 여의도의 지리적 여건으로 보아도 불러놓고 치자는 전술인데 거기에 말려들 필요가 있겠느냐"

고 하며 만류하는 말을 듣고 다시 동인에게

"탈춤반 학생들이 데모를 하려는 것 같아서 거들어주려고 했다"

고 하여 동인으로부터 하지 않는 것이 좋을 것이라는 말을 듣는 등으로 반국가단체의 구성원과 회합하고

33. 동년 5. 하순 10:00경 위 광민사에서, 동인에게

"서울대 사회대 경제과 학생 김태훈이 도서관 5층에서 구호를 외치다가 추락하여 사망하였는데 공부하던 책은 미시경제학 계통이었고, 평소 활동적인 학생은 아닌데 동인의 죽음으로 서울대 분위기가 바뀌어지고 참가하는 학생 수가 늘어나 데모를 계속할 수 있을 것 같다"

"군에 입대할 사람인데 성대생 2명이 현장에 들어가겠다고 하니 어떻게 했으면 좋겠느냐"

고 보고하고 동인으로부터

"군에 간다면 곤란한데 현장의 송영인과 연결해보자"

는 지시를 받는 등으로 반국가단체의 구성원과 회합하고

34. 동년 5. 29. 10:00경 영등포구 문래동 소재 문래다방에서 위 송영인을 만나 전항 사실
을 말하면서 현장에 취업시켜달라고 부탁한 후 동년 6. 9. 15:00경 종로구 혜화동 제일
다방에서 다시 동인을 만나 동인으로 부터 현장취업을 시켜주겠다는 승낙을 받은 후
다음 날인 6. 10. 22:00경 구로구 가리봉동 로타리다방에 위 성대생 2명과 만나도록 약
속한 후 그 시경 위 박문식에게 동 약속사실을 알려주고 동인들을 만나게 하여 위 노
동자조직과의 연결을 시키는 등으로, 반국가단체를 이롭게 하고

35. 동년 5. 31. 18:00경 위 피고인의 자취방에서 박성현, 박문식, 이덕희 등 중앙위원들과
함께 제17차 중앙위원회를 개최하고 위 박문식으로부터

○   활동상황 보고로,

"서울대 싸움계획을 27일 시행하려 하였으나 교내 과대표의 모임이 있어 인원동원이
어려워 연기했다가 28일 실행키로 했다"

"이대는 동교 탈춤공연장에서 홍영희가 조종한 행동대원 2명이 유인물을 살포하다가
검거됐다"

○   조직활동상황으로서,

"서울대 에이그룹 조직책임자 곽복희, 최민, 김영호, 김형근, 박순섭 등이 학내 합법적
써클 및 학회에 침투 의식화작업 중이다"

"동 비그룹은 김진철, 방기문, 김태환, 오춘완이 학내써클 및 학회침투 의식화 중이다"
라는 보고를 받고 다시 위 박성현으로부터

"의식화 방법은 새로 개발해야 한다"

"각 대학 내 합법화된 써클 학회 등에 "핵"을 침투시켜 의식화하는 일방 학내상황에
대한 정보를 신속 보고하고 합법조직의 기본회원이 전투의지가 약하고 역량이 부족하
면 이를 극복하기 위한 방법으로 조직원이 1:1로 접촉, 활동지침을 제공하여 이해시켜
야 한다"

는 말을 듣고 박문식에게

"기본회원을 새롭게 발굴하고 역량이 미치지 못할 시 다른 사람으로 교체하라"

"싸움하는 자세는 유인물을 학생, 대중에게 살포하고 6월 중 서울대 전반적인 시위계획은 지속적인 투쟁과 폭력화를 바탕으로 해야 한다"

"김태훈의 장례식을 합법적으로 치르도록 한 후 그 모임을 발판으로 대중을 선동, 폭력시위를 감행하고 전 회의 시 보고한 성대생 2명의 현장취업 문제는 해결되었으니 곧 만날 수 있도록 약속하라"

고 지시하는 등으로 반국가단체의 구성원들과 회합하고

36. 동년 6. 초순 17:00경 위 광민사에서 위 이태복에게 "전국민주학생연맹회칙"을 작성했는데 검토해달라면서 동일 21:00경 위 피고인의 자취방으로 함께 가서 동 회칙을 제시하고 동인으로부터

"세부지침 사항이 규약으로 제정되어 있는 것 같은데 규약과 지침이 분리되어야 하지 않겠느냐"

"재정문제가 매우 심각하니 개선될 여지가 없으므로 자급하도록 하라"

고 지시받는 등으로 반국가단체의 구성원과 회합하고

37. 동년 6. 5. 18:00경 같은 자취방에서 동 중앙위원들과 모여 제18차 중앙위원회를 개최하고 위 홍영희로부터

○ 활동상황으로

"중앙위원 홍영희가 직접 이대체육과 무용과 조기숙, 정외과 김정신을 조종하여 6. 4. 동교 5층 건물에서 조기숙이가 유인물을 살포하고 함께 선동하여 1시간 20분가량 시위를 하였다"

등 박문식으로부터

○ 조직관리상황으로서

"청량리지회에서 고대생 이영진을 지회장 김창기가 소개하여 고대 지반책으로 내정하였다"

"성대에서 써클연합회장이 검거되어 단과대학별 "핵"조직이 누설될 가능성이 있다"

"이규호 문교부장관은 학생운동을 좌경으로 몰아치고 있는데 이것은 마지막 제지선으로 싸움의 단계가 막바지에 이르렀고 현 정권의 붕괴를 예고하는 것이다"

"전국민주학생연맹이 중심이 되어 정부의 선전에 대한 역선전으로 학원의 시위를 계속화해야 한다"

"외국어대에서 새로운 민주학련을 조직 중이라는 말을 최경환으로부터 들었다"

는 말을 듣고

"5. 27 이후 학원의 시위가 둔화된 원인 및 외국어대 문제를 좀 더 정확히 규명하고 조직을 자극시켜 대학 대중을 선동 봉기케 하고 기간요원과 대중이 결합할 수 있도록 개발하는 것이 좋다"

라고 말하는 등으로 반국가단체의 구성원들과 회합하고

38. 동년 6. 9. 22:00경 위 피고인의 자취방에서 위 박문식을 만나 동인에게 현장에 들어갈 성대생 2명을 내일 22:00경 구로구 가리봉동 소재 "로타리"다방에서 만나도록 약속하였으니 동 다방으로 가도록 연락하라"

고 말하는 등으로 반국가단체의 구성원과 회합하고

39. 동년 6. 10. 18:00경 같은 방에서 동 중앙위원등과 만나 제19차 중앙위원회를 개최하고 위 박문식으로부터

"5. 27.~29. 시위사건으로 서울대생의 징계가 200여 명이 될 것이라는 정보가 있다"

"현재 시위할 팀이 없기 때문에 서울공대 박순섭 등을 중심으로 다음 주중에 불온유인물을 작성한 후 교문이나 건물 옥상에 올라가서 선동하여 불법시위를 하도록 하겠다"

"서울대는 유인물을 제작하여 살포토록 해라"

"서울대에서 처벌받은 학생들은 군입대 조치할 것이니 유인물은 병역의무를 정책적으로 악용한다는 내용으로 제작 살포하라"

고 지시하는 등으로 반국가단체의 구성원들과 회합하고

40. 동년 6. 초순 14:00경 위 광민사에서 위 이태복을 만나 동인에게 부산에 가서 이호철 등의 조직상황을 점검해보고 오겠다고 말하여 동인으로부터

"내가 이호철, 송병곤에게 6. 초에 내려가겠다고 했는데 편집부 일거리 때문에 일주일 정도 늦게 내려갈 것이니 부산에 가서 동인들에게 알려주고 이호철, 송병곤이가 이상록으로부터 떨어져나와 정신적으로 불안하게 생각할 것이니 내 부산지역 활동기반이 이상록보다 토대가 훨씬 셀 것이라는 등의 연막을 쳐서 심리적으로 안정을 시켜주라"

는 말을 듣고 동인으로부터 경비조로 금 50,000원을 받는 등으로 반국가단체의 구성

원과 회합함과 동시, 동인으로부터 금품을 수수하고,

41. 동년 6. 13. 15:00경 위 혜화동 소재 제일다방에서 위 이호철, 동 김진모를 만나 동인들로부터 6. 11. 부산대학에서 김진모 외 2명의 주동이 되어 1,500여 명의 학생이 시위를 한 사건으로 위 김진모가 수배를 받고 있으니 숨겨달라는 부탁을 받고 동인들을 그 시경부터 3일간을 위 피고인의 자취방에 은신케 하여 범인을 은닉하고

42. 동년 6. 13. 22:00경 같은 자취방에서 위 이호철에게 부산 학우회를 조직할 때 회칙근간으로 하라면서 위 민주학생연맹회칙을 보여주고 다음 날 16:00경 성동구 성수동 소재 뚝섬에서 다시 동인에게,
"부산지부 조직 시에는 각 학과별로 영향 있는 사람을 모아 학생운동의 필요성을 전개하고 중요한 사람을 선발, 조직원으로 확보하여 조직을 확대하고 지반책을 엄선하라"
고 지시하여 동 전국민주학생연맹의 조직을 확산시키는 등으로 반국가단체를 이롭게 하고

43. 동년 6. 13. 20:00경 같은 자취방에서 동 중앙위원들과 만나 동 제20차 중앙위원회를 개최하고 위 박문식으로부터
"성신여대에서 지반책 이연미가 유인물을 제작, 살포할 계획이고 동국대에서도 동 이종구가 유인물을 살포키로 하였으며 서울대에서 유인물 3건 준비되고 있다"
라는 보고를 듣고, 다시 박성현으로부터
"74년 민청학련 사건 이후로 학생운동에서는 조직적인 것을 탈피하고 소그룹으로 투쟁하여왔다"
"그러한 박 정권하에서는 지도력이 안정하고 학원탄압이 지금처럼 심하지 않으므로 학생운동은 효과를 볼 수 있었으나 현재는 사회불안이 심하기 때문에 대규모 저항조직을 통하여 혁명을 하여야 한다"
"79년 10. 26 이후 지금까지 사회발전관에서 볼 때 종전의 학생운동역할은 맞지 않게 되어서 지금은 조직형태를 만들어야만 혁명이 가능하다"
"10.26 이후 학생운동은 성숙 발전하였다. 그래서 현재의 지배층만으로는 국민화합이 어려워 정책적으로는 구 보수세력이 복귀할 전망이다"

"보안사와 안전기획부 사이에 알력이 생기고 있다"

"이러한 상황은 혁신의 가명을 쓰고 외국에 선전작업을 하지만 상대국에서 알아주지 않는다"

"현재 한국의 실정은 하부의 모순이 현저하고 상부 구조층에서는 "쓰리허파"가 권력을 휘두르고 있어 군부 측에서 못마땅하게 여겨 분열상을 보였으나 지금은 은폐되고 있다"

"현 정권은 일반대중을 기만하여 관심을 무디게 하고 있다"

"과거 국민연합이나 야당인 자유민주주의 세력은 박 정권에서보다 상대적으로 위축되어 있다"

는 말을 듣고 동인들에게

"부산대 4. 17. 시위 기도 후 수배를 받고 있던 김진모 외 2명이 동부산지부 이호철과 재시위할 것을 모의하고 6. 11에 실행을 하였다"

"정부에서 전 국무총리 김종필을 재기용할 계획이나 김영삼, 김대중은 그대로 둘 것이다"

"싸움의 목적은 학생운동을 통하여 민중봉기를 일으켜 사회주의혁명을 해야 한다는 신념을 사전 주입시켜야 하고 양상은 소극적이 아닌 적극적 방법으로 폭동화해야 한다"

"싸움계획은 상부의 의사와 목적을 분명히 하여 하부에 시달되어야 한다"

"현재까지 투쟁상황은 점거 방법이었는데 대중을 선동할 수 있는 방법으로 전환해야 한다"

"선전, 선동 전술은 상부에서 개발하여 하부에 시달시켜야 한다"

"중앙위원을 확충하여 부서를 만들어야 하는데 인사부, 교육훈련부, 기획부, 선전부, 재정부가 있어야 될 것으로 생각하며 자세한 것은 2주 후에 연구하여 중앙위원회 안건으로 상정하겠다"

"지부장을 중앙위원으로 승격케 하는 것이 좋으며 조직을 정비하여 보고서 체제확립이 필요하다"

고 하면서 위 이덕희에게

"보고서의 종류는 인명별 보고서, 상황보고서, 활동보고서가 있을 수 있는데 그 양식을 빨리 만들도록 하라"

고 지시하고 다시 박문식에게는

"현재의 조직상황을 보고서로 작성하여 다음 주 중앙위원회회의에 제출토록 하라"
고 지시하는 등으로 반국가단체의 구성원들과 회합하고

44. 각 반국가단체를 이롭게 할 목적으로,

가. 1977. 10. 중순 일자미상경 종로구 광화문 동아서점에서 모든 사회주의사상 이론이 마르크스, 레닌주의에 있어서 실질적인 진보의 이론으로 집대성된 것이라고 선전하는 내용의 공산주의 학습서인 "프랑초프" 저의 "사회사상개론"일어판 책자 1권을 매입하고

나. 1978. 5. 초순 일자 미상경 같은 광화문 소재 진흥문화사에서 1917~1923 사이의 볼셰비키혁명을 비판없이 정당화하고 마르크스, 엥겔스, 레닌, 트로츠키, 스탈린 등의 저서와 소련정부의 발표문 등을 수록한 "이 에이취 카"(E. H. Carr)의 "러시아혁명사" 책 한권을 매입하고

다. 1978. 6. 중순 15:00경 위 진흥문화사에서 공산주의 교조인 유물사관에 입각하여 사회경제적 구조를 설명하면서 자본주의 체제의 모순을 폭로하는 내용의 "엠 에이취 돕"(M. H. Dobb)의 "자본주의 발달사연구" 영문판 원서 1권을 매입하고

라. 동년 12. 말 13:00경 강서구 공항동 번지미상지에서 공소 외 김경락으로부터 동남아교회협의회의 도시산업선교 및 교육과 평신도 훈련분과위원회가 주최하여 필리핀, 마닐라 시에서 개최된 "동남아기독교대회"의 보고서로서 기독교인들로 하여금 용공사상을 고취케 하는 내용을 수록한 오재식 등 편저 "행동신학" 1권을 교부받고

마. 그 시경 위 광화문 소재 광화문 서적센타에서 마르크스주의만이 인간소외를 극복하는 참다운 휴머니즘이라고 선전하고 공산주의국가인 소련에서 참다운 휴머니즘이 실현되었다는 내용의 "무다이 리사규"(務台理作)의 "현대의 휴머니즘" 일어판 원서 1권을 매입하는 등 이를 각 취득하고

45. 전항 같은 목적으로

가. 1981. 6. 초순 15:00경 서울대학교 중앙도서관에서 "러시아사상" 일어판 원서 1권을 대출받아 그 시경 장소미상 복사소에서 동 책자 중 공산주의 교조적 이론인 레닌의 사상이 수록되어 있는 "레닌의 철학노트" 부분을 복사하여 표현물을 복사, 제작하고

나. 동년 6. 13. 22:00경 위 피고인의 자취방에서 이를 위 박문식에게 빌려주어 표현물을 반포하고,

제3피고인 박문식은

서울대학교 사회계열 1학년에 재학 중이던 1977. 10월, 11월에 있었던 반정부 학내시위에 가담하게 되면서 학업을 포기하고 정부에 항거하던 선배, 동료들로부터 감명을 받은 나머지 자신도 소위 독재정권과의 싸움에 행동을 주저할 수 없다는 망상을 가지기 시작하게 되고, 1978. 4.경 서울대학교 사회대학 학보 편집위원이 되어 그 경부터 동년 9.경까지 동 대학 사회학과 3년에 재학 중이던 김종채의 지도하에 편집위원 등 수명이 모여 주 1회 정도씩 세미나를 열면서 칼 만하임 저, 임석진 역 "지식사회학", 이영협 저 "일반경제사 요론", 박현채 저 "한국농업문제의 인식", 신용하 저 "동학농민전쟁", 조기준 저 "한국자본주의 발달사", 신용하 저 "한국근대사론" 등을 교재로 학습을 하는 과정에서

○ 인간의 의식은 그의 사회적 존재에 의하여 구속되는 것이므로 모든 지식은 이데오로기적 당파성을 가지는데, 진정한 지식은 이러한 이데오로기적 당파성을 극복해야 하고 이를 극복할 수 있는 자는 자유부동한 인테리켄챠뿐이다.

○ 근대자본주의 체제는 영구불변한 것이 아니라 역사의 한 단계일 뿐이며 그것은 자체 내 모순에 의하여 붕괴하고 또 다른 체제, 즉 사회주의체제로 이행한다.

○ 한국의 농업문제는 모두 독점자본에 의한 농민수탈을 가능케 하는 사회구조의 기본적 모순에서 파생하는 것이므로 농업문제의 진정한 해결을 위하여서는 농민 자신들의 이에 대한 의식화 및 조직화가 절실히 필요하다.

○ 우리나라의 역사상 갑오농민전쟁, 항일의병활동, 3.1운동, 일제하의 소작쟁의, 노동쟁의등 이조 봉건사회의 탄압과 일본 제국주의의 침략에 끊임없이 저항하면서 발전되어 온 민중운동의 역량은 오늘날 반독재투쟁으로 면면히 이어져 내려오고 있다는 등의 독단적인 결론을 내리는 한편,

1978. 5.경 고등학교부터의 동기생인 공소 외 박성현(서울대학교 사회대 정치학과 재학)의 권유로 서울 영동 검정고시학원에서 무보수 야학교사로 빈한한 학생들을 가르치게 됨을 기회로 자신의 위와 같은 의식을 구체화해가는 과정에서 우리나라는 권력과 부가 소수의 손에 집중되고 다수의 대중이 가난과 핍박 속에서 신음하고 있으며 이러한 대중을 위하여서는 자신이 대학생으로 가지는 기득권을 포기하지 않을 수 없다고 결심하고 위와 같은 근본문제에 대한 이론정립을 위하여 박현채 저 "민족경제론", 강만길 저 "정치경제학", 최종식 저 "서양경제

사론", 프랑크 저 "경제사관의 제문제" 등 서적을 읽고 토론하는 과정에서 역사라는 것은 생산력과 생산관계의 모순에서 빚어지는 변증법적 발전과정으로, 즉 일정한 단계의 생산력에 상응하여 성립된 생산관계는 그 후 생산력이 변화함에 따라 현실에 적합하지 못하게 되고 이때에 기존의 생산관계를 유지하는데 이익을 가지는 계급과 이를 타파하려는 계급 간에 소위 계급투쟁이 발생하여, 그 투쟁에서 후자가 승리하게 되면 기존의 생산관계가 완전히 무너지고 새로운 생산관계가 형성되는 것으로서, 원시공산제사회에서 고대노예제사회로, 다시 봉건사회에서 자본주의사회로의 역사발전도 바로 이러한 원리에 의한 것이며, 현재는 자본주의의 모순이 극도에 이른 독점자본주의 및 제국주의 단계인바, 이 단계는 프로레타리아 계급의 투쟁에 의해 필연적으로 사회주의사회로 이행되게 되어 있다는 소위 변증법적 유물사관을 신봉하게 되고,

이러한 역사관에 입각하여 오늘날 우리나라는 세계 선진자본주의 후진 종속국으로서, 선진독점자본의 제국주의적 수탈을 당하고 있는 한편, 국내적으로는 매판자본, 매판군부를 등에 업은 매판팟쇼정권이 폭력과 기만을 통하여 근로대중을 착취하고 있어, 결국 근로대중은 선진 독점자본 및 팟쇼집단으로부터 이중의 착취를 당하고 있으며 이와 같은 구조적인 모순은 단순한 정권교체만으로는 시정될 수 없고 생산수단의 사회화 및 계급의 소멸을 통한 공평분배가 이루어지는 사회주의사회가 실현되어야만 해결된다고 망상하고,

그러한 사회를 실현하기 위하여는 우선 그 첫단계로 학생등 전위적 진보세력이 기폭제 역할을 하여 시위 등 방법으로 정치적 위기상황을 초래하고 이에 일반대중이 가세하여 봉기케 하는 등 폭력혁명의 방법으로 현 팟쇼정권을 붕괴시켜 민주화 단계를 이룩한 다음, 제2단계로 북한이나 미·소 등 외부세력의 개입유무나 기타의 여건 또는 필요유무에 따라 폭력혁명의 방법 또는 평화적 방법으로 사회주의 단계로 넘어가게 될 것이라는 맹신 아래

1979. 10.26사태 이후 1980. 5.경까지 각종 학생시위 등에 적극적으로 솔선 참여하며 현 정권 타도와 사회주의국가 실현을 추구하여오던 중

1.   1980. 11. 중순 일자미상 10:00경 서울 은평구 구산동 구산연립주택 10동 101호 소재 피고인의 집에서 평소 현 정부에 대한 불만의식이나 사회주의 이념을 함께 나누어온 위 박성현의 방문을 받고 동인으로부터,

"지난(1980) 5월 학원시위 사태 시에는 우리 학생들이 끝까지 투쟁을 계속했어야 했는데 5. 15에 학생들이 학원으로 퇴각해버린 것이 큰 과오였고, 광주사태가 수많은 민중의 봉기에도 불구하고 희생자만 내고 실패로 돌아간 것은 조직의 뒷받침이 없었기 때

문이므로 앞으로의 학생운동은 이런 점을 교훈으로 삼고 반성하여야 할 것이다.

현 정권을 타도하기 위하여서는 각 대학의 학생운동을 통일적으로 지도할 수 있는 대학연합조직이 필요하다는 판단 아래 현재 작업 중이니 그 조직작업을 같이 해볼 용의가 있는가"

라는 제의를 받자 그것이 피고인의 평소 생각과 일치하는 점에 공감한 나머지 즉석에서 이를 수락하고

"그러면 내가 들어가서 할 일이 무엇이냐?"

고 물어 동인으로부터

"이번 조직은 각 대학의 과거 흥사단 아카데미 구성원으로 활동한 경력이 있는 사람을 주축으로하여 각 대학을 복선으로 조직할 예정인데, 앞으로 조직 구성원이 될 후보자에 대한 의식화 학습지도를 맡아달라, 그리고 74학번의 선배 한 사람이 우리 조직을 지도해나가게 되어 있으니 그 선배를 만나보도록 하자"

는 제의를 받고 이를 수락한 후,

○ 동년 11. 17.경 18:00경 서울 종로구 종로3가 번지미상 소재 사르비아다방에서 위 박성현으로부터 동인이 말한 "74학번 선배"인 서울대 경제학과 74학번 복학생인 상 피고인 이선근을 소개받아 그가 위 학생연합조직의 주도자임을 지실하게 되고 즉시 동인들과 함께 인근 옥호미상 중국음식점 객실로 자리를 옮겨 위 이선근으로부터

"지난 5월의 학생시위의 실패원인은 당시 각 대학 학생회장단을 뒤에서 조정하던 서울대 "한사"(한국사회연구회)의 김병곤에게 책임이 있다. 즉 그때 "한사"의 조종에 따라 서울대학교 총학생회장이 서울의 37개 학생회장단회의에서 5. 15을 기해 일단 교내로 퇴각할 것을 제의, 그대로 결정한 것이 결정적 실수였다"

"조직작업을 하기 위하여서는 우선 그 구성원이 될 후보자들에게 의식화학습을 하는 것이 긴요하므로 이를 위한 예비학습그룹을 만드는 일이 시급하다"

고 강조하자 이에 동의한 다음

○ 동년 11. 18.경 18:00경 서울 서대문구 충정로1가 번지미상 소재 소양다방에서 상 피고인 이선근을 만나 동인으로부터

"현재 우리의 목표는 학생운동을 조직화하여 대정부 항쟁세력으로 확장, 팟쇼정권을 무너뜨려 민주화를 달성하고 이어서 대중을 동원하여 폭력혁명을 통한 사회주의국가를 실천하는 데 있다"

는 말을 들어 위 이선근, 박성현 등이 조직하려는 대학연합조직이라는 것이 좌경 의식

화된 학생들을 중심으로 범대학적인 학생시위를 유도, 혼란을 조성하여 현 정권을 타도하고 나아가 폭력혁명의 방법으로 자유민주주의 체제를 무너뜨린 후 궁극적으로 사회주의 내지 공산주의 국가 실현을 목표로 하는 단체 조직을 의미한다는 사실을 확연히 지실하게 되었음에도 불구하고, 피고인의 평소 생각과 일치되는 점에 크게 공감한 나머지

"형의 말이 옳습니다. 그것이 바로 우리의 목표입니다"

라고 대답, 그러한 반국가단체 구성작업을 같이할 것을 동의하고, 이어서 동인으로부터

"이번 학생조직의 방법은 우선 학습 예비그룹을 다수 구성하여 그들을 상대로 의식화학습을 하는 과정에서 그들 중 학생운동에 대한 확신 및 실천력이 있다고 판단되는 학생들을 골라 조직 구성원으로 받아들이고, 그 구성원이 다시 다른 학생들로 예비학습그룹을 만드는 동일한 방법을 반복함으로써 구성원을 확장해 나가는 것인데 따라서 먼저 학습그룹을 지도하는 일이 조직의 가장 기초적인 중요한 작업이다. 지금까지 내가 지도해 오던 2개의 학습그룹이 있으니 그것을 인계받아 지도해 달라"

는 제의를 받고 이를 수락함으로써 대학연합조직의 구성작업에 적극 참여할 결의를 밝히는 등으로 현 정부를 타도하고 사회주의혁명을 위한 반국가단체를 구성키로 공모하고,

○ 동년 11. 28.경 15:00경 서울 관악구 신림동 소재 상 피고인 이선근의 자취방에서 동 이선근 및 미리부터 학생조직작업을 하고 있던 상 피고인 이덕희, 동 홍영희 및 공소외 박성현 등과 첫 모임을 갖고 그들을 각 소개받은 다음 피고인이 학생조직을 위한 예비학습그룹의 지도를 맡기로 결의하고 동 이선근의 지시에 따라 그 교재로는 러시아의 공산주의혁명을 다룬 이 에이취 카 저 "쏘비에트 러시아사(볼셰비키혁명)"를 선택키로 결정하고,

○ 동년 11. 하순 일자미상 18:00경 서울 영등포구 신길동 95 소재 동국대 경제학과 2년 이종구의 집에서 위 이선근 및 동인이 그때까지 지도하여오던 예비학습그룹원인

- 이종구(동국대 교육학과 2년)
- 김연기(경희대 경제학과 2년)
- 이연미(성신여대 국문학과 2년)
- 김철(서울대 경제학과 2년)

등을 만나, 이선근이 동인들에게

"앞으로 나 대신에 여러분들을 학습시킬 선배로서 서울대 경제학과 4학년 시 학생운동으로 제적된 77학번이다"

라고 피고인을 소개하자 동인 등에게

"우리가 싸우기 위하여서는 우선 비판의 힘이 있어야 하는데 그 비판의 힘은 학습을 통해서만 길러질 수 있으니 열심히 해보자"

고 말한 후 그로부터 약 2시간에 걸쳐 학습교재와 학습계획 및 피고인의 소위 투쟁경력들을 설명해주는 등으로 동 예비학습그룹을 정식으로 인수받고,

○ 동년 11. 25.18:00경 서울 관악구 신림동 소재 상 피고인 이선근의 자취방에서 동 이선근 및 동인이 지도하여오던 또 하나의 다른 예비학습그룹인

• 최경환(성균관대 사학과 2년)

• 이한주(서울대 토목과 2년)

• 손형민(연세대 수학과 2년)

• 문은희(이화여대 역사학과 2년)

등을 만나, 약 2시간에 걸쳐 전항과 같은 내용의 교양을 함으로써 동 학습예비그룹도 정식 인계받고

○ 동년 12. 13.경 서울 종로구 파고다공원 옆 옥호미상 경양식집에서 상 피고인 이선근, 이덕희, 홍영희 및 공소 외 박성현 등과 만나, 며칠 전인 12. 11. 서울대 유인물살포사건에 관하여, 위 박성현으로부터 동 유인물 살포는 데모를 하려는 것이 아니라 5분 간격으로 유인물을 뿌리다가 잡힌 공개 유인물 살포에 불과하였고 그 내용도 현 단계로 보아서는 현실에 너무 유리되어 있었으므로, 학생들이 데모를 바라는데 오히려 그 열기를, 약화시킨 결과를 가져왔다는 말을 학내에 퍼뜨리기로 결의하고,

○ 동년 12. 중순 일자미상 14:00경부터 약 2시간에 걸쳐 위 이선근의 자취방에서 예비학습그룹원인 위 최경환, 이한주, 손형민, 문은희 등을 모아 동인 등에게 위 "쏘비에트러시아사(볼셰비키혁명)"를 교재로 학습지도를 하면서, 볼셰비키 성립 이전의 러시아 사회주의운동의 한 분파인 "나로드니키" 운동은 당시 진보적 인테리겐챠들이 농촌으로 들어가 농민들을 계몽 교육시킴으로써 짜르의 전제지배에 항거하고 사회주의국가 건설을 목표로 벌인 농민운동이었고, 다른 한 분파인 "리걸 맑시스트" 운동은 당시 러시아 법률이 묵인하는 소수의 사회주의자들이 다수의 노동자들을 의식화시킴으로써 역시 짜르체제를 무너뜨리고 사회주의국가 건설을 목표로 한 노동자운동이었는데, 여기에서 우리는 전제체제하에서 그것을 극복하고 타도해나가고자 노력했던 러시아 혁

명가들의 이론과 실천방식을 배워야 하며, 객관적인 현실상황과 그것에 맞는 주체적인 이론이 어떻게 조화될 수 있는지를 분석하고 이를 현재 우리나라 독재정권 타도를 위한 이론 무장과 조직활동에 적절히 적용하여 싸워야 할 것이라고 교양하고,

○ 동년 12. 중순 일자미상 17:00경부터 약 2시간에 걸쳐 서울 영등포구 도림동 소재 피고인의 자취방에서 위 최경환, 이한주, 손형민, 문은희 등을 모아 동인 등에게 같은 교재로 계속 학습지도를 하면서, 제정 러시아 말기 짜르정치의 변모 과정에서 짜르 전제정치를 옹호하려는 세력과 이에 대항하는 마르크스주의 조직인 볼셰비키와 멘셰비키의 등장과 그 조직상황을 설명한 후

"우리나라에서도 부정부패한 팟쇼정권과 싸우려면 학생, 노동자, 농민이 조직된 힘을 발휘하여야 한다"

라고 교양하고

○ 동년 12. 중순 일자미상 17:00경부터 약 2시간에 걸쳐 서울 동대문구 신설동 소재 위 김철의 집에서 다른 예비학습그룹원인 위 김철, 이종구, 이연미 등을 모아 "사회사상사"를 교재로 학습지도를 하면서 아나키즘, 즉 무정부주의란 자본주의가 발달하는 과정에서 대중이 극도로 빈곤한 시기에 나타나는 것으로서 그들은 대중의 자발적 봉기에 의하여 혁명이 이루어지는 것이라고 생각하고 있던 나머지 아무런 조직적 영향력을 갖추지 못하였던 것이다. 따라서 학생운동도 자발적 시위에 의존할 것이 아니라 이를 조직화하여야만 혁명의 성공에 이를 수 있다고 학습하고, 또 독일과 러시아의 사회주의운동에 관하여

• 카우츠키는 대중의 운동이 스스로 일어나주기를 기다렸던 기회주의자였고,

• 룩셈브르크는 대중의 운동을 선도하고자 하기는 하였으나 그 방법이 좋지 못하여 맹동주의에 흘렀으며,

• 레닌주의야말로 당시 러시아의 상황에 가장 적합한 이론이었다. 따라서 우리 학생운동도 이를 교훈으로 기회주의나 맹동주의에 흐르지 말고 현실에 적합한 조직체제를 갖추어나가야 할 것이라고 교양하고,

○ 1981. 1. 6.경 14:00경부터 약 3시간에 걸쳐 서울 영등포구 신길동 95 소재 위 이종구의 집에서, 예비학습 그룹원인 위 이종구, 김철, 김연기, 이연미등을 모아, 위 "쏘비에트, 러시아사(볼셰비키혁명)"를 교재로 학습지도를 하면서, 볼셰비즘 이전의 러시아 사회주의 운동으로 나로드니키, 리걸 맑시스트, 경제주의자 등이 있었는데, 경제주의자들은 대중운동은 자발성에 기초를 두고 노동자가 경제투쟁을 하면 그 과정에서 저절

로 의식화가 이루어져 정치투쟁으로 발전하고 급기야는 사회주의혁명으로 이어진다고 생각한 데 대하여, 레닌은 대중운동이 대중의 자발성에 기초하는 것이 아니라 혁명적인 인테리겐차에 의하여 선도되어야 한다고 주장하였다고 설명한 후, 우리는 이와 같은 레닌의 적극적이고 철저한 삶을 배우고 그 이론을 학생운동 조직에 흡수, 응용하여 볼셰비키와 같은 중앙집권적 조직으로 확대 강화해나아감으로써 학생운동이 "파쇼체제" 타도에 선도적 역할을 해야 할 것이라고 교양하고

○ 동년 1. 초순 일자미상 10:00경부터 약 3시간에 걸쳐 피고인의 위 자취방에서 예비학습그룹원인 위 최경환, 이한주, 손형민, 문은희 등을 모아 같은 교재로 학습지도를 하면서, 러시아 혁명에 관한 볼셰비키와 멘셰비키의 차이점에 관하여 멘셰비키 이론은 당시 러시아의 특수상황을 제대로 파악하지 못하고 마르크스의 도식적인 혁명이론, 즉 사회주의국가 건설에 이르기 위하여는 먼저 부르조아 민주혁명을 거친 후 상당한 기간이 지나 자본주의가 종말단계에 이르러야 비로소 제2단계인 프로레타리아혁명이 가능해진다는 이론에 집착하고 있었음에 볼셰비키는 당시의 러시아가 경제적으로 이미 상당한 자본주의 단계에 있었으므로 부르조아 혁명단계를 거쳐 곧바로 프로레타리아 혁명단계로 진입할 수 있다고 주장하였는데, 당시 상황으로 보아 역시 볼셰비키의 이론이 옳았으며, 이러한 이론을 우리나라 현 상황에 적용하여볼 때 지금 학생들이 추진하고 있는 "반팟쇼 민주혁명"이 이루어지면 그다음에는 바로 자연스럽게 제2단계인 사회주의혁명으로 이어질 것이라고 교양하고,

○ 동년 1. 중순 일자미상 15:00경부터 약 3시간에 걸쳐 피고인의 위 자취방에서 예비학습그룹원인 위 최경환, 이한주, 손형민, 문은희 등을 모아 같은 교재로 학습지도를 하면서, 러시아의 멘셰비즘과 볼셰비즘은 혁명단계의 설정방법과 그 단계마다의 혁명주체세력 설정에 각 이론을 달리하였는데 멘셰비즘은 1905년 이후 거의 이론수정을 하지 않았으나 볼셰비즘은 상황에 따라 상당한 이론수정을 하여왔으며 때로는 소수파로 전락되기도 하였으나 결국은 승리하였음을 설명하고, 이와 관련하여 우리나라에도 제1단계로는 노동자, 농민, 학생대중이 "반팟쇼투쟁"을 전개하여야 할 것이고 그 후에 제2단계로 "반제국주의 투쟁"을 하는 식으로 구분하여 행하여져야 할 것이며, 특히 현재와 같은 상황하에서는 학생들이 제1단계인 "반팟쇼투쟁"에 불을 붙여야 하는데 그러기 위하여서는 자연 발생적인 시위만으로는 부족하고 탄압을 견디면서 대중적 운동으로 발전시키기에 충분한 조직체가 형성되어야 한다고 교양하고,

○ 동년 1. 하순 일자미상 14:00경부터 약 3시간에 걸쳐 위 이종구의 집에서 예비학습그

룹원인 위 이종구, 김철, 김연기, 이연미 등을 모아 같은 교재로 학습지도를 하면서, 러시아의 볼셰비키와 멘셰비키의 혁명노선을 비교 설명한 후 볼셰비키는 때로는 소수파로 몰리기도 하였지만 확고한 프로레타리아 혁명관을 가졌기 때문에 러시아혁명에서 승리할 수 있었다. 러시아에서 반짜르투쟁과 반제국주의투쟁이 이어진 것과 같이 한국에 있어서도 반독재투쟁이 발전하면 반제국주의투쟁으로 자연히 이어질 것이다. 한국에서의 "반팟쇼투쟁"은 학생, 노동자, 농민은 물론 소시민이나 일부 관료까지도 참가할 것이며 그 대상은 "매판정권"에 초점을 맞추어야 하고 먼저 학생이 이에 불을 붙이는 역할을 하여야 한다. 반독재투쟁이 치열해지면 반제국주의투쟁은 자연스럽게 이어질 것이고 경우에 따라 이때부터는 미군이 개입하고 북한도 혁명수출을 위해 개입할 가능성이 없지 않다. 반제국주의 투쟁단계에서는 한편으로는 매판정권과 매판자본, 고급군인들이 결합할 것이고 다른 한편으로는 노동자, 농민, 하급군인, 의식화된 학생 등이 결합하여 상호투쟁을 할 것인데, 이 투쟁에서 후자가 승리하면 사회주의체제로 이행될 것이라고 교양하고,

○ 동년 1. 하순 일자미상 11:00경부터 약 3시간에 걸쳐 피고인의 위 자취방에서 에비학습그룹원인 위 최경환, 이한주, 손형민, 문은희 등을 모아 같은 교재로 학습지도를 하면서 소수파에 몰린 볼셰비키가 승리한 것은 그들이 당시 러시아의 특수상황을 잘 파악하였고 레닌과 같은 강인한 지도자의 실천력과 굳게 단결된 조직의 결과였다고 설명한 후, 한국의 학생운동이 싸움에 승리하려면 볼셰비키와 같은 조직방식과 혁명이론을 배워 학생세력을 전투적으로 강화하여야 할 것이라고 교양하고,

○ 동년 1. 31. 15:00경 서울 관악구 신림동 소재 이선근의 위 자취방에서 상 피고인 이선근, 이덕희, 홍영희 및 공소 외 위 박성현 등과 모여 앞으로 구성될 조직의 회칙문제를 논의하면서, 동 홍영희는
    "우리 조직의 회칙에는 기히 의견의 일치를 본 바 있는 현 정부 타도와 반독재 구국투쟁목표가 포함되어야 한다"
    고 말하고, 동 박성현은
    "조직의 목적 중 학생 일반의 의식화를 통한 학원의 민주화 달성을 포함시켜야 한다"
    고 말하고, 이에 대하여 동 이선근은
    "우리 조직은 우선 그러한 의식화를 통해 학원의 민주화 및 조직화를 꾀하고 의식화된 학생을 노동현장에 침투시켜 근로대중을 의식화한 후 조직원을 동원하여 민중봉기를 유발 사회혼란을 조정하고 폭력혁명으로 사회주의국가를 건설하는 것이 우리의 과

제요 목표다"

라고 말하자 전원이 이에 동의, 비밀조직 구성에 합의하는 등으로 현 정부의 타도와 사회주의혁명을 위한 반국가단체를 구성할 것을 결의하고,

○ 동년 2. 초순 일자미상 14:00경부터 약 3시간에 걸쳐 위 이종구의 자취방에서 예비학습그룹원인 위 이종구, 김철, 김연기 등을 모아 같은 교재로 학습지도를 하면서, 1905년 1월 페트로그라드 동궁 앞에서 벌어진 소위 "피의 일요일" 민중봉기 학살 사건과 한국의 광주사태를 비교하고 그 두 사건이 모두 실패로 돌아간 것은 민중의 사전조직 없이 우발적으로 발생한 운동이었기 때문이라 설명한 후, 현재 한국에는 매판군부, 매판자본가, 매판정권에 속하지 아니한 모든 계층이 신음하고 있으나 현 단계에서는 노동자, 농민 등은 독자적인 반독재투쟁을 할 능력이 없고 학생만이 이를 수행할 수 있으므로 학생이 선도하여 노동운동을 비롯한 사회운동에 불을 붙일 수밖에 없다. 반팟쇼투쟁이 발전하면 다음 단계는 자연히 반제국주의 투쟁으로 이행할 것인데 그 단계의 양상은 외부세력의 개입 여부 등 제반 여건에 따라 달라질 것이므로 일률적으로 예측하기는 어려우나 외부세력의 개입을 예상하는 경우 미국, 한국의 팟쇼지지군부, 매판자본, 매판정권 등이 적이 되고 노동자, 농민, 하급군인, 의식화된 학생등이 친구가 될 것이며 북한의 개입도 예상할 수 있고 그 양대 세력 간의 전쟁에서 반제국주의 투쟁이 성공하면 사회주의국가가 실현될 것이라고 교양하고,

○ 동년 2. 10경 20:00경 위 이선근의 자취방에서 상 피고인 이선근, 동 이덕희, 동 홍영희 및 공소 외 박성현과 모여, 동 이선근이

"우리 조직의 회칙은 당초 보안이 누설될 시 조직원의 희생을 염려하여 제정하지 않으려고 하였으나 회칙이 없으면 조직원에 대한 구속력을 행사할 수 없고, 조직에 대한 기준이 없어 그 확장이 어려우므로 역시 회칙을 제정하여야겠다"

는 제의를 하여 전원이 이에 찬성하고, 이어 박성현으로부터 지난 12. 11. 서울대 유인물 내용이 너무 과격하여 주동학생들이 좌경으로 몰리는 등 피해가 크다는 말을 듣고 동 이선근은,

"보안상 전문에는 학원의 민주화, 광주사태, 정치적 탄압 등을 강조하고 좌경적 색채가 있는 말을 표시하지 말도록 하자"

고 제의, 전원이 이에 동의함으로써 장차 구성될 조직의 반국가적 성격을 표면상 은폐, 위장하기로 모의하고,

○ 동년 2. 일자미상경 서울 영등포구 도림동 소재 피고인의 자취방에서 예비학습 그룹

원인 위 최경환, 이한주, 손형민, 문은희 등에게

"그동안 해오던 학습을 오늘로서 마치겠으니 각 대학에 돌아가 열심히 학생운동을 하라"

고 지시하고,

○ 다시 동년 2. 일자 미상 14:00경부터 약 3시간에 걸쳐 위 이종구의 집에서 다른 예비학습그룹원인 위 이종구, 김철, 김연기 등을 모아 같은 교재로 마지막 학습지도를 하면서, 1917년 2월 혁명 이후 볼셰비키와 멘셰비키의 권력투쟁에서 볼셰비키가 노동자와 농민의 지지를 얻어 혁명을 최종적으로 성공하게 된 것이라고 설명한 후, 현 싯점에서 한국의 가장 중요한 모순은 "팟쇼정권"이므로 반제국주의 투쟁에 앞서 "반팟쇼투쟁"을 해야 하는데 이 투쟁에는 팟쇼정권과 매판자본가를 제외한 모든 계층의 연합이 필요하며 "반팟쇼투쟁"의 선봉이 될 학생운동이야말로 실로 중요한 것"

이라고 교양하고

"오늘로서 팀을 해체할 것이니 각자 학교에 돌아가서 학습한 내용을 열심히 활용토록 하라. 그리고 이제까지의 모임은 없었던 것으로 하고 외부에 발설치 말도록 하라"

고 당부한 후 각자별로 개인적으로 만날 것을 약속하여 단체구성원이 될 동 후보자 등에 대한 사상 교양을 마치고,

○ 동년 2. 7.경 19:00경 피고인의 위 자취방에서 예비학습을 받은 바 있는 위 손형민을 만나 동인에게

"이제까지의 우리 모임은 공부 이상의 것을 하지 못한 채 구체적인 활동을 하지 못한 상태였다. 이제 우리 모임은 새로운 형태로 바뀌어야 하는데 그것은 지역 단위로 묶어져야 한다. 그리하여 이제까지의 고립 분산적이었던 소규모 학생시위를 확대 강화시키고 계속적인 조직활동을 해야 한다. 그러기 위해서는 이제까지 우리 몸 속에 배어 있던 자유적, 개인주의적 성향을 버리고 서로를 규제할 수 있는 조직의 규약을 만들어야 한다"

고 학생연합단체 조직의 필요성을 설명하여 동의를 얻고, 계속하여, 1981. 2. 중순 일자미상 18:00경 피고인의 위 자취방에서 위 최경환을 만나,

"그동안 쎄미나과정은 우리의 인식을 높이는 과정이었고 앞으로는 실질적인 일을 하도록 하자. 70년대의 학생운동은 고립 분산적이고 자연발생적이었기 때문에 큰 힘을 발휘할 수 없었다. 앞으로는 일정한 지역 내의 대학들이 연합하여 힘을 집결함으로써 지역적 싸움으로 발전시켜나가야 하고 그러기 위해서는 통일적인 조직체계를 형성해

야 한다. 네가 다니는 성대와 가까운 동국대, 성신여대 친구들을 소개해줄 터이니 2. 27. 오후 4시에 국제대학 앞 소양다방에서 만나 함께 일해보자"

고 제의하여 동인의 승낙을 얻고,

○ 동년 2. 21.경 18:00경 서울 관악구 신림동 소재 상 피고인 이선근의 자취방에서 위 이선근, 이덕희, 홍영희, 박성현 등과 만나, 피고인이 작성한 5장 16조로 된 회칙 초안을 제안 설명하면서

"이 회칙에는 우리 조직의 목적이나 조직구조에 대한 명확성이 없어 마치 학생회 써클 회칙과 같고 내용이 좀 빈약하다"

고 말하자 이에 대하여 위 이선근은

"일단 작성된 것이니 내가 보관하겠다. 그러나 조직작업은 이 회칙이 조직구조에 대한 틀을 잡았으니 그대로 진행토록 하고 지회 단위에 내려갈 분회회칙은 정리해온 수준에서도 가능하다"

고 하면서 위 이덕희에게

"이 회칙을 근거로 하여 각 분회회칙을 작성토록 하라"

고 지시한 후, 피고인에게 각 대학별 조직대상자로 성균관대학교 위 최경환, 서울대 위 이한주, 연세대 위 손형민, 이화여대 위 문은희, 동국대 위 이종구, 성신여대 위 이연미 등을 추천받고 적합 여부를 다음 회의 시까지 보고할 것을 지시하고,

위 홍영희에게 조직원의 생활태도 및 내규를 작성토록 지시하자 각 이를 승낙하고,

○ 동년 2. 22.경 18:00경 위 이선근의 자취방에서 동 이선근, 이덕희, 박성현, 홍영희 등을 만나 위 이선근으로부터

"지금까지는 조직 예비 대상자를 개별적으로 접촉, 의식화과정에서 사회주의혁명을 목적으로 조직의 필요성에 대해 공감하므로 기존 학습그룹의 운영을 통해 조직책임자로 일할 사람이 어느 정도 확보되었다. 이제는 학생운동을 적극적인 조직체로 확대하여 조직할 시기가 왔다"

는 말을 듣고 피고인 및 참석자 전원이 이에 찬동하고,

위 이선근으로부터 조직회칙을 함께 재작성키로 하자는 제의를 받고 이에 동의하고,

○ 동년 2. 24.경 22:00경 위 이종구의 집에서 동인과 동숙하면서 동인에게

"이제까지의 학습을 통하여 투쟁의식이 높아졌으니 활동할 단계가 되었다. 우리의 활동을 효과적으로 하기 위하여 지역 단위로 가까운 대학끼리 힘을 규합해야 되니 서울운동장을 중심으로 인근 대학인 성균관대, 동국대, 성신여대가 연합조직을 형성하여

그 지역 내의 통일된 힘을 규합토록 하자"

고 제의하여 동인의 승낙을 얻고,

○ 동년 2. 25.경 서울 영등포구 영등포시장 내 옥호미상 주점에서 역시 예비학습그룹원
이었던 위 김연기를 만나 경희대 내 학생 포섭상황을 물어 토론하고,

○ 동년 2. 하순 일자미상 18:00경 상 피고인 위 이선근의 자취방에서 역시 예비학습그룹
원이었던 이한주를 만나
"과거에는 학생운동이 각 대학별로 고립되어 상호 연락이 없었으나 앞으로는 대학끼
리 뭉쳐서 팟쇼집단과 싸울 수 있다.
서울 대학을 중심으로 강남지역에 학생연합 조직을 만들되 중앙대, 숭전대, 총신대 등
을 포함시키고 회칙을 마련해보라"
고 제의하여 동인의 승낙을 얻고,

○ 동년 2. 하순 일자미상 10:00경 피고인의 위 자취방에서 예비학습그룹원이었던 위 손
형민, 문은희 등을 만나 위와 같은 지역별 학생연합 조직의 필요성을 설명한 후 그들
이 속하는 신촌지역 학생연합 조직을 만들되 손형민은 연세대를, 문은희는 이화여대
를 맡아 조직하며, 3월 중으로 교회에 나가 엠티(멤버쉽 트레이닝)를 하면서 신촌지역
연합조직의 회칙을 만들자고 제의하여 각 동인 등의 승낙을 받고,

○ 동년 2. 27경 16:00경 서울 서대문구 충정로2가 소재 소양다방에서 예비학습그룹회원
이었던 위 이종구, 최경환, 이연미 등을 만나
"서울운동장을 중심으로 한 성균관대, 동국대, 성신여대는 지역적으로 한집안 식구와
같이 가까운 위치에 있으니 그 대학들로 연합조직을 만들어 투쟁을 해나가자. 조직은
하향식 구조가 되어야 효과적으로 능력을 발휘할 수 있고 서로의 행동을 제약할 수 있
는 틀로서 회칙이 있어야 한다"
라고 제의하여 각 동인 등의 승낙을 얻고, 3. 9. 14:30 성북역에서 만나 교외로 나가 엠
티(멤버쉽 트레이닝)를 하면서 회칙을 만들기로 합의하는 등 조직 준비작업 및 조직원
포섭공장을 하는 등으로 일련의 준비작업을 거친 후

○ 동년 2. 27. 18:00경 서울 관악구 신림동 소재 상 피고인 이선근의 자취방에서 위 이선
근, 동 박성현, 동 이덕희, 동 홍영희 등과 만나 발기인대회를 개최하고 위 회칙에 대한
토의를 한 다음 자구수정 등을 하여 이를 회칙으로 확정하는 동시 단체의 명칭을 "전
국민주학생연맹"이라 하고 동 단체의 최고의결기관을 중앙위원회로 확정한 후, 피고
인 등을 포함한 위 발기인 5명이 중앙위원으로 취임키로 결의하고 각 이에 취임하기

로 결정함으로써 정부를 참칭하고 국가를 변란할 목적으로 반국가단체인 소위 전국민주학생연맹을 구성, 그 간부가 되고,

2. 동년 2. 말 일자 미상 13:00경 서울 용산구 한남동 소재 민들레제과점에서 위 박성현의 소개로 중앙대 국문과 3년 조진원을 만나 동인을 중앙대 지반책으로 포섭할 의도 하에 동인에게,
    "앞으로 학생운동은 지역 단위로 유기적인 관계를 맺고 활동해야 하는데 협조할 용의 가 있는가?"
    하고 물어 동인으로부터
    "중앙대 내에는 내가 가지고 있는 조직이 없기 때문에 협조가 잘될지 모르겠다"
    라는 대답을 들음으로써 반국가단체를 이롭게 하고,

3. 동년 3. 1. 18:00경 서울 영등포구 신길동 소재 서울제과점에서 위 김연기를 만나 인근 옥호미상 주점으로 자리를 옮긴 후 동인에게 학생운동의 확대 발전을 위한 연합조직 의 필요성을 설명하면서 청량리지역의 민주투쟁을 위한 조직을 촉구하여, 반국가단체 를 이롭게 하고,

4. 동년 3. 초순 일자미상 9:00경 서울 영등포구 연흥극장 부근 옥호미상 다방에서 위 조 진원을 만나 동인으로부터 지난번에 피고인이 말한 지역 간 대학조직이라는 것이 정 확이 이해가 되지 않는다는 말을 듣고,
    "그 문제에 대하여는 다음에 구체적으로 이야기될 것이나, 그것은 서울대와 중앙대가 연결하고 나아가 강남지역의 대학생모임을 만드는 것이다. 따라서 앞으로 우리와 함 께 일할 수 있는 서울대 79학번을 소개해주었으니 같이 잘해보자"
    고 말하여 반국가단체를 이롭게 하고,

5. 상 피고인 이선근에 대한 범죄사실 제4항 기재와 같이 제2차 중앙위원회에 참석하여, 반국가단체의 구성원들과 회합하고,

6. 동년 3. 9.경 14:30경 서울 성북역에서 지난번 약속대로 위 이종구, 최경환, 이연미 등 을 만나 춘천행 열차편으로 경기도 가평군 대성역에 이르러, 부근 번지미상 민가에서

1박, 엠티(멤버쉽 트레이닝)를 하면서 동인등과 함께 서울운동장 부근 소재 대학으로 연합조직(전민학련으로 보아서는 중앙지회 내 분회)을 형성하는 문제를 논의하여, 그 조직의 회칙의 골격이 될 전문, 회원의 자격, 의무, 권리, 징계, 보안수칙, 집행위원회 및 지터에 관한 사항을 불러주어 위 최경환으로 하여금 이를 받아 쓰게 하고, 위 이종구, 최경환, 이연미 등 3명이 그 조직의 집행위원으로 각 취임키로 결정하고, 이어서 학생 운동의 효율화 방안을 토의하면서 동인 등에게 현 단계에서의 학생운동의 목표는 반 독재투쟁임을 인식하고 앞으로 다가올 선거와 대통령 취임 등 정치적 변동기를 맞아 이에 적합한 투쟁대책을 마련하여야 할 것이며 이를 위하여 각자가 속한 대학별로 적 절한 학생을 골라 회원을 확충해나갈 것을 지시하는 등 전민학련의 하부조직(뒤에 민 주학우회로 명명함)의 조직작업을 수행하여, 반국가단체를 이롭게 하고,

7. 동년 3. 12경 14:00경 서울역에서 지난번 약속대로 위 손형민, 문은희 등을 만나 경춘 선 열차편으로 경기도 가평군 강촌리에 이르러 부근 번지미상 민가에서 1박, 엠티를 하면서 신촌지역 학생 연합조직(전민학련으로 보아서는 신촌지회 내 한 분회)을 형성하는 문제를 논의, 조직의 명칭은 추후 결정하되, 피고인의 지도로 전문과 6장 24조로 된 회 칙 초안을 작성하고 위 손형민과 문은희가 그 조직의 상임위원 겸 각 연세대 및 이화 여대의 조직책임자(전민학련으로 보아서는 지반책)로 취임키로 결정하고 전항과 동일한 내용의 교양을 하는 등 전민학련의 하부 조직작업을 수행하여, 반국가단체를 이롭게 하고,

8. 동년 3. 중순 일자미상 16:00경 피고인의 위 자취방에서 전민학련 청량리지회 내 경 희대 지반책으로 내정되어 있는 위 김연기를 만나 동인으로부터 피고인의 사전 지시 에 따른 청량리 지역 대학연합조직 계획으로 조직명칭은 일응 "목련회"로 할 예정이 고 목적은 민주화투쟁을 지역 단위로 확대 강화하는데 두며 조직원칙은 각 대학별로 대표자격인 상임위원 1명씩을 두고 그 아래에 지부를 두되 하부조직과 상부조직을 차 단시켜 하부조직의 구성원이 상부조직의 존재를 알지 못하도록 할 예정이라는 보고를 받고, 외국어대학 78학번 김창기를 소개해줄 터이니 앞으로 청량리지역의 학생조직 활동을 그와 상의하여 하도록 하라고 지시하는 등 전민학련의 하부조직작업을 수행하 여 반국가단체를 이롭게 하고,

9. 동년 3. 중순 일자미상 13:00경 서울 광화문 부근 옥호미상 다방에서 중앙대생 위 조
    진원을 만나 동인에게 지역별 학생조직은 학생운동의 힘을 효과적으로 모을 수 있으
    므로 지역 대학 간의 동시 데모도 가능하고 그 과정에서 시민의 호응을 받을 수도 있
    으므로 이것으로 비민주적 집단의 허점을 찌르고 자유를 쟁취할 수도 있을 것이다. 곧
    서울대 79학번을 소개해주겠으니 그와 함께 회칙을 만들어보라.
    회칙을 만드는 의의는 학생운동이 낭만적으로 흐르는 것을 막아 구속력을 갖게 하고
    그렇게 함으로써 한 사람의 활동이 그것을 통해 더욱 활성화되고 나아가 다수의 학생
    운동으로 활성화되며 결국 민주화투쟁에 기여하게 될 것이기 때문이다라고 교양, 전
    민학련의 하부조직작업을 수행하여 반국가단체를 이롭게 하고,

10. 동년 3. 중순 일자미상 09:00경 서울 신촌 소재 신촌다방에서 연세대 지반책으로 내정
    된 위 손형민을 만나 동인이 작성한 회칙 초안을 받고 동인으로부터 아직까지 좋은 명
    칭이 생각나지 않아 조직명칭을 정하지 못하였다는 보고를 받아 전민학련의 하부조직
    작업을 수행하여 반국가단체를 이롭게 하고,

11. 상 피고인 이선근에 대한 범죄사실 제5항 기재와 같이 제3차 중앙위원회에 참석하여
    반국가단체의 구성원들과 회합하고,

12. 동년 3. 17.경 11:00경 서울 강서구 화곡동 소재 위 최경환이 하숙하고 있는 동인의 누
    나 집에서 가칭 "민주학우회"(전민학련으로 보아서는 중앙지회 내 서울운동장 중심의 한 분
    회) 발기인인 성균관대생 위 최경환, 동국대생 위 이종구, 성신여대생 위 이연미 등을
    모아 위 최경환이
    "반독재 민주투쟁을 위하여 고립 분산적인 싸움을 지역싸움으로 발전시키기 위한 통
    일적인 조직을 형성함에 분회의 목적이 있다"
    는 내용으로 기재한 회칙 전문 초안을 검토, 문맥을 정리하고 더 구체적인 내용은 위
    최경환이 적성키로 합의하는 등
    전민학력의 하부 조직작업을 수행하여 반국가단체를 이롭게 하고,

13. 상 피고인 이선근에 대한 범죄사실 제9항 기재와 같이 제4차 중앙위원회에 참석하여
    반국가단체의 구성원들과 회합하고,

14. 동년 3. 22.경 11:00경 서울 영등포구 소재 남서울제과점에서 위 최경환, 이종구, 이연미를 만나 동인 등에게 지난 3. 19. 서울대 데모에 많은 학생들이 참가하였는데 주동자가 도서관 난간에 프레카드를 걸고 자일을 타고 내리면서 유인물을 살포, 치열하게 싸웠는데 그 뜻을 뚜렷이 전할 수 있었으나 전투경찰과 사복형사들의 진압방식은 잔혹했다고 설명한 후, 전민학련의 조직원칙에 따라
"지금까지 자네들과의 모임에서 손을 떼겠다"
고 말하여 위장 탈퇴하고 이후 최경환만을 만나기로 은밀히 약속하여 반국가단체를 이롭게 하고,

15. 동년 3. 하순 일자 미상 11:00경 서울 동대문구 외국어대학 앞에 있는 경양식집 "프로방스"에서 경희대 지반책 김연기를 만나, 동인이 작성한 회칙 초안이 너무 개괄적이라고 지적하면서 되돌려주고, 동인에게 경희대 내 회원 적격자가 있느냐고 물어 79학번 김기수, 동 강신홍을 포섭하였다는 대답을 듣고, 외국어대 쪽 후보자도 물색해보라고 지시한 후 지난 3. 19 서울대 시위는 첫번째 싸움으로 학생운동의 분위기를 전반적으로 고무시킨 사건이었다고 말하여 반국가단체를 이롭게 하고,

16. 동년 3월 말 일자미상 18:00경 피고인의 위 자취방에서 위 최경환을 만나 동인에게 민주학우회 집행부 책임자로 활동하면서 영향력을 확보하고 앞으로 성균관대, 동국대, 성신여대에서 일어나는 모든 학원사태의 정보를 입수하여 보고하라고 지시하여 반국가단체를 이롭게 하고,

17. 동년 3. 하순 일자미상 20:00경 피고인의 위 자취방에서 그간 남부지회 산하의 한 분회로 서로 묶어주기 위하여 이전부터 각자로 접촉하여오던 서울대생 위 이한주 및 중앙대생 위 조진원을 불러 서로 소개시킨 후, 서울 남부지역 대학연합조직에 필요한 회칙 골격을 잡아주면서 그 명칭은 일응 "민주구국학우동지회"로 하고 회칙에는 전문과 회원의 자격, 권리, 의무, 가입 탈퇴, 상임위원회 및 지회 구성에 관한 사항을 포함시키되 차기 모임 시까지 초안을 작성해오도록 지시하고,
이한주로부터 3. 19. 서울대 시위상황을 들은 후 동인등에게 데모를 할 때에는 사람이 많이 모일 수 있는 장소와 시간을 택하여야 유리하게 끌고 나갈 수 있는데 이번 서울대 데모는 지형지물을 잘 이용한 것 같고 주동자 중 3명이 잡히지 않았으니 다음에 또

기회가 있을 것이다. 데모 시 주동자들은 도망만 다닐 것이 아니라 과감하게 싸울 자세가 되어 있어야 한다고 교양하며 반국가단체를 이롭게 하고,

18. 상 피고인 이선근에 대한 범죄사실 제10항 기재와 같이 제5차 중앙위원회에 참석하여 반국가단체 구성원들과 회합하고,

19. 상 피고인 이선근에 대한 범죄사실 제11항 기재와 같이 제6차 중앙위원회에 참석하여 반국가단체 구성원들과 회합하고,

20. 동년 4.5.경 10:00경 서울 서대문구 홍은동 소재 미미다방에서 신촌지회 내 연세대 지반책 위 손형민과 이화여대 지반책 위 문은희를 만나 위 문은희로부터 이화여대 법정대 3년 김경옥을 하부조직책으로 내정했다는 보고를 듣고, 동인 등에게 연세대와 이화여대에서 구성될 하부조직책은 전투적이고 학내투쟁을 적극적으로 이끌 수 있는 역량을 가진 학생으로 해야 하며 빠른 시일 내에 조직을 결성하되 상부조직이 있다는 사실을 모르도록 차단해야 한다고 지시하여 반국가단체를 이롭게 하고,

21. 동년 4. 초순 일자미상 13:00경 서울 성동구 응봉동 소재 윤성구의 집에서 전민학련 경인지부 지부장 위 윤성구 및 동 부지부장 위 민병두를 만나, 위 박성현 대신 이제부터 피고인이 그들을 지도할 것임을 설명하고 피고인 등 3인으로 경인지부 집행위원회(윤성구 및 민병두로 보아서는 서울 민주학생연맹집행위원회)를 결성한 후, 피고인의 주재로 제1차 경인지부집행위원회를 개최, 위 민병두로부터 3. 31. 성균관대 시위상황으로 시위 주동자는 모두 6명이었는데 그중 3명은 경찰에 검거되고 나머지 3명은 동인과 계속 연락을 맺고 있는데, 이날의 시위는 12:30경 경상대 옥상에서 주동학생이 "전OO 타도" 등의 구호를 외치며 선동하자 이에 호응한 500여 명의 학생이 주동자들과 함께 스크럼을 짜고 교내를 행진하였고, 동인도 이번 시위사건에 관련되어 형사가 집으로 찾아왔으므로 당분간 집에서 나와 피해 있겠다는 보고를 듣고, 동인 등에게 앞으로 싸움을 효과적으로 해내기 위하여 매 요일마다 학생들의 등교 및 수업상황을 파악하라고 지시하고, 이어서 민병두로부터 성균관대 경제학과 3년 제적된 이정현이 타 대학 사람들과 만나 조직을 만들려 하고 있는 것 같고, 광민사에서 자금을 대어 흥사단 아카데미를 기반으로 한 대학연합조직을 만들고 있다는 소문도 있다는 정보보고를 들은

후, 동인 등에게 조직확산을 위한 교양을 하면서 지난번 "무림사건"으로 깨어진 서울대 "한사"식의 조직방식 대신 동급 학번을 규합하여 그들로 협의체를 구성하여야 한다고 가르쳐 반국가단체를 이롭게 하고,

22. 동년 4. 초순 일자미상 13:00경 서울 용산구 한남동 소재 민들레다방에서 위 윤성구 및 민병두를 만나 제2차 경인지부 집행위원회를 개최하고 동인 등에게 산하 각 지회의 조직상황 및 확산방안을 설명하면서
○ 신촌지회는 당초 연세대 78학번 전상규를 지회장으로 하는 등 몇 가지 구상을 하였으나 동 전상규가 학기 초 연세대 남민전사건으로 연행 조사를 받고 나온 후 좌절되어 발탁하지 못하였고
○ 중앙지회는 80학번부터 복선으로 조직하고 있고, 동국대에서는 이종구가 향림교회 출신으로 78, 79학번 각 1명씩을 손잡고 학습그룹을 운영하고 있으며,
○ 청량리지회는 외국어대 김창기가 맡고 있으나 아직 만나지 못하여 그 추진상황을 모르겠으며, 79학번으로는 김연기 1인밖에 없으니 79학번을 더 끌어들여야 되겠고,
○ 남부지회는 박순섭을 지도자로 내정하고 본회 구성원으로 이한주와 조진원이 있는데 연락요원으로는 조진원을 택하는 것이 좋겠다고 설명하여 반국가단체를 이롭게 하고,

23. 동년 4. 초순 일자미상 13:00경 위 윤성구의 집에서 동 윤성구 및 민병두를 만나 제3차 경인지부 집행위원회를 개최하고, 동 윤성구에게 서울대의 다음 데모는 3. 19. 데모 때 도피한 유기홍, 이주노, 강석영을 유기홍의 같은 과 후배인 최민을 통해 조종하고, 시위 방식은 주동자가 교문 위로 올라가 장기간 버팀으로써 교내에서 싸움이 맹렬하게 붙을 수 있도록 하고 시위 개시 시간은 교내에 많은 학생들이 있고 등교 중인 학생도 많은 제2교시 시작 직전에 하는 것이 좋겠다고 지시하여 윤성구의 동의를 얻고 민병두로부터 성균관대 내 학생운동 상황 및 조직확산 계획을 보고받은 후 동인 등에게 피고인이 경인지부(서울 민주학생연맹) 회칙을 초안할 터이니 나중에 같이 검토하여 보자고 말하여 반국가단체를 이롭게 하고,

24. 동년 4. 중순 일자미상 14:00경 서울 영등포 소재 샤니윈드밀제과점에서 위 최경환을 만나 동인으로부터
○ 3. 31. 성균관대 데모 시 문과대 지붕과 법정대 옥상에서 주동자 각 1명씩이 나타나 메

가폰으로 싸이렌을 울리고 동시에 교문을 걸어 잠그고 시위를 하였는데 주동자 중 3명은 도망가고 3~400명 정도가 운집하여 1시간가량 끌었고 오후 수업은 휴강되었다.

○ 동국대 지반 결성상황은 현재 2~3명을 접촉 중이다

라는 보고를 받고, 동인에게 성균관대와 성신여대는 서두르지 말고 조심스럽게 결성작업을 하라고 지시한 후 동인이 보관 중이던 민주학우회 회칙을 전달받아 반국가단체를 이롭게 하고,

25. 상 피고인 이선근에 대한 범죄사실 제13항 기재와 같이 제7차 중앙위원회에 참석하여 반국가단체 구성원들과 회합하고,

26. 동년 4. 15.경 12:00경 서울 강남구 삼성동 소재 봉은사에서 위 손형민, 문은희를 만나, 동 손형민으로부터 연세대 경상대 경제학과 3년 윤태영을 포섭, 단과대 조직을 권유하여 승낙을 받았으며, 앞으로 연세대 조직을 확충해갈 계획이라는 보고를 받은 한편, 동 문은희로부터 이화여대 사범대 최혜경, 김시향을 만나 사대 내 협의체를 구성했다는 보고를 받고, 동인 등에게 그들을 만날 때에는 특히 보안에 유의하여 그들이 다른 상부조직이 있다는 것을 눈치채지 못하도록 조직의 노출을 차단하여야 한다고 지시하여 반국가단체를 이롭게 하고,

27. 동년 4. 16.경 16:00경 서울 강남구 신사동 소재 신도다방에서 외국어대 영어과 4년 위 김창기와 첫 대면하여 피고인이 위 박성현을 대신하여 동 김창기와 같이 청량리지구 연합조직 결성작업을 하게 되었음을 설명하고 동인으로부터 그동안 경희대 한의학과 4년 주정주, 동 건축과 3년 강신홍, 외국어대 이란어과 3년 이동익 등을 모아 청량리지역 조직을 결성하였다는 보고를 받고, 동인에게 조직 원칙은 같은 학번끼리 묶어 노출되지 못하게 해야 하는데 잘못되었다. 기왕 그렇게 되었으니 일반적인 이야기만 하면서 당분간 끌고 나가라고 지시하여 반국가단체를 이롭게 하고,

28. 상 피고인 이선근에 대한 범죄사실 제14항 기재와 같이 제8차 중앙위원회에 참석하여, 반국가단체 구성원들과 회합하고,

29. 동년 4. 중순 일자미상 14:00경 위 봉은사에서 위 윤성구 및 민병두를 만나 제4차 경인

지부 집행위원회를 개최하고 윤성구로부터 지난 4. 14. 서울대 제2차 시위는 당초 계획과는 달리 교문 쪽에서 터지지 않고 교정 내에서만 터져 곧 진압되어버렸으며, 교문 위로 올라가기로 되어 있던 주동자 2명이 올라갈 자신이 없자 현장에서 자수해버리고 말았는데 실패원인은 결국 시위팀이 자신의 맡은 바 역할을 제대로 수행하지 못한 데 있다는 보고를 받고,

이어서 동인 등에게 수원지역 조직구성 문제를 논의하고 위 민병두로부터 수원에 있는 성균관대 공대 79학번 함동명을 천거받아, 반국가단체를 이롭게 하고,

30. 동년 4. 20.경 15:30경 위 봉은사에서 위 손형민, 문은희를 만나 손형민으로부터 연세대 이과대학 쪽은 학생들이 의식화 그룹과는 거리가 멀어 그룹 형성이 잘되지 않고, 경제과 쪽은 윤태영이 원래 학습시키고 있던 2학년 그룹 이외에 1학년생 10여 명을 모았는데 윤태영과 동인이 한 사람씩 더 추가하기로 했고, 법정대 쪽은 동인이 잘 아는 행정학과 3년 이재훈을 포섭할 계획이라는 보고를 듣고, 동인에게 연세대는 그 정도면 윤곽이 잡혀가는 셈이니 철저히 점검, 관리하라라고 지시하고

문은희로부터 이화여대는 현재까지 별 진전이 없으나 사대 내 79학번 2명을 선정해놓았다는 보고를 받고, 동인에게 법정대 3년 김경옥과 이동희를 접촉해보라고 지시하여, 반국가단체를 이롭게 하고,

31. 상 피고인 이선근에 대한 범죄사실 제16항 기재와 같이 제9차 중앙위원회에 참석하여 반국가단체 구성원들과 회합하고

32. 동년 4. 22.경 17:00경 서울 강남구 신사동 소재 은하수다방에서 청량리 지회장으로 내정된 위 김창기를 만나 동인에게, 대학연합조직을 만들 때에는 학번별로만 묶어 상하조직을 차단, 노출되지 않도록 하여야만 연쇄적인 데모를 할 수 있다고 교양하고, 동인으로부터 외국어대 불어과 3년 김종삼을 김연기에게 묶어주어 학생운동을 하게 하는 것이 좋겠다는 말을 듣고 이에 동의하여, 반국가단체를 이롭게 하고,

33. 동년 4. 23.경 13:00경 서울 영등포구 소재 상원제과에서 위 김창기의 애인 한내희의 소개로 위 김종삼을 만나 인사를 나눈 후 인근 옥호미상 경양식집으로 자리를 옮겨 동인에게

○ 70년대는 대외종속형 경제의 제반 모순이 심화되는 가운데 유신정권의 독재체제는 파산선고를 받은 경제상태와 가중되는 학생운동 및 정치인, 언론인, 지식인, 종교인에 대한 탄압 등으로 개혁하지 않을 수 없는 분위기에 쌓여 있었고 부마사태와 와이·에 취사건 등 민족적 혁명 요구를 탄압으로 일관하다가 10.26사태로 종말을 맺었다.

○ 5.17 이후 들어선 현 정부는 반민족적, 반민주적, 반민중적 팟쇼독재정권이고 사회의 제반 모순은 더욱 심화되어가는 과정에 있다.

○ 이와 같이 민족적 역사의 발전을 저해하는 팟쇼정권에 대항하여 이를 타도하는 것만 이 민주적, 민중적, 민족적 복지사회를 구축하는 근원이기 때문에 모든 사회운동의 기 폭제라 할 학생운동을 혁명의 중추세력으로 형성하기 위하여는 5.17 이후 침체되어 있던 학생운동을 재조직하여야 할 것인데 그러기 위하여는 먼저 각 학교별 기반 조직 을 형성하고 다시 대학 연합조직으로 발전시켜야만 한다.

○ 그러니 외국어대학 내의 학생운동 기반을 구축하고 나아가 대학연합조직으로 발전시 키는 작업을 같이하자고 제의, 동인의 승낙을 얻어
반국가단체를 이롭게 하고

34. 동년 4. 중순 일자미상 10:30경 서울 한국외국어대학 앞 "만다라" 경양식집에서 위 김 연기를 만나 조직확산 문제를 토의하면서 동인에게 외국어대 78학번 김창기와 79학 번 김종삼을 만나게 해줄 터이니 그렇게 알고 김종삼으로부터 전화가 오면 나가서 만 나 조직문제를 의논하되 피고인의 조직 관련 사실을 은폐할 의도로 김종삼에게 자기 와 만났다는 사실을 숨겨야 한다고 지시하여, 반국가단체를 이롭게 하고,

35. 상 피고인 이선근에 대한 범죄사실 제17항 기재와 같이 제10차 중앙위원회에 참석하 여 반국가단체 구성원들과 회합하고,

36. 동년 4. 하순 일자미상 21:30경 경기도 성남시 태평2동 소재 위 조진원의 집에서 동 조 진원 및 위 이한주를 만나 같이 자면서 동인 등이 작성한 위 가칭 "민주구국학우동지 회"(전민학련으로 보아서는 남부지회) 회칙 초안을 검토하고 수정을 지시하는 등으로 반 국가단체를 이롭게 하고,

37. 동년 4. 하순 일자미상 20:00경 서울 동대문구 이문동 소재 외대 서반어과 학생 문양

수의 자취방에서 위 김종삼을 만나 동인에게 고려대, 경희대, 외국어대, 서울여대 등 청량리지역 대학으로 연합조직을 결성하여 싸움을 확대시킨다는 목적하에 회칙을 만들되, 회원의 자격은 팟쇼정권을 타도하여 민주복지국가를 이룩하려는 의지를 가진 자로 하여야 하며, 조직방법은 각 대학에 먼저 이념써클을 조직하여 비밀리에 연합하되 조직의 하부구조가 상부구조를 모르게 하는 일대일의 점조직 원칙하에 하라는 등으로 회칙 골격을 잡아주고, 조직을 함에 있어서 경희대 김연기와 협의하라고 지시하여 반국가단체를 이롭게 하고,

38. 동년 4. 하순 일자미상 11:00경 위 "만다라" 경양식집에서 위 김연기를 만나 동인으로부터, 김종삼을 전화연락을 받고 나가 만났는데 믿음직한 친구라 생각되었고 동인과의 사이에 민주투쟁 및 이를 위한 지역적 조직 결성의 필요성에 대한 의견의 일치를 보았으며, 청량리지역 연합조직의 명칭을 일응 "목련회"로 정하고 회칙을 만들기로 합의하였다는 보고를 받아 반국가단체를 이롭게 하고,

39. 동년 4. 27.경 15:30경 위 봉은사에서 위 문은희, 손형민을 만나 동 손형민으로부터 연세대에서는 전술한 바와 같이 경제학과 3년 윤태영이 경제학과 1, 2학년 학생 10명 정도를 공부시키고 있고, 자기는 이과대에서 그룹을 만들려고 하고 있는데 진척이 잘되지 않고 있다는 보고를 듣고, 위 문은희로부터 이화여대에는 학교 전체에 걸친 지부는 만들지 못하고 사대 79학번 2명을 만나 3인이 각자 자기 학과 2학년생을 대상으로 스터디그룹을 만들 예정인데 그 경우 각자가 하나씩 그룹을 만들고 그룹끼리는 서로 몰라야 하며 또한 80학번은 79학번 팀을 몰라야 하는 것이 원칙이라고 보고하고, 피고인은 동인 등에게 앞으로 신촌지역에 홍익대와 명지대가 추가되어야 하는데 현재 상태로는 잘되지 않고 있고, 서강대도 걱정이다라고 말하여 반국가단체를 이롭게 하고,

40. 동년 4. 28경 16:00경 서울 강남구 신사동 소재 은하수다방에서 위 김창기를 만나 동인에게 청량리지역 대학연합조직은 복수 조직으로 짜나가야 하는데 경희대는 피고인이 만나왔던 3학년생이 있으니 그쪽을 중점적으로 관리해야 하며 위 김연기에게는 외국어대 3학년 1명을 붙여주어 두 사람이 주로 학교관리를 맡게 하고 김창기에게 그들 모임 전체를 관리하라고 지시하여

반국가단체를 이롭게 하고,

41. 동년 4. 하순 일자미상 14:00경 서울 강남구 소재 선정능 풀밭에서 위 윤성구, 민병두 등과 만나 제5차 경인지부 집행위원회를 개최하고, 동 윤성구로부터, 무림사건으로 서울대 내 1급 멤버들이 모두 나가 타격이 크고 남은 친구들은 일의 경험도 없고 손발이 맞지 않고 신형 국산 페퍼포그 차는 전복이나 방화가 불가능하게 만들어져 있고, 성균관대의 경우 병력배치 상황은 09:00경 사복형사와 전투경찰 등교, 10:00경 일반형사 등교, 10:00~15:00경 비상경계, 12:00~14:00경 조별 식사, 17:00~18:00경 퇴근한다는 보고를 들어
반국가단체를 이롭게 하고,

42. 상 피고인 이선근에 대한 범죄사실 제19항 기재와 같이 제11차 중앙위원회에 참석하여 반국가단체 구성원들과 회합하고,

43. 동년 5. 4.경 13:00경 서울 영등포 소재 샤니제과점에서 경인지부 중앙분회장 위 최경환을 만나 동인으로부터 동국대는 5. 6. 성균관대는 5. 12. 각 시위가 있을 예정이라는 보고를 받고, 동인에게 계획을 잘 세워 실수 없도록 하고 조직원을 확보해서 지부를 구성하라고 지시한 후 서울대에도 5. 8.과 5. 9. 사이에 싸움이 있을 것이라고 알려주어 반국가단체를 이롭게 하고,

44. 상 피고인 이선근에 대한 범죄사실 제20항 기재와 같이 제12차 중앙위원회에 참석하여, 반국가단체 구성원들과 회합하고,

45. 동년 5. 초순 일자미상 18:00경 위 이선근의 자취방에서 동인에게 경인지부 부지부장 민병두가 성대시위 사건으로 도주 은신 중인데 은신장소가 노출될 우려가 있어 다른 곳으로 옮겨야 하는데 방을 구할 보증금을 마련해달라고 부탁하는 등으로 반국가단체의 구성원과 회합하고,

46. 동년 5. 초순 일자미상 13:00경 서울 구로구 구로동 소재 서울대생 이선희의 자취방에서 윤성구, 민병두를 만나 제6차 경인지부 집행위원회를 개최하고, 동 윤성구에게 차

기 서울대 시위계획에 관하여 지시하면서 시위팀은 4. 14. 데모로 도피 중인 공대 78학번 한녹희, 자연대 78학번 구용회, 김재철 등 자연대 중심으로 팀을 구성하고, 시위방법은 교문 근처 나무 위로 올라가 선동하는 한편 학내 건물을 점거하여 선동하고, 시위 일자는 팀구성이 되는 대로 5. 중순경으로 예정하고 시위시간을 등교시간인 09:40경 학생운집이 용이하니 그때를 잡아 계획을 세워보라고 지시하자 동 윤성구는 자연대 78학번 구용회와는 잘 아는 사이니 그와 함께 세부계획을 세워 시행하겠다고 대답하고, 위 민병두는 성균관대 2차 시위계획에 대하여 설명하면서, 시위팀은 대부분 78학번 또는 제적이나 무기정학을 당한 학생들로 구성하였으며, 이번 시위팀은 가장 강한 팀이 될 것이기 때문에 시위방식은 자체 내에서 결정하기로 하였고 일자는 5. 중순경으로 하였다고 보고하자 이를 승낙한 후, 피고인이 초안 작성해온 서울민주학생연맹(전민학련으로 보아서는 동경인지부) 회칙을 제시하고 토의한 결과 전원이 찬성하여 통과시키고 피고인 등 위 3인의 모임을 집행위원회라 칭하기로 확정, 피고인이 집행위원장으로, 위 윤성구와 민병두가 각 집행위원으로 취임키로 결정하여, 반국가단체를 이롭게 하고,

47. 동년 5. 8.경 12:00경 서울 동작구 노량진2동 소재 위 이한주의 집에서 동 이한주 및 조진원을 만나 서울 남부지역 연합조직 문제를 논의하면서 동 조직을 "민주구국학우동지회"(전민학련으로 보아서는 경인지부 남부지회의 한 분회)라고 결정한 후 그 회칙의 일부를 수정하여 통과시키고,
동 조진원으로부터 지난 5. 6. 12:00경 중앙대에서 시위가 있었음을 보고받고, 동 이한주로부터 서울대 경제학과 3년 김철을 서울대 교류조로 투입시켰다고 보고받자, 동인에게 교류조 투입 시 상부조직이 노출되지 않도록 유의하라고 지시하여, 반국가단체를 이롭게 하고,

48. 동년 5. 초순 일자미상 18:00경 서울 성동구 행당동 무학여고 앞 소재 옥호미상 주점에서 위 김창기 및 김연기를 만나 동인 등을 상호 소개시킨 후 동 김연기에게 앞으로 모든 일은 동 김창기와 의논해서 처리하라고 지시하여 김연기의 조직을 김창기에게 관리하도록 인계한 후,
"이제 나는 학생운동에서 손을 끊었다"
고 말하여 위장 탈퇴함으로써, 반국가단체를 이롭게 하고,

49. 동년 5. 초순 일자미상 13:00경 서울 강남구 소재 봉은사 내 풀밭에서 위 윤성구 및 민병두를 만나 제7차 경인지부 집행위원회를 개최하고,

동 민병두로부터 5월 중 성균관대 시위 계획으로 5. 12.에 교내시위를 하고, 5. 13.부터 수일간 과총회 개최, 낙서, 유인물 살포 등을 통해 분위기를 조성하되 광주사태 상기를 중요한 이슈로 대두시키고, 광주사태 주간인 5. 18부터 5. 28. 사이에, 1단계로 과총회의 결의에 따라 묵념을 하고 검은 리본을 패용하며, 2단계로 맹휴를 추진하고, 3단계로 광주사태 희생자를 위한 분향소 설치 및 위령제를 추진하되 각 단계별 계획이 순조롭게 진행되면 주동자 없이도 자연발생적인 시위로 확산될 것이고, 그때에는 은우근을 중심으로 한 호남향우회 멤버들이 움직여줄 것이다라고 보고하고,

동 윤성구는 서울대 동향보고로 당시 학예제 추진을 위한 학예제 준비위원회와 학도호국단이 행사내용 및 주최권을 둘러싸고 충돌하여 학도호국단 측에서 학예제 계획을 취소해버려 이 때문에 과별 총회가 열리고 있는 중인데 학예제 준비위원회를 움직일 수 있는 핵심 멤버를 찾아내어 학예제 건을 우리가 통제할 수 있게 해야 한다고 보고한 후 피고인 등 3명이 5월 중의 종합시위 계획을 정리하는 등으로

반국가단체를 이롭게 하고,

50. 동년 5. 12.경 16:00경 서울 강남구 신사동 소재 도산공원에서 위 김창기를 만나 동인 및 외국어대 이동익, 경희대 주정주, 강신홍 등으로 결성된 위 "민주학우회"(전민학련으로 보아서는 청량리지회 내 한 분회)의 회칙을 가져오라고 지시한 후 일어판 "러시아혁명사" 1권을 주면서 열심히 학습하라고 지시하여,

반국가단체를 이롭게 하고,

51. 동년 5. 중순 일자미상 12:00경 위 이선근의 자취방에서 동인으로부터 위 민병두가 은신할 방의 보증금으로 주는 돈 100,000원을 교부받아

반국가단체의 구성원과 회합함과 동시에 금품을 수수하고,

52. 상 피고인 이선근에 대한 범죄사실 제24항 기재와 같이 제13차 중앙위원회에 참석하여 반국가단체 구성원들과 회합하고,

53. 동년 5. 중순 일자미상 14:00경 서울 강남구 소재 선정능 풀밭에서 위 윤성구 및 민병

두를 만나 제8차 경인지부 집행위원회를 개최하고 동 민병두로부터 성균관대 시위상황 보고로 지난 5. 12. 11:40경 주동자가 교내 두 건물 위에서

"전○○ 타도" 등의 프래카드를 내리고 시위를 선동하였는데 한쪽 건물에서 주동한 학생은 곧 잡혔으나 다른 한쪽 건물 옥상에서 주동한 학생은 투신자살을 위협하여 한시간가량 버티는 데 성공함으로써 그동안 많은 학생들이 모여 격렬한 시위를 한 끝에 종로4가까지 진출하는 데 성공하였다는 보고를 듣고, 동 윤성구는 서울대 시위상황 보고로 지난 5. 13. 12:40경 구용회가 계획대로 교문 앞 나무 위로 올라가 구호를 외치면서 시위를 선동하였으나 모인 학생들의 시위 분위기가 고조되기 전에 나무에서 내려와 흐지부지 끝나버렸다고 보고하자,

동인 등에게 서울대와 성균관대의 시위를 비교하면서 서울대 시위의 실패원인을 분위기 탓만으로는 돌릴 수 없다. 학생대중은 이기적이고 소시민적인 성향을 가지고 있기 때문에 시위에서 몸을 사리기도 하지만 그들이 아울러 가지고 있는 것은 진보적이고 민주적인 성향이다. 따라서 시위가 실패한 것을 학생대중의 소극적 태도만으로 돌릴 것이 아니라 우리 운동원 자신이 반성하여 학생대중을 운동의 대열에 끌어들이기 위해서는 무엇을 해야 할 것인가를 연구하여야 할 것이라고 말하고 서울대에서의 시위 실패는 학생운동 전체에 큰 악영향을 주었으므로 재차 시위를 하여 성공시키라고 동 윤성구에게 지시함으로써

반국가단체를 이롭게 하고,

54. 동년 5. 중순 일자미상 15:00경 위 봉은사에서 위 윤성구, 민병두 등과 만나 제9차 경인지부 집행위원회를 개최하고, 동인 등에게 "국풍81"에 대한 대처방안을 협의하면서 5월은 광주사태 1주년이고 이미 몇 차례 학생시위가 있었음에도 불구하고 현 정부가 대학생이 주축이 되는 대규모 축제를 여는 것은,

- 정권 내부의 갈등과 분열을 은폐하기 위한 의도
- 각 대학축제와 국풍을 통해 향락적이고 퇴폐적인 분위기를 조정하면서 5월이라는 긴장의 달을 넘기려 하는 의도
- 만일 국풍 때 일이 생기면 그것을 기화로 학생운동의 뿌리를 철저히 파헤치려고 하는 의도
- 대학생들의 대규모 축제를 통해 학생대중을 자신들의 획일적이고 전체주의적 조직

에 묶어두려는 의도

등이 있기 때문에 우리들의 대처방안으로는,

- 소극적으로 거부하는 방안
- 가장 적극적으로 우리의 전 조직을 동원하여 크게 싸우는 방안

등이 있으나 전자의 방안으로는 정부의 의도를 꺾을 수가 없고, 후자의 방안을 쓰면 취약한 우리 조직이 순식간에 궤멸될 것이다. 따라서 조직을 보호하고 피해를 최소한으로 줄이면서 효과적인 방안을 개발해야 하는데 그 한 가지 방안으로는 국풍 때 일이 있을 것이라는 소문을 광범위하게 퍼뜨려 대중으로 하여금 국풍시위에 대한 기대를 갖게 한 다음 가장 정예부대로 시위팀을 짜서 하든지 또는 우리 조직과 관계없는 학생들이 자발적으로 국풍시위를 주동하게 하는 것이 좋을 것 같다. 이정현을 통해 들은 정보에 의하면 서울대 법대 복학생인 이범용이 다른 국풍 시위팀에 관하여 아는 바가 있다고 하니 그 내용을 알아내고 앞으로 국풍 시위팀은 윤성구가 규합토록 하며 그 방식은 전야제 때 전선을 끊고 불을 지를 만한 곳에 방화한 후 근처 건물 옥상 등을 점거하여 선동하고, 또는 끝나고 돌아가는 군중을 상대로 영등포나 마포 등지에서 건물이나 고압 전주에 올라가 시위를 선동하게 하라고 지시하는 등으로

반국가단체를 이롭게 하고

55. 상 피고인 이선근에 대한 범죄사실 제27항 기재와 같이 제14차 중앙위원회에 참석하여 반국가단체 구성원들과 회합하고,

56. 동년 5. 19.경 10:00경 서울 강남구 신사동 버스정류장 앞길에서 위 최경환을 만나 동인으로부터,

○ 지난 5. 12. 성균관대 데모 시 주동자 5명이 강팀으로 구성되었고, 2학년에게 실시한 사전교육이 효과적이었으며 교내시위가 격화됨으로써 교외로까지 발전하였는데 동대문 경찰서에서 해산된 것은 가두시위 주동자가 없었고, 학생들의 낭만성 때문에 큰 규모가 되지 못했기 때문이다.

○ 5. 13.부터 문과대, 법대, 경상대, 유학대가 대부분 수업거부를 하고 있다.

○ 성신여대 데모 방법에 관하여 이종구, 이연미 등과 함께 토의한 사실이 있고 유인물 제작방법 등을 이연미에게 가르쳐주었다.

○ 국풍기간 중 여의도에서 데모가 있다는 소문이 떠돈다라는 등의 보고를 받고, 동인에

게 지부결성을 서두를 것을 지시하여,

반국가단체를 이롭게 하고,

57. 동년 5. 중순 일자미상 16:00경 서울 용산구 한남동 소재 한남경양식집에서 위 윤성구,
    민병두 등과 만나 제10차 경인지부 집행위원회를 개최하고, 동 윤성구로부터 국풍 시
    위팀을 구성하기 위해 남화숙, 문병욱 등 서울대 탈춤반 몇 명에게 의사를 타진해보았
    으나 모두 이를 거절하여 팀구성이 어렵다는 보고를 받아 반국가단체를 이롭게 하고,

58. 동년 5. 20.경 15:00경 서울 서대문구 남가좌동 소재 신세계다방에서 위 손형민 및 문
    은희 등을 만나, 동 손형민으로부터 자기가 추진해온 연세대 이과대 모임은 선정이 다
    되었으므로 6월부터 학습을 시작할 예정이고, 현재 79학번 윤태영, 이재훈 등 몇 명이
    각각 5, 6명씩 데리고 의식화학습을 시작했다고 보고를 받고, 동 문은희로부터 이대
    사대 내 협의체가 의식화작업을 시작하기 위해 각 과 내의 정보를 수집 중이라는 보고
    를 받은 후,
    동인 등에게 빨리 인원 선정을 마치고 6월부터는 의식화 세미나에 착수하라고 지시하
    는 한편, 국풍행사 때 제2무대에서 데모를 한다는 정보가 있으니, 5. 29. 20:00경 현장
    에 가서 분위기를 살펴보고 그때 일어나는 상황에 따라 야유 등으로 국풍행사를 방해
    하라고 지시하여, 반국가단체를 이롭게 하고

59. 상 피고인 이선근에 대한 범죄사실 제28항 기재와 같이 제15차 중앙위원회에 참석하
    여, 반국가단체 구성원들과 회합하고,

60. 동년 5. 21.경 15:00경 서울 동작구 사당동 소재 신라당제과점에서 위 이한주 및 조진
    원을 만나 동 이한주로부터
    "민주구국학우동지회"(전민학련으로 보아서는 남부지회 산하 한 분회) 회칙을 받아 함께
    검토한 후 그 회칙을 확정, 피고인이 보관키로 하고, 동 이한주로부터 교류조 김철 및
    강옥조가 "고전연구회" 및 기독교학생회에 침투했지만 의식화대상 학생을 아직 선정
    하지 못하였다는 보고를 받고, 동인 등에게 올해는 조기방학이 있을 것 같으니 교내
    오픈써클에 참가하여 그 회원들과 친숙하게 된 뒤 쓸 만한 학생을 선정하여 의식화할
    계획을 세우라고 지시하여,

반국가단체를 이롭게 하고,

61. 상 피고인 이선근에 대한 범죄사실 제29항 기재와 같이 제16차 중앙위원회에 참석하여 반국가단체 구성원들과 회합하고,

62. 동년 5. 24.경 10:00경 서울 강남구 소재 독일제과점에서 위 김창기를 만나, 동인으로부터 외국어대 4년 이재현이 데모를 할 계획으로 있다는 보고를 받고 동인에게 그동안 주목을 받아왔으나 데모가 일어나면 일단 피하는 것이 좋겠다고 지시한 후, 동인으로부터 "민주학우회" 회칙을 받아 피고인이 보관키로 하여, 반국가단체를 이롭게 하고,

63. 동년 5. 하순 일자미상 22:00경 위 이선근의 자취방에서 동인을 만나 동인에게 청량리 지회장 김창기가 외국어대 유인물살포사건 배후인물로 수배당하고 있다면서 은신처로 사용할 방을 구해야 하니 돈을 마련해달라고 부탁하고 동인의 승낙을 받는 등으로 반국가단체의 구성원과 회합하고,

64. 동년 5. 27.경 14:00경 서울 서대문구 남가좌동 소재 옥호미상 다방에서 위 윤성구 및 민병두를 만나 제11차 경인지부 집행위원회를 개최하고, 동 윤성구로부터 서울대에서 5. 27.에 실행키로 계획했던 침묵시위는 사회대 학예제 준비위원회에서 계획한 광주사태 1주년 추도식 날짜와 중복되어 5. 26. 밤에 그 계획을 취소하고 5. 28.로 연기하였으며 현재 사회대 학예제 준비위원회 주도 아래 그들이 하는 침묵시위가 계속되고 있다는 보고를 듣고 동인에게 학내의 다른 기관에서 하는 추모제나 침묵시위를 그 전날에야 파악한다는 것은 관악에서 우리 조직이 자기 역할을 완수하지 못한 때문이라고 지적하는 등으로 반국가단체를 이롭게 하고,

65. 동일 밤 22:00경 위 이선근의 자취방에서 동 이선근과 접선, 동인으로부터 그날 낮 서울대 침묵시위 시 김태훈이 투신자살하여 학생들이 흥분하고 상황이 급변하고 있으니 포기하였던 국풍행사장 시위도 다시 한 번 고려해볼 필요가 있다는 말을 듣고 5. 21. 여의도 현장을 답사하여보니 제2무대 뒤에 전선이 있는데 그것을 절단하고 혼란된 틈을 타서 메가폰으로 대중을 선동하고 유인물을 살포하면 될 것 같다고 설명하자 동 이

선근은 지금 학생들의 열기가 대단하므로 여기에 "우리 조직을 동원하여도 드러날 염려가 없으니 경인지부장 윤성구를 급히 만나 시위를 지시하자고 말하면서, 활동비 명목으로 돈 50,000원을 주는 것을 받는 등으로 반국가단체의 구성원과 회합하는 동시금품을 수수하고,

66. 동년 5. 28. 09:00경 서울 강남구 신사동 소재 목화다방에서 청량리 지회장 위 김창기를 만나 동인에게 그 전일인 5. 27. 외국어대 시위상황을 물어 2분 만에 주동자가 검거되어 실패로 끝났다는 보고를 받고 그 전일 서울대 시위에서 김태훈이 투신자살하여 분위기가 고조되어 있으니 국풍 전야제인 금일 20:00에 여의도 국풍현장에서 시위가 있다는 헛소문을 퍼뜨려 학생들을 모이도록 유도하라고 지시하여, 반국가단체를 이롭게 하고,

67. 동년 5. 28.경 16:00경 서울 강남구 소재 무지개다방에서 위 윤성구, 민병두 및 위 이정현을 만나 제12차 경인지부 집행위원회를 개최하고, 동 윤성구로부터 5. 27의 서울대생 김태훈의 투신자살에 대한 경과보고로, 동일 12:00경에 시작된 침묵시위가 14:00경에는 소강상태에 들어가 상당수 학생들이 하교하였는데 갑자기 도서관 5층 열람실에서 한 학생이

"전00 타도"를 위치며 투신자살하였고, 이를 기점으로 격분한 학생들과 전경대 사이에 투석전이 벌어지며 싸움이 격렬해져 17:00경까지 계속되다가 가라앉았으며 금 5. 28.에는 투신자살 사건으로 격앙된 분위기 속에서 각 과별로 과총회가 열렸고 12:00경 예정대로 주동자 중 김재철이 도서관에서 밧줄을 내리고 규장각 출입구 위 테라스로 내려와서 도서관 벽에 "전00 타도"라고 페인트벽에 쓴 다음 시위는 순식간에 격렬한 투석전으로 번져나갔고 급기야는 교문을 돌파, 신림동 4거리까지 진출하였다가 주동자 중 3명이 체포되었으며, 동 현장에서는 당일 밤 여의도 국풍행사장으로 가자는 소문이 퍼지기도 하였다는 설명을 듣고, 동인 등에게 한 사람의 투신자살과 가두시위로 학생들의 열기가 높아져 싸움이 크게 붙을 수 있는 기폭제가 되었으니 국풍에 관한 우리들의 종전 계획을 강화하여 시위팀을 급히 만들어야 하겠는데, 한두 사람이 현장에서 거점을 마련하여 선동을 하면 별다른 준비 없이도 대규모 시위가 가능할 수 있으니 익일(5. 29) 현장에서 선동할 수 있는 사람을 급히 물색하라고 지시하여, 반국가단체를 이롭게 하고,

68. 동년 5. 29. 11:00경 서울 동작구 사당동 소재 신라당제과점에서 위 조진원 및 이한주를 만나, 동 이한주로부터 지금 서울대는 김태훈의 투신자살로 흥분상태에 있다는 보고를 들은 후, 동인 등에게 당일(5. 29) 20:00경 여의도 국풍행사장 제2무대 뒤에서 어느 팀이 시위를 한다고 하니 친구들을 동원하여 데모에 합세토록 하라고 지시하여 반국가단체를 이롭게 하고,

69. 동일 14:00경 서울 강남구 소재 목화다방에서 위 윤성구, 민병두 및 위 이정현을 만나 제13차 경인지부 집행위원회를 개최하고, 동 윤성구로부터 서울대 쪽에서는 국풍현장에서 시위를 주동할 만한 사람이 없는 것 같다는 보고를 듣고, 동 민병두에게 그러면 성균관대 쪽에서 한번 물색해보라고 지시하여 반국가단체를 이롭게 하고,

70. 동년 5. 30. 10:00경 위 신라당제과점에서 위 조진원 및 이한주를 만나 동인으로부터 5. 29. 20:00에 피고인의 지시에 따라 각 친구 몇 사람씩을 데리고 국풍행사장에 갔으나 데모가 없어 그냥 돌아왔다고 보고를 받고, 수고했다고 격려한 후 앞으로 교류작업에 더욱 박차를 가할 것을 지시하여 반국가단체를 이롭게 하고,

71. 동일 10:00경 서울 강남구 신사동 보르네오 가구점 앞 버스정류장에서 위 김종삼을 만나 동인으로부터 외국어대학에서 5. 27. 12:50에 학내시위가 있었는데 영어과 4년 이재현의 주동으로 도서관 앞에서 유인물 200여 매를 돌리며 선동하여 100여 명 정도가 모였으나 5분 만에 끝났다는 보고를 받고, 동인에게 5. 27.부터 5. 29. 간 서울대에서 시위가 벌어졌고 김태훈의 투신자살로 만여 명 정도가 시위에 참가하여 크게 번지고 있으니 분위기에 관심을 가지라고 지시하여 반국가단체를 이롭게 하고,

72. 동일 11:00경 서울 강남구 소재 목마다방에서 위 윤성구, 민병두 및 위 이정현을 만나 제14차 경인지부 집행위원회를 개최하고, 동 윤성구로부터, 국풍현장에서 시위를 주동할 만한 사람을 아직 구하지 못하였고. 5. 29. 20:00경 국풍현장에서 산발적인 소규모 시위가 있었으나 워낙 많은 군중에 파묻혀 학생들은 오히려 소수에 불과하였고 도저히 시위를 할 만한 여건이 조성되지 못하였다는 보고를 받고, 동인 등에게 시위를 확대하기 위하여는 다수의 사람이 운집하고 주동할 소수의 팀이 있는 것만으로는 부족하고 운집한 대중의 성향에 어느 정도 동질성이 있어야 하는데, 그렇지 못한 것 같

으니 설혹 팀이 구성된다 하더라도 시위는 불가능할 것으로 보인다. 따라서 국풍싸움 계획은 이것으로 중지하니 6월의 학내시위로 방향을 돌리자고 지시하여, 반국가단체를 이롭게 하고,

73. 상 피고인 이선근에 대한 범죄사실 제35항 기재와 같이 제17차 중앙위원회에 참석하여 반국가단체 구성원들과 회합하고,

74. 상 피고인 이선근에 대한 범죄사실 제37항 기재와 같이 제18차 중앙위원회에 참석하여 반국가단체 구성원들과 회합하고,

75. 동년 6. 6.경 11:00경 서울 강남구 영등포시장 앞 버스정류장에서 위 김종삼을 만나 동인에게 외국어대 내의 조직작업은 잘되어가는가를 묻고, 동인으로부터 김창기가 5. 27. 데모로 도피 중이라는 보고를 듣고 동인에게
"앞으로 김창기를 대신하여 학내조직의 실질적인 학습과 활동을 맡으라. 6. 4.에 이화여대에서 학내시위가 있었는데 2명이 주동하여 1,500명 정도가 전경과 대치하며 1시간 반 동안이나 싸웠다. 여자들도 이와 같이 성공적으로 싸우는 데 비하면 외국어대는 문제가 있다"
고 힐책하며 분발을 촉구하여 반국가단체를 이롭게 하고,

76. 동년 6. 7.경 10:00경 위 선정능에서 위 김창기와 만나 동인에게, 올해 들어 약 30여 건의 시위가 있었으나 모두 산발적이었다. 2학기부터는 이를 지양하고 지역적으로 뭉쳐 진행하여야 한다. 학생운동에 있어서 중요한 것은 몇 사람만이 움직이는 것에서 벗어나 학생대중 속으로 파고들어 새로운 모임을 계속적으로 형성해가고 그 가운데서 우수한 사람을 골라 이들을 재교육하여 확보하는 것이 무엇보다 중요한 과제이다. 이를 위하여 우선 현존 조직에 속해 있는 구성원들을 철저히 훈련시키는 한편, 앞으로는 2학년이 중심이 되어야 하니 기존 조직에 속해 있는 2학년으로 하여금 새로운 모임체를 만들어나가도록 하고 그들에게 구체적인 작업성과가 없을 때라도 실망하지 말고 계속 일을 추진케 하며, 그 새로운 모임체에서 발굴되는 2학년들을 훈련시키는 방법을 연구해나가는 등으로 조직을 확대해나가야 될 것이라고 지시하여,
반국가단체를 이롭게 하고,

77. 동년 6. 초순 일자미상 14:00경 위 선정능 풀밭에서 위 윤성구, 민병두 및 위 이정현을 만나 제15차 경인지부 집행위원회를 개최하고, 동인 등에게, 지난 학기에는 우리 조직의 추진으로 많은 대학에서 10여 차례 시위를 하였고, 그중 몇 건은 많은 학생의 호응으로 성공적이었고 과거에 시위에 열성이 없던 동국대 등 몇몇 대학도 참가하였는데, 이와 같은 계속적인 시위의 의의는

- 운동체 내의 통일의 가능성을 높여주었는바, 즉 이제는 작년 2학기와 같이 조직보전을 이유로 싸움을 자제하자는 논의를 못하게 되었고 또 운동 부재 대학에서도 시위가 일어남으로써 대학 간 통일, 연합의 가능성이 높아진 점.
- 계속적으로 시위가 일어나고 또 성공하게 됨으로써 운동체가 보다 많은 대중의 지지와 신뢰를 얻게 된 점.
- 민주, 정의, 복지 등의 기만적 슬로간으로 대중을 현혹하여 민주적인 학생운동을 폭력으로 진압하려던 현 정권의 비민주적 기도를 폭로한 점.

등에 있다고 설명하고, 앞으로 학생운동이 더욱 발전해가기 위하여는 양심적이고 민주적인 학생대중과 더욱 긴밀히 어울려야 한다고 교양하고,
동 윤성구로부터,
서울대 공대에는 방기문, 박순섭이 지난 5. 28. 시위와 관련 도피 중이고, 사회대에서는 고 김태훈 군의 영결식을 거행하기 위하여 준비위원회를 만들자는 논의가 있으나 책임지고 추진할 사람이 없어 난항 중이며, 5. 27.부터 5. 29. 간 시위로 연행된 학생들 중 200명 내지 300명을 처벌한다는 소문이 있다고 보고를 듣고, 동인 등에게
6. 4. 이화여대 데모는 12:00 무용과 4년 조기숙이 가정대 건물 옥상에 올라가 1시간 이상이나 버티면서 많은 학생들의 호응을 얻었고 법정대 쪽에서는 이정신이 시위를 선동, 모인 학생들이 스크럼을 짜고 전경대와 충돌 2시간 정도 계속되었다고 설명하고, 동 민병두로부터 성균관대에서 이번 학기에 마지막 시위를 할 팀을 규합하여 6월 중 시위를 할 예정이라는 보고를 받아,
반국가단체를 이롭게 하고,

78. 동년 6 .9.경 22:00경 위 이선근의 자취방에서 동인과 만나 동인으로부터 현장에 들어갈 성균관대생 조규형을 익일 22:00 가리봉동 소재 로타리다방으로 나가도록 주선하

라는 말을 듣고 이를 승낙하는 등으로, 반국가단체 구성원과 회합하고,

79. 상 피고인 이선근에 대한 공소사실 제39항 기재와 같이 제19차 중앙위원회에 참석하여 반국가단체 구성원들과 회합하고,

80. 동년 6. 11.경 15:00경 서울 동작구 반포동 소재 다산다방에서 위 이한주 및 조진원과 만나, 동 이한주로부터, 서울대 사회대에서 김태훈의 장례식 거행을 주관하려 하다가 실패하였다는 보고를 받고, 동 조진원으로부터, 동국대에서 데모가 있었는데 한 학생이 교사 위로 올라가 선동하다가 형사들이 접근하자 칼로 자해를 해 학생들을 흥분시킨 후 체포되었다는 보고를 받고,
동 이한주에게 교류조 침투를 강화하라고 지시하여 반국가단체를 이롭게 하고,

81. 동년 6. 13.경 14:00경 서울 강남구 소재 신도다방에서 위 최경환을 만나, 동인으로부터, 서울 중앙지역 각 대학별로 2명씩 접촉하면서 조직확장을 추진 중이나 아직 3개 대학 모두 지부 독자 회칙을 마련하지 못하였고, 학내에서 필요로 하는 자연스러운 모임을 가장하여 지부를 형성해야 하고 도 지부회원은 지부장을 빼고는 상급집행부의 존재를 몰라야 하기 때문에 지부결성이 쉽지 않다는 보고를 듣고, 동인에게, 방학 중에 부족한 점을 보충하도록 하고 다음에 만나서 1학기를 정리하자고 지시하여, 반국가단체를 이롭게 하고,

82. 상 피고인 이선근에 대한 공소사실 제43항 기재와 같이 제20차 중앙위원회에 참석하여, 반국가단체 구성원과 회합하고,

83. 동년 6.14.경 12:00경 서울 강남구 신사동 소재 거목경양식집에서 위 윤성구, 민병두 및 위 이정현을 만나 제16차 경인지부 집행위원회를 개최하고, 동 윤성구에게 각 대학별로 5.27.부터 5.29.간 시위사건으로 처벌받은 학생들을 파악하고 그들 중 계속 시위할 의사가 있는 학생들을 규합하여 시위 계획을 수립하되 도피중인 박순섭, 방기문등을 포섭하라고 지시하고, 동 민병두로부터 시위계획이 노출되었음을 보고받고, 무리하게 6월중에 시위할 생각은 말라고 지시하여, 반국가단체를 이롭게 하고,

84. 동년 6. 14.경 15:00경 서울 강남구 신사동 소재 영동시장 앞 정다방에서 위 김종삼을 만나 동인으로부터 6. 12. 10:50경 외국어대 불어과 학생 5~60명이 영어과 1학년 학생의 의문의 죽음에 항의, 추도식을 갖고 애국가, 상록수 노래를 제창하면서 약 10분간 시위를 했다는 보고를 받고, 동인에게 여름방학 중 학습계획을 준비하라고 하여, 반국가단체를 이롭게 하고,

85. 동년 6. 17.경 14:00경 서울 동작구 반포동 소재 "곰씨"다방에서 위 최경환을 만나 동인에게 방학 중 활동원칙과 2학기 준비를 위한 계획을 수립하되 지부 결성과 그 활동원칙을 명확히 수립하라.
방학기간 중 농촌활동을 확실한 연고지를 찾아서 노력봉사를 중심으로 하는 것이 좋겠다. 성신여대처럼 바닥이 좁은 학교에서 유인물을 뿌리면 곧 발각될 위험성이 많으니 이연미의 유인물 계획은 취소토록 하라고 지시하여,
반국가단체를 이롭게 하고,

86. 동년 6. 18.경 14:00경 서울 영등포구 여의도동 소재 "규방" 경양식 집에서 위 조진원 및 이한주를 만나 동인 등에게 방학 동안의 활동계획으로 교류조 활동을 강화하고 학교 등록써클 중에서 우수하고 민주적인 성향을 지닌 학생들을 발굴하여 의식화학습을 시킨 뒤 본래 위치로 되돌아가 활동하게 하라. 앞으로 피고인은 학생운동에서 손을 뗄 터이니 두 사람이 힘을 합해 더욱 열심히 학생운동을 이끌어가라고 지시하여, 반국가단체를 이롭게 하고,

87. 동년 6. 19.경 09:00경 서울 서대문구 남가좌동 소재 신세계다방에서 위 손형민 및 문은희를 만나,
동 손형민으로부터, 연세대에는 자기가 이과대에서 그룹을 만들어 2번 공부하였고, 이재훈은 법정대의 모든 일을 처리하고 있는데 이춘환 외 1명과 함께 각자 1개씩의 그룹을 만들어 공부하고 있고, 윤태영은 경제학회 1, 2학년을 계속 공부시키고 있다는 보고를 받고, 동 문은희로부터 그동안 실적이 없어서 미안하다, 전부터 하려던 사대 모임을 계속 추진 중이라는 보고를 받은 후, 동인 등에게 연세대는 거의 확실해진 것 같다. 앞으로 가능한 한 문과대, 공대 등 다른 단과대학에도 모임을 만들어보라. 이화여대는 5. 29.과 6. 4.에 각 시위를 했으나 5. 29.시위는 불발이나 다름없고, 6. 4.시위는 약

간 발전된 형태였다. 서울대에서는 5. 27.부터 5. 29.까지 3일간 제법 격렬한 시위가 있었고, 도중 1명이 투신자살까지 하였다. 이와 같은 1학기의 싸움양상은 2학기 싸움을 예측할 수 있게 하는 것이라고 설명하여, 반국가단체를 이롭게 하고,

88. 동년 6. 20.경 11:00경 영등포구 신길5동 소재 피고인 자취방에서 위 윤성구 및 민병두를 만나 제17차 경인지부 집행위원회를 개최하고,

동 윤성구로부터, 서울대에 최근에 있었던 유인물사건은 동인이 5. 27.경 광주사태 구속자 가족 일동이 낸 유인물을 곽복희에게 전달하여 요약 배포케 하였는데, 곽복희는 다시 남화숙, 이선희, 영인, 희랑 등을 규합 일을 맡긴 것으로, 5. 23. 영인이 타자기를 남화숙이 등사기를 각각 구입하여 이선희의 방에서 작성하였고, 작업 후 이선희는 자취방을 이사하였다. 또 5. 23. 서울대 종교학과 3년 미주가 방을 새로 얻어 그곳에서 6. 1. 곽복희, 남화숙, 이선희, 미주, 옥초 등이 유인물을 제작하여 6. 2. 오전에 배포하였는데 6. 15. 아침 남화숙과 옥초가 검거되고, 검거 당시 남화숙은 정서한 문안을 가지고 있었다는 보고를 받고,

동인에게 우선 일을 시킨 동인이 일의 추진과정을 세밀하게 점검하지 못한 점을 지적하면서 앞으로 유인물 작업을 할때에는

첫째, 유인물 제작 배포팀이 어떻게 구성되고 있는가?

둘째, 각종 도구 구입 및 제작장소, 제작도구 및 남은 유인물의 보관 등 제작과정은 어떻게 되고 있는가?

셋째, 작성된 유인물은 누가, 언제, 어디서, 어떤 방법으로 배포할 것인가를 점검하여야 하는데 지난번 실패원인은 유인물의 제작, 배포 시스템이 갖추어져 있지 못하였고 이에 대한 경험이 없었기 때문이며, 보다 더 기본적으로는 아직 우리 조직의 체계가 잡혀 있지 못하여 상급조직자가 대부분의 일을 직접 하지 않으면 안 되어 사전에 치밀한 계획을 세워 실행하지 못하고, 그때그때 임기응변적으로 일을 처리해온 때문이다. 조직이 되기 위해서는 종적으로는 엄격한 상명하복의 관계가 있어야 하고, 횡적으로는 구성원 상호 간의 강한 결속력이 있어야 한다. 이를 위해서는

○ 구체적이고 풍부한 정보가 상급조직으로 올라오고,

○ 이를 토대로 과학적인 운동이론과 정확한 정세판단에 따라 조직 및 투쟁에 관한 합리적이고 일반적인 계획이 수립되어야 하며,

○　이 계획을 실제로 일을 담당하는 하급조직에서 구체화하고,

○　구체화된 계획을 상급조직에서 다시 점검 수정하여 작업의 실행을 지시하며,

○　작업 후 철저한 반성을 거치는

등의 절차를 밟아야 하고, 이러한 방향으로 우리의 조직도 체계화가 이루어 질 수 있도록 배전의 노력을 하여야 한다고 교양한 후, 앞으로 유인물을 정기적으로 내는 방식에 관한 토의로

○　유인물 내용의 작성은 상급조직의 브레인이 하고,

○　유인물 배포팀은 전혀 노출되지 않은 학생으로 구성하여 배포팀 중 1인이 유인물 작성자로부터 유인물 내용을 암기하여 전해받고 팀 내에서 제작하며,

○　배포방식은 과회장, 써클장, 대학신문사, 각 대학 학보 편집장 등에게는 주소록을 입수하여 배포하고, 그 밖에 일반적인 살포방식을 좇아 강의실 등에서 배포하며 아울러 유인물에는 받은 사람이 다시 복제 배포할 것을 명기해둘 것으로 결정하고, 이어서 윤성구로부터 서울대 조직상황 및 활동계획을 보고 받은 후,

집행위원 3인이 역할분담을 토의하여 앞으로 신촌, 청량리, 남부지회는 지부장 윤성구가, 중앙, 동부, 수원지회는 부지부장 민병두가 각각 맡기로 하고, 피고인은 조직 운영 및 활동에 관한 전반적 계획 수립을 담당키로 하며, 6. 22. 18:30경 무학여고 앞에서 최경환을 만나 민병두에게 그 조직을 인계하기로 결정하여, 반국가단체를 이롭게 하는 동시 각 지도적 임무에 종사하고,

89.　반국가단체를 이롭게 할 목적으로

가.　1979. 12. 중순 일자미상경 서울 광화문 소재 민중문화사에서 공산주의 교리에 따른 계급의식과 계급투쟁을 고취시키고 피억압자의 조직전술을 소개하여 민중운동을 선동하는 내용으로 된 필리핀의 마글라야 저 "민중과 조직"이라는 서적 1권을 구입하고

나.　1980. 12. 중순 일자미상경 서울 광화문 부근 소재 중앙도서전시관에서 공산주의의 유물사관에 입각하여 경제사를 설명한 모리스 돕 저 "자본주의 발전연구"라는 서적 1권을 구입하고,

다.　1981. 5. 일자미상경 위 중앙도서전시관에서 노동자에게 반자본주의적 계급투쟁의식을 고취하고 노동운동의 격화를 조성하는 내용으로 된 일본 체신노조 간행의 "노동의 철학" 및 미우라 쓰도무의 "변증법이란 어떤 과학인가"라는 책을 편역한 "노동의 철학"이라는 서적 1권을 구입, 소지하여

라. 1981. 6. 13.경 22:00경 위 이선근의 자취방에서 동인으로부터 유물변증법에 입각한 레닌의 철학적 사상을 기술한 레닌 저 "철학노트"라는 일어판 서적 1권을 빌려,

마. 동년 6. 15.경 14:00경 서울 광화문 부근 민중문화사에서 마르크스의 유물변증법을 정당화하고 공산주의 교조를 선전하는 내용의 카렐 코이직 저 "구체적 변증법"이라는 영문판 서적 1권을 구입하고, 같은 각 표현물을 취득하고,

제4피고인 이덕희는

고교 재학 시 도산 안창호의 민족주의에 대해 흥미를 느껴 1977. 3.경 서울대학에 입학하면서 흥사단 서울대 아카데미 회원으로 가입하여 그 시경부터 동 회원들과 함께 사회 일반문제에 대한 토론, 연구를 하면서 "역사란 무엇인가"(이 에이취 카). "일반경제사"(이영협), "일반사회사상사"(황성모), "후진국경제론"(조용범), "전환시대의 논리"(이영희) 등의 책자를 탐독하면서 고등학교 교육이 단편적인 편견식, 주입식 교육이었고 현실사회가 정치, 경제적으로 부조리가 만연되고 있다는 생각을 하면서 그 근본원인을 파악하기 위해 다시 "민족경제론", "한국농업문제의 인식", "한국경제의 전개과정" 등의 서적을 탐독하면서 현재 세계역사 발전단계는 자본주의의 최후 단계인 독점자본주의 단계로서 선진국의 독점자본이 후진국의 경제잉여를 수탈함으로써 최고이윤의 획득이 가능하며 우리 한국의 경우 해방 후 귀속재산 불하와 미국의 원조, 미·일 등의 차관에 기생한 매판재벌이 매판관료와 결탁하여 인플레, 물가고, 환율인상 등을 통한 경제적 대중수탈로 형성된 저차적 자본으로, 5. 16. 이후 수출경제의 가속화와 함께 한국에서 생산된 경제잉여의 많은 부분을 선진국 독점자본과의 결탁 속에서 해외로 유출시켰으며, 저임금, 저곡가 등으로 노동자, 농민을 중심으로 한 대중수탈을 일층 강화하여 국내적으로는 빈부의 격차를 강화시키고 그 결과 노동자, 농민 등 서민들의 문제점을 양심적이고 과학적으로 인식하는 학생들의 끊임없는 비판에 직면하게 되자 현 지배층은 매판군부까지 동원하여 헌법상의 기본적인 권리마저 부정하면서 강압적인 팟쇼체제로 억압하고 있으며, 그 원인은 한국의 현 지배층이 선진국 독점자본에 기생하면서 수출경제를 통한 노동자, 농민으로부터의 대중수탈만이 그 지배체제를 유지할 수 있었기 때문이라는 모순의 결과라고 생각하고, 그 모순을 해결하고 노동자, 농민들을 해방시켜 그들의 창의력을 바탕으로 한 한국적 특성에 맞는 산업을 발전시키고 생산된 잉여경제의 해외유출을 막고 생산된 부가 국민 모두에 골고루 분배될 수 있는 사회주의국가를 건설하는 것이 옳다는 생각을 갖게 되고, 그 실천방법

으로서는 한국의 민족자본가층이 상대적으로 취약하고 학생들의 세력이 강하므로 학생운동을 중심으로 한 대정부항쟁으로 시작하여 노동자, 농민들의 정치의식을 고취시켜 대중봉기를 유발한 후 부르죠아 민주혁명과 사회주의 폭력혁명을 동시에 달성하는 것이 옳은 방법이라고 생각해오던 중

1. ○ 1980. 7. 3. 11:00경 서울(이하 "서울"은 생략) 관악구 봉천동 소재 유정다방에서 위 서울대 아카데미 선배 회원으로서 알고 지내던 상 피고인 이선근을 만나 동인으로부터 80. 5. 학생시위 실패에 대해

"그 실패원인은 서울대 학생회장 심재철과 배후 복학생인 김병곤 등에게 책임이 있으며 앞으로 그 사람들에 의해 학생운동이 주도되어서는 안 된다"

"앞으로 학생운동이 내실 있는 투쟁이 되어야 하고 현 정부는 정치적 탄압과 경제적 수탈을 강화할 것이니 끈질기게 투쟁하면 현 정권을 타도하고 혁명을 이룩할 수 있으니 같이 조직활동을 하자"

는 말을 듣고 이를 승낙하고 다시 동인으로부터

"아카데미 회원 중 79학번(79년도 대학 입학생)을 소개해달라"

는 하는 말을 듣고 동인에게 2주일 내로 소개해주겠다는 말을 한후, 동인과 함께 조직방법으로서는 79학번 학생들을 모아 예비학습그룹을 만들어 의식화교육을 실시한 다음 그중에서 조직원을 선발키로 합의하고,

○ 동년 7월 초순 15:00경 관악구 봉천동 중국음식점에서 전부터 알고 지내던 서울대 공대 2년 공소 외 이한주를 만나 동인에게

"지난 5월 학생운동의 실패는 사태를 정확하게 파악하지 못한 데 원인이 있으며 앞으로 학생운동을 계속하기 위하여는 공부를 열심히 해야 한다"

고 하면서 선배 한사람을 소개시켜주겠으니 지도를 받아보라고 권유하고 동인의 승낙을 받은 다음 동년 7. 초순 13:00경 같은 동 소재 천우다방에서 위 이선근에게 동 이한주를 소개시키고

○ 동년 7월 중순 14:00경 영등포구 양평동 소재 유리다방에서 위 이선근의 소개로 상 피고인 홍영희, 공소 외 김찬 등을 만나 5월 학생시위에 대한 분석을 하면서 동 홍영희로부터

"5월 학생시위가 대규모였음에도 불구하고 실패한 것은 학생회장단의 지도보다는 학생운동을 반독재, 민주투쟁으로 연결시킬 각 대학의 지도적 활동가가 없었던 것이 중

요 원인이었다”

는 말을 듣고, 이선근으로부터,

“앞으로의 학생운동은 5월 하순과 같은 상황에 대비하여 학생운동조직이 형성되는 것이 주임무다”

는 말을 듣고, 다시 김찬으로부터,

“5월 학생운동을 어떤 한계선까지 이르러야 했는가에 대해 인식이 부족한 상태라는 감이 있고 이는 학생운동이 조직화되지 못한 것이 원인이었다고 생각한다”

는 말을 들은 다음, 다시 위 이선근으로부터

“학생운동은 문제제기집단으로서의 운동이고 문제해결은 역시 노동자가 주가 되고 농민, 소시민, 의식화된 일부 학생들로 조직된 민중집단이 하여야 한다”

는 등의 말을 들은 다음, 이에 동조하고

○ 동년 8. 5. 15:00경 관악구 봉천동 소재 유정다방에서 위 이선근을 만나 학생조직의 필요성에 대한 말을 들으면서 동인으로부터,

“각 대학에서 의식화 대상자를 물색하여 조직을 하고 그중에서 “핵”을 선발하여 조직의 근간을 삼아야 한다”

는 말을 듣고 조직원으로서 활동하겠다는 승낙을 한다음, 다시 동인으로부터

“궁극적 목표는 사회주의혁명을 하는 데 있다”

는 말을 들은 다음 이에 동조함으로써 동인과 현 정권을 타도하고 사회주의혁명을 위한 반국가단체를 구성키로 공모하고,

○ 동년 8. 12. 11:00경 동 다방에서 다시 동인을 만나 동인으로부터 조직요령에 대해

“조직은 1:1의 점조직을 완벽하게 해야 하고 우리들이 추구하고 있는 사회주의혁명의 성숙시기는 대중이 경제적 수탈을 당하고, 합법적 통치가 불가능하며 정치적 탄압이 가중되고 있을 때인데 학생운동을 하기 위하여는 대학원 진학을 하도록 하라”는 권유를 받고, 가족과 상의하여 결정하겠다고 말하고,

○ 동년 8. 20. 14:00경 관악구 신림동 소재 고려제과점에서 위 이선근, 동 김찬, 동 홍영희, 동 박성현과 만나 인근 중국음식점에 함께 가서 동 이선근으로부터

“학생운동을 치열하게 하기 위하여는 조직화가 필요하니 각 대학교를 망라하여 79학번 학생을 포섭, 의식화학습을 실시하여 활동성이 강한 자를 선발하여 각 대학에 “핵”으로 침투케 해야 한다”

는 말을 듣고, 이에 동조하고

○ 동년 8. 30. 17:00경 관악구 신림동 소재 위 이선근의 자취방에서 동인과 위 박성현, 동 김찬, 동 홍영희 등을 만나 이선근으로부터 학생운동의 조직화에 대한 필요성에 대해 말을 듣고 다시 박성현으로부터

"5월의 학생시위는 광주사태를 보고 느꼈지만 현 학생운동을 조직적인 세력으로 확산할 필요성이 있다"

는 말을 듣고 다시 이에 동조하고

○ 동년 9. 20. 17:00경 위 봉천동 중국음식점에서 동인들을 만나 위 이선근으로부터

"현재 고려대학교가 학생운동에 중요한 학교이니 동교까지 우리 조직을 확산시켜보자"

"동 대학 아카데미 회원 중에 조직에 가입시킬 사람이 있느냐"

는 말을 듣고, 동 김찬으로부터

"고려대학교는 아카데미 활동이 부실하고 제대로 의식화할 지도자가 없는데 79학번 중에도 마땅한 사람이 없을 것 같다"

는 말을 들은 후, 고대 내 다른 학회라도 알아보자는 등으로 상의하고

○ 동년 9. 27. 15:00경 동 중국음식점에서 위 이선근, 동 박성현, 동 홍영희 등을 만나 대학시위, 선동에 대한 의논을 하면서 서울대학교의 5월 시위사건 이후 미온적인 태도에 대해 비판을 하고

"광주사태의 실패원인도 서울대가 주도한 5월 싸움의 실패 때문이다"

라는 유언비어를 퍼뜨려 동 대학을 자극하고

○ 동년 10. 11. 15:00경 동작구 대방동 소재 중국음식점에서 위 이선근, 동 박성현, 동 홍영희, 동 김찬 등과 만나 조직의 회칙 제정에 대한 필요성 여부를 토의하면서 이선근으로부터

"어떤 일을 할 때에는 반드시 형식이 필요한데 앞으로 우리의 활동목표에 맞는 형태를 규정하기 위하여 회칙이 있어야 한다"

는 말을 듣고 이에 동조한 후 위 박성현과 동 김찬에게 회칙 초안을 작성해오도록 합의하고

○ 동년 10. 18. 15:00경 종로구 창신동 소재 중국음식점에서 다시 동인들과 만나 회칙문제를 토의하던 중 동 김찬으로부터 자기 학교 유인물살포사건으로 자기가 의심받고 있으며 고대 내에서 데모가 크게 번졌다는 말을 듣고,

○ 동년 10. 25. 15:00경 중구 명동 소재 롯데백화점 앞 경양식집에서 위 이선근, 동 박성

현, 동 홍영희 등과 만나 김찬의 구속 사실에 대해 의논하면서 앞으로 보안상 등 이선근의 자취방에서 회합키로 결의하고,

○ 동년 11. 14. 15:00경 위 이선근의 자취방에서 다시 동인들과 만나 이선근으로부터
"앞으로 대정부항쟁 및 사회주의혁명을 위한 학생운동의 조직을 구성하는 데 참가할 79학번 중 "에이" 예비그룹은 문은희, 최경환, 손형민, 이한주로 조직하였고 "비" 예비그룹은 이연미, 김연기, 김철, 이종구 등으로 조직하였는데, 이를 본인이 지도하기 곤란하니 그 지도학습을 담당할 사람을 소개해달라"
는 말을 듣고, 다시 박성현으로부터
"77학번 중 서울대학교 경제학과 4학년에 재학 중인 박문식이라는 사람이 있는데 적당할 것이다"
라는 말을 듣고

○ 동년 11. 23. 11:00경 영등포구 문래동 소재 옥호미상 다방에서 동인들과 만나 위 이선근으로부터 박문식을 만나 썩 좋은 인상을 받고 같이 활동하기로 약속했다는 말을 듣고

○ 동년 11. 28. 15:00경 위 이선근의 자취방에서 동인들과 만난 자리에 위 박성현이 동 박문식을 데리고 나와 동인을 소개시키고 이선근이 박문식에게 예비학습그룹 지도를 맡아달라고 하여 동인이 이에 승낙하므로 동인을 동 그룹지도자로 맡길 것을 모의하고

○ 동년 12. 13. 15:00경 종로구 종로2가 파고다공원 옆 경양식집에서 위 이선근, 동 박문식, 동 박성현, 동 홍영희 등과 만나 서울대 12. 11. 유인물살포사건 실패에 대한 의논을 하면서
"유인물 내용이 학생 본연의 자세에서 너무 유리되었고 학생들이 데모를 바라는데 오히려 그 열기를 약화시키려는 행동이었다"
는 등의 유언비어를 유포시키자고 결의하고

○ 동년 12. 20. 15:00경 서대문구 홍은동 미미다방에서 동인들을 만나 위 박성현으로부터 서울대 12. 11. 유인물사건으로 동인이 수배되었다는 사실을 듣고

○ 1981. 1. 17. 14:00경 동대문구 이문동 중국음식점에서 동인들과 만나 조직을 정비하여 예비학습그룹을 지도할 프로그램을 만들자고 합의하여 각자 한 분야씩 담당키로 하고 피고인은 "문학", 위 이선근 "사상사", 동 홍영희는 "운동사", 동 박문식은 "경제", 동 박성현은 "역사"를 담당키로 합의하고

○ 동년 1. 24. 15:00경 같은 중국집에서 다시 동인들과 만나 다시 위 프로그램 작성에 대한 토의를 하고,

○ 동년 1. 31. 15:00경 위 이선근의 자취방에서 동인들을 만나 회칙문제를 토의하면서 위 홍영희로부터

"우리 조직의 회칙은 이미 의견의 일치를 본 바 있는 현 정부 타도, 반독재 구국투쟁의 뜻이 포함되어야 한다"

는 말을 듣고 다시 박성현으로부터

"조직의 목적은 일반 학생의 의식화를 통해 학원의 민주화를 달성하는 것이어야 한다"

는 말을 들은 다음 이선근으로부터

"우리 조직은 의식화를 통해 학원의 민주화와 전 조직을 장악하고 이미 의식화된 조직원을 현장에 침투시켜 일반 대중을 의식화하여 동 조직을 동원, 민중봉기를 유발시켜 사회혼란을 조성하고 폭력혁명을 하여 사회주의국가를 건설하는 것이다"

라는 말을 듣고 모두 이에 동조하는 등으로 비밀조직 구성에 대한 합의를 함으로써 현 정부를 타도하고 사회주의혁명을 위한 반국가단체를 구성할 것을 결의하고

○ 동년 2. 10. 20:00경 같은 자취방에서 동인들을 만나 회칙작성에 대해 의논하면서 위 이선근으로부터

"우리 조직에 대한 회칙은 당초 보안이 누설될 시 조직원의 희생을 염려하여 제정하지 않으려고 하였으나 회칙이 없을 경우 조직원에 대한 구속력을 행사할 수 없고 조직에 대한 기준이 없어 조직확장이 어려우므로 제정하는 것이 좋겠다"

"보안상 전문에는 학원의 민주화, 광주사태 정치적 탄압을 강조하여 합법성을 가장하여야 한다"

는 등의 말을 듣고 모두 이에 찬성을 한 후 회칙내용에 대한 대체토론을 하고

○ 동년 2. 21. 18:00경 같은 방에서 동인들과 만나 위 박문식이 초안 작성해온 5장 16조로 된 회칙 초안을 검토하면서 동인으로부터

"이 회칙에는 우리 조직의 목적인 조직구조에 대한 명확성이 없어 마치 학생회 써클 회칙 같고 내용이 빈약하다"

는 말을 듣고, 다시 이선근으로부터

"일단 작성된 것이니 내가 보관하겠다. 그러나 조직작업은 이 회칙이 조직구조에 대한 틀은 잡혔으니 그대로 진행토록 하고 지회단 위에 내려갈 분회회칙은 정리해온 수준

에서도 가능하다"

는 말을 들은 다음 동인으로부터 동 회칙을 근거로 하여 각 분회회칙을 작성해오라는 지시를 받고, 동 박문식은 위 이선근으로부터 조직대상자로서

- 성균관대학교에 위 최경환
- 서울대학교에 동 이한주
- 연세대학교에 동 손형민
- 이화여대에 동 문은희
- 동국대학교에 동 이종구
- 성신여대에 동 이연미

등을 각 추천받고, 동 홍영희는 동 이선근으로부터 조직원의 생활태도에 대한 내규를 작성해올 것을 지시받고,

○ 동년 2. 22. 18:00경 같은 자취방에서 동인들과 만나 위 이선근으로부터

"지금까지는 조직 예비대상자를 개별적으로 접촉, 의식화하는 과정에서 사회주의혁명을 목적으로 조직의 필요성에 대한 공감을 하였으므로 기존 학습그룹의 운영을 통해 조직책임자로 일할 사람들이 어느 정도 확보되었다. 이제는 학생운동을 전국적인 조직체로 확대하여 조직할 시기가 왔다"

는 말을 듣고 전부 이에 동조하고 동시 동 조직의 회칙은 위 이선근과 동 박문식이 다시 정리 작성하여 결정하자고 합의하고,

○ 동년 2. 27. 18:00경 같은 방에서 위 이선근, 동 박문식, 동 박성현, 동 홍영희 등과 만나 발기인대회를 개최하고 이선근 등이 다시 작성하여온 전 제1의 1항 전국민주학생연맹 회칙에 대한 토의를 한 다음 자구수정 등을 하여 이를 회칙으로 확정함과 동시 단체의 명칭을 "전국민주학생연맹"이라 하고 동 단체의 최고의결기관을 중앙위원회로 확정한 후 피고인을 포함한 위 발기인 5명이 중앙위원으로 취임키로 결의한 후 각 이에 취임함으로써 정부를 참칭하고 국가를 변란할 목적으로 반국가단체인 "전국민주학생연맹"을 구성하여 그 간부가 되고

2. 그 시경 같은 곳에서 동 중앙위원들과 제1차 중앙위원회를 개최하고 조직확대 방안에 대하여 의논하면서 위 박성현을 서울, 경기지부(경인지부) 조직관리 책임자로 선임하고 각 대학별로 조직책을 인선키로 결의함으로써 반국가단체의 구성원들과 회합하고

3. 상 피고인 이선근에 대한 범죄사실 제4항 기재와 같이 제2차 중앙위원회에 참석하여 반국가단체의 구성원들과 회합하고

4. 상 피고인 이선근에 대한 범죄사실 제5항 기재와 같이 제3차 중앙위원회에 참석하여 반국가단체의 구성원들과 회합하고

5. 상 피고인 이선근에 대한 범죄사실 제9항 기재와 같이 제4차 중앙위원회에 참석하여 반국가단체의 구성원들과 회합하고

6. 상 피고인 이선근에 대한 공소사실 제10항 기재와 같이 제5차 중앙위원회에 참석하여 반국가단체의 구성원들과 회합하고

7. 상 피고인 이선근에 대한 범죄사실 제11항 기재와 같이 제6차 중앙위원회에 참석하여 반국가단체의 구성원들과 회합하고

8. ○ 1981. 3. 하순 12:00경 서울대학교 미생물학과 내 실험실에서 위 아카데미 회원으로 활동할 때 알게 된 서울농대 농학과 4년 공소 외 동인규를 만나 동인에게, 작년 5월 데모에 대한 평가를 물어 동인으로부터
    "당시에는 학생운동을 주도해나갔던 학생회가 실제로 싸우겠다는 의사가 없어 학생들 내부에서 솟아오르는 열기를 더 이상 감당하지 못하는 상태에서 가두시위로 나갔기 때문에 학생들을 충분히 이끌어나갈 만한 준비도 되어 있지 않고 그럴 마음도 갖고 있지 않았다"
    는 말을 듣고, 동인에게,
    "작년 학생회가 가두시위로 나가기를 거부한 것은 극우파에 대한 반동의 명분이 된다는 것이었으나 그것은 큰 오산이었고 극우파는 이미 반동의 준비가 되어 있었던 상태였으며 학생운동은 깨어지더라도 일반 시민대중을 가담시켜야 했다. 5월 이후 학내에서 주전이니 주화니 했으나 어쩔 수 없이 일으킨 것이 12. 11. 유인물살포사건이고 그로 인해 80여 명이 구속되거나 군대에 가게 되었다"
    면서 농대 써클은 어떻게 되어가느냐고 물어 동인으로부터 60개 써클이 있으나 신입생모집이 힘들고 농대에서는 농업문제에 치중한다는 보수성이 있어 매우 미진한 상태

라고 하므로 동인을 포섭하여 동 단체에 가입시켜야겠다는 생각을 하고

○ 동년 3. 하순 11:00경 인천시 인현동 소재 고전화랑에서 동인과 만나 동인에게

"10.26의 원인은 와이·에이취사건과 부마사태 및 경제적 파탄에 따른 지배층 내부의 분열로 국민들의 불안의식을 흡수 완화시키려는 정승화 등 온건파에 의하여 주도된 것이었으나 전00을 중심으로 한 극우 강경파가 12.12 군사쿠데타로 국민들의 환상을 깨부셨으며 그 이후 80. 5. 17.까지의 과정은 자기의 세력편성을 위한 사기극이었다"

는 말을 하고, 동인으로부터 농대 내에는 일을 하겠다는 의욕이 있는 사람이 없다는 말을 듣고, 다시 동인에게

"농대 내의 78학번 각 팀 6명으로 구성된 협의체는 경찰에서 이미 다 파악하고 있는 것이니 차라리 해산하는 것이 낫고 앞으로는 일을 위주로 모임을 만들고 비밀을 기할 수 있는 점조직 형태를 갖추어야 한다"

"각 대학이 고립적인 조직이 아니라, 지휘계통이 설 수 있는 전 대학 간의 연계가 이루어져야 하니 수원을 중심으로 조직구성을 맡겠느냐"

고 물어 동인으로부터 이를 승낙받고

○ 동년 4. 초순부터 중순경까지에 동 화랑에서 2회에 걸쳐 동인을 만나 위 농대 및 수원에 있는 다른 대학교 또는 분교의 대학생들과 함께 수원지역의 조직을 구성하라 하고 당시 수원지회장으로 선임되었던 동인규를 만나 함께 일하라는 등으로 말하면서 위 "전·민·학·련"의 조직은 이를 비밀로 한 채 알리지 않고

○ 동년 4. 하순 11:00경 동 화랑에서 다시 동인을 만나 동인에게 현 경제체제의 모순 및 현 정권에 대한 비판 등을 역설하면서

"이런 상황에서 학생운동은 중요한 의의를 가지며 역사적으로도 큰 비중을 차지하고 있다"

"의식화되지 못한 일반대중을 학생이 기폭제가 되어 대중폭동을 일으켜야 하며 그렇게 하기 위하여는 학생운동이 확산되어야 하고 폭동화되어야 하며 한국은 부르죠아 민주혁명과 사회주의혁명이 단계적으로 일어나는 것이 아니라 연속적으로 일어나야 가능하다"

고 하면서 앞으로 개인적인 사정으로 인해 만나지 못하겠으니 내가 다음에 소개시켜 주는 사람과 만나서 일을 해나가라고 하여 동인의 승낙을 받고

○ 동년 5. 초순 18:30경 용산역 전 고려당 제과점에서 위 박문식에게 경인지부 부지부장 민병두를 동인규에게 연결시켜 두 사람을 만나게 하여 함께 일을 해나가도록 시키자

고 하여

동년 5. 7. 16:00경 동 제과점에서 만나도록 주선하기로 약속하고

○   동년 5. 7. 14:00경 서울대학 내 제2식당에서 위 동인규를 만나 동인에게 위 약속 사
    실을 말하면서 동 민병두를 만나 함께 일을 해나가라고 지시하는 등 동 단체의 조직을
    확산 연결시키는 등으로,
    반국가단체를 이롭게 하고

9.   상 피고인 이선근에 대한 범죄사실 제13항 기재와 같이 제7차 운영위원회에 참석하고
     반국가단체의 구성원들과 회합하고

10. 상 피고인 이선근에 대한 범죄사실 제14항 기재와 같이 제8차 중앙위원회에 참석하여
     반국가단체의 구성원들과 회합하고

11. 상 피고인 이선근에 대한 범죄사실 제16항 기재와 같이 제9차 중앙위원회에 참석하여
     반국가단체의 구성원들과 회합하고

12. 상 피고인 이선근에 대한 범죄사실 제 17항 기재와 같이 제10차 중앙위원회에 참석하
     여 반국가단체의 구성원들과 회합하고

13. 상 피고인 이선근에 대한 범죄사실 제19항 기재와 같이 제11차 중앙위원회에 참석하
     여 반국가단체의 구성원들과 회합하고

14. 상 피고인 이선근에 대한 범죄사실 제20항 기재와 같이 제12차 중앙위원회에 참석하
     여 반국가단체의 구성원들과 회합하고

15. 상 피고인 이선근에 대하여 범죄사실 제24항 기재와 같이 제13차 중앙위원회에 참석
     하여 반국가단체의 구성원들과 회합하고

16. 상 피고인 이선근에 대한 범죄사실 제27항 기재와 같이 제14차 중앙위원회에 참석하
     여 반국가단체의 구성원들과 회합하고

17. 상 피고인 이선근에 대한 범죄사실 제28항 기재와 같이 제15차 중앙위원회에 참석하여 반국가단체의 구성원들과 회합하고

18. 상 피고인 이선근에 대한 범죄사실 제29항 기재와 같이 제16차 중앙위원회에 참석하여 반국가단체의 구성원들과 회합하고

19. 상 피고인 이선근에 대한 범죄사실 제35항 기재와 같이 제17차 중앙위원회에 참석하여 반국가단체의 구성원들과 회합하고

20. 상 피고인 이선근에 대한 범죄사실 제37항 기재와 같이 제18차 중앙위원회에 참석하여 반국가단체의 구성원들과 회합하고

21. 상 피고인 이선근에 대한 범죄사실 제39항 기재와 같이 제19차 중앙위원회에 참석하여 반국가단체의 구성원들과 회합하고

22. 상 피고인 이선근에 대한 범죄사실 제43항 기재와 같이 제20차 중앙위원회에 참석하여 반국가단체의 구성원들과 회합하고

23. 반국가단체를 이롭게 할 목적으로

가. 1978. 1. 일자미상 16:00경 종로구 광화문 소재 진흥문화사에서 자본주의가 변질되어 국가자본주의의 새로운 단계에 있다면서 자본주의사회의 붕괴의 필연성을 강조하고 있는 영국 마르크스 경제이론가인 모리스 돕(Mourice Dobb)의 "자본주의의 어제와 오늘" 영문판 원서 1권 및 사회주의사상을 찬양하고 소련이 자본주의사상을 극복한 사회주의체제의 모범으로서 이를 찬양하고 있는 미국 레오 휴버만(Leo Huberman)의 "인류의 재화" 영문판 원서 1권을 각 매입하고

나. 동년 9. 일자미상 17:00경 관악구 신림동 서울대 앞 광장서점에서 공산주의 혁명사상을 자본주의사회 타도의 원동력이라 주장하면서 베트남, 쿠바, 중공의 적화를 당연한 역사적 흐름이라고 정당시하면서 사회변란의 저항운동을 정당화한 내용인 미국의 마르크스이론가 마르쿠제(H. Marcuse)의 "해방에 관한 소론" 영문판 원서 1권을 매입하고

다. 그 시경 위 서울대 사회대 사무실에서 마르크스주의 이론가 15명의 논문집으로서 공산주의 교조에 따른 사회발전의 이론을 전개한 영국 이마뉴엘 데 캇트(Emanuel De Kadt)의 "사회학과 발전" 영문판 원서 1권을 매입하고

라. 1980. 4. 일자미상 18:00경 종로구 종로1가 소재 광화문서점에서 마르크스주의만이 인간소외를 극복할 수 있는 참다운 휴머니즘이고 쏘련의 공산주의국가가 위 휴머니즘이 실현된 국가라고 찬양하는 일본 무다이 리사꾸(務台理作)의 "현대의 휴머니즘" 일어판 원서 1권을 매입하고

마. 그 시경 17:00경 위 광장서점에서 마르크스의 "자본론" 레닌의 "농업" "농민문제" 이론 등 공산주의경제 이론에 입각하여 자본주의사회에 있어서의 농업은 자본가계급의 착취수단이고 사회주의국가에 있어서만이 생산발전이 빠른 이상적 농업체제라면서 북괴의 농업정책을 찬양하고 있는 일본 공산주의 이론가들의 논문집으로 우메가와 쓰도무(梅川勉) 편저 "농업문제의 기초이론" 일어판 원서 1권을 매입하여 각 표현물을 취득하고

제5피고인 홍영희는

이화여자대학교 문리과 대학 인문사회계열 1학년에 재학 중이던 1977. 5경부터 정부나 대학당국이 학문연구를 편파적으로만 허용하고 현실비판에 대하여는 무조건적으로 억압을 하며 다양한 학문연구를 통해 대학생활의 보람을 찾으려던 당초의 기대가 크게 어긋났다고 생각하는 한편, 그경 동교 대강당에서 사회학과 3년 최정순 등이 주동한 유신반대 집회에 참석하게 되면서 당시 박정권은 유신헌법과 대통령긴급조치로 국민의 기본적 권리를 말살하고 민주세력을 폭력으로 탄압, 장기집권을 위한 독재를 하고 있다고 판단하고, 학교강의에 흥미를 잃고 보다 자유로운 학습써클을 탐색하던 중 2학년 말기인 1979. 2.경 동교 이념써클인 "불휘"에 가입, 동년 3.경부터 9.경까지 동 회장으로 활동하면서 지식산업사 발간 "한국근대사론", 조영범 저 "후진국경제론" 등 서적을 교재로 한 세미나에 참석, 토론하는 과정에서 우리나라는 현재도 일제식민지 상태에서와 마찬가지로 반봉건, 반식민지 상태에 있으며 정치적 억압과 경제적 빈곤이 더욱 심화되고 있어 민족적 민주주의 혁명의 필요성이 절실하고 그 단계에서는 의식화된 학생의 역할이 매우 중요하므로 자신도 그러한 역할에 몸을 바치겠다고 결심하고, 1979. 7.경 흥사단 대학생 아카데미 경인지구연합회에 가입, 동년 9.경부터는 동 부

회장으로 선임되어 활동하면서 상 피고인 이태복, 서울대 정치학과 3년 위 박성현, 성균관대 경제학과 3년 김찬, 동 무역학과 3년 민병두, 서울대 국사학과 3년 오춘완, 고려대 철학과 3년 유권종 등과 수시 접촉하는 한편, 그경부터 1981. 2. 졸업 무렵까지 위 양 써클에서의 세미나, 수련회 등을 통하여 이 에취 카 저 "역사란 무엇인가", 최종식 저 "서양경제사론" 오스카랑에 저 "정치경제학" 등을 학습하고 현실문제를 토론하는 동시, 독자적으로 모리스 돕 저 "자본주의 발전연구", 박현채 저 "민족경제론", "한국농업문제의 인식", 송건호 저 "해방전후사의 인식", 조용범 저 "후진국경제론", 노명식 저 "프랑스혁명에서 파리콤뮨까지", 김학준 저 "러시아혁명사" 그 밖에 "20세기 사회주의", "중국공산당사", "폐다고지" 등 경제, 사회문제에 걸친 다수의 서적을 읽는 과정에서, 역사라는 것은 일정한 법칙하에 필연적으로 움직이는 하나의 과정이며 이를 움직이는 요소는 생산력과 생산관계의 모순 및 그 변증법적 지양이라는 경제적인 요소이고, 인류역사가 원시 공산제사회에서 고대 노예제사회로, 다시 중세 봉건제사회에서 자본주의사회로 발전한 것도 위와 같은 생산력과 생산관계의 모순에서 기인한 것이며, 자본주의사회는 당시 경제구조의 자기모순에 의하여 말기적 증세인 제국주의로 이행하게 되고 그 모순의 극한점에서 프로레타리아 계급투쟁에 의해 필연적으로 사회주의사회로 넘어가게 된다는 역사관을 가지게 되고, 이러한 관점에서 우리나라의 상황을 직시하면, 제국주의화된 선진자본국과 후진자본국 간의 침략, 수탈의 관계는 그대로 미·일 등 강대국과 우리나라와의 관계로 조명될 수 있고, 자본주의 사회구조의 모순을 필연적으로 현 정권, 군부 및 자본가를 "매판팟쇼집단"으로 만들게 하였고, 2차대전 이후 새로이 나타난 신식민주의 현상으로 우리나라와 같은 후진국은 선진자본국에 철저히 예속되어 그들이 소위 국내 팟쇼집단과 함께 민중의 노동력을 수탈함으로써 민중은 이중의 착취 속에 허덕이게 될 상태에 있다고 독단하고, 이와 같은 상황을 타개하기 위하여는 우선 제1차로 "매판팟쇼집단"을 타도하여 민주화를 달성한 후 궁극적으로는 모든 생산수단의 공동적 소유 또는 국가적 소유를 통한 생산수단의 사회화를 이룩함으로써 인간에 의한 인간의 착취가 없고 분배의 평등이 이루어지는 사회주의국가 건설을 달성하여야 하며, 따라서 현실에서 사회주의국가 건설까지는 2단계의 혁명을 거쳐야 하는바, 그 제1단계인 반팟쇼투쟁 단계에서는 노동자, 농민, 지식인 및 학생을 의식화함으로써 광범위한 연합전선을 형성, 민중봉기의 방법으로 현 팟쇼정권을 타도하고 민족적 민주주의 혁명을 이루어야 하며 그 후부터 국민경제의 기반을 이루는 대독점업체의 국유화를 통해 사회주의 실현의 전제를 마련해나가야 하며, 이와 같은 반팟쇼혁명의 여세를 몰아 민족적 민주주의 단계에서 실질적인 사회주의 건설의 전제를 마련하면 프로레타리아 계급이 다수당으로 부상하게 될 것이고 그 다수당의 힘으로 부르죠아 국가체제를 철저히 배제하고 완전한 국유화를 달성하게 되면 억압하는 자와 억압받는 자가 해소되어 계급 그 자체가 소멸하는 이상적인 사회주의국가가 실현될 것이라는 맹신 아래 그경부터 1980. 5.경까지 사이에 기회 있을 때마다 각종 시위에 솔선 참가하여 정권 타도와 사회주의 실현을 추구하여오던 중,

1. ○ 1980. 7. 초순 일자미상 15:00경 서울 영등포구 양평동 소재 석굴암다방에서 과거 흥사단 아카데미 경인지구연합회에서 같은 부회장으로 활동한 바 있는 성균관대 경제학과 3년 김찬의 소개로 상 피고인 이선근을 인사하고, 동인으로부터 흥사단 아카데미 연합회가 5. 17. 이후 전혀 움직임이 없으니 반독재투쟁 중 학생활동을 강화하기 위하여 그 조직을 재정비하자는 제의를 받고 당시의 문제상황을 같이 느끼고 있던 터라 즉석에서 이를 수락하고 동인으로부터 우선 흩어진 회원들을 모아 학습을 시키는 일이 중요하니 이화여대 79학번 후배 중 쓸 만한 학생을 소개시켜달라는 부탁을 받아 그렇게 하기로 약속한 후,

   ○ 동년 7. 초순 일자미상 서울 영등포구 양평동 소재 유리다방에서 위 이선근, 김찬 및 그들과 함께 온 상 피고인 이덕희를 만나 동년 5월 학생시위 사태를 분석하면서, 지난 5월 학생시위가 그와 같이 대규모화되었음에도 불구하고 실패로 끝난 것은 각 대학의 학생회장단에 문제의식과 열의가 적고 각 대학에 학생운동을 반독재민주투쟁으로 연결시킬 지도적 활동가가 없었던 데에 주요 원인이 있다고 말하자, 동 김찬은 당시 학생들 간에 5월 학생운동을 어떠한 한계까지 이끌어가야 할 것인가에 대한 올바른 인식이 부족한 상태에 있었고, 이는 학생운동이 조직화되지 못한 데 그 원인이 있다고 생각한다고 말하고, 동 이선근이 앞으로 학생운동은 광주사태와 같은 대규모적 시위에 대비해 이를 조직화하는 것이 필요하다고 하여 거듭 학생운동 조직화를 강조하자 이에 동의하고,

   ○ 동년 7. 중순 일자미상 17:00경 서울 서대문구 신촌역 부근 소재 "브람스"경양식집에서 동 이선근을 만나 동인으로부터 현 정부는 앞으로 정치적 탄압과 경제적 수탈을 강화할 것이 예상되고 그에 따라 민심이 정부로부터 떠날 것이니 이 기회를 타서 학생운동을 대정부투쟁으로 끈질기게 강화해나가면 현 정부를 타도할 수 있고 그 후 사회개혁을 실현할 수 있으므로 이를 추진하는 운동을 하려 하니 이에 참여하라는 제의를 받아, 동인 등이 구상하고 있는 학생조직이 흥사단 아카데미와는 별도로 현 정권 타도 및 사회체제 개혁을 목표로 하고 위 사회개혁이라 함은 곧 사회주의 실현을 의미한다는 사실을 인식하게 되고,

○ 그 시경 미리 된 약속에 따라 인근 "80"주점에서 이화여대 사범대 사회생활과 79학번 문은희를 학습대상자로 동 이선근에게 소개하는 자리에서 동 이선근이

"지난 5월 학생시위는 많은 학생들이 군중심리로 집결되었을 뿐 의식화된 학생이 없었기 때문에 실패로 돌아갔으니, 학생운동을 지도할 능력을 기르기 위해 같이 학습을 하자"

고 제의, 동 문은희의 승낙을 얻은 것을 보고, 위와 같은 인식을 더욱 굳힌 후,

○ 그 후로도 계속적으로 동인 등과 접촉하여 오던 중 동년 8. 30.경 17:00경 서울 관악구 신림동 소재 상 피고인 이선근의 자취방에서 동 이선근, 이덕희, 김찬 및 박성현 등과 만나, 이선근으로부터 이번 모임은 5월 학생시위의 반성 위에 학생운동을 조직화하기 위한 것이라는 설명을 듣고, 동 박성현으로부터 광주사태를 보고 느꼈지만 학생운동은 조직적인 세력으로 확충하지 않으면 성공할 수 없다는 말을 들어 이에 동감하고,

○ 다시 동년 9. 20.경 17:00경 서울 관악구 봉천동 소재 옥호미상 중국음식점에서 위 이선근, 박성현, 이덕희, 김찬 등과 만나, 동 박성현으로부터 서울대는 3, 4학년 학생들이 5월사건 이후 많이 위축되었고, 기존 학회 구성원들이 대부분 "한사"(한국사회연구회)에 가입한 후 별로 싸울 의사가 없는 것 같다는 말을 듣고, 동 이선근으로부터

"지난 4월 이후 학내싸움을 가장 잘한 대학이 성균관대학이고, 서울대의 미온적인 태도에 대하여 다른 대학에서 비난을 하고 있다. 광주사태의 실패원인도 서울대가 주도한 5월 싸움의 실패 때문이다"

는 소문을 퍼뜨려 서울대 학생들을 자극, 학내조직을 확대해나가도록 하자는 제의를 받아 이에 동의하고,

○ 동년 10. 11경 15:00경 서울 동작구 대방동 소재 옥호미상 중국음식점에서 위 이선근, 박성현, 이덕희, 김찬 등과 만나, 동 이선근으로부터 앞으로 우리의 조직을 정예화하기 위하여 회칙이 있어야 할 터이니 동 김찬에게 그 초안을 작성해보라고 제의, 그렇게 하기로 결정하고,

○ 동년 10. 25.경 15:00경 서울 명동 소재 롯데백화점 앞 옥호미상 경양식집에서 위 이선근, 박성현, 이덕희 등을 만나, 동 이선근으로부터 김찬이 성균관대 유인물사건의 배후 조종자로 지목되어 결원이 생겼는데 다음부터는 보안관계상 가급적 동 이선근의 자취방에서 모이자는 말을 들어 이에 동의하고,

○ 동년 11. 14.경 15:00경 상 피고인 이선근의 위 자취방에서, 위 이선근, 박성현, 이덕희 등을 만나, 동 이선근은 자신이 앞으로 대정부항쟁 및 사회주의혁명을 위한 학생조직

의 예비학습그룹으로 서울공대 이한주, 이화여대 사회생활과 문은희, 성균관대 사학과 최경환, 연세대 수학과 손형민 그룹과, 한편으로 경희대 경제학과 김연기, 성신여대 국문학과 이연미, 동국대 교육학과 이종구, 서울대 김철 그룹 등 2개의 그룹을 지도하여왔으며 그들에게 사회주의 의식화를 하기 위하여 "사회사상사"를 교재로 써왔는데 그 그룹들을 대신 맡아서 지도할 만한 사람을 추천하라고 하자 위 박성현이 서울대 경제학과 4년 제적된 77학번 박문식을 추천하여 그의 성분을 검토해보기로 결정함을 보고, 앞으로 구성될 학생조직이 흥사단 아카데미와는 전혀 관계없이 사회주의 실현을 궁극의 목표로 하는 조직이라는 사실을 확연히 지실하게 되고,

○ 동년 11. 23.경 11:00경 서울 영등포구 문래동 소재 옥호미상 중국음식점에서 위 이선근, 박성현, 이덕희 등과 만나, 동 박성현으로부터 동인이 위 박문식을 접촉, 함께 일하기로 승낙을 얻었다는 보고를 받고, 동 이선근도 기히 동인을 만나고 있는 중이라는 말을 들은 후,

○ 동년 11. 28. 15:00경 위 이선근의 자취방에서 동인 등과 함께 위 박문식을 만나, 위 박성현이 동 박문식을 앞으로 학생운동조직을 같이할 동지로 소개하고, 위 이선근이 동 박문식에게 학생운동 조직화의 근간이 될 예비학습그룹의 의식화 지도를 맡아달라고 부탁, 동인의 승낙을 얻고, 학습교재로는 러시아의 공산주의혁명을 다룬 불온서적인 이 에취 카 저 "러시아혁명사(볼세비키혁명)"로 결정함을 보고 앞으로 구성될 학생조직이 사회주의 의식화를 통한 체제변혁을 기도한다는 사실을 더욱 확신하게 되고,

○ 동년 12. 13. 15:00경 서울 종로구 파고다공원 옆 옥호미상 경양식집에서 위 이선근, 박성현, 박문식, 이덕희 등과 만나, 동년 12. 11.에 있었던 서울대 유인물살포사건을 분석하면서 동 박성현으로부터 동 유인물 살포는 데모를 하려는 것이 아니라 5분 간격으로 유인물을 뿌리다가 잡힌 공개유인물 살포에 불과하였고, 그 내용도 현 단계의 일반적인 학생의식에 비하여 너무 유리된 것이었으며, 학생들은 데모를 바라는데 그 열기를 약화시킨 결과를 가져왔다는 평가를 듣고, 이와 같은 평가를 학내에 널리 퍼뜨리기로 합의하고,

○ 동년 12. 중순 일자미상 13:00경 서울 서대문구 대현동 소재 경양식집 "두꺼비 하우스"에서 이화여대 법학과 4년 권미혁을 만나 동인으로부터 노동현장 체험 및 근로자 의식화를 위하여 졸업 후 현장에 취업하고 싶다는 말을 듣고, 이를 주선할 만한 사람을 소개해주겠다고 약속하고,

○ 1981. 1. 17.경 14:00경 서울 동대문구 이문동 소재 옥호미상 중국음식집에서 위 이선

근, 박성현, 박문식, 이덕희 등과 만나 앞으로의 조직에 대비한 예비학습그룹의 학습 프로그램 성안 문제를 논의, 피고인은 운동사 분야를 맡기로 합의한 후,

○ 동년 1. 31.경 15:00경 위 이선근의 자취방에서 위 4명과 다시 만나 앞으로 구성될 조직의 회칙문제를 토의하면서, 동인 등에게, 우리 조직의 회칙에는 이미 의견의 일치를 본 바 있는 반팟쇼투쟁을 통한 현 정부 타도와 반독재 구국투쟁의 뜻이 포함되어야 한다고 말하고, 동 박성현은 조직의 목적으로 학생 및 일반의 의식화를 통한 학원의 민주화 달성이 포함되어야 한다고 말하자 동 이선근이

"우리 조직은 우선 그러한 의식화를 통해 학원의 민주화 및 조직화를 꾀하고 의식화된 학생을 노동현장에 침투시켜 근로대중을 의식화한 후 조직원을 동원하여 민중봉기를 유발, 사회혼란을 조성하고, 폭력혁명으로 사회주의국가를 건설하는 것이 우리의 과제요, 목표다"

라고 말하자 전원이 이에 동의 비밀조직 구성에 합의하는 등으로 현 정부 타도와 사회주의혁명을 위한 반국가단체를 구성할 것을 결의하고,

○ 동년 2. 10.경 20:00경 위 이선근의 자취방에서 위 이선근, 박성현, 박문식 및 이덕희 등과 모여, 동 이선근이,

"우리 조직의 회칙은 당초 보안이 누설될 시 조직원의 희생을 염려하여 제정하지 않으려고 하였으나 회칙이 없으면 조직원에 대한 구속력을 행사할 수 없고, 조직에 대한 기준이 없어 그 확장이 어려우므로 역시 회칙을 제정하여야겠다"

는 제의를 하여 전원이 이를 찬성하고, 이어 박성현으로부터 지난 12. 11. 서울대 유인물내용이 너무 과격하여 주동학생들이 좌경으로 몰리는 등 피해가 크다는 말을 듣고, 동 이선근은,

"보안상 전문에는 학원의 민주화, 광주사태, 정치적 탄압 등을 강조하고 좌경적 색채가 있는 말은 표시하지 말도록 하자"

고 제의, 전원이 이에 동의함으로써 장차 구성될 조직의 반국가적 성격을 표면상 은폐, 위장하기로 모의하고,

○ 동년 2. 21.경 18:00경 위 이선근의 자취방에서 위 이선근, 박성현, 박문식, 이덕희 등과 만나 위 박문식이 작성한 5장 16조로 된 회칙 초안을 제안 설명하면서,

"이 회칙에는 우리 조직의 목적이나 조직구조에 대한 명확성이 없어 마치 학생회 써클회칙 같고 내용이 빈약하다"

고 말하자,

위 이선근이

"일단 작성된 것이니 내가 보관하겠다. 그러나 조직작업은 이 회칙이 조직구조에 대한 틀은 잡혔으니 그대로 진행토록 하고 지회 단위에 내려갈 분회 회칙은 정리해온 수준에서도 가능하다"

고 하면서,

위 이덕희에게,

"이 회칙을 근거로 하여 각 분회 회칙을 작성토록 하라"

고 지시하고,

다시 위 박문식에게 각 대학별 조직대상자로 성균관대학교 최경환, 서울대 이한주, 연세대 손형민, 이화여대 문은희, 동국대 이종구, 성신여대 이연미 등을 각 추천하면서 적합 여부를 다음 회의 시까지 보고토록 지시한 후, 피고인에게 조직원의 생활태도 및 내규를 작성해오도록 지시하자 이를 승낙하고,

○ 동년 2. 22.경 18:00경 위 이선근의 자취방에서 위 이선근, 이덕희, 박문식, 박성현 등과 만나, 위 이선근으로부터,

"지금까지는 조직 예비대상자를 개별적으로 접촉, 의식화과정에서 사회주의혁명을 목적으로 조직의 필요성에 대해 공감하였으므로 기존 학습그룹의 운영을 통해 조직책임자로 일할 사람들이 어느 정도 확보되었다. 이제는 학생운동을 전국적인 조직체로 확대하여 조직할 시기가 왔다"

는 말을 듣고, 피고인 등 참석자 전원이 이에 찬성한 후 위 이선근, 박문식이 함께 조직회칙을 재작성키로 합의하고,

○ 동년 2. 27. 18:00경 위 이선근의 자취방에서 위 이선근, 동 박성현, 동 이덕희, 동 박문식 등과 만나 발기인대회를 개최하고, 위 회칙에 대한 토의를 한 다음 자구수정 등을 하여 이를 회칙으로 확정하는 동시 단체의 명칭을 "전국민주학생연맹"이라 하고 동 단체의 최고의결기관을 중앙위원회로 확정한 후, 피고인 등을 포함한 위 발기인 5명이 중앙위원으로 취임키로 결의하고, 각 이에 취임하기로 결정함으로써, 정부를 참칭하고 국가를 변란할 목적으로, 반국가단체인 소위 전국민주학생연맹을 구성 그 간부가 되고,

2. 상 피고인 이선근에 대한 범죄사실 제4항 기재와 같이 제2차 중앙위원회에 참석하여, 반국가단체 구성원들과 회합하고,

3. 상 피고인 이선근에 대한 범죄사실 제5항 기재와 같이 제3차 중앙위원회에 참석하여, 반국가단체 구성원들과 회합하고,

4. 1981. 3. 16. 서울 영등포구 영등포역 전 소재 남서울제과점에서 상 피고인 이선근을 만나 근로자 의식화 목적으로 노동현장 취업을 희망하는 이화여대 법학과 4년 위 권미혁을 취업 알선하기 위하여 기히 노동현장에 취업 중인 송영인을 소개받고, 동인에게 위 권미혁의 생활정도, 학습정도, 현장에 들어가려는 자세 등에 관하여 설명하여준 후, 동년 3. 20.경 11:00경 서울 종로구 명륜동 소재 명륜다방에서 동 권미혁을 동 송영인에게 소개하여 노동현장에서의 피고인 등의 이념실현에 일조가 되게 추진함으로써, 반국가단체를 이롭게 하고,

5. 상 피고인 이선근에 대한 범죄사실 제9항 기재와 같이 제4차 중앙위원회에 참석하여, 반국가단체 구성원들과 회합하고,

6. 상 피고인 이선근에 대한 범죄사실 제10항 기재와 같이 제5차 중앙위원회에 참석하여, 반국가단체 구성원들과 회합하고,

7. 상 피고인 이선근에 대한 범죄사실 제11항 기재와 같이 제6차 중앙위원회에 참석하여, 반국가단체 구성원들과 회합하고,

8. 상 피고인 이선근에 대한 범죄사실 제13항 기재와 같이 제7차 중앙위원회에 참석하여, 반국가단체 구성원들과 회합하고,

9. 상 피고인 이선근에 대한 범죄사실 제14항 기재와 같이 제8차 중앙위원회에 참석하여, 반국가단체 구성원들과 회합하고,

10. 상 피고인 이선근에 대한 범죄사실 제16항 기재와 같이 제9차 중앙위원회에 참석하여, 반국가단체 구성원들과 회합하고,

11. 상 피고인 이선근에 대한 범죄사실 제17항 기재와 같이 제10차 중앙위원회에 참석하

여, 반국가단체 구성원들과 회합하고,

12. 상 피고인 이선근에 대한 범죄사실 제19항 기재와 같이 제11차 중앙위원회에 참석하여, 반국가단체 구성원들과 회합하고,

13. 상 피고인 이선근에 대한 범죄사실 제24항 기재와 같이 제13차 중앙위원회에 참석하여, 반국가단체 구성원들과 회합하고,

14. 상 피고인 이선근에 대한 범죄사실 제27항 기재와 같이 제14차 중앙위원회에 참석하여, 반국가단체 구성원들과 회합하고,

15. 상 피고인 이선근에 대한 범죄사실 제28항 기재와 같이 제15차 중앙위원회에 참석하여, 반국가단체 구성원들과 회합하고,

16. 1981. 5. 23.경 16:00경 서울 강남구 방배동 소재 뉴욕제과점에서 이화여대 사범대 4년 우명숙을 만나 동인에게 학생운동에 관한 앞으로의 계획을 물으며,
    "광주사태는 학생들의 자발적인 민주운동이 광주시민의 민중항쟁으로 확대된 것인데 독재정권에 의해 무참히 짓밟히고 말았다. 그런데 이 뜻깊은 5월을 맞은 우리들 주변은 축제의 분위기만 점차 고조되어 있으며 어느 누구도 작년 5월의 의미를 되새기려 하지 않고 있는 것 같다. 이와 같은 시기에 네가 데모를 주동해볼 생각이 없느냐?"
    고 말하자, 동인은 자기도 데모를 생각하고 있었는데 구체적인 일시는 아직 정하지 못하고 있다고 말하므로, 이대 축제기간 중에 기일을 잡는 것이 어떻겠느냐고 물어 동인으로부터
    "이대의 사치스런 축제에 새로운 의미를 부여하려면 축제기간 중으로 날짜를 잡는 것이 좋겠다"
    고 동의를 얻은 후, 같이 상의한 결과 동년 5. 29. 이대 축제 민속제 탈춤공연 때를 이용하여 동인의 후배인 황말희와 함께 시위를 주도하기로 합의하여, 반국가단체를 이롭게 하고,

17. 상 피고인 이선근에 대한 범죄사실 제29항 기재와 같이 제16차 중앙위원회에 참석하

여, 반국가단체 구성원들과 회합하고,

18. 1981. 6. 3.경 14:00경 서울 마포구 동교동 소재 모란다방에서 이화여대 정치과 4년 김
    정신을 만나 동인에게 동년 5. 29. 위 우명숙 등이 주동한 이화여대 학내시위가 성공
    하지 못한 가장 큰 원인은 주동자가 적극적인 투쟁방법을 택하지 않고 소극적인 태도
    로 현장에 임한 데 기인한 것이고, 그 실패로 학생들의 분위기가 위축되었을 것이라고
    말하자, 동인은 그래서 자기가 그다음 날(6. 4.) 체육대 무용과 4년 조기숙과 함께 다시
    학내시위를 할 계획을 세우고 있는데 시위방법은 조기숙이 가정대 건물 옥상에 올라
    가 프래카드를 내리고 유인물을 살포하여, 자신은 아래에서 학생들을 선동할 예정이
    고 유인물도 준비가 되어 있다는 대답, 동인에게 이번에는 지난번과 같은 실패가 없어
    야 하니 잘해보라고 말하여, 반국가단체를 이롭게 하고,

19. 상 피고인 이선근에 대한 범죄사실 제37항 기재와 같이 제18차 중앙위원회에 참석하
    여, 반국가단체 구성원들과 회합하고,

20. 상 피고인 이선근에 대한 범죄사실 제39항 기재와 같이 제19차 중앙위원회에 참석하
    여, 반국가단체 구성원들과 회합하고,

21. 상 피고인 이선근에 대한 범죄사실 제43항 기재와 같이 제20차 중앙위원회에 참석하
    여, 반국가단체 구성원들과 회합하고,

22. 반국가단체를 이롭게 할 목적으로
가. 1979. 2. 일자미상경 서울 서대문구 대현동 이화여대 앞 다락방서점에서 마르크스 레
    닌주의에 입각하여 민중의 계급투쟁의식을 고취하는 내용의 브라질의 파울로 프레이
    리 저 "페다고지(Pedagogy of the oppressed)"라는 영문판 서적 1권을 구입하고,
나. 동년 7. 일자미상경 서울 광화문 세종문화회관 뒤 민중서림에서, 마르크스 레닌주의에
    입각하여 자본주의는 필경 제국주의화하고 마침내는 사회주의로 이행한다는 내용의
    일본인 고모부찌 마사이끼(菰淵正晃) 저 "자본제경제의 구조와 발전"이라는 일어판 서
    적 1권을 구입 탐독하고,
다. 동년 11. 일자미상경 위 다락방서점에서 공산주의 교리에 따른 계급의식과 계급투쟁

을 고취하여 민중운동을 선동하는 내용으로 된 필리핀의 마글라야 저 "민중과 조직"
이라는 번역판 서적 1권을 구입 탐독하고,

라. 동년 11. 일자미상 위 다락방서점에서, 마르크스의 변증법적 유물론에 입각하여 계급
투쟁 및 경제발전을 설명한 폴란드 공산주의자 오스카 랑게 저 "정치경제학(Political
Economy)"이라는 영문판 서적 1권을 구입, 그 경부터 노트하며 탐독하고,

마. 1980. 2. 일자미상경 위 민중서림에서 러시아의 공산혁명 과정을 미화하고 정당화한
영국의 마르크스주의자 이 에취 카 저 "러시아 혁명사(볼셰비키 혁명)"이라는 영문판
서적 1권을 구입하고,

바. 동년 5. 일자미상경 서울 광화문 부근 논장서점에서, 마르크스의 자본론 및 레닌의 제
국주의론에 입각하여 경제사총론을 전개한 일본의 시하바라 다꾸지(芝原拓自) 저 "소
유와 생산양식의 역사이론"이라는 일어판 서적 1권을 구입하고,

사. 1981. 3.경 위 다락방서점에서, 노동자에게 반자본주의적 계급투쟁의식을 고취하고,
노동운동의 격화를 조성하는 내용으로 된 일본 체신노조 간행의 "노동의 철학" 및 일
본의 미우라 쓰도무의 "변증법이란 어떤 과학인가"라는 책을 편역한 서적인 광민사
간행 "노동의 철학"을 구입하는 등 다량의 공산주의 관련 책자를 구입, 탐독함으로써
각 표현물을 취득하고,

제6피고인 윤성구는

○ 서울대학교 1학년 재학 당시인 1978. 3. 중순 일자미상경 동교 학생식당에서 당시 철
학과 3년인 김창호(20세)의 권유로 교내 이념써클인 "국제경제학회"에 가입, 그 시경
부터 79. 12. 말경 사이에 주 1회씩 전후 80여 회에 걸쳐 교내 사회대 편집실 및 시내
관악구 신림동 소재 옥호불상 중국음식점 등지에서 동회 회원인 수학과 3년 김태환
(22세) 등 회원 12명과 같이 선배 회원이던 위 김창호, 경제과 3년 김낙년(25세) 등의
지도로 국내 비판서적인
  - 전환시대의 논리(이영희 저)
  - 역사란 무엇인가(카-알 저)
  - 민중과 지식인(한완상 저)
  - 민중과 경제(박현채 저)

- 경제사관의 제문제(쎌리그만 저)
- 후진국 경제론(조용범 저)
- 창작과 비평(창비사)
- 변혁시대의 한국사(안병직외 공저)
- 해방 전후사의 인식(강길만외 공저)
- 폐다고지(프레이리 저)
- 자본주의 발전연구(스위지 저)

등의 책자로 세미나를 갖고, 한국사회의 현실에 대하여

- 해방 후 일제 식민지의 잔재를 극복하지 못하고 조국의 분단과 6.25의 민족적 비극을 경험하면서 정치적으로는 반민주적 독재를 온존시키고 경제적으로 대미·대일 종속을 심화시켜왔다.
- 언론 출판 집회 결사의 기본적 권리가 탄압받고 있다. 농민은 생산비에도 미치지 않는 저곡가로, 노동자는 실업과 기아와 저임금으로, 중소상인은 중과세로, 소비자는 인플레로 허덕이고 있으며 이러한 모순된 현실을 극복하기 위하여 지식인 학생들은 현 독재정권을 타도하지 않으면 안 된다 등으로 반체제의식화 교양을 받아오던 한편

○ 78. 9. 중순 일자미상경 위 김창호의 권유로 시내 강남구 청담동 소재 영동중등교육원 야학교사로 취임 79. 12. 말경까지 사이에 동 교육원 사무실 및 교육원 부근 소재 옥호불상 주점 등지에서 동교 교사인 공소 외 박성현, 상 피고인 박문식으로부터

- 현 정권은 대다수 국민대중의 이익과는 무관하게 소수의 매판집단만을 대변하고 있는 팟쇼정권이다.
- 현 정권을 타도하지 않으면 한국사회의 어두운 현실은 극복될 수 없으며 한국의 앞날은 보장되지 않는다.
- 현 독재체제하에서 억압 착취당하고 있는 노동자, 농민, 중소상인, 지식인, 학생계층이 서로 결합, 반팟쇼투쟁을 해야 한다.
- 학생운동은 반팟쇼투쟁의 선구자가 되어야 한다는 등의 반체제의식화 교양을 받아오던 중

1. 당국의 허가 또는 당국에의 신고 없이

가. 80. 9. 중순 일자미상 15:00경 시내 성동구 응봉동 192-179 소재 피고인 집에서 위 박

성현으로부터

- 80. 5월의 반팟쇼민주화 투쟁은 조직이 없었기 때문에 실패했다.
- 서울대 내의 지속적인 반팟쇼투쟁을 위한 조직을 새로 만들기 위하여 우선 반팟쇼 투쟁에 뜻을 같이하는 78학번 몇 명이 모여 학생운동에 대한 이야기를 해가자는 권 유를 받아

그 시경부터 동년 12월 말까지 사이 주 1회씩 시내 종로구 누하동 소재 서울대 토목공 학과 4년 박순섭(23세)의 자취방 등지에서 박성현, 박순섭, 김태환, 서울대 동양사학과 4년 곽복희(23세), 서울대 사회학과 3년 김준(21세), 국사과 4년 최민(23세), 수학과 4년 구용회(23세), 국사과 4년 오춘완(22세) 등과 모임을 갖고 위 박성현으로부터

- 관악캠퍼스 내 반전○○ 팟쇼투쟁을 위한 조직으로 각 단대별 78학번 조직을 구성 하라
- 각 단대에서 79학번 1명씩을 선정 79소그룹을 구성하도록 하라

는 지시와 함께

- 현 전정권은 5. 17군사쿠테타로 대다수 국민의 민주화 요구를 묵살하고 광주사태와 같은 폭력을 통하여 정권을 탈취하였다.
- 이는 매판자본가와 매판관료, 매판군부가 결탁하여 민중을 수탈하던 팟쇼지배집단 인 박정권의 연장일 뿐이다.
- 세계경제는 불황에 빠져들고 있는데 대외종속성이 심한 한국 수출경제는 더욱 타격 을 입어 사회경제적 위기가 심화되고 있다.
- 이런 위기를 해결할 능력이 없는 전○○ 팟쇼정권은 정치적 탄압과 경제적 수탈을 일층 강화시켜나갈 것이다.
- 팟쇼정권 아래서 신음하는 다수 국민대중을 의식화시키기 위해서는 학생들이 팟쇼 정권에 대한 선구자적 투쟁을 지속적으로 전개해야 한다.
- 이를 위해 학생운동권 내에 의식화된 정예분자들의 조직적 결사가 절대적으로 필요 하다.
- 학생운동권 내에 반팟쇼투쟁을 체계적으로 하기 위한 조직을 만들어보자.

등으로 반체제 의식화교양을 받는 등 불법집회하고

나. 80. 11. 중순 일자미상 18:00경 서울 중구 장충동 소재 위 김태환의 집에서 위 오춘완, 최민, 김태환 등과 모여 교내시위를 하기로 하고

- 일시는 80. 11. 중순경으로, 장소는 서울대학교 교내 및 정문에서 하며
- 피고인과 김태환은 교문을 점거하고 시차로 최민과 오춘완이 교내에서 시위를 주동한다.
- 피고인과 오춘완은 유인물 문안을 작성한다.
- 김태환은 등사기, 방독면, 자일, 확성기, 시험지 3,000매, 등사원지 20개를 구입키로 한 후
- 동월 중순 15:00경 피고인은 김태환과 같이 시내 중구 청계천5가 소재 옥호불상 문구도매상 등지에서 등사용 기재, 방독면 등을 구입,

시위를 모의하는 등 불법집회하고

다. 80. 12. 중순 일자미상 15:00경 피고인 집에서 위 박성현의 지시에 따라 국사과 3년 문용식(22세), 경제과 3년 김철(21세), 산업공과 3년 정회민(21세), 계산통계과 3년 임상엽(21세), 국사과 3년 이선희(21세) 등 5명과 모임을 갖고 동인 등에게

- 80. 5월 학생데모는 조직이 없어 실패했다.
- 이 모임은 관악 내에서 반 전○○팟쇼투쟁을 위한 조직을 만들기 위하여 각 단대별로 79학번 1명씩을 뽑은 것이다.
- 앞으로 같이 일을 하자.

고 제의, 동의를 얻어 79소그룹을 조직하는 등 불법집회하고,

2. 81. 2. 초순경부터 3. 중순경까지 사이에 연세대 정외과 4년 전상규(22세), 상 피고인 김진철, 이화여대 교육과 3년 김시향(21세), 위 김태환, 곽복희, 박성현 등을 순차로 만나 전○○군사팟쇼정권을 타도하기 위한 학생운동을 조직적으로 전개하기 위하여 조직을 결성하자고 논의해오던 중,

81. 3. 15. 18:00경 청량리역 부근의 "징검다리" 경양식집에서 박성현, 상 피고인 민병두 등과 만나 경인지구 대학을 관리할 "서울민주학생연맹"을 조직하기로 하고 동 지부장 피고인, 부지부장에 민병두를 선임하는 등 불순써클을 결성하고,

○ 81. 3. 중순 일자미상 14:00경 시내 강서구 목동 소재 위 곽복희 자취방에서 박성현, 곽복희, 박순섭 등과 같이 모여 위 조직활동의 일환으로 동 박성현으로부터

- 3. 19. 12:00에 서울대 학생회관 써클룸에서 학생운동으로 수배되어 피신 중인 친구들을 중심으로 시위가 있으니 시위상황을 파악하여 빨리 보고토록 하라.

는 지시를 받고

○ 동년 3. 19. 11:50~13:40 간 교내 학생회관 써클룸과 도서관 6층 베란다에서 국사과 4년 유기홍(23세), 국사과 3년 문용식(22세), 국문과 4년 박태견(22세), 중문과 4년 이주노(22세), 국사과 3년 강석영(21세) 등이 주도,

- 「전○○타도」 「학원민주화만세」라는 2종의 프래카드를 내리고
- 「반팟쇼 시국선언문」
- 「학원민주화선언문」 등 2종의 유인물 1,000여 매를 살포하며
- "전○○ 타도"
- "졸업정원제 폐지" 등 구호를 외치며 동교생 약 1,000여 명과 같이 시위를 할 때 동시위에 가담, 같이 구호를 외치며 행진하는 등

그 정을 알면서도 현저히 사회적 불안을 야기시킬 우려가 있는 시위에 참가하고,

3. 81. 3. 하순 일자미상 11:00경 피고인 집에서 위 박문식을 만나 동인으로부터 박성현이 군에 입대하였으니 대신 나와 같이 일을 하도록 하자고 하여 이에 응락하고,

○ 81. 3. 하순 일자미상 11:00경 피고인 집에서 위 박문식으로부터 3.19. 시위주동 후 피신한 학생들로 하여금

－ 4월 중으로 학내 분위기를 고양하고 전○○팟쇼 타도를 위한 시위를 다시 하도록 하라.

는 지시를 받고

- 동년 3월 하순 일자미상 15:00경 시내 종로구 계동 노상 자가용차 내에서 3. 19 주동자를 알고 있는 최민을 만나
- － 3. 19. 시위 주동한 유기홍, 강석영, 이주노로 하여금 4월 중으로 시위를 다시 하도록 하라.

고 지시한 후

○ 동년 4월 초순 일자미상 09:00경 노량진 소재 금성다방에서 상 피고인 김진철에게

－ 4. 14. 09:50경 학교 교내 5동에서 시위를 할 것이다. 비밀로 하라.

고 지시하고

○ 동년 4월 초순 일자미상 13:00경 피고인집에서 위 박문식, 민병두와 만나 전시 활동상황을 동 박문식에게 보고하자 동인으로부터 시위방법으로

－ 교문에 올라가 장시간 소요상태를 지속시키고

- 시차를 두어 교문에서 건물을 점거하도록 하라
- 시위시간은 학생이 많이 등교하는 09:50 정도로 하라
는 지시를 받고,

○ 동년 4월 초순 일자미상 15:00경 시내 강남구 양재동 소재 우성아파트 1동 1206호 위 최민의 고모집에서 그로부터
- 유기홍에게 무역과 4년 송상종(22세)과 공대 4년 한록희(22세)를 연결시켜 시위를 준비하도록 하였다.
는 말을 듣고 동인에게 박문식으로부터 들은 시위방법을 택하도록 지시하고

○ 동년 4. 14. 09:50경부터 10:50경 간에 서울대학교 5동 건물 앞에서 피고인이 배후에서 조종한 대로 위 유기홍, 송상종 등이 주도하여,
- "전○○ 타도" "졸업정원제를 폐지"하라는 등 구호를 외치고
- 「반팟쇼 민주투쟁」 및 「다시 자유의 종을 난타하리」 등 2종의 유인물 500여 매를 살포하며 동교생 500여 명과 같이 시위할 때 동 시위에 참가하여 시위진행 상황을 점검하는 등 현저히 사회적 불안을 야기시킬 우려가 있는 시위를 주관하고

4. 81. 5. 초순 일자미상 13:00경 시내 구로구 구로공업단지 입구 소재 이선희 자취방에서 위 박문식, 민병두 등과 현 독재정권에 대한 반팟쇼학생운동을 통일적으로 지도하기 위해서 「서울민주학생연맹」 「지도부」를 「집행위원회」라고 개칭하기로 합의 동 연맹의 회칙을 채택한 후
- 집행위원장에 박문식
- 집행위원에 피고인과 민병두
로 하여 동 집행위원회에서는 서울민주학생연맹 산하 각 대학의 반독재투쟁을 활성화하기 위한 제반계획을 협의키로 하고

○ 81. 4. 말 15:00경 시내 관악구 신대방동 소재 삼거리다방에서 구용회를 만나 동인에게
- 5월 중 반전○○팟쇼시위를 해주어야겠다고 하자
동인은
- 황성동, 화학과 4년 박종진(22세), 동물학과 4년 윤승권(23세) 등 4명으로 시위팀을 구성 중에 있으나 사람이 부족하다는 말을 듣고 피고인은
- 4. 14. 시위 후 피신한 한록회를 연결시켜줄 테니 협의하여보라

고 지시하고

○ 81. 4. 하순 일자미상 15:00경 위 삼거리다방에서 박순섭을 만나 동인에게
   - 구용회를 중심으로 5월 중 시위팀을 구성 중인데 사람이 부족하니 한록희를 연결시켜 시위팀을 보강해야겠다. 한록희를 만나 5월 중 시위를 하도록 설득하여 구용회를 만나도록 권유하라고 지시한 후, 장소를 알려주고

○ 81. 5. 초순 일자미상 13:00경 시내 구로구 구로공단 입구 소재 이선희 자취방에서 박문식, 민병두 등과 모임을 갖고 동인들에게
   - 서울대 3차 시위팀을 구용회를 중심으로 황성동, 윤승권, 박종진, 한록희 등으로 구성 중에 있다
   라고 보고하고 박문식으로부터
   - 시위방법은 4. 14. 시위 때와 같이 하라.
   - 시간은 등교시간인 09:40경으로 하라.
   - 유인물 내용은 "광주사태를 부각시키고 국풍81을 반대하는 것"으로 하라
   는 지시를 받고

○ 81. 5. 초순 일자미상 15:00경 시내 동작구 노량진동 소재 중계소다방에서 구용회를 만나 동인으로부터
   - 한록희를 통하여 공대 4년 김재철(22세)과 합류, 모두 6명으로 시위팀을 구성하고,
   - 시위일자는 5. 7.로 정하였다.
   는 보고를 받고 피고인은 동인에게 위 박문식의 지시내용을 알려주고 지시내용대로 하라고 지시하고

○ 동년 5월 초순 일자미상 09:00경 시내 관악구 신대방동 소재 보리수다방에서 구용회와 만나 동인으로부터
   - 시위 준비가 다 되었으나 팀구성원 간에 시위방법에 대한 의견도 일치되지 못하고 있다.
   는 보고를 받고 피고인은 동인에게
   - 시위가 성공하려면 가장 중요한 것은 시위주동팀의 팀웍이다. 팀웍이 흔들리고 있는 상태에서 시위를 감행하는 것은 무리이니 시위일자를 5. 13.로 연기하고 그간에 팀웍을 다지고 시위방식을 확실하게 일치시켜 놓으라
   고 지시하고

○ 81. 5. 중순 일자미상 11:00경 시내 강남구 영동시장 부근 반포다방에서 구용회, 김태

환 등과 모임을 갖고 위 구용회로부터

- 팀웍을 다지려고 노력했으나 잘되지 않으며 한번 연기해서 김이 빠진 상태이다. 시위 일자는 5. 13로 정하고 시위방법도 지시한 대로 하기로 합의를 보았다.
- 유인물은 「반팟쇼시국 선언문」과 광주사태 1주기를 맞아 학생들의 단결을 호소하는 내용의 「하나가 되자」 등 2종을 준비했다.
- 교내에서는 2동 3동 간 연결통로를 점거하기로 하였다라는 내용을 보고받고 피고인은
- 이번 시위는 5월 전체의 학생분위기를 결정짓는 중요한 의미가 있다. 시위를 착실하게 하기 위해서 교문 입구 나무 위에 네가 직접 올라가 시간을 끌어라

라고 지시하고

○ 81. 5. 13. 09:40경부터 10:00경까지 서울대학교 교문 입구와 2동 3동 간 연결통로에서 피고인이 조종한 대로 위 구용회, 한록희, 김재철, 박종진, 황성동, 윤승권이 주동하여, "전○○ 팟쇼를 타도하자" "국풍81을 철회하라"는 구호를 외치고 「반팟쇼 시국선언문」 「하나가 되자」라는 유인물 500여 장을 살포하며 500여 명의 학생과 시위를 감행할 때 이에 참가하여 시위진행상황을 점검하는 등 현저히 사회적 불안을 야기시킬 우려가 있는 시위를 주관하고,

5. 81. 5. 중순경부터 동월 하순경 사이에 5회에 걸쳐 시내 강남구 논현동 소재 목화다방 및 시내 강남구 삼성동 소재 무지개경양식점 등지에서 위 박문식, 상 피고인 민병두, 전 성대 경영과 3년 이정현(22세) 등과 모여
- 국풍에 대한 대처방안으로 국풍시위가 있을 것 같다

는 소문을 퍼뜨려 시위분위기를 고조시키고
- 각 대학의 시위로 대중의 열기가 뜨겁고 여의도라는 싸움의 집결지가 마련되어 있으므로 5. 29. 20:00경 여의도 국풍현장으로 학생대중을 동원 시위에 적극 참여토록 하자고 모의하는 등

현저히 사회적 불안을 야기시킬 우려가 있는 시위를 할 것을 음모하고,

6. 81. 5. 13. 17:00 시내 동작구 노량진동 소재 금성다방에서 상 피고인 김진철을 만나 동인에게 공대 4년 방기문(23세)을 통하여 오늘 교내시위 후 피신한 주동자들과 연락이 될 수 있도록 하라고 지시하고

○ 81. 5. 14. 14:00경 강남구 삼선동 소재 선정능 풀밭에서 박문식, 상 피고인 민병두 등과 만나 5. 13. 시위를 평가하고 박문식으로부터

  - 5월 중 재차 시위를 시키도록 하라

  는 지시를 받은 후

○ 동년 5월 중순 일자미상 09:00경 시내 관악구 봉천동 소재 연자다방에서 상 피고인 김진철과 만나 동인으로부터

  - 시위 후 피신한 황성동 등 3인과 연락해놓았다

  는 보고를 받고 동인에게

  - 3인으로 하여금 5. 13 시위 실패책임을 반성, 인원보강 없이 재차 시위토록 하라.

  - 시위시기는 학예제 기간이며 광주사태 마지막 날인 5. 27로 하되 시간은 학생이 많이 운집할 수 있는 12:00경으로 하라.

  - 시위방식은 시위팀 스스로 결정토록 하라.

  - 유인물 내용은 학예제 준비과정에서 드러난 학원탄압의 실상을 폭로하고 국풍81에 대한 거부입장을 표방하는 것으로 하라.

  는 지시를 하고

○ 81. 5. 하순 일자미상 12:00경 위 연자다방에서 상 피고인 김진철과 만나 동인으로부터

  - 5. 27. 시위준비가 마무리되고 있는데 시위방식은 시위팀 스스로가 도서관 6층 베란다를 점거하기로 결정하였고 시위시간은 12:00경으로 하겠다.

  라는 보고를 받고

○ 동년 5. 26. 18:00경 시내 관악구 봉천동 소재 청목다방에서 상 피고인 김진철로부터

  - 사회대에서 5. 27. 12:00경 광주사태 추모식을 위한 침묵시위를 하는 관계로 예정했던 시위를 하루 연기했다

  는 보고를 받고 동인에게

  - 시위일자 연기로 김이 빠지거나 실수가 없도록 하라

  는 지시를 하고

○ 81. 5. 28. 12:00경부터 14:00경까지 서울대 도서관 앞에서 피고인이 배후에서 조종한 대로 위 황성동, 김재철, 윤승권 등이 주도하여 도서관 벽에 붉은 페인트로 「팟쇼타도」 「전○○ 타도」라고 쓰고

  "전○○ 타도" "국풍81을 철회하라"는 구호를 외치며 학원탄압의 실상을 폭로하고 국

풍81을 거부하는 내용의 유인물 1,000여 매를 살포한 후 동교 학생 약 3,000여 명과 관악구 신림 4거리까지 가두시위를 감행할 때 이에 가담하여 시위진행 상황을 점검하는 등

현저히 사회적 불안을 야기시킬 우려가 있는 시위를 주관하고

제7피고인 민병두는

○ 성균관대학교 1학년 재학 당시인 78. 5. 초순 동교 이념써클인 "도산연구회"에 가입, 그 시경부터 79. 8. 중순경 사이에 시내 종로구 명륜동 소재 옥호불상 중국음식점 등지에서 동 회원인 당시 토목과 1년 김도원(23세), 경제과 1년 고성규(20세), 법률과 1년 김의종(23세), 행정과 1년 김인권(24세) 등과 같이 모여 동회 선배인 경제과 2년 김찬(23세)으로부터 국내 비판서적인
    - 전환시대의 논리(이영희 저)
    - 한국민족주의 탐구(송건호 저)
    - 경제사관의 제문제(셀리그만 저)
    - 역사란 무엇인가(카-알 저)
    - 일반경제사 요론(이영협 저)
    등의 책자로 세미나를 갖고,
    – 한국의 경제가 미국, 일본 등 자본주의 강대국에 매판종속화되어 있고,
    – 한국의 현 매판팟쇼정권은 노동자, 농민들을 수탈하는 수출경제정책을 지향하고 있으며 이를 유지하기 위해 제악법과 기술적 탄압 등 독재정치를 하고 있다.
    는 등의 반체제의식과 교양을 받아오던 중,

1. 당국의 허가 또는 당국에의 신고 없이
가. 79. 11. 중순 일자미상경부터 80. 6. 하순 일자미상경까지 사이에 17회에 걸쳐 시내 종로구 명륜동 소재 옥호불상 중국음식점 및 강원도 철원군 철원읍 번지불상 동 회원인 전인권 집 등지에서 상 피고인 최경환 당시 경영과 1년 조유동(22세), 경영과 1년 오세왕(22세), 공업경영과 1년 신상원(22세), 약대 1년 윤현옥(20세) 등과 같이 모여 피고인 주도하에 국내 비판서적인

- 경제사관의 제문제(셀리그만 저)
- 민중과 지신인(한완상 저)
- 역사란 무엇인가(카-알 저)
- 서양경제사론(최종식 저)
- 변혁시대의 한국사(송건호 저)

등의 책자로 세미나를 갖고

- 현 매판, 팟쇼정권은 수출지향 경제와 독재정치로 노동자, 농민 등 민중이 수탈당하고 있다.
- 노동자, 농민을 수탈하는 군부팟쇼정권을 타도하기 위해서는 학생운동이 기폭제 역할을 해야 한다.
- 팟쇼정권을 타도하기 위하여 학생운동의 선봉이 되어 지식인, 종교인, 민족자본가 등을 반독재투쟁에 참여토록 하여야 한다.
- 대학생이 가져야 할 사명감은 민중을 위한 자기희생이며 반팟쇼투쟁에 있다.
- 반팟쇼투쟁에의 적극적인 참여를 위해 사회과학 공부를 하여 체계적인 정부비판과 자기수련이 요구된다.

는 등의 반체제 의식화교양을 시키는 등 불법집회하고,

나. 80. 7. 중순 일자미상경부터 81. 1. 말 일자미상경까지 사이 4회에 걸쳐 시내 종로3가 옥호불상 중국음식점 및 경기도 수원시 소재 청소년 캠프장 등지에서 도산연구회의 연합체인 흥사단 아카데미 연합회 회원인 위 박성현, 서울대 국사과 3년 오춘완(22세), 명지대 행정과 3년 이승무(23세), 상 피고인 홍영희, 위 김찬 등과 같이 모여,

- 해방 이후 정치 · 경제상황 분석
- 반팟쇼 학생운동의 방향

등의 주제로 세미나를 갖고

- 10.26은 유신체제의 모순에서 비롯된 광범위한 민중투쟁에 위기의식을 느낀 정부 내부의 동요에 의하여 폭발한 것이다.
- 반팟쇼학생운동은 학원민주화에서부터 "이슈"를 발전시켜나가야 한다.
- 사회참여의식을 적극화하고 반팟쇼투쟁 실천능력을 배양하여야 한다.
- 반팟쇼투쟁을 성공적으로 하기 위하여 현 독재정권투쟁을 지속적이고 광범위하게 전개하여야 한다.

는 등의 상호 반체제 의식화교양을 하는 등 불법집회하고,

2. 81. 3. 15. 18:00경 청량리역 부근의 "징검다리" 경양식집에서 위 박성현, 상 피고인 윤성구 등을 만나 반팟쇼투쟁을 통일적으로 지도해나갈 조직을 결성하기로 하여 「서울민주학생연맹」을 조직, 동 지부장에 윤성구 부지부장에 피고인을 선임한 후 81. 5. 초순 일자미상경 시내 구로공단 입구 소재 이선희 자취방에서 위 박문식, 윤성구 등과 만나 위 「서울민주학생연맹」 지도부를 「집행위원회」로 개칭하고 동 연맹의 회칙을 채택한 후 집행위원장에 박문식, 집행위원에 피고인, 상 피고인 윤성구 등이 맡아 각 대학의 반독재투쟁을 활성화하기 위한 제반 계획을 협의키로 하는 등 불순써클을 조직하고,

○ 81. 2. 하순 일자미상경부터 3월 하순 일자미상경까지 사이에 전후 4회에 걸쳐 시내 성북구 장위동 번지불상 소재 성대 경제과 4년 권선준(23세) 자취방 및 시내 종로구 명륜동 소재 옥호불상 경양식집 등지에서 권선준, 성대 철학과 4년 윤익수(20세) 등과 모여 위 조직활동의 일환으로

- 3. 25. 국회의원 선거를 전후하여 각종 쟁점이 부각될 것이므로 국민의 정치적 관심도가 증가하고 이해관계가 선명해질 것이니 3. 31. 12:35에 성대에서 시위를 하기로 하고,

- 당일 살포할 유인물은 "전○○ 타도"를 전제로 하고 "국회의원 선거는 국민을 기만하는 조작선거이고 졸업정원제는 학생운동의 탄압이다"라는 내용으로 윤익수가 제작 살포하며 시위를 총지휘하기로 하고

- 철학과 2년 윤일권(22세)은 문과대 옥상에서, 사학과 4년 강석신(24세)은 경상대 옥상에서 선동하고, 공대 2년 박호열(21세), 사회학과 2년 이훈열(20세)은 교문을 닫아 전경대 진입을 저지하고, 사학과 4년 이현배(23세)는 스크럼팀을 지도하도록 하자는 등 모의하고,

○ 81. 3. 중순 일자미상경부터 동월 하순 일자미상경까지 사이에 2회에 걸쳐 성대 법정대 휴게실 및 시내 종로구 명륜동 소재 옥호불상 식당 등지에서 상 피고인 최경환을 만나 동인에게,

- 3. 31. 12:35에 시위를 하기로 하였다.

- 시위방법은 문리대 지붕, 법정대 옥상에 주동자가 위치하고

- 교문을 쇠사슬로 잠가놓고 학생동원은 시위주동 측에서 하기로 하였으니,

- 최경환은 도산연구회 81학번의 신입회원 모집을 빨리 끝내고 시위분위기 조성을 위해 의식화 노래를 보급하는 등 조직과 기구 관리를 하라

고 지시하고,

○ 81. 3. 31. 12:30경부터 14:00경까지 사이에 성대 내 정정헌 앞에서 피고인이 배후에서 조종한 대로 윤익수가 주도하여 「반팟쇼 시국선언」 제하의 유인물 1,000여 매를 살포하고 동교생 약 500여 명과 같이 "전○○ 타도하자" "노동삼권 보장하라" 등 구호를 외치며 시위케 하는 등 현저히 사회적 불안을 야기시킬 우려가 있는 시위를 주관하고,

3. 81. 4. 중순 일자미상경부터 81. 4. 하순 일자미상경 사이에 4회에 걸쳐 시내 강남구 논현동 소재 「목마경양식」 및 동소 부근에 있는 「로방다방」 등지에서 동교 경영과 3년 제적생 이정현(22세), 위 권선준 등과 같이 모여,

○ 권선준이 중심이 되어 경제과 4년 심재환(22세), 공대 4년 이정우(22세), 철학과 3년 손중양(23세), 사학과 2년 김안희(20세), 공대 2년 박호열(21세) 등과 함께 5. 12. 12:35에 성대 2차 시위를 주도하기로 하고,

  - 시위방법은 가정대 옥상 교수회관 옥상에 각각 1~2명씩 점거 선동하고,
  - 동소에, 「전○○ 타도」 「광주항쟁만세」 등의 프래카드를 제작하여 부착하고,
  - 확성기로
  • "축제 거부"
  • "전○○ 타도"
  • "저임금 저곡가 해결"
  • "수출경제 지양"
  • "민족경제확립" 등의 구호를 선창하며 학생들을 선동 시위에 참가케 하고
  - 교내 시위가 끝난 후 교문 밖 "피네다방" 앞에서 계속 시위하기로 하고,
  - 유인물은 「학우여 반팟쇼투쟁에 동참하라」는 제하에
  "제악법을 통해 민주주의를 말살하고, 5.17 쿠데타와 광주학살로 군림한 현 정부는 수출지향 경제로 민중을 수탈하고 있으니 우리 모두 반팟쇼투쟁의 대열에 나서자"라는 내용으로 권선준이 제작 살포하기로 하고,
  - 광주사태 1주년을 맞아, 민주화투쟁을 전개하기 위한 행동강령으로,
  • 5. 13.부터 5. 16. 간은 연행학우 석방을 위한 맹휴를 추진하고,
  • 5. 18.부터 5. 27. 간은 검은 리본 패용 및 분향소 설치, 위령제 등을 실시하기로 하고,
  - 5. 12. 시위동원은 피고인이 맡기로 하고,

○ 81. 4. 하순 일자미상 18:00경 시내 중구 중림동 소재 성일다방에서 상 피고인 최경환
   을 만나 동인에게

   - 성대시위는 5. 12. 12:30으로 결정했다.

   - 시위방법은 5. 11. 만나 논의하자고 한 후

○ 81. 5. 11. 16:00경 위 성일다방에서 위 최경환을 만나 동인에게

   - 성대 5. 12. 반정부시위는 교내 "금잔디"광장을 중심으로 가정대와 교수회관 건물
     옥상에 각각 주동자가 위치, 학생들을 선동하고,

   - 시위가 끝난 후 학교 정문 앞 피네다방 앞에서 집결한다.

   - 도산연구회원을 12:30까지 교내 정정헌 앞으로 집결시켜 시위에 합세하라.

   - 시위시 유인물을 습득하여 그 내용과 행동강령은 신방과 3년 김용기(22세), 경제과
     3년 임희철(22세)과 같이 실천하라.

   는 등 지시를 하고

○ 81. 5. 12. 12:40경부터 14:10경 사이에 교내 정정헌 앞에서 피고인이 배후에서 조종한
   대로 위 권선준이 주도하여

   • "전○○ 타도하라"

   • "이규호 문교부장관 물러가라"

   • "학원민주화를 보장하라" 등의 구호를 외치며 동교생 4,000여 명과 교내시위를 한
     후 그중 1,000여 명이 종로4가 동대문경찰서 앞까지 가두시위를 하게 하는 등

   현저히 사회적 불안을 야기시킬 우려가 있는 시위를 주관하고,

4. 1981. 5. 중순경 상 피고인 윤성구의 5항 범죄사실과 같이 현저히 사회적 불안을 야기
   시킬 우려가 있는 시위를 할 것을 음모하고,

제8피고인 김창기는

1979. 10.경 당시 동교 경제과 2년 임창수 권유로 교내 이념써클인 "민백"에 가입한 후 당
국의 허가 또는 당국에의 신고 없이, 1980. 12. 초순 일자미상경부터 1981. 5. 초순 일자미상
경까지 사이에 수차례에 걸쳐 이선근, 박성현, 경희대 한의대 4년 주정주(22세)를 순차로 만나
학생운동은 지속적인 것이 되어야 하며 이를 위하여 외국어대학과 경희대학 등 청량리지구를

관할할 조직을 만들자고 모의, 민주학우회를 결성하고, 동 회장에는 피고인이, 상임위원은 위 주정주가 맡기로 한 후 동회의 회칙을 채택하고, 경희대 경제과 3년 김연기(22세)를 경희대 지반책, 외대 불어과 3년 김종삼(22세)을 외대 지반책으로 정하는 등 불순써클을 결성하고,

- ○ 81. 5. 중순경 2회에 걸쳐 시내 동작구 노량진 소재 대화 제과점 등지에서 위 김연기와 김종삼을 만나 동인들에게,
  - 조직하는 데 조급히 굴지 말고 우선 기존 써클에서 사회과학 공부를 열심히 하고,
  - 앞으로 조직의 확대를 위해 1학년 학생들을 많이 모아 의식화교양을 통해 이론적으로 무장시키고
  - 1학기에는 시위가 많았으나 분산적이었는데 2학기에는 이를 극복하여 조직적인 시위가 되도록 하여야겠다는 등의 지시를 하고

- ○ 81. 5. 19. 17:00경 시내 강남구 신사동 소재 강남다방에서 박문식을 만나 동인에게,
  - 외대 내에서는 데모가 없어 상당히 침체되어 있으며 그 때문에 3학년들 사이에 불신을 사고 있다고 보고하자, 동인으로부터
  - 외대는 앞으로의 조직작업을 위해 3학년을 절대 건드리지 말고 싸움 잘하는 4학년생을 선정 시위하라는 지시를 받고,

- ○ 81. 5. 23. 07:00경 시내 동대문구 제기동 제기시장 옆에 있는 다리에서 외대 영어과 4년 이재현(23세)을 불러내어 동인에게
  - 타 학교는 데모를 하는데 우리 학교는 싸움이 없어 활기가 없는 것 같다, 형이 주동이 되어 데모를 하는 것이 어떠냐고 건의하자, 동인은 내가 데모를 해보겠다고 승낙하여,

- ○ 81. 5. 24. 10:00경 시내 강남구 영동시장 소재 독일빵집에서 박문식을 만나 동인에게,
  - 외국어대에 있는 이재현을 조종하여 데모를 한다고 보고하자, 동인으로부터
  - 데모에 실수 없도록 하고 시위 후 만일을 위해서 피신하라는 지시를 받고

- ○ 81. 5. 26. 13:00경 시내 동대문구 신설동 로타리 부근 소재 옥호불상 빵집에서 위 이재현을 다시 만나 동인에게,
  - 2학기에는 내가 데모를 할 테니 이번 데모는 실수 없이 잘하라고 격려하자,
  - 동인으로부터 데모는 5. 27. 12:50경에 교내 도서관 베란다에서 유인물을 살포하고 데모할 계획이라는 보고를 받고

- ○ 81. 5. 26. 15:00경 외대 도서관 5층 이상준 교수방에서 위 김종삼, 외대 이란어과 3년

이동익(22세)을 만나 동인들에게

- 5. 27. 12:50에 도서관 앞에서 데모가 있다. 나는 수사기관에 찍혀 있어 피신해야 하니 너희들은 데모가 잘 이루어지도록 돕고, 동원문제에 신경을 써야겠다라고 지시하고, 그 시경 전화로 동교 일어과 2년 김태열, 정외과 2년 김종찬 등에게,

- 내일 학교에서 데모가 있을 테니 도서관 주변 잔디밭에 있다가 자연스럽게 합류하고 친구들에게 은밀히 통보하여 합류시키라는 지시를 하고

○ 81. 5. 27. 12:50경 외국어대학 내 도서관 앞에서 피고인이 배후에서 조종한 대로 위 이재현이 주도하여 도서관 2층 베란다에서 호루라기를 불며 불온유인물 300매를 살포하고

- "군사독재 때려잡자"
- "국풍은 무슨 놈의 국풍이냐 전풍이겠지"
- "광주사태 피값을 보상하라"는 등

구호를 외치며 동교생 약 200명과 같이 불법시위를 감행케 하는 등 현저히 사회적 불안을 야기시킬 우려가 있는 시위를 주관하고,

제9피고인 최경환은

○ 성균관대학 1학년 재학 당시인 79. 5. 중순 일자미상경 교내 강의실에서 이념써클인 「도산연구회」에 자진 가입하고

○ 79. 6. 초순경부터 79. 10 하순경까지 사이 주 1회씩 교내 써클룸 및 성균관대학교 앞 옥호불상 중국음식점 등지에서 도산연구회원인 경제과 3년 강순희(22세), 경영과 3년 오세왕(2세), 신방과 3년 이홍우(22세), 경영과 3년 조유동(21세), 토목과 3년 함동명(21세), 약대 3년 윤현옥(21세), 장성은(21세) 등과 같이 모여 동회 회장인 법률학과 4년 김의종(23세), 동 회원 김찬, 상 피고인 민병두 등 학회 선배로부터 국내 비판서적인

- 민중과 지식인(한완상 저)
- 역사란 무엇인가(카-알 저)
- 경제사관의 제문제(셀리그만 저)

등 책자로 세미나를 갖고

- 현 정부는 무력으로 집권하여 국민경제를 수탈하는 팟쇼정권이다.

- 한국사회는 미·일의 독점자본으로 노동자, 농민을 수탈하고 있다.
- 노동자, 농민을 위하여 학생운동에 참여하고 매판팟쇼정권을 타도해야 한다는 등의 반체제 의식화교양을 받아오던 중,

1. 당국의 허가 또는 당국에의 신고 없이
가. 79. 11. 중순 일자미상경부터 80. 6. 하순 일자미상경까지 사이에 주 1회씩 전후 17여 회에 걸쳐 17:00~19:00 사이에 교내 써클룸 및 시내 종로구 명륜동 소재 옥호불상 중국음식점, 강원도 철원군 철원읍 소재 도산연구회원인 전인권(23세) 집 등지에서 도산연구회원인 약학대학 3년 윤현옥(21세), 경제과 3년 강순희(22세), 신방과 3년 이흥우(22세), 약학대학 3년 장성은(21세), 경영과 3년 조유동(21세), 경영과 3년 오세왕(22세), 공업경영과 3년 신상원(20세) 등과 같이 모여 선배 회원인 상 피고인 민병두 위 김찬 등으로부터 국내 비판서적인

- 후진국경제론(조용범 저)
- 서양경제사론(최종식 저)
- 한국민족주의의 탐구(송건호 저)

등 책자로 세미나를 갖고

- 현 정부는 군부에 의한 물리적 힘을 근간으로 구성된 매판팟쇼정권이다.
- 노동자, 농민을 수탈하는 군부팟쇼정권을 타도하기 위해서는 학생운동이 기폭제 역할을 해야 한다.
- 팟쇼정권을 타도하기 위하여 학생운동의 선봉이 되어 지식인, 종교인, 민족자본과 중소상인, 소시민 등을 현 정부의 반독재투쟁에 참여하도록 하여야 한다는 등의 반체제 의식화교양을 받는 등 불법집회를 하고

나. 80. 7. 초순 일자미상경부터 80. 10. 하순 일자미상경까지 사이 주 1회씩 시내 관악구 신림동 소재 이선근 자취방 등지에서 도산연구회와 같은 계통인 흥사단 아카데미 회원인 서울대 토목과 3년 이한주(22세), 이화여대 역사과 2년 문은희(21세), 상 피고인 손형민 등과 같이 모여 선배 회원인 위 이선근으로부터 비판서적인

- 사회사상사(권세원 저)
- 세계철학사(영문번역판 슈튀러키 저)

등 책자로 세미나를 갖고

- 현 정부는 냉전 이데오로기를 조장시키면서 국민의 비판을 무마시키고 있고, 정권

유지에 급급한 나머지 독재를 위한 수단으로 국민에 대한 의식적 왜곡을 획책하고 있다.

– 현 정권은 군부팟쇼독재정권이므로 반팟쇼운동을 전개해야 한다.

라는 등의 반체제 의식화교양을 받는 등 불법집회하고

다. 80. 12. 중순 일자미상경부터 81. 1. 하순 일자미상경까지 사이 전후 6회에 걸쳐 시내 영등포구 도림동 소재 박문식의 자취방에서 동인의 주도하에 위 이한주, 문은희 등과 모여

• 러시아혁명사(카–알 저)

등의 책자로 세미나를 갖고

– 학생운동의 현 투쟁단계를 인식하고 반팟쇼투쟁에 충실해야 한다.

– 부정부패한 전○○ 팟쇼정권과 싸우려던 학생운동을 조직적으로 이끌어낼 만한 조직체가 있어야 한다는 등의 반체제 의식화교양을 받는 등 불법집회하고,

2. 81. 2. 하순 일자미상경부터 3. 초순 일자미상경까지 사이 2회에 걸쳐 박문식, 성신여대 국사교육과 3년 이연미(21세), 상 피고인 이종구 등과 만나 반독재투쟁의 조직적인 전개를 위해 서울운동장을 중심으로 한 중앙지역의 성균관대학, 동국대학, 성신여대를 관할하는 「민주학우회」를 구성, 위원장에 피고인, 위원에 이연미, 이종구 등으로 하는 한편 피고인은 성균관대학 조직책임자, 위 이연미는 성신여대 조직책임자, 이종구는 동국대학 조직책임자로 정하는 등 불순써클을 결성하고,

○ 81. 3. 중순 일자미상경 성대 법정대 휴게실 내에서 상 피고인 민병두와 만나 동인으로부터

– 3. 25, 26경 국회의원선거를 겨냥하여 학교에서 반정부데모가 있으니 이에 대비 도산연구회 81학번 회원 모집을 빨리 끝내고 시위분위기 조성을 위해 의식화 노래 보급 및 세미나 강화 등으로 데모에 대비하라.

는 지시를 받고

○ 동월 하순 일자미상 13:00경 성균관대학 앞 옥호불상 식당에서 위 민병두와 다시 만나 동인으로부터

– 3. 25, 26. 성대 반정부데모는 예정된 팀 구성이 늦어 3. 31로 연기하였고 데모방법은 문리대 지붕과 법정대 옥상에 주동자가 각각 위치하여 교내를 쇠사슬로 잠그고 학생 동원은 데모 주동자 측에서 할 것이니 조직과 기구를 장악, 잘 관리하라.

는 지시에 동의하는 등 현저히 사회적 불안을 야기시킬 우려가 있는 시위를 할 것을
음모하고

3. 81. 4. 1부터 4. 29 사이 주 1회 17:00~19:00 간에 시내 종로구 동숭동 소재 진아춘 중
    국음식점에서 피고인 주도로 신입회원으로 모집된 도산연구회원 81학번 어문계열 1
    년 차홍태(20세), 역사철학계열 1년 이석진(20세), 어문계열 1년 배선희(19세), 이학계
    열 1년 오광현(21세), 유학계열 1년 이홍수(20세), 어문계열 1년 임인주(20세), 역사철
    학계열 1년 김문준(20세) 등에게 국내비판서적인
    - 민중과 사회(한완상 저)
    - 전환시대의 논리(이영희 저)
    - 민중과 지식인(한완상 저)
    등 책자로 세미나를 갖고
    - 현 체제의 매판팟쇼를 타도하는 데 지식인이 참여해야 한다.
    - 한국의 언론은 독재권력의 시녀가 되어 기능을 발휘하지 못하고 있다.
    는 반체제 의식화교양을 하던 중,

○ 81. 4. 하순 일자미상 18:00경 시내 중구 중림동 소재 성일다방에서 상 피고인 민병두
   와 만나 동인으로부터
   - 성대 2차 시위가 5. 12. 12:30에 있다.
   - 데모방법은 5. 11일 만나 논의하자고 한 후

○ 5. 11. 16:00경 위 성일다방에서 민병두와 다시 만나 동인으로부터
   - 성대의 5. 12. 반정부데모는 교내 "금잔디" 광장을 중심으로 가정대학 건물 난간과
     교수회관 건물 옥상에 주동자가 각각 위치 학생들을 선동하고
   - 데모가 끝난 후 학교 정문앞 피네다방 앞에서 집결한다.
   - 도산연구회원을 12:30분까지 교내 "정정헌" 앞으로 집결시켜 데모에 합세하라.
   - 데모 시 유인물을 습득하여 그 내용과 행동강령은 신방과 3년 김용기(22세), 경제과
     3년 임휘철(22세)과 같이 실천하라
   는 지시를 받아 이에 동의하고

○ 81. 5. 12. 09:00경 성균관 학내 "대성로"에서 도산연구회원 금속공학과 2년 김영봉(21
   세)과 만나 동인에게
   - 도산연구회원을 12:30분까지 "정정헌" 앞으로 집결시켜 데모에 합세토록 하라

고 지시하고 동인으로부터 동의를 받고

○ 동일 12:40부터 14:30까지 "정정헌" 앞에서 권선준, 역사과 2년 김안희(21세), 철학과 3년 손중양(22세) 등이 주도하여

"전○○ 타도하라" "이규호 문교부장관 물러가라" "국풍81을 거부한다" "학원민주화 보장하라" 등의 구호를 외치고 「전○○ 타도」 「광주항쟁만세」 등의 프래카드를 들고 유인물을 살포하면서 동교생 3~4,000여 명과 교내 시위타가 그중 1,000여 명과 같이 종로4가 소재 동대문경찰서 앞까지 가두시위를 감행할 때 현저히 사회적 불안을 야기 시킬 우려가 있는 시위에 참가하고,

4. 81. 6. 중순 일자미상 14:00경 시내 영등포구 신길동 95의 52 소재 상 피고인 이종구 집에서 피고인, 이종구, 이연미 등과 같이 모여

- 성대 데모는 대내외적으로 큰 충격을 준 데모로 성공적이었다.

- 금년 1학기 간 각 대학에서 1회 이상 반정부데모 및 유인물 살포가 실행되었는데 모 두 착실하게 전개되었다.

- 4.19를 중심으로 한 데모에서 5월 광주사태 기간으로 데모가 연장되고 있다.

- 5.17과 광주사태로 학생들 의식이 고양되고 서울대 중심의 데모가 전 대학가의 데모 로 보편화되었다.

- 종전의 데모방법과는 달리 지형지물을 이용하는 것은 경찰들이 쉽게 진압할 수 없 는 것으로 효과가 컸다.

- 앞으로 새로운 데모방법이 고안되어야 하고 학생운동조직을 강화하기 위하여 이념 써클 회원들에게 세미나를 통하여 의식화교양을 시켜야 한다.

라는 등 1학기 각 대학의 반정부데모를 분석평가하고

○ 81. 6. 20. 14:00경 시내 종로구 종로2가 소재 돌담경양식집에서 피고인, 이종구, 이연 미 등과 모여

- 각 써클의 방학 중 활동계획으로 확실한 연고지를 찾아 농촌봉사활동과 수련회를 갖고 1, 2학년을 중심으로 반정부투쟁 의식화교양을 시키되 1학년들에게는 세미나 를 통하여 한국경제의 모순성을, 2학년에게는 반정부투쟁의식을 고양시키는 학습을 강화하도록 하자.

- 2학기 데모준비를 하기 위해 현 정부의 권력상황과 그 기반, 학생운동의 상황을 밝 히는 논문을 만들어보자는 등 2학기 반정부데모에 관하여 논의하는 등 현저히 사회

적 불안을 야기시킬 우려가 있는 시위를 음모하고,

제10피고인 김진철은

○ 서울대학교 1학년 재학 당시인 78. 6. 하순 일자미상경 당시 동대학 국문과 3년 한철
   희(25세)의 권유로 교내 이념써클인「현대사회연구회」에 가입하고

○ 78. 6. 하순경부터 79. 1. 하순경까지 매주 수요일 18:00~20:00 간 시내 관악구 신림동
   에 있는 서울대학교 국사과 3년 고세현(25세)의 자취방에서 동 회원인 당시 인문계 1
   년 이주노(23세) 외 회원 5명과 같이 회장인 한철희로부터 국내 비판서적인
   • 전환시대의 논리(이영희 저)
   • 역사란 무엇이냐(카-알 저)
   • 소유냐 삶이냐(에릭 프롬 저)
   등의 책자로 모임을 갖고 반체제 의식화교양을 받고

○ 79. 4. 중순경 동교 인문대 동양사학과 3년인 이선규(24세)의 권유로 관악구 신림동
   번지불상 소재「겨레터 야학회」수학교사로 참여하여 동년 10. 26까지 매주 토요일
   14:00~16:00 간 동 야학장소에서 교장 당시 한양대 경제과 3년 이규(28세)의 주도하에
   교사 서울사대 역사과 2년 박홍국(22세) 외 5명이 모여
   • 노동문제의 구조(변형윤 저)
   • 페다고지(프레리)
   • 난장이가 쏘아올린 작은 공(조세희 저)
   등의 책자로 세미나를 갖고
   - 현 정부는 진실을 밝히기를 거부하고 언론을 탄압하고 있다.
   - 현 정부는 국민들의 의식을 냉전논리로 획일화하고 있다.
   - 월남전을 통하여 미국을 보고 영원한 맹방이라는 실리를 떠나서는 존재하지 않
     는다.
   - 현 시대의 상황은 끊임없이 변화하는 역사의 한 단계에 불과하다. 그러므로 유신정
     권도 망하는 것이 필연이다.
   - 전후에 미국 잉여농산물을 무분별하게 도입하여 농업생산의 발전은 저해되고 저곡
     가정책을 구조적으로 토착화하였다.

－ 수출주도형의 경제성장정책이 빚어낸 이중적 경제구조와 정책적 유지를 위한 기아 수출, 만성적 저임금제도 등으로 한국경제는 자주적 경제구조 형성이 저지 왜곡되고 있으며, 노동자, 농민은 지속적으로 수탈당하고 있다. 따라서 노동자, 농민은 의식화되어 주체성을 회복하여야 한다는 등 상호 반체제 의식화교양을 받던 중

1. 당국의 허가 또는 당국에의 신고 없이

○ 81. 4. 1. 19:00경 시내 관악구 봉천동 소재 지성다방에서 위 김태환, 오춘완, 서울공대 자원공학과 4년 방기문 등과 모여 피고인은 동인들에게

－ 앞으로 각 단대를 연결하고 현 독재정부에 대한 투쟁과 학내문제를 토의 협의하는 78학번 모임을 「78협의체」라고 하자

－ 78협의체 모임이 기관원에게 노출을 방지하고 연락상 편의를 위해 가명으로 피고인은 이진태, 김태환은 박태수, 방기문은 방철호, 오춘완은 김완규 등으로 사용하기로 합의하는 등 불순써클을 결성한 후 모임을 계속해오다가

○ 81. 5. 초순 일자미상경부터 동년 5. 중순 일자미상까지 사이에 시내 관악구 봉천동 소재 청목다방, 연자다방 등지에서 김태환, 오춘완, 방기문 등과 78협의체 모임을 갖고

－ 5. 13 학내시위 때 학내 분위기 조성을 하려면 13일 전까지 각 단체별 체육대회를 최대로 유지하고 전초전으로 학내 분위기를 조성할 수 있는 별도의 유인물이 필요하다.

－ 유인물의 내용은 반정부투쟁만 강조하는 선동이 아니라 사회, 경제적 실상과 학예제, 국풍의 허구를 폭로하는 형태이어야 한다.

－ 5. 13에 있을 시위는 2개조로 나누어 1개조는 09:40에 교문에서 시작하고 1개조는 09:50에 인문대 건물 5동 쪽에서 시작한다.

－ 유인물 내용은 「반팟쇼 시국선언」「하나가 되자」 제하로 80. 5월의 학원민주화투쟁과 광주사태를 상기하여, 전○○ 팟쇼투쟁에 모두 참여하자는 내용이다.

－ 시위 후 주동자 피신에 대비하여 사후 연락을 하자.

－ 5. 13 시위에 학생을 동원하자

는 등으로 모의하여, 현저히 사회적 불안을 야기시킬 우려가 있는 시위를 할 것을 음모하고,

2. 81. 5. 13. 17:00 시내 동작구 노량진동 소재 금성다방에서 상 피고인 윤성구를 만나 동

인으로부터 공대 4년 방기문을 통하여 오늘 교내시위 후 피신한 주동자들과 연락이 될 수 있도록 하라는 말을 듣고 방기문을 통하여 그 당시 시위를 주동하고도 체포되지 않고 있던 황성동, 김재철, 윤승권 등의 인적사항을 파악한 후

○ 동년 5월 중순 일자미상 09:00경 관악구 봉천동 소재 연자다방에서 위 윤성구를 만나 그에게

- 시위후 피신한 황성동 등 3인과 연락해 놓았다고 보고한 후 동인으로부터

- 그 3인으로 하여금 5.13시위 실패 책임을 반성하여 인원보강없이 재차 시위토록 하라

- 시위 시기는 학예제 기간이며 광주사태 마지막 날인 5.27로 하되 시간은 학생이 많이 운집할 수 있는 12:00경으로 하라.

- 시위방식은 시위팀 스스로 결정토록 하라.

- 유인물 내용은 학예제 준비과정에서 드러난 학원탄압의 실상을 폭로하고 국풍81에 대한 거부입장을 표방하는 것으로 하라는 지시를 받고

○ 81. 5. 하순 일자미상 12:00경 위 연자다방에서 상 피고인 윤성구를 다시 만나 그에게 5. 27 시위 준비가 마무리되고 있는데 시위방식은 시위팀 스스로가 도서관 6층 베란다를 점거하기로 결정하였고 시위시간은 12:00경으로 하겠다라는 보고를 하고

○ 81. 5. 25. 16:00경 시내 관악구 상도동 소재 금잔디다방에서 78협의체 회원인 김태환, 방기문을 만나

- 5. 27.에 교내시위를 할 예정이었으나 사회대 시위관계로 5. 28. 12:00에 하기로 하였다.

- 윤승권, 황성동 등으로 하여금 그 시경 교내도서관 베란다를 점거하고 "전○○ 물러가라" "이규호 문교부장관 물러가라" "학원자유 보장하라" 등의 구호를 외치고 「정의가」 「횃불」 등의 노래를 부르며 학생선동시위를 주도하도록 하자고 모의하고

○ 5. 26. 18:00경 관악구 봉천동 소재 청목다방에서 상 피고인 윤성구를 만나

- 사회대에서 5.27. 12:00경 광주사태 추모식을 위한 침묵시위를 하기 때문에 그날로 예정했던 시위를 하루 연기하게 되었다라고 보고하고 그로부터 시위일자 연기로 김이 빠지거나 실수가 없도록 하라는 지시를 받는 등 모의하고

○ 81. 5. 28. 12:00경부터 14:00경까지 서울대 도서관 앞에서 피고인이 배후에서 조종한 대로 위 황성동, 김재철, 윤승권 등이 주동하여 도서관 벽에 붉은 페인트로 「팟쇼타도」 「전○○ 타도」라고 쓰고 "전○○ 타도" "국풍81을 철회하라"는 구호를 외치며 학원탄

압의 실상을 폭로하고 국풍81을 거부하는 내용의 유인물 1,000여 매를 살포한 후 동교 학생 약 3,000여 명과 관악구 신림4거리까지 가두시위케 하는 등 현저히 사회적 불안을 야기시킬 우려가 있는 시위를 주관하고,

3. 81. 5. 27. 12:00~13:50경 사이에 서울대 도서관 앞에서 서울대학교 사회대에서 주관하는 교내시위에 동교생 2,000여 명과 같이 "전○○ 물러가라" "학원자유 보장하라" "학내 기관원 철수하라" "언론자유 보장하라"는 등의 구호를 외치며 이에 합세하는 등 그 정을 알면서도 현저히 사회적 불안을 야기시킬 우려가 있는 시위에 참가하고,

4. 81. 6. 1. 08:30경 시내 관악구 신림동 소재 서독제과점에서 인문대 국문과 3년 이형열(21세)을 만나 동인에게 사대 물리교육과 3년 김기대 선을 움직여
   - 국풍이 가졌던 양풍성
   - 교수들의 작태
   - 김태훈의 죽음의 해명과 책임소재 추궁
   - 사회경제적 불안의 책임 소재
   - 전○○ 군사독재 폭로 및 투쟁
   등의 내용을 담은 유인물을 제작하여 학내에 배포하라고 지시하여
   ○ 그 시경 위 김기대가 피고인의 지식내용대로 불온유인물 300여 매를 작성하여 6. 9. 10:00경 동교 강의실 및 화장실에 살포케 하는 등 현저히 사회적 불안을 야기시킬 우려가 있는 시위를 할 것을 선동하고

제11피고인 손형민은

연세대 2학년 재학 당시인 3. 3. 초순 일자미상경 동교 경제과 3년 주기인의 권유로 교내 이념써클인 「연대 흥사단 아카데미회」에 가입하여 그시경부터 동년 5. 초순경까지 간에 5회에 걸쳐 시내 서대문구 신촌동 소재 옥호불상 중국집에서 당시 연대 흥사단 아카데미 회장인 사회학과 3년 홍석중(23세)의 주도 아래 신학과 2년 박준영(21세), 생물학과 2년 곽진숙(21세), 사회학과 2년 이홍근(21세), 정외과 2년 김일구(21세) 등과 같이 모여
   • 도산사상(안병욱 저)

- 서양경제사론(최종식 저)
- 한국경제의 실상과 허상(유인호 저)
- 분단시대의 역사인식(강만길 저)
- 한국역사인식(김용성 외 공저)

등의 책자로 세미나를 갖고

- 노예제, 봉건제가 당시 지배층의 부정부패로 멸망한 것같이 현 정부도 국민대중의 이익을 무시하고 특권층의 이익만을 옹호하면 멸망한다.
- 한국은 미국과 소련에 의해 분단상황이 고정화되면서 남한은 미국의 종속하에 들어갔다.
- 박○○ 정권은 고도성장과 수출주도형 경제정책에만 급급한 나머지 국민들에게 아무런 이익을 주지 못하고 일부 특권층에만 이익을 주어 경제구조의 파행성을 심화시켰다.
- 노동자들은 생계에 위협을 받아 극빈한 생활에서 헤어나지 못하고 있다.
- 현 정권도 유신시대의 경제정책을 답습하고 있어 유신잔재가 청산되지 않고 있으며 진정으로 민주화가 되려면 경제정책을 시정해야 하고 유신잔재를 깨끗이 쓸어버려야 한다는 등 반체제 의식화교양을 받아오던 중

1. 시위등 단체행동은 일체 금지된 사실을 알고 있음에도 불구하고,
가. 80. 5. 7~5. 11. 사이에 동교 백양로 등지에서 동교생 약 6,000명과 같이 "유신잔당 물러가라" "비상계엄 해제하라" "학원민주화 보장하라"는 등의 구호를 외치며 교내시위 및 연좌농성을 하는 등 불법 시위하고
나. 80. 5. 13. 10:50~15:00 신촌역 소재 신촌로타리에서 동교생 약 7,000명과 같이 "비상계엄 해제하라" "전○○ 물러가라" "최○○ 물러가라" "신○○ 물러가라"는 등의 구호를 외치며 불법가두 시위하고
다. 80. 5. 15. 13:00~20:00 서울역 광장에서 동교생 약 6,000명과 같이 "계엄령 철폐하라" "노동삼권 보장하라" "언론탄압 중지하라"는 등의 구호를 외치며 불법가두 시위하고

2. 당국에의 신고 없이
가. 80. 8. 초순 일자미상경부터 동년 10. 하순 일자미상경까지 전후 16여 회에 걸쳐 시내 관악구 신림동 소재 번지불상 이선근 자취방에서 동인의 주도하에 상 피고인 최경환, 서울대 토목과 3년 이한주, 이대 사회생활과 3년 문은희 등과 같이 모여
- 노동의 철학(저자불명)

- 사회사상사(권세원 저)

- 세계철학사(슈테레거 저)

등의 책자로 세미나를 갖고

- 기업가는 노동자를 착취하면서도 노동의 정당한 대가를 보장하지 않고 노동운동을
억제하고 있다.

- 현 정부는 냉전이데오로기를 조장시키면서 국민의 비판을 무마시키고 있고 정권유
지에 급급한 나머지 독재를 하기 위한 수단으로 국민에 대한 의식적 왜곡을 획책하
고 있다는 등의 반체제 의식화교양을 받는 등 불법집회하고

나. 80. 12. 중순 일자미상경부터 81. 1. 하순 일자미상경 사이 6회에 걸쳐 시내 영등포구
도림동 소재 박문식 자취방에서 동인의 주도하에 위 최경환, 이한주, 문은희 등과 모
여

- 러시아혁명(카-알 저)

등 책자로 세미나를 갖고

- 부정부패한 전○○ 팟쇼정권과 싸우려면 학생운동을 조직적으로 이끌어낼 만한 조
직체가 있어야 한다는 등의 반체제 의식화교양을 받는 등 불법집회하고

3. 81. 2. 하순부터 81. 4. 초순까지 사이에 8회에 걸쳐 시내 영등포구 도림동 소재 박문식
자취방 및 강원도 춘성군 강촌유원지 등지에서 박문식, 문은희 등과 같이 모여 조직적
인 학생운동을 하기 위하여 「신촌지역 모임」을 만들기로 하고 연대 지반책으로 피고
인을, 이대 지반책으로 문은희를 선임하는 등 불순써클을 결성하고,

○ 81. 5. 중순 일자미상 12:00~14:00경 시내 강남구 삼성동 소재 선정릉에서 위 박문식,
문은희 등과 같이 모여 동 박문식으로부터

- 현 독재정부를 비판하는 유인물을 배포하라.

- 유인물을 제작할 때 등사기를 구입하면 검거되기 쉬우니 나무판과 원지 로울러를
구입하여 원지를 나무판에 고정시켜 로울러로 미는 방법과 글자가 새겨진 고무판으
로 하는 방법이 있다.

- 배포할 때는 학생들이 등교하기 전이나 수업이 없을 때 빈 강의실에 놓고 나오는 방
법이 안전하다.

- 유인물 내용은 현재까지 학내에 살포된 내용에서 발췌하라는 등 지시를 받고

○ 81. 5. 21. 14:00경 연대 이과대학 뒷산에서 동교 경제과 3년 윤태영, 동교 행정과 3년

이재훈과 같이 모여 지난 5. 6.의 교내시위가 시시하게 끝났으며 이후 침체된 학생들의 의식을 일깨워 행동화시키기 위하여 유인물을 제작, 배포하기로 하고 각자 유인물 초안을 만들어 다시 만나도록 한 후,

○ 5. 23. 14:00경 위 연대 뒷산에서 위 윤태영, 이재훈 등과 다시 모여 각자 작성하여온 유인물 초안을 돌려가며 읽고 검토한 후 3인의 초안을 발췌하여 「연세민주학우투쟁선언」이란 제하에
  - 전○○ 군사정권은 70년대 유신경제체제를 답습시키고 있다.
  - 전방훈련에서 순천향의대 2년생 1명이 크레이머에 맞아 죽었다.
  - 전방훈련은 폐지되어야 한다.
  - 면학분위기를 해치고 심지어는 혐오감마저 들게 하는 학원사찰을 위한 깡패를 즉각 철수시켜야 한다.
  - 연세인의 심장에는 아직도 뜨거운 피가 흐르는가.
  - 그동안 계속되어온 서울대, 중앙대, 성균관대 등의 혁혁한 민주투쟁 대열에 동참할 것을 엄숙히 결의하자
  라는 등의 내용으로 유인물 초안을 완성한 후, 피고인과 윤태영은 당국의 감시를 받고 있으니 이재훈이 학생들을 포섭하여 위 초안으로 유인물을 제작, 살포하기로 하고,

○ 81. 5. 28. 07:00경 위 이재훈이 김종문 등과 같이 제작한 위와 같은 내용의 불온유인물 400매를 연대종합관 등지에 살포토록 하여, 현저히 사회적 불안을 야기시킬 우려가 있는 시위를 할 것을 선동하고,

제12피고인 이종구는

○ 동국대학 1학년 재학 당시인 79. 5. 하순 일자미상경 교내 강의실에서 전자계산과 3년 이병일(22세)의 권유로 교내 이념써클인 「흥사단 동국대학교 아카데미」에 가입하고,

○ 79. 6. 초순부터 79. 10. 하순까지 주 1회 17:00~19:00 간에 교내 써클룸 및 시내 중구 퇴계로4가 소재 중국음식점 행운각 등지에서 흥사단 동국대학교 회원인 국어교육학과 4년 안정숙(22세), 국어교육학과 4년 김남순(22세), 전자계산학과 3년 최병화(23세), 전자계산학과 3년 이병일(22세) 등과 같이 모여 동 대학 정치외교과 4년 이규업(24세), 불교학과 4년 노일현(23세) 등으로부터 국내 비판서적인

- 전환시대의 논리(이영희 저)

- 경제사관의 제문제(셀리그만 저)

- 경제학(이영협 저)

등 책자로 세미나를 갖고

- 현 정부는 무력으로 민의를 말살하고 집권한 팟쇼정권이며

- 물질만능주의의 팽배는 인간을 타락시키고

- 사회부패를 제지해야 할 언론은 매판정권에 아부하는 부패를 조장하고 있다.

- 학원은 학문의 자유를 말살한 채 매판지식인을 양성하는 교장으로 전락되었다는 등 의 반체제 의식화교양을 받아오던 중

1. 당국의 허가 또는 당국에의 신고 없이

80. 10. 초순 일자미상경부터 81. 1. 하순 일자미상경까지 평균 주 1회씩 17:00~19:00 까지 간에 시내 동대문구 신설동 번지불상 소재 김철(21세) 집 및 피고인 집 등지에서 흥사단 아카데미 회원인 김연기, 이연미 등과 같이 모여 흥사단 아카데미 회원인 이선 근, 박문식 등으로부터

- 사회사상사(권세원 저)

- 사회사상사(일어판 수전양 저)

- 세계철학사(슈퇴리키 저)

등 책자로 영국과 프랑스의 계몽사상을 학습하면서,

- 이러한 계몽사상을 공부함으로써 자본주의의 기본 모순을 알 수 있게 된다.

- 현 정부에 대한 반팟쇼운동을 전개하기 위해서는 조직이 있어야 하고 5.17을 당하게 된 것과 광주사태 등을 교훈 삼아 우리도 힘을 규합 조직투쟁을 해야 한다.

- 현 정부의 팟쇼를 타도하기 위해서는 학생운동이 선봉이 되어 구 정치인, 종교인, 노 동자, 농민들과 연합할 수 있도록 투쟁을 이끌어나가야 한다.

는 반체제 의식화교양을 받는 등 불법집회하고

2. 81. 3. 초순 일자미상 21:00경 경기도 가평군 외서면 대성리 소재 커피산장에서 상 피 고인 최경환, 박문식, 이연미 등과 모여 박문식 주도로, 당면 목표는 현 정부의 반독재 투쟁임을 인식하고 선거에 대비 성균관대학교, 동국대학, 성신여대를 중앙지역으로 하여 조직을 결성하기로 하여 조직 명칭은 「민주학우회」로 하고 위원장에는 최경환,

위원에 피고인과 이연미로 하되 피고인은 동국대학교 지반책, 이연미는 성신여대 지반책으로 정하는 등 불순써클을 결성하고

○ 81. 4. 초순 일자미상 12:00경 동국대학교 학생휴게실 다향관에서 정외과 3년 유연식(22세), 인도철학과 3년 이시정(22세) 등과 모여 그들에게

- 3. 17. 서울대 데모와 3. 31. 성균관대 데모는 성공적이었다.
- 작년에 비하여 학생의식이 고양되었으니 우리는 반독재투쟁의 선봉이 되어 동국대학교의 사령탑으로 투쟁을 발전시키자는 등 모의하고

○ 81. 4. 중순 일자미상 15:00경 위 다향관에서 행정과 4년 노세극(23세)과 만나

- 반정부 데모시기는 81. 5. 6. 12:30이 좋을 것 같다.
- 그 방법으로 조영표(21세)는 잔디밭에서 유인물을 살포하고 임병주(23세)는 학생회관에서 학생들을 선동 잔디밭에 모이게 유도하고, 노세극은 메가폰을 가지고 은행나무나 도서관 베란다에 올라가 노래와 구호 등으로 학생을 선동, 모이게 하고,
- 피고인은 써클회원으로 하여금 학생을 동원토록 하기로 모의하고,

○ 81. 4. 하순 일자미상 12:00경 시내 중구 퇴계로4가 번지불상 소재 "상록수다방"에서 위 이시정, 유연식 등과 모여 그들에게,

- 5. 6. 12:30 교내 불상 앞에서 반정부데모를 할 것이니 학내 분위기를 술렁이게 조성하라
- 동국대학교의 힘을 과시할 수 있는 데모가 되도록 동료 학생을 최대한 동원토록 하라
- 절대 보안 유지하고 노출되지 않도록 하라고 하는 등 모의하고,

○ 5. 6. 10:00경 시내 중구 퇴계로5가 번지불상 소재 "동국"다방에서 써클회원인 국어교육학과 2년 황영남(21세), 물리학과 2년 김형민(20세), 경제과 2년 이재수(20세) 등과 모여 동인들에게

- 오늘 12:30에 교내 불상 앞 잔디밭에서 반정부데모가 있으니 아는 학생을 총동원하여 불상앞으로 나오도록 하라
- 데모대열에 끼여 학생들을 선동하되, 절대로 노출되게 행동하여서는 안 된다고 하는 등 모의하고

○ 81. 5. 6. 12:55~14:45까지 동국대학교 내 불상 앞 잔디밭에서 위 노세극, 동 임병주 등이 주도하여 「동국대 민주학우 반팟쇼투쟁 5월선언」「격·전 동국인의 뜨거운 가슴에 고함」 제하의 유인물 2종류 200여 매를 살포하고 "전○○을 타도하자" "학원 사찰 중

지하라" "언론자유 쟁취하라" "매판재벌 타도하자"는 등 구호를 외치며 동교생 1,000여 명과 불법시위를 감행케 하는 등 현저히 사회적 불안을 야기시킬 우려가 있는 시위를 주관하고,

3. 81. 5. 중순 일자미상 10:00경 시내 종로구 종로2가 번지불상 소재 옥호불상 다방에서 동국대학교 행정학과 4년 임영태(24세)와 만나 동인으로부터
   - 5. 27. 반정부데모를 거창히 한탕 해야겠다. 협조를 부탁한다는 제의를 받고,
   - 최대한 협조하겠다고 약속하는 등 모의하고,

○ 81. 5. 하순 일자미상 12:00경 시내 동작구 노량진동 소재 "대화"제과점에서 위 임영태와 다시 만나 동인으로부터
   - 5. 27. 12:30경 데모를 하되 교내 다향관은 임영태가 맡고 석조관은 이남호(23세), 도서관은 김경희(23세)가 맡아 각각 학생들을 선동하여 불상 앞 잔디밭으로 집결시키고 남학생은 칼을 들어 신변을 보호하고 학생을 흥분시키는 방법으로 데모를 하겠다는 말을 듣고,
   - 1학년 써클회원을 동원하여 식당에 모여 있게 했다가 불상 앞 잔디밭으로 유도하고 2학년 써클회원에게는 불상 앞 잔디밭에서 학생을 선동, 투석토록 하겠다고 제의하는 등 모의하고,

○ 81. 5. 하순 일자미상 12:30경 동국대학교 룸비니 동산에서 위 유연식, 이시정 등과 모여 그들에게,
   - 5. 27. 12:30 교내 다향관, 석조관, 불상 앞에서 데모를 할 예정이니 팀을 총동원하여 데모에 참가하도록 하라.
   - 데모대열에 끼여 학생들을 선동, 투석을 하게 하고 교외로 진출할 수 있도록 하라고 지시하는 등 모의하고

○ 81. 5. 27. 09:00경 시내 중구 퇴계로5가 소재 "삼호"다방에서 써클회원인 황영남, 허정수, 김형민, 이재수 등과 모여
   - 오늘 12:30에 반정부데모가 있으니 경찰서에서 하룻밤 신세질 각오하에 적극 투쟁하라.
   - 황영남은 1학년 회원들을 식당에 모여 있게 했다가 12:30 데모대열에 전원 가담케 하라고 지시, 동의를 얻는 등 상호 모의하고

○ 81. 5. 27. 12:30~13:00까지 교내 도서관 앞에서 이남호, 김경희 등이 주도하여 "인간

해방선언문"이란 불온유인물 200여 매를 살포하고 "반팟쇼투쟁운동에 적극 참여합시다" "죽이자 전○○" "사회악법 철폐하라" "노동3권 보장하라" "국풍81을 거부한다"는 등 구호를 외치며 동교생 약 1,000여 명과 불법시위를 감행케 하는 등 현저히 사회적 불안을 야기시킬 우려가 있는 시위를 주관하고,

4. 상 피고인 최경환의 4항 범죄사실과 같이 현저히 사회적 불안을 야기시킬 우려가 있는 시위를 할 것을 음모하고,

제13피고인 신철영은

1970. 3.경 대학 입학과 동시 흥사단 서울대 아카데미 회원으로 가입하여 그 시경부터 "도산사상"(안병욱 저), "역사란 무엇인가"(이 에이취 카 저)등을 교재로 매주 세미나를 하여 민족주의, 역사발전의 필연성에 대한 의식을 갖게 되고 동년 6경부터는 대학생 성경 읽기에 나가 성경공부를 해오던 중 동년 11.경 청계천 피복시장 근로자인 고 전태일의 분신자살사건에 충격을 받고 노동문제, 사회문제 등에 대해 깊은 관심을 갖고, 계속 위 흥사단 아카데미에서 "한일문제" "농업문제" "한국현대사" 등에 대한 세미나에 참석하여 현실비판의식을 고취시키고, 1973. 1.경 제일교회 대학생부에 들어가서 동 교회 목사인 공소 외 박형규로부터 "기독교인은 영혼구원만을 문제 삼을 것이 아니라 개인의 영혼구원과 아울러 현실생활의 어려움을 해결해야 하고 사회의 불의와 부패를 고발, 시정해나가야 한다" "억눌린 자, 가난한 자의 편에서 서 그들과 고통을 깊이 나누고 억누르는 자, 많이 가진 자를 향해 싸워야 한다"는 등의 교양을 받으면서 동인의 권유로 "페다고지"(파울로 프레일리 저)라는 책자를 읽고 피억압자들의 의식을 일깨워야 한다는 생각을 갖는 등으로 계속 현실비판 의식을 키워오면서, 우리나라는 일제식민지 치하에서 36년간 수탈당하다가 독립하였으나 자유당정권은 장기집권을 위해 친일자본가, 반민족행위자들을 오히려 비호하여 사회 각 분야에 지도그룹으로 온존시키고 새로이 미국의 독점자본과 결합하여 매판세력을 형성하였고 5.16 군사정권은 한일회담을 하여 다시 일본의 매판독점자본까지 끌어들여 미·일독점자본의 앞잡이로 전락하여 매판자본가, 매판관료, 매판군부가 결탁한 팟쇼지배집단을 형성하고 저임금, 저곡가정책으로 민중의 수탈 위에 거대한 독점자본을 형성하여 3선개헌, 유신헌법, 긴급조치 등을 단행하여 독재체제를 강화해왔으며 현 정부는 5.17 군사쿠데타로 정권을 탈취하고 기존 정치인인, 민주인사 등 비판세력의 활

동을 봉쇄하고 비민주적으로 헌법을 통과시킨 다음 노동자 농민의 빈곤, 매판독점세력의 편중이라는 양극화를 초래하여 사회불안을 조성하고 외채의 누적 등으로 민족이 생존위협을 받도록 하고 있다고 판단하고, 생산의 주된 담당자이며 국민경제의 주축을 이루고 있는 노동자, 농민들이 억압받는 상태에서 해방되기 위하여는 진보적 지식인들이 노동자, 농민을 의식화시켜 강력한 조직으로 세력화하여 팟쇼지배집단을 타도하고 매판자본을 몰아내어 민족자본을 형성하여야 하고 선진독점의 지배로부터 민족의 이익을 옹호하여야 하며, 이는 지식인들이 노동현장에 참여하여 노동자들의 신뢰기반을 구축하고 노동자들의 권리를 주장하는 민주세력을 결집시켜 노동운동 내지 농민운동의 주체세력으로 형성하여 점진적으로 경제투쟁과 정치투쟁을 거쳐 노동자, 농민들이 인간다운 생활을 할 수 있는 사회를 이룩하여야 한다고 생각을 해오던 중

1. 1980. 1. 하순 14:00경 서울 마포구 신촌로타리 소재 옥호미상 제과점에서 상 피고인 이태복의 연락으로 동인과 만나 동인으로부터 노동문제에 대한 이야기를 해보자는 제안을 받으면서

"그동안 서로 노동문제에 대해 관심을 갖고 있으면서도 개인적으로는 토론을 갖지 못하였는데 앞으로 자주 만나서 대화하였으면 좋겠다"

고 하며 어떤 방식으로 토론하는 것이 서로의 입장을 이해할 수 있겠느냐는 말을 듣고 동인에게

"우리들이 대학 재학생도 아니고 우선 현실적인 일거리가 있으면 그 문제부터 토론하고 그 과정에서 서로의 입장을 확인하는 것이 확실하지 않겠느냐"

고 하고 동인으로부터

"그렇다면 현 정세를 어떻게 볼 것인가, 당면한 노동운동의 과정은 무엇인가, 그것을 해결하기 위한 방법은 무엇인가의 순으로 토론하자"

는 제의를 받고 다시 동인에게

"우선 전제해둘 것은 본인이 현재 산업선교회에 몸담고 있는 입장이고 산업선교운동의 필요성을 인정하고 있기 때문에 그런 테두리 안에서 이야기하겠다"

고 하여 동인의 동의를 받은 다음 다시 동인으로부터

"내가 생각하기에는 10.26사태는 부마사태로까지 번진 시민항거의 표적을 제거함으로써 선진독점의 지배체제를 유지하려는 것으로 지배세력 내부의 모순이 변화한 것으로 보는 것이 상황의 본질을 파악하는 것이다. 반유신투쟁에서 앞장서 온 사람들이 중

심이 되어 민주화운동이 본격적으로 추진되겠지만 대중의 토대가 없는 민주화운동은 팟쇼의 거대한 힘앞에서 좌절될 수밖에 없다"

는 말을 듣고 동인에게

"10.26은 경제적 측면에서 볼때 그 이전의 미국의 입장이 중공에 상품시장을 개척하여 한국을 중개로 한 시장형성을 노리고 있었는데 시민항거가 일어나자 내부의 권력투쟁을 이용하여 원성의 표적을 제거한 것이 아니겠느냐"

고 하고 다시 동인으로부터

"일부의 지식인들은 객관적 모순의 중대가 바로 문제해결의 길로 보는데 그런 관점은 기계적인 반영론으로서 경계해야 하고 또 모순의 구체적 발전단계의 특수성을 연구하여 그에 기초한 운동을 전개하지 않고 관념적인 지식인끼리 전위적인 조직으로 대중을 선동하면 된다고 보는 사고방식도 문제다"

고 비판하는 말을 듣고 이에 동조하고

○ 동년 2월 초순 19:00경 서울 마포구 서교동 번지미상 피고인의 집에서 동인을 만나 함께 식사를 한다음

"일부에서 제2노총 움직임이 있는데 말을 들어본 적이 있느냐"

는 말을 듣고 있음직한 얘기인데 처음 듣는 이야기라고 하여 다시 동인으로부터

"70년대의 민주노동운동을 벌였던 조합에서 민주노조를 중심으로 김영태의 반조직, 중간파를 흡수하면 되지 않겠느냐는 식의 발상으로서 지금 상황을 상당히 낙관적으로 보는 것 같으나 여건이 어려워지면 그것은 환상일 수밖에 없지 않겠느냐."

"어용노총에 대신하는 새로운 노조운동의 필요성을 느끼고 있는 조합간부들을 어떻게 결합시켜 80년대 새로운 민주노조운동의 기반을 만드느냐 하는 것은 시급한 과정이다."

"자본주의경제의 모순을 극복하기 위해서는 우선 광범위한 노동자를 노동조합으로 조직하여야 하는데 우리나라 노조의 조직율은 15퍼센트에 지나지 않고 그것도 대부분 유명무실한 노조인 실정이니 그 운동을 추진할 주체세력을 노동삼권의 요구, 최저임금제의 실시 등을 운동내용으로 갖는 비공개의 조직으로 조직화할 필요가 있으며 그 조직을 통하여 노동자를 노조로 결집시켜 강력한 조직적 토대를 구축하여야 하며 그 이후에 노동자를 중심으로 한 민중정권을 수립하여 선진독점의 지배로부터 민족적 이익을 옹호하고 국내의 매판적 독점과 그 정권으로부터 민중을 해방시켜나가야 한다."

"새로운 민주노동운동에 적극적으로 참여하는 것이 어떠냐"는 권유를 받고 동인에게 "노동삼권의 요구와 같은 운동내용을 갖는 비공개의 조직운동은 지금 단계에서 필요하다고 느끼고 있었기 때문에 동감한다"

고 하고 동인으로부터 양승조, 박태연, 유해우, 김병구라는 사람과 접촉하고 있는 중인데 3월 중순에는 예비모임을 할 수 있을 것이니 참석하라고 권유하라는 말을 듣고 참석하겠다면서 이를 승낙하고

상 피고인 이태복에 대한 범죄사실

제1의 (6)항 기재와 같이 동년 3. 중순 19:00경 영등포구 구로공단 입구 아담다방에서 위 이태복과 흥사단 아카데미 모임에서 알게 된 상 피고인 김철수, 청계피복노조 기도회에서 알게 된 같은 양승조 및 상 피고인 박태연 같은 유해우 등을 만나 같은 구 구로동 번지미상 위 양승조의 자취방으로 가서 제1차 예비모임을 하는 등으로 허가 없이 집회하고

2. 상 피고인 이태복에 대한 범죄사실 2의 (7)항 기재와 같이 1980. 3. 하순 21:00부터 다음 날 01:00까지 사이에 같은 자취방에서 전항 6명 외 그날 소개받은 상 피고인 김병구와 함께 제2차 예비모임을 하는 등으로 같은 불법집회를 하고

3. 상 피고인 이태복에 대한 범죄사실 2의 (8)항 기재와 같이 1980. 4. 초순 22:00부터 다음 날 01:00 사이에 같은 자취방에서 위 이태복, 동 김철수, 동 양승조, 동 박태연, 동 유해우 등과 함께 제3차 예비모임을 하는 등으로 같은 불법집회를 하고

4. 상 피고인 이태복에 대한 범죄사실 12의 (9)항 기재와 같이 1980. 4. 중순 20:00부터 다음 날 01:00 사이에 종로구 명륜동 소재 명륜여관에서 전항 6명 외 김병구가 참석하여 동인들과 함께 제4차 예비모임을 하는 등으로 같은 불법집회를 하고

5. 1980. 4. 30. 13:00경 영등포역 전 예전다방에서 위 이태복과 만나 "전국민주노동자연맹" 규약에 대한 토의를 하면서 동인이 초안한 동 연맹규약을 검토한 다음 다시 전체 모임에서 검토 처리하자고 합의하고

○ 상 피고인 이태복에 대한 범죄사실 12의 (10)항 기재와 같이 1980. 5. 3. 23:00부터 5.5. 12:00경까지 사이에 인천시 북구 계산동 홍진아파트에서 위 이태복, 동 김철수, 동 양승조, 동 박태연, 동 유해우, 동 김병구 및 공소 외 하동삼, 동 윤상원 등 도합 9명과 함께 "전국민주노동자연맹" 결성대회를 하고 동 연맹 중앙위원으로 선임되는 등으로 허가 없이 집회하고

6. 상 피고인 이태복에 대한 범죄사실 12의 (13)항 기재와 같이 1980. 6. 5. 19:00-23:00경까지 사이에 경기도 시흥군 군포읍 번지미상 유해우의 집에서 동인 및 위 이태복, 동 김철수, 동 양승조, 동 박태연, 동 유해우, 동 김병구등과 함께 제1차 중앙위원회를 개최하는 등으로 허가 없이 집회하고

7. 상 피고인 이태복에 대한 범죄사실 12의 (15)항 기재와 같이 1980. 7. 31. 20:00~8. 1. 14:00경까지 사이에 구로구 구로동 소재 남서울아파트 공소 외 길문숙의 자취방에서 중앙위원 10명 중 위 윤상원, 동 하동삼 및 공소 외 전점석을 제외한 7명의 중앙위원들이 모여 제2차 중앙위원회를 개최하는 등으로 같은 불법집회를 하고

8. 상 피고인 이태복에 대한 범죄사실 12의 (17)항 기재와 같이 1980. 8. 하순 20:00~24:00경 사이에 구로구 가리봉동 소재 위 양승조의 자취방에서 동인 및 위 이태복, 동 김철수, 동 양승조, 동 박태연, 동 유해우 등과 함께 제3차 중앙위원회를 개최하는 등으로 같은 불법집회를 하고

9. 상 피고인 이태복에 대한 범죄사실 12의 (19)항 기재와 같이 1980. 9. 하순 20:00~23:00경 사이에 구로동 번지미상 위 이태복의 자취방에서 전항 같은 중앙위원 6명이 모여 제4차 중앙위원회를 개최하는 등으로 같은 불법집회를 하고

10. 1980. 10. 하순 21:00경 영등포역 전 예전다방에서 위 이태복을 만나 동인으로부터
"요즈음 산업선교회에 대한 조사가 있다고 하는데 어떻게 된 것이냐"
라는 말을 듣고 동인에게
"기관에서 나와 산업선교회의 입장을 청취하고 조직상황 등을 조사하였으나 5.17 이후 산업선교회가 예전처럼 활기를 띄고 있지 않기 때문에 별문제 없을 것 같지만 목사

님이 해외에 나가서 아침 8시부터 밤 10시까지 일하는 것이 보통이기 때문에 정신이
없어 다른 사람들을 만나지 못했다"

고 하고 동인으로부터

"출판계도 정리한다는 말들이 많은데 걱정이 되고 바쁘더라도 다른 사람들을 만나보
아야 조직상황도 알게 되고 일거리도 만들어질 것인데 중앙위원 가운데 실질적으로
활동하고 있는 사람이 몇 사람 되지 않으니 문제다. 예비그룹으로 구성할 수 있는 사
람이 없느냐"

는 말을 듣고 다시 동인에게

"산업선교회는 남자회원이 거의 없는 여건이기 때문에 마땅한 사람이 찾아지지 않는
데 알아보겠다"

고 대답하는 등으로 예비그룹 구성문제를 토론하고

○ 상 피고인 이태복에 대한 범죄사실 2의 (23)항 기재와 같이 1980. 10. 하순 20:00~
23:00경 사이에 구로구 구로동 소재 위 박태연의 자취방에서 동인 및 위 이태복, 동 김
철수, 동 유해우 등과 함께 제5차 중앙위원회를 개최하는 등으로 허가 없이 집회하고

11. 상 피고인 이태복에 대한 범죄사실 12의 (25)항 기재와 같이 1980. 11. 하순 20:00~
23:00 영등포구 영등포동 번지미상 피고인의 집에서 전항 5명 외 양승조 등 6명의 중
앙위원들이 모여 제6차 중앙위원회를 개최하는 등으로 같은 불법집회를 하고

12. 상 피고인 이태복에 대한 범죄사실 12의 (29)항 기재와 같이 1981. 1. 중순 20:00~
23:00경 사이에 같은 집에서 전항 6명 외 김병구 등 7명의 중앙위원들이 모여 제7차
중앙위원회를 개최하는 등으로 같은 불법집회를 하고

13. 북한공산집단은 정부를 참칭하고 국가를 변란할 목적으로 불법 조직된 반국가단체로
서 공산주의혁명 노선에 따라 대남적화통일을 기도하고 그 목적수행을 위해 활동하고
있다는 사실을 알고 있음에도 불구하고, 각 반국가단체를 이롭게 할 목적으로
가. 1978. 7. 중순 20:00경 종로구 광화문 소재 옥호미상 서점에서 계급의식을 고취시
켜 억압받는 자들로 하여금 실천투쟁을 선동하면서 공산주의자들의 이론을 인용한
브라질의 파울로 프레이리(Paulo Freire)저 "억압받는 자의 교육학"(Pedagogy of the
oppressed) 영문판 원서 1권을 매입하여 취득하고

나. 1979. 6. 초순 15:00경 서대문구 이화여대 앞 옥호미상 서점에서 유물사관, 제국주의론, 반자본주의 이론을 전개하고 전투적 노동운동을 주창하면서 공산주의자들의 선전교조인 반자본주의투쟁 실천을 강조하는 위 광민사 출판 "한국노동문제의 구조" 1권을 매입하고

다. 1980. 1. 하순 20:00경 영등포구 영등포역 전 옥호미상 서점에서 유물사관에 입각한 역사분류법의 입장에서 노동의 변화과정을 서술한 같은 출판사 발행의 "노동의 역사" 1권을 매입하고

라. 동년 6. 중순 14:00경 영등포구 당산동 소재 옥호미상 서점에서 유물사관에 입각하여 사회경제적 구조를 설명하면서 프랑스 시민혁명 이후의 자본주의 발달과정을 분석한 일본학자 다까하시 고하찌노(高橋行八郞)의 "자본주의 발달사"를 위 광민사에서 번역 출판한 같은 제목의 책 1권 및 공산주의 이론가들의 여성해방이론을 소개하면서 혁명적 운동의 일환으로서 "여성해방"을 주장한 영국학자 쥬리어트 밋첼의 "여성해방의 논리"를 위 광민사에서 번역 출판한 같은 제목의 책 1권을 각 매입하여 취득하고

마. 동년 6. 하순 16:00경 종로구 명륜동 소재 위 광민사에서 영국노동운동의 흐름을 사건 중심으로 기술하면서 번역자가

"독점자본주의 단계에서는 노동운동이 경제투쟁에서 정치투쟁으로 발전하지 않을 수 없게 되고 정치투쟁은 노동운동의 최고 형태로서 고용주보다는 국가권력을 대상으로 하는 운동이다"라고 하면서 헌법질서, 국가권력에 대항하는 노동운동을 강조한 같은 출판사 발행의 "영국노동운동사" 책 1권을 매입하고

바. 동년 7. 하순 21:00경 종로구 종로2가 소재 문학당서점에서 "기존 체제에 대항하는 반폭력은 역사적 정당성을 가지며 급진적이고 질적인 변혁에는 당연히 폭력이 수반된다."

"기존 체제 내의 체제 내에로의 흡수를 위한 관용은 고도산업사회의 노동자의식을 마비시키며 고도산업사회의 소비적 각성으로부터 위대한 거부를 함으로써 진정한 인간해방을 성취할 수 있다"라면서 청년학생들의 의식을 좌경화시켜 "폭력적 사회혁명"을 정당시하는 미국 반자본주의 학자 "마르쿠제"의 논문을 같은 출판사에서 번역 출판한 "위대한 거부" 책 1권을 매입하여 취득하고

사. 동년 12. 초순 15:00경 위 광민사에서 노동운동의 개량주의를 반봉건적의식의 잔재를 이용한 가부장적 노사관계라고 비난하면서 전투적 적색노조 방식을 주장하고

있는 같은 출판사 발행의 "프랑스 노동운동사" 책 1권을 매입 취득하고

아. 1981. 1. 초순부터 동년 7. 하순경까지 사이에 서울 영등포구 영등포동7가 120의 1 피고인의 집에 공산주의 교조인 유물사관에 입각하여 사회경제적 구조를 설명하면서 자본주의체제의 모순을 폭로하는 내용의 영국 공산주의 이론가 모리스 돕 (Maurice Dobb)의 "자본주의 발달연구"(Studiesinthe Development) 영문판 원서 1권을 은닉하여 소지하고

자. 동년 2. 초순 17:00경 위 광민사에서 제 사항과 같은 개량주의 노동운동을 비판하고 과학적 사회주의 내지 공산주의 이론에 따른 노동운동론을 전개하면서 노동자들에게 유물변증법적 논리에 입각한 정치적 적색혁명을 선동하는 같은 출판사 발행의 "독일노동운동사" 책 1권을 매입, 취득하고

차. 동년 5. 초순 18:00경 같은 출판사에서 노동자들에게 반자본주의적 계급투쟁의식을 포지케 하고 노동운동의 활성화를 주장하면서 공산주의의 노동자 선전문구인 물화론을 인용하고 공산주의자들의 이론을 인용한 같은 출판사 발행 "노동의 철학" 책 1권을 매입, 취득하고

제14피고인 김철수는

1975. 4.경 흥사단 서울대 아카데미 회원으로 가입하여 그 시경부터 매주 흥사단 본부에서 개최한 세미나 등에 참석하여 "역사란 무엇인가"(이 에이취 카 저) "전환시대의 논리"(이영희 저) "일반경제사 요론"(이영협 저)과 "한국근대사에 관한 논문, 재벌과 빈곤"(김성식 저) "한국경제의 자본축적과정"(홍성유 저) "자본주의 발달이론"(피 스위지 저) 등의 책자에 대한 토론 또는 그 탐독 등을 거쳐, 우리나라가 실학의 융성으로 자본주의적 맹아가 싹텄으나 개항, 을사보호조약, 한일합방 등으로 일본의 식민지로 전락하여 일본상품의 판매시장, 생산자원의 수탈, 일본자본의 투자시장으로 이용당하였고 해방 후에도 일제의 식민지적 유재를 청산하고 민족자본가를 주축으로 자립적인 독립국가 건설이 가능했으나 미군정의 실시 및 자유당 정권의 실책으로 그 식민지적 유재가 잔존한 채 미국의 원조물자 등으로 일부 재벌들이 폭리를 얻으면서 치부하였고, 5.16군사혁명 후에도 미국과 일본의 독점자본과 결탁한 세력이 치부를 거치는 과정에서 생산의 주체인 노동자들은 자본가들에게 계속 수탈을 당해왔으며 유물사관에 의한 역사발전법칙에서 볼 때 현재는 독점자본주의가 그 모순을 무력적으로 해결하기 위해

군국주의화되어 파시즘으로 나타나고 있는 상태라고 판단하는 한편, 1975. 6.경부터 "한벗학당" 및 "영등포 직업청소년학교" 야학교사로 일하면서 일반 근로자 또는 직업청소년들의 생활을 보고 노동운동에 관심을 갖고 "피압박자의 교육학"(파울로 프레이리 저) "변증법이란 어떤 과학인가"(미우라 쓰도무 저) 등의 서적을 탐독하는 등으로 현실비판에 대한 의식화를 해오던 중, 1979. 5. 12 위 전과 사실로 출소한 후에는 독점자본과 결탁한 매판자본의 착취로부터 피압박민중인 노동자들을 해방시키는 길은 민중의 핵심인 노동자의 단결된 힘밖에 없다고 생각하고 동 조직의 필요성을 느끼고 있던 중,

1. 1979. 12. 하순 19:00경 서울 종로구 명륜동 소재 도서출판 광민사에서 위 흥사단 아카데미 선배인 상 피고인 이태복을 만나 동인으로부터 영국이나 프랑스 같은 선진 자본주의국가에서는 그 나라의 특수성에 맞는 노동운동이 필요했기 때문에 페비안주의나 아나코·쌩디칼리즘이 생겨나게 되었던 것이고, 후진국이나 저개발국가에서는 식민지적 유재와 반봉건적인 경제구조 식민지하에 그대로 온전되어온 매판적인 자본, 군부 관료가 남아 있기 때문에 우리나라와 같은 저개발국의 노동운동은 새로운 방법이 개발되어야 한다. 이를 위해서는 직접 노동운동에 들어가서 저임금, 장시간노동, 비인간적인 대우 등을 체험하고 미조직된 노동자들을 조직하여 민주적인 노동운동의 기초를 만들어야 한다는 말을 듣고 이에 동조한 다음 영국학자 "코올"이 영국노동운동사 영문판 책자 상권에 대해 번역 의뢰를 받고
   1980. 1. 하순 19:00경 구로구 구로동 소재 옥호미상 다방에서 동인을 만나 동인으로부터 위 영국노동운동사의 서문에서 쓴 "옮긴이의 글"에 대한 말을 들으면서
   "영국노동운동사의 옮긴이의 글을 보니 정치투쟁의 필요성을 강조하였던데 정치투쟁과 경제투쟁에 대하여 어떻게 생각하느냐"
   는 말을 듣고 동인에게
   "자본주의가 독점자본주의 단계에 되면 노동조합별, 산업별 조직의 형태에 이르게 되고 노동자의 요구도 자연히 정치적 요구로 발전하게 되는 것이 아니냐"
   고 하여 다시 동인으로부터
   "문제는 정치투쟁과 경제투쟁에 대하여 양분화시켜 생각하는 것은 잘못이고 양자를 상호보완적인 것으로 파악하여야 하며 지식인 쪽에서 정치투쟁 우선주의를 주장하고 조합 출신들이 경제투쟁 우선주의를 강조하는 이분적 사고방식이다. 노동자들은 임금을 받기 위해서 일하는 사람들이므로 경제요구가 기본이고 경제요구를 제대로 성취하

려면 정치투쟁을 통한 노동자들의 사회의식, 정치의식, 역사의식이 발전하지 않으면 안 되는 관계이므로 그들의 관계는 변증법적 관계로서 현장에서 경제투쟁으로 시종하게 되면 투쟁의 열매를 제대로 얻어낼 수 없고 정치투쟁으로 시종하게 돼도 현장운동은 쇠퇴하게 된다. 왜냐하면 노동자들은 공동의 강령에 모인 정당원도 동일한 교육수준에 있는 의식화된 학생들도 아니기 때문이다"

"한국경제를 구조적으로 이해하고 있다고 있는 일부의 사람들은 또 경제투쟁을 열심히 하면 정치투쟁으로 발전할 수 있다고 보는 견해도 있는데 이것은 정치투쟁과 경제투쟁을 지나치게 단순화하는 함정이다. 또한 의식화된 학생들이 정치투쟁을 하는 경향을 경계해야 하지만 경제투쟁 지상주의도 과학적인 것은 아니다. 이것은 운동론에 있어서도 마찬가지인데 관념적으로 급진적인 사람들이 전위적인 조직을 만들어 경제투쟁을 하자는 운동론이 있고, 민중의 의식이 낮기 때문에 민중을 의식화하여야 한다는 견해도 있는데 어떻게 생각하느냐"

라는 질문을 받고, 대중의 현실을 무시하고 출발한 운동이 성공한 예가 있느냐, 두 가지 방식 모두 지양되어야 한다고 대답하고, 다시 동인으로부터

"운동은 어떤 특정한 형식이 있는 것이 아니라 각 나라의 역사적, 사회적, 정치적 조건을 고려하여 전개하여야 하는데 우리나라의 역사적, 사회적, 경제적인 조건을 구체적으로 분석하지 않고 급진적인 지식인들이 외국의 운동이론을 도그마적으로 해석하여 우리 현실에 적용하려는 것은 바람직하지 않으며 또 그저 단순히 의식화만 하여야 하는 것은 문제의 본질을 회피하려는 것이고 운동사의 경험을 무시한 기회주의적인 것이므로 이 두 가지 경향을 모두 극복하여야 한다"

는 말을 듣고 이에 동조한 다음 함께 당면한 노동운동의 목표와 운동내용을 다시 만나 재론키로 약속하고

동년 2. 중순 21:00경 영등포구 구로동 소재 옥호미상 여관에서 동인을 만나 동인에게 지난번 만나서 이야기하던 말에 대해 동감한다고 말하고 동인으로부터

"우리 사회의 역사발전 단계는 일면에 있어서 생산력이 관료국가, 독점자본주의적 성격을 갖고 사회적 관계에 있어서는 반봉건적 유재가 잔존하고 있으며 객관적 조건으로는 노동관계법의 악화가 해외의존적 경제구조의 심화로 나타나고 주체적 조건은 전근대적인 노사관, 소시민적 보수성이 지배적이기 때문에 노동자를 중심으로 한 민주노동운동이 전체 민중해방운동에 있어서 지도적 입장을 가지고 노동삼권의 요구와 같은 반합법적 운동내용을 비공개의 조직형태로 전개하여야 하고 그 과정에서 노동자를

의식화시키고 선진독점의 지배로부터 민족적 이익을 옹호하고 자본과 노동 사이의 기본모순을 해결하는 운동으로 전화시켜야 한다"

는 등으로 조직운동에 참여할 것을 권유받고 이에 동조하고

1980.2. 중순 18:00경 영등포 소재 옥호미상 중국집에서 위 영등포 직업청소년 학교에서 알게 된 남영나이론 공원 공소 외 최태임 및 동인과 함께 온 남영나이론 여공 성명미상 4명 등, 도합 5명을 만나 동인들에게 "한국경제의 실상과 허상"(유인호 저)을 빌려주면서 경제개발계획 과정에서 얻은 것과 잃은 것 국민소득의 놀라운 성장을 가져와서 국민경제규모가 커진 반면에 경제성장의 주된 공로자인 노동자에게는 성과가 분배되지 못한 사실을 이야기해주고 소외당한 노동자들이 일치단결해서 노동운동을 통하여 노동조건, 민주적 제권리를 향상시켜야 한다면서 동인들을 교양하고

○ 상 피고인 이태복에 대한 범죄사실 12의 ⑹항 기재와 같이, 1980. 3. 중순 19:00경 서울 영등포구 구로공단 입구 아담다방에서 위 이태복, 상 피고인 신철영, 동 양승조, 동 박태연, 동 유해우 등을 만나 인사를 나눈 다음 구로동 번지미상 위 양승조의 자취방으로 함께 가서 그날 21:00부터 다음 날 01:00까지 제1차 예비모임을 개최하는 등으로 허가 없이 집회하고

2. 상 피고인 이태복에 대한 범죄사실 12의 ⑺항 기재와 같이 1980. 3. 하순 21:00부터 다음 날 01:00 사이에 위 양승조의 자취방에서 동인 및 위 이태복, 동 신철영, 동 박태연, 동 유해우, 동 김병구 등과 함께 제2차 예비모임을 하는 등으로 같은 불법집회를 하고

3. 1980. 4. 초순 18:00경 영등포구 양남동 소재 양남다방에서 위 최태임을 만나 동인에게

"현재 남양나이론 회사는 어용노조가 튼튼하고 회사로부터 주목을 받고 있는 것 같으니 다른 사업장에 취업하여 새로 노동운동을 시작하는 것이 좋겠다"

고 하여, 동인으로부터

"생각해보겠다"는 말을 듣는 등으로 함께 활동할 것을 권유하고

○ 상 피고인 이태복에 대한 범죄사실 12의 ⑻항 기재와 같이 동년 4. 초순 22:00경부터 다음 날 01:00경 사이에 위 양승조의 자취방에서 동인 및 위 이태복, 동 신철영, 동 박태연, 동 유해우 등과 함께 제3차 예비모임을 갖는 등으로 허가 없이 집회하고,

4. 상 피고인 이태복에 대한 범죄사실 12의 (9)항 기재와 같이, 1980. 4. 중순 20:00경부터 다음 날 01:00사이에 위 명륜동 소재 명륜여관에서 전항 6명 외 위 김병구 등 7명이 모여 제4차 예비모임을 갖는 등으로 같은 불법집회를 하고

5. 동년 5. 초순 18:00경 위 영등포시장 부근 심지다방에서 위 최태임을 만나 동인에게 "9켤레의 구두로 남은 사내"(윤흥길 저)를 빌려주면서
"우리나라의 노동자들은 경제성장의 성과를 분배받지 못하고 있는데 당사자인 근로 자들 스스로 의식을 높여 해결하여야 하는데 그러기 위하여는 노동법을 잘 알아야 하고 노동조합에 대한 관심을 갖고 근로자를 위한 노동조합이 되도록 노력하여야 한다"고 교양하고

○ 상 피고인 이태복에 대한 범죄사실 12의 (10)항 기재와 같이 1980. 5. 3. 23:00부터 동 년 5. 5. 12:00까지 사이에 인천시 북구 계산동 홍진아파트 위 이태복의 방에서 동인 및 위 신철영, 동 양승조, 동 박태연, 동 유해우, 동 김병구, 동 하동삼, 동 윤상원 등 9 명이 모여 "전국민주노동자연맹"을 결성하고 그 중앙위원으로 선임되는 등으로 동 연 맹결성대회를 개최하여 허가 없이 집회하고,

6. 상 피고인 이태복에 대한 범죄사실 12의 (13)항 기재와 같이 1980. 6. 5. 19:00부터 23:00 사이에 경기도 시흥군 군포읍 번지미상 위 유해우의 전세방에서 동 연맹중앙위 원 중 윤상원, 동 전점석을 제외한 8명의 중앙위원들이 모여 제1차 중앙위원회를 개최 하는 등으로 허가 없이 집회하고

7. 1980. 6. 중순 21:00경 구로구 구로동 소재 위 이태복의 자취방에서 동인을 만나 동인 으로부터
"포항에 내려가서 현장일을 할 생각인데 그동안 다른 중앙위원들과 만나서 얼굴도 익히고 조합운동의 여러 실상 등을 공부하는 것도 유익할 것이니 너무 어려워하지 말고 자주 만나라, 현장일 때문에 시간이 없겠지만 예비그룹의 교안 작성을 유해우와 상의해서 초안을 만들어보라"
는 지시를 받고 이에 승낙하고

○ 상 피고인 이태복에 대한 범죄사실 12의 (15)항 기재와 같이, 1980. 7. 31. 20:00부터 8. 1. 14:00경 사이에 구로구 구로동 남서울아파트 공소 외 길문숙의 방에서 위 이태복,

동 신철영, 동 양승조, 동 박태연, 동 유해우, 동 김병구 등과 함께 제2차 중앙위원회를 개최하는 등으로 허가 없이 집회하고,

8. 1980. 8. 하순 같은 동 소재 위 이태복의 자취방에서 동인을 만나 동인에게
"자료가 부족하고 유해우가 나에게 초안을 맡겼으나 아직 구체적인 착수는 못하고 있다"
고 하고 동인으로부터
"교안은 현장출신 노동자를 대상으로 하는 것이니만큼 쉽고 예를 많이 들어 설명하는 방식으로 기술하고 1회 모임에 적당한 분량씩 끊어서 정리할 수 있도록 구성하는 것이 좋겠다"
는 말을 듣고 노총 발행의 노동교본, 상·하권을 교안 작성에 참고하도록 교부받고

○ 상 피고인 이태복에 대한 범죄사실 12의 (17)항 기재와 같이 동년 8. 하순 20:00~24:00경 사이에 구로구 가리봉동 소재 위 양승조의 자취방에서 동인 및 위 이태복, 동 신철영, 동 박태연, 동 유해우 등과 함께 제3차 중앙위원회를 개최하는 등으로 허가 없이 집회하고

9. 1980. 9. 중순 21:00경 위 구로동 소재 옥호미상 다방에서 위 이태복을 만나 현장에 들어가보라는 권유를 받고
"그럴 생각이 있으나 일자리가 마땅치 않다"
"김광섭이라는 서울공대 복학생을 만나고 있는데 현장에 들어갈 생각이 있는지 아직 잘 모른다"
는 말을 하고 동인으로부터
"김광섭을 만나 동기로서 너무 적극적인 얘기를 하면 부담감을 가질 우려가 있으니 무리가 가지 않게 설득하라"
는 등의 지시를 받고 이에 동조하고,
동년 9. 중순 20:00경 위 가리봉동 소재 가리봉다방에서 위 최태임을 만나 동인에게 수출공단 내외 봉제공장을 둘러보고 공원을 모집하는 곳이 있으면 취업하는 것이 좋겠다고 권유하고 동인으로부터 빨리 취직해서 근로자의 권익을 위해 일하겠다는 말을 듣고,

○ 상 피고인 이태복에 대한 범죄사실 12의 (19)항 기재와 같이 동년 9. 하순 20:00~23:00

경 사이에 위 구로동 소재 동인의 자취방에서 동인 및 위 신철영, 박태연, 동 양승조, 동 유해우 등과 만나 제4차 중앙위원회를 개최하는 등으로 허가 없이 집회하고,

10. 상 피고인 이태복에 대한 범죄사실 12의 (23)항 기재와 같이 1980. 10. 하순 20:00~23:00경 사이에 위 구로동 소재 위 박태연의 자취방에서 동인 및 위 이태복, 동 신철영, 동 양승조 등과 만나 제5차 중앙위원회를 개최하는 등으로 같은 불법집회를 하고,

11. 1980. 11. 초순 20:00경 위 구로동 소재 옥호미상 다방에서 위 이태복을 만나 교안작업의 진척상황에 대한 질문을 받고 자료를 수집해서 정리하고 있는 중이라고 대답하고 동인으로부터 "전민노련의 활동이 생각보다 너무 부진하여 고민스럽다"는 말을 듣고 동인에게 활동문제도 그렇지만 중앙이 하부조직을 관리하는 방식에도 문제가 있는 것 같다는 말을 하고 앞으로의 중앙모임에서 이 문제를 토의하자고 합의하고 동년 11. 중순 20:00경 위 가리봉다방에서 위 최태임을 만나 동인으로부터 동국무역에 취직했다는 말을 듣고 일이 매우 어렵겠지만 시간이 지나면 견딜 수 있을 것이라고 위로하고 다시 동인으로부터 노동의 역사라는 책을 읽었으나 이해가 되지 않는다는 말을 듣고 잘 연구해서 노동자를 위해 적극적으로 일을 해보라고 권유하고,

○ 상 피고인 이태복에 대한 범죄사실 12의 (25)항 기재와 같이 동년 11. 하순 20:00~23:00경 사이에 영등포구 영등포동 번지미상 위 신철영의 집에서 동인 및 위 이태복, 동 양승조, 동 박태연, 동 유해우 등과 만나 제6차 중앙위원회를 개최하는 등으로 허가 없이 집회하고,

12. 상 피고인 이태복에 대한 범죄사실 12의 (29)항 기재와 같이 1981. 1. 중순 20:00~23:00사이에 같은 집에서 전항 중앙위원의 김병구 등 7명과 함께 제7차 중앙위원회를 개최하는 등으로 같은 불법집회를 하고,

13. 북한공산집단은 정부를 참칭하고 국가를 변란할 목적으로 불법조직된 반국가단체로서 공산주의 혁명노선에 따라 대남적화통일을 기도하고 그 목적수행을 위해 활동하고 있다는 사실을 알고 있음에도 불구하고, 각 반국가단체를 이롭게 할 목적으로,
   가. 1977. 3. 일자미상경 종로구 광화문 소재 진흥문화사에서 마르크스의 자본론과 레닌의 제국주의론을 기초로 하여 노동가치설, 잉여가치론을 설명하고 자본축적과정

에서 생성된 자본주의의 모순으로 제국주의와 파시즘으로 나가게 되어 결국 사회주의사회가 도래한다고 서술한 미국 공산주의 이론가인 폴 스위지(Paul Sweezy)의 "자본주의 발전연구"(The Theory of Capitalist Development) 영문판 책자 1권을 매입, 취득하고,

나. 1980. 8. 일자미상경 위 광화문 소재 민중문화사 서점에서 세계적인 마르크스주의자, 또는 네오마르크스주의자들이 이론을 소개하면서 마르크스의 사상이 진정한 휴머니즘 사상이라고 선전하고 있는 에리히 프롬(Erich Fromm)의 "사회주의적 휴머니즘"(socialist Humanism) 영문판 책자 1권을 매입하고,

다. 1981. 1. 일자미상경 영등포구 구로공단 내 서점에서 위 광민사 발행의 "노동의 철학" 책자 1권을 매입 취득하고,

라. 동년 2. 중순 일자미상경 서울 관악구 신림동 서울대학교에서 성명미상자로부터 일본공산당 중앙위원회 노동조합부 편집발행의 "레닌, 노동조합 이론과 운동" (1970. 상·하권) 중 공산주의혁명에 있어서의 노동조합이론의 기초가 되고 적색노조운동을 정당시하는 "레닌과 노동조합론" 부분을 발췌 복사한 복사물 1권을 교부받아 이를 취득하고,

마. 동월 하순 영등포구 가리봉동 소재 피고인의 집에서 상 피고인 오상석에게 이를 교부하여 표현물을 반포하고

제15피고인 양승조는

1969.경 위 미림화장지공장 공원으로 종사하면서 손을 다쳤으나 치료를 제대로 받지 못하고 1971. 1.경 전국연합노조 청계피복지부 선교부원으로 가입 활동하면서 노동조합이 형성되지 않은 사업체에서는 근로자들이 좋은 대우를 받지 못한다는 생각을 갖게 되어 동 조합의 필요성을 느끼게 되고 1977. 위 노조지부장으로 선임되어 활동하면서 노총의 노조간부들이 집행부 장악을 위한 싸움만 하고 기업주들과 결탁하여 근로자들의 권익을 외면하고 있다는 사실을 알게 되면서 이에 대한 비판의식을 가져오던 중, 1977. 9.경 3박 4일간 1979. 1.경 4박 5일간 2차에 걸쳐 수원 크리스찬아카데미 사회교육원에서 개최된 "중간집단지도자교육"에 참석하여 교양을 받은 후 근로자들이 못 사는 원인은 노동3권 중 가장 중요한 단체행동권이 제약을 받기 때문이고 이는 정부와 정책과오에 있다고 믿고, 다시 1979. 3.경 2차에 걸쳐 서울

동작구 반포아파트 위 크리스챤 산업사회 간사인 공소 외 김세균의 집에서 동인으로부터 "잉여가치에 대한 학습"을 받고 상품생산으로 인한 이익의 대부분을 기업주가 소유하여 근로자들의 노동을 착취하고 있다고 판단하고 현실은 부익부 빈익빈의 현상이 더욱 심화되어 노동자들은 더욱 못 살게 되므로 결국 이를 극복하기 위하여는 조직을 통한 힘을 배경으로 기업주에 대항할 수밖에 없다고 생각하여오던 중,

1.   1979. 12. 초순 일자미상 20:00~22:00 사이에 서울 구로구 구로동 번지미상 피고인의 자취방에서 위 중간집단 지도자교육에서 알게 된 상 피고인 이태복을 만나 동인으로부터

"사람들이 사회와 자연에 대하여 어떻게 보느냐 하는 것은 크게 두 가지로 볼 수 있는데 하나는 신이나 절대의지에 의하여 세상을 보는 것이고 하나는 물질에 의하여 자연과 사회가 발전한다고 보는 견해이다. 철학적으로는 전자를 관념론이라 하고 후자를 유물론이라 하는데 노동자의 입장에서 볼 때 생산품이 만들어지는 것은 신이나 절대의지에 의해서 만들어지는 것이 아니고 노동자가 노동을 함으로써만이 물건이 만들어진다는 것은 우리가 다 알 수 있는 사실이므로 유물론적으로 생각하는 것이 옳다고 보아야 한다."

"봉건제사회에서 살던 사람들이 자신의 사회가 자본주의사회가 되리라고는 꿈에도 생각지 못하였던 것처럼 자본주의사회에 살고 있는 우리의 사회가 어떻게 변하리라고 예측할 수가 없다."

"그러나 20세기 인류의 지평에는 사회주의사회가 도래하여 현재 자본주의와 사회주의로 나누어 있다."

"지식인들은 이론이 없으면 운동이 없다고 하지만 역사는 이론 이전에 있는 것이고 움직이는 것은 노동자이다."

"70년대 노동운동은 조합운동이나 종교사회 등에 의한 노동운동으로서 사실 지식인들의 간접적인 보조운동에 의하여 몇 개 노조에서 활성화되기도 하였으나 노동자들이 주체적으로 스스로의 문제를 해결하는 노력을 제대로 했었는지에 대하여는 반성을 해야 할 점이다."

"노동자들이 인간답게 살 수 있는 길은 노동자들 자신이 없는 시간을 쪼개서 노동문제를 연구하고 권리를 찾는 운동에 적극적으로 나서는 길밖에 없다"

는 말을 듣는 등으로 노동운동의 필요성에 대한 교양을 받고

○ 동년 12. 중순 21:00~23:00경 사이에 같은 방에서 동인으로부터

"10.26 이후 한국노동계가 한국노총의 김영태 위원장에 대한 반대조직, 70년대 민주노조운동을 주도한 몇 개의 노조, 그리고 중간파를 끌어들여 노총의 민주화를 주장할지 모르지만 객관적인 상황 자체가 매우 유동적이므로 그 가능성은 희박하다고 보아야 한다."

"새로운 노조운동을 모색하여 국민의 대다수를 구성하고 있는 노동자를 위한 사회를 이룩하여야 하며 이를 위하여는 노동자들의 기본적인 노동3권을 쟁취해야 할 것이므로 미조직 노동자들의 조직화, 기존 노조의 민주화 운동을 전개하여 전국적인 노동운동의 토대를 마련하여야 한다."

"그런 튼튼한 기반의 구축 없이는 노동운동은 발전할 수가 없으며 이를 위하여 새로운 운동조직을 만들어야 하고 그것을 노동자의 요구를 진정으로 반영시키는 조직으로 육성하여 노동자가 대우받는 사회를 만들어야 한다"

는 등의 교양을 받고, 다시

○ 1980. 1. 중순 21:00~22:00경 사이에 같은 방에서 동인으로부터

"70년대 현장출신, 노조 중심 인물들의 지론이 어용한국노총의 민주화운동은 70년대 민주노조운동의 중심세력이었던 몇 개의 노조와 김영태의 반조직 및 중간파를 중심으로 할 수밖에 없다는 주장은 권력에 영합하는 기존 노조의 기회주의적 속성으로서 운동의 지속성, 통일성을 기하기 어려우므로 환상에 지나지 않는다."

"민주노조 운동과정에서 의식화된 조합간부와 실천적 지식인이 결합하여야 하며, 궁극적으로는 노동자의 해방을 목표로 하지만 700만 임금노동자 중 15퍼센트에 지나지 않는 조직율과 그 조직의 95퍼센트가 어용적이라는 현실적 여건, 노동자들의 소시민적 보수성 등을 고려하고 노동운동을 활성화시키기 위해서는 노동3권 등 민주적 제 권리의 확보가 필수적이므로 당면한 운동목표를 민주적 제 권리의 확보에 두고 비공개로 이를 추진하여야 한다"

는 등으로 교양을 받고 이에 동조하고

○ 동년 1. 하순 20:00 같은 자취방에서 위 이태복, 상 피고인 김병구 등을 만나 동인들에게

"근간 원풍노조 같은 데서 새로운 노조운동이 필요하지 않느냐고 막연한 이야기가 들어오는데 늦게 노조가 중심이 되어서 새로운 노조운동이 가능하겠는가"

라는 말을 하고 김병구로부터

"10.26 이후 나도 막연하게 그런 생각을 해보았으나 현실성이 없는 것 같다고 생각하였다"

는 말을 듣고 다시 이태복으로부터

"운동이라는 것은 통일성과 지속성이 있어야 하고 집을 지으려 해도 순서가 있는 것처럼 기초공사가 있고 그 후에 상량식이 있어야 되는데 기초공사가 있기 전에 상량식부터 하자는 것이 제2노총의 발상법 같다. 70년대의 민주노조 조합간부들끼리 새로운 노동조합운동을 어떻게 전개해야 할 것인가를 논의해봐야 할 것이다"

라는 제의를 받고 모두 민주노조 간부들과 예비접촉을 통한 의견교환의 필요성에 대해 일치를 보는 등으로 허가 없이 집회하고,

2. ○ 1980. 2. 하순 15:00경 경기도 시흥군 군포읍 번지미상의 위 중간집단지도자교육에서 알게 된 상 피고인 유해우의 집으로 찾아가서 동인을 만나 동인에게

"과거 노동운동을 했던 사람들이 뜻을 모아 민주노동운동을 하고자 하는데 참석하라"

고 권유하여 동인의 승낙을 받고

○ 상 피고인 이태복에 대한 범죄사실 12의 (6)항 기재와 같이 1980. 3. 중순 19:00경 영등포구 구로공단 입구 아담다방에서 위 이태복, 동 신철영, 동 김철수, 동 박태연, 동 유해우 등을 만나 서로 인사를 나눈 다음 구로동 소재 피고인의 자취방으로 함께 가서 그날 21:00부터 다음 날 01:00까지 사이에 제1차 예비모임을 갖는 등으로 허가 없이 집회하고

3. ○ 상 피고인 이태복에 대한 범죄사실 12의 (7)항 기재와 같이 1980. 3. 하순 21:00경부터 다음 날 01:00경까지 사이에 위 피고인의 자취방에서 위 6명 외 김병구 등 7명이 모여 제2차 예비모임을 갖는 등으로 같은 불법집회를 하고

4. ○ 상 피고인 이태복에 대한 범죄사실 12의 (8)항 기재와 같이 1980. 4. 초순 22:00경부터 다음 날 01:00경 사이에 같은 자취방에서 위 이태복, 동 신철영, 동 김철수, 동 박태연, 동 유해우 등과 함께 제3차 예비모임을 갖는 등으로 같은 불법집회를 하고

5. ○ 상 피고인 이태복에 대한 범죄사실 12의 (9)항 기재와 같이 1980. 4. 중순 20:00부터 다음 날 01:00경까지 사이에 위 명륜동 소재 명륜여관에서 위 6명 외 위 김병구 등 7

명이 모여 제4차 예비모임을 갖는 등으로 같은 불법집회를 하고

6. ○ 상 피고인 이태복에 대한 범죄사실 12의 (10)항 기재와 같이 1980. 5. 3. 23:00경부터 동년 5. 5. 12:00경까지 사이에 인천시 북구 계산동 홍진아파트 위 이태복의 방에서 동인 및 위 신철영, 동 김철수, 동 박태연, 동 김병구, 동 유해우, 동 윤상원, 동 하동삼 등과 함께 9명이 모여 "전국민주노동자연맹" 결성대회를 개최하고 그 중앙위원에 선임되는 등으로 같은 불법집회를 하고,

7. 1980. 5. 중순 19:00경 위 구로구 구로동 소재 피고인의 자취방에서 위 이태복을 만나 동인으로부터

"5.17 이후 검거되고 있는 사람 가운데 조합운동에 관련된 사람들은 많은 숫자에 이르지 않고 소위 민주인사학생들이 대부분이지만 70년대에 활발한 활동을 벌였던 노동조합도 반드시 그 활동기반을 제거하려 할 것이므로 전민노련의 현실적 의의와 필요성은 더욱 높아지나 보안문제에 각별히 유의하여야 한다. 다른 중앙위원들을 개별 접촉하여 동요가 없도록 하라"

는 지시를 받고

○ 동년 5. 하순 20:00경 같은 방에서 동인을 만나 동인으로부터

"대구에 내려가보니 전점석이가 체포되었고 윤상원이는 실종되었는지 사망하였는지 아직 잘 모르겠으며 김병구 형은 포항으로 내려간 것 같다."

"6월 초 전체모임에서 제안하기로 한 세포조직 요강은 어떻게 되었느냐"

는 말을 듣고 동인에게

"아무리 생각해봐도 정리가 되지 않는데 초안을 잡아주면 그것을 토대로 검토하여 제안하겠다"

는 말을 듣고 세포조직 요강을 초안 작성한 후 검토하기로 약속하고

○ 동년 5. 하순 20:00경 같은 방에서 동인을 만나 동인이 작성하여온 세포조직 요강 세부지침 초안을 검토하고 동 초안 중 "예비회원제"가 너무 복잡하니 삭제하라는 제의를 하여 그 동조를 받은 다음 다시 전체모임에 제안하여 문제점을 차츰 보완해나가기로 합의하고

○ 상 피고인 이태복에 대한 범죄사실 12의 (13)항 기재와 같이 1980. 6. 5. 19:00~23:00 사이에 경기도 시흥군 군포읍 번지미상 위 유해우의 전세방에서, 위 10명의 중앙위원

중 공소 외 전점석 같은 윤상원을 제외한 8명의 중앙위원들이 모여 제1차 중앙위원회를 개최하는 등으로 허가 없이 집회하고,

8. ○ 상 피고인 이태복에 대한 범죄사실 12의 (15)항 기재와 같이 1980. 7. 31. 20:00~8. 1. 14:00 사이에 구로구 구로동 소재 남서울아파트 공소 외 길문숙의 자취방에서 위 이태복, 동 신철영, 동 김철수, 동 박태연, 동 유해우, 동 김병구와 함께 7명이 모여 제2차 중앙위원회를 개최하는 등으로 같은 불법집회를 하고

9. ○ 동년 8. 하순 20:00경 위 구로동 소재 피고인의 자취방에서 위 이태복을 만나 동인으로부터 취업현장에 대한 질문을 받고 동인에게

"오랫동안 일을 안 하다가 하니 활동이고 뭐고 피곤해서 죽을 지경이다"

는 말을 하고 동인으로부터

"5.17 이후 노조운동이 전면적으로 금지되어 있는 상황에서 노동운동은 점점 어려워지고 있으나 그만큼 전민노련의 활동 필요성은 증가하는 것이니 분발하여 서로 격려하고 힘을 합하여 조직확대를 위해 노력하자. 청계조합원 가운데에 예비그룹으로 구성할 수 있는 방안이 없느냐"

는 말을 듣고 다시 동인에게

"청계노조는 그동안 쟁의 중심으로 한 활동이었기 때문에 사실 중심층이 매우 얇고 외부와의 관계가 복잡하여 쉽게 손을 댈 수 없으나 예비그룹의 구성보다도 먼저 기초작업부터 선행해야 하는데 남자조합원이 거의 없어서 문제가 많다"

고 하는 등으로 조직확대를 위한 예비그룹 구성문제를 토의하고,

○ 상 피고인 이태복에 대한 범죄사실 12의 (17)항 기재와 같이 1980. 8. 하순 구로구 가리봉동 소재 피고인의 자취방에서 위 이태복, 동 신철영, 동 김철수, 동 박태연, 동 유해우 등과 만나 제3차 중앙위원회를 개최하는 등으로 허가 없이 집회하고,

10. 상 피고인 이태복에 대한 범죄사실 12의 (19)항 기재와 같이 1980. 9. 하순 22:00~23:00 사이에 위 구로동 소재 위 이태복의 자취방에서 전항 같은 중앙위원 6명이 모여 제4차 중앙위원회를 개최하는 등으로 같은 불법집회를 하고

11. ○ 1980. 10. 중순 21:00경 같은 자취방에서 위 이태복을 만나 당시 노조에서 쫓겨난 사

람들에 대한 이야기를 하면서 동인으로부터

"노동계의 정화작업은 양면도를 휘두르는 폭인데 부패 타락한 노동귀족들을 정화명분에 맞게 몰아내면서 한편으로 70년대의 민주노조운동의 핵심인물들을 제거하거나 노조를 약화시키려 하고 있다"

는 말을 듣고 동인의 예비그룹에서 상 피고인 노숙영을 민주노련에 입회시키려 하는데 동 입회문답을 해달라는 부탁을 받고 이를 승낙

○ 동년 10. 26. 17:00경 같은 자취방에서 위 이태복, 동 박태연, 동 노숙영과 만나 노숙영의 전민노련 가입절차를 취하면서 이태복과 박태연이 참관하고 피고인이 입회문답을 하면서 노숙영의 출신성분, 학력, 현장 내에서의 인간관계 및 써클, 노동문제에 관심을 갖게 된 동기와 현장실태 및 해결방안 등을 문답을 통하여 확인한 다음 자격을 인정하고 동 연맹의 조직원으로 정식 가입시키는 등으로 허가 없이 집회하고,

12. 상 피고인 이태복에 대한 범죄사실 12의 (25)항 기재와 같이 1980. 11. 하순 20:00~23:00 사이에 영등포구 영등포동 번지미상 위 신철영의 집에서 동인 및 위 이태복, 동 김철수, 동 박태연, 동 유해우등과 만나 제6차 중앙위원회를 개최하는 등으로 같은 불법집회를 하고

13. ○ 1980. 12. 중순 22:00경 위 이태복의 자취방에서 동인을 만나 중앙위원들의 활동성과가 부진한 원인을 분석하면서, 함께 유해우는 생계가 유지되지 않고 부인이 보따리장사를 하는 입장에서 적극적인 활동을 기대하는 것은 무리이며 신철영은 산업선교회의 실무자로서 매여 있는 입장이므로 활동이 자유롭지 못하고 이태복은 노출이 되어 일선활동을 하기가 어렵게 됐으며 김철수와 박태연은 아직 별문제가 없는 편이나 성과가 부진하다는 점에 의견의 합치를 보고, 유해우에게 재경 중앙위원들이 성의껏 각출하여 월 5만 원 이상을 지원키로 하고 신철영은 현실적인 활동은 어려우나 교육문제 등을 연구하게 하고 박태연은 현장작업에 주력하되 여성예비그룹이나 여성회원들에 대하여 조합운동에 대한 지도를 담당케 하도록 합의하고

○ 동년 12. 하순 21:00~23:30경 사이에 위 구로동 피고인 자취방에서 위 이태복을 만나 동인으로부터

"청계노조가 수천의 조합원을 가지고 있으면서 그들을 조합 주변에 모으지 못한 것은 심한 이직현상과 근로조건이 나쁜 것에도 원인이 있으나 조합의 집행부와 조합원 사

이에 관계인식이 잘못된 데 원인이 있고 간부중심 운동관을 탈피하고 노조가 인력관리의 창구 노릇을 할 수 있는 방안이 모색되어야 한다. 70년대 몇 개의 노조를 중심으로 노동자의 권익을 위한 활동을 하였으나 전체노조운동으로 확산시키지 못한 채 일방적 희생만 강요당할 수밖에 없었다. 앞으로 새로운 방향모색이 필요하다"는 말을 듣고,

○ 상 피고인 이태복에 대한 범죄사실 12의 (29)항 기재와 같이 1981. 1. 중순 22:00~23:00 사이에 위 신철영의 집에서 동인과 위 이태복, 동 김철수, 동 박태연, 동 유해우, 동 김병구 등과 만나 제7차 중앙위원회를 개최하는 등으로 허가 없이 집회하고

14. 북한공산집단은 정부를 참칭하고 국가를 변란할 목적으로 불법조직된 반국가단체로서 공산주의 혁명노선에 따라 대남적화통일을 기도하고 그 목적 수행을 위해 활동하고 있다는 사실을 알고 있음에도 불구하고, 반국가단체를 이롭게 할 목적으로,

○ 1981. 3. 중순 22:00경 피고인의 자취방에서 위 이태복으로부터 노동자가 읽어보아야 할 책이라면서 노동자들에게 반자본주의적 계급투쟁의식을 포지케 하고 공산주의 노동자를의 선동문구인 물화론을 인용하여 노동운동을 선동하는 내용의 광민사 발행 "노동의 철학" 책 1권, 유물사관에 입각한 역사분류법의 입장에서 노동의 변천과정을 서술한 프랑스 "바레 프랑소와"의 "노동의 역사"를 같은 광민사에서 번역 출판한 같은 제목의 책 1권 및 공산주의 교리에 따른 계급의식과 계급투쟁을 고취시키고 피억압자의 조직, 진술을 소개하여 민중운동을 선동하는 내용의 필리핀 "마글라야" 저 "민중의 조직"을 같은 출판사에서 번역 출판한 같은 제목의 책 1권을 각 교부받는 등으로 이를 각 취득하고

15. 1981. 4. 초순경부터 동년 4. 중순까지 사이에 위 청계피복 노조지부장 때 알게 된 공소외 서재석, 동 김선주 등을 만나 앞으로 학습할 것을 제의하여 동인들을 예비그룹으로 편성한 다음 위 "노동의 철학" 책으로 교양시키면서,

가. 1981. 4. 하순 23:30~다음 날 01:00 사이에 위 피고인 자취방에서 동인들에게 "근로자가 용기를 갖는 입장에 서야 하는 까닭은 현대란 노동자가 인간으로 취급되지 않고 물건으로 취급되고 있기 때문이다. 노동력이 상품으로 되면 인간과 인간, 기업주와 노동자와의 관계는 사물과 사물의 관계로 나타나게 되며 이 같은 원칙에서 기업주들에게 사물로 취급되고 빼앗기게 되고 억압당하는데 이러한 인간성의 무시가 현대사

회제도의 기본적 특질이다."

"노동자가 자기의 필요에 따라 생산하는 것이 아니고 타인의 의사에 따라 생산하는 물화 속에서 이미 노동의 소외는 일어나며 노동자의 인간소외는 발전하는 새로운 기술을 자본가적으로 이용하는 가운데 더욱 심해진다"

고 하면서 공산주의 노동운동 선동이론인 "물화론" 등을 교양하고

나. 1981. 5. 초순 23:30~다음 날 01:00까지 사이에 같은 자취방에서 동인들에게

"자본주의사회에서는 노동자가 돈이 없는 비천한 것이 되고 지배하는 것은 일하지 않는 고귀한 것으로 간주되고 있으며"

"신과 인간과의 관계, 원숭이에서 인간으로의 진화, 인간의 연장사용, 언어발생, 육식동기, 불의 사용, 목축생활 등이 노동의 변천과정에서 이루어졌고 관념론적 세계관도 노동의 다양화로 인한 두뇌노동으로 발생하게 된 것이며"

"인간은 자연 위에 살면서 필요한 물질을 얻기 위하여 무엇인가 생산수단을 갖고 자연에 작용한다. 즉 물질적인 생활 자체의 생산이다. 이것이 모든 역사의 근본조건이며 인간의 자연에 대한 지배라는 것은 자연에 의한 인간의 지배라는 자연법칙을 인식하고 그것을 똑바로 응용하는 점에 있다"

고 하면서 공산주의 교조인 자연 변증법 등을 교양하고

다. 동년 5. 중순 23:00~다음 날 01:00 사이에 같은 자취방에서 동인들에게

"인간의 기계화 및 동물화 현상으로 이상적인 인간상은 상실되고 인간성의 회복이 요구된다. 따라서 1811년 영국의 섬유공업에서 동력기계가 공장에 들어와 수직기, 직인이 직업을 잃고 굶주림에 직면하게 되어 직인을 파괴하는 운동이 있었다. 그 후 노동자들은 비인간적인 행위를 강요하는 것은 기계가 아니라 그 기계를 사용하는 기업주나 그것과 결합하고 있는 국가라는 것을 깨달았다."

"자본에 지배되고 자본의 이윤추구 목적을 위해 노동자의 자유는 빼앗기고 있다. 인간 노동이 인간의 자유의사에 따라 행해지는 한 인간은 자유롭고 인간성을 빼앗기지 않는다."

"인간을 비인간화시키는 것은 과학기술의 발전을 이윤추구를 위해 사용하는 기업주로서 인간성을 빼앗는 것은 기계가 아니라 인간이며, 인간이 진실로 자유롭게 풍부한 덕성과 지성으로 인간다운 인력을 형성하는 기본조건은 노동의 단축이며 그러한 진정한 자유의 나라가 필요성의 나라이다. 노동자가 인간이 되고자 하는 노력이 있어야 한다"

고 하면서 위 물화론 및 반자본주의 등을 교양하고

라. 동년 6. 3. 23:00~다음 날 01:00 사이에 같은 방에서

"우리들 노동자는 지금 기업주에 의해 비인간적인 취급을 받고 있는데 이 상태를 없애고 노동조건과 생활조건을 인간답게 하려는 것이 소망이며, 이를 실현하기 위해 노동자는 단결하여 억압하는 자와 싸우지 않으면 안 된다"

"우주라는 물질세계가 있고 그 물질세계는 운동하며 지구도 운동하고 변화하며 변화의 일정한 관계에서 생명이 탄생하고 그 속에 동물이 생겼으며 그 동물 속에서 인간이 탄생하고 언어의 발생이 의식과 사고를 발생시키는데 노동과 실천 없이는 언어도 사상도 생기지 않는다"

"이론은 그것이 혁명적 이론에 의하여 인도되지 않으면 맹목적인 것이 된다"

라면서 마르크스의 계급투쟁론, 실천론 등을 교양하고

마. 동년 6. 10. 23:00~다음 날 01:00 사이에 같은 방에서 동인들에게

"노동운동 속에서도 전진하고 공격하고 싸움에 이기기 위하여 일단 후퇴하는 것이다."

"우리들의 노동운동에서 같은 타협이라도 대중을 배반하고 투쟁을 포기하는 타협과 조직력을 보존하여 다음에 예상되는 투쟁을 준비하기 위한 타협과는 구분해서 생각해야 하고 타협이라면 어떤 것이든지 안 된다는 태도는 좋지 않다."

"정부나 기업주들은 한결같이 입을 모아 노동조합이 경제투쟁의 조직이므로 정치투쟁은 정당히 할 일이다라고 하여 노동조합의 정치투쟁을 제한하고 있다."

"노동운동의 투쟁 시 상징으로 직장동료 모두가 똑같은 머리띠를 매고 어디를 보아도 머리띠를 맨 노동자들로 꽉 차게 되면 서로 마음이 든든해지고 동료의식도 강해지고 투쟁자세도 굳어진다"

는 등으로 레닌의 소아병론 및 실천투쟁의식을 교양하고

바. 동년 6. 16. 23:30~다음 날 01:30까지 사이에 같은 방에서 동인들에게

"변증법이란 모순에 의한 발전의 논리이며 불합리하지 않고 정반대의 독립된 것이 동시에 존재하고 상호간에 서로 작용하고 통일되고 그렇기 때문에 운동하고 계속 변화해가는 것에 의하여 이 세상이 성립한다. 즉 모순에 의한 발전으로 보는 견해가 변증법이다."

"사물이란 정지하고 고정되어 있는 것이 아니고 그 특유의 모순의 발생, 발전, 해소, 해결은 동시에 새로운 모순을 발생운동과정의 새로운 사물 출현으로 변증법적 유물론

으로서 혁명적인 사고방식이다."

"지시하고 명령하는 것과 받는 것이라는 모순되는 대립물이 통일되어 존재하는 것이 필요하다. 이 관계는 한쪽이 다른 한쪽에 극복되어야 하는 것이 아니고 조화가 유지되지 않으면 통일이 어렵고 힘을 상실한다. 노동운동에 있어서도 개인 각각의 행동보다 지도부를 중심으로 전체가 하나로 결합하여 행동하는 것이 좋다. 사회의 기본적 모순은 빼앗고 빼앗기는 정반대의 성격을 가진 대립이다. 노동자는 자기의 노동력을 기업가에게 팔아 임금을 받지 않으면 살 수 없다. 노동력을 판 이상 이것은 산 기업가의 것이다. 여기에 생산에 필요한 모든 것을 가지고 기업주와 아무것도 못 가진 노동자라는 모순되는 대립물이 동시에 존재하여 사회를 구성하는데 이것이 기본적 모순이며 조화를 도모해야 하는 것이 아니라 극복하지 않으면 살아갈 수 없는 성질의 것이기 때문에 노동자의 투쟁은 계속되는 것이다"

라면서 유물변증법 등을 교양하고

사. 동년 6. 23. 23:00~다음 날 01:00 사이에 같은 방에서 동인들에게

"변증법의 3가지 원칙으로서 사물은 운동하고 변화하며 발전하고 사라진다. 그러므로 질은 고정된 것이 아니라 끊임없이 변화한다."

"정치변혁을 위하여 새로운 변혁사상의 토대 위에 많은 사람을 결집해야 하며 다수의 결집이란 양적 변화가 일정선에 달하면 정권의 질의 변화가 생기며 이 질의 변화가 일어나면 이를 계기로 보다 많은 민중의 힘이 집결되어 양적 변화를 촉진한다."

"대립물 상호침투의 법칙으로서 인간은 대립하면서 서로 관계를 맺고 있으며 자기의 성격이 다른 것에 다른 것의 성격이 자기에게 깊이 스며들면서 살아간다."

"부정의 부정 법칙으로서 사물은 움직이며 모순 대립하는 것의 상호작용으로 발전해가는데 낮은 곳에서 높은 곳으로 단순한 것에서 복잡한 것으로 상향적 점진적으로 발전해갈 때 이 발전은 부정의 부정으로 행해지는 것이다."

"자본주의란 봉건주의의 해체과정에서 나타난 소유와 노동이 통일된 소경영을 부정하고 나타난 것이며 대자본가들은 다수의 소소유자이고 소생산자들을 수탈하고 부정하여 성립된 것이다"

라면서 유물변증법 등을 교양하고

아. 동년 6. 30 23:00~다음 날 01:00 사이에 같은 방에서 동인들에게

"기업가와 노동자는 대립물의 기본 모순관계에 있을 때는 상호침투는 싸움의 형태를 취한다"

"기업가와 노동자는 사회의 기본적인 모순관계이기 때문에 상호침투는 단순히 기업 내의 직접적인 노사관계로서뿐만 아니라 간접적으로 기업 외의 정치, 경제, 사회, 문화, 교육 등 모든 면에서 나타난다"

라면서 마르크스의 계급투쟁론 등을 교양하는 등으로 각 공산계열의 활동을 찬양, 동조하여 반국가단체를 이롭게 하고,

제16피고인 박태연은

위 와이에취 무역 봉제공원으로 일하던 1976. 4. 하순경 고려대학교 노동문제연구소에서 주관한 2주간에 걸친 노동문제 세미나와 1976. 10. 중순의 4박5일 및 1978. 8. 중순의 4박5일에 걸친 크리스찬 아카데미 1, 2차 교육을 받는 과정에서 노동착취로 인한 빈부격차의 양극화 시정은 현실적인 여건하에서는 그 실현이 불가능하므로 노동자를 조직화하고 의식화하여 권익확보를 위한 투쟁으로 발전시켜 노동자 대우를 향상시키고 빈부의 격차가 없이 평등하게 살 수 있는 사회가 실현되어야 한다는 노동운동의 필요성을 느껴오던 중 1979. 8. 중순경 와이에취 무역노조 지부의 신민당사 내 농성을 주동하다가 국가보위에 관한 특별조치법 위반으로 구속되었다가 보석으로 석방되면서 더욱 조직적인 노동운동을 통해 대기업주투쟁 대정부투쟁의 필요성을 절감하면서 1980. 1.경부터 크리스찬 아카데미에서 교육받으면서 알게 된 상 피고인 이태복과 만나 대화하는 과정에서 그도 조직적인 노동운동의 필요성을 절감하고 있다는 사실을 알고 그에 동조하여 전국의 노동자를 조직화, 의식화시켜 단합된 조직력에 의해 노동자 권익을 위한 투쟁을 전개하기 위해 1980. 5. 5. 전국민주노동자연맹을 결성, 동 중앙위원으로 선출되어 그 조직 확대 및 관리를 위해 활동해온 자인바

1. 1980. 1. 하순부터 3. 초순까지 전후 3회에 긍하여 서울 종로구 명륜동 소재 명륜다방 등지에서 크리스찬 아카데미 2차 교육 동기생인 상 피고인 이태복과 접촉 대화하면서 동인으로부터
○ 와이에취 노조가 직접 공장 정상화 가동에 실패한 원인은 노총의 전체적인 뒷받침이 없었기 때문이다.
○ 지금까지 노동운동이 실패한 이유가 노동운동가들의 무지에서 온 인식부족으로 단결의 결여에 있다.

○ 우리나라 지식인들은 현장 밖에서 노동운동을 지원하는 데 문제가 있다. 이러한 문제점을 절감하고 있는 양승조, 김병구, 유해우, 신철영, 김철수와 같은 사람끼리 모이면 좋은 방법이 나올 것이다. 다음에 "모임을 갖게 되면 참석하도록 하라"는 권유를 받고 이에 동의하는 등 새로운 민주노동운동의 방향 등에 관해 논의해오던 중

1980. 3. 중순 21:00경부터 익일 01:00경까지 서울 구로구 구로동 소재 상 피고인 양승조 집에서 상 피고인 이태복의 범죄사실 12의 (6)항과 같이 이태복, 양승조, 유해우, 신철영, 김병구 등과 만나 노동자 연맹조직을 위한 예비모임을 가져 당국의 허가 없이 불법집회하고

2. 1980. 3. 하순 일자미상 21:00부터 익일 01:00경까지 위 양승조 집에서 상 피고인 이태복의 범죄사실 12의 (7)항과 같이 이태복, 양승조, 유해우, 김병구, 신철영, 김철수 등과 같이 만나 노동자 연맹조직을 위한 예비모임을 가져 당국의 허가 없이 불법집회하고

3. 1980. 4. 초순 일자불상 22:00부터 익일 01:00경까지 위 양승조 집에서 상 피고인 이태복의 범죄사실 12의 (8)항과 같이 이태복, 양승조, 유해우, 신철영, 김철수 등과 만나 노동자연맹조직을 위한 예비모임을 가져 당국의 허가 없이 불법집회하고

4. 1980. 4. 중순 일자불상 20:00경부터 익일 01:00경까지 서울 종로구 명륜동 소재 명륜여관에서 상 피고인 이태복의 범죄사실 12의 (9)항과 같이 상 피고인 이태복, 양승조, 유해우, 김병구, 신철영, 김철수 등과 만나 노동자연맹조직을 위한 예비모임을 가져 당국의 허가 없이 불법집회하고

5. 1980. 5. 3. 20:00경부터 동월 5. 12:00경까지 인천시 북구 계산동 소재 상 피고인 이태복의 집에서 상 피고인 이태복의 범죄사실 12의 (10)항과 같이 위 이태복, 양승조, 유해우, 김병구, 신철영, 김철수, 하동삼, 윤상원 등과 만나 전국민주노동자연맹을 조직 결성하는 등 당국의 허가 없이 불법집회하고

6. 1980. 6. 5. 19:00경부터 동일 23:00경까지 경기도 시흥군 군포읍 소재 상 피고인 유해우의 자취방에서 상 피고인 이태복의 범죄사실 12의 (13)항과 같이 위 전국민주노동자연맹의 중앙위원인 김병구, 이태복, 양승조, 유해우, 신철영, 김철수, 하동삼 등과 만

나 동 연맹의 하부조직을 위한 세부지침 등을 논의하는 등 소위 전국민주노동자 연맹 제1차 중앙위원회를 개최하여 당국의 허가 없이 불법집회하고

7. 1980. 7. 중순 일자불상 21:00경 위 피고인의 자취방에서 피고인이 위 이태복으로부터 입수한 전화번호로 [전민노련]의 조직확대를 위해 상 피고인 노숙영과 만나 동인에게 와이에치 사건 이후 노동현장에 들어가 일하고 있다"고 하면서 와이에취, 반도, 원풍, 동일 등의 싸움 경험을 통해 듣고 대다수 미조직 분야의 노동자가 의식화되지 않고는 몇 개의 사업장에서 민주노조를 한다 해도 결국은 실패하고 말았지 않느냐 이러한 사실을 통해 볼 때 민주노조 간부들이 의식화되지 않는 현장에 들어가 노동운동을 전개해야만 노동자의 이익을 보장받을 수 있다고 하자 위 노숙영은 "문제를 잘 보는 것 같다. 경제투쟁만으로는 사회의 구조적인 모순을 해결한다는 것은 어려운 일이다"고 하여 피고인은 "와이에치 전과 유명세 때문에 현장에 들어갈 때 이근순이란 가명으로 들어갔는데 며칠 일해보니 자신감이 생긴다"고 하고 동인에게 뜻이 있으면 노동현장에 들어가 같이 노동운동을 해보자고 현장운동에 대하여 논의한 후

○ 1980. 7. 31. 20:00경부터 동년 8. 1. 14:00경까지 서울 구로구 구로동 소재 길문숙의 자취방에서 상 피고인 이태복의 범죄사실 12의 (15)항과 같이 위 김병구, 이태복, 양승조, 유해우, 신철영, 김철수 등과 만나 하부의 예비그룹 구성원에 대한 교육안 등을 논의하는 등 소위 전국민주노동자연맹 제2차 중앙위원회를 개최하여 당국의 허가 없이 불법집회하고

8. 1980. 8. 중순 일자불상 21:00경 피고인의 자취방으로 내방한 위 노숙영과 회합, 동인으로부터 "지난 7. 26. 한일합섬 구로공장에 들어갔는데 3교대로 사람을 자주 만날 수도 없고 투쟁목표를 설정하기가 곤란하다"는 말을 듣고 피고인은 "구로공단 내 노동자 800명이면 한일합섬 전 공장에 미치는 영향력과 구로공단 내에 근로자들에게 미치는 영향을 생각하면 오히려 장기적 안목에서 일할 수 있는 곳이다."
"내가 들어가 있는 국제보세(주)는 미국인 합작기업으로 노무관계가 관리자의 인간적 대우, 식사 등 비교적 대우가 좋은 편이어서 오히려 발붙이기가 어려우며 노조 결성하기까지는 많은 시간이 필요할 것 같다"
면서 계속 자주 만나 노동운동의 목표 설정에 대하여 논의하기로 한 뒤

○ 1980. 8. 31. 20:00경부터 동일 24:00경까지 서울 구로구 가리봉동 소재 상 피고인 양

승조의 자취방에서 상 피고인 이태복의 범죄사실 12의 (17)항과 같이 상 피고인 이태복, 양승조, 유해우, 신철영, 김철수 등과 만나 소위 예비그룹 조직에 관해 논의하는 등 전국민주노동자연맹 제3차 중앙위원회를 개최하여 당국의 허가 없이 불법집회하고

9. 1980. 8. 하순 일자불상 14:00경 경기도 안양시 안양4동 소재 근로자회관으로 위 유해우를 방문 동인의 안내로 동시 호계동 소재 럭키화학 공장 내 매점에서 동인으로부터 공소 외 박순희를 소개받았으나 동인은 크리스찬 아카데미 출신으로 구면이므로 와이에치 사건 등 대화를 한 후 동인에게 현장에 있는 사람끼리 자주 만나서 현장에서 일어나는 문제점에 대한 의견을 교환하는 모임을 가져보려고 하는데 참여하겠다는 동의를 받은 후 동월 하순 일자불상 20:00경 피고인의 자취방으로 내방한 위 노숙영과 회합, 동인을 [전민노련] 조직 확대를 위한 여자예비그룹의 예비자로 포섭할 목적으로 "내가 개별적으로 접촉하고 있는 자들 중에 남영나이론에서 노조투쟁을 통해 노동문제를 인식하고 경방코너에 들어간 김현숙(24세)과 안양 럭키화학의 박순희(25세), 남영나이론에 근무하는 최태임이 있는데 함께 현장문제를 논의하고 이론과 경험과 미숙한 점들을 상호 보완할 수 있는 모임을 가졌으면 좋겠다"고 하여 동인으로부터 동의를 받은 후 동월 하순 일자불상 23:00-01:00 간에 피고인의 자취방에서 피고인의 소집으로 위 노숙영, 최태임, 박순희, 김현숙 등과 만나 피고인 주재로 모임의 취지 설명으로 여기 모인 우리는 오랜 현장생활을 통해 현장에서 일어나고 있는 노동문제에 많은 관심을 갖고 있는 사람들만 모였으니 자주 만나 상호 토론 연구하여 모든 어려움도 해결해나갈 수 있도록 정기적으로 모임을 갖자, 우리 모임을 오래 갖기 위해서는 보안상 비공개원칙으로 하자고 하여 전원으로부터 동의를 받는 등 소위 [전민노련] 산하의 여자예비그룹을 구성하는 등 당국의 허가 없이 불법집회하고

10. 1980. 8. 하순 일자불상 21:00경 피고인의 자취방을 내방한 위 이태복과 회합, 동인에게 예비그룹 지도상황에 대한 보고로 그룹이 초기단계로 각자 개인소개와 얼굴을 익히는 작업을 진행 중인데 각자가 현장에서 밤늦게까지 시달리고 23:00부터 01:00까지 지도하고 있으나 현장에서 일어난 일들만 되풀이해서 말하고 있어 피곤한 상태라고 하자, 동인은 지나치게 서두르면 오히려 의구심을 갖게 할 우려가 있으니 자연스럽게 공부하는 방향으로 유도하도록 하는 것이 좋다. "그룹지도가 끝난 다음에는 개별적으로 접촉하여 조직의 필요성, 당위성을 강조하고 상대방의 반응에 따라 [전민노련]의

식으로 하자." 그 과정에서 예비그룹의 각 추천자들과 긴밀히 연락, 그 반응도를 정확히 점검하고 보안에 유의하라는 지시를 받고

○ 동년 9월 중순 일자불상 21:00경 위 이태복의 자취방을 방문, 동인과 회합하고 예비그룹 지도상황을 보고하면서 노숙영은 정회원으로 가입시킬 수 있는 정도의 의식수준이 충분하나 학생출신으로 내가 지도하는 데는 부담이 있으니 추천한 이태복 동지가 직접 맡아주는 것이 좋겠다고 하자 동인은 그 문제는 다음 중앙위원회 회의 시 의제로 제안하여 결정하도록 하자고 하여 그렇게 하기로 한 후

○ 1980. 9. 30 20:00경부터 23:00경까지 구로구 구로동 소재 상 피고인 이태복의 자취방에서 상 피고인 이태복의 범죄사실 12의 (19)항과 같이 이태복, 양승조, 유해우, 김철수, 신철영 등과 만나 예비그룹 조직 등에 관해 논의하는 등 소위 전국민주노동자연맹 제4차 중앙위원회의를 개최하여 당국의 허가 없이 불법집회하고

11. 1980. 10. 하순 일자불상 22:00~01:00까지 피고인의 자취방에서 위 노숙영, 동 최태임, 김현숙, 박순희 등과 만나 피고인의 주도로 예비그룹모임을 개최, 각자 자기소개를 겸한 현장활동의 동기와 행동목표에 대한 토론을 하면서 피고인은 와이에치 사건 사례를 중심으로 "와이에치 현장에서는 소그룹을 잘 이용하여 성공하였다. 현장의 매 20명마다 1명의 대의원을 선출, 이들을 또 하나의 그룹으로 만들어 의견의 전달 및 결정사항을 신속히 전달하고 토론할 수 있었기에 회사의 탄압을 이길 수 있었다. 그러나 한 회사의 노조가 아무리 강하다 하더라도 타 회사의 노조가 따라와주지 못하면 결국은 그 노조도 무너지고 만다. 회사 내의 문제로 싸우는 데는 다른 회사와 공동보조가 되었을 때 비로소 가능하다. 그러기 위해서는 의식화된 노동자들이 각 현장에서 미조직의 조직화, 어용노조의 민주화로 노동자의 조직을 확대해나간다면 노동운동에 혁신을 가져올 수 있을 것이다"고 하고 위 최태임은 "나는 남영나이론에서 노조활동을 하다가 회사 측에 찍혔기 때문에 도저히 견디어나갈 수 없다"고 하자 피고인도 "나도 와이에치 사건의 유명세로 현장에 발붙일 데가 없어 이근순이란 가명으로 신분을 위장하여 국제보세(주) 현장에 들어가 있다. 최태임이도 더 이상 견디어낼 수가 없으면 나와도 자주 만날 수 있는 구로공단으로 옮기는 것이 좋을 것 같다"고 한 후 결론으로 "우리의 투쟁목표를 경제투쟁에서 정치투쟁으로까지 이끌어가기 위해서는 단일 사업장의 투쟁만으로는 불가능하니 각 사업장과의 연계를 위해서는 각자가 들어가 있는

현장에서 의식화작업을 열심히 해야 한다"
고 하여 참석자 전원의 동의를 받는 등 당국의 허가 없이 불법집회하고

12. 1980. 10. 말 일자불상 20:00경부터 동일 23:00경까지 피고인의 자취방에서 상 피고인 이태복의 범죄사실 12의 (13)항과 같이 위 이태복, 유해우, 신철영, 김철수 등과 만나 중앙위원회 소집 문제 등에 관해 논의하는 등 소위 전국민주노동자연맹 제5차 중앙위원회를 개최하여 당국의 허가 없이 불법집회하고

13. 1980. 10. 26. 18:00경 위 이태복의 자취방에서 동인이 추천하고 위 양승조가 입회한 위 노숙영의 소위 [전민노련] 입회식에 참관인으로 참석, 피고인은 입회식을 마친 위 노숙영에게 축하한다고 인사하고 위 이태복으로부터 앞으로 노숙영은 [전민노련] 사업에 관한 문제는 구로공단에 같이 있는 박태연과 상의하여 모든 문제를 해결해나가도록 하라는 지시를 받고 이에 동의하는 등 당국의 허가 없이 불법집회하고

14. 1980. 11. 초 일자불상 22:00~01:00까지 피고인의 자취방에서 위 노숙영, 최태임, 박순희 등과 만나 피고인의 지도하에 예비그룹 모임을 개최하고, 피고인은 앞으로 효과적인 현장활동을 해나가기 위해서는 이론적인 측면을 공부해야 한다 하면서 교재 선택을 요구하여 위 박순희는 한국노동조합운동사를 공부하는 게 좋겠다 하고, 위 최태임은 각국의 노동운동사를 배우고자 하고, 위 노숙영은 경제분야의 공부를 하여 우리나라 기업의 착취 등 경영구조를 분명히 밝혀보는 것이 좋겠다고 하자 피고인은 새로운 관점에서 우리의 의식을 깨우칠 수 있는 "전환시대의 논리"를 주제로 공부를 하는게 좋겠다고 제안 토론 결과 [전환시대의 논리], [경제문제], [각국의 노동운동사] 순으로 공부하기로 합의한 후 피고인은 "미국의 의식화된 평조합원들이 현장에서 새로운 조직을 시도하여 성공적인 활동경험이 담긴 [흔들리지 않으리]라는 책이 나와 있으니 읽어보면 우리가 하는 현장활동에 많은 방법을 제시해줄 것이다"라고 제의하는 등 당국의 허가 없이 불법집회하고

15. 1980. 11. 말 일자불상 20:00경에서 23:00경까지 영등포구 영등포동 소재 상 피고인 신철영의 집에서 상 피고인 이태복의 범죄사실 12의 (25)항과 같이 이태복, 양승조, 유해우, 신철영, 김철수 등과 만나 각 중앙위원회의 분담업무 등에 관해 논의하는 등 소

위 전국민주노동자연맹 제6차 중앙위원회의를 개최하여 당국의 허가 없이 불법집회
하고

16. 1980. 11. 하순 일자불상 21:00경 피고인의 자취방을 내방한 위 이태복과 회합, 동인에
게 그룹지도 상황에 대한 보고를 하면서 "그룹 가운데 최태임이 반응이 제일 좋아 오
늘이라도 추천하여 입회시킬 수 있을 정도로 의식수준이 도달해 있고 김현숙은 폐결
핵으로 상당기간 요양이 필요하여 참석지 못하고 있다.

○ 해체과정에서는 보안문제가 가장 중요하니 자연스럽게 개별적으로 만나서 정기모임
을 중단하는 방법으로 처리하겠다"고 보고하여, 위 이태복으로부터 부작용이 없도록
추천자와 접촉, 마지막 반응까지 확인하는 신중한 자세가 필요하다.

○ 최태임의 입회문제는 유해우와 양승조 가운데 최태임과 얼굴을 모르는 사람이 문답을
받아 입회시키도록 하자"는 말을 듣고 그렇게 하기로 한 후

○ 동월 하순 일자불상 23:00~03:00까지 위 피고인의 자취방에서 위 노숙영, 최태임, 박
순희 등과 만나 피고인의 주재하에 예비그룹 모임을 개최 위 노숙영의 [중국 근대사
에 있어 외세의 침략] 제하 학습지도로 중국근대사에 있어 손문을 중심으로 한 지식
인들은 1917년 쏘비에트 사회주의혁명의 분위기에 편승하여 손문의 좌파인 모택동
노선과 우파인 장개석 노선이 합작하여 중국사회의 병폐적인 요인을 극복하고 항일
민족투쟁을 전개하는 과정에서 미국은 장개석에게 중국공산당을 말살하기 위해 전쟁
물자를 원조하여 국공 합작 항일투쟁을 공산당의 말살로 돌리게 했으나 중국공산당은
대중을 지지기반으로 하여 토지분배의 실시 등 진정한 의미에서의 민중해방노선으로
국민당의 부패 때문에 1948년 중화인민공화국을 수립할 수 있었다고 국외 공산계열
인 중공의 활동을 찬양하는 내용의 학습을 받는 등 당국의 허가 없이 불법집회하고

17. 1980. 12. 초 일자불상 23:00~01:00까지 피고인의 자취방에서 위 노숙영 동 최태임 등
과 만나 피고인의 주재하에 예비그룹을 개최, 위 노숙영이 미국과 월남전쟁에 대한 평
가라는 제하의 학습지도로 "월남이 프랑스의 식민지로부터 해방되자 곧 미국이 새로
운 세력으로 월남에 등장하여 식민지 종주국으로서 역할을 담당하면서 자유수호라는
명분하에 미국의 군사전략적 세계관이 월남에서의 전쟁을 합리화하였으며 일본의 군
수업을 비롯하여 모든 산업은 월남전쟁에 군수물자를 팔아 자본 증식으로 오늘날 선
진 독점자본국가가 되었으며 월남전쟁에 참여한 여타의 나라 역시 각종 무기와 소비

재 공산품을 팔아 이익을 획득하고 군대를 파견하여 자국 내 경제를 회복하고자 한 노력이며 일제식민지였던 한국이 미국의 군사적 미명하에 동승하여 월남 인민들을 억압해왔다"는 내용의 학습을 받는 등 당국의 허가 없이 불법집회하고

18. 1981. 1. 중순 일자미상 20:00경부터 동일 23:00경까지 영등포구 영등포동 소재 상 피고인 신철영의 집에서 상 피고인 이태복의 공소사실 12의 (29)항과 같이 이태복, 양승조, 김병구, 유해우, 신철영, 김철수 등과 만나 81년도 전민노련 사업계획을 논의하는 등 소위 전국민주노동자연맹 제7차 중앙위원회를 개최하여 당국의 허가 없이 불법집회하고

제17피고인 김병구는

중학교 졸업 후 상급학교에 진학지 못하고 광산의 노동자로 들어가 생활하면서 노동자들이 부당한 대우와 억압을 받고 있다고 생각한 나머지 노동운동의 필요성을 느껴오던 중 1977. 1. 말, 1977. 11. 말, 1979. 1. 말 등 크리스찬 아카데미 교육원의 교육을 통해 기업주가 노동자를 경제적으로 착취하고 있음을 확신하고 억압과 예속으로부터 노동자를 해방시키기 위해서는 노동자를 조직화시키고 단결시키는 노동운동이 필요하다고 절감한 후 1980. 1.경부터 크리스찬 아카데미 동기생인 상 피고인 이태복과 만나 대화하는 과정에서 그도 조직적인 노동운동의 필요성을 절감하고 있다는 사실을 알고 그에 동조하여 전국의 노동자를 조직화, 의식화시켜 단합된 조직력에 의해 노동자권익을 위한 투쟁을 전개키 위해 1980. 5. 5. 소위 전국민주노동자연맹을 결성, 동 중앙위원회 위원장으로 선출되어 그 조직 확대 및 관리를 위해 활동해 오던 자인바,

1. 1980. 1. 하순 일자불상 14:00경 대구시 소재 옥호불상 다방에서, 상 피고인 이태복과 만나 동인으로부터 현재 상황에서는 어떻게 노동운동을 해야 하느냐는 질문을 받고 피고인은 70년대에 격렬한 노동운동을 하다 한국노총으로부터 소외당한 지부장들과 민주적 노동운동을 주장하였던 젊은 조합 간부를 규합하여 새로운 노총으로 개편함이 시급하다고 하자 동인이 그런 방법은 환상적일 수밖에 없고 노동운동의 추진을 위한 민주적 힘을 만드는 것이 급선무라고 전제하면서 오직 의식화된 노동자를 비롯 대

중의 강력한 힘이 있을 때 자본계층의 예속화로부터 노동자, 농민을 해방시킬 수 있는 길이라고 하면서 한번 상경하여 청계피복노조 지부장 양승조와 같이 새로운 노동운동의 방향을 논의하여보자는 권유를 받고 피고인은 공감 수일 내로 상경하겠다고 동의하고

○ 1980. 1. 하순 일자불상 10:00경 대구발 고속버스 편으로 상경하여 동일 19:00경 위 이태복과 전화 연락, 종로구 혜화동 소재 명륜다방에서 만나기로 약속하여 동일 20:00경 위 명륜다방에서 상면, 양승조의 자취방인 서울시 구로구 구로동 번지불상으로 안내되어 양승조와 같이 동숙하면서 피고인은 동인에게 지부장급 단합을 위하여 원풍모방의 방용석 및 고려피혁의 남상현 등을 접촉하여 의사를 타진하여본 결과 좋은 반응을 얻지 못하였다고 하자 동인은 너무 조급하게 생각하지 말고 뜻이 같은 몇 사람이 모여 내실 있는 조직을 하면 앞으로 큰 힘이 될 수 있으니 같이 조직의 형태에 대하여 연구를 하여보자는 제의를 받고 이에 동의하고

○ 1981. 1. 하순경 일자불상 10:00경 고속버스 편으로 하부하여 동일 15:00경 부산지방법원 앞 옥호불상 다방에서 크리스찬 아카데미 2차 교육 시 알게 된 전 영남화학노조 총무였던 공소 외 하동삼을 만나 회합하면서 동인에게 앞으로 노동운동이 활성화될 전망인데 어떻게 생각되느냐고 물어 동인으로부터 영남화학노조 지부가 금년 7월 중 정기총회를 개최 예정인데 동 노조를 정상화한 후 열심히 활동할 계획이라는 말을 듣고 피고인은 현 노동조합 외에 별도 비밀조직을 구성할 계획이니 같이 참여하여 노동자의 의식화와 조직화를 통하여 노동자, 농민을 해방시키자고 하자, 동인으로부터 참 좋은 방안이라고 동의를 받고

○ 1980. 2. 하순 일자불상 14:00경 대구 중구 소재 옥호불상 다방에서 위 이태복과 만나 동인으로부터 민주노동운동의 주체세력을 결집하려면 뜻이 맞는 사람이 많아야 하는데 대부분 서울 출신들이라 전국 규모로 조직을 확장하는 데 문제가 있다. 대구에서 의식화된 노동자를 찾아달라는 부탁을 받고 피고인은 현재 생각나는 사람은 없으나 정성껏 찾아보겠다면서 저번에 부탁받았던 조직의 형태에 대하여 연구하여보았으나 별 좋은 방안이 없다고 말하자 동인은 그 문제는 현재 서울에서 연구 중에 있으니 너무 걱정하지 말고 조직대상자를 물색하여보라고 하는 등 조직에 관한 논의를 하고

○ 1980. 3. 초순 일자불상경 대구발 고속버스 편으로 상경하여 위 이태복에게 전화 연락 위 명륜다방에서 만나기로 하고, 동일 20:00경 위 명륜다방에서 상면 동인으로부터 서울에서 뜻을 같이한 상 피고인 양승조, 동 유해우, 동 박태연 등을 만나 동의를 얻었는

데 어떻게 생각하느냐고 하므로 피고인은 좋다고 하고 나도 울산의 영남화학노조 조합원 하동삼을 접촉 동의를 받았는데, 어떻게 하면 되느냐고 하자 동인은 자기가 한번 접촉하여보고 결정하겠다, 서울은 내가 접촉하고 있으니 그쪽은 김형이 자주 접촉하시오라고 하는 등 조직에 관한 논의를 하고

○ 1980. 3. 중순 일자불상 13:00경 위 이태복으로부터 울산시 소재 미도다방에서 하동삼과 같이 만나자는 전화 연락을 받고 동일 15:00경 고속버스 편으로 울산에 도착하여 위 미도다방에서 이태복 하동삼과 상면, 피고인은 하동삼에게 1월 중에 합의하였던 새로운 노조운동조직을 위하여 곧 서울에서 회합이 있을 예정이다라고 하자 위 이태복은 새로운 노동운동의 발전은 심히 어렵지 않겠느냐고 하고 위 하동삼은 나도 그렇게 생각하고 있다, 그러나 열심히 해보겠다고 하므로 피고인은 올바른 노조운동이 되려면 노동조합을 무시하고 새로운 조직을 확장하여 의식화운동을 실시, 우리가 추구하고 있는 사회를 만드는 데 함께 일하자고 하자 위 하동삼은 이미 노동운동을 같이 하기로 결심하였다고 하는 등 노동운동에 관해 논의하고

○ 1980. 3. 중순 일자불상 14:00경 대구시 옥호불상 다방에서 1980. 3. 초 친우 정재종의 소개로 알게 된 구미공단 내 도산회원이었던 공소 외 전점석(30세)과 만나, 동인에게 서울에서는 섬유노조 및 금속노조 일부 조합원들이 노총위원장 김영태가 부정이 있다고 물러가라고 농성 중에 있고 그 내용이 매일 신문에 보도되고 있다. 한국노총의 사명은 노동법 개정이 시급함에도 노동자의 권익을 외면하고 부정만 일삼고 있다고 비판하자 동인이 동감이라고 하므로 피고인은 현재 전국 규모의 민주노동운동 세력을 규합하고 있으니 함께 참여하자고 권유하여 동인으로부터 그렇게 하겠다는 동의를 받고

○ 1980. 3. 하순 일자불상 21:00경까지 구로구 구로동 소재 상 피고인 양승조 자취방에서 상 피고인 이태복의 범죄사실 12의 (7)항과 같이 이태복, 양승조, 유해우, 박태연, 신철영, 김철수 등과 같이 만나 각 노조현장을 분석하고 노동운동 조직을 위한 예비모임을 갖는 등 당국의 허가 없이 불법집회하고

2. 1980. 4. 중순 일자불상 20:00경부터 익일 01:00경까지 종로구 명륜동 소재 명륜여관에서 상 피고인 이태복의 범죄사실 12의 (9)항과 같이 이태복, 양승조, 유해우, 박태연, 신철영, 김철수 등과 만나 새로운 노동운동의 방향 등에 관해 논의하고 새로운 노조 결성을 위한 준비작업을 하는 등 당국의 허가 없이 불법집회하고

3. 1980. 4. 중순 일자불상 19:00경 위 이태복으로부터 동일 20:00경 대구시 중구 소재 뉴욕제과점에서 위 전점석과 같이 만나자는 연락을 받고 피고인은 전점석에게 위 장소로 오라고 연락. 동일 20:00경 위 제과점에서 동인에게 위 이태복을 소개하자 위 이태복은 전점석에게 전국 민주노동을 결집, 동 운동의 방향을 투쟁적 역할로 할 수 있는 운동 주체세력을 조직화하여 억압과 착취로부터 노동자, 농민을 해방시키는 데 같이 참여하자고 권유하고, 동인은 이에 동의를 표하고 피고인은 동 조직의 결성총회를 80. 5. 3로 결정하였으니 당일 17:00경까지 서울시 영등포역에서 만나자고 하여 동인으로부터 그렇게 하겠다는 동의를 받고

○ 1980. 4. 중순 일자불상 15:00경 대구발 고속버스 편으로 울산에 도착하여 동일 15:00경 위 하동삼 가를 방문, 동인에게 최근 도시산업선교회 및 크리스찬 아카데미 등에서 70년대에 종교인, 지식인, 와이에치 사건 등 제나름대로 대정부투쟁을 다하여왔다고 주장하는데, 우리도 노동운동의 구심체를 만들어 효과적인 투쟁을 하여야 한다, 순수한 노동운동자 출신으로 비밀조직을 구성하기로 하였으니 같이 참여하자고 권유하여 동인으로부터 그렇게 하겠다는 동의를 받고, 80. 5. 3. 17:00까지 부평역에서 만나기로 약속한 후

○ 1980. 5. 3. 20:00경부터 동월 5. 12:00경까지 인천시 북구 계산동 소재 상 피고인 이태복의 집에서 상 피고인 이태복의 범죄사실 12의 (10)항과 같이 이태복, 양승조, 유해우, 박태연, 신철영, 김철수, 하동삼, 윤상원 등과 같이 만나 전국민주노동자연맹을 조직 결성하여 동 연맹 중앙위원회 위원장으로 선출되는 등 당국의 허가 없이 집회하고

4. 1980. 5. 초순 일자불상 10:00경 대구시 중구 소재 와이엠씨에이 다방에서 공소 외 전점석을 만나 동인으로부터 5월 발기인대회에 가정형편상 참석지 못하였다는 말을 듣고 피고인은 전국민주노동연맹의 결성 상황을 설명하고 자신이 중앙위원으로 선출되었으며 위원장으로 선출되었다고 전달함과 동시에 다음 중앙위원회는 필히 참석하라고 하고, 회칙에 따라 하부조직의 구조는 지부, 지회, 지반으로 구성키로 되었으니 우선 대구지방에 지부를 결성하여야겠다. 그러니 예비작업을 하라는 지시를 하고 동인으로부터 잘 알았다, 현장에 취업하여 열심히 활동하겠다고 하는 동의를 받는 등 위 [전민노련] 지부 구성을 논의하고

○ 1980. 6. 5. 19:00경부터 23:00경까지 경기도 시흥군 군포읍 소재 상 피고인 유해우의 자취방에서 상 피고인 이태복의 범죄사실 12의 (13)항과 같이 이태복, 양승조, 유해우,

박태연, 신철영, 김철수, 하동삼 등과 같이 만나 전국민주노동자연맹의 하부조직을 위한 세부지침을 논의하는 등 동 연맹 제1차 중앙위원회의를 개최하여 당국의 허가 없이 불법집회하고

5. 1980. 6. 중순 일자불상 20:00경 포항시 해도동 소재 피고인 가에서 72. 6. 강원도 삼척군 상덕광업소에서 알게 된 연합노조 총무였던 공소 외 황건식(29세)의 방문을 받고 동인으로부터 서울에서 식당을 경영하다가 실패하여 취직을 부탁하러 찾아왔다는 말을 듣고 피고인은 나와 같이 노동삼권의 확보와 8시간노동제, 최저임금을 보장받기 위하여 현장생활을 하면서 투쟁하자고 권유하여 동인으로부터 취직만 되면 계속하여 노동운동을 하겠다는 동의를 받고 피고인은 동인에게 기업주가 일정한 자본을 투자하여 원료를 구입, 노동자가 노동을 가하면 물품이 생산되고 동 제품을 판매하여 이익이 발생케 되는바, 동 이익의 일부분은 당연히 노동자의 것으로서 공정분배하여야 함에도 불구하고 현재 우리나라에서는 기업주가 독식하고 있어 노동자가 착취를 당하고 있다고 하는 등 대기업주 투쟁의식을 고취시키고

○ 1980. 6. 하순 일자불상 18:00경 포항시 해도동 소재 피고인 가를 방문한 위 이태복과 상면, 동인으로부터 포항제철의 현황에 대한 질문을 받고 피고인은 포항은 대부분 포항제철을 중심으로 한 공공기업체로서 조직의 결성이 거의 불가능하다고 하자 동인은 금반 이곳에 온 목적은 현장의 경험을 얻으려고 하니 취직을 알선하여달라고 하여 피고인은 공단사정을 잘 알고 있는 서한개발주식회사 공원 황건식에게 부탁해야겠다면서 황건식은 연합노조에서 총무로 일하였고 [전민노련] 회원으로 가입시켜, 포항의 조직을 맡길 계획이니 잘 지도하여달라고 부탁한 후 동일 21:00경 영일군 대송면 소재 위 황건식의 자취방을 방문, 동 이태복을 소개하고 노동운동과 경험이 풍부한 분이다. 많이 배우라고 한 후 동인의 취직을 부탁하여 위 황건식으로부터 취직처를 알아보겠다는 확답을 받고,

○ 1980. 7. 초순 일자불상 10:00경 위 영일군 오천면 소재 위 이태복의 자취방을 방문하여 동인으로부터 현 근무처인 삼풍공업회사의 근로조건이 형편없고 포항제철의 하청회사로 대부분 값싼 노동력을 제공하고 있는 인력회사에 불과한 실정이고 매월 인건비 부분에서 1억 2천여 만 원의 손해를 보고 있다고 비판하는 말과 [전민노련]의 기초작업이 대구 및 포항을 중심으로 이루어져야 한다. 무슨 복안이 없느냐는 질문을 받고 피고인은 현재 공원묘지 관리소장인 나로서는 실정을 잘 모르고 있으니 황건식을 통

하여 조직을 할 수밖에 없다고 말하여 조직에 관해 논의하고

○ 1980. 7. 중순 일자불상 21:00경 위 이태복의 자취방을 방문하여 동인과 만나 피고인은 울산의 하동삼 및 대구의 전점석 문제를 정리하여야겠다고 제의하자 위 이태복은 시간이 나는 대로 하동삼 및 전점석을 만나게 연락하여달라, 황건식을 두 번 접촉하였으나, 책임 있는 답변을 회피하고 있으니 자기가 포항을 떠나더라도 김형께서 계속 접촉하여 의식화를 시키라고 종용을 받는 등 조직 확산을 위하여 논의하고

○ 1980. 7. 하순 일자불상 13:00경 포항시 소재 옥호미상 다방에서 위 이태복을 만나 동인으로부터 전점석을 만나보았느냐는 질문을 받고 피고인은 오늘 아침 전점석에게 전화 연락을 하여 확인하였더니 학교 취직을 위하여 이력서를 제출하였다고 하는데 노동운동은 의사가 없는 것으로 판단된다고 하자 동인은 한 번 더 접촉하여 조직관계를 분명히 하고 보안을 위하여 계속 개인적인 친분을 유지하여야 된다고 하는 등 조직관리를 논의하고

○ 1980. 7. 31. 20:00경부터 동년 8. 14:00경까지 구로구 구로동 소재 공소 외 길문숙의 자취방에서 상 피고인 이태복의 범죄사실 12의 (15)항과 같이 이태복, 양승조, 신철영, 박태연, 유해우, 김철수 등과 만나 예비그룹 교육안 등에 관해 논의 하는 등 소위 전국민주노동자연맹 제2차 중앙위원회의를 개최하여 당국의 허가 없이 불법집회하고

6. 1980. 8. 초순 일자불상 07:00경 위 이태복으로부터 울산의 하동삼에게 연락하여 같이 만나보자는 전화를 받고 하동삼에게 전화 연락, 동일 15:00경 포항시 시외버스터미널 다방에서 상면 하동삼을 위 이태복의 자취방으로 안내하고 동인 등과 포항 해수욕장으로 동행하여 부근 옥호불상 주점에서 회합. 위 이태복이 동 하동삼에게 어떻게 하여 회의에 불참하였느냐고 묻자 위 하동삼은 가정형편상 참석지 못하였다고 하면서, 앞으로 현장운동을 열심히 하겠다고 하자 위 이태복은 알았다, 지방 출신의 중앙위원이 상경하여 자주 접촉하다 보니 보안상 문제가 염려된다. 앞으로는 상경하지 말고 연락만 하자고 합의하고

○ 1980. 8. 중순 일자불상 20:00경 포항시 해도동 소재 피고인 가를 방문한 위 이태복과 만나 동인으로부터 금반 포항에서의 현장경험은 매우 중요하였다 지난번 노조지부장 당시의 노동운동을 지양하고 장기적이고 지속적인 노동운동을 위하여 현 대명공원 묘지 소장직을 버리고 현장에 취업하여 노동자들과 만나 친분을 쌓고 신뢰하는 과정에서 조직을 튼튼히 해야 한다는 말을 듣고 피고인은 취업현장을 알아보겠다고 응답

하고

○ 1980. 10. 3. 11:00경 포항발 고속버스 편으로 상경하여 위 이태복에게 전화 연락, 동일 16:00경 위 명륜다방에서 만나기로 하여 동일 17:00경 위 다방에서 상면. 피고인은 동인에게 현재 포항경찰서에서 "대구 두레서점" 관계로 수배하고 있으니 은신처를 마련하여달라고 부탁하여 동인으로부터 그렇게 하겠다는 말을 듣고, 동일 20:00경 구로구 구로동 소재 동인의 자취방으로 동행하여 15일간 동소에서 피신하면서 어둠의 자식들이란 소설을 탐독하고 동인으로부터 현재 구로공단에서 하루 12시간 노동을 체험 중인데, 참으로 힘겹지만 나도 참고 노동자들과 고통을 나누고 있다. 노동현장에 취업하여 노동자의 의식화나 조직활동은 하지 않고 왜 [두레서점] 같은 데 관여하여 말썽을 부리느냐고 하면서 귀향 즉시 생산현장에 취업노동자들과 친분을 두텁게 하여 의식화 및 조직화 작업에 박차를 가하라는 독려를 받고, 피고인은 나도 귀향하면 취업하여 노동자들과 친목을 도모하면서 의식화작업을 하겠다고 동의하는 등 조직확대 작업을 논의하고

○ 1981. 1. 중순 일자불상 20:00경부터 동일 23:00경까지 영등포구 영등포동 소재 상 피고인 신철영의 집에서 상 피고인 이태복의 범죄사실의 12의 (29)항과 같이 이태복, 양승조, 유해우, 박태연, 신철영, 김철수 등과 만나 81년도 전민노련 사업계획을 논의하는 등 소위 전국민주노동자연맹 제7차 중앙위원회의를 개최하여 당국의 허가 없이 불법집회하고

제18피고인 송병춘은

73. 3. 중순 대학입학과 동시 고교 선배인 송인천(당시 서울대 경제과 2년)의 권유로 "흥사단 서울대 아카데미"에 가입하여 73. 12. 초순까지 간 매주 목요일 16:00부터 18:00경 간 2시간씩 시내 중구 명동 소재 흥사단본부 4층 회의실에서 24회에 걸쳐 동 써클 선배인 이대영(당시 서울대 상대 경제과 4년)의 지도로 역사란 무엇인가(이 에치 카 저), 민족주의 전개과정(최문환 저), 서양경제사(최문환 저), 후진국 경제론(조영범 저) 등 책자를 교재로 학습을 받아 정부의 경제정책 잘못으로 빈곤과 억압이 만연하는 사회로 전락되었고 외형적인 성장정책에 치중하여 소수 특권층에만 외자를 배분함으로써 중소기업, 노동자, 농민은 억압당하며 이를 실천하기 위하여 민주적 제 권리를 유보하고 노동3권을 제약한 것으로 인식하게 되었고

○ 80. 3. 중순 17:00경 시내 종로구 명륜동 소재 광민사에서 아카데미 선배로서 알게 된 이태복(30세)으로부터 "노동자, 농민을 해방시키기 위하여는 노동운동이 필요하며 특히 지식인들이 적극 가담해야 한다는 교양을 받고, 한국경제는 미·일식민지 경제체계에 예속된 수탈경제로서 매판자본가에 의한 횡포로 빈익빈 부익부의 현상이 심화되었다고 판단, 이를 극복하기 위하여는 피압박자들을 의식화하고 조직화하여야 하며 지속적이어야 하므로 볼셰비즘적인 조직력이 있어야 하는데 이것은 투쟁과정에서 창출해내야 한다고 믿고 사회주의국가 건설을 망상하면서 노동현장에 침투하여 활동해오면서 상 피고인 이태복 등이 노동자를 조직화, 의식화하기 위하여 조직한 비밀조직인 소위 전국민주노동자연맹의 정회원으로 가입하여 그 조직 확대 및 관리를 위해 활동해온 자인바

1. 1980. 6. 초순 일자불상 17:00경 시내 종로구 명륜다방에서 상 피고인 이태복과 만나 동인에게 관념적인 사고방식을 극복하고 민중의 실상을 파악하기 위해 공장에 들어가 일해보고 싶은데 조언을 바란다고 하자, 동인으로부터 노동현장은 인생의 연습무대가 아니라 인간의 노동이 현실적으로 어떻게 왜곡되고 이윤획득의 도구로 되면서 노동자들의 생활이 비인간적일 수밖에 없는가 하는 모순의 구조와 만나는 것이라고 자본주의체제의 구조적 모순을 비판하면서, 지식인의 입장에서 볼 때 노동자를 지나치게 미화하는 경우와 아주 포기해버리는 경향이 있지만 그것은 개인의 특수한 주관적 모순의 반영일 뿐 객관적으로 파악한 것은 아니라고 하고, 구체적으로 자신이 부딪혀보며 생각하는 것이 좋다고 칭찬하고 단순노동과 숙련노동 가운데 지식인 출신은 흔히 장기론을 펴면서 숙련노동의 자격증을 따려는 경향이 있는데 그런 방식도 나쁜 것은 아니나, 우리 현실에서 숙련노동은 현장에서 노동강도나 노동밀도가 미숙련보다 높지 않고 상대적인 고임금을 받기 때문에 노동자 의식도 소시민적 보수경향이 강하며 따라서 목적적인 노동운동과는 일단 거리가 있는 것으로 집안형편이 아주 어렵다든가 개인적으로 장기론을 가지고 있을 때 선택하는 방법이라고 설명하고, 개인사정이 좋은 편이니, 단순노동을 택하고 구로공단에는 회사들이 많고 사람을 수시로 모집하니 그쪽에 취직하라고 조언을 받는 등 노동운동에 관해 논의하고

○ 1980. 7. 하순 일자불상 20:00경 시내 구로구 구로동 소재 우정다방에서 위 이태복과 만나 동인에게 구로 3공단 내 금속센타주식회사 신관공원으로 80. 6. 중순 현장침투하여 일하고 있다라고 경과보고 후 노동한다는 것이 역시 어렵기는 하지만 현장에 적응

하고 있다. 그러나 노동자들을 어떻게 의식화하고 조직화해야 할지 모르니 조언을 받으러 왔다고 하여 위 이태복으로부터 유능한 경험을 가진 사람은 단 6개월 만에 조직을 만든 경우도 있지만 지식인 출신은 감정, 의식구조, 언어 등 문화적 갭이 있어서 대중적 체질로 바뀌기엔 시간이 필요하다. 우선 동료들의 신상 파악하는 데 주력하라고 조언을 받는 등 노동운동에 관해 논의하고

○ 1980. 8. 하순 일자불상 21:00경 시내 구로구 구로동 소재 피고인의 자취방에서 위 이태복과 만나 동인에게 지금 일하는 금속센타는 주·야로 2부 교대하므로 사람 만나기가 힘들며 노동조건도 좋아서 불만요소가 없으므로 노동자를 포섭하여 의식화, 조직화하기가 어려우니 좀 더 큰회사에 가서 일해보겠다고 하자 동인으로부터 보안문제는 특히 신경을 써야 하며 노동현장에 있는 한 학생들을 만나지 말라, 앞으로 현장노동자끼리 만나 개인적인 고민도 풀고 경험을 나눈다면 시행착오도 줄이고 현장에서 튼튼하게 뿌리를 박을 수 있을 것이니 계속 일하고 있으라는 조언을 받는 등 노동문제에 관해 논의하고

○ 1980. 9. 중순 일자불상 11:00경 관악산 계곡에서 상 피고인 송영인과 만나 동인에게 현장생활을 하다 보면 병도 들고 자식도 생기는데 쭉 노동자로 일을 해나갈 수 있겠는가. 최소한의 수입을 얻기 위해서 기술을 배워야겠다고 하자, 동인은 현장의 기혼자들도 있으니 우리도 그들 이상으로 생활할 수 있으며 그들과 같이 생활할 수 있어야 그들의 고통과 애환을 알 수 있고 그들의 해방을 기대할 수 있다. 도시산업선교회 등 관련단체 등에서 일하는 사람들이 현장 밖에서 노동자들을 의식화하겠다는 것이 노동운동을 촉진시키지 못하는 이유의 하나이다. 운동은 언어나 논리의 정확성만은 아니고 체험화를 요구하며, 이는 우리가 현장에서 직접 싸워나가야 된다는 것을 의미한다고 말하고, 피고인은 운동하는 사람은 생활비뿐만 아니라 활동을 하기 위해 그 이상의 돈이 필요하다. 더구나 평노동자도 오래 있으면 승급되어 월급도 올라갈 수 있다. 계속 미숙련공으로 일하는 데 문제점이 있다. 그러므로 생각할 문제라고 하는 등 노동문제에 관해 논의해오던 중

○ 1980. 10. 19. 10:00~19:00경 간 관악산 계곡에서 위 이태복, 위 송영인, 상 피고인 노숙영, 공소 외 길문숙 등 5명이 만나 위 이태복은 우리들이 이 자리에 모인 것은 앞으로 노동운동을 좀 더 과학적으로 발전시키기 위해 서로 협력하고 비판 토론 연구하기 위한 것이다. 우리도 같은 노동동지들과 함께 일해야 한다. 나는 학생시절에는 착실하였는데 제적당하면서부터 노동운동에 관심을 갖게 되어 막노동을 하였고, 점차 노동

운동의 필요성을 느껴 노동운동을 계속하게 되었다고 하자, 위 송영인은 군생활을 통하여 노동자로 살아갈 수 있다는 확신을 얻었고 광주사태를 보고 조직적 대중운동의 필요성을 깊이 느껴 현장에 들어왔다고 말하고, 위 노숙영은 나는 실제 노동현장이 어떤 곳인가를 체험하기 위해서 들어갔으며 대구에서 노조활동을 하다가 실패하여 집에서 농장일을 보던 중 이태복을 알게 되어 권유를 받고 노동현장에서 활동하게 되었다. 위 길문숙은 학교공부를 통하여 노동운동이 반독재투쟁의 핵심이라고 판단하고 노동운동을 결심, 현장에 들어왔다고 하자 피고인은 우리 사회의 기본적 계층은 노동자이다, 노동운동의 발전 활성화만이 한국사회가 당면한 정치적, 경제적 모순을 해결할 수 있다, 처음 노동운동에 관심을 가진 것은 아카데미에서 교양을 받은 후부터이며 현장에 들어와서 일하므로 가장 치열하게 문제와 부딪칠 수 있다고 생각되어 현장에 들어왔다라고 노동운동의 필요성과 현장침투의 필요성에 대하여 토론한 후

○ 동일 19:00~23:00경 간 피고인의 자취방으로 자리를 옮겨 토의사항으로 위 이태복은 현장에 일하는 지식인이 한자리에 모여 토의하는 것은 위험하나 개인적 한계를 극복하기 위해 모임을 가질 필요가 있다고 제의하자, 위 노숙영은 노동운동의 사례를 공부하자고 제의하고, 위 송영인은 노동경제학과 노동법 등을 공부하자고 제의하였고, 피고인은 개인의 자질을 파악한 후 적당한 텍스트를 정하여 공부하자고 제의하자, 위 이태복이 철학, 노동경제학, 조직론에 대하여 공부키로 하는데 시기는 차후 결정하자고 제의하자, 전원 이에 동의하는 등 당국의 허가 없이 불법집회를 하고

2. 1980. 10. 하순 일자불상 22:00경부터 2시간에 걸쳐 피고인의 자취방에서 위 송영인, 위 노숙영, 위 길문숙 등 4명이 만나 피고인이 1980. 10. 19. 회합 시 교양교재 선정 및 기간 등에 대하여 교재는 "철학입문"(송본청장 저), "노동경제학의 기초이론(저자 미상), "대중조직의 이론과 역사"(삼포 쓰도무 저)로 하고 세미나 회수는 약 10회로 하며 월 2회 정도하자고 제의하고 전원이 이에 찬동, 결의하는 등 당국의 허가 없이 불법집회하고

3. 1980. 11. 1. 20:00경부터 2시간에 걸쳐 피고인의 자취방에서 위 송영인, 위 노숙영, 위 길문숙 등 4명이 만나 위 노숙영이 앞으로 결혼하면, 자식교육 때문에 노동운동을 할 수가 없다. 최소한 자식은 고등교육 시킬 여유는 있어야 하는데 노동자 수입으로는 불가능하다고 하자, 피고인은 자식교육은 반드시 고등교육을 시켜야만 되는 것은 아니

다. 그 말 속에는 자식들을 지식인으로 키우겠다는 생각이 있는 것으로 파악된다고 하고, 위 송영인은 노동운동가의 가정은 재래식 방법과는 달라야 하며 탁아소 운영을 통하여 얼마든지 자식들을 키울 수 있고 교육문제는 우리 자식들만이 특별히 교육받을 필요는 없다. 부르죠아 교육인 경우는 더욱 그렇다. 투쟁은 대를 이어 하는 것이다라고 하는 등 당국의 허가 없이 불법집회하고

4. 1980. 11. 초순 일자불상 21:00경부터 2시간에 걸쳐 피고인의 자취방에서 위 송영인, 위 길문숙, 위 노숙영 등 4명이 만나 피고인의 주도로 용공서적인 철학입문(일본어 복사판 송본청장 저) 책자를 교재로 관념론과 유물론에 관해 관념이 실재를 만드는 것이 아니라 실재로부터 관념이 만들어진다. 관념론은 정신과 육체를 분리시키고 육체를 정신의 종속물로 경시하여 육체노동에 대한 정신노동의 우위를 정당화한다.
따라서 노동대중에 대한 지배계급의 우위를 합리화하고 인간의 의식을 현실세계에서 현실 밖으로 향하도록 유도한다. 종교는 의식을 현실세계에서 현실 밖으로 향하도록 유도한다. 종교는 관념론의 최대 표현이다. 관념론을 부정하고 현실세계에 눈을 두게 하는 것이 유물론이며 유물사관이다. 역사는 계급투쟁의 역사다. 자본주의사회는 계급투쟁에 의하여 붕괴, 사회주의로 이행한다고 학습 주도하여 당국의 허가 없이 불법집회하고 국외 공산계열의 활동에 동조하여 반국가단체를 이롭게 하고

5. 1980. 11. 중순 일자불상 22:00경부터 2시간에 걸쳐 피고인의 자취방에서 위 송영인, 위 길문숙, 위 노숙영 등 4명이 만나 위 길문숙의 주재로 용공서적인 모택동 저 "모순론"의 내용을 발췌 기재한 노트를 교재로 하여 역사는 모순의 대립과 통일의 역사다. 모순에는 적대적 모순과 비적대적 모순이 있는데 적대적 모순은 자본가와 노동자의 모순이요, 이는 폭력적으로 해결되어야 한다. 적대적 모순에는 기본 모순이 있는데 현 단계의 기본 모순은 자본가와 노동자 간의 모순이고 주요 모순은 제국주의와 피식민국과의 모순이다. 주요 모순의 해결이 우선하느냐 기본 모순의 해결이 우선하느냐 하는 문제는 어떠한 모순이 첨예화되느냐에 따라 혹은 모순의 해결주체의 역량에 따라 달라진다는 등의 내용을 학습하여 당국의 허가 없이 불법집회하고 국외 공산계열의 활동에 동조하여 반국가단체를 이롭게 하고

6. 1980. 11. 하순 일자불상 22:00경부터 2시간에 걸쳐 피고인의 자취방에서 위 송영인,

위 길문숙, 위 노숙영 등 4명이 만나 합숙하면서 위 길문숙의 주재로 용공서적인 모택동 저 "실천론"의 내용을 발췌 기재한 노트를 교재로 인식과 실천은 변증법적으로 발전한다. 사물이 감각기관을 통해 받아들여 지각적 인식으로 되고 이것이 일반화되어 개념적 인식으로 발전한다. 올바른 인식이 되어진 후에 실천이 가능한 것이 아니라 실천을 통해서 시행착오의 과정을 거쳐 이것이 반성되고 보다 높은 단계의 인식으로 발전한다. 따라서 운동가는 행동에 있어 일어나는 오류를 두려워해서는 안 된다. 그 오류에 대한 철저한 반성을 통해서 올바른 판단, 올바른 이념을 정립해야 한다는 내용의 학습을 하여 당국의 허가 없이 불법집회하고 국외 공산계열의 활동에 동조하여 반국가단체를 이롭게 하고

7. 1980. 12. 중순 일자불상 22:00경부터 2시간에 걸쳐 피고인의 자취방에서 위 이태복, 위 송영인, 위 길문숙, 위 노영숙 등 5명이 만나 동숙하면서 위 송영인의 주도하에 용공서적인 "노동경제학의 기초이론"이란 책자를 교재로 자본가의 이익과 노동자의 이익은 상반된다. 자본가는 한계이윤의 법칙, 평균이윤의 법칙 등을 사용하여 노동자를 수탈하는데, 이에 대해 노동자는 동일노동 동일임금의 법칙으로 자본의 일방적 수탈을 막아야 한다라는 내용의 세미나를 하는 등 당국의 허가 없이 불법집회하고 국외 공산계열의 활동에 동조하여 반국가단체를 이롭게 하고

8. 1980. 12. 하순 일자불상 22:00경 피고인의 자취방에서 위 송영인, 노숙영, 길문숙 등과 만나 위 송영인의 주도로 용공서적인 위 "노동경제학의 기초이론"을 교재로 공장제도의 발전에 따라 숙련노동이 미숙련노동으로 대체된다. 현대사회는 산업의 전문화에 따라 업종 간의 직업 이동이 불가능하다. 이는 노동시장에서 노동자가 이동의 자유가 박탈당한다는 것을 의미하며 불리한 계약을 체결하게 만든다. 이에 노동자는 단결하여 단체로 계약해야 한다는 등 노동자의 단결권을 학습하는 등 계엄당국의 허가 없이 불법집회하고 국외 공산계열의 활동에 동조하여 반국가단체를 이롭게 하고

9. 1981. 1. 초순 일자불상 22:00경 위 피고인의 자취방에서 위 송영인, 동 노숙영, 동 길문숙 등과 만나 위 송영인 주도하에 용공서적인 "노동경제학의 기초이론"을 교재로 임금은 노동자와 자본가의 힘의 관계, 즉 교섭력에 의하여 현실적으로 결정되는데 노동조합의 교섭력을 높이기 위해 노동자는 단결해야 한다. 기계화의 진행은 노동자에

게서 정신노동을 빼앗아 기계의 단순한 부속품으로 만들어버린다. 노동자는 전체 생산과정에서의 자기 역할을 확인함으로써만이 정신노동을 되찾을 수 있으며 이런 현상은 기계화의 진행에 따른 필연적인 것이라는 등 공산주의자들이 노동자를 선동하는 계급투쟁의 핵심 이론인 "물화론"을 학습하는 등 당국의 허가 없이 불법집회하고, 국외 공산계열의 활동에 동조하여 반국가단체를 이롭게 하고

10. 1980. 2. 초순경 종로구 광화문 소재 민중문화사에서 계급의식을 고취시킴으로써 피교육자가 사회혁명에 앞장설 의식, 현실 자본주의사회의 타도를 추구하는 것으로서 공산주의 이론에 있어서의 핵심적인 개념인 "실천성"을 교육방법론의 중심원리로 삼고 있는 반자본주의적 불온용공서적인 파울로 프레이리저 "피압박자의 교육학"이란 책자를 구입 탐독함으로써 국외 공산계열의 활동에 찬양 동조하여 반국가단체를 이롭게 할 목적으로 위 도서를 취득 보관하고

11. 1980. 12. 초순경 구로공단 옥호미상 서점에서 공산주의 교조인 유물사관과 제국주의론을 교양시킬 목적으로 저작된 책으로 노동자들에게 자본주의사회를 죄악시하게 하는 불온용공서적인 바레 프랑소와 저 "노동의 역사"란 책자를 구입 탐독함으로써 국외 공산계열의 활동에 찬양 동조하여 반국가단체를 이롭게 할 목적으로 위 도서를 취득 보관하고

12. 1981. 5. 중순경 종로구 명륜동 소재 광민사에서 상 피고인 이태복으로부터 노동자에게 계급의식을 포지케 하여 공산주의 교양을 학습시킬 목적으로 저작된 반자본주의적 불온용공서적인 저자 미상 광민사 편역의 "노동의 철학"이란 책자를 구입 탐독함으로써 국외 공산계열의 활동에 찬양 동조하여 반국가단체를 이롭게 할 목적으로 위 도서를 취득 보관하고

제19피고인 송영인은

○ 74. 3. 중순 대학 입학과 동시 고교 동기동창인 권희양(당시 인문계열)의 권유로 "흥사단 서울대 아카데미"에 가입하여 동년 12. 초순까지 간 매주 목요일 16:00~18:00경 간

2시간씩 시내 중구 명동 소재 흥사단 본부 4층 사무실에서 22회에 긍하여 동 써클 선배 이병천(당시 서울상대 경제과 4)의 지도로 이규호 저 "앎과 삶" 그 나즈단제프 저 "한국현대사론" 이 에이치 카아 저 "역사란 무엇인가" 등 사회 저변을 의식케 하는 서적을 교재로 한 학습 세미나 교양을 받아 "현실 한국은 유신헌법이란 미명하에 대외종속경제로 이끌면서 독재정치로 학생 탄압에 열중하므로 이에 민청사건은 정부당국과 대항하기 위한 학생들의 몸부림이었다"고 인식하게 되고,

○ 75. 1. 초순(방학기간)부터 2. 초순까지 1개월간 시내 성북구 공릉동 소재 서울 공대 뒤에 자취방을 얻어 당시 동 써클 회원인 조성두(28세 당시 자연계열) 외 2명과 함께 자취생활을 하면서 이영협 저 "일반 경제사 요론" 등 서적을 탐독하고 주제발표 형식으로 학습하여 "자본주의가 발전하면 제국주의로 전환할 수밖에 없고 현실 한국은 그 지배하에 있어 학생운동은 역사적 필연임"을 인식하고,

○ 75. 4. 중순경 동 써클 회원인 양길승(33세 당시 서울의대 3년 재적)의 권유로 동년 4. 중순부터 9. 하순까지간 5회에 긍하여 시내 성북구 성북동 소재 위 양길승의 자취방에서 양길승, 조성두, 김태일, 이정숙, 김영인 등과 접촉하면서 양길승의 지도하에 김상협 저 "모택동 사상", 저자 불상 "레닌과 러시아혁명" 등 4권의 서적을 교재로 한 학습 세미나를 교양받아 "자본주의체제는 제국주의로 전환되고, 사회주의로의 이행은 역사적 필연인데 이는 노동자, 농민에 의한 기초적인 근로대중의 혁명이 따라야 하며 학생운동은 그 혁명운동의 기폭제가 되어야 한다"고 확신하였고,

○ 79. 9. 중순~10. 초순경 간 시내 종로구 명륜동 소재 "광민사"에서 2회에 긍하여 이태복(31세)으로부터 "현실 팟쇼체제하에서의 노동운동의 필요성에 대한 교양을 받고 "한국경제는 미·일 식민지경제체제에 예속된 수탈경제로서 매판자본가에 의한 횡포로 빈익빈 부익부의 현상이 심화되었다"고 판단, 이를 극복하기 위해서는 피압박자들을 의식화하고 조직화하여야 하며 지속적이어야 하므로 볼셰비즘적인 조직력이 있어야 하는데, 이것은 투쟁과정에서 창출해내야 한다"고 믿고 사회주의국가 건설을 망상하면서 노동현장에 침투하여 활동해오면서 상 피고인 이태복 등이 노동자를 조직화, 의식화하기 위하여 조직한 비밀지하조직인 소위 전국민주노동자연맹의 정회원으로 가입하여 그 조직 확대 및 관리를 위해 활동해온 자인바,

1. 1980. 2. 중순 일자불상 20:00경 시내 종로구 명륜동 소재 "광민사" 사무실에서 상 피고인 이태복과 만나 동인으로부터 "자본주의사회는 반드시 제국주의화하고 특히 후

진국에서는 선진 제국주의와 결탁한 매판자본가, 매판관료, 매판군부를 탄생시킨다. 이 팟쇼집단은 이익 증대를 위해 독재화하지 않을 수 없는데 결과적으로 근로대중만 착취와 수탈당하고 있다. 그러나 조합운동가는 개량주의에 빠질 위험이 많으므로 이들은 직업적 혁명가에 의하여 지도되어야 한다. 따라서 대정부투쟁운동은 폭력적일 수밖에 없으며 이는 부르죠아혁명의 단계와 프로레타리아혁명의 단계를 밟게 된다. 사회주의는 프로레타리아혁명의 단계에 있는 사회로서 중요한 생산수단의 공유와 생필품 등의 사유가 허용되고 평등이 보장되므로 노동자, 농민이 잘살 수 있는 사회주의 국가가 건설되어야 한다"는 교양을 받고 피고인은 "사회주의국가를 건설하는 데는 여러 가지 운동방식이 있지 않느냐"고 물어 동인으로부터 "현재 한국의 학생운동은 너무 첨예화되었고, 교회 쪽은 이미 그 기회주의적 성격을 나타냈고 청년운동 역시 활발한 것 같지 않다. 이는 기본적인 대중조직이 결여되었기 때문이며 폭력적 혁명의 힘은 결국 대중조직에서부터 나올 수밖에 없다. 따라서 우리는 현장운동을 하여야 한다"는 설명을 듣고 이에 동조하고

○ 1980. 9. 중순 일자불상 11:00경 시내 관악구 신림동 소재 관악산 중턱에서 상 피고인 송병춘과 접촉, 동인으로부터 "현장생활을 하다 보면 병들고 처자식도 생기는데 어떻게 평노동자 생활을 해나갈 수 있겠는가? 최소한의 수입을 얻기 위하여 기술자가 되어야 하지 않겠는가"고 고민하므로 피고인은 "현장의 기혼자들은 어떻게 생활할 수 있으며 어려움을 직접 겪어보지 않으면 노동자들의 고통과 애환감정을 알 수가 없고 그들의 해방을 기대할 수 없다. 그것은 도시산업선교회 등 관련단체가 노동운동을 더욱 촉진시키지 못하는 중요한 이유의 하나일 것이다. 운동은 언어나 이론의 정확성만이 아니라 체험화를 요구하며, 이는 우리가 현장에서 직접 싸워나가야 된다는 것을 의미한다"고 설명하여 현장활동의 필요성을 강조하고

○ 1980. 10. 중순 일자불상 21:00경 시내 구로구 가리봉동 소재 위 이태복의 자취방에 동거 중 동인으로부터 "자본주의는 제국주의 단계를 거쳐 필연적으로 사회주의로 이행한다. 자본주의의 기본 모순은 자본과 노동이나 중요한 모순은 제국주의와 노동이다. 제국주의는 자본주의 최후의 단계로서 후진제국의 팟쇼집단과 결탁하여 신식민주의를 형성한다. 현 단계는 반제, 반팟쇼 운동의 단계이며 이는 노동자, 농민을 핵심으로 하고 학생, 지식인, 중소 자본가를 포함하는 광범위한 통일전선을 결성함으로써 비로소 가능하다. 이 통일전선은 직업적 혁명가에 의해 지도되며 이 전위조직은 결정적 시기가 되면 민중봉기를 일으켜 폭력적으로 혁명을 성공시켜 사회주의국가가 건설된다.

전위조직은 점조직으로 이루어지며 직업적 혁명가는 경험주의, 개량주의에 빠진 노동자, 농민을 지도하여 올바른 혁명성을 기초로 대중의식을 불안케 하여 조직을 확대시키고 민중봉기를 일으키게 하는 것이다"라고 교양하자 "노동운동을 통한 대중조직을 확대하여 민중봉기 대열에 동참하겠다"고 결의를 밝히는 등 국외 공산계열의 활동에 찬양 동조하여 반국가단체를 이롭게 하고

2. 1980. 10. 19. 10:00~19:00경 간 시내 신림동 소재 관악산 계곡에서 위 이태복, 위 송병춘, 상 피고인 노숙영, 공소 외 길문숙 등과 만나 상 피고인 송병춘의 범죄사실 1항과 같이 당국의 허가 없이 불법집회하고

3. 1980. 10. 하순 일자불상 22:00경부터 2시간에 공하여 위 송병춘 자취방에서 위 송병춘, 노숙영, 길문숙 등과 만나 위 송병춘의 범죄사실 2항과 같이 당국의 허가 없이 불법집회하고

4. 1980. 11. 1 20:00경 전시의 송병춘 자취방에서 위 노숙영 위 송병춘, 위 길문숙 등과 만나 위 송병춘의 범죄사실 3항과 같이 당국의 허가 없이 불법집회하고

5. 1980. 11. 초순 일자불상 21:00경부터 2시간에 긍하여 위 송병춘의 자취방에서 위 송병춘, 노숙영, 길문숙 등과 만나 위 송병춘의 주도로 용공서적인 송본청장 저 "철학입문"을 교재로 한 학습 세미나를 개최하여 제위 송병춘의 범죄사실 4항과 같이 당국의 허가 없이 불법집회하고 국외 공산계열의 활동에 동조하여 반국가단체를 이롭게 하고,

6. 1980. 11. 중순 일자불상 14:00경 위 이태복 자취방에서 동거 중 동인으로부터 "사회주의국가 건설을 위한 혁명을 성공시키기 위해서는 조직과 자금이 필요하다. 직업적 혁명가는 전위조직을 만들고 노동자, 농민을 중핵으로 하여 학생, 중소자본가, 지식인 등을 포함하는 광범위한 통일전선을 구축하여 반팟쇼투쟁을 하여야 한다. 이 통일전선은 전위조직의 지도를 받는다. 이러한 조직운동을 하기 위해서 자금이 필요한 것이다. 자금은 전위조직 운동을 지지하는 세력들로부터 지원받을 수도 있으나 필요하다면 은행강도라도 하여야 한다. 그리하여 적(팟쇼집단)의 경제체제를 뒤흔들고 세력을

약화시키며 아군의 전력을 증강하는 것이다"라는 교양을 받고 피고인은 "프로레타리아혁명을 앞당기기 위하여 노동운동을 더욱 열심히 하겠다"고 결의를 밝히는 등 국외 공산계열의 활동에 찬양 동조하여 반국가단체를 이롭게 하고

7. 1980. 11. 중순 일자불상 22:00부터 2시간에 긍하여 전시 송병춘의 자취방에서 위 송병춘, 노숙영, 길문숙 등과 만나 4명이 동숙하면서 위 길문숙의 주도하에 용공서적인 모택동 저 "모순론"을 기재한 노트를 교재로 학습 세미나를 개최하여, 위 송병춘의 범죄사실 5항과 같이 당국의 허가 없이 불법집회하고 국외 공산계열의 활동에 동조하여 반국가단체를 이롭게 하고

8. 1980. 11. 하순 일자불상 22:00경부터 2시간에 긍하여 전시 송병춘이 자취방에서 위 송병춘, 길문숙, 노숙영 등과 만나 4명이 동숙하면서 길문숙의 주도로 용공서적인 모택동의 "실천론"을 기재한 노트를 교재로 한 학습 세미나를 개최하여 위 송병춘의 범죄사실 6항과 같이 당국의 허가 없이 불법집회하고 국외 공산계열의 활동에 동조하여 반국가단체를 이롭게 하고

9. 1980. 12. 중순 일자불상 22:00부터 2시간에 긍하여 전시 송병춘 자취방에서 위 이태복, 동 송병춘, 동 노숙영, 동 길문숙 등과 만나 5명이 동숙하면서 피고인의 주도로 저자 불상 "노동경제학의 기초이론" 서적을 교재로 하여 학습 세미나를 가져 위 송병춘의 범죄사실 7항과 같이 당국의 허가 없이 불법집회하고 국외 공산계열의 활동에 동조하여 반국가단체를 이롭게 하고

10. 1980. 12. 하순 일자불상 22:00부터 2시간에 긍하여 위 송병춘의 자취방에서 송병춘, 노숙영, 길문숙 등과 만나 4명이 동숙하면서 피고인이 주도로 전시의 "노동경제학의 기초이론"을 교재로 한 학습 세미나를 갖어 위 송병춘의 범죄사실 8항과 같이 당국의 허가 없이 불법집회하고 국외 공산계열의 활동에 동조하여 반국가단체를 이롭게 하고

11. 1981. 1. 초순 일자불상 22:00경 위 송병춘의 자취방에서 위 송병춘, 동 노숙영, 길문숙 등과 만나 4명이 동숙하면서 피고인의 주도로 전시의 "노동경제학의 기초이론"을 교재로 한 학습 세미나를 가져 위 송병춘의 범죄사실 9항과 같이 당국의 허가 없이 불법

집회하고 국외 공산계열의 활동에 동조하여 반국가단체를 이롭게 하고

제20피고인 노숙영은

1974. 3.경 서울여자대학 가정과에 입학 후 동교 선배인 이은경(당 27세)의 권유로 학내 이념써클인 지역사회학회에 가입하여, 현대사회사상사(황성모 저), 역사란 무엇인가(이.에취.카 저), 후진국 경제론(조영범 저), 한국노동문제(논문집 발췌), 경제사관의 제문제(셀리그만 저) 등 써클학습을 통하여 우리나라는 제2차 대전 후 새로운 형태로 선진자본국가에 종속되어 신식민지로 전락하고 외국의 매판자본과 결탁한 정권이 노동자, 농민을 억압, 착취하여 모순이 심화되었다고 판단하고 주체적인 역량을 갖추지 못한 노동자, 농민을 의식화하고, 양심적인 지식인을 규합, 전위적인 프로레타리아트에 의해서만이 현 자본주의 모순을 극복할 수 있는 사회주의혁명이 가능하다고 확신하고 노동자를 의식화하여 조직적인 운동으로 대중기반을 확보하여 사회주의국가 건설을 망상하고, 노동운동에 참여할 목적으로 현대금속 공원, 포항제망 공원, 해성양행 공원, 한일합섬 구로동 공원 등으로 현장 침투하여 근로자의 의식화, 조직화를 시도하면서 상 피고인 이태복이 조직한 비밀지하단체인 소위 "전국민주노동자연맹"의 정회원으로 가입하여 그 조직 확대 및 관리를 위해 활동해온 자인바,

1. ○ 1980. 7. 중순 21:00~22:00경까지 구로동 소재 상 피고인 박태연 자취방에서 박태연과 만나 동인에게 "노동현장에 들어가게 된 동기가 무엇인가"고 한즉 동인은 "와이에취, 반도상사, 원풍, 동일 등의 싸움 경험을 통해 대다수 비조직 분야의 노동자는 의식화되지 않고 단지 몇 개의 사업장에서만 민주노조를 한다 한들 다 깨지고 말았지 않았느냐" "이런 사실을 통해 민주노조 간부들이 미조직 분야에 분산 노동운동을 전개한다면 전반적 노동수준이 나아질 것이다"라고 하자 피고인은 "잘 알았다"고 하고 "경제투쟁만으로 이사회의 구조적 모순을 해결하기는 어렵다"고 하면서 "현장에는 어떻게 들어갔느냐?"고 물어 동 박태연으로부터 "와이에취 조합원 이근순(25세) 이름으로 입사했다"는 등 노동현장에 관한 논의를 하고

   ○ 동년 8월 중순 21:00~22:00경까지 위 박태연 자취방에서 피고인은 동 박태연에게 1980. 7. 26. 한일합섬 구로공장에 노진양(당 23세) 명의로 공원으로 입사했는데 동 회사는 국내 유수의 대기업으로 약 3만 명의 공원이 7개 지역의 공장에 있는데 구로공단

은 그중 800명 공원으로 공장일이 3교대로 사람 만나기 힘들어 고민이라 노동활동 목표로 일하긴 힘들겠다"고 한즉 동인은 구로공장 800명이 전체 한일합섬에 미치는 영향력과 공단 내에 끼칠 수 있는 영향력을 생각한다면 오히려 장기적으로 노동운동을 할 수 있을 것이다"고 하여 피고인은 이에 동의하고 위 박태연은 "자기가 다니는 회사는 미국인 합작으로 근무관리나 식사대우가 비교적 좋은 편이어서 오히려 말 붙이기가 어려워서 운동하기가 어려워서 운동하기가 오랜 세월이 필요하다"고 하였고 차후 현장문제에 대해 다시 의논하기로 약속하고

○ 동년 8. 하순 20:00~22:00경 위 박태연 자취방에서 동 박태연으로부터 "개별적으로 우리와 같은 좋은 생각으로 시내 문래동 소재 남영나이론에서 노조투쟁을 통해 노동문제를 인식하고 난 후 경방코너에 들어간 김현숙(당 24세)과 안양럭키에서 일하는 박순이(당 25세)가 있는데 이들과 함께 노동현장 문제를 의논하고 이론과 경험이 미흡한 면을 서로 보완할 모임을 갖자"는 제의를 받고 피고인은 이에 동의하고 모임 전에 개별적으로 신상을 파악키로 논의하고

○ 동년 8월 하순 22:00경 위 박태연 자취방에서 동 박태연, 공소 외 최태임, 김현숙, 박순이 등과 만나 서로 인사 소개한 후 위 박태연 주도로 앞으로 우리가 노동현장 문제를 논의할 것과 노동운동을 어떻게 진행시켜나갈 것인가 하는 노동문제에 관한 공부를 하자고 제의하여 이에 전원 동의하고 위 최태임 동 김현숙으로부터 남영나이론 노사분규에 참가 활동한 이야기를 듣고 우리의 모임을 비공개로 하자는 데 동의하고 다음 모임을 9월 중순에 갖기로 합의하는 등 당국의 허가 없이 불법집회하고,

2. ○ 1980. 8. 하순 19:00~22:00경 시내 구로동 입구 소재 아담다방에서 상 피고인 이태복과 접촉 동 이태복으로부터 수많은 노동현장에 각 개인이 들어간다고 해서 문제가 해결되는 것이 아니고 어떻게 운동역량을 효과적으로 결합할 것인가를 연구하자고 제의함에 피고인은 남민전과 같은 대중조직이 없는 조직은 조직이 아니다라고 하는 등 노사현장 활동의 단체적이고 구체적인 방법과 방향에 대해 논의하고,

○ 1980. 9. 중순 20:00~21:00경 시내 구로동 소재 구로다방에서 위 이태복을 만나 피고인이 7. 26. 한일합섬에 공원으로 일하는데 3교대라 사람 만나기가 힘들어 노동운동 하기가 어렵다고 한즉 위 이태복은 큰 사업장을 한두 달 사이 공원들에게 의식화시킬 수 있느냐 서서히 친하면서 시작하라고 지시받는 등 노동운동에 관해 논의하고,

○ 1980. 10. 19. 10:00~19:00경 시내 신림동 소재 관악산 계곡에서 위 이태복, 동 송병춘,

동 송영인, 동 길문숙 등과 만나 상 송병춘의 범죄사실 1항과 같이 당국의 허가 없이 불법집회하고

3. 1980. 10. 하순 22:00경부터 2시간에 걸쳐 위 송병춘 자취방에서 위 송병춘, 동 송영인, 동 길문숙 등과 만나 위 송병춘의 범죄사실 2항과 같이 당국의 허가 없이 불법집회하고

4. ○ 1980. 10. 24. 20:00경 시내 노량진 소재 은좌다방에서 위 이태복을 만나 위 이태복이 현 단계에서 노동운동을 어떻게 하면 되느냐고 물어 피고인은 어차피 비공개적이고 반합법적인 일을 할 수밖에 없지 않느냐고 대답한즉 동인은 개인적인 한계를 극복하고 조직적인 차원에서 일을 한다면 성과가 좋을 것이다라고 하면서 [전민노련]에 가입할 것을 권유받고 피고인은 노동현장에서 노동문제를 풀고 노동자 속에서 지도자를 발굴해야겠다는 사람들의 조직이라면 위험부담을 안고서라도 조직에 가입하겠다고 한 후, 10. 26. 17:00에 위 이태복 자취방에서 가입식을 갖기로 하고,

○ 1980. 10. 26. 17:00-19:00경 시내 가리봉동 소재 위 이태복 자취방에서 상 피고인 양승조 입회, 동 박태연 참관으로 동 이태복 주도하에 전국민주노동자연맹 회원가입 절차에 따라 피고인이 자기소개로서 서울여대 3학년 재학 기간 이념써클인 지역사회학회에서 의식화되어 77. 9.부터 79. 3.까지 대구, 포항 등지 공장 공원으로 3개 회사를 전전하면서 공원들을 의식화시켜 어용노조와 투쟁하고 각 회사 노조분회를 결성, 분회장에 피선 활동하였고, 80. 7. 26. 한일합섬 구로공장에 같은 목적으로 공원으로 입사, 공원들을 의식화시키고 있다고 한즉 동 이태복은 피고인에게 최종 목적이 무엇이냐고 하여 피고인은 우리 노동자가 어용노조와 기업주를 상대로 투쟁승리하여 노조를 활성화하여 노동자들이 해방된 사회주의국가 건설이 지상목표라고 한즉 위 이태복은 고개를 끄덕이고 입회한 이 양승조가 기억이 분명치 않은 내용의 "전민노련" 규약과 결의문을 낭독하고 참관한 위 박태연 등 앞에서 위 이태복이 피고인에게 전민노련 정회원으로 가입했다고 선언하여 소위 [전국민주노동자연맹]의 정회원으로 가입하는 등 당국의 허가 없이 불법집회하고

5. ○ 1980. 10. 하순 22:00~익일 01:00경 시내 가리봉동 소재 위 박태연 자취방에서 동 박태연, 동 최태임, 공소 외 김현숙, 박순이 등과 만나 예비그룹 모임을 개최하는 등 상

박태연의 범죄사실 11항과 같이 당국의 허가 없이 불법집회하고

6. 1980. 11. 1. 20:00~익일 01:00경까지 시내 구로동 소재 위 송병춘 자취방에서 위 송병춘, 동 송영인, 동 길문숙 등과 만나 위 송병춘의 범죄사실 3항과 같이 당국의 허가 없이 불법집회하고

7. 1980. 11. 초순 22:00~익일 01:00경 시내 가리봉동 소재 위 박태연 자취방에서 동 박태연, 최태임, 공소 외 김현숙, 박순이 등과 만나 예비그룹 모임을 개회하는 등 위 박태연의 범죄사실 14항과 같이 당국의 허가 없이 불법집회하고

8. 1980. 11. 초순 21:00~01:00경 위 송병춘 자취방에서 동 송병춘, 동 송영인, 동 길문숙 등과 만나 위 송병춘이 주도로 용공서적인 "철학입문"을 교재로 학습세미나를 개최하여 제 송병춘의 범죄사실 4항과 같이 당국의 허가 없이 불법집회하고 국외 공산계열의 활동에 동조하여 반국가단체를 이롭게 하고

9. 1980.11. 중순 22:00-익일01:00경 시내 구로동 소재 위 송병춘 자취방에서 동 송병춘, 동 송영인, 동 길문숙등과 만나 동 길문숙 주도로 모택동 저 "모순론"을 교재로 학습세미나를 개최하여 위 송병춘의 범죄사실 5항과 같이 당국의 허가 없이 불법집회하고 국외 공산계열의 활동에 동조하여 반국가단체를 이롭게 하고

10. 1980. 11. 하순 23:00부터 익일 03:00경 시내 가리봉동 소재 위 박태연 자취방에서 동 박태연, 동 최태임, 공소 외 박순이 등과 만나 예비그룹 모임을 가져 위 박태연의 범죄사실 16항과 같이 당국의 허가 없이 불법집회하고

11. 1980. 11. 하순 일자불상 22:00부터 익일 01:00경 시내 구로구 구로동 소재 위 송병춘 자취방에서 동 송병춘, 동 송영인, 동 길문숙 등과 만나 위 길문숙의 주도로 모택동의 "실천론"을 기록한 노트를 교재로 학습세미나를 가져 위 송병춘의 범죄사실 6항과 같이 당국의 허가 없이 불법집회하고 국외 공산계열의 활동에 동조하여 반국가단체를 이롭게 하고,

12. 1980. 12. 초순 23:00부터 익일 01:00경까지 위 박태연 자취방에서 위 박태연, 동 최태임 등과 만나 피고인의 주도로 월남전쟁에 관해 언급하는 등 위 박태연의 범죄사실 17항과 같이 당국의 허가 없이 불법집회하고,

13. 1980. 12. 중순 22:00부터 3시간에 걸쳐 시내 구로동 소재 위 송병춘의 자취방에서 동 이태복, 동 송병춘, 동 송영인, 동 길문숙 등과 만나 위 송영인의 주도로 저자불상 "노동경제학의 기초이론"을 교재로 학습세미나를 가져 위 송병춘의 범죄사실 7항과 같이 당국의 허가 없이 불법집회하고 국외 공산계열의 활동에 동조하여 반국가단체를 이롭게 하고

14. 1980.12.하순 22:00부터 3시간에 걸쳐 시내 구로동 소재 위 송병춘 자취방에서 동 송병춘, 동 송영인, 동 길문숙 등과 만나 위 송영인이 주도로 용공서적인 저자불상 "노동경제학의 기초이론"을 교재로 세미나를 가져 위 송병춘의 범죄사실 8항과 같이 당국의 허가 없이 불법집회하고 국외 공산계열의 활동에 동조하여 반국가단체를 이롭게 하고

15. 1981. 1. 초순 일자불상 22:00경 위 송병춘 자취방에서 위 송병춘, 동 송영인, 동 길문숙 등과 만나 동 송영인의 주도로 저자불명 "노동경제학의 기초이론"을 교재로 세미나를 가져 위 송병춘의 범죄사실 9항과 같이 당국의 허가 없이 불법집회하고 국외 공산계열의 활동에 동조하여 반국가단체를 이롭게 하고

16. 1980. 2. 초순경 광주시 소재 나라서점에서 공산주의 교조인 유물사관과 제국주의 이론을 교양시킬 목적으로 저작된 책으로 노동자들에게 자본주의사회를 죄악시하게 하는 불온용공서적인 바레 프랑소와 저 "노동의 역사"란 책자를 구입 탐독함으로써 국외 공산계열의 활동에 찬양 동조하여 반국가단체를 이롭게 할 목적으로 위 도서를 취득 보관하고

17. 1980. 6. 하순 일자불상 종로구 명륜동 소재 광민사에서 상 피고인 이태복으로부터 노동자에게 계급의식을 포지케 하여 공산주의 교양을 학습시킬 목적으로 저작된 반자본주의적 불온용공서적인 저자미상, 광민사 편역의 "노동의 철학"이란 책자를 구입 탐

독함으로써 국외 공산계열의 활동에 찬양 동조하여 반국가단체를 이롭게 할 목적으로 위 도서를 취득 보관하고

18. 1981. 3. 일자불상경 영등포구 노량진구 소재 옥호미상의 서점에서 마르크스이론과 같은 논리를 펴면서 자본주의를 비판하는 소위 신마르크스 주의를 내용으로 하는 불온용공서적인 마루쿠제 저 "위대한 거부"라는 책자를 구입 탐독함으로써 국외 공산계열의 활동에 찬양 동조하여 반국가단체를 이롭게 할 목적으로 위 도서를 취득 소지하고

19. 1981. 4. 초순 일자불상 영등포구 노량진동 소재 옥호불상의 서점에서 마르크스주의를 신봉하는 학자들의 마르크스주의를 정당화하는 기초하에서 자본주의의 이행과정에 대한 논쟁을 세부적으로 기술한 책자로서 결국 마르크스주의를 신봉케 하는 불온용공서적인 모리스 돕 외 다수 공저 "자본주의이행논쟁"이란 책자를 구입 탐독함으로써 국외 공산계열의 활동에 찬양 동조하여 반국가단체를 이롭게 할 목적으로 위 도서를 취득 소지하고,

제21피고인 최규엽은

○ 고대 1년 재학 당시인 1974. 4. 교내 이념써클인 「민족이념연구회」에 가입, 당시 회장인 심성보(교육학과 3년)의 주도하에 동 회원들과 같이 전후 20여 회에 걸쳐 교내 학생회관 등지서 "역사란 무엇인가"(카), "프랑스혁명사"(저자미상), "일제하 학생운동사"(김성식) 등 서적을 교재로 세미나를 개최, 학습하는 과정에서 유신헌법은 1개인의 독재체제를 영구화시키는 망국 헌법이라고 규정하고 이를 붕괴시키기 위해서는 학생운동과 노동운동에 의해서만이 그 실현이 가능하다고 판단, 민중운동에 관심을 가지면서 반정부 의식화되었고,

○ 1975. 5. 고대 데모관계로 제적된 후 공주 용지재건중학 국어강사로 종사 중 사회과학에 관심을 갖고, "전환시대의 논리"(이영희), "후진국경제론"(조영범), "혁명의 기수들"(폴 시그문트), "학생과 사회주의"(브라이덴 슈타인), "대중운동론"(기독교 신간) 등 서적을 탐독하여 매판독점자본과 그들을 비호, 그 기초 위에 있는 유신독재정권을 타도함

으로써 선진독점자본의 지배로부터 진정한 민족경제를 수립하여야 한다는 의식이 심화되고,

○ 군복무 당시 전남 광주시 소재 녹두서점을 출입, 동 서점 주인 김상윤을 접촉하면서 "한국노동문제의 구조"(광민사 편집), "계급투쟁론"(카우츠키), "공산주의 운동사 3, 4, 5권"(고대 아세아문제연구소 간) 등 서적을 탐독 학습하면서

  - 일제하 독립운동가들도 당시 노동운동과 농민운동을 통해서 독립국가를 건설하려 하였다.

  - 한국의 사회경제구조는 신식민지구조로서 진정한 자주, 자립과 평등은 자본주의체제의 구조적 모순의 직접적 피해자인 각성된 노동자들의 노동운동을 통하여 쟁취할 수 있다고 확신하고 이를 실천키 위하여 노동현장에서의 활동을 결심하여,

○ 군전역 후인 79. 10.~80. 3. 간 대우중공업 직업훈련원에 신분을 위장, 입소한 후 주물공과에서 훈련원생으로서의 현장실습 등을 통하여 노동자들의 실생활을 체험, 노동운동의 필요성을 더욱 절감하게 되면서 "러시아혁명사"(김학준), "경제원론"(우야홍장) 등 서적을 탐독 학습하여

  - 상품의 가치는 잉여가치를 창출해내는 노동에 있는 것과 노동자에 의해서 생산된 잉여가치가 자본가의 수중에 독점되는 자본주의사회는 불평등한 사회로서 사유재산제도는 철저히 제한되어야 한다.

  - 자본과 노동의 모순이 첨예하게 대립하고 있었던 "러시아"의 혁명적 상황과 유사한 한국의 구조적 모순을 개혁하기 위해서는 노동운동만이 가장 올바른 길이라고 확신하게 되었고,

○ 80. 12부터 81. 5. 초순경까지 사이에 소위 「전국민주노동자연맹」의 중앙위원인 상 피고인 이태복과 접촉하면서 동인으로부터 「한국사회의 구조적 모순은 노동운동에 의해서만이 극복될 수 있으며 한국노동운동의 당면과제는 지역별 연합을 중심으로 한국노총을 개혁하는 데 있다」는 등의 교양을 받고 위 전민노련에 가입하도록 권유받아 81. 5. 초순 일자미상 20:00경 성동구 성수전철역 부근 피고인 자취방에서 위 이태복의 추천으로 위 전민노련의 중앙위원인 상 피고인 양승조의 주재하에 동 연맹의 가입식을 가짐으로써 위 「전국민주노동자연맹」에 가입, 정회원으로 활동하던 자로서,

1. 당국의 허가 또는 당국에의 신고 없이

가. 1980. 2. 초순 일자미상 19:00경 시내 종로구 광화문 소재 옥호미상 다방에서 상 피고

인 정경연 및 공소 외 설훈(28세, 고대 사학과 2년 제적, 포고령 위반 복역 중) 등과 회합, 위 설훈으로부터 "앞으로 3월달에 우리가 복학하게 되면 또다시 학생운동을 지도해나 가야 할 텐데 75년에 제적당했던 복학생들이 문제가 많으니 후배 복학생들에게 그 실 정을 설명해주어 복학생들 간에 별문제가 없도록 하라"는 말을 듣고, 피고인은 위 정 경연에게 "긴급조치7호 제적 선배들의 실정을 설명해주면서 9호 제적 후배들이 이해 하도록 하라"고 말한 후 동인에게 "졸업도 얼마 안 남았으니 학생운동은 신경을 쓰지 말고 노동운동을 해보는게 좋겠다"라고 권유하자 정경연으로부터 "이미 생각하고 있 었다, 노동운동에 관심이 많은데 잘 부탁한다"고 학생지하운동의 방향을 모의하는 등 불법집회하고

나. 동년 12. 하순 일자미상 21:00경 시내 구로구 강남아파트 소재 공소 외 길문숙 가에서 위 이태복, 동 길문숙 등과 회합하고 동 이태복으로부터 "광주사태 때 많은 근로자들 이 참가했음에도 불구하고 노동3권을 보장해달라는 구호는 한마디도 나오지 않았던 사실은 의식화된 노동자조직이 없었기 때문이다. 고대 후배들 중에서 노동운동을 해 보겠다는 사람들이 있느냐"고 묻자, 피고인은 "몇 명 있을 것이다"라고 하자 위 이태 복이 "네가 선배이고 하니 후배들을 잘 지도해서 현장에 들어갈 수 있도록 하라"로 하 여 "그렇게 하도록 하겠다"고 하는 등 노동운동에 관하여 논의하여 불법집회하고,

다. 1981. 1. 초순 일자미상 20:00경부터 23:00경까지 사이에 시내 구로구 가리봉2동 34- 85 소재 상 피고인 정경연의 자취방에서 상 피고인 오상석, 동 정경연, 동 엄주웅 등과 회합, 피고인은 동인들에게 "고대출신 중에 노동운동에 특별히 관심을 갖고 있는 사람 은 우리 4사람 정도인데 우리가 앞으로 모일 때는 단순히 노동현장의 사정이나 노동 자의 고통만을 이야기할 것이 아니라 노동현장에 들어가 노동자를 의식화하고 조직화 하여 그들 스스로의 투쟁으로 그들의 권익을 되찾도록 하기 위해 신념을 갖춰 투쟁할 수 있는 전략 전술을 학습하고 터득하여야 한다, 이에 대비하기 위해서는 앞으로 정기 적으로 만나서 우선 모택동의 모순론, 실천론을 교재로 공부하자"고 제의하여 전원으 로부터 동의를 받는 등 불법집회하고,

2. 동년 1. 중순 일자미상 19:00경부터 22:00경까지 사이에 위 정경연의 자취방에서 위 오상석, 정경연, 엄주웅 등과 회합, 피고인 지도하에 모택동의「모순론」을 교재로 학습 하면서 피고인이 미리 번역하여 요약해놓은 노트로 동인들에게 "모순론은 모택동이 마르크스의 변증법적 유물론을 1937년 당시의 중국의 혁명적 상황에 대응시켜 구체

적으로 예를 들면서 기술해놓은 것으로서 모택동은 모순의 보편성과 특수성, 동질성과 대립성, 적대적 모순과 비적대적 모순 등을 말하고 결국 역사발전은 그러한 모순의 대립에 의한 변증법적 통일과정이라고 했다. 모든 사물의 모순은 상호침투, 상호부정, 상호고양의 과정을 거쳐 변증법적으로 발전한다. 자본주의사회의 자본가와 노동자 간의 적대적 모순은 자본가계급의 타도로 극복될 수 있으며 노동자와 농민 간의 모순관계나 사회주의국가 내의 각계각층 간의 모순은 소위 비적대적 모순관계이므로 상호조화로 극복될 수 있다라는 등으로 기술해놓았다"라는 취지로 모택동의 모순론을 설명하고 상호 그에 대한 의견을 교환하여 한국도 역사발전을 위해서는 2개의 적대적 모순인 독점자본가와 노동자의 모순대립에 의한 변증법적 통일과정이 필요하다. 즉 노동자계급이 자본가계급을 타도해낼 수 있을 때 가능한 것이다. 따라서 한국의 주요모순은 독점자본가와 노동자이며 이를 극복하기 위해서는 노동운동을 통해서만이 가능하다. 이를 위하여 각성된 지식인들이 노동현장에 들어가 노동자계급의 의식을 고양해야 한다라는 취지로 뜻을 모으는 등 모택동의 모순론이 각종의 모순대립을 쉬우면서도 예리하게 분석해놓은 논리정연한 책으로 우리나라의 자본가와 노동자들의 관계를 위 이론에 맞추어 분석, 평가하고 앞으로의 활동의 방향을 도출해내는 등 국외 공산계열의 활동에 동조하여 같은 노선을 걷고 있는 북괴 등 반국가단체를 이롭게 하고,

3. 동년 1. 하순 일자미상 20:00경부터 22:00경까지 사이에 위 정경연의 자취방에서 위 오상석, 정경연, 엄주웅 등과 회합, 피고인의 지도하에 모택동의 「실천론」을 교재로 학습하면서 위와 같은 방법으로 동인들에게 "모택동은 실천론에서 이론에는 감성적 인식단계, 이성적 인식단계, 실천단계가 있는데 상황에 따라 이론도 변해야 하며 그렇지 못하면 교조주의적 오류를 범하게 되고 이론을 무시한 실천은 경험주의에 빠지게 되며 실천이 없는 이론은 관념일 뿐이므로 사회주의 운동가들은 실천 속에서 이론을 창출하고 혁명적 이론을 실천으로써 검증되어야 한다고 하였다"라는 취지로 모택동의 실천론을 설명하고 상호 그에 대한 의견을 교환하여 우리가 노동현장에 들어가는 것도 모택동의 실천론에서 보는 바와 같이 실천과정인 것이며 독점자본가와 노동자, 매판자본과 민족자본의 대립이 첨예화된 현 상황에서 빠른 시일 내에 노동현장으로 들어가 한국의 노동운동을 질적, 양적으로 발전시켜 상황에 대비해야 한다는 데 뜻을 모아 공산주의국가 건설을 위한 실천 및 그 방법을 기술해놓은 모택동의 실천론의 이론에 각 수긍하고 한시 바삐 노동현장에 들어가 노동자들을 의식화, 조직화하기로 하는

등 국외 공산계열의 활동에 동조하여 같은 노선을 걷고있는 북괴 등 반국가단체를 이롭게 하고,

4. 동년 2. 초순 일자미상 22:00경부터 익일 10:00경까지 사이에 시내 잠실2동 주공아파트 278동 207호 소재 피고인 가에서 위 오상석, 정경연, 엄주웅 등과 회합, 피고인의 지도하에 "레닌과 노동조합론"을 교재로 그중 경제투쟁 부분을 학습하면서 위 오상석으로부터 "레닌은 노동조합의 중요성을 역설하고 있는데 초기에는 노동자들이 각 사업장에서 조합을 결성하여 단순한 경제적 이익을 위해 기업주에 대항하여왔으나 자본주의 성숙으로 자본독점 단계에 이르면 노동자들이 대기업으로 이동, 집중하게 되어 노동조합의 대규모 조직이 용이하므로 노동자계급 전체와 자본가계급 전체의 대립양상을 띄게 되어 노동자당이 출현하게 되고 종국적으로는 노임제도 폐지라는 사회주의 사회 건설을 위한 정치사회적 운동에 참여하게 된다. 따라서 노동운동의 기초가 되는 노동조합의 경제투쟁 단계를 경시해서는 안 된다고 하였다"라는 취지로 그 책의 내용을 설명하고 상호 그에 대한 의견을 교환하여 현 한국의 노동운동은 그 객관적 여건 때문에 공개된 노조와 비공개의 지하독서회가 병행되어야 하고 그렇게 함으로써 지속적으로 운동을 계속해나갈 수가 있으며 정치투쟁 단계로까지 발전할 수가 있다라는데 의견을 같이하여 각 「레닌과 노동조합론」의 논리정연함을 인정, 그 방법의 일부를 앞으로의 노동운동방법으로 원용토록 하는 등 국외 공산계열의 활동에 동조하여 같은 노선을 걷고 있는 북 등 반국가단체를 이롭게 하고,

5. 동년 2. 중순 일자미상 16:00경부터 21:00경까지 사이에 가리봉동 소재 위 정경연 자취방에서 위 오상석, 정경연, 엄주웅 등과 화합, 피고인의 지도하에 「레닌과 노동조합론」의 제도적 요구를 위한 투쟁부분을 교재로 학습하면서 위 정경연이 "노동관계법 개정 투쟁은 경제투쟁을 정치투쟁으로 고양시키는 전기점으로서 개개의 사업장에서 기업주에 대한 투쟁과는 달리 노동자계급 전체의 이익을 위한 대정부투쟁이다. 노동운동과 노동자당의 역할에서 노동자당은 노동조합의 조직을 결성해나가기 위해 노동관계법을 개선하여야 한다. 제도적 요구를 위한 노동조합의 중요 투쟁과제는 단결금지법의 철폐, 단결권의 법적 확립, 스트라이크에 대한 법적 제한의 철폐 등 노동관계법을 개선하는 데 있다"라는 취지로 위 「레닌과 노동조합론」 중 제도적 요구를 위한 투쟁부분을 설명하고, 상호 그에 대한 의견을 교환하여 현재의 우리나라 상황으로

는 노동관계법이 1953년 제정 후 2차례나 개악되었는데 대사용주관계의 순수한 경제투쟁만으로는 노동자들의 권익을 보장하는 데 한계가 있으므로 우리들의 노동운동은 단순한 경제투쟁 단계에 만족치 말고 노동관계법 개정 등 정치투쟁의 단계에까지 발전시켜야 하고, 국가보위법에 의한 노동3권 규제나 80년도 개악된 노동관계법이 장차 개정투쟁의 대상이라는 데 뜻을 모으는 등 각 "레닌과 노동조합론"의 제도적 요구를 위한 투쟁부분에 수긍을 하고 그에 장차 활동방법을 맞춰 결론은 도출해내는 등 국외 공산계열의 활동에 동조하여 같은 노선을 걷고 있는 북괴 등 반국가단체를 이롭게 하고

6. 동년 2. 하순 일자미상 10:00경부터 13:00경까지 사이에 시내 성동구 성수전철역 부근 옥호미상 중국집에서 위 오상석, 정경연, 엄주웅 등과 회합, 피고인의 지도하에 "레닌과 노동조합론"을 교재로 그중 정치투쟁 부분을 학습하면서 위 오상석이 "노동조합은 자본가에 대한 경제투쟁만을 위해 노동자를 조직한 것이 아니라 종국적 목표인 노임제도의 폐지라는 사회주의국가 건설을 향한 정치적 투쟁에 적극 참여하는 데 있다. 노동자당은 노조를 지도하여 자본주의사회를 폭력혁명에 의해 타도하고 사회주의사회를 건설해야 한다"라는 취지로 위 서적의 정치투쟁 부분을 설명하고, 상호 그에 대한 의견을 교환하여 우리들이 노동자들을 의식화, 조직화하여 단순한 경제투쟁의 단계에 그칠 것이 아니라 정치투쟁의 단계에까지 이끌어올릴 수 있도록 확실한 신념을 가지고 노동운동에 임해야 한다는 점에 의견을 같이 하는 등 위 「레닌과 노동조합론」 중 정치투쟁 부분의 내용 및 방법론에 각 수긍을 하고 그에 비추어 앞으로의 노동운동의 방향을 이끌어내는 등 국외 공산계열의 활동에 동조하여 같은 노선을 걷고 있는 북괴 등 반국가단체를 이롭게 하고,

7. 1978. 10. 중순 일자미상경 전남 광주시 동구 계림동 소재 「녹두」서점에서 마르크스, 레닌주의에 입각하여 민중의 계급투쟁의식을 고취하는 방법론을 기술한 내용의 브라질의 「파울로 프레이리」 저 "피압박자의 교육학(Pedagogy of the oppressed)이라는 영문판 서적 1권을 구입하여 반국가단체를 이롭게 할 목적으로 표현물을 취득하고

8. 1980. 3. 중순 일자미상경 시내 종로구 당주동 소재 「민중문화사」에서 마르크스의 자본론과 레닌의 제국주의 이론을 기초로 자본주의를 비판하고 자본주의의 붕괴

를 전망하는 내용의 「P. M. 스위지」 저 "자본주의 발달론(The Theory of Capitalist Development)"이라는 영문판 서적 1권과 마르크스 계획경제의 정당성을 주장하는 내용의 「오스카랑에」 저 "정치경제학(Political Economy)"이라는 영문판 서적 1권을 각 구입하여 반국가단체를 이롭게 할 목적으로 표현물을 취득하고

9. 1980. 5. 초순 일자미상경 시내 종로구 당주동 소재 「논장」서점에서 마르크스의 자본론을 해설한 내용의 「우찌다 요사히코(內田義彦)」저 "자본론의 세계"라는 일어판 서적 1권을 구입하고 반국가단체를 이롭게 할 목적으로 표현물을 취득하고

10. 1980. 12. 하순 일자미상 20:00경 시내 구로구 가리봉동 소재 등 다방에서 상 피고인 이태복으로부터 중국 공산주의혁명의 이론과 실천방법을 기술한 내용의 모택동의 "모순론(On Contradiction)"과 "실천론(On Practice)"이라는 영문복사서적 각 1권을 교부받아 같은 노선을 걷고 있는 북괴 등 반국가단체를 이롭게 할 목적으로 표현물을 취득하고

11. 1981. 1. 초순 일자미상 23:00경 시내 관악구 봉천동 소재 상 피고인 오상석 가에서 동인으로부터 레닌의 공산주의혁명에 있어서의 노동조합의 역할 및 그 투쟁방법을 단계적으로 기술한 내용의 저자미상 "레닌과 노동조합론"이라는 일어 복사서적 1권을 교부받아 같은 노선을 걷고 있는 북괴 등 반국가단체를 이롭게 할 목적으로 표현물을 취득하고

제22피고인 오상석은

○ 고대 1년 재학 당시인 1976.5. 교내 이념써클인 고전연구회에 가입하여 "역사란 무엇인가"(카 저), "전환시대의 논리"(이영희 저) 등 20여 권을 주제로 학습하면서 당시 유신 정치체제 및 경제체제에 대한 비판의식을 키워오다가

○ 1977. 4경 시내 영등포구 양남동 소재 영등포 도시산업선교회의 근로 청소년을 상대로 한 중학과정인 야학의 한문강사로 일하면서 주 1회씩 동 야학 강사들인 상 피고인 김철수 등 10여 명과의 토론을 통해 현 독점자본가에 의하여 근대대중 등 억눌린 자들

이 착취당하고 있다고 속단, 현실비판 및 노동문제에 대한 의식이 심화되고,

○ 1979. 긴급조치위반으로 수감 중 알게 된 경희대 김봉우, 서울대 이우재 등과 접촉하는 과정에 그들로부터 "카터 미 대통령이 방한하게 되면 우리도 곧 출소하게 될것이다. 그러나 복학은 기대하기 어려우니 군입대는 결사반대하고 노동현장에 들어가 착취당하고 억압받고 있는 노동자들을 의식화, 조직화해야 한다"는 등 10여 차례의 주장에 동조하고,

○ 1980. 1부터 동년 12.까지 사이에 서울 구로구 가리봉동 산 44-6 거주 위 김철수 가를 10여 차 방문하면서 동인으로부터

"나는 노동운동을 하기 위해 복학은 하지 않겠다. 현장에 들어가서 그들을 의식화한 후 투쟁을 전개하여 그들의 권익을 보장하여야겠다. 이를 위해 현장에 직접 들어가는 것이 지식인들의 사명이다"라는 주장에 공감하고,

○ 동년 5. 4.부터 인천시 남구 주안동 소재 서울엔지니어링(주)에 신분을 위장, 현장 침투하여 공원으로 활동 중인 자로,

1. 당국의 허가 또는 당국에의 신고 없이

가. 1980. 2. 하순 일자미상 19:00경 시내 종로5가 소재 동대문시장 내 옥호미상 술집에서 상 피고인 엄주웅, 동 정경연 등과 회동, 노동현장에의 침투문제를 논의함에 있어, 위 정경연이 "노동자를 의식화, 조직화시키기 위해 노동현장으로 들어가자"라고, 위 엄주웅은 "우리가 노동현장에 들어가기에 앞서 정신자세를 확립하고 전략전술부터 연구하기로 하자"라고, 피고인은 "우리 서로가 신뢰하고 협력하여 현장활동에 들어갈 준비를 하기 위해서는 자주 만나서 의견을 교환하자"는 등으로 상호의견을 나누는 등 불법집회하고,

나. 80. 3. 중순 일자미상 19:00경 시내 종로5가 소재 동대문시장 내 옥호미상 술집에서 위 엄주웅, 위 정경연 등과 복학 후 처음 회동, 학내 및 노동현장 문제를 논의함에 있어 위 엄주웅은 "학내 고참생들이 후배들을 모험주의적이고 정치적인 방향으로 잘못 이끌어가고 있으니 그러한 노선은 바로잡아주어야 한다"는 주장에 위 정경연이 "우리가 학생운동을 하는 것은 당연하지만 학내에서 우리의 정체가 너무 드러나게 되면 현장에 들어가 노동운동을 하는 데 보안상 문제가 있으니 학생운동에는 배후에서 소극적으로 협조하는 선에서만 활동하자"는 제의에 찬동하는 등 불법집회하고,

다. 80. 10. 초순 일자미상 19:00경 시내 구로구 구로역 전 옥호미상 술집에서 위 엄주웅,

위 정경연 등과 회동, 노동현장 침투문제를 논의함에 있어 위 엄주웅이 "이제는 학교에서 제적도 되었으니 빠른 시일 내에 노동현장에 들어가 그들을 의식화하여 근로계급을 해방시키는 일이 시급하다"는 주장에 동 정경연은 "나는 신도림동에 있는 광신기어제작소에 취직해서 의식화작업에 주력하고 있다. 너희들도 현장에 빨리 들어가도록 노력하자"고 하고 위 엄주웅은 "우리 모임을 더욱 굳건히 하기 위해서 보안을 철저히 하자"고 제안하여 동의를 얻는 등 불법집회하고,

라. 1981. 1. 초순 일자미상 20:00경부터 23:00경까지 사이에 시내 구로구 가리봉2동 34-85 소재 위 정경연의 자취방에서 상 피고인 최규엽에 대한 범죄사실 "1항 다" 기재와 같이 최규엽, 정경연, 엄주웅 등과 불법집회하고,

2. 1981. 1. 중순 일자미상 19:00경부터 22:00경까지 사이에 위 정경연의 자취방에서 상 피고인 최규엽에 대한 범죄사실 "2항" 기재와 같이 최규엽, 엄주웅, 정경연 등과 모택동의 "모순론"으로 학습하면서 동 이론의 논리정연함에 동의를 표하는 등 국외 공산계열의 활동에 동조하여 같은 노선을 걷고 있는 북괴 등 반국가단체를 이롭게 하고,

3. 동년 1. 하순 일자미상 20:00경부터 22:00경까지 사이에 위 정경연의 자취방에서 상 피고인 최규엽에 대한 범죄사실 "3항" 기재와 같이 최규엽, 엄주웅, 정경연 등과 모택동의 "실천론"으로 학습하면서 그 실천방법에 수긍하는 등 국외 공산계열의 활동에 동조하여 같은 노선을 걷고 있는 북괴 등 반국가단체를 이롭게 하고,

4. 동년 2. 초순 일자미상 22:00경부터 익일 10:00경까지 사이에 시내 잠실2동 주공아파트 287동 207호 소재 상 피고인 최규엽 가에서 동인에 대한 범죄사실 "4항" 기재와 같이 최규엽, 엄주웅, 정경연 등과 "레닌과 노동조합론" 중 경제투쟁 부분을 학습하면서 동 이론의 논리정연함에 동의를 표하는 등 국외 공산계열의 활동에 동조하여 같은 노선을 걷고 있는 북괴 등 반국가단체를 이롭게 하고,

5. 동년 2. 중순 일자미상 16:00경부터 21:00경까지 사이에 위 정경연의 자취방에서 상 피고인 최규엽에 대한 범죄사실 "5항" 기재와 같이 최규엽, 엄주웅, 정경연 등과 "레닌과 노동조합론" 등 제도적 요구를 위한 투쟁부분을 학습하면서 동 방법론에 동의하는 등 국외 공산계열의 활동에 동조하여 같은 노선을 걷고 있는 북괴 등 반국가단체를 이

롭게 하고,

6. 동년 2. 하순 일자미상 10:00경부터 13:00경까지 사이에 시내 성동구 성수전철역 부근 옥호미상 중국집에서 상 피고인 최규엽에 대한 범죄사실 "6항" 기재와 같이 최규엽, 엄주웅, 정경연 등과 "레닌과 노동조합론" 중 정치투쟁 부분을 학습하면서 동 부분의 내용 및 그 방법론에 수긍하는 등 국외 공산계열의 활동에 동조하여 같은 노선을 걷고 있는 북괴 등 반국가단체를 이롭게 하고

7. 1981. 1. 초순 일자미상 15:00경 시내 구로구 가리봉동산 44-6 소재 상 피고인 김철수 가에서 동인으로부터 레닌의 공산주의혁명에 있어서의 노동조합의 역할 및 그 투쟁방법을 단계적으로 기술해놓은 저자미상의 "레닌과 노동조합론"이라는 일어 복사판 서적 1권을 교부받아, 같은 노선을 걷고 있는 북괴 등 반국가단체를 이롭게 할 목적으로 표현물을 취득하고,

8. 동년 1. 초순 일자미상 23:00경 시내 관악구 봉천동 738-74 소재 피고인 가에서 상 피고인 최규엽으로부터 중국 공산주의혁명의 이론과 실천방법을 기술한 내용의 「모택동」의 "모순론(On Contradiction)"과 "실천론(On Practice)"이라는 영문 복사서적 각 1권을 교부받아, 같은 노선을 걷고 있는 북괴 등 반국가단체를 이롭게 할 목적으로 표현물을 취득하고,

9. 동년 5. 중순 일자미상경 인천시 남구 주안동 소재 피고인의 자취방에서 공소 외의 신은철로부터 레닌의 "무력혁명"의 전략전술과 유격전, 선동방법을 기술해놓은 내용의 저자미상 "공산주의 혁명과 무력투쟁의 연구"라는 일어 복사판 서적 1권을 교부받아, 같은 노선을 걷고 있는 북괴 등 반국가단체를 이롭게 할 목적으로 표현물을 취득하고,

제23피고인 엄주웅은

○ 고대 1년 재학 당시인 1976. 5. 교내 이념써클인 「고전문헌연구회」에 가입, 동년 7. 경남 거제도 구조라 해수욕장에서 동 회 주최로 개최된 하계수련회에서 회장 남효원(경

제학과 3년), 총무 오세오(중문학과 3년), 회원 이상율(사회학과 2년) 등으로부터 "75년 전까지만 해도 고대는 긴급조치하에서도 독재정권에 대항하여, 최루탄과 군인의 학원 난입과 무차별 연행에도 불구하고, 많은 선배들이 처절한 투쟁으로 맞서 희생되었으나 근래에 와서 자유, 정의, 진리를 전통으로 하는 고대생의 참모습은 볼 수가 없으니 후배들은 분발해주기를 바란다"는 등의 대정부투쟁 선동에 감명을 받아 은연중 학생운동에 가담할 결의를 하고

○ 1976. 10.~1977. 3.까지 사이에 황석영의 "객지", "아우를 위하여", 김연한의 "모래톱 이야기", 이창복의 "마산 수출자유지역의 실태", 백낙청의 "시민문학론", "민족문학과 세계문학" 등을 탐독하는 과정에서
  - 소외되고 버림받은 인간의 참상
  - 외국인 기업주에게 착취당하는 한국인 근로자들의 실태
  - 문학의 사회참여의 필요성
  등을 인식하고

○ 고대신문사 기자로 있을 당시인 1977. 4. 하순 일자미상 20:00경 시내 동대문구 제기동 소재 김용훈(고대 의학과1년)의 자취방에서 같은 기자들인 동 김용훈 및 이민구(고대 사회학과 3년), 이주택(고대 중문과 4년) 등과 자유언론 문제를 토의함에 있어 동 이민구로부터 "박정희 정권이 언론, 집회 등 국민의 기본권리를 박탈, 독재를 하고 있으니 이 땅에 민주주의의 꽃은 시들어 떨어졌다"는 등의 반정부언동에 동조하는 등으로 반정부 의식화되고

○ 1977. 10. 동교 이념써클인 「겨레사랑회」에 가입, 1978. 1.~5.까지 사이에 전후 9회에 걸쳐 동교 상대 강의실 및 학생회관 회의실 등지에서 동 회가 주최하는 사회과학 세미나에 참석, 학습담당 이상율(사회학과 3년)의 지도로 "일반경제사론(이영협 저)", "후진국경제론(조영범 저)", "민족경제론(박현채 저)" 등을 학습하는 과정에서
  - 인류의 역사는 생산수단과 그 관계의 모순에서 발전하는 것이며,
  - 한국의 경제는 1960년대부터 경제개발계획으로 고도성장을 추진하여왔으나 식민지적 잔재가 청산되지 않은 채 대외의존적인 정책을 추구함으로써 소수의 독점자본과 정부가 결탁하여 부정과 부패 속에서 독점자본가에게 엄청난 부를 가져다주었으나 생산의 직접 담당자이며 성장의 주역인 다수 근로대중은 저임금구조의 질곡 속에서 신음하고 있으며 대외부채는 가중하고 인프레와 물가고 등으로 국민의 상대적 빈부의 격차는 점차 증대되어가고 있다고 판단

- 이러한 모순은 근본적으로 정치권력이 팟쇼화하여 국민의 기본권리를 억압하고 있는 데 그 원인이 있으므로 학생운동으로 독재정권을 타도해야 한다고 결의하고

○ 시내 영등포구 구로동 소재 한울교회 내 구로 야학 한문교사로 종사하던 중인 1978. 5. 중순 일자미상 동 야학 교장 김태현의 제안으로 김태현(노동법 담당: 서울대 법대 4년) 등 교사 8명으로 스터디그룹을 구성, 동년 5월 말부터 1개월간 매주 일요일 14:00~17:00까지 사이 4회에 걸쳐 동소에서 동 김태현의 지도로 세미나를 개최, 대다수의 구로공단 근로자들은 사용주로부터 부당한 억압과 착취를 받고 있으므로 이들 근로자들을 해방시키기 위해서는 "페다고지"의 교육방법으로 의식화하여 그들 자신이 현실을 분석 비판하고 스스로 무엇을 위하여 투쟁해야 하는가를 깨닫게 해주자는 등으로 토론을 하여 노동문제에 깊은 관심을 갖게 되었으며

○ 1978. 11. 9.~1979. 8. 15.까지 사이에 고대 데모건으로 대통령긴급조치9호 위반으로 영등포 및 대전 교도소 등지에서 복역 중, 유인물이나 몇 장 뿌리고 옥중에서 편안히 지내는 자신을 반성하고 학생운동이든 정치운동이든 민중의 호응이 없는 운동은 공허한 것이며 앞으로의 학생운동은 민중을 바탕으로 민중의 역량을 집결하고 이끌어갈 수 있는 방법을 택해야 되겠다고 결의하고

○ 출소 후 서울 종로구 당주동 소재 민중문화사서점 등지에서 "헤겔입문(A. 코제브)", "독점자본(P. M. 스위지)", "한국의 경제(우각팽남)", "노동사전(대하원일남)", "조선근대 경제사 연구(안병태)"등을 구입 탐독하면서

- 한국은 미국과 일본에 경제적으로 종속되어 서민대중은 매판팟쇼집단에 의하여 착취와 수탈 속에서 빈익빈 부익부의 경제적, 사회적 모순을 자아내고 있으므로 이러한 모순을 타파하고 복지사회를 실현해야 한다.

- 이를 위해서는 노동현장에 들어가 노동자를 의식화, 조직화하여야겠다라고 결의, 1980. 10.경부터 신분을 위장, 노동현장에 침투하여 노동운동을 해오던 자로서,

1. 당국의 허가 또는 당국에의 신고 없이
가. 1980. 2. 하순 일자미상 19:00경 시내 종로5가 소재 동대문시장 내 옥호미상 술집에서 상 피고인 오상석에 대한 범죄사실 "1항 가" 기재와 같이 오상석, 정경연 등과 불법집회하고,
나. 동년 3. 중순 일자미상 19:00경 시내 종로5가 소재 동대문시장 내 옥호미상 술집에서 상 피고인 오상석에 대한 범죄사실 "1항 나" 기재와 같이 오상석, 정경연 등과 불법집

회하고,

다. 동년 10. 초순 일자미상 19:00경 시내 구로구 구로역 전 옥호미상 술집에서 상 피고인 오상석에 대한 범죄사실 "1항 마"기재와 같이 오상석, 정경연 등과 불법집회하고

라. 1981. 1. 초순 일자미상 20:00경부터 23:00경까지 사이에 시내 구로구 가리봉2동 34-85소재 상 피고인 정경연의 자취방에서 상 피고인 최규엽에 대한 범죄사실 "1항 다" 기재와 같이 최규엽, 정경연, 오상석 등과 불법집회하고,

2. 1981. 1. 중순 일자미상 19:00경부터 22:00경까지 사이에 위 정경연의 자취방에 대한 범죄사실 "2항" 기재와 같이 최규엽, 오상석, 정경연 등과 모택동의 "모순론"으로 학습하면서 동 이론의 논리정연함에 동의를 표하는 등 국외 공산계열의 활동에 동조하여 같은 노선을 걷고 있는 북괴 등 반국가단체를 이롭게 하고

3. 동년 1. 하순 일자미상 20:00경부터 22:00경까지 사이에 위 정경연의 자취방에서 상 피고인 최규엽에 대한 범죄사실 "3항" 기재와 같이 최규엽, 오상석, 정경연 등과 모택동의 "실천론"으로 학습하면서 그 실천방법에 수긍하는 등 국외 공산계열의 활동에 동조하여 같은 노선을 걷고 있는 북괴 등 반국가단체를 이롭게하고,

4. 동년 2. 초순 일자미상 22:00경부터 익일 10:00경까지 사이에 시내 잠실2동 주공아파트 278동 207호 소재 상 피고인 최규엽 가에서 동인에 대한 범죄사실 "4항" 기재와 같이 최규엽, 오상석, 정경연 등과 "레닌과 노동조합론" 중 경제투쟁 부분을 학습하면서 동 이론의 논리정연함에 동의를 표하는 등 국외 공산계열의 활동에 동조하여 같은 노선을 걷고 있는 북괴 등 반국가단체를 이롭게 하고,

5. 동년 2. 중순 일자미상 16:00경부터 21:00경까지 사이에 위 정경연의 자취방에서 상 피고인 최규엽에 대한 범죄사실 "5항" 기재와 같이 최규엽, 오상석, 정경연 등과 "레닌과 노동조합론" 중 제도적 요구를 위한 투쟁부분을 학습하면서 동 방법론에 동의하는 등 국외 공산계열의 활동에 동조하여 같은 노선을 걷고 있는 북괴 등 반국가단체를 이롭게 하고,

6. 동년 2. 하순 일자미상 10:00경부터 13:00경까지 사이에 시내 성동구 성수전철역 부근

옥호미상 중국집에서 상 피고인 최규엽에 대한 범죄사실 "6항" 기재와 같이 최규엽, 오상석, 정경연 등과 "레닌과 노동조합론" 중 정치투쟁 부분을 학습하면서 동 부분의 내용 및 그 방법론에 수긍하는 등 국외 공산계열의 활동에 동조하여 같은 노선을 걷고 있는 북괴 등 반국가단체를 이롭게 하고,

7. 1978. 3. 하순 일자미상 13:00경 시내 종로구 광화문 소재 「진흥문화사」서점에서 마르크스, 레닌주의에 입각하여 민중의 계급투쟁의식을 고취하는 방법론을 기술한 내용의 브라질의 「파울로 프레이리」 저 "피압박자의 교육학(Pedagogy of the Oppressed)"이라는 영문판 서적 1권, 공산주의 교조에 따른 사회발전의 이론을 전개하는 내용의 영국의 마르크스주의 이론가인 「이마누엘 데 칼」 등 "15명의 논문집인 "사회학과 발전(Sociology and Development)"이라는 영문판 서적 1권, 마르크스사상이 인도주의적인 사상이며 휴머니즘의 기본원리라는 내용의 마르크스주의자들의 논문을 수록, 「에리히 프롬」이 편집한 "사회주의 휴머니즘(Socialist Humanism)"이라는 영문판 서적 1권 등을 구입하여 반국가단체를 이롭게 할 목적으로 표현물을 취득하고,

8. 1979. 10. 초순 일자미상 14:00경 시내 종로구 당주동 소재 「민중문화사」서점에서 마르크스의 "자본론"과 레닌의 "제국주의론"에 기초를 두고 자본주의는 그 자체의 모순으로 인하여 필연적으로 사회주의로 이행한다고 주장한 내용의 독일 마르크스주의 경제학자 「E. 만델」 저 "말기 자본주의(Late capitalism)"라는 영문판 서적 1권, 마르크스주의만이 인간소외를 극복하는 휴머니즘이라고 주장하는 내용의 일본 「무타이 리사꾸(務台理作)」 저 "현대의 휴머니즘"이라는 일어판 서적 1권 등을 구입하여 반국가단체를 이롭게 할 목적으로 표현물을 취득하고,

9. 1979. 10. 중순 일자미상 15:00경 시내 동대문구 제기동 소재 「황토골」서점에서 공산주의자들의 사회혁명운동의 이론을 다룬 내용의 헝가리 철학자 「게오르그 루카치」 저 "역사와 계급의식(History and class Consciousness —부제 Studies on Marxist Dialectics)"이라는 영문서적 1권, 러시아의 볼셰비키혁명을 정당화하는 내용의 영국의 마르크스주의 역사가 「E. H. 카」저 "볼셰비키혁명(the Bolshevik Revolution)"이라는 영문서적 1권 등을 구입하여 같은 노선을 걷고 있는 북괴등 반국가단체를 이롭게 할 목적으로 표현물을 취득하고,

10. 1980. 4. 초순 일자미상 14:00경 시내 종로구 광화문 소재 「논장」 서점에서 공산주의 교조인 유물변증법을 구체적, 과학적, 현실적인 변증법이라고 주장하는 내용의 체코 공산주의 철학자 「카렐 코직」 저 "구체적 변증법(Dialectics of the Concrete)"이라는 영문서적 1권, 마르크스주의 변증법적 유물론에 기초를 두고 계급의 생성과 대립상황을 설명한 논문들을 수록한 「A. 헌트」 편집의 "계급과 계급구조(class and class structure)"라는 영문서적 1권, 마르크스주의 경제이론가인 「폴 스위지」, 「모리스 돕」, 「다까하시 고하찌로」 등이 마르크스 등의 이론을 기초로 봉건제로부터 자본주의제로의 이행에 관한 논쟁을 수록한 봉건제로부터 자본제로의 이행(the transition from feudalism tocapitalism)"이라는 영문논문집 1권 등을 구입하여 반국가단체를 이롭게 할 목적으로 표현물을 취득하고

11. 1980. 4. 중순 일자미상 15:00경 위 「황토골」 서점에서 마르크스주의 국가이론의 변천을 소개하고 서구에서의 독점자본과 국가와의 관계를 밝히는 반자본주의적인 비판논문을 수록한 「솔 피치오토」, 「죤 홀리웨이」 공편의 "국가와 자본(State and Capital)"이라는 영문논문집 1권을 구입하여 반국가단체를 이롭게 할 목적으로 표현물을 취득하고,

12. 1980. 9. 하순 일자미상 11:00경 위 「논장」 서점에서 마르크스의 "자본론", 레닌의 "농업, 농민문제" 등 공산주의 경제이론에 입각하여 자본주의국가에서의 농업은 자본가계급의 착취수단이라고 규정한 내용의 「우메가와 츠도무(梅川勉)」 편저 "농업문제의 기초이론"이라는 일어판 서적 1권을 구입하여 반국가단체를 이롭게 할 목적으로 표현물을 취득하고,

13. 1981. 2. 초순 일자미상 22:00경 시내 강동구 잠실2동 주공아파트 278동 207호 소재 상피고인 최규엽방에서 같은 오상석으로부터 레닌의 공산주의 혁명에 있어서의 노동조합의 역할 및 그 투쟁방법을 단계적으로 기술한 내용의 저자미상 "레닌과 노동조합론"이라는 일어 복사서적 1권을 교부받아 같은 노선을 걷고 있는 북괴 등 반국가단체를 이롭게 할 목적으로 표현물을 취득하고,

제24피고인 정경연은

○ 고대 1년 재학 당시인 1975. 3. 교내 문학써클인 「호박회」에 가입, "민족경제론(박현채 저)", "전환시대의 논리(이영희 저)", "역사란 무엇인가(E. H. 카 저)" 등 비판서적을 탐독하여 당시 우리나라의 정치, 경제문제에 대한 비판의식이 고조되어 반정부 의식화되고,

○ 1976. 10. 교내 미등록 이념써클인 「한국사회과학연구회」에 가입, 회원 정찬영(25세 경제학과 76학번), 황의락(24세 정외과 76학번), 이일표(24세 경영학과 76학번) 외 4명과 같이 고대 앞 옥호미상 중국음식점 등지에서 피고인의 주도하에서 피고인의 시간씩, "혁명적 인간상(에리히 프롬 저)", "일반경제사 요론(이영협 저)", "민족경제론(박현채 저)" 등을 교재로 30여 회에 걸쳐 세미나를 갖고 한국경제가 외세의존에서 벗어나, 자립경제체제를 이룩해야 하고 이를 위해서는 매판적관료 자본가와 결탁한 유신독재정권 타도가 필수적이라는 의식화교양을 지도하다가,

○ 반정부 데모건으로 긴급조치9호 위반으로 복역타가 1979. 7. 17. 형집행 정지로 출소 후, 한국의 민주화는 학생운동만으로는 이룩될 수 없고 노동자, 농민의 조직과 학생운동이 연계된 민중운동으로써만이 가능하다고 판단하여 노동운동에 관심을 가지고 "한국노동운동사(김윤환 저)", "한국노동문제의 구조(저자미상)" 등을 구입 탐독하는 과정에서

  - 한국사회의 경제는 독재정권과 매판독점자본가에 의하여 노동자, 농민이 착취당하여 인간의 소외와 빈부의 격차를 심화시켜 사회의 모순을 자아냈고
  - 이러한 모순을 타파하기 위해서는 지식인으로서 평범한 소시민으로 살아가는 것보다 노동현장에 뛰어들어 무지한 노동자들을 의식화하고 조직화하여 그들로 하여금 스스로의 권익을 되찾도록 하여야겠고,
  - 그렇게 함으로써 진정한 자유와 평등이 보장되는 자유민주복지국가를 건설하겠다.

  는 신념을 가지고,

○ 1980. 10. 초순경부터 영등포구 신도림동 소재 광신기어제작소 견습공, 같은 구 양평동 소재 성원공업사 견습공, 구로구 구로동 소재 동일제강(주)의 권선견습공으로 각 신분을 위장, 순차 취업, 전전하며 노동운동을 해오던 자로서,

1. 당국의 허가 또는 당국에의 신고 없이

가. 1980. 2. 초순 일자미상 19:00경 시내 종로구 광화문 소재 옥호미상 다방에서 상 피고인 최규엽에 대한 범죄사실 "1항 가" 기재와 같이 위 최규엽, 설훈 등과 불법집회하고,

나. 동년 2. 하순 일자미상 19:00경 시내 종로5가 소재 동대문시장 내 옥호미상술집에서 상 피고인 오상석에 대한 범죄사실 "1항 가" 기재와 같이 오상석, 엄주웅 등과 불법집회하고,

다. 동년 3. 중순 일자미상 19:00경 시내 종로5가 소재 동대문시장 내 옥호미상 술집에서 상 피고인 오상석에 대한 범죄사실 "1항 나" 기재와 같이 오상석, 엄주웅 등과 불법집회하고,

라. 동년 10. 초순 일자미상 19:00경 시내 구로구 구로역 전 옥호미상 술집에서 상 피고인 오상석에 대한 범죄사실 "1항 다" 기재와 같이 오상석, 엄주웅 등과 불법집회하고,

마. 1981. 1. 초순 일자미상 20:00경부터 23:00경까지 사이에 시내 구로구 가리봉2동 34-85 소재 피고인 가에서 상 피고인 최규엽에 대한 범죄사실 "1항 다" 기재와 같이 최규엽, 오상석, 엄주웅 등과 불법집회하고,

2. 1981. 1. 중순 일자미상 19:00경부터 22:00경까지 사이에 위 피고인의 자취방에서 상 피고인 최규엽에 대한 범죄사실 "2항" 기재와 같이 최규엽, 오상석, 엄주웅 등과 모택동의 "모순론"으로 학습하면서 동 이론의 논리정연함에 동의를 표하는 등 국외 공산계열의 활동에 동조하여 같은 노선을 걸고 있는 북괴 등 반국가단체를 이롭게 하고,

3. 동년 1. 하순 일자미상 20:00경부터 22:00경까지 사이에 위 피고인의 자취방에서 상 피고인 최규엽에 대한 범죄사실 "3항" 기재와 같이 최규엽, 오상석, 엄주웅 등과 모택동의 "실천론"으로 학습하면서 그 실천방법에 수긍하는 등 국외 공산계열의 활동에 동조하여 같은 노선을 걸고 있는 북괴 등 반국가단체를 이롭게 하고,

4. 동년 2. 초순 일자미상 22:00경부터 익일 10:00경까지 사이에 시내 잠실2동 주공아파트 278동 207호 소재 상 피고인 최규엽 가에서 동인에 대한 범죄사실 "4항" 기재와 같이 최규엽, 오상석, 엄주웅 등과 "레닌과 노동조합론" 중 경제투쟁 부분을 학습하면서 동 이론의 논리정연함에 동의를 표하는 등 국외 공산계열의 활동에 동조하여 같은 노선을 걸고 있는 북괴 등 반국가단체를 이롭게 하고,

5. 동년 2. 중순 일자미상 16:00경부터 21:00경까지 사이에 위 피고인의 자취방에서 상 피고인 최규엽에 대한 범죄사실 "5항" 기재와 같이 최규엽, 오상석, 엄주웅 등과 "레닌 과 노동조합론" 중 제도적 요구를 위한 투쟁부분을 학습하면서 동 방법론에 동의하는 등 국외 공산계열의 활동에 동조하여 같은 노선을 걷고 있는 북괴 등 반국가단체를 이 롭게 하고,

6. 동년 2. 하순 일자미상 10:00경부터 13:00경까지 사이에 시내 성동구 성수전철역 부근 옥호미상 중국집에서 상 피고인 최규엽에 대한 범죄사실 "6항" 기재와 같이 최규엽, 오상석, 엄주웅 등과 "레닌과 노동조합론" 중 정치투쟁 부분을 학습하면서 동 부분의 내용 및 그 방법론에 수긍하는 등 국외 공산계열의 활동에 동조하여 같은 노선을 걷고 있는 북괴 등 반국가단체를 이롭게 하고,

7. 1979. 12. 하순 일자미상 17:00경 시내 종로구 종로2가 소재 「종로서적」에서 유물사관 에 입각하여 자본주의의 몰락과 소련경제체제의 우월성을 선전한 내용의 「모리스 돕」 저 "자본주의 발전연구(Studies in the development of capitalism)"라는 영문서적 1권, 마르 크스 경제이론가인 「폴 스위지」, 「모리스 돕」, 「다까하시 고하찌로」 등이 마르크스의 이론을 기초로 봉건제로부터 자본주의제로의 이행에 관한 논쟁을 수록한 "봉건제로 부터 자본제로의 이행"이라는 영문서적을 광민사에서 번역 출판한 "자본주의 이행논 쟁"이라는 서적 1권 등을 구입하여 반국가단체를 이롭게 할 목적으로 표현물을 취득 하고,

8. 1981. 1. 초순 일자미상 20:00경 시내 구로구 가리봉2동 34-85 소재 피고인 가에서 상 피고인 오상석으로부터 중국 공산주의혁명의 이론과 실천방법을 기술한 내용의 「모 택동」의 "모순론(contradiction)"과 "실천론(On practice)"이라는 영문 복사서적 각 1권을 교부받아 같은 노선을 걷고 있는 북괴 등 반국가단체를 이롭게 할 목적으로 표현물을 취득하고,

9. 1981. 2. 초순 일자미상 22:00경 시내 잠실2동 주공아파트 278동 207호 소재 상 피고 인 최규엽 가에서 동인으로부터 레닌의 공산주의혁명에 있어서의 노동조합의 역할 및 그 투쟁방법을 단계적으로 기술한 내용의 저자미상 "레닌과 노동조합론"이라는 일어

판 복사서적 1권을 교부받아 같은 노선을 걸고 있는 북괴 등 반국가단체를 이롭게 할 목적으로 표현물을 취득하고,

10. 1981. 5. 하순 일자미상 10:00경 시내 구로구 가리봉2동 소재 피고인 자취방에서 상 피고인 오상석으로부터 레닌의 "무력혁명"의 전략전술과 유격전, 선동방법을 기술한 내용의 저자미상 "공산주의혁명과 무력투쟁의 연구"라는 일어 복사판 서적 1권을 교부받아, 같은 노선을 걸고 있는 북괴 등 반국가단체를 이롭게 할 목적으로 표현물을 취득한 것이다.

증거의 요지

피고인들의 판시사실 중 판시전과의 점을 제외한 나머지 사실은

1. 피고인들이 이 법정에서 한 판시사실에 일부 부합하는 각 진술
1. 원심 공판조서 중 피고인들의 판시사실에 일부 부합하는 각 진술기재
1. 원심 공판조서 중 원심증인 김연기, 이연미, 문은희, 김종삼, 조진원, 동인규, 김진모, 김정신, 우명숙, 김선주, 서재덕, 조승혁, 홍지영, 임종철이 한 판시사실에 일부 부합하는 각 진술기재
1. 검사가 작성한 피고인들에 대한 각 피의자신문조서 중 판시사실에 부합하는 각 진술기재
1. 검사가 작성한 김정신, 우명숙에 대한 진술조서 중 판시사실에 부합하는 각 진술기재
1. 사법경찰관 사무취급이 작성한 김연기, 이연미, 문은희, 김종삼, 조진원, 동인규, 김선주, 서재덕에 대한 진술조서 중 판시사실에 부합하는 각 진술기재
1. 김연기, 이연미, 문은희, 김종삼, 조진원, 동인규, 김선주, 서재덕이 작성한 자술서 중 판시사실에 부합하는 각 진술기재
1. 김진모가 작성한 진술서 중 판시사실에 부합하는 각 진술기재
1. 수도군단 보통군법회의 심판서기 중사 최병호가 작성한 같은 사건의 제1, 2, 3차 공판조서등본 중 판시사실에 일부 부합하는 박성현의 진술기재
1. 별지 압수물 목록기재의 압수물품 중 서울지방검찰청 81압제2364호 증제1 내지 16호, 증제19호, 증제21 내지 76호, 동 검찰청 81압제2387호 증제1 내지 14호, 동 검찰청 81

압제2743호 증제1 내지 97호, 증제108호의 현존 판시전과의 점은

1. 피고인들의 원심법정에서의 각 진술
1. 치안본부 제3부장 작성의 전과조회서 중 모두 전과사실에 들어맞는 각 기재를 모아보면 이를 인정할 수 있으니 증명이 충분하다.

법령의 적용

법률에 비추건대 피고인들의 판시소위 중 피고인 이태복의 판시1의 반국가단체를 그 수괴임무 종사자로서 구성한 점은 국가보안법 제3조 제1항 제1호에, 판시2 내지 11의 각 회합의 점은 같은 법 제8조 제1항에, 판시 제11의 금품수수의 점은 같은 법 제9조 제2항에 각 해당하나 판시11의 회합의 점과 금품수수의 점은 1개의 행위가 수개의 죄에 해당하는 경우이므로 형법 제40조, 제50조에 의하여 범정이 중한 금품수수의 죄에서 정한 형으로 처단하기로 하고, 판시12의 (1) 내지 (11) 반국가단체구성미수의 점은 포괄하여 국가보안법 제3조 제3항, 제11항 제1호에, 판시12의 (1), (3), (4), (5), (20), (24), 각 찬양동조의 점은 국가보안법 부칙 제2조 단서에 의하여 구 반공법(법률 제1997호 이하 같다) 제4조 제1항에, 판시12의 (2), (6) 내지 (11) 무허가 집회의 점은 구계엄법(법률 제69호), 제15조, 제13조, 계엄포고령 제1호 제1항에, 판시12의 (12), (28)의 표현물 제작반포의 점은 각 반공법 제4조 제2항에, 판시12의 (13) 내지 (19), (21), 내지 (23), (25) 내지 (27), (29) 각 무허가집회의 점은 계엄법 제15조 제13조, 계엄포고령 제10호 제2항 가호에, 판시12의 (30) 표현물 반포의 점은 국가보안법 제7조 제5항, 제2항에, 판시12의 (31) 찬양동조의 점은 같은 법 제7조 제2항에 각 해당하나 판시 반국가단체구성미수죄와 나머지 죄와는 1개의 행위가 수개의 죄에 해당하는 경우이므로 형법 제40조, 제50조에 의하여 무거운 반국가단체구성미수죄로 처단하기로 하며, 피고인 이선근의 판시1 반국가단체를 그 간부에 종사한 자로서 구성한 점은 국가보안법 제3조 제1항 제2호에, 판시2 내지 14, 16 내지 33, 35 내지 40, 43 각 회합의 점은 같은 법 제8조 제1항에, 판시15, 41의 각 범인은닉의 점은 각 형법 제151조 제1항에, 판시22, 23, 31, 40의 각 금품수수 내지 금품제공의 점은 국가보안법 제9조 제2항에, 판시 34, 42의 각 반국가단체를 이롭게 한 점은 각 같은 법 제7조 제1항에 각 해당하나, 판시 22, 23, 31, 40의 각 회합의 점과 금품수수 내지 금품제공의 점은 1개의 행위가 수개의 죄에 해당하는 경우이므로 형법 제40조, 제50조에 의하여 법정이 무거운 금품수수 내지 금품제공죄에서 정한 형으로 처단하기로 하고, 피고인 박문식의 판시1의

반국가단체를 간부임무에 종사한 자로서 구성한 점은 국가보안법 제3조 제1항 제2호에 판시 2 내지 4, 6 내지 10, 12, 14 내지 17, 20 내지 24, 26, 27, 29, 30, 32 내지 34, 36 내지 41, 43, 46 내지 50, 53, 54, 56 내지 58, 60, 62, 64, 66 내지 72, 75 내지 77, 80, 81, 83 내지 88의 각 반국가단체를 이롭게 한 점은 국가보안법 제7조제1항에, 판시5, 11, 13, 18, 19, 25, 28, 31, 35, 42, 44, 45, 51, 52, 55, 59, 61, 63, 65, 73, 74, 78, 79. 82의 각 회합의 점은 같은 법 제8조 제1항에, 판시51, 65의 각 금품수수의 점은 같은 법 제9조 제2항에 각 해당하는 바, 판시51, 65의 각 회합의 점과 각 금품수수의 점은 1개의 행위가 수개의 죄에 해당하는 경우이므로 형법 제40조, 제50조에 의하여 법정이 무거운 판시 금품수수의점에서 정한 형으로 처단하기로 하고, 피고인 이덕희의 판시1의 반국가단체를 그 간부임무에 종사한 자로서 구성한 점은 국가보안법 제3조 제1항 제2호에 판시2 내지 7, 9 내지 22의 회합의 점은 각 같은 법 제8조 제1항에, 판시8의 반국가단체를 이롭게 한 점은 같은 법 제7조 제1항에, 피고인 홍영희의 판시1의 반국가단체를 간부임무 종사자로서 구성한 점에 국가보안법 제3조 제1항 제2호에, 판시 2, 3, 5 내지 15, 17, 19 내지 21의 각 회합의 점은 각 같은 법 제8조 제1항에, 같은 4, 16, 18의 각 반국가단체를 이롭게 한 점은 각 같은 법 제7조 제1항에 각 해당하고, 피고인 윤성구의 판시1의 가, 나, 다의, 같은 민병두의 판시1의 가, 나의, 같은 최경환의 판시1의 가, 나, 다의, 같은 손형민의 판시2의 가, 나의, 같은 이종구의 판시1의, 같은 신철영의 판시6 내지 12의, 같은 김철수의 판시6 내지 12의, 같은 양승조의 판시7 내지 13의, 같은 박태연의 판시6 내지 18의, 같은 김병구의 판시4내지6의, 같은 송병춘의 판시1 내지 9의, 같은 송영인의 판시2 내지 5, 7 내지 11의, 같은 손형민의 판시1의 가, 나, 다의, 같은 신영철의 판시1 내지 5의, 같은 김철수의 판시1 내지 5의, 같은 양승조의 판시1 내지 6의, 같은 박태연의 판시1 내지 5의, 같은 김병구의 판시1 내지 3의, 같은 최규엽의 판시1의 가의, 같은 오상석의 판시1의 가, 나의, 같은 엄주웅의 판시1의 가, 나의, 같은 정경연의 판시1의 가, 나, 다의, 각 불법집회의 점은 각 계엄법(법률 제69호) 제15조, 제13조, 계엄포고 제1호 제1항, 형법 제30조에, 같은 노숙영의 1 내지 15의, 같은 최규엽의 1의나, 다의, 같은 오상석의 1의다. 라의, 같은 엄주웅의 1의다. 라의, 같은 정경연의 1의 라, 마의, 각 불법집회의 점은 각 계엄법(법률 제69호) 제15조, 제13조, 계엄포고 제10호 제2항 가호에, 피고인 윤성구의 판시3, 4, 6의, 같은 민병두의 판시2, 3의, 같은 김창기의 판시소위의, 같은 김진철의 판시2의, 같은 이종구의 판시2, 3의 각 집회 및 시위주관의 점은 각 집회 및 시위에 관한 법률 제14조 제1항, 제3조 제1항 제4호에, 피고인 윤성구의 판시5의, 같은 민병두의 판시4의, 같은 최경환의 판시2, 4의, 같은 김진철의 판시1, 4의, 같은 손형민의 판시3의, 같은 이종구의 판시4의 각 집회 및 시위의 음모 및 선동의 점은 각 같은 법 제14조 제2항, 제3

조 제2항에, 피고인 윤성구의 판시2의, 같은 최경환의 판시3의, 같은 김진철의 판시3의 각 시위참가의 점은 같은 법 제14조 제3항, 제3조 제1항 제4호에 각 해당하고, 피고인 이태복의 판시13의 가 내지 자, 판시14의 가내지마, 각 표현물제작 및 취득의 점은, 같은 이선근의 판시44의 가 내지 마의, 같은 박문식의 판시89의 가, 나의, 같은 이덕희의 판시23의 가 내지 마의, 같은 홍영희의 판시22의 가 내지 바의, 같은 신철영의 판시13의 가 내지 사의, 같은 김철수의 판시13의가, 나의, 같은 송병춘의 판시10, 11의, 같은 노숙영의 판시 16, 17의, 같은 최규엽의 판시7 내지 10의, 같은 엄주웅의 판시7 내지 12의, 같은 정경연의 판시7의 각 표현물 취득의 점은 각 구 반공법 제4조 제2항, 제1항에, 피고인 이태복의 판시13의 차 내지 타, 14의 바, 사 각 표현물 제작 및 취득의 점은, 같은 이선근의 판시45의 가, 나의 표현물 제작 및 반포의 점은, 같은 박문식의 판시8, 9의 다 내지 마의, 같은 홍영희의 판시22의 사의, 같은 신철영의 판시13의 아, 자, 차의, 같은 김철수의 판시13의 다, 라, 마의, 같은 양승조의 판시14의, 같은 송병춘의 판시12의, 같은 노숙영의 판시18, 19의, 같은 최규엽의 판시11의, 같은 오상석의 판시7, 8, 9의, 같은 엄주웅의 판시13의, 같은 정경연의 판시8, 9, 10의 각 표현물 취득의 점은 각 국가보안법 제7조 제5항, 제2항에, 같은 송병춘의 판시4 내지 8의, 같은 송영인의 판시1, 5 내지 10의, 같은 노숙영의 판시8, 9, 11, 13, 14의 각 반국가단체를 이롭게 한 점은 반공법 제4조 제1항에, 같은 양승조의 15의 가 내지 아의, 같은 송병춘의 판시9의, 같은 송영인의 판시11의, 같은 노숙영의 판시15의, 같은 최규엽의 판시2 내지 6의, 같은 정경연의 판시2 내지 6의 각 반국가단체를 이롭게 한 점은 국가보안법 제7조 제2항에 각 해당하는바, 피고인 송병춘의 판시4 내지 9의, 같은 송영인의 판시5, 7 내지 11의, 같은 노숙영의 판시8, 9, 11, 13 내지 15의 각 불법집회의 점과 반국가단체를 이롭게 한 점은 1개의 행위가 수개의 죄에 해당하는 경우이므로 형법 제40조, 제50조에 의하여 무거운 반국가단체를 이롭게 한 죄로 처단하기로 하며, 피고인 이태복의 각 죄는 형법 제37조 전단의 경합법이나 반국가단체구성죄의 수괴가 된 죄에서 무기징역을 선택하여 처단하기로 하여 같은 법 제38조 제1항 제1호, 제50조에 의하여 다른 형을 과하지 아니하고, 피고인 이선근, 같은 박문식, 같은 이덕희, 같은 홍영희 반국가단체구성죄의 간부가 된 죄의 소정 형 중 유기징역형을, 피고인 이선근의 범인은닉죄의, 같은 윤성구, 같은 민병두, 같은 김창기, 같은 최경환, 같은 김진철, 같은 손형민, 같은 이종구의 각 집회 및 시위에 관한 법률 제14조 제1항, 제2항, 제3항 위반죄의 각 소정 형 중 징역형을 각 선택하고, 피고인 송병춘, 같은 송영인에게는 누범에 해당하는 판시전과가 있으므로 형법 제35조에 의하여 누범가중을 하고, 피고인 최규엽의 판시1의 가, 7 내지 9의 각죄는 이미 판결이 확정된 포고령위반죄와, 같은 엄주웅의 판시7의 죄는 이미 판결이 확정된 긴급조치위반죄와 각 형법 제37

조 후단의 경합범이므로 같은 법 제39조 제1항에 의하여 아직 판결을 받지 아니한 판시죄에 대하여 따로 형을 정하기로 하고, 피고인 김창기의 판시소위와 같은 엄주웅의 판시7의 소위를 제외한 나머지 판시 각 죄는 형법 제37조 전단의 경합범이므로 같은 법 제38조 제1항 제2호, 제50조에 의하여 그 형과 범정 및 죄질이 가장 무거운 피고인 이선근, 같은 박문식, 같은 이덕희, 같은 홍영희에 대하여는 반국가단체 간부임무종사구성죄에서 정한 형에, 피고인 윤성구에 대하여는 판시6의, 같은 민병두에 대하여는 판시7의, 같은 최경환에 대하여는 판시4의, 같은 김진철에 대하여는 판시2의, 같은 손형민에 대하여는 판시3의, 같은 이종구에 대하여는 판시3의 각 시위를 주관 음모 또는 선동한 죄에서 정한 형에, 피고인 신철영에 대하여는 판시13의 차의, 같은 김철수에 대하여는 판시13의 마의, 같은 양승조에 대하여는 판시14의, 같은 박태연에 대하여는 판시5의, 같은 김병구에 대하여는 판시3의, 같은 송병춘에 대하여는 판시12의, 같은 송영인에 대하여는 판시11의, 같은 노숙영에 대하여는 판시9의, 같은 최규엽의 판시1의 가, 7 내지 9 죄에 대하여는 판시9의, 나머지 죄에 대하여는 판시2의, 같은 오상석에 대하여는 판시2의, 같은 엄주웅에 대하여는 판시2의 같은 정경연에 대하여는 판시2의 각 죄에서 정한 형에 경합범 가중을 하고, 피고인 이선근, 같은 박문식, 같은 이덕희, 같은 홍영희, 같은 김철수, 같은 양승조, 같은 정경연, 같은 신철영, 같은 송병춘, 같은 송영인, 같은 노숙영, 같은 오상석, 같은 최규엽, 같은 엄주웅에 대하여는 국가보안법 제14조, 구 반공법 제16조에 의하여 자격정지형을 병과하기로 하고 각 소정 형기 범위 내에서 같은 이선근을 징역 7년과 자격정지 7년에, 같은 박문식을 징역 5년과 자격정지 5년에, 같은 이덕희를 징역 3년과 자격정지 3년에, 같은 홍영희, 같은 김철수, 같은 양승조, 같은 정경연을 각 징역 2년 6월과 자격정지 2년 6월에, 같은 신철영, 같은 송병춘 같은 송영인, 같은 노숙영, 같은 오상석을 징역 2년과 자격정지 2년에, 같은 윤성구, 같은 민병두, 같은 김병구를 각 징역 2년에, 같은 최규엽을 판시제1의 가, 제7 내지 9 죄에 대하여 징역 1년과 자격정지 1년에, 나머지 죄에 대하여 징역 1년과 자격정지 1년에, 같은 엄주웅을 판시제7죄에 대하여 징역 1년과 자격정지 1년에, 나머지 죄에 대하여 징역 1년과 자격정지 1년에, 같은 김창기, 같은 최경환, 같은 김진철, 같은 손형민을 각 징역 1년 6월에, 같은 박태연을 징역 1년에, 같은 이종구를 징역 10월에 각 처하고, 형법 제577에 의하여 원심판결 선고 전의 구금일수 중 피고인 이선근 같은 박문식, 같은 이덕희, 같은 홍영희에 대하여는 각 180일씩을, 같은 윤성구, 같은 민병두, 같은 김창기, 같은 최경환, 같은 김진철, 같은 손형민, 같은 이종구에 대하여는 각 170일씩을, 같은 신철영, 같은 김철수, 같은 양승조, 같은 송병춘, 같은 송영인, 같은 노숙영, 같은 오상석, 같은 정경연에 대하여는 각 140일씩을, 같은 박태연, 같은 김병구에 대하여는 각 135일씩을 피고인들에 대한 위 징역형에 각 산입하고, 피고인 신철영, 같은 김병구는 대체로 자신들의 독자적인 산업선교회 또는 노동조합운동의 자기 논리를 이탈하지 않았고 달리 극단적인 행동에 흐른 바도 없고 초범으로서 부지부식간에 전민노련에 가입하게 된 점이 엿보이고 비록 같은 신철영이 일부 불온서적을 취득 동조한 사실이 있으나 이는 일시적인 일탈로서 충분히 자신의 입장을 회복할 수 있도록 재생의 기회를 부여함이 타당하고, 피고인 박태연, 같은 노숙영은 각 연약한 여성으로서 현재로 건강이 좋지 않고 달리 확정된 전과가 없으며 개전의 정이 있음이 엿보이고 비록 같은 노숙영은 일부 불온서적을 취득 동조한 사실이 있으나 역시 일시적인 일탈로 곧 결혼적령에 달하니 결혼하여 새로운 인생을 시작할 기회를 부여함이 타당하다고 인정되는 등 정상에 참작할 사유가 있어 형법 제62조에 의하여 이 판결 확정일로부터 피고인 신철영, 같은 김병구, 같은 노숙영에 대하여는 4년간, 같은 박태연에 대하여는 3년간 위 징역형의 집행을 각 유예하기로 하며, 압수된 물건 중, 피고인 이태복으로부터 압수된 서울지방검찰청 81압제2364호 증1 내지 16호, 증19호, 증21 내지 30호, 서울지방 검찰청 81압제2743호 증1 내지 7호, 108호, 같은 이선근으로부터 압수된 위 검찰청81압제2364호 증31 내지 39호, 같은 박문식으로부터 압수된 위검찰청81압제2364호의 증40 내지 512호, 위 검찰청81압제2387호 증14호, 같은 이덕희로부터 압수된 위 검찰청81압제2364호의 증53 내지 58호, 같은 홍영희로부터 압수된 동 2364호의 증59 내지 76호 공소 외 박성현 내지 피고인 윤성구 같은 방문식으로부터 압수되고 같은 윤성구 소유인 위 검찰청81압제2387호의 증1 내지 14호, 같은 신철영으로부터 압수된 위 검찰청 81압제2743호의 증8 내지 21호, 같은 김철수로부터 압수된 위 2743호의 증22 내지 30호, 같은 양승조로부터 압수된 같은 압제번호의 증31 내지 34호, 같은 최규엽으로부터 압수된 같은 압제번호의 47 내지 66호, 같은 오상석으로부터 압수된 같은 증67 내지 69호, 동 송병춘으로부터 압수된 같은 증70 내지 73호, 같은 노숙영으로부터 압수된 같은 증74 내지 78호, 같은 엄주웅으로부터 압수된 같은 증79 내지 92호 같은 정경연으로부터 압수된 같은 증93 내지 97호는 어느 것이나 이건 범행에 제공된 것이거나 제공하려던 물건 또는 범죄행위로 인하여 생긴 물건들로서 위 범인들 이외의 자의 소유에 속하지 않으므로 형법 제48조 제1항 1호, 2호에 의하여 이를 동 피고인들로부터 몰수하는 것이다.

무죄부분

1. 피고인 박문식에 대한 공소사실 중

(가) 1981. 2. 하순 일자미상 16:00경 상 피고인 이선근의 자취방에서 공소 외 이한주를 만나 동인으로부터 작년 5월 학생운동을 실패했으나 학습그룹을 많이 만들어 의식화시킨 다음 타 대학과 연결하여 조직을 강화하여야 한다는 말을 듣고, 전민학련의 하부조직을 확장할 의도하에

"앞으로 서울대와 중앙대가 연결을 가져야 한다. 곧 중앙대학생을 소개해주겠다"고 약속하여 반국가단체를 이롭게 하고(공소 제2사실)

(나) 동년 3. 초순 일자미상 14:00경 서울 용산구 용산역 앞 소재 고려당제과점에서 위 이한주를 만나 동인에게, 학생운동을 발전시키기 위하여는 많은 사람이 필요한 것이 아니라 철저히 의식화된 소수가 중요하니 의식화된 동지를 규합하여 조직을 결성하라고 지시하여 반국가단체를 이롭게 하고, (공소 제5사실)

(다) 동년 3. 중순 일자미상 20:00경 피고인의 자취방에서 서울대생 위 이한주를 만나 동인에게 지역연합조직의 회칙을 만들되 그 골격은 회원의 자격, 권리, 의무, 가입절차, 상임위원회와 지회조직 등으로 하라고 지시, 전민학력의 하부조직 작업을 하여 반국가단체를 이롭게 하고, (공소 제12사실)

(라) 동년 5. 8.경 13:00경 서울 용산구 한남동 소재 민들레제과점에서 군복무 중 휴가 나온 김찬의 소개로 성균관대 경영학과 3년 이정현을 만나 인사를 나눈 후 동인에게

○ 70년대 학생운동은 고립분산적인 반정부활동에 불과하여 장기간 정체되어왔는데, 이는 학생운동의 지도를 위한 지도부 형성에 급급한 나머지 학생운동의 진정한 주체가 되어야 할 학생대중이 운동으로부터 소외되어버렸는데 그것은 운동가의 관념주의적, 권위주의적 자세 때문이었다.

○ 사회진보를 짊어지고 나갈 학생운동원이 이와 같은 태도를 올바로 반성하지 않았기 때문에 학생대중에 패배주의적 의식이 팽배해 있다.

○ 이러한 70년대 학생운동이 안고 있었던 근본적 문제들 때문에 10.26사태 직후의 민주화운동 과정에서 학생운동은 주체적으로 능동적인 활동을 하지 못하여 실패하고 말았다.

○ 현 사회의 기본적 문제는 자유를 억압하는 독재정권과 자신의 이익만을 돌보는 독점

자본이 안고 있다.

고 말한 후 앞으로 학생운동이 어떻게 전개되어야 할 것인가를 같이 연구해보자고 말하여 동인의 포섭을 시도함으로써 반국가단체를 이롭게 하고, (공소 제51사실)

(마) 동년 5. 18.경 14:00경 서울 영등포구 소재 연흥극장 앞 길에서 성균관대 경영대 78학번 제적생인 위 이정현을 만나 국풍행사장에서의 시위 가능성 여부를 검토해보기 위하여 동 장소를 답사해보기로 하고, 여의도 쪽으로 걸어가면서 동인에게 국풍행사를 하는 정부 측의 의도는 광주사태에 대한 군중들의 감정을 완화하고 학생세력의 반정부 열기를 누그러뜨리며 정부 내부에서의 불협화음을 해소하는 데 있다고 말하고, 이어서 국풍현장에 사람이 많이 모일 것이니 그 기회에 현장에서 시위를 하는 것이 좋겠다고 말한 후, 여의도광장에 이르러 자전거 1대씩을 빌려타고 국풍 준비 공사현장에 도착하여 무대설치 상황, 전선배치 상황 등을 점검, 시위거점을 탐색하여, 반국가단체를 이롭게 하고, (공소 제60사실)

(바) 동년 5. 21.경 13:00경 위 이정현과 함께 다시 여의도 국풍준비장에 가서 자전거를 빌려 타고 현장을 자세히 답사하여, 시위거점으로는 진행본부 뒤편 건물이 적당하고, 전선 절단의 위치는 원호회관 쪽이 좋으며, 영등포 옆 광장으로 나가는 도로변에 있는 고압전선 주위에서 시위를 선동하는 방법을 탐색해보는 등의 활동을 하여, 반국가단체를 이롭게 하고, (공소 제64사실)

(사) 동년 6. 17. 19:30경 서울 성동구 행당동 소재 길다방에서 위 이정현을 만나 동인에게 앞으로 학생운동을 호남지방으로 확대해야 하니 전남지역의 조직작업을 맡아주고, 경인지부 모임에는 참석하지 말라고 지시하여, 반국가단체를 이롭게 하는 동시에 반국가단체의 간부임무 수행하였다는 점(공소 제92사실)에 관하여는

위 파기이유에서 본 바와 같이 피고인의 일부 자백일 뿐 이를 보강할 증거가 없어 결국 범죄의 증명이 없는 때에 해당하여 형사소송법 제325조 후단에 의하여 무죄를 선고할 것이로되 같은 피고인의 반국가단체 구성죄와 포괄하여 1죄로서 기소된 범죄사실이므로 따로 주문에 표시하지 않는다.

2. 피고인 홍영희에 대한 공소사실 중

제17차 중앙위원회에 참석하여 반국가단체구성원들과 회합하였다는 점의 요지는 상 피고인 이선근에 대한 범죄사실 제35항 기재와 같이 제17차 중앙위원회에 참석하여, 반국가단체

의 구성원들과 회합하였다는 것인바 위 파기이유에서 보는 바와 같이 이를 인정할 아무런 증거 없이 결국 범죄의 증명이 없는 때에 해당하여 형사소송법 제325조 후단에 의하여 무죄를 선고할 것이로되 같은 피고인의 반국가단체구성죄와 포괄하여 1죄로서 기소된 범죄사실이므로 따로 주문에 표시하지 않는다.

3. 피고인 윤성구에 대한 공소사실 중

(가) 80. 1. 초순부터 동년 9월 중순경까지 주 1회씩 40여 회에 걸쳐 시내 관악구 신림동 소재 옥호불상 술집 등지에서 교내 이념써클인 "국제경제학회" 회원인 수학과 3년 김태환(22세), 무역학과 3년 김용기(22세) 등과 모임을 갖고,

- 현 팟쇼정권은 대다수 국민대중의 민주화 열망을 절대로 혀용하지 않을 것이다.
- 정치적 탄압과 경제적 수탈을 강화할 것이다.
- 민주화를 가로막고 있는 계엄령은 철폐되어야 하며 군부는 중립을 지켜 정치에 관여하지 말아야 한다.
- 유신잔당을 정치권에서 몰아내고 새로운 민주적 헌법을 제정, 합법적인 선거에 의한 민주적 정부를 구성해야 한다.
- 지식인인 우리 학생들이 먼저 용감하게 반팟쇼투쟁을 해야 한다.
- 반팟쇼투쟁은 쉽게 성공하는 것이 아니라 시일이 걸리므로 지금부터 각자가 개인적으로 투쟁의지를 키우는 한편 성실하게 생활을 해야 한다.

등으로 반체제 의식화교양을 하는 등 불법집회를 하고(공소 제1의 가 사실)

(나) 80. 12. 초순 일자미상 13:00경 시내 강남구 반포동 소재 위 구용회 집에서 김태환, 약대 4년 황성동(22세), 화학과 4년 김명호(23세) 등과 모여 피고인이 "전00팟쇼정권"을 타도하기 위해서는 조직이 필요하니 자연대 78학번끼리 모임을 지속하자"고 제의, 그들의 동의를 얻어 자연대 78학번 모임을 구성하여 불순써클을 결성하는 등 불법집회하였다는 점(공소 제1의자 사실)

4. 피고인 민병두에 대한 공소사실 중

81. 5. 25. 17:00경부터 동년 6. 8. 17:00경까지 사이 전후 4회에 걸쳐 시내 용산구 청파동 소재 운채다방 및 시내 용산구 원효로 소재 옥호불상 다방 등지에서 성대 기계과 3년 윤부철(23세)과 만나 동인에게

- 현재 반독재투쟁에 대한 학생운동의 열기가 6월에 계속되도록 하기 위하여 성대 3차

시위절차를 6. 10. 12:35으로 하기로 하고,

- 시위 주동자는 윤부철, 장종택으로 하고,
- 시위장소는 성대 대학본부 옆 굴뚝을 거점으로 결정하되 시위상황을 보아 주동자가 자체적으로 결정하기로 하고,
- 유인물 내용은 32절지에

　「전00 타도」

　「수출경제 지양」

　「악법 개정」

　「학원민주화」

　「저임금 저곡가 해결」

　「노동3권 보장」

　「농민 권익 실현」 등으로 하고,

- 위 윤부철에게 시위자금으로 현금 6만 원을 수교하는 등 현저히 사회적 불안을 야기 시킬 우려가 있는 시위를 할 것을 음모하였다는 점(공소 제5사실)

5. 피고인 김창기에 대한 공소사실 중

○ 당국의 허가 또는 당국에의 신고 없이

1979. 10. 하순 일자미상경부터 1980. 12. 초순 일자미상경까지 사이에 주 1회씩 수회에 걸쳐 시내 중구 필동 번지불상 소재 위 임창수 집, 동대문구 이문동 번지미상 소재 중국음식점 및 외국어대 향토연구반 써클룸 등지에서 외대 경제과 2년 임창수(23세), 이병호(23세), 경제과 1년 용원영(22세), 불어과 1년 송하석(22세) 등과 같이 임창수로부터 국내 비판서적인,

- 조선후기의 경제구조(최호진 저)
- 자본주의의 어제와 오늘(모리스 돕 저)
- 전환시대의 논리(이영희 저)
- 경제사관의 제문제(셀리그만 저)
- 역사란 무엇인가(카알 저)
- 후진국 경제론(조용범 저)

등의 책자로 세미나를 갖고,

- 후진국은 항상 선진국의 착취를 받게 되는데 우리나라도 후진국의 입장으로 선진국

의 경제체제에 종속되어 이에 기생하는 매판세력만 커나가 노동자, 농민을 수탈하고 있다.

- 현 정권은 매판자본가와 결탁하여 팟쇼정권을 구축, 노동자, 농민을 착취, 부익부 빈익빈 현상을 심화시켰다.
- 노동자, 농민들은 그들의 노동행위의 결과를 착취당하지 않도록 투쟁해야 한다.
- 진보적인 지식인, 학생들의 양적 증대가 필요하며 노동자 농민을 의식화시켜 적극적으로 반팟쇼투쟁을 해야 한다고 하는 반체제 의식화교양을 받는 등 불법집회하였다는 점.

6. 피고인 김진철에 대한 공소사실 중

(가) 80. 3. 초순 일자미상 17:00경 관악구 신림동 소재 옥호불상의 중국집에서 피고인 주도하에 동교 물리학과 2년 김기대(21세), 동교 화학과 2년 이창석(21세), 동교 수학과 2년 조윤동(20세), 동교 지학과 2년 김미경(21세), 동교 수학과 2년 장만춘(21세) 등과 모여 반체제 학생운동을 활성화하기 위하여 「자연과학회」란 명칭의 써클을 결성하기로 한 후, 동 회장에 피고인을 선출하는 등 불법집회하고(공소 제1의 가 사실)

(나) 80. 3. 초순 일자미상경부터 동년 6월 중순 일자미상경까지 사이 매주 목요일 18:00~20:00 사이에 시내 관악구 신림동 소재 옥호불상의 중국집에서 위 회원 5명 등에게
- 탈학교의 사회(저자불상)
- 서양경제사론(최종식 저)
- 지식이란 무엇인가(싸르트르 저)

등의 책자로 세미나를 갖고
- 한국 교육제도는 피교육자에게 주체적 가치판단 능력을 길러주지 않아 현실비판 능력과 의식형성이 어렵게 되었다.
- 군사독재하에서 건전한 지성은 왜곡되기 쉽다.
- 현실은 전문 기술인만을 요구하지만 전인적 지식이 없이는 현실은 부패하고 타락하기 쉽다.
- 한국사회의 현실은 경제적 흐름 속에서 그 흥망이 결정된다.
- 민족의 불만과 건전한 정치풍토의 결여로 혼란이 지속되고 있다.
- 학내에 진행 중인 학생회의 부활은 학생 전체의 주체적 민주역량의 표현이다.
는 등 반체제 의식화교양을 하는 등 불법집회하고(공소 제1의 나 사실)

(다) 80. 7. 초순 일자미상경 학내 이념써클인 「민족사학연구회」 회장 역사과 3년 김용인 권유로 동회에 가입, 그 시경부터 동년 12월 하순 일자미상경까지 매주 금요일 18:00~20:00 사이에 시내 관악구 봉천동 번지불상 소재 위 김용인 자취방에서 동교 교육학과 2년 길산석(21세), 독어과 2년 배의숙(21세), 불어과 2년 박환규(21세), 역사과 2년 민병관(21세), 역사과 2년 신춘수(21세) 등에게

- 경제학(이영협 저)
- 한국근대사론(신용하 공저)
- 서양근대사회사상사(최문한 저)
- 한국농업문제 인식(이우제 공저)
- 해방전후사의 인식(송건호 공저)
- 경제사관의 제문제(셀리그만 저)

등의 책자로 세미나를 갖고

- 유신독재체제의 자기 보존책으로 박00를 상징적으로 제거한 것이 10.26사태이고, 보수세력 내부의 재정리 과정에서 또 다른 보수반동세력의 집권이 전00 팟쇼정권이다.
- 점증하는 민중의 불만은 체제 자체의 보수화의 정도에 따라 필연적으로 터지게 되는데 이것이 바로 광주민중봉기이다.
- 폭력정치의 극단은 독재체제 자신의 몰락을 의미한다.
- 자본주의는 잉여가치의 착취로 지속적으로 민중을 수탈한다. 전후 세계경제는 정치적으로 독립국이면서 경제적 예속상태로 선진제국과 후진국 사이에 새로운 식민지주의가 대두되었고 한국은 미국과 일본의 식민지적 종속국이다.
- 전00 독재체제의 출현은 팟쇼독재세력으로 대재벌 자본가와 정치권력이 결탁하여 형성되었다.
- 학생운동은 민주혁명의 전위대로 비민주적 독재정권을 타도하기 위하여 과감히 투쟁하지 않으면 안 된다

는 등의 반체제 의식화 교양을 하는 등 불법집회하고, (공제1의 다 사실)
(라) ○ 81. 3. 28. 12:00경 서울대학교 도서관 6층 열람실에서 서울대 수학과 3년 김태환을 만나 동인으로부터
- 이규호 문교장관의 예정을 바꾼 학교 도둑방문 해명
- 3. 19. 시위 연행학생들의 석방요구

- 청소년연맹 창설 중지

등이 반체제투쟁 내용의 유인물을 만들어 수업을 거부토록 유도해보자는 제의를 받고 이에 동의

- 81. 4. 3.을 수업거부 일자로 정하고,

○ 3. 29. 18:00경 용산 시외버스터미널 부근 초원다방에서 위 김태환, 서울대 국사 4년 오춘완(22세) 등과 만나 동 김태환으로부터 유인물 배포에 있어서 사대는 피고인이 맡고 인문대는 오춘완이 맡으라는 제의를 받고 동의한 후

○ 3. 31. 08:00경 시내 관악구 봉천고개 버스정류장에서 위 김태환과 만나 동인으로부터 「전 대학인에게 고함」이라는 제하에

- 대학은 민족의 양심이다. 민족사와 지성사의 왜곡을 더 이상 바라볼 수 없다. 이데올 로기 비판교육을 금지하라.

- 청소년연맹 창설을 중지하라.

- 이규호 문교부장관의 예정을 바꾸어 학교를 방문한 것을 해명하라.

- 이를 촉구하기 위하여 4월 3일에 수업을 전면 거부하자 등의 내용을 수록한 16절 갱지 등사 불온유인물 1,000매 중 200매를 교부받아, 동일 09:30경 동교 사대 11동 강의실 및 화장실에 40매, 과사무실에 60매를 살포하고, 동일 16:00경 사대 24동 실험실에 100매를 살포하는 등 현저히 사회적 불안을 야기시킬 우려가 있는 시위를 할 것을 선동하였다는 점(공소 제2사실)

7. 피고인 이종구에 대한 공소사실 중

79. 11. 초순 일자미상경부터 81. 1. 하순경까지 주1회 17:00~19:00까지 사이에 교내 써클 룸 및 시내 종로구 체부동 번지불상 소재 이규업 자취방 등지에서 위 안정숙, 김남순, 경제학 과 3년 이주선(22세), 경제학과 3년 김용기(22세) 등과 같이 모여 선배 회원인 동대학 행정학 과 4년 노일현(23세) 등으로부터 국내 비판서적인

• 서양경제사론(최종식 저)

• 제3세계와 종속이론(마홍철 저)

• 한국근대사론 I, II, III(신용복 공저)

등 책자로 세미나를 갖고,

- 현 정부는 일제 식민지 잠재세력의 탈바꿈에 불과하고 제5공화국은 매판정권이다.

- 경제적으로 미·일에 종속되어 민중을 착취하고 민족경제를 좀먹는 매판자본이 판을

친다.

- 매판자본가들은 팟쇼 현 정권과 결탁하여 노동자를 착취하여 부익부 빈익빈 현상이
심화되어간다는 등의 반체제 의식화교양을 받는 등 불법집회하였다는 점. (공소 제1의
가 사실)

8. 피고인 송영인에 대한 공소사실 중

(가) 1976. 11. 중순경 종로구 광화문 뒤 진흥문화원에서 계급의식을 고취시킴으로써 피교
육자가 사회혁명에 앞장설 의식, 현실 자본주의사회의 타도를 추구하는 것으로서 공
산주의 이론에 있어서의 핵심적인 개념인 "실천성"을 교육방법론의 중심원리로 삼고
있는 반자본주의적 불온용공 서적인 파울로 프레이리 저 "피압박자의 교육학"이란 책
자를 구입 탐독함으로써 국외 공산계열의 활동에 찬양동조하여 반국가단체를 이롭게
할 목적으로 위 도서를 취득하고(공소 제12사실)

(나) 1979. 9. 일자미상경 종로구 광화문 소재 민중문화사에서 마르크스의 "자본론"과 레닌
의 "제국주의론"을 기초로 하여 자본주의를 비판하고 자본주의의 붕괴 이론을 전개하
고 있는 불온용공서적인 폴 스위지 저 "자본주의 발전론"(부제 "마르크스주의 정치경제
학의 제원리")이란 책자를 구입 탐독함으로써 국외 공산계열의 활동에 찬양 동조하여
반국가단체를 이롭게 할 목적으로 위 도서를 취득 보관하고(공소 제13사실)

(다) 1980. 12. 초순경 종로구 명륜동 소재 광민사에서 자본주의의 몰락과 소련경제체제의
우월성을 선전하면서 마르크스나 엥겔스 등의 공산주의이론을 곳곳에서 인용 소개하
여 공산주의이론에 동조하고 있는 불온용공서적인 모리스 돕 저 "자본주의 발전연구"
란 책자를 구입 탐독함으로써 국외 공산계열의 활동에 찬양동조하여 반국가단체를 이
롭게 할 목적으로 위 도서를 취득 보관하고(공소 제14사실)

(라) 1981. 1.일자 미상경 위 광민사에서 상 피고인 이태복으로부터 공산주의운동의 전위
조직 활동에 관한 이론서로서 각종 써클 평화운동 표방단체, 노동조합, 종교단체 등에
대한 침투공작과 선전선동의 방법 등에 대한 공산주의 전략전술을 내용으로 하는 불
온용공서적인 미우라 쓰도무 저 "대중조직의 이론"이란 책자를 구입 탐독함으로써 국
외 공산계열의 활동에 동조하여 반국가단체를 이롭게 할 목적으로 위 도서를 취득 소
지하고(공소 제15사실)

(마) 1981. 3. 초순경 위 광민사에서 노동자에게 계급의식을 포지시켜 공산주의 교양을 학
습시킬 목적으로 저작된 반자본주의적 불온용공서적인 저자 미상, 광민사 편역의 "노

동의 철학"이란 책자를 구입 탐독함으로써 국외 공산계열의 활동에 동조하여 반국가단체를 이롭게 할 목적으로 위 도서를 취득 소지하였다는 점(공소 제16사실)에 관하여는 각 파기이유에서 본 바와 같이 이를 뒷받침하는 적법한 증거조사를 마친 증거로는 피고인들의 일부 자백이 있을 뿐 달리 이를 보강할 증거가 없어 결국 범죄의 증거가 없는 때에 돌아가 형사소송법 제325조 후단에 의하여 무죄를 선고한다.

이상의 이유로 주문과 같이 판결한다.

1982. 5. 22.

재판장 판사 최종영
판사 이강국
판사 황우여

3장
———
상고심

1. 개괄

사건 당사자들 중 이태복, 이선근, 박문식, 이덕희, 홍영희 5인은 2심 선고 3일 후인 1982년 5월 25일에 상고를 하였고, 신철영은 1982년 5월 29일에 상고하였다. 그리고 2심에서 일부 무죄로 판결돼 감형된 윤성구, 민병두, 김창기, 김진철, 이종구, 송영인과 1심에서 석방된 박태주 등 7인에 대해서는 검찰 측에서 상고를 하였다. 그 외 나머지 사람들은 상고를 포기하거나 검찰 측에서 이의를 제기하지 않아 형이 확정되었다.

대법원 3부는 1982년 9월 14일 판결을 확정했다. 대법원은 상고는 이유 없다며 피고와 검찰 측 모두에게 기각 결정을 내렸다.

2. 검찰과 재판부

재판부 :　 대법원 3부(재판장 대법원판사 정태균, 대법원판사 윤일영, 대법원판사 김덕주, 대법원판사 오성환)

검찰 :　 공안부 안강민, 임휘윤, 김경한, 박순용, 조우현

사건번호 :　 82도1847

3. 변호인

1심을 맡았던 인권변호사분들이 똑같이 변론을 맡아주셨다.

변호인 :　이돈명, 황인철 : 이태복, 이선근, 박문식, 이덕희, 홍영희

　　　　　이영환 : 신철영

　　　　　국선 변호인 문영극 : 이태복, 이선근, 박문식, 이덕희, 홍영희

　　　　　기타 검찰 측이 상고한 피고인들에 대해서는 별도의 변론이 없었다.

4. 상고이유서

1) 변호인 상고이유서

2) 국선변호인 상고이유서

5. 판결

상고심은 1982년 9월 14일 열려서 당일 전원 기각으로 판결했다.

이로써 학림사건 당사자들의 형은 2심 선고대로 최종 확정되었다.

이 내용은 사건 개요에도 나오고 앞서 2심 선고 내용에도 나오므로 별도로 수록하지 않는다.

6. 대법판결문

다음은 대법원 판결문 전문이다.

82도1847

상고 이유서

피고인 이태복

피고인 이선근

피고인 박문식

피고인 이덕희

피고인 홍영희

죄명 국가보안법 위반 등

상고이유 제출자 변호사 이돈명

　　　　　　　　변호사 황인철

제1점 원판결은 국가보안법 규정상의 "반국가단체"에 관한 법리를 오해하여 반국가단체가 될 수 없는 것을 반국가단체로 인정한 위법을 범하였다.

1. 국가보안법 제2조는 "반국가단체라 함은 정부를 참칭하거나 국가를 변란할 것을 목적으로 하는 국내외의 결사 또는 집단과, 위와 같은 목적으로 공산계열의 노선에 따라 활동하는 국내외의 결사 또는 집단을 말한다"고 규정하고 있다.

그러므로 반국가단체는 정부를 참칭하는 결사나 집단이거나, 국가를 변란할 목적으로 한 결사이거나 집단이어야 함은 의문의 여지가 없다. 그런데 여기서 말하는 정부 참칭은 그 개념 규정이 그다지 어렵지 않겠으나 "국가를 변란할 목적"이란 과연 어느 정도의 내용을 가진 목적을 말하는 것인지가 분명치 않다. 그러므로 그 타당한 해석을 하기 위하여는 그 법규가 생성한 경위와 존재하는 기본을 살필 필요가 있다. 국가보안법은 자유민주주의의 정치체제를 가진 모든 국가의 일반적 필요에 의하여 존재하는 법규가 아니라 우리나라의 특수정치상황에서 제정된 법규라는 것과, 우리나라의 특수정치상황은 양단된 국토의 북반부에 신뢰와 평화적 공존을 도저히 기대할 수 없는 자유와 민주를 거부하는 적대적 정치세력과 대치하고 있는 지역적 정치적 조건 아래서 남반부의 자유민주정치체제를 유지하지 아니하면 안 되는 상황을 뜻하는 것임은 가위 공지의 사실이라고 할 것이다.

그리고 이러한 상황은 국가보안법 제1조가 "이 법은 국가의 안전을 위태롭게 하는 반국가활동을 규제함으로써 국가의 안전과 국민의 생존 및 자유를 확인함을 목적으로 한다"고 규정함으로써, 명문으로 그 존재목적을 명시하고 있는 내용에 의해서도 이론의 여지가 없다고 할 것이다.

따라서 반국가단체의 "국가를 변란할 목적"의 내용은, 국민의 자유보호와 그 자유보호를 위한 민주정치체제를 부정 파괴하고 특정인 또는 특정집단에 의한 국가의사결정권과 그 집행권집중을 실현시키고자 하는 조직적인 지배력을 행사함으로써 자유민주헌정질서를 위태롭게 하는 것이라고 정의함이 마땅하다고 하여야 할 것이다.

이와 같은 해석은 59년 형상 559호 대법원 판례를 위시하여 많은 판례가 합헌적 절차를 인정하고 무력에 의한 정치변혁을 시도하지 않는 것이면 그 어느 것도 국가변란의 목적이 있다고 할 수 없다고 누누이 판시함으로써 그 해석기준을 굳히고 있는 터이다.

특히 그중 59년 형상 559호 사건에서는 정권 쟁취를 목적으로 하는 정당이 "우리는 근로자 농민을 중심으로 하는 광범한 근로대중을 대표하는 주체적 선진적 정치적 집결체이며 변혁적 주체적 세력의 적극적 실천에 의하여 자본주의를 지양하고 착취 없는 복지사회를 건설하여야 한다"는 취지의 혁신정치이념을 정강정책으로 내걸고 정치활동을 하는 경우도 그 정당이 우리나라의 헌정하에서 합헌적 평화적 방법으로 그 정치목적 실현을 기도하고 북한정권과 관련을 맺는 것이 아니면 반국가단체가 될 수 없다고 명백한 판시를 하고 있고(후술 74도3323호 보충의견 참조) 더욱 그 판례는 그 당시 6.25사변의 전화 마무리도 미처 다 되지 않고 세계 냉전기류의 대세 속에서 남북대치 상태가 험악한 정세 아래서 내려진 판례임을 주시할 필요가 있다.

또 1975. 4. 8. 선고 74도3323호 판례와 1982. 6. 8. 선고 82도660호 판례는 적어도 국가보안법상의 반국가단체가 되려면 공산혁명이 아닌 경우에는 정부전복뿐 아니라 정부전복 후의 새 정부 수립에 관한 구체적인 구상사실을 목적으로 하였느냐의 점에 관한 사실을 확정지어야 한다라고 판시하고 있고, 위 74도3323호 판례의 보충의견은 국가보안법상의 반국가단체는 자유민주정체를 부정하는 정부수립 목적이 있어야 한다고 판시하고 있다.

요컨대 반국가단체는 합헌적 절차에 의하지 않는 수단 방법으로 자유민주주의 정치체제를 전복하고 그와 양립할 수 없는 정치제도 수립을 기도하는 결사나 집단이어야 할뿐더러, 정부의 전복계획과 정부가 전복된 후 새로 수립할 정부조직에 관한 구체적인 구상이 확정되어 있는 결사라야 한다고 말할 수 있다.

그리고 정부전복 계획과 정부전복 후 새로운 정부수립에 관한 계획은 다 같이 확정되어야 한다 함은 적어도 상당한 개연성이 있어야 한다는 뜻으로 풀이하여야 할 것이다. 따라서 원론적 이념적인 것에 불과하고 구체적 실행방법이 결여된 것이거나, 혹은 실행계획이 확정된 상태에 있다고 하더라도 그것이 실현 가능성이 희박한 것이라면 그것은 반국가단체라고 할 수 없다 함이 위 각 판례의 취지라고 할 것이다.

2. 그런데 원판결은 피고인 이태복은 피고인 이선근과 공모하고, 피고인 이선근은 피고인 이덕희, 홍영희, 박문식과 순차 공모하여 민주학생연맹이라는 반국가단체를 구성하고, 피고인 이태복은 민주노동연맹이라는 반국가단체를 구성하려다 미수에 그쳤다는 범죄사실을 인정하였다.

이제 원판결이 인정한 민주학생연맹의 내용을 간추려보기로 한다.

ㄱ. 민주학생연맹이라는 단체가 무엇을 하기 위하여 조직되었는가 하는 것은 원판결이 인정한 그 연맹의 규약내용에 의하여 분명하게 밝혀져 있다.
  그 규약내용은 원심판결 시 237정부터 247정 7행까지에 그 전부가 수록되어 있다.

동 규약은 그 단체의 목적과 그 단체가 할 일을, 그 전문에서 "광주시민의 민주항쟁을 유린하고 등장한 독재정권은 한국사회를 정치적 억압과 경제적 빈곤의 파국으로 몰아가고 있다. 기만과 폭력에 가득 찬 현 정권에 저항하는 민주적인 모든 운동을 탄압하고 특히 가장 기초적인 양심과 학원의 자유마저 빼앗아가고 있다. 이러한 민족적 일대위기 앞에서 우리 청년학도는 학원의 자유와 사회의 민주화를 위해 한국민주주의의 보루로서 기만과 폭력에 가득 찬 현 정권의 위기를 심화시켜 민주화의 열기를 불태워야 할 것이다.

지난 80년대 초반의 학생운동은 조직적이고 통일적인 투쟁의 필요성을 주었다. 따라서 우선 문제를 가장 첨예하게 인식하는 민주학생이 조직되어 학생운동의 고립 분산성을 극복하고 학생대중의 열기를 융합하여 발전되어야 할 것이다."(동 p237)라고 함으로써 단체의 목적이 비민주적이고 기만, 폭력에 의한 독재정권인 현 정권의 위기를 심화시키고 민주화의 열기를 불태우기 위함이라고 명시하고, 이 조직은 "지난날의 학생운동의 고립 분산성을 극복하여 통일적이고 조직적인 운동을 하기 위함"이라고 선언하고, 제2조에서 "……학원의 민주화와 사회의 민주화를 달성하는 데 그 목적을 둔다"고 그 목적을 명시하고 있다.

ㄴ. 그리고 위 연맹을 조직하기 위하여 접촉하고 준비한 과정은 원판결서 피고인 이선근에 대한 범죄사실 중 213정부터 236정까지와, 피고인 박문식에 대한 289정부터 309정 1행까지와, 피고인 이덕희에 대한 356정부터 367정 5행까지와, 피고인 홍영희에 대한 379정부터 388정까지에 판시되고 있는바, 그것을 요약하면 현 정권의 비민주성을 검토하고 그것을 타도하고 민주화를 위해 일할 당위성 등을 논의하는 토론회를 가진 것들이 그 전부이다.

(물론 원판결의 위 설시 중에는 군데군데에 사회주의사회 실현, 혹은 궁극적으로는 폭력에 의한 정부 전복공모 운운의 설시가 있으나 이는 1심 이래 피고인 등이 전부 부인하고 있는 부분이다)

ㄷ. 그 연맹을 조직한 후에는 그 연맹원들이 한 일은 원판결서 피고인 이선근에 의한 247정부터 283정까지와, 피고인 박문식에 대한 309정부터 353정까지와, 피고인 이덕희에 대한 367정부터 373정까지와, 피고인 홍영희에 대한 389정부터 392정까지에 그 전모가 판시되고 있다.

그 주된 내용은 20차에 걸친 그 연맹조직상의 중앙위원회를 개최하여 토론한 사실과 그 토론한 내용은 반정부시위나 집회를 한 학생들의 활동에 대한 반성과 분석 그리고 정보교환한 것 등이 그 전부임을 알 수 있다.

ㄹ. 그러므로 원판결이 인정한 반국가단체라는 민주학생연맹은 그 설립을 위해 준비한 내용, 그 설립목적, 그 설립 후에 실제로 한 일이 한결같이 비민주적인 현 정권의 실태를 사회에 고발하여 일반국민에게 그 독재의 정체를 알린다. 그리하여 현 정권을 괴롭힌다. 그러면 현 정권은 진정한 민주정치를 안 할 수가 없고, 그렇게 되면 위 연맹은 할 일을 다 한다고 하는 것이 원판결의 위 인정사실에서도 역력히 드러나 있는 것이다. 그렇다면 이 단체는 진정한 자유민주주의 정치실현을 위해 조직되고 또 그것을 위해서 일한 것이 명백하다. 그리고 그 밖에 그 조직 내용에서나 실제 행위한 내용에 헌정질서를 거부하고 국가의 안전을 위태롭게 할 것을 목적하였거나 기도한 일은 단 한 가지도 인정된 바 없다. 그리고 정부타도 방법은 평화적 시위에 의한 자진 퇴진이고, 그 이후 새로 수립할 정부에 대한 구상은 아무것도 없음이 분명하다.

따라서 원판결이 인정한 이상 사실로는 이 연맹을, 반국가단체에 대한 위 1항 법리에 비추어 이를 반국가단체를 인정할 수는 도저히 없는 일이다.

만일 법원이 현 정권을 완전하고 진정하게 성립된 민주정권이고, 또 하는 일이 기만, 폭력이 아닌 민주정치를 하는 정권이라고 판단하고 있기 때문에 위 연맹이 현 정권을 비민주적 정권이라고 규정한 것이 옳지 못하다고 보인다고 하더라도 위 연맹을 반국가단체로 인정할 수는 없다. 그 이유는 민주정권은 기본적으로 반대세력과의 공존이 허용되어야 하는 것이고, 반대세력은 집권세력이 항상 대화와 설득으로 자기 세력으로 전환시킬 수 있는 가변적 세력이므로 반대세력은 다양성을 본질로 하는 민주정권 구성의 본질을 이루기 때문이다.

ㅁ. 그럼에도 불구하고 원판결은 민주화와 진정한 자유확보를 위해 일하자고 단체를 구성하고 또한 그것을 위해 일한 것을 가지고 반국가단체구성죄를 인정하였으니 실로 아연하다는 말 이외에 할 말이 없다. 우리의 국가보안법은 위 1항에서도 설명한 바와 같이 분명히 일체의 반대세력에 의한 정부 비판을 불허하는 공산독재정치세력에 의한 우리의 민주정치체제의 침범을 방지하여 우리의 자유와 생존을 확보하기 위하여 우리가 가지고 있는 법규인 것이다. 그런데 이 나라의 자유확보와 사이비 민주주의가 아닌

진정한 민주주의를 하자고 설립하고 활동한 단체가 그것을 보장하자고 존재하는 법규인 국가보안법상의 반국가단체로 인정되는 것이 용인된다면 한 사건의 오판문제가 아니라 나라 근본에 대한 비극이 아닐 수 없는 일이다.

ㅂ. 만일 원판결이 위 연맹의 조직 내용이나 실제 활동한 내용의 이상 인정사실을 반국가단체로 인정한 것이 아니고 그 모두 설시의 피고인 등의 주관적 요건 사실을 실현하는 방법으로 이상 사실(민주화활동)을 하였다고 사실을 인정하고 반국가단체로 규율한 취지일지도 모르므로 그 점을 살피기로 한다.

(ㄱ) 피고인 이태복은

○. "한국민족주의의 당면과제는 첫째 소외된 민중의 주체적 역사참여, 둘째 매판세력에 의한 복고적 민족주의의 극복, 세째 민중문화의 현대적 계승 발전에 있다고 판단함과 동시 소외된 민중 즉 피지배계급이 바로 역사의 주체가 되어야 한다고" 생각하고 대학에 진학하였다.(판결서 p76)

○. 그 후 사적 유물론을 신봉하고, 자본주의경제를 극복하기 위하여는 사유재산제를 폐지시켜 노동자국가 내지 공산주의사회를 실현시키는 길밖에 없고 그 실현을 위하여 대중의 의식화, 의식화된 대중에 의한 조직기반 형성, 노동자들이 중심으로 된 노동운동이 주가 되고 학생운동은 노동운동의 보조집단으로서 문제제기집단으로 행세하여 먼저 학생운동으로 사회혼란을 조성한 후 노동자들이 민중운동의 주체집단으로서 혁명주체가 되어 폭력혁명으로 현 정부를 전복시키고 노동자, 농민, 소시민 등으로 구성된 민중정권을 수립…… 공산주의사회를 실현시켜야 한다고 생각해왔다. (동p77-78)

○. 노동자집단은 이를 직접 조직키로 하였으나 학생집단은 일반학생들에게 학생운동의 순수성을 가장시키고……다른 재학생을 내세워 이를 조직하는 것이 옳다고 판단하고 (동p78)

○. 피고인 이선근에게 공산주의사상을 주입시켜 함께 반국가단체인 학생조직을 구성할 것을 마음먹고(동 p78)

○. 동 이선근에게 공산주의사상을 교양하는 과정에 폭력테러 불가론(동p79) 반미구호 불가론(동p82) 등 사상을 교양, 동 이선근의 동의를 받아 혁명주체집단의 보조집단이고 문제제기집단인 민주학생연맹을 전시 ㄱ, ㄴ, ㄷ 항과 같이 조직활동하여 반국가단체를 구성하였다.

(ㄴ) 피고인 이선근은

○. 자본주의체제의 모순, 사회주의의 우월성, 학생 및 노동자 조직의 필요성, 혁명적 방법에 의한 사회주의국가 건설 등에 대한 교양을 받고 학생집단이 문제제기집단으로서 학생운동을 기폭제로 하고 노동자집단 내지 민중집단은 문제해결집단으로 하여 민중혁명을 일으켜 현 정부를 타도하고 사유재산제가 폐지된 노동자사회 내지 사회주의국가를 건설하여야 한다고 생각해오던 중(동p212-213)

○. …다른 대학생들을 끌어들여 사회주의혁명을 위한 학생단체를 조직할 것을 마음먹고 있었다.(동p213)

(ㄷ) 피고인 박문식은

○. 우리나라는 권력과 부가 소수의 손에 집중되고 다수의 대중이 가난과 핍박 속에서 신음하고 있으며 이러한 대중을 위하여서는 자신이 대학생으로 가지는 기득권을 포기하지 않을 수 없다고 결심하고(동p287)

○. 유물사관을 신봉하게 되고, … 공평분배가 이루어지는 사회주의사회가 실현되어야만 해결된다고 망상하고(동p288)

(ㄹ) 피고인 이덕희는

○. 노동자, 농민들을 해방시켜 그들의 창의력을 바탕으로 한 한국적 특성에 맞는 산업을 발전시키고 생산된 잉여경제의 해외유출을 막고 생산된 부가 국민 모두에 골고루 분배될 수 있는 사회주의국가를 건설하는 것이 옳다는 생각을 갖게 되고(동p356)

○. 사회주의 폭력혁명을 동시에 달성하는 것이 옳은 방법이라고 생각해오던 중 (동p356)

(ㅁ) 피고인 홍영희는

○. 우리나라와 같은 후진국은 선진자본국에 철저히 예속되어 그들이 소위 국내 팟쇼집단과 함께 민중의 노동력을 수탈함으로써 민중은 이중의 착취 속에 허덕이게 된 상태에 있다고 독단하고 (동p378)

○. 이상적인 사회주의국가가 실현될 것이라는 맹신 아래(동p378)

민주학생연맹을 조직하였으므로 반국가단체이다라고 하는 것인지 모르겠다.

ㅅ. 물론 피고인 등이, 대학교 진학 전후하여 유물사상이나 공산주의사상을 포지하고 그

사회실현을 마음으로 바라고 있었다고 하는 것이 전연 허구한 것이고, 검사의 근거 없는 일방적 단정행위에 불과한 것임은 다음 다른 상고이유에서 밝히기로 하거니와, 설사 원판시 내용대로 피고인들의 머릿속에 그런 생각이 있었고, 또 그 판시내용대로 학생연맹이 사회혼란을 조장하여 사회혼란 상태가 생기고, 그 혼란상태를 혁명주체세력인 노동자집단이 이어받아 공산주의혁명의 성취를 기도할 예정으로 있었다고 하더라도 학생연맹이 하는 일은 민주화를 요구하고, 반미구호도 쓰지 않고 폭력이나 테러도 배제하기로 하였다는 것이므로 그 결과 일어나는 이른바 혼란은 결국 비민주적인 여러 현상이 민주화되기 위한 현상에 불과한 것임은 논리의 순서와 사물의 이치상 더 의심둘 바가 없는 일이다. 따라서 그 사회혼란은 국가의 진실한 안정을 위한 진통일 것이며, 그러한 진통은 국가의 안전에 보탬을 주는 일일지언정 위태롭게 하는 일이 될 수 없음은 자명한 일이다.

그러므로 그 학생연맹의 활동 단계에서는 반국가적 사태가 생길 수 없음이 논리상, 명백한바 있다.

따라서 위 원판결 인정내용을 그대로 받아들인다고 하더라도 그 연맹이 반국가단체가 될 수는 도저히 없는 일이다.

형사처벌의 대상이 되는 범죄행위의 성부는 외부에 표출된 행위에 의해 결정되어야 하는 형사법상의 대원칙을 제쳐놓고 말하더라도, 피고인들의 내심이야 공산주의사회 실현에 있었든 말았든 그 실현을 위해 한 일의 결과나 내용은 민주화되는 것밖에 다른 것이 있을 수 없으면 그 행위결과는 범죄가 될 수 없음이 자명한 이치에 비추어도 이 연맹은 반국가단체가 될 수 없는 일이다.

3. 다음 피고인 이태복이 반국가단체를 구성하려다 미수에 그쳤다는 민주노동연맹에 대해서 살펴보기로 한다.

원판결이 인정한 민주노동연맹에 관한 사실은, 79. 10. 26. 박정희 대통령 피살사건 후 유신체제 종식에 의한 각계에서 일어났던 민주화열풍에 맞추어 유신체제하에서도 유독 억압을 받고 있던 노동계의 비민주성을 타파하고 노동자의 권익옹호를 위하여 그간 이 조직 중에 있던 각 기업체의 노동조합결성운동, 기 조직 노동조합의 어용성 배제와 진정한 노동자의 대표에 의한 노조장악, 최저임금제의 법제도 추진 등 문제를 외부세력의 지원 없이 오직 노동자 자체의 힘으로 주체적 해결을 하는 운동을 전개하기 위해 동지를 규합하고, 그 대책을 의논하는 일을 당시 계엄하에서 계엄당국의 허가 없이 집회하였다는 것이 그 인정사실의 대부분임은 원판결 96정 이하 204정까지의 인정사실 내용에 의하여 명백하다. 그런데 원판결이 이 사실에 반국가단체구성미수죄를 적용하였는데, 이는 피고인 이태복이 위와 같은 민주노동연맹의 사업목적인 노동운동이 결실되면 그때에 가서 이를 혁명집단으로 전환할 생각을 가지고 그 인정내용과 같은 일을 하였다는 취지로 사실인정을 한 것으로 보인다.(사실 원판결 설시 내용으로는 그 점도 불명확하지만 그렇게라도 해석하지 않으면 달리는 그 뜻을 알아내기 어렵다)

그러나 이 점에 관하여서도 위 2항에서 본 바와 같이 피고인 이태복의 그 머릿속 생각을 그렇게 단정할 근거도 없거니와, 그 머릿속이 그렇다고 하더라도 그가 한 민주노동연맹 결성과 그 운동 내용은 민주국가에서 아니 우리 헌법상에도 보장되어 있는 근로자들의 권익보장을 위해 일한 것이고, 특히 유신기간 중 억압되어 있던 노동자의 권익을 알차고 질서있게 회복하기 위한 민주화운동을 한 것에 불과한 것이고 보면 그 운동이 반국가단체 구성을 위한 준비과정이라고 볼수 없음도 위 2항 1.에서 설명한 바와 같으므로 여기에 재론을 피하고자 한다.

4. 그렇다면 결국 원판결은 국가보안법상의 반국가단체에 대한 법리를 그릇되게 이해하여 그 단체가 될수 없는 것을 그 단체로 규율한 위법을 범하였다고 아니할 수 없는 것이다.

제2점 원판결은 증거능력이 없는 증거를 증거로 채택하고, 또한 채증법칙을 위배한 증거취사와, 증거 없이 범죄사실을 인정한 위법을 범하였다.

1. 원판결은 이건 범죄사실을 인정한 증거표목을 나열하고 있는 바, (동 589정과 590정 11행) 이 중

"원심공판조서 중 증인 김연기, 이연미, 문은희, 김종삼, 조진원, 동인규, 김진모, 김성신, 우명숙, 김선주, 서재덕, 조승혁, 임종철의 각 증언 중 판시사실에 일부 부합하는 각 진술기재"라고 되어 있는 증거내용은 1심 공판조서 및 증인 조승혁에 대한 원심 공판조서에 의하여 이 증인 등의 증언내용을 보면 그중에 피고인 등이 반국가단체를 구성하고, 혹은 구성하기 위하여 또는 북괴를 찬양 고무 동조하기 위하여 무슨 행위를 하였다고 볼 진술부분은 아무것도 없음이 명백하다. 이들은 각 그 증인들과 관련된 어느 회합 혹은 토론내용 등에 관해 민주화를 위해 토론하고 회합한 것, 혹은 책의 내용에 대한 평가(그것도 검사 주장과는 상반되는)가 고작이다.

그러므로 이 증거들은 범죄사실을 인정할 증거가 될 수 없음은 말할 것도 없고, 오히려 피

고인 등의 변소내용을 입증해주고 있는 것이다.

그리고 그다음에 이 증인들에 대한 검사나 사법경찰관 사무취급이 작성한 진술조서와, 이들이 수사기관에 제출한 자술서를 증거로 들고 있는데 이것들은 원심 법정에서 이 증인들이 (원진술자) 법정증언내용과 다른 진술조서 내용은 그러한 진술을 한 일이 없다고 말했고, 자술서는 수사기관에서 요구하는 내용대로 본의 아니게 작성해준 것임을 이구동성으로 진술하고 있음이 1심 공판조서 내용에 의하여 분명한 바 있으니 이것들 역시 증거능력이 전연 없는 것들임은 법률상 의심 둘 바 없다.

그리고 공소 외 박성현에 대한 수도군단 보통군법회의의 판결이나 그 공판조서 내용은, 첫째로 위 판결이 판단문서로서 증거가치가 있을 수 없음은 법률상 명백하고, 그 공판조서 내용은 동 박성현 역시 용공성과 반국가단체성을 극구 부인하고 있으므로 그 조서내용에 이 건 범죄사실을 인정할 내용은 아무것도 없다.

다음 압수물 등 민주학생연맹의 규약이나 회의록 내용은 앞서 상고이유 제1점에서 본 바와 같이 오로지 민주화 추진 내용을 기록한 문서들이므로 그것은 반국가단체성을 부인할 유력한 증거이므로 그것이 유죄증거가 될 수 없음은 자명한 일이다.

그런데 원판결은 위의 증거들 외에 원심 공판조서 중 원심 증인 홍지영의 판시사실에 부합하는 진술기재 부분을 증거로 인용하고 있다. 이 증인의 증언은 실제 진술한 내용의 상당부분이 위 조서에 기재가 누락되어 있으나, 그러나 그 기재내용만을 가지고 보더라도 이 증언을 채택한 원심의 처사는 유감스럽기 짝이 없는 일이다. 이 증인은 장영자사건에서의 공범 이철희가 다녔다고 하는 일본 나까노학교라는 정보원 양성학교를 졸업하고, 일본제국주의를 중국 대륙에 부식시키기 위한 상해동문대학이라는 일본의 대륙침략전략을 전공하는 학교에서 수학한 후 정보계통에 종사하다가 현재 내외문화연구소라는 반공정보계통 업무에 종사하는 사람으로, 그는 스스로 그 정체의 노출을 막기 위해 이름을 5종류로 쓰고 있고, 어느 학자든 "북괴"가 아닌 "북한"의 용어만 쓰면 용공분자라고 하고, 그럴 정도로 반공병에 걸린 광적인 사람이다. 그는 현직 문교부장관이 이념비판교육을 실시한다고 하자 이규호가 용공분자라고 북한이라는 잡지에 두 차례에 걸쳐 소위 논문을 게재한 바도 있다. 뿐만 아니라 신도성이라고 하는 반공학자에 대해서도 똑같은 주장을 하여 신도성은 그를 가리켜 반공을 직업으로 하는 광적인자라고 논문을 발표한 사실이 있다. 이상 사실은 1심에서 변호인이 제출한 논문에 표시되어 있고, 나머지 사실은 원심 공판조서에 기재되어 있다.

그러므로 1심 판결은 이 증인의 증언을 채택하지 안 하였던 것이다.

(1심 판결 참조)

그런데 원심은 이러한 자의 증언까지를 취사하고 있으니 체증법칙을 논하기에 앞서 나라의 장래가 근심되지 않을 수 없다.

그리고 오직 이 사건에서 증거의 핵심은 피고인들에 대한 검사작성의 피의자신문조서의 증거능력 유무와 그 능력이 있다면 그 증거가치에 관한 것이고, 압수물 중 피고인 등이 읽었거나 출판하였거나 혹은 가지고 있었던 책의 평가에 관한 것뿐이라고 말할 수 있다.

2. 형사소송법 제312조는 검사작성의 피고인에 대한 피의자신문조서는 공판기일에서 피고인의(원진술자) 진술에 의하여 그 성립의 진정함이 인정된 때에 한하여 증거로 할 수 있음을 규정하고 있다. 그러므로 공판기일에 피고인이(원진술자) 그 조서내용과 같은 진술을 한 일이 없다든가, 혹은 진술내용을 읽어보거나 확인함이 없이 서명날인하였다든가 하면 그 진정성립이 인정될 수 없음은 법문상 명백하다. 따라서 이 규정은 그 조서에 피고인이 한 서명날인을 인정하는 것만으로는 진정성립이 인정될 수 없는 것이다. 특히 위 법조 후단에 "다만 피고인이 된 피의자의 진술을 기재한 조서는 그 진술이 특히 신빙할 수 있는 상태하에서 행하여진 때에 한하여 그 피의자였던 피고인의 공판준비 또는 공판기일에서의 진술에 불구하고 증거로 할 수 있다"는 규정의 취지로 보아 더욱 위의 해석은 명백한 바 있는 것이다.

그런데 이 사건에서 피고인 등은 각 공판기일에서 그들에 대한 피의자신문조서를 검사가 작성할 때 조서 기재내용과 같은 문답을 한 바가 없었고, 검사가 사법경찰관 사무취급이 작성한 의견서 내용에 따라 스스로 묻고 대답을 하면서 그 내용을 입회서기도 없이 타자수가 받아서 타자를 하고, 혹은 검사 스스로 타자를 하고 나서 서명날인을 요구하기에 몇 차례 그 내용이 사실과 다름을 진술하였으나 피고인들은 그들의 요구가 도저히 받아들여질 수 없음을 주위분위기로 살피고 어차피 문답이 없었던 것이므로 그 사실을 법정에서 밝히고자 그 서명날인을 한 것에 불과하다고 진술한 바 있고, 검사 또한 자문자답을 하면서 타자하거나 타자시킨 사실을 다루지 아니하고 다만 그 내용을 피고인 등에게 확인시켰다고 하였음은 원심 공판조서 기재내용과 아울러 원심 법정에 현저한 사실이었다. 그렇다면 이들 조서는 진정성립이 인정되지 않 한 것들임은 위 법문상 분명한 일이다. 그러므로 위 조서가 증거능력이 생기려면 위 법문 후단의 규정에 의하여 특히 신빙할 수 있는 상태에서 위 조서가 이루어진 점에 대한 검사의 입증이 있었어야 할 일인데 원심 공판절차에서는 그러한 입증이 없었던 것이다.

설사 이 점에 대한 법률적 견해를 달리한다고 하더라도 모든 조서는 그 진술내용이 진술자의 임의로 된 것이 아닌 것은 증거로 할 수 없고, 그 임의성은 증명되어야 함이 같은 법 제317조 1, 2항에 규정된 바와 같고, 특히 "피고인의 자백이 고문, 폭행, 협박, 신체구속의 부당한 장기화 또는 기망, 기타의 방법으로 임의로 진술한 것이 아니라고 의심할 만한 이유가 있는 때에는 유죄의 증거로 하지 못한다"고 같은 법 제309조는 규정하고 있다. 그런데 이건 피고인들의 법에 의한 구속은 1981. 7. 23.이다.(공소장 참조) 그런데 피고인 이태복은 1981. 6. 10.부터, 이선근은 1981. 6. 15.부터, 피고인 박문식, 이덕희, 홍영희는 각 1981. 6. 20.부터 사법경찰에 의하여 사실상의 구속상태에 있었을 뿐 아니라 말로 형언할 수 없는 고문을 당하면서 공산주의자가 되기 위한 공부를 하고 그것을 실천하기 위한 일을 하였다고 수사관들의 요구대로 진술을 하였고, 그러한 공포상태의 연장 속에서 검찰에 송치되어 앞서 말한 바와 같은 방법으로 검사의 피의자신문조서 작성을 하게 된 것이라고 원심 공판 시에 누누이 진술한 바 있었던 것이다.

그러므로 설사 위 피고인들의 진술중에서 피고인들이 고문당하였다는 사실을 배제한다고 할지라도 부당한 장기간의 구속상태 하에 있었음은 수사기록 중에 편철되어 있는 각종 조서와 수사보고서 등의 각 작성일자, 감정평가서 등의 일자 등 기재 내용과 법정에서의 상 피고인 등의 진술 등에 의하여 의심 둘 수 없게 되어 있다. 그렇다면 피고인들에 대한 검사작성의 피의자신문조서의 증거가치는 물론 증거능력이 법률상이나 이 점에 관한 대법원 판례, 특히 82. 5. 25. 선고 82도716 판례에 의하여서도 인정될 수 없음은 지극히 명명백백한 바 있다.

3. 더욱 위 상고이유 제1점에서 언급한 바와 같이 이건 공소사실은 외형상으로 나타난 그들이 말하고 실제 행동한 일은 그 전부가 현 정권의 비민주성, 기만성, 폭력성을 규탄하고 그것을 시정하여 참된 민주정치 실현을 위한 행동뿐이었음은 원판결 인정내용 그대로이며, 오직 이들의 생각, 마음속에 있는 것, 머릿속에 있는 것들이 용공적 아니 바로 공산주의사상 이었고, 그러나 그들이 외형상, 민주화운동을 한 것은 그 사상의 실천을 효과적으로 하기 위한 위장행위라고(위장행위는 공소장에도 원판결도 같이 인정하고 있음) 사실인정을 하고 있는 것이므로, 사람의 머릿속이나 마음속에 있는 생각은 발달된 현대과학의 기기로도 알아내지 못하는 오늘날 그것을 인정할 자료는 오로지 본인의 말을 믿는 외에 다른 길이 없음은 사리상 의문이 있을 수 없는 일일 것이다. 그렇다면 피고인들이 과거에 가지고 있었고 현재 가지고 있는 생각이 무엇이냐 하는 것이 운명을 좌우하는 이 사건에서는 그 진술자들의 진술이 얼마만큼 임의성 있게 되었느냐를 가리는 것이 심리의 핵심을 이루는 것이라고 할 것인데, 이 점에 대한 임의성은 전연 증명된 바 없을뿐더러 반대로 그 임의성이 전연 없었음이 입증되었다고 아니할 수 없는 것이다.

여기에 우리의 일반 경험칙을 통해보면 반공국가인 이 나라에서 사는 사람치고 공산주의

사상을 가졌거나 가지고 있으면서 그 주의를 위해 일한 사람이 그 내용을 수사기관에서 내가 공산주의자요 라고 말할 사람이 있다고 생각할 사람은 이 세상에 없을 것으로 안다. 항차 공산주의사상을 가져본 일도 없고 반대로 공산주의를 반대한다고 법정에서 당당히 진술하고 있는 피고인들이 고문이나 고문에 의한 심신쇠약이나 혹은 부당한 40여 일의 장기구속 상태에서 심신이 쇠퇴하지 않고 어떻게 내가 과거와 현재에 공산주의사상을 가졌다고 임의성 있는 진술을 한 것이라고 조서내용을 평가할 수 있단 말인가,

그런데 원심 판결은 "검사 작성의 피고인들에 대한 각 피의자신문조서의 진정 성립과 그 임의성에 관하여도 이를 다투나, 일건기록을 정사하여볼 때 피고인들은 여러 차례(특히 피고인 이태복, 같은 이선근, 같은 박문식, 같은 이덕희, 같은 홍영의에 대하여는 5회 내지 9회의 신문을 거쳤고, 그 주관적인 목적, 범의와 동기의 점에 관하여 마지막 신문 시 반복하여 확인하고 있다)에 걸쳐 신문한 바 있고 피고인 홍영희에 대하여는 변호인의 반대증거 제출의 기회가 보장되었으며 그 조서의 내용에는 피고인들이 자신의 범행사실을 일부 부인하고 또 변명하는 진술이 기재되어 있고, 피고인들이 조서의 말미에 각 서명 무인하고 간인한 바도 있는 등의 점을 보아보면 피고인들의 검찰에서의 진술은 특히 신빙할 수 있는 상태하에서 행하여진 임의의 진술임이 인정되고 달리 피고인들의 검찰에서의 각 진술이 임의성이 없다거나 임의성이 없는 진술이라고 의심할 만한 사유가 있다고 인정할 아무런 증거가 없으므로 이 점을 다투는 피고인들의 각 항소이유는 받아들일 수 없다"고 판시하고 있다.

도시 위의 원판결 판단은 법률과 시리를 도외시하는 마구잡이의 판단이라고 할 수밖에 없어 일일이 그 판단내용을 가릴 흥미도 없거니와, 최소한 임의성은 조서에 서명 무인, 또는 간인 여부와는 아무런 관련이 없음은 법리상으로나 사리상으로 명백한 일이고, 수사기관에서의 고문 결과 심신쇠약상태가 검사조사 시까지의 연장 여부와, 부당한 40여 일간에 걸친 장기구속상태가 기록상 명백한 것을 눈 감고 임의성 있는 진술을 의심할 증거가 없다고 판단한 것을 어찌 법률에 근거한 판단이라고 할 수 있겠는가, 만일 이 사건에서와 같은 상태에서 만들어진 검사조서가 임의성 있는 것으로 판단된다면 이 나라 백성은 고문에 의한 수사를 영원히 면치 못할 것이고, 영장에 의한 구속제도는 완전하게 빈 껍질이 될 수밖에 없을 것이므로 이후에 올 암담한 무법천지가 두렵지 않을 수 없다.

요컨대 피고인들에 대한 검사작성의 피의자신문조서는 어느 법리나 사리로 보아도 그 능력도 가치도 없는 것이라고 아니할 수 없는 것들이다.

4. 그다음에 원판결이 증거로 인용한 것 중에 피고인들이 읽었거나 출판하였거나 혹은 사

서 읽거나 혹은 읽기 위하여 가지고 있던 책들이 공산주의사상을 고취하거나 그 사상에 의거한 저술내용이라는 것을 전제로 하고 있는 것 같다.

무릇 어떤 사상에 관한 저술물이나 어느 사회현상을 이론적으로 평가 분석한 학술서적이든지 간에 모든 저작물은 그 저자가 직접 경험한 것이거나 다른 사람이 경험한 내용을 평가 정리한 것이나 그 저자의 지식 경험을 불특정 다수의 독자에 매개하여 독자의 동조를 구하기도 하고, 혹은 비판을 바라기도 하여 그 사상 그 학문을 통한 각 저작자 나름으로의 사회 기여를 기도하는 정신적 노작물이다. 그러므로 이러한 저작에 관한 권리는 독자가 있을 것과 독자의 자유로운 비판을 전제하지 아니하면 성립될 수 없다. 따라서 이러한 권리는 남의 것을 읽고 비판할 학문연구의 자유와 표리관계에 서 있다고 아니할 수 없다.

그런데 사람이 남의 저작물을 읽거나 혹은 연구내용을 듣고 스스로 자기경험을 비판 정리하는 것은 인간 내면적 인식능력이나 경험을 넓고 깊게 하는 작용인 때문에 그 자체가 외부로 표출되지는 않는 것이다. 그러므로 그러한 연구활동 자체는 인간 공동생활의 질서에 성질상 영향을 줄 수 없는 일이다. 오직 그 연구의 결과는 작위, 부작위를 통하여 외부에 표출시키고, 그 결과가 사회질서에 소극적 영향을 미칠 때에 비로소 문제가 생길 따름이다. 이와 같은 본질적 문제와 아울러 모든 사람 또는 한 민족의 생성 발전에 불가결한 학문과 예술의 자유는 자유민주주의 국가에서는 예외 없이 유보 없는 권리로 규정하고 있으며, 우리나라 헌법 또한 그에 따르고 있다.

그럼에도 불구하고 원판결은 피고인 등이 출판하고 혹은 책을 읽은 내용을 범죄행위로 규율하고 또한 그 내용을 범죄행위의 증거로 인용하고 있다. 이것은 앞서 말한 읽고 연구하는 자체가 사회생활에 영향을 미칠 수 없다는 본질, 즉 법률 이외의 영역을 법률이 간섭하고, 헌법상의 학문의 자유를 침해하는 위법을 범한 것이라고 아니할 수 없다. 뿐만 아니라 사람이 어느 학문 영역을 연구하려고 하면 그 주위 관련의 모든 영역을 연구하지 아니할 수 없는 것이고, 이러한 현상은 비단 학문연구뿐 아니라 현대와 같은 다양한 사회의 생활을 영위함에 있어서도 본질적으로 요구되는 현상인 것이다. 따라서 누가 공산주의 서적을 읽었다 하여 그 사람이 곧 공산주의자라고 단정하는 것은 이러한 본질을 무시한 야만행위가 아닐 수 없다. 항차 수많은 종류의 것을 읽은 것 중에서 그 어느 하나를 골라놓고 그것을 불온시하는 것은 더더욱 희화적 판단이란 비난을 면할 수 없을 것이다.

5. 뿐만 아니라 사람은 본시 각이한 개성을 가지고 있기 때문에 같은 현상을 보고도 그것을 평가 수용하는 내용은 같을 수도 있지만 상이할 수도 있음을 부정할 수 없는 것이다. 그러

므로 이 사건에서 압수된 각종 서적의 내용을 원심 재판부가 읽고 나서 그것을 읽은 사람이면 공산주의자로 인식되었다고 하여 그 재판부의 인식 내용이, 피고인들이 그것을 읽고 인식한 내용과 같을 것이라는 필연성은 전연 보장될 수 없는 일이다. 교양자의 내용에 필연적 보장이 설 수 없으면 그러한 증거취사는 논리칙에 반한 증거취사로서, 범죄행위는 엄격한 증거로만 인정되어야 한다는 형사절차의 원칙에 저촉된 무효한 것이라고 하지 않을 수 없는 노릇이다. 또한 원판결은 피고인 이태복이 출판한 서적 내용이 북한 공산집단을 이롭게 하는 내용의 것이고, 그러므로 그 피고인은 공산주의사상 포지자이고, 그가 한 행위는 공산주의사회의 실현을 위해 한 것이라고 단정하고 있다. 그러나 출판과 학문연구에 관한 위의 이론이 서지 않는다고 하더라도 그 출판물은 전부가 사실상 출판물 담당관서인 문공부의 공식 승인을 얻어 출판한 것이다.

그 내용은 피고인들이 법정에서 증거로 제시한 바도 있다.

출판단속이 법규상으로 불가한 것은 차치하고 사실상의 행정관행에 따라 출판한 서적을 문공부에 사전 신고하고, 그 검토 결과 출판을 허용하는 납본필증을 받아 출판을 하였고 현금까지 그것이 시판되고 있음이 입증되어 있음에도 불구하고, 원판결이 그것이 북괴를 이롭게 하였다고 인정하고 그 행위를 가지고 피고인을 공산주의자라고 하는 증거에 인용한 것은, 그 논리를 추구하면 이는 출판을 허용한 관서를 불법용공으로 단죄한 것이 되고, 사법의 행정화라는 결과가 되어 삼권견제의 원리를 이탈한 불법한 판단을 한 것이라고 비난하지 않을 수 없는 노릇이다.

6. 가사 위의 각 주장이 이유가 없는 것이라고 하더라도 유죄의 증거는 일반 논리칙과 경험칙에 합당한 것이 아니면 안 되는 것인데, 원판결은 이러한 원칙을 위배한 증거취사를 하고 있는 것이다.

ㄱ. 피고인 이태복은 민주학생연맹의 조직에 전연 관여한 일이 없음을 극력 주장하고 있다. 그가 그 주장을 뒷받침하는 자료로는 그는 80. 5. 초부터 노동계의 민주화를 위해 민주노동연맹을 결성하고 전국 각지를 돌면서 노동계의 민주화에 전심력을 경주하고 있었기 때문에 학생운동에 신경을 쓸 여유를 가질 수 없었다는 것과, 또 그는 평소 학생운동은 학생이, 노동운동은 노동자가 주체적으로 하여야 하고 다른 분야가 개입하여서는 안 된다는 지론을 확고히 하고 있기 때문이라고 하고 있다.

그런데 원판결은 그 이태복이 80. 5.부터 민주노동연맹을 결성하고 그 일에 몰두해온

사실을 전부 인정하고 있다.(원판결 96정 이하 204정까지)

그리고 그는 학생운동은 학생이 주체적으로 하여야 한다는 지론을 가지고 있었음도 원판결은 인정하고 있다.(동p78)

그러면서도 원판결은 이태복이 이선근을 시켜 민주학생연맹을 조직하였다고 인정하고 있다. 같은 방향의 운동이라고 하더라도 노동운동이 얼마나 어려운 일인가 하는 것은 노동자 계층의 낮은 학문 수준과, 계층의 다양, 하루의 삶과 일이 직결되어 있는 점, 지역적 산재 등 사정을 고려하면 용이하게 짐작할 수 있는 일이다.

그 일 하나만으로도 힘들 처지에 있는 그 피고인이 5.17계엄확대조치 후 사회적 여건이 경화된 상황에 있는 81. 3.에 다른 특별 사정 없이 또 다른 일을 벌였다고 사실을 인정하는 것은 건전한 경험칙상 쉽사리 이해하기 어려운 일이다.

ㄴ. 또 원판결은 피고인 이태복은 공산주의사회의 실현을 위한 방법으로 우리 현실 여건을 감안하여 외형은 철저히 민주화운동의 형식을 갖추어야 한다는 생각을 가지고 있었고, 또 그렇게 민주화를 외형적으로 강조하라고 지시한 것으로 판시하고 있다.(동 p44-18행 이하, p 87-15행 이하, p89-5행 이하)

그러면서도 이태복은 이선근을 위시하여 민주노동연맹 회원들을 만나서, 더욱 처음 만나서 인사한 사람에게까지 사회주의사회의 당위성과 그 실천이론을 누누이 교양한 사실과, 그러한 교양시간은 대체적으로 낮에, 그리고 그 장소는 예외 없이 불특정다수가 수시 출입하는 다방 혹은 대중음식점에서 이른바 불온한 책 내용에 관한 교양과 그 밖의 사회주의교양을 시켰다고 사실을 인정하고 있다. 우리나라와 같이 철저한 반공정책을 펴는 나라에서 30년을 살아온 사람이 계엄하에 있는 그 당시에 불특정 다수인이 모이는 곳을 골라 처음 만난 사람에게까지 사회주의 교양을 시켰다고 사실을 인정한다는 것은 이 나라 사람들의 일반적인 경험칙과는 너무나 거리가 먼 사실인정이 아닐 수 없다. 더욱 평소 사회주의 실현은 우리나라에서는 철저히 민주화운동의 형식을 갖추어야 한다는 생각을 가진 사람이 그랬다고 사실인정을 하고 있으니, 앞뒤의 논리가 안 맞아도 이렇게 안 맞을 수는 없다.

ㄷ. 다음 원판결은 피고인 등은 사회주의혁명을 실현하는 방법으로 학생집단은 문제를 제기하여 혼란을 조성하고 노동자집단은 그 뒤를 이어 일거에 혁명을 실현하는 기본집단으로 일을 추진하기로 하고, 그 기본집단인 민주노동연맹은 80. 5.에 결성을 하고 보

조집단인 민주학생연맹은 81. 3.에 조직을 한 사실과, 보조집단인 그 학생연맹은 조직 시기는 늦었어도 조직과 동시에 반국가단체의 실체를 완비하여 기수가 되고, 기본집단인 그 노동자연맹은 결성한 지는 1년이 넘었어도 반국가단체로까지 조직은 못하였다고 사실을 인정하고 있다.

대저 인간생활의 범백사에 기본이 되지 않고 보조행위가 되는 일은 없다고 하는 것을 우리는 건전한 경험칙으로 여기고 있다. 간단한 건축공사 하나를 하려고 해도 기초공사 없이 상부공사가 될 수 없고 외부공사 없이 내부공사를 할 수 없는 한 가지 예만 들어도 쉽사리 알 수 있는 원리이다. 그런데 항차 수천 년을 내려오는 정치, 경제, 사회제도를 변혁시킴에 있어 그 기본집단의 조직이 되지 않는 상태에서 보조집단의 조직을 완료하였다고 사실을 인정하고 있는 원판결의 논리나 경험칙을 우리는 도저히 이해할 길이 없다. 보조집단의 행위 결과를 이어받을 기본집단의 준비가 없이 혁명을 시도하였다면 그 자체로서 혁명은 당초부터 불능한 혁명을 시도한 것이라고 하여야 할 것이고, 그러한 혁명이 성공될 수 있다고 믿었다면 그 사람은 법률행위의 주체가 될 건전한 판단능력이 결여된 사람이라고 판단되어야 한다고 함이 만인의 경험칙에 합당할 것이라고 믿어진다.

그런데 원판결은 이것을 그대로 맞다고 하였으니 어찌 이것을 공권적 판단이라고 할 수 있겠는가?

ㄹ. 상고이유 제1점에서 반국가단체를 어떻게 규정할 것인가를 살핀 바 있다. 정부를 참칭하거나 국가를 변란할 목적으로 한 결사나 집단이 반국가단체라고 되어 있지만, 이를 다른 말로 표현하면 이는 국사범이다. 국사범이면 적어도 나라의 근본을 뒤바꾸겠다는 목적과 그럴 개연성이 어느 정도 구비되어 있는 상태를 칭해야 될 것이다. 일 좋아하는 몇 사람이 모여 정부를 참칭하고, 학생, 노동자 몇십 명이 몇 차례 회합하여 정부 타도를 의논했던들 한 나라를 지배하는 정부가 그 지배를 뒷받침하는 군사, 행정, 정치단체의 막강한 조직을 갖추고 있는 터에 쉽사리 동요될 수는 없는 일이다. 그러한 까닭으로 옛적부터 지금에 이르기까지 어떤 정치체제를 취하고 있는 정부도 항상 전통적인 어느 제도의 껍질의 타파를 시도하는 크고 작은 혁명세력을 안아오고 있으면서도, 그 세력의 크기나 그 기도의 내용이 상당한 성공 개연성이 없는 경우에는 그 원인을 살펴 정부 스스로 그 원인 제거에 노력하고 이를 순화 흡수하는 방향으로 시정의 요체를 삼아왔음은 인류의 역사가 증명하고 있는 터이다.

그것은 이러한 혁명 성공의 개연성을 무시하고 마구 이를 국사범으로 다스리는 것은 정부 존립의 정당성을 그 정부 스스로가 부정하는 결과가 되기 때문인 것이다.

그런 뜻에서 이 사건에서의 반국가단체라고 인정한 민주학생연맹의 실체를 보면 이 단체가 현 정부 전복을 성공할 개연성은 객관적으로 전무한 것이라고 보여진다. 이 단체는 정부의 비민주성을 학생들로 하여금 사회에 호소하게 하는 것을 그 사업목적으로 하고 있는 것이다. 우리나라 국민이, 가정 모든 학생이 일어서서 정부를 비난한다고 하여 정부의 처사가 옳고 학생의 비난이 글렀을 때 학생 편에 동조할 정도로 어리석을 수는 없다. 설사 온 국민이 동조를 한다고 가정하더라도 정부 스스로 그 비난을 받아들이지 않는 한 그 막강한 군사력을 가진 정부에 대처할 방도는 없는 것이다. 우리는 이러한 사실을 최근 세사에서도 수많이 보아왔다. 항차 위 민주학생연맹 관련 피고인들은 학생들이고, 이들은 그 호소를 함으로써 일은 끝나는 것이라고 말하고 있고, 또한 그간에 우리가 경험한 학생운동이 그러하였음을 보아왔다.

그렇다면 이들이 반국가단체라고 하더라도 그 목적을 달성할 개연성은 있을 수 없는 일이고, 원판결 설시대로 그 결과를 혁명 기본집단인 민주노동연맹이 이어받았어야 할 터인데 그 기본집단은 아직 반국가단체로 구성을 못하였으니 그 성공 개연성은 논리상 전무한 것이라고 하여야 할 것이다. 그런데 원판결은 이러한 사리에 눈을 감고 검찰공소를 그대로 받아들였으니 이는 판단을 한 것이라고 이름할 것이 되지 못한다고 할 것이다.

결국 원판결은 증거가 될 수 없는 것을 증거로 취사하고, 논리칙과 경험칙에 반한 증거취사를 하여 범죄사실을 인정한 위법을 범하였다고 아니할 수 없다.

제3점 원판결은 이유모순과 불비, 심리미진의 위법을 범하였다.

위 상고이유 제1점, 2점 각 항에서 설명한 바 있는 반국가단체라고 볼 수 없는 조직의 실체, 혁명 성공의 개연성, 기본집단의 미수와 보조집단의 기수, 민주화 위장과 사회주의 교양 실시의 모순성, 피고인에 대한 피의자신문조서의 증거능력과 증거가치에 관한 사실조사의 미비, 서적에 관한 출판,연구의 자유와 그 서적 내용에 관한 평가 등에 있어 논리칙과 경험칙에 엇갈리는 각 판단 등은 판결이유의 모순이거나 미비이며, 또한 그 상호 모순되는 현상의 심리를 다하지 못한 위법을 범하였다고 아니할 수 없다.

제4점 원판결은 국가보안법상의 수괴 및 간부임무종사죄, 회합죄, 편의제공죄, 금품수수죄, 같은 법 제7조 5항 1항 및 반공법 제4조 1항의 각 죄를 증거 없이 인정하였다.

1. 원판결은 피고인 등에 대하여 국가보안법상의 반국가단체구성죄를 인정하고 이태복은 동 단체의 수괴로, 이어 피고인 등은 동 단체의 간부로 각 그 임무에 종사한 죄와, 회합, 편의제공, 금품수수등 범죄를 인정한 바 있다.

그러나 이 피고인들이 조직한 민주학생연맹은 반국가단체일 수도 없고 또 그런 단체를 구성하였다고 볼 증거도 없다 함은 앞서의 상고이유에서 설명한 바와 같다. 따라서 반국가단체를 구성한 일이 없는 피고인들이 수괴나 간부의 임무에 종사할 수는 없는 일이며, 또한 그 구성원으로 회합하고 편의를 제공하고 금품을 수수할 수도 없는 일이다. 그러므로 이 점에 관한 원판결의 판단은 증거 없이 범죄사실을 인정한 결과가 된다고 하겠다.

2. 그다음 피고인들이 각 출판하고 소지한 출판물이 북괴를 고무 찬양 동조하였다고 인정한 점에 대하여 그 출판물의 성질과 그에 대한 법률적 규율에 관한 점은 상고 이유 제2점 4, 5항에서 상세히 언급한 바와 같은 이유에서 그 출판물들의 내용이 북괴를 고무 찬양하고 동조하는 것이거나 또 피고인들의 그 출판과 소지행위를 한 것이 북괴를 이롭게 할 목적으로 하였다고 볼 증거는 전무한 것이다.

따라서 이 점에 대한 원판결도 취소되어야 마땅하다. (이 점에 관한 판시는 82. 5. 25. 선고 82도716호 판례에 정면으로 저촉되는 판결이라고 아니할 수 없다.)

제5점 원판결에는 면소판결을 하거나 공소를 각하하여야 할 공소사실에 유죄판결을 한 위법이 있다.

1. 원판결은 피고인 등에 대하여 계엄하에서 당국의 허가 없이 집회를 한 사실에 대하여 계엄법 위반죄를 적용하였다.

피고인이 그 당시 계엄당국의 허가 없이 집회를 한 사실은 이를 인정하고 있는 사실이다. 그런데 그 계엄은 1979. 10. 26. 박정희 대통령이 피살되었다는 한 가지 사실만으로 선포된 계엄이었고, 그 선포 전후를 통하여 우리나라가 적의 포위 공격을 받는 일도 없었고 군사력이 아니면 질서유지를 할 수 없는 사회교란 상태도 없었음은 공지의 사실이었다. 뿐만 아니라 그 계엄선포 후 새로운 대통령이 선출되고 모든 국가기능이 정상화되었음에도 불구하고 그 계엄은 1981. 1. 26.까지 계속되었던 것이다. 따라서 이 계엄은 계엄선포에 관한 아무 요건도 없이 선포된 무효한 계엄이었고, 또한 부당하게 장기적으로 존속된 계엄이었다. 그럴 뿐 아니라 그 계엄하에서 이른바 유신독재체제를 타파하고 민주화운동을 전개하기 위한 모든 집회는 의당 당국의 허가 없이 허용된 것으로 일반화되었었고, 또 당국이 그것을 불허할 아무 명분도 실익도 없었던 것이다. 그런 상황에서 피고인 등이 학원과 노동계의 민주화를 위해 모이는 일을 당국의 허가를 얻지 않고 하였다고 하더라도 피고인은 일반적 세태에 따른 것이고, 거기에 계엄하에서의 질서위반을 할 인식을 가지고 있었다고 할 수는 없는 일이다.

2. 그런데 피고인 등은 그 당시에 그 사실로 문책된 바 없이 그 계엄이 해제된 후 반년이 지나 이 사실이 소추된 것이다.

위 계엄이 근원적으로 무효한 것임은 앞서 말한 바와 같거니와 그렇지 않다고 하더라도 계엄선포 후 계엄사령관의 특별조치에 위반한 경우를 처벌하는 것은 계엄하에서의 질서유지를 위한 변칙적 방법이므로 그 계엄이 해제되면 향후는 물론 과거 계엄하의 모든 조치도 효력이 상실될 것은 계엄포고의 잠정성 변칙성과 형사처벌 법규 해석의 불확대원칙 등에 비추어 의심 둘 바 없는 법리라고 할 것이다.

따라서 계엄하에 포고령 위반 사실이 계엄 당시에 기소되어 심리 중에 계엄이 해제되었다고 하더라도, 이는 범죄 후 법령의 개폐로 형이 폐지되었을 때에 해당하는 것이므로 면소판결을 할 사안에 해당하는 것이라 할 것이고, 계엄해제 후의 기소는 그 공소제기가 부적법한 것임이 뚜렷하다고 할 것이다.

3. 가사 위 법리가 이유 없어 계엄해제 후에도 계엄기간 중의 범행을 처단할 수 있다고 하더라도 위 계엄이 무효 또한 부당한 것은 차치하고 그것을 해제한 후에는 이미 모든 사회질서유지를 정상적 방법으로 처리하게 되었다는 것을 뜻하고, 일반 사회질서가 그렇다는 것은 과거의 그것도 또한 정상적 방법으로 처리하게 되었음을 뜻하는 것이라고 할 것이다.

그런데 피고인의 이건 사실이 그 당시 그런 일을 하는 사람은 누구나 당국의 허가를 받은 바 없는 일에 해당하는데 그 사실을 계엄이 해제된 후에 계엄법 위반으로 소추를 한다는 것은 검사의 소추권이 공권력의 행사이고, 공권력의 행사는 균형과 공익적 합리성에 적합하도록 행사되어야 하고, 그렇지 않는 공권력의 행사는 권리의 남용이라고 하여야 할 것이니, 그런 점에 비추어보면 이건 계엄법 위반 기소사실은 공소권의 남용으로 인정하여 이건 공소를 각하하는 것이 적법하다고 할 것이다. 그런데 원판결은 계엄선포 행위는 국가의 통치행위에 속하여 그 유무효는 사법심사의 대상에서 벗어나며, 계엄이 해제된 후라 할지라도 달리 계엄위반 행위의 처벌에 관한 특별한 조치가 없는 한 처벌하지 못한다고 할 수 없다고 가볍게 판시하고 있다. 그러나 이는 바른 판단이라고 할수 없으므로 원판결은 수정되어야 마땅하다.

제6점 원판결은 피고인 이태복에 대한 양형을 심히 가혹하게 하였다.

1. 가사 위 상고이유의 일부나 전부가 이유가 없어 공소사실 일부 또는 전부가 유죄로 인정된다고 하더라도 원심양형은 실로 온 세상이 깜짝 놀랄 만큼 가혹하다고 아니할 수 없다.

위 각 상고이유에서 여러 가지 각도로 이 사건 본질을 설명한 바에서 알 수 있는 바와 같이 설사 피고인이 내심은 공산주의나 사회주의 사회 건설을 위해 행위를 하였다고 하더라도 실제로 한 일은 전부가 현 정권의 비민주성을 지적하며 진정한 민주화운동을 한 것에 불과함은 위에서 누누이 설명한 바와 같다. 따라서 그 결과는 민주화를 촉진하게 될 것 외에는 더 달라질 것이 없을 것임은 논리상 당연한 귀결이다.

그러므로 현 정권이 피고인들이 지적한 비민주적 요소를 자인하고 수정하면 그것으로 끝나는 일이고, 피고인 지적이 사실과 다르면 설득 이해시키면 그것으로 그만일 일에 불과한 것이다.

또 앞서 상고이유에서도 언급한 바와 같이 피고인이 하는 일을 끝까지 수행했다고 할지라도 현 정권이 전복될 개연성은 만분의 하나도 없는 사안일진대, 민주, 정의, 복지와 탄압으로부터의 해방을 시정목표로 삼고 있는 현 정권을 설사 아무 근거 없이 비난하는 결과가 되었다고 할지라도 현 정권은 그 스스로의 정당성과 그 선포한 시정목표의 진실성과 성의를 국민에게 공약하는 구체적 표징으로서도 최대한 관대한 처우를 하는 것이 현 정권 스스로의 이익을 위해 합당한 것이라고 보아야 할 것이다.

2. 더욱 이건 사안을 보면 피고인은 최고 학력을 가지고서도 일반인과 같은 자신의 권세와 부와 명예를 위해 일할 것을 생각하지 안 하였다.

그들은 오늘의 노동운동이 노동자의 권익 옹호가 아니라 노동자의 생존권 보호라고 보았다.

그리하여 그들 스스로 노동자의 체험을 쌓는 것을 주저하지 안 하였고, 그들과 인간적인 아품과 슬픔과 즐거움을 나누는 생활에 인색할 줄을 몰랐다. 그리고 그들은 이 사회가 진정한 민주적 평화를 성취하기 위하여는 가난하고 억압받는 소외계층이 스스로의 힘으로 자기 이익을 도모할 수 있도록 깨어서 일어서야 하고, 그래서 그들이 스스로의 힘으로 자기 권익을 옹호하게 될 때에 그 목적을 달성할 수 있다고 판단하고 그 일을 위해 헌신적 노력을 기울였던 것이다.

  가사 피고인이 하는 이런 일의 그 궁극적 목표를 현 정권의 목표와 상충되는 데에 두었다고 하더라도 그 일의 결과는 현 정권이 내세운 복지행정의 목표가 진실한 것이라면, 이들이 한 일은 바로 현 정권의 그것에 기여한 바가 컸다고 보아지는 것이다.

  3. 사안이 그럴진대 특히 제삼부에 있는 사법기관에서는 결과적으로 국민과 정부와 의견충돌에 불과한 이 사안에 대하여 그것을 조화시켜 다 같이 화합을 되찾을 수 있는 방향으로 양형을 하는 것이 바른 국가관을 가진 사법부의 태도라고 할 것이어늘 원심판결은 무기라는 어느 흉악무도한 범인에 대하여 내리는 것과 같은 양형을 하였으니, 이는 실로 온 세상이 놀랄 일이 아닐 수 없는 것이다. 진정한 화합과 나라의 장래를 생각하여 원심판결 양형이 대폭 수정되어질 것을 기대해 마지않는 바이다.

1982. 8.   .

피고인들의 변호인
변호사 이돈명
변호사 황인철

대법원 귀중

사 건 : 82도 1847호 국가보안법위반

피고인 ⑴ 이 태 복

　　　 ⑵ 이 선 근

　　　 ⑶ 박 문 식

　　　 ⑷ 이 덕 희

　　　 ⑸ 홍 영 희

상고이유서

피고인 전원에 대한 상고이유

(제1점) 원심판결은 증거의 가치판단을 잘못했거나 아니면 임의성이 없는 증거를 증거로 채택한 체증법칙의 잘못을 범하여 사실을 잘못 인정한 위법을 범하고 있습니다.

1. 원심에서 피고인들이 진술의 임의성을 다루었음에도 불구하고 그 주장을 가볍게 배척하고 피고인들을 유죄로 인정하는 증거로서 또다시 검사작성의 피고인들에 대한 피의자신문조서를 증거로 들고 있으나 검사의 피고인들에 대한 피의자신문조서도 피고인의 임의진술에 따라 사실 그대로 작성된 것이 아니고, 검사의 신문 당시에 피고인들은 검찰 이외의 수사기관에서 말할 수 없이 심한 고문을 당한 끝에 검찰에 송청되었을 뿐만 아니라, 송청될 당시 호송원들이 검찰에 가서 진술을 번복하게 되면 다시 경찰로 데려와서 전보다도 더 호된 고문을 당할 것이라는 은근한 위협에 질려 있는 상태였을 뿐만 아니라 장기간 부동하게 신체의 자유가 억압되었던 고통 속에서 진술된 것이며, 따라서 그 진술이 전후가 상호모순된 점이 허다하여 진술의 임의성이 인정되지 않음에도 불구하고 이를 채용하여 피고인들의 범행을 인정한 것은 체증법칙에 위반된 것이므로 이 점에서 원판결은 파기되어야 하는 것입니다.

2. 이 점에 대하여 원판결은 피고인들에 대하여서는 5회 내지 9회의 신문을 거쳤고, 그 주관적인 목적, 범의와 동기 등에 관하여 마지막 신문 시에 반복하여 확인하고 있을 뿐만 아니라 피고인들이 검사의 피의자신문조서 말미에 서명날인한 것을 자인하고 있으므로 그 진술의 임의성이 인정된다고 판단하고 있으나, 이는 너무도 수사기관 내부의 구조체제를 모르는 허술한 판단인 것입니다.

즉 피고인들은 전술한 바와 같이 검찰에서 진술을 번복하면 다시 고문된다는 은근한 위협 속에서 신문에 응하게 되기 때문에 검찰신문에서도 다른 수사기관에서의 진술을 앵무새가 인사하듯이 되풀이하게 된 것에 불과한 것이므로 검사가 피고인들에 대하여 100번을 신문하였어도 내용은 동일한 것이었을 것입니다.

또한 피의자신문조서 말미에 서명날인했다는것도 역시 같은 취지로 보아야 할 것이며, 서명날인만 하면 임의성을 자백한 것이 된다고는 할 수 없을 것이므로 원심의 판단취지 역시 체증법칙에 위반되는 것임이 명백합니다.

(제2점) 원심이 전국민주학생연맹(이하 "전민학련"이라고 약칭함)과 전국민주노동자연맹(이하 "전민노련"이라고 약칭함)은 반국가단체가 아니라 대한민국의 민주화와 진정한 자유확보 등을 평화적으로 이룩하자는 학생운동과, 억압된 노동자들의 권익을 보호하기 위한 노동운동의 일환으로 조직 또는 조직하려던 단체이고, 달리 정부를 참칭하거나 국가를 변란할 목적이 없었으므로 위 단체들은 반국가적 단체라고 인정할 수 없는 것인데도 불구하고 이를 반국가단체로 인정하여 피고인들에게 반국가단체 구성죄, 수괴 및 간부 임무 종사죄, 국가보안법 또는 구 반공법상의 회합죄, 편의제공죄, 금품수수죄, 반국가적 단체를 이롭게 한 죄 등으로 다스린 것은 국가보안법상의 반국가단체에 관한 법리를 오해하였거나 판결 결과에 영향을 미친 사실오인을 범한 위법된 것이므로 이 점에서도 원판결은 파기를 면치 못할 것입니다.

1. 원판결에 의하면 원판결은 위와 같은 피고인들의 항소이유를 배척함에 있어서 동 조직의 회칙을 기반으로 하여 추상적으로 추리된 이론을 전개하는 일방 결론적으로 "위 단체들은 대한민국의 기본질서에 반하여 일부의 이익집단인 노동자, 소시민의 이익을 위하여 이른바 계급의식과 계급투쟁을 통한 매판정권, 매판자본, 군사팟쇼를 축출하고, 진정한 사회주의를 세우겠다는 이념 아래 비합법의 일체의 수단을 사용하여 국가질서의 혼란을 꾀하고 이를 위한 투쟁방법은 사회주의 혁명과정을 원용하려고, 교양과 의식화, 비밀결사와 사회폭동에 이르는 투쟁과정을 채택한 전국적 비밀학생 연합조직인 전민학련과 이와 같은 취지의 노동자집단으로 발전하고자 하였던 관련 노동자조직인 전민노련의 반국가성은 분명하다"고 판시하고 있습니다.

2. 그러나 기록상 임의성이 없는 검사의 피의자신문조서 이외에는 위와 같이 추리할 근거는 전혀 없는 것이고, 회칙 자체에 그와 같은 취지가 명시된 바 없는데 위와 같이 단정하여 전민학련과 전민노련을 반국가단체로 본 것은 추리에 의하여 사실을 인정한 것이 아니면 반국가단체의 법리를 오해한 것임이 명백한 것입니다.

(제3점) 원판결에서 피고인 등이 취득 또는 출판한 서적들은 반국가단체의 활동을 찬양 고무 또는 이에 동조한 것이라고 인정한 것은 헌법상 학문과 출판의 자유에 대한 법리를 오해하였거나 판결 결과에 영향을 미칠 사실오인을 범한 위법된 것입니다.

1. 피고인 이태복은 학술적 면에서 독서하기 위하여 그와 같은 서적을 공공연히 취득하였을 뿐만 아니라, 문화공보부의 출판승인을 받아서 서적을 출판한 것인데 그와 같은 소위를 국가보안법 위반행위로 단정한 것은 민법상의 보장된 권리를 박탈하는 판단일 뿐만 아니라 대한민국 내의 행정질서를 부인하는 결과가 되는 것이므로 당연히 헌법상의 보장된 학문과 출판의 자유의 근본취지를 되살려야 할 것입니다.

2. 또한 피고인 이선근이가 취득한 서적들도 학문 학술용으로서, 피고인 박문식은 경제학도로서, 피고인 이덕희는 과학사를 연구할 목적으로서, 피고인 홍영희는 사회학을 연구할 목적으로 각각 정부의 허가를 얻은 수입상에게 공개리에 취득한 것이므로 그와 같은 행위가 반국가단체를 고무, 찬양하는 등의 행위에 해당될 수는 없는 것이며, 만일 그와 같은 행위가 범죄가 된다면 먼저 수입 허가한 관계 공무원과 수입상이 처벌되어야 하는 것입니다.

(제4점) 피고인 이태복에 대하여 만일 동 피고인의 소위가 해당 법조에 저촉되는 행위였다고 가장하더라도 학문과 출판의 자유가 보장되어 있는 대한민국 내에서 젊은 사람이 좀 과격한 행동을 하였다고 하여 사실을 오인해가면서까지 동 피고인을 무기징역에 처한 것은 양형이 과중하여 심히 부당함을 면치 못할 것이므로 이 점에서도 원판결은 파기되어야 할 것입니다.

1982.7.   .
피고인들의 국선변호인
변호사 문 영 국

대법원 제3부 귀중

대법원
제3부
판결

사건   82도 1847

가. 국가보안법위반

나. 반공법(법률 제1997호) 위반

다. 범인은닉

라. 구 국가보안법(법률 제549호) 위반

마. 계엄법 위반

바. 집회 및 시위에 관한 법률 위반

피고인 명부(앞의 리스트로 대신함)

상고인   피고인 이태복, 이선근, 박문식, 이덕희, 홍영희, 신철영 및 검사 (피고인 윤성구,
             민병두, 김창기, 김진철, 이종구, 송영인, 박태주에 대하여)

변호인   변호사 이돈명, 황인철(피고인 이태복, 이선근, 박문식, 이덕희, 홍영희에 대하여),
             변호사 이영환(피고인 신철영에 대하여)
             (국선)변호사 문영국 (피고인 이태복, 이선근, 박문식, 이덕희, 홍영희에 대하여)

원심판결   서울고등법원 1982. 5. 22. 선고, 81노771판결

주문   피고인 이태복, 이선근, 박문식, 이덕희, 홍영희, 신철영의 상고와 검사의 피고
             인 윤성구, 민병두, 김창기, 김진철, 이종구, 송영인, 박태주에 대한 상고를 각
             기각한다.
             상고 후의 미결구금일수 중 피고인 이선근, 박문식, 이덕희, 홍영희에 대하여
             105일씩을 본형에 각 산입한다.

이유

1. 피고인 이태복, 이선근, 박문식, 이덕희, 홍영희의 상고이유를 판단한다.

**(1) 먼저 위 피고인들 및 변호인들의 상고이유 중 다음 가·나항으로 요약되는 점에 관하여 보기로
한다**

가. 전국민주학생연맹등의 반국가성에 대하여

위 피고인들이 구성한 전국민주학생연맹(이하 전민학련이라 한다)의 규약에 이 단체가 학원
과 사회의 민주화를 달성함을 그 목적으로 한다고 되어 있음은 소론과 같으나 원심이 확정한
바에 의하면 이는 단체의 순수성을 가장하기 위하여 위장한 것에 불과하고 실제의 목적은 폭
력혁명으로 정부를 전복하고 이른바 사회주의국가(이것이 공산주의국가와 같은 의미의 마르크스

주의적 사회주의국가를 가리키는 것임은 판문상 분명하다)를 건설하는 데 있다는 것이므로 원심이 이 단체가 국가를 변란할 것을 목적으로 하는 국가보안법 제2조 제1항 소정의 반국가단체라고 인정한 것은 정당하고 거기에 소론과 같은 국가보안법상의 반국가단체에 관한 법리오해의 위법이 없다. 이와 같은 용공적 단체가 정부를 전복할 경우 북괴와 같은 형태의 정부를 수립할 것임은 경험칙상 또는 사리상 당연할 것이므로 위 단체가 정부 전복 후 수립할 새로운 정부에 관하여 구체적인 구상이 있었는가 여부의 점을 원심이 심리하지 아니하였다 하더라도 위법이라고 할 수 없다. 그리고 이 전민학련이 그 스스로 폭력혁명의 주체가 되려 한 것이 아니고 이른바 문제제기집단으로서 사회혼란을 조장하는 데 그치고 문제해결집단인 노동자집단이 폭력혁명의 주체가 될 것을 예정하고 있었다 하더라도 그러한 문제제기로서의 사회혼란의 조장도 폭력혁명을 성취하기 위한 방법의 일환임이 분명한 바이므로 전민학련이 스스로 폭력혁명의 주체가 되지 못할 것을 예정하고 있었다는 이유만으로 그 반국가단체성을 부인할 수는 없다고 할 것이다. 또한 전민학련이 이러한 방법에 의하여 그 목적을 실현하는 것이 객관적으로 절대 불능한 것이라면 몰라도 단지 소론과 같이 현실적으로 그 실현 가능성이 희박하다는 이유만으로 이 단체의 반국가단체성을 부정할 수도 없는 것이다.

그리고 원심은 피고인 이태복이 전국민주노동자연맹(이하 전민노련이라 한다)의 구성원에게 실천적 유물론에 관한 교양을 하는 등 공산계열을 찬양, 동조하는 등의 방법으로 이 단체를 위에서 본 바와 같이 사회주의국가 건설을 위한 폭력혁명의 주체가 될 이른바 문제해결집단으로 성격을 전환하려다가 미수에 그쳤다는 사실을 인정하고, 피고인 이태복이 이와 같이 성격을 전환하여 구성하려는 단체 역시 국가 변란을 목적으로 하는 반국가단체라고 판시하고 있는바 기록에 의하면 원심의 이러한 사실인정과 판단도 정당하고 거기에 소론과 같이 근거 없이 사실을 인정한 위법이나 국가보안법상의 반국가단체에 관한 법리오해의 위법이 있다고 할 수 없다.

결국 논지는 모두 원심이 적법하게 인정한 사실의 의미와 내용을 오해하거나 그 사실인정이 잘못임을 전제로 하여 위 단체들의 반국가단체성에 관한 원심의 판단에 위법이 있다고 주장하는 것이므로 이유 없다고 할 것이다.

나. 채증법칙위반, 이유모순, 이유불비 및 심리미진의 위법이 있고 학문과 출판의 자유에 대한 법리오해의 위법이 있다는 점에 대하여

원심판결거시의 증거에 의하면 원심판시 사실이 적법하게 인정된다. 소론 지적의 검사작성의 진술조서나 자술서는 공판기일에서의 그 작성자 또는 진술자의 진술에 의하여 그 성립

의 진정함에 증명되고 있음이 기록상 분명하므로 이는 증거능력이 있다 할 것이고 따라서 이를 증거로 채용한 원심의 조치에 소론과 같은 위법이 없다. 위 피고인들이 그 진정성립과 임의성을 다투는 검사작성의 위 피고인들에 대한 피의자신문조서에 대하여 원심은 위 피고인들이 5회 내지 9회에 걸쳐 검사의 신문을 받았고 그 범행의 주관적 목적, 범의와 동기의 점에 관하여 마지막 신문 시 반복하여 확인하고 있고, 피고인 홍영희에 대하여는 변호인의 반증제출의 기회가 보장되었으며 그 조서의 내용에는 자신의 범행사실을 일부 부인하고 또는 변명하는 진술이 기대되어 있고 위 피고인들이 조서에 간인하고 그 말미에 서명, 무인을 한 점 등에 비추어 위 피고인들의 검찰에서의 진술은 특히 신빙할 수 있는 상태하에서 행하여진 임의의 진술임이 인정되고 달리 위 피고인들의 검찰에서의 진술이 임의성이 없다거나 임의성이 없는 진술이라고 의심할 만한 사유가 있다고 인정할 자료가 없다는 취지에서 이를 증거로 채용하고 있는바 기록에 의하면 원심의 이와 같은 조치는 정당하고 거기에 법률과 사리, 경험칙에 반하는 위법이 있다고 할 수 없다.

그리고 헌법상 학문의 자유는 진리의 탐구를 순수한 목적으로 하는 경우에 한하여 인정되는 것이며 이 사건에 있어서와 같이 북괴 또는 국외 공산계열의 활동을 찬양, 고무하거나 이에 동조할 목적으로 표현물을 제작, 반포, 취득하는 행위는 이미 학문활동이라고 할 수 없는 것이므로 소론과 같이 압수된 서적 등 표현물의 현존을 증거로 채용하고 위 피고인들의 판시 표현물의 제작, 반포, 취득 소위에 대하여 구 반공법(법률 제1997호, 이하 같다) 제4조 제2항 또는 국가보안법 제7조 제2, 5항을 적용처단한 원심의 조치에 헌법상 자유를 침해한 위법이 있다고 할 수 없고, 피고인 이태복이 제작한 표현물이 관계행정당국의 승인을 얻어 출판되었다 하더라도 그와 같은 관계행정당국의 조치로 인하여 표현물의 출판에 관련된 위 피고인의 모든 행위가 적법하게 되는 것이라고 볼 근거는 없다 할 것이므로 동 피고인에게 북괴 또는 국외 공산계열의 활동을 찬양, 고무하거나 이에 동조할 목적이 있었다고 인정되는 본건에 있어서 동 피고인의 그 판시소위가 구 반공법 제4조 제2항에 위반되는 것으로 인정한 원심의 조치에 소론과 같이 삼권견제의 원리에 반한 위법이 있다고 할 수도 없다.

그 밖에 원심의 사실인정의 과정에는 논지가 여러 모로 공격하고 있는 바와 같은 증거 없이 범죄사실을 인정하거나 논리칙과 경험칙에 반하는 채증법칙의 위반, 형사절차의 원칙 위반 등의 위법이 없으며 소론 지적의 판례는 본건에 적절한 것이 아니다.

또 기록에 의하여 살펴보아도 원심판결에 소론과 같은 이유모순, 이유불비 및 심리미진의 위법이 있다 할 수 없다. 논지는 모두 이유 없다.

(2) 위 피고인들의 변호인 변호사 이돈명, 황인철의 상고이유 제4점에 대하여

위 피고인들이 전민학련이라는 반국가단체를 구성하였다고 인정한 원심의 조치가 정당함은 이미 위에서 본 바와 같으므로 위 피고인들이 반국가단체를 구성한 일이 없다는 것을 전제로 하여 위 피고인들에게 반국가단체의 수괴나 간부의 임무에 종사하고 그 구성원과 회합, 편의제공, 금품수수 등의 범죄를 인정한 원심의 조치가 증거 없이 범죄사실을 인정한 위법을 범한 것이라는 논지는 채용할 수 없다. 또 원심판결거시의 증거에 의하면 위 피고인들이 표현물을 제작, 반포, 취득한 것이 북괴 또는 국외 공산계열의 활동을 찬양, 고무하거나 이에 동조할 목적으로 한 것임이 적법히 인정되고 거기에 소론과 같이 증거 없이 범죄사실을 인정한 위법이 있다고 할 수도 없다.

논지는 모두 이유 없다.

(3) 같은 상고이유 제5점에 대하여

계엄선포 요건의 존부는 사법심사의 대상이 되지 못하는 것이므로(당원 1964. 7. 21. 자 64초4재정 참조) 소론 비상계엄이 요건 없이 선포된 무효의 계엄이라는 논지는 채용할 수 없다. 당시 상황이 소론과 같다 하여 피고인들의 판시 소위가 위법하지 않다고 할 수 없다. 또 비상계엄이 해제되었다 하더라도 계엄실시 중의 계엄포고령 위반 소위에 대한 형이 범죄 후 법령의 개폐로 폐지된 것에 해당한다고 볼 수는 없으며 비상계엄 해제 후에 제기된 본건 포고령 위반죄의 공소가 공소권의 남용으로서 부적법한 것이라고 볼 근거도 없다. 논지는 모두 이와 다른 견지에서 원심판결을 공격하는 것이므로 채용할 수 없다.

(4) 같은 상고이유 제6점, 변호사 문영국의 상고이유 제4점에 대하여

기록에 의하여 양형의 조건이 되는 여러 가지 사정을 살펴보아도 피고인 이태복에 대한 원심의 양형이 너무 무거워서 부당하다고 인정되지는 않으므로 논지는 이유 없다.

2. 피고인 신철영 및 변호인의 상고이유를 판단한다.

원심판결거시의 증거에 의하면 위 피고인에 대한 판시 범죄사실이 적법히 인정되고 기록에 의하여 살펴보아도 위 피고인의 검찰에서의 진술이 임의성이 없다거나, 임의성이 없는 진술이라고 의심할 만한 사유가 있다고 인정할 자료가 없으며 달리 원심판결에 소론과 같은 채증법칙 위배로 인한 사실오인의 위법이 없다. 또 위 피고인의 범죄사실 중 제13사실에 대하여 구 반공법 제4조 제2항을 적용 처단한 원심의 조치는 정당하고 거기에 소론과 같은 법리오해의 위법이 없다. 논지는 모두 이유 없다.

3. 검사의 피고인 윤성구, 민병두, 김창기, 김진철, 이종구, 송영인, 박태주에 대한 상고이유를 판단한다.

원심판결에 의하면 원심은 피고인 윤성구에 대한 공소사실 중 1의 가, 1의 라의 사실에 대하여, 피고인 민병두에 대한 공소사실 중 5의 사실에 대하여, 피고인 김창기에 대한 공소사실 중 1의 사실에 대하여, 피고인 김진철에 대한 공소사실 중 1의 가, 나, 다, 2의 사실에 대하여, 피고인 이종구에 대한 공소사실 중 1의 가의 사실에 대하여, 피고인 송영인에 대한 공소사실 중 12, 13, 14, 15, 16의 사실에 대하여, 피고인 박태주에 대한 공소사실에 대하여, 그 판시와 같이 그 범죄의 증명이 없음에 귀착한다는 취지로 판단하고 각 무죄의 선고를 하고 있는바 원심이 이와 같은 조치를 취함에 있어 거친 증거의 취사과정을 기록에 비추어 살펴보아도 정당하고 거기에 소론과 같은 채증법칙 위반이나 심리미진의 위법이 없으므로 논지는 이유 없다.

4. 그러므로 피고인 이태복, 이선근, 박문식, 이덕희, 홍영희의 상고와 검사의 피고인 윤성구, 민병두, 김창기, 김진철, 이종구, 송영인, 박태주에 대한 상고를 모두 기각하고 피고 이선근, 박문식, 이덕희, 홍영희에 대한 상고 후의 미결구금일수 중의 일부를 위 각 피고인 등에 대한 징역형에 각 산입하기로 하여 관여법관의 일치된 의견으로 주문과 같이 판결한다.

1982. 9. 14.

재판장   대법원판사 정태균
　　　　　대법원판사 윤일영
　　　　　대법원판사 김덕주
　　　　　대법원판사 오성환

학림사건 재판 관련 법조인 명부

1심 : 서울형사지방법원 11부 (1982. 1. 22일 선고)

검사 : 안강민(서울지검장, 한나라당 경선후보 검증위원장)

　　　　박순용(검찰총장)

　　　　임휘윤(부산고검장)

　　　　김경한(법무부장관)

판사 : 허정훈(사법연수원장)

　　　　이영애(춘천지방법원장, 국회의원)

　　　　장용국(변호사)

변호사 : 이돈명(이태복, 이선근)

　　　　황인철(이덕희, 유해우, 김병구)

　　　　조준희(송병춘, 송영인, 노숙영)

　　　　이돈희(오상석, 염주웅, 정경연)

　　　　조영일(박문식, 최규엽, 박태주)

　　　　이영환(신철영, 김철수, 양승조, 박태연)

　　　　김태원(홍영희)

　　　　유백형(홍영희)

2심 : 서울고등법원 제1형사부 (1982년 5월 22일 선고)

검사 : 안강민, 박순용, 김경한, 조우현

판사 : 최종영(대법원장), 이강국(대법관, 헌법재판소장), 황우여(새누리당 대표, 국회의원, 교
　　　　육부장관)

변호사 : 이돈명(이태복, 이선근), 황인철(이덕희, 유해우, 김병구), 조준희(송병춘, 송영인, 노숙

영), 이돈희(오상석, 염주웅, 정경연), 조영일(박문식, 최규엽, 박태주), 이영환(신철영, 김철수, 양승조, 박태연), 김태원(홍영희), 유백형(홍영희), 홍성우(윤성구, 민병두, 김진철, 손형민, 최경환, 이종구, 김창기)

3심 : 대법원 제 3부(1982년 9월 14일 상고기각)

검사 :   안강민, 박순용, 김경한, 조우현

판사 :   정태균(대법관), 윤일영(대법관), 김덕주(대법관), 오성환(대법관),

변호사 : 이돈명, 황인철, 이영환, 문영국(국선)

4장

―――

감옥 생활

1. 개괄

사건 당사자들은 공식적인 구속일에 서울 지역 각 경찰서 유치장에 분산 수용되었다가 10 내지 15일 후에 모두 서울구치소로 옮겨져 독방에 수용되었다.

모두는 요시찰 대상자로 밀착 감시를 받았고, 이는 형이 종료될 때까지 계속되었다.

구치소는 말만 구치소지 실제로는 피의자를 기결수 취급하는 곳이었다. 정치권력이 비민주적이고 권위적이니 교도소나 다를 게 없는 구치소는 더 말할 나위가 없었다. 당사자들은 이런 권위적인 관습이나 권력 그리고 교도관들과 싸워야 했다.

2심 선고일 다음 날 형이 확정되지도 않은 상태에서 각 지역 교도소로 이감된 후에도 이런 사정은 마찬가지였다. 아니 실제로 각 지역 교도소들은 서울구치소보다 더 후진적이고 권위적이었다.

당사자들은 형을 사는 내내 이런 현실과 싸워야 했고, 반성문을 쓰거나 혹은 순화교육을 받도록, 조기석방을 미끼로 한 각종 압력을 받으면서 살아야 했다. 그리고 때로는 굴복하고, 때로는 타협하고 때로는 이기기도 하면서 긴장되게 살아야 했다.

결국 당사자들은 의도하던 의도하지 않았던 교도소 권력과 싸우면서 민주화운동을 했던 셈이다.

2. 수용과 이감, 석방

다음은 각 당사자들의 구속일과 서울구치소 수용일, 이감 상황과 석방일이다.

	구속*	서울구치소	수감 및 이감	특기사항	석방
이태복	81. 8. 10	81. 8. 10	전주교도소 82. 10. 6 대전교도소 84. 5. 26	감형 83. 8. 12 20년 감형 88. 2. 27 15년	88. 10. 3
이선근	81. 7. 23	81. 8. 10	광주교도소 82. 5. 23 김해교도소 82. 11. 17 춘천교도소 83. 9. 23	감형 83. 8. 12 4년	84. 3. 2
박문식	81. 7. 23	81. 8. 10	대전교도소 82. 5. 22 안양교도소 82. 11. 17		83. 12. 23
이덕희	81. 7. 23	81. 8. 10	광주교도소 82. 5. 23 청주교도소 82. 11. 17		83. 8. 12
홍영희	81. 7. 23	81. 8. 10	광주교도소 82. 5. 23 수원교도소 82. 11. 17		83. 8. 12
윤성구	81. 8. 3	81. 8. 12	00교도소 82. 5. 23		82. 12. 24
민병두	81. 8. 3	81. 8. 12	원주교도소 82. 5. 23 경주교도소 82. 10. 14		82. 12. 24
김창기	81. 8. 3	81. 8. 12			82. 12. 24
최경환	81. 8. 3	81. 8. 12	춘천교도소 82. 5. 23 취업		82. 12. 24
김진철	81. 8. 3	81. 8. 12	공주교도소 82. 5. 23		82. 12. 24
손형민	81. 8. 3	81. 8. 12	군산교도소 82. 5. 23		82. 12. 24
이종구	81. 8. 3	81. 8. 12	의정부교도소 82. 5. 23		82. 6. 5
신철영	81. 9. 1	81. 9. 16			82. 5. 22 집유
양승조	81. 9. 1	81. 9. 16	대전교도소 82. 5. 23		83. 8. 12
김철수	81. 9. 1	81. 9. 16	광주교도소 82. 5. 23 목포교도소 82. 11. 17		83. 8. 12
박태연	81. 9. 7	81. 9. 16			82. 5.22 집유
김병구	81. 9. 7	81. 9. 16			82. 5.22 집유
유해우	81. 9. 7	81. 9. 16			82. 1.22 집유
송영인	81. 9. 1	81. 9. 16	대전교도소 82. 5. 23 안양교도소 82. 11. 17		83.8.12
송병춘	81. 9. 1	81. 9. 16	대전교도소 82. 5. 23 강릉교도소 82. 11. 17		83. 8. 12

* 구속일은 정식 구속영장이 발부된 날로서, 실제 연행과 구금이 시작된 날은 아니다.

노숙영	81. 9. 1	81. 9. 16			82. 5.22 집유
정경연	81. 9. 1	81. 9. 16	대전교도소 82. 5. 23 목포교도소 82. 11. 17		83. 8. 12
최규엽	81. 9. 1	81. 9. 16	대전교도소 82. 5. 23 장흥교도소 82. 11. 17		83. 8. 12
오상석	81. 9. 1	81. 9. 16	광주교도소 82. 5. 23 수원교도소 82. 11. 17		83. 8. 12
엄주웅	81. 9. 1	81. 9. 16	광주교도소 82. 5. 23 춘천교도소 82. 11. 17 영등포교도소 83. 6. 3		83. 8. 12

검찰은 학림 사람들을 3차례에 걸쳐 서울구치소에 수용했다. 이태복과 이선근, 박문식, 이덕희, 홍영희는 81년 8월 10일에, 윤성구 외 6인의 집시법적용자들은 81년 8월 12일에, 그리고 전민노련 사람들은 81년 9월 16일에, 각각 서울구치소로 옮겨졌다. 노련 쪽 사람들은 81년 8월 초부터 8월 중순까지 사이에 조금 늦게 연행되어 남영동 대공분실에서 마찬가지로 불법 구금 조사기간을 거쳤기 때문이다.

모두는 구속 이후 2심까지 서울구치소에 수감되어 있었다. 그리고 2심 선고 다음 날인 82년 5월 23일 새벽에 모두 전국 곳곳의 교도소로 분산 이감되었다.

그러나 이감이야 자기네 입맛대로였다고 해도, 상고심이 시작도 안 된 시점에서 각 지역 교도소에서 기결수 사동에 수용되기도 했다는 점은 당시의 상황을 적나라하게 보여준

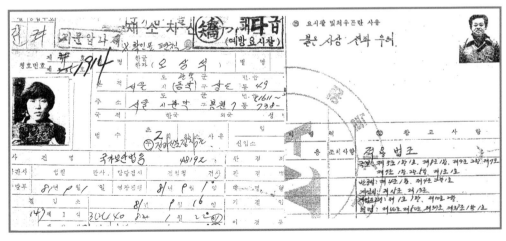

▲ 불온사상 전파 우려 요시찰 동정 보고서 – 교도소 자료 중

다. 피의자는 곧 범죄자였고 일부에서는 심지어 정치범도 파렴치범과 같은 취급을 받았다.

당사자들 중 민병두는 아직 형이 확정되지 않은 사람들을 기결수 취급하는 것은 불법이라고 두 차례에 걸쳐 검사에게 서면으로 이의를 제기하였으나 모두 묵살당했다.

그러다가 특히 82년 11월 17일 하루 사이에 지역 교도소에서 한꺼번에 많은 사람들이 이감되었는데 이는 광주교도소에서 단식 중이던 박관현 열사가 사망하면서, 광주교도소를 중심으로 교도소내 투쟁이 격화되자, 이를 무산시키기 위해 이루어진 조치였다. 그러나 이는 전국 교도소의 상황을 수용자들이 알게 된 계기가 되기도 했다.

한편 2심에서 집행유예로 석방된 사람들을 제외한 나머지 사람 중 이종구만 형기종료일에 의정부교도소에서 석방되고 다른 모든 사람들은 종료일 이전에 형집행정지나 특사로 석방되었다.

특히 이태복은 두 차례에 걸친 감형을 거쳐 7년 4개월 만인 88년 10월 3일에 석방되었고 이선근은 한 차례 감형을 거쳐 84년 3월 2일에 석방되었으며, 노련의 다른 사람들은 83년 8월 12일에 모두 석방되었고, 집시 관련자들은 82년 12월 24일에 모두 석방되었다.

3. 서울구치소

구치소에서 맨 처음에 부딪힌 문제는 당혹스럽게도 범죄자 취급이었다. 옷도 벗고 나체로 검사받았을 뿐만 아니라 허름하고 파란 수의를 입어야 했다. 교도관들은 겁부터 주었고 신분이 피의자인데도 범죄자인양 다루었다. 당사자들은 이 상황이 너무 살벌해서 따질 생각도 못했다.

당사자 모두는 구치소에 수감되는 순간부터 요시찰 대상자로 분류돼 검사의 별도 지시가 있을 때까지 가족 접견도 허용되지 않았다. 밖

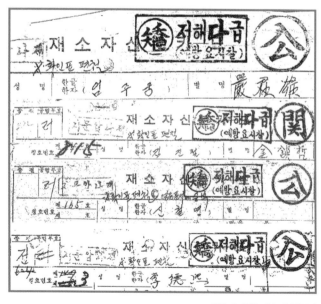

▲ 예방 요시찰 재소자 신분장

에서 가족들의 항의와 변호사, 종교계 등에서의 노력에 의해 얼마 지나 가족 접견이 풀리기 시작했으나 접견 시에도 대화를 모두 기록하고 때로는 이야기 내용도 차단하고 제지하였다. 이태복 등 국가보안법상의 반국가단체 구성죄로 기소된 사람들은 변호인 접견과 가족 면회를 방해하기 위해 수시로 검찰 조사를 핑계로 불러낸 뒤 아무 조사 없이 저녁에 구치소로 돌려보내기도 하였다. 모든 학림사건 당사자들은 물론 당연히 독방에 수용되었다.

먹는 것도 낯설었다. 각오는 했지만 식은 가다밥(그릇 모양으로 찍어낸 밥)에 보리가 반(구치소 측은 7:3으로 보리가 3이라고 했다)이 넘는 것 같았고, 반찬은 더욱 말이 아니었다. 간혹 고깃국이라고 나온 것은 비개가 둥둥 떠 있고, 돼지 냄새가 천지를 진동했다. 사람들은 도저히 먹을 엄두가 나지 않아 몇 끼니를 굶고서야 적응이 되었다.

사람들은 또한 여러 곳에서 구치소의 낡은 관행이나 비민주적 관습, 몰지각한 교도관들과 싸워야 했다.

특히 교도관들의 반말은 매우 자주 문제가 되었다. 교도관들은 모든 피의자를 범죄자 취급하고 무시해도 좋다는 사고에 익숙해 있었던 데다, 일부 교도관들은 더욱 싸가지가 없어서 사람들을 함부로 대했다. 학림사람들에게도 똑같이 대하다 자주 문제가 되기도 했다.

그러나 이런 점보다 구조적인 문제가 더욱 컸다. 특히 도서 검열은 더욱 문제가 되었고 구치소 시절뿐만 아니라 교도소 시절까지 전 감옥 생활 기간 중에 항상 분쟁거리가 되었다. 무엇보다 책은 종류가 너무 많은 데다 불허도서 목록에 올라 있는 것도 제한적이어서 소 측에서 항상 제멋대로 판단하기 일쑤였다. 당연히 소 측의 실무 교도관들은 문제거리가 될 만한 것을 아예 원천 차단하는 방식으로 불허 처리하는 게 보통이었다. 나중에 문제될 만한 소지를 아예 없애자는 공무원식 처리방법이었던 것이다. 당연

▲ 접견금지 처분, 징벌 처분 동정보고서

히 경찰이나 검찰이 이적도서를 판단하는 기준만큼이나 근거도 기준도 없었다.

그러나 책을 봐야 하는 당사자들은 사정이 달랐다. 시국사범의 경우 필요에 따라 자기 소신이나 입장을 분명히 정리하려면 관련 도서가 필요했다. 실제로는 그러한 정리를 하게 해주는 게 당국의 입장에서는 더잘 '교도(!!!)'하는 길이 될 수도 있었다. 당사자도 그럼 점에서 생각을 합리화하고 성숙시키는 가장 중요한 도구가 바로 도서였다. 그러니 책 문제는 가장 민감한 사안이었고 구치소 시절 가장 많이 싸운 사안이었다.

또 하나 조금 황당한 것이

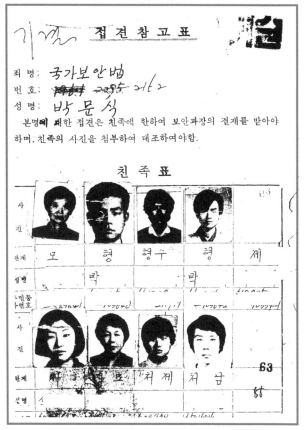

▲ 사진에 있는 사람만 접견이 가능하였다.

있었다. 시국사범의 경우 접견이나 서신도 친족에 제한되었고, 영치금이나 기타 외부차입 물품도 모두 친족이 아니면 허락되지 않았다. 지금도 이유와 근거가 이해가 되지 않지만 당시로서는 당국이 가장 엄격하게 제한하는 사안이었다. 접견 때도 대화 내용을 다 기록하고, 서신도 다 검열하고, 외부 차입 물품도 다 검사하면서 도대체 왜 원천차단하는 것일까? 상식적으로 어처구니가 없었지만, 외부인 중 접견이나 서신 교환을 필요로 하는 애인인 경우 비공식적으로 접견과 서신교환이 일부 가능해서 문젯거리가 되는 경우가 많지 않았기 때문에 수용자들 입장에서 싸울 명분은 좋지만 실익은 별로 없었다. 아닌 말로 친구들이나 외부인들에게 접견오라고 하거나 편지하라고 하거나 돈보내라고 할 수는 없었던 것이다.

한편 당사자들은 이런 생활상의 문제 외에도 10.26이나 3.1절, 5.18을 전후한 시점에서 정치투쟁을 하기도 했다. 이 경우에는 대개 소내 각종 문제도 함께 거론하면서 싸웠다. 구

징 벌 의 결 서

징벌 혐의자 인적사항	청호번호 제 137 호		성 명		소 속
		한문	閔丙權	거실	124
		한글	민병두	취업장	

의결주문: 금치 1월에 처한다

붉은 연등

이유: 교육은 형사 제1조 하 4항에 수응인자로서 81.
10. 26. 14시경 구호를 외쳐 오겠다고 계획하고
등은 14시경 '민중을 수탈하는 경제 정책을 즉각중단
하라고 붉은 연등을 한 바이므로
제소자 규율 징벌에 관한 처리 제13의 1호 및
제4조8 호에 의거 우를 싸 같이 의결함

198 1 년 10 월 10 일

징벌위원회   위원장 이 정 희   재 옥
위 원 이 현 창
위 원 엄 창 우
위 원 김 상 재
위 원 송 우 근

치소에서는 82년 3월 1일과 82년 5월 초부터 하순까지의 두 차례 싸움이 대표적이었다. 이 때는 소내 시국사범들이 대대적으로 참가해서 도서 검열 완화, 접견·서신 제한 철폐, 영치금품 차입제한 철폐, 일반 피의자 순화교육 금지, '전두환 정권 물러가라' 등을 외치면서 단식투쟁을 했다.

특히 5.18을 전후해서는 많은 사람들이 장기 단식투쟁을 했다. 박문식과 이덕희, 신철영, 박태연, 송영인, 노숙영, 최규엽, 엄주웅은 기록상 10일에서 심지어 20일까지 단식투쟁을 했다. 이 중 송영인은 20일도 넘게 단식을 했고 그밖에 많은 학림 사람들은 2심 선고일인 5월 23일에 단식중인 상태에서 법정에 나가기도 했으며 최소한 며칠씩은 단식을 했다.

그 밖에 단독으로 싸운 경우는 아주 많았다. 민병두와 최규엽은 81년 10월 26일에 '민중 수탈 경제정책 철폐하라', '전두환은 물러가라'고 외쳤다가 금치 1개월의 징벌을 받았고, 엄주웅과 윤성구는 81년 12월 16일과 18일에 각 도서검열완화 등을 외쳤다가 15일 징벌을 받고 며칠 동안 수갑을 찬 채 생활했으며, 박태연과 노숙영, 김병구는 81년 11월 중순경과 82년 3월 17일 일반 피의자들의 순화교육 거부를 선동했다가 수갑을 찬 채 생활하기도 했다. 기타 개인적인 항의로 며칠씩 단식한 경우도 많았으나 기록도 부실해서 여기서는 일일이 기술하지 않는다.

동 태 (시 찰) 사 황

년월일	동 태 상 황	보 고 자 의 견	소 장 판
82. 6. 12	관규위반 (소란불복식) 본명은 국가보안법 위반죄로 법사 6방에 독거수용중 인 상태의 엄격한 도서검열 제도와 친족 이외의 접견 서신 영치금품 차입제한등 조치에 불만을 품고 있어 계속적인 동정 상황을 통하여 교화선도에 주력 하고 있음에도 불구하고 82.6.8. 12:00 경 수용중인 거실 내에서 돌연 ①도서검열 제지 철폐 ②친족이외의 접견 영치금품 차입제한 철폐하라 는 등의 구호를 2~3분간 외치다 지급 출동한 직원들에 의해 제지되므로서 관재 수용 질서를 문란케 한 사실이 있음. [참부 적발보고 1매]	즉시 제지에 응하고 반 은 하고 있으나 불식을 하고 있으므로 지속 완유 선도 토록 하겠습니다. 부소장 보안과장	관계선도 할것 ㊞

▶ 관규 위반 동정보고서

동 태 (시 찰) 사 황

년월일	동 태 상 황	보 고 자 의 견	소 장 판
82. 3. 1	동정보고 (불식) 본명은 61. 8. 10. 국가보안법등 위반으로 입소 현재 4사상 4방에 수용 항고심에 계류중인 자인바 82. 3. 1 조석부터 도서검열 완화밎 친족이외의 영치금품 차입허가 요망등을 조건으로 불식하고 있는 자임. 관구교위 ㊞ 담당교감 ㊞ 보안2계장 ㊞	1. 상엄 설득하여 취식토록 하고 2. 동정사찰 철저는 물론 지속적으로 교화선도하겠습니다 부 소 장 ㊞ 보안과장 ㊞	선유선도 할것 ㊞

동 태 (시 찰) 상 황

년월일	동 태 상 황	보 고 자 의 견	소
1983. 4. 18	불식 및 취식 보고 이 사람은 현재 1사라 4방에 수용중인 자로 현재 거실사를 조사하 4방에 수용 중인 까닭 이광호를 본인이 수용되어 있는 사용으로 ①항4 시켜줄것과 ②특별 접견을 요구 하면서 1983. 4. 15 일 조식 부터 불식 타가 소장과 보안과장의 적극적인 취식 설유로 1983. 4. 18 일 전식부터 취식 하였기에 보고 합니다. 교위 김 영수 ㊞	불식후 취식에 따른 제반 건강 관리에 만전을 기하고 그동정을 면밀히 사찰하겠습니다. 보안과장 ㊞	알았

▲ 단식 동정 보고서

4. 2심 이후

82년 5월 23일, 2심 선고가 있은 다음 날, 학림 사람들은 모두 분산 이감되었다. 그 상황은 앞의 표에 있다. 당시는 소내 문제를 걸고 정치구호를 외치면서 단식을 하고 있었기 때문에 이를 무산시키기 위한 조치이기도 했다.

이감 후에는 기존 구치소 시절의 문제들에 몇 가지 이슈가 더해졌다.

무엇보다 아직 상고심이 시작도 안 된 상태에서 기결수 사동에 수용된 경우가 많았다. 지방 교도소의 경우, 기록으로는 수용사동이 미결사인지, 기결사인지 잘 보이지 않지만 민병두는 원주교도소에 이감된 후 이를 서면으로 작성해 검사에게 이의를 제기하기도 했다. 특히 집시법 적용자들이 분산 수용된 지방 교도소들의 경우 이런 점에서 더욱 무분별했다.

하지만 이런 형식적인 측면보다 더 중요한 것이 처우 문제였다. 물론 교도소와 담당 교도관들의 수준에 따라 조금 다르기는 했지만 구치소에서 나타난 권위적인 관행들에 더해 노골적인 범죄자 취급에 따른 반말이나 순화교육요구, 삭발 요구, 0.8평 독방 수용과 운동 시간, 비리와 관련된 부실한 부식 등으로 고통받은 경우가 많다.

그 때문에 거의 모든 사람들이 처우개선을 위한 다양한 싸움들을 했다. 단식은 물론이고 항의와 교도소의 지시거부, 구호와 방문 차기 등 다양한 방식으로 이루어졌다.

이태복은 전주교도소에서 급식 개선과 처우개선 및 공휴일 운동 등을 위해 단식을 했다.

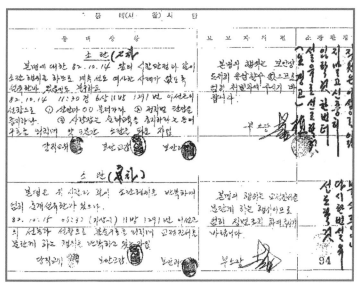

▲ 소란 등 동정보고서

박문식과 송영인은 안양교도소에서 부식 비리를 적발해 소장을 직위해제시키기도 했으며, 민병두는 원주교도소에서 명분 없는 정치범 징벌 해제를 위해 단식했고, 최규엽은 장흥교도소에서 부식개선과 도서제한 철폐로 단식 투쟁을 했으며, 엄주웅도 춘천교도소에서 처우개선을 위해 단식을 했다. 또한 김진철은 공주교도소에서 순화교육 거부로 한달 징벌을 받았고, 윤성구와 다른 사람들은 순화교육 거부로 순화교육 보류나 면제 처분을 받기도 했으며, 이태복은 순화교육과 삭발을 거부했고, 이덕희는 순화교육 거부 단식을 했으며, 최규엽은 삭발거부로 하루 단식을 하기도 했다.

기타 수용자 신분장에 기록되지 않거나 자료부실로 열거할 수 없는 사례는 무수히 많다.

한편 이런 처우개선 투쟁 못지않게 정치투쟁도 많았다.

특히 광주교도소에서 광주사태 진상규명과 책임자 처벌을 요구하며 50여 일간 단식투쟁을 하다 81년 10월 12일에 사망한 박관현 열사의 사망을 계기로, 전국 교도소에서 사인 규명 등을 요구하며 정치투쟁을 벌일 때, 학림 사람들도 함께 열심히 싸웠다. 당시 광주교도소에 있었던 이선근, 이덕희, 홍영희, 김철수, 오상석, 엄주웅 등은 82년 10월 13일부터 단식투쟁에 들어갔다가 10월 18일에 강제진압당한다.

이런 상황은 전국 교도소의 모든 시국사범 수용자들에게 전달되어 이 무렵을 전후한 시기에 다양한 정치투쟁을 벌인다. 대전교도소에 있던 박문식, 송영인, 송병춘, 정경연, 최규엽 등은 82년 10월 23일경 항의 단식투쟁을 벌였고, 그밖에 다른 사람들도 구호와 방문차기 등으로 항의 투쟁을 벌였다.

이 싸움을 진화하기 위해 전두환 정권은 82년 11월 17일 광주교도소와 대전 교도소에 집중 수감해온 거의 모든 국가보안법 시국사범을 그동안 거의 수감하지 않았던 각급 지방교도소로 이감 조치했다.

이밖에 이태복은 82년 8.15때 정치범 삭방하라는 구호를 외쳤고, 88년 9월에는 88올림픽 단독개최에 항의하며 단식을 하기도 했으며, 박문식은 5.18 3주년인 83년에 항의 단식을 했고, 최규엽은 82년 10월 26일에 5일 동안 10.26 항의단식을 했으며. 김진철은 박관현의 사인 규명을 외치다가 방성구를 차기도 했다.

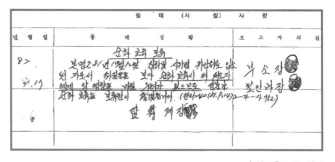

▲ 순화교육 보류 처분

5. 고문 후유증

장기간에 걸친 고문 후유증은 서울구치소 시절부터 나타났다.

이태복은 서울구치소 수감 직후부터 가래 기침에 시달려 거의 매일 약을 먹어야 했고, 대전교도소 시절부터 비뇨기과와 가슴 및 척추 통증으로 고통을 받았다. 이 질환들은 물고문, 전기고문, 구타 등의 고문으로 손상될 가능성이 높은 부위와 정확히 일치한다.

이는 다른 사람의 경우에도 마찬가지다. 박문식은 기관지 천식이 자주 발생해 구치소 병사에서 생활했으며, 우측 안구 통증으로 시력장애에 시달리고 외부병원에서 진료를 받기도 했다. 민병두는 가슴통증으로 외부진료를 받으러 나갔다가 정신신경과 치료를 받으라는 의사의 처방으로 정신신경과 치료도 받았다.

유해우는 수감 초기부터 소화불량과 위궤양에 시달려 외래진료를 많이 받았고, 81년 11월 30일에는 폐결핵판정까지 받았다. 또한 송영인은 82년 5월 장기단식이 겹치면서 심장이 약해져 지금도 만성심장병에 시달리고 있으며, 엄주웅은 각막염과 외이도염으로 외진을 받았다.

그러나 이런 기록상의 자료 외에도 석방 후 오랜 시일이 지나면서 문제가 된 경우가 많다. 육체적인 손상으로 인한 장기적인 건강 악화나 눈에 띄는 질병들로 고통받고 있는 경우는 말할 나위도 없고, 특히 장기간의 고문으로 생겨난 굴욕감과 패배감, 주변 사람들에게 해를 끼쳤다는 데서 오는 부끄러움 등으로 생긴 고문 트라우마는 표현할 수 없을 만큼 당사자들의 인생을 뒤틀어놓았다.

이후 재심 과정에서 드러난 수많은 진단서들은 일일이 거론하기 어려울 정도다.

* 감옥생활과 관련된 내용은 '진실·화해를 위한 과거사 정리위원회(진화위)'가 학림사건의 재심 권고를 결정할 때 수집한 자료 중 학림의 재심 변호인단이 확보한 일부 자료로부터 정리한 내용이다. 따라서 위 글은 학림 구속자들의 감옥 생활 전체를 보여주지 못하고 일부 특징적인 부분만 보여줄 수 있다.

5장
———
가족 활동

* 구속자들의 가족 활동에 관한 자료 중 남아 있는 것은 당시 가족들이 낸
  호소문, 탄원서, 성명서 등 석방운동 유인물 일부이다.
  그러나 가족들, 특히 어머님들이 연로하셔서 활동의 기억들을
  복구하기 어려워 몇 분의 대담으로 대신한다.

사건이 시작된 불법구금 이후, 가족들의 고생은 이루 말할 나위가 없었다. 무엇보다 불법구금으로 느닷없이 행방불명된 자식들과 형제들의 소식을 접하는 데도 많은 시간이 걸렸다. 어떤 가족들은 가족 중 일부가 함께 불법구금되기도 했으며 어디 가서 죽지 않고 잡혀간 것을 안 것만으로도 안도하기도 했다.

하지만 가족들 특히 당사자들의 어머님들은 그저 자식들의 인성과 품성에 대한 믿음 하나로 '빨갱이' 공세를 견디며 당시 얼어붙어 있던 공안정국 속에서도 위축되지 않고 자식들을 뒷바라지하셨다. 그것은 그 후 민주화가족운동으로 알려진 다른 운동의 주요한 일부 토대가 되었다. 비록 당시 기록들이 많이 사라지기는 했지만 현재 남아 있는 각종 호소문, 성명서, 탄원서 등 유인물들만으로도 그 상황을 충분히 알 수 있다.

그러나 유감스럽게도 당시 자식들의 뒷바라지에 온 힘을 다하셨던 어머님들 중 여전히 건강하게 살아 계신 분은 그다지 많지 않다. 많은 분들이 여러 가지 이유로 작고하셨고, 살아 계신 분들 중에서도 노환으로 거동이 불편한 분들이 많다.

게다가 사건 후에도 수많은 공안정국이 되풀이되면서 그나마 가지고 있던 가족들의 많은 기록이 폐기되거나 유실되는 상황이 발생했다. 결국 당시 사건 관련 가족 활동은 살아 계신 분들의 기억에 의존해서 되살려야 했고, 궁여지책으로 몇몇 분만 모시고 대담 형식으로 기억을 되살려 기록할 수밖에 없었다.

이 대담에 참여하신 분은 4분으로 이

▲ 가족들이 낸 학련 호소문(1981년 10월)

태복 님, 김은혜 님(당시 신철영 님 부인), 이태복 님 모친, 박문식 님 모친이다. 매우 유감스럽게도 불과 1년 전만 해도 더 많은 분들이 참여할 수 있었으나 그 짧은 사이에 몇몇 어머님이 노환으로 대화가 어려운 상태에 빠지셨다. 이러한 정황이 이 가족 활동은 물론 자료집 발간을 서둘러야 했던 서글픈 사정이 되었다.

다음은 대화를 녹취하여 기록한 것으로 곳곳에 당시 어머님들이 손수 만드시고 뿌리셨던 수많은 호소문, 성명서, 탄원서들 중 남아 있는 유인물의 이미지를 해설과 함께 실었다. '김'은 신철영 님의 부인 김은혜 님, '이'는 이태복 님 본인이다.

김 그때 못된 놈들 만나가지고 엄청 고생했잖아요.

박문식 모 니 얘기나 좀 해줘야겠다. 애 참 고생했다고. 우리가 아무것도 모르니까 따라만 다녔어. 그때 요만한 아이가 있었는데 좀 순했나 봐. 밤낮 내가 데리고 놀았잖아. 밤낮. 그랬다고 우리들 참 애 많이 썼어.

김 오늘 다 못 모였지만, 우리 세 식구가 만났잖아요. 그러니까 이태복 씨 어머니가 아드님이 워낙 고생도 많이 하고, 감옥에도 오래 계셨고, 그래서 어머니가 처음에 아들이 없어지고, 소식 들은 그날 그 마음 그대로 편하게 얘기해주세요. 우리 가족들이, 식구들이 아들, 딸, 신랑 이렇게 다 잡혀가고 그러면서 우리 가족들도 바깥에서 열심히 활동을 했잖아요. 그거를 있는 그대로……. 어머니 그게 처음 면회하셨을 때예요? 구치소에?

이태복 모 그러니까 내 말 들어봐. 내가 검찰청에 갔더니

▲ 가족들이 낸 노련 호소문(1981년 10월)

안강민(당시 학림사건 주임검사)이 하는 말이 이번에 큰일 생겼으니까 위험하다고 내게다 뭐라고 하더라고, 그래서 집에 와서 편지를 석 장을 써서 부쳤어. 아휴, 나야 정말로 그 소중한 아들을……. 전에 면회 갔는데 자기 고문당한 거 그런 거 다 써 있어서 나 죽고 나면 관에다 넣어달라고 그랬어.

김 어머니, 그거 다 보셨어요?

이태복 모 그 고문당한 거 전부 책에다 써놨더라고. 그 오래 고생할 적에 나는 석 달 만에 알았어. 집의 애들도 별로 알지도 못하고. 그렇게 어디서 그렇게 잡아가버렸다고, 남한테 들어가지고 알았다고.

김 어머니 걱정하실까 봐. 얼마 동안 얘기를 안 한 거죠.

이태복 모 아니여, 우리 둘째 아들 건복이도 알지도 못했대. 잡혀가는 거, 들어간 거. 어떻게 어떻게 해서 나중에 들었는데, 꼭 석 달 만에 왔어. 와서는 지금 취조 다닌다고 그래서 막 거기 교도소인가 어딘가를 갔더니, 차에서 내려서 가더라고, "태복아!" 내가 그러니까 쳐다보더라구. 그 이튿날 또 갔더니 저 자식이 그냥 모르고 쑥 들어가버리더라고, 그래서 안강민이한테 갔더니, 나보고 하는 말이 이번에 태복이는 큰일 했으니까, 위험할지 모른다고 그렇게 얘기하더라고. 그래서 가서 편지를 석 장을 써서 내가 부쳤어.

▲ 가족들이 육필로 쓴 고문탄원서(1982년 1월)

김 어머니, 그러고서 나중에 재판이 시작됐잖아요. 처음에는 다 면회를 안 시켜줘서, 저 사람들이 너무 고문을 많이 했기 때문에 면회를 안 시켜준다며, 우리가 계속 항의를 하고 쫓아다니면서 억울한 걸 호소하고 그러고 나서 한참 만에 면회를 시켜줬거든요. 어머니, 이태복 씨 정식 면회는 언제부터 하셨어요? 왜냐면 이태복 씨가 제일 먼저 잡혀갔거든요. 6월 달에 잡혀갔고, 저희 남편은 8월에 잡혀갔고, 문식이도 이태복 씨 잡혀가고 난 다음에 조금 있다가, 선근이는 6월에 잡혀갔어요. 우리 노동 쪽 사람들은 두 달 조금 못 돼서 8월 초부터 잡혀갔어요. 근데 우리도 한참 동안 면회를 안 시켜줬거든요.

▲ 신철영 석방 기도회

이태복 모 아니, 신철영이 같은 사람은 뭘 잘못했다고 잡아갔어?

김 다 마찬가지죠 뭐. 다 똑같아요. 어머니 나중에 재판에서 자식들이 얘기한 거 다 들으셨잖아요. 우리보다 젊은 학생들도 그렇고, 학교를 졸업하고 나온 사람들도 그렇고. 우리나라가 공장에서 일하는 노동자들이 많이 있잖아요. 어머님 아드님 이태복이나 신철영이나 노동자들이 열심히 일을 하는데 노동자들도 다 소중한 사람, 국민이니까 공장에서 근로기준법이라고 지켜야 하는 우리나라의 정해진 법이 있는데, 법도 제대로 안 지키고 그래서 우리 사건으로 들어간 사람들은 제대로 노동자들도 인간답게 일할 수 있게 법을 지키라는 것이지 달리 나라를 뒤집어엎겠다고 했던 게 아니에요. 근데 전두환이 광주에서 사람 엄청나게 죽이고 총칼로 대통령이 된 사람 아니에요? 이렇게 자기가 떳떳하게 대통령이 된 사람이 아니잖아요. 그러니까 그때 용감한 사람들이, 의로운 사람들이 문제제기하니까, 중앙정보부는 그때그때 계속 사건을 조작해가지고 엄청나게 많은 사람들을. 어머니 왜 우리 사건 전에 김대중 씨도 들어가고, 옛날에는 누가 술 마시다가 그냥 뭐 정부에 대해서 조그만 욕 한마디만 해도 막걸리보안법이라고 해서 잡아가고 그랬거든요. 우리 사건에 있는 젊은 사람들은 어쨌든 우리나라가 제대로 땀 흘려 일하는 사람도 그렇고 우리나라가 제대로 민주적인 나라가 되어야 된다고 반듯하게 할 얘기들을 한 것밖에 없어요. 그런데 얘네들이 이게 무슨 반국가, 처음에 어머니 기억나세요? 처음에 이태복 씨 사형집행을 구형했어요. 저놈들이. 사형이 사람을 죽이겠다는 거잖아요.

이태복 모 휴. 그러니까는, 아니여. 사형도 그 사람들이 할라 했었어. 나는 아직 시골에서 망

연자실하면서 서울에도 가서 뭔가를 해야 하는데 하면서도 아무 내색도 않고 다녔어. 그런데 그 양반은 그냥 아무 기약 없이 저러고. 그러더니 나중에는 우리 영감이 그때 늘 가는 데 갔는데, 아들이 공산당이라고 하더라며 우리 영감이 세 번 울고 들어오더라구. 내가 묵은내가 고약한, 거기서 쫓겨난 집 하나가 있어. 집이 좀 잘 살고 그래. 내가 어디까지는 걸어가고 나중에는 막 기어갔어. 기어가서 멱살 바짝 쥐고서,

김 그 동네 사람?

이태복 모 응. 동네 사람. 멱살 바짝 쥐고서 하여튼 여하간에 변호사는 그만두고 검사한테 가자. 우리 아들이 빨갱이인지 아닌지 보자. 내가 차 갖다 대절해놨으니까 가자고 내가 그랬더니, 왜 이래요 왜 이래요 그러면서 피하더라고. 그러다가 낮에는 할 수 없이 그냥 오고……. 내가 그러고 산 사람이여. 그때 우리 아들이 들어가고 시골 가면 내가 아무 내색 않고 그러니까, 동네 사람들의 말이 어째 그런 내색도 없이 얼굴이 빤빤하냐고 그러더라고……. 다 지난 얘기를 어떻게 다해.

김 저희가 원래 계속 노동자들 상담하느라 맨날 바쁘게 지내가지고 처갓집을 잘 못 갔어요. 저희 형부는 일찍 돌아가셔서 남편이 맏사위나 마찬가지거든요. 근데 노상 바빠서 못 가다가 오랜만에 처갓집에 가려던 것이 8월 3일인데 그때 갑자기…….

```
고문 없는 사회를 위한 결의문

    한국 천주고 정의평화위원회는  하느님의 모상대로  창조된  인간의  존
엄을  모독하는  고문행위가  아직도  수사기관에서  행해지고  있는  현실
을  개탄하면서  이와같은  고문은  마땅히  없어져야  할  야만행위임을
1982년 2월 15일에  개최한  정기총회의  결의로써  선언하고자  한다.

~~~~~~~~~~~~~~~~~~~~~~~~~~~~~~~~~~~~~~~~~~~~

면서  아울러  고문을  정치적  보복의  수단으로  이용함으로써  생길
지도  모를  보복의  악순환을  청산하기를  바라마지  않는다.

                        1982년      2월      26일



                한국 천주고 정의평화 위원회
```

▲ 가족들의 활동으로 가톨릭정의평화위원회가 낸 결의문(1982년 2월)

이태복 모 아니 근데 그 집은 뭣 때문에 그랬어?

김 우리도 남편이 그때 서울대 나와가지고 영등포 산업선교회에서 일을 했잖아요. 근데 노동자들이 우리나라에 법이 다 있는데도 걸핏하면 억울하게 회사에서 쫓겨나기도 하고 월급을 제대로 못 받기도 하고, 여러 가지 억울한 일이 있으면 거기로 많이 찾아왔어요. 그러면 우리나라에 있는 법도 알려주고 억울한 일 있으면 돈 안 받고 무료로 상담해주

고……. 그리고 이런 일들이 온 전국 방방곡곡, 회사들마다 너무 많아서 이태복 씨랑 우리나라 노동자들도 정말 인간답게 노동자들의 권리를, 법을 지키게 하려고……. 그거는 전 세계적으로 어디나 다 누구나 반듯하게 떳떳하게 하는 거예요. 달리 무슨 나라를 뒤집어서 이태복이 반국가단체를 만들거나 했던 게 아니에요. 그러니까 얘네들은 괜히 노동자들을 도와주기만 하면, 무조건 빨갱이로 몰아가지고 걸핏하면 억울하게 저렇게 팍 빨갛게 씌워가지고 잡아가는 거예요. 그게 박정희 때도 있었지만 전두환 때 더 심했어요. 그렇게 심각하게 탄압하는데도 젊은 사람들이 두려워하지 않고 뭉치니까 얘네들을 가만두면 안 되겠다며 깡그리 잡아간 거죠.

이태복 모 나는 김승훈 신부님 아니면 죽었을지도 몰라. 그때 내가 어떻게 할 길이 없어서 재판할 때 앉아서 죽어버리려고 집에서 아주 맹세하고 나갔는데, 어떤 남자가 오더니 아니 아들이 큰일을 위해서 한 일인데, 왜 할머니가 죽으려고 그러느냐고, 아니라고. 나 잠깐 쉬어가려고 그런다고 했더니 자꾸 자기 집으로 가자고 그러더라고. 근데 절대 죽지 말고, 그 아들은 나중에 훌륭하게 될 거니까 죽지 말라고 그랬었어. 아휴, 생각하면 다, 그리고 재판할 때도 내가 판사 앞에 나가서 나도 평생을 공무원으로 살고 이러고 있는데 이놈의 나라는 자식 키워놓으면 모두 빨갱이를 만드니까 여러분들 자식 낳지 말라고 재판에서 막 소리질러도 판사가 아무 소리 못하데. 그때 함께 있었나 몰라. 나는 김(승훈) 신부님이 내 곁에서

꼭 앉아가지고 내가 그러고 야단나니깐 그 사람들이 뭘 알겠어? 알겠어? 그랬어. 참 나 죽을 고비 여러 번 넘었어.

김 어머니들 전 오늘 두 분만 계시지만, 어머니들에게 감사한 것이 저는 대학생으로 이대 다닐 때부터 학생운동도 했던 사람이라서 정의감으로 불의를 보면 못 참고 했잖아요. 저도 남편이 처가에 오랜만에 인사드리러 가기로 했다가 영등포 시장 가까이, 저희는 성문밖교회 가까이 살았거든요. 기차 타려고 짐 싸고 있는데, 갑자기 떡대 같은 네 놈이 나타나가지고

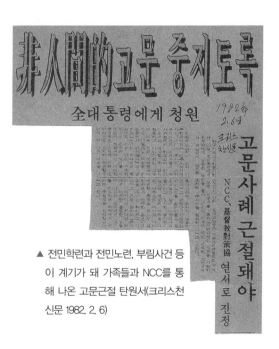

▲ 전민학련과 전민노련, 부림사건 등이 계기가 돼 가족들과 NCC를 통해 나온 고문근절 탄원서(크리스천신문 1982. 2. 6)

는 후배들 때문에 조사할 게 있다 이러면서 그냥 확 잡아 낚아채갔어요. 오늘은 어쨌든 우리가 다 인제 들어간 사람들, 구속된 사람들, 어머니 오늘은 그냥 편하게 오랜만에 우리같이 아들들은 매도 맞고 많이 고생했지만,

박문식 모 다 아는 건데.

김 다 아는 거지만 어쨌든 안에 있던 당사자들도 밖에서 어머니들이 많이 애쓰신 줄은 아는데 무슨 일이 있었고, 어머니들 마음은 어떻고 하는 거를 일일이 다는 모르잖아요. 우리 가족들이 나름 민주화운동을 한 거예요. 바깥에서. 하나하나 자식들, 너무나 귀한 생명을 어머니들이 다 키워놓으니까 빨갱이라 그러고 매 맞고 고문당하고 하니까, 어머니가 오죽하셨으면 자식 낳지 말라고 그런 처참한 말을 하셨겠어요. 어쨌든 이제 다 과거지사지만.

이태복 모 여러분들 자식 낳지 말라고 내가 막 소리쳤다니까.

김 어머니, 그러니까, 우리나라는 일제시대 때나 지금이나 이게 나라 살림하는 사람들이 반듯한 인간들이 아니면…… 특히 자기들이 대통령이 되건 뭐가 되건 간에 그건 국민을 잘 섬기라고 한 건데, 자기가 정상으로 대통령이 됐던 게 아니잖아요. 그러니까 자기의 여러 가지 문제점과 나라 살림을 제대로 못하는 것에 대해서 조목조목 얘기하니까 계속 억울한 사람을 만들고…… 이태복 씨나 문식이나…….

▲ 2심 판사에게 보낸 호소문(1982년 5월)

이태복 모 우리들 아니면 이 나라가 이만큼 됐겠어요. 우리 애들 때문에 이 나라가 이렇게 됐지.

박문식 모 그냥 몰아붙인 거지. 잘못한 것도 모르고.

김 어머니도 다 아시겠지만 남북이 갈라져 있으니까, 언제든지 특히 군인들이 정상적이지 않은, 거의 폭력적인 방법으로 정말 우리나라 사람들을 총칼로 사람을 죽이고 했잖아요. 그러니까 누구든지 학생운동을 하거나 뭔가 바른 말 하는 사람들, 신부님이고 뭐고

누구건 간에 다 빨갱이로 뒤집어 씌워가지고 잡아들였잖아요. 왜냐면 우리나라 사람들이 빨갱이에 대해서 뭔가 공포스러운 걸 계속 심어줬잖아요. 그리고 나쁜 권력이 이태복 씨를 희생양으로 삼은 거죠. 이 사람을……

박문식 모 다 그렇게 뭘 하나 만드는 거야.

김 예, 완전히 매번 그림 그려서.

이태복 모 근데 이렇게 되니까 내 동기간도 사진을 다 빼가고 그러더라고, 얘가 큰일 날까 봐서 정말 빨갱이인가 싶어서 사진도 다 빼가고 그러더라고. 같이 엮여서 피해받을까 봐.

김 제가 8월 3일날 친정 가려던 기차를 못 타고, 남편을 잡아가는 순간 애를 업고 기독교 회관으로 날아갔거든요. 그러니까 어머니, 제가 너무나 감사한 게 어쨌든 우리 가족들이 다 과부 심정 과부가 안다고, 8월 3일부터 누가 잡혀갔는지를 알아보기 시작했더니, 이태복 씨부터 줄줄이

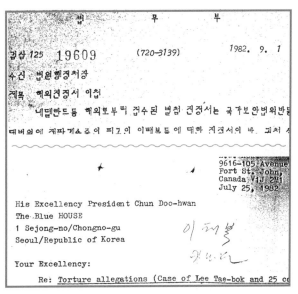

▲ 국제인권단체 탄원서(1982년)

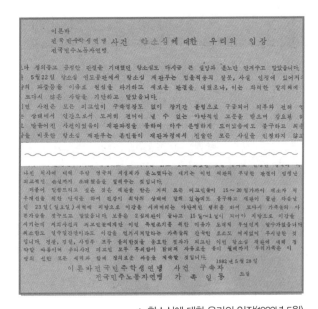

▲ 항소심에 대한 우리의 입장(1982년 5월)

나오는 거예요. 그래가지고 계속 이래저래 수소문해서 어머니들을 만나려고, 왜냐면 이게 보니까 처음에 저도 신랑만 잡혀갔나 생각했는데 신랑만이 아니라, 너무 많은 사람들이 잡혀간 거라서 처음에 애를 업고 기독교회관에 가서 거기 있는 목사님들도 만나고 청년들도

만나서 그냥 후배들 때문에 수사한다며 이렇게 이렇게 해서 잡혀갔다 하는 걸 바로 알렸죠. 그때는 전혀 영장도 없이 갑자기 확 잡아채가지고 가버리고……. 한 사람 한 사람 다 수소 문해서 제가 어떤 분들은 알아내고, 덕희 어머니는 구치소 앞에서 만났고요. 처음에 제가 덕희 어머니는 연락을 취해가지고 아들 면회를 다니시니까 구치소에서 만나서 서로 자식 들 얘기들 쭉 하셨다가 이게 예사로운 사건이 아니라서…….

박문식 모 첨에 이걸 어떻게 하면 좋을 줄 몰랐는데 그래도 은혜를 만나서 운동하러 다닌 거야.

김 왜냐면 저는 이태복 씨도 알고 있었고요, 더 알아보니까 아는 사람도 있었고 모르는 사 람도 있었지만, 함께 굉장히 큰 억울한 일을 겪고 있어서 어쨌든 우리 가족들이 같이 어려 울 때 같이 힘을 모아가지고, 이 억울한 일을 세상에 알리기도 하고 해서 저희 식구들이 참 잘 모이셨어요. 예. 그래서 지금은 민주사회를 위한 변호사들의 모임인데…….

박문식 모 그쪽 변호사 돌아가셨어?

김 예. 이돈명 변호사님도 돌아가셨고, 황인철 변호사님도……. 우리 어머님 다 같이 다니 셨잖아요. 그래서 변호사님들도 그때 우리가 인권변호사님이라고 했잖아요. 그분들이 저희 들 소식을 듣고서 나름대로 도움을 주시겠다고 나서셨어요. 그때는 워낙 광주항쟁 지나고 바로 그다음이라 저도 남편이 처음 잡혀가고 나서 갔더니 목사님들 얼굴이 새파래지셨어

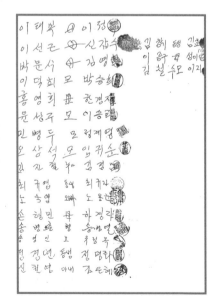

▲ 대통령에게 보낸 탄원서(1982년 5월)

▲ 왼쪽 탄원서에 서명한 가족들

요. 왜냐면 빨갱이로 뒤집어씌우려고, 이태복 씨를 얘네들이 엄청난 그림을 그려놓았는데 내가 애를 업고 나타나니까 다들 깜짝깜짝 놀라셨어요. 어쨌든 놀라신 거는 인지상정이죠. 그때 누구를 조금만 도와줘도 다 같이 구속되고 하니까. 얘네들은 그림을 무시무시하게 그려놨는데, 저는 학교 다닐 때부터 계속 학생운동 민주화운동했던 사람이니까 누군지 다 알잖아요. 그래서 종로5가에 어머님 7층에 가면 인권위원회.

박문식 모 인권위원회…….

김 예. 윤수경 선생님, 예쁘장하게 생긴 윤수경 선생님도 있고, 이경배 국장님도 계시고, 우리가 맨날 7층 가면 거기 아주 푸근하게 생기신 김관식 목사님, 인권위원회에 계셨고요. 그리고 청년들이 있었어요. 어머니, 그때 우리는 누가 잡혀갔다는 걸 다 파악해가지고 그때그때 계속 진정서, 탄원서를 썼어요. 수시로. 사람들이 누가 잡혀가면 파악이 되는 대로 그대로 진정서 써서, 우리가 기독학생총연맹이라는 대학생들과 함께 7층의 온갖 방을 다 같이 다니며 알렸어요.

박문식 모 우리 가족들이 다 어떻게 만났지?

김 제가 수소문해서 연락을 취해서 한 명 두 명 이렇게 만나기 시작했지요. 처음에 홍영희 어머니도 만났는데, 처음에 어머니들, 다들 얼마나 놀란 가슴이었겠어요. 너무나 충격적인 일을 당하신 거잖아요. 처음에 영희 어머니는 제가 공동변호인단 하자고 제가 뵙는데 그때, 그때 인권위원회나 그다음 저희 천주교 정의평화구현사제단에서 도와주시겠다고 했고, 변호사님들도 도와주시겠다고 해서, 그때 이돈명 변호사님, 황인철 변호사님, 이돈희 변호사님, 조준희 변호사님, 뭐 여러 변호사님이 도와주셨어요. 그래서 우리가 다 같이 일일이 찾아뵙었고, 그리고, 영희가 우리 후배잖아요. 그래서 제가 뵙는데, 영희 어머니는 그때 오

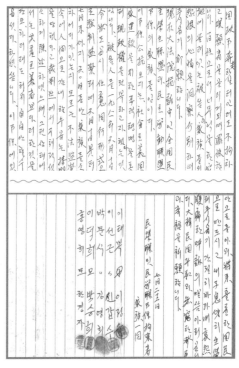

▲ 대통령에게 보낸 탄원서(1982년 7월)

죽하면 딸에게 어떤 도움이 될까, 별의별 소리를 다 들으셨을 거예요. 왜 우리 아플 때 누가 누가 제일 최고 좋더라 이러면 다 그 소리가 들어오잖아요. 그래서 어머니는 공안검사 출신 변호사를 선임했어요. 처음에.

이태복 처음에 그랬어요. 홍영희 어머니.

김 예, 영희 어머니가, 그때 이태복 씨 어머니랑 우리가 공동변호인단 다 같이 했는데 영희 어머니는 처음에 변호사를 선임할 때는……. 아니, 저는 어머니들 심정을 이해를 해요. 그 사건은 계속 얘기를 들었잖아요. 무슨 빨갱이라고 뒤집어씌우고 이러니까, 공안검사 출신 으로 하면 좋다더라, 그런 소리를 들으셔가지고 비싼 돈 내시고 그렇게 하셨어요. 그러면서 나중에 우리 재판이 열리기 시작했잖아요. 항상 우리 식구들이 재판이 열리기 전, 어머니 그때 모이기 시작하고서는 우리가 기독교 회관 2층에…….

이 가만있어 봐. 근데 지금 문제가 그러니까 어머니들이 만나서 여러 군데 많이 다니셨잖 아요. 처음 만나서 단체로 가서 항의하고 이런 게 또 있었잖아요. 교도소 앞에 가서 면회시 켜주라고 또 얘기하시고, 그게 사진이 없더라고.

김 그때 우리는 사진 찍고 이런 건 생각 못했고, 저희가 면회를 다니니까, 우리 몇 시 어디 서 보자 이랬지.

▲ 상고심을 앞둔 마지막 호소문(1982년 7월)

이 근데, 아니 처음에는 면회를 안 시켜줘가지고.

김 알죠. 그래서 거기도 항의하 고, 또 우리가 그 당시는 종교계 에서는 천주교 쪽하고 개신교 쪽 이잖아요. 그쪽에다가 계속 우리 가 이 친구들 면회를 안 시켜준 다. 우리가 항의한 것만이 아니라 또 주변에서 계속 그런 거에 대해 서…….

이 단체로 항의하고.

이태복 모 아니 그때는 시민들이 다 봐줬잖아. 기독교도 천주교도 많이 봐줬잖아.

김 저희가 원래는, 제가 젊은 30대 새파란 김은혜 혼자가 아니라 어르신들이 함께 정말 열심히…… 왜냐면 제가 우리 가족들이 하루도 빠지지 않고 종로5가에서 목요기도회 할 때도 인권위원회, 기독교협의회…….

▲ NCC 모임에서 이희호 여사 등과 함께

박문식 모 김상근 목사 그 교회도 다녔었지.

김 그때 우리 개별 교회들 수도교회, 제일교회 등 그 당시 뭔가 한국사회가 정의로워진 거에 대해서 인권문제 관심 가지도록 개별 교회도 찾아다니고, 나중에 문익환 목사님이 다니셨던 수유리 교회까지도 다 다니셨어요. 우리가 단골로 많이 다녔던 데가 종로5가에 7층에 사무실이 쫙 있으니까.

이태복 모 윤대통령…… 공덕귀 여사가 그때 인권위원회에서 사람들이 잔뜩 모인 자리에서 이태복이 빨갱이라면 소리친 그 사람이 간첩이라고 소리쳤어요. 공덕귀 여사가 더 힘썼어요. 항의해주셨어요.

김 안국동에 윤보선, 공덕귀 여사님도 늘 어머님들에게 따뜻하게 위로해주시고.

이태복 모 이경배 인권국장이 퇴임한 후로 몸이 불편해져서 말을 못하고 걷지를 못했어요. 부부가 우리 집에 오랫동안 다녔어요. 와서 한 얼마 있다 가고, 얼마 있다 가고 그랬는데 내가 너무 어려우니까 그만큼 했으니까 됐다고 이경배 국장과 그런 인연이 이어졌지요.

▲ 호소문(1983년 1월)

호 소 문

저희들은 81년 6월에 이른바 전국민주학생연맹과 전국민주노동자연맹 사건에 관련되어 수감되어 있는 구속자의 가족들 입니다.

그동안 재판과정에서부터 지금까지 여러분의 많은 격려와 보살핌으로 이들 중 일부가 석방되었습니다만 아직까지 13명의 구속자가 남아있는 가운데 요즘에 이르러서는 이들의 건강이 악화되어 심한 어려움에 처해 있다고 하는 소식을 듣게 되니 가슴이 아프고 하루 속히 석방되기를 바라는 마음이 더욱 간절해 집니다.

사람들에 대해서도 관대한 석방과 사면조치가 취해지기를 간곡히 호소합니다.

같은 사건의 한사람인 민주학생연맹 중앙의원이라고 기소하였던 박성현은 군재에 회부되어 형면제 처분을 받고 이제 자유의 몸으로 외국까지 나갈 수 있는 아량을 베풀어 주심같이 저희 자식들도 나라와 민족을 위해 몸과 마음 바쳐 일할 수 있고 국민된 도리를 다할 수 있도록 선처해 주시기를 바랍니다.

이 나라에 자유와 민주주의를 이루려는 젊은이들의 소박한 열정이 올바로 이해되고 넓은 아량으로 받아들여질 수 있도록 이 사건에 관심을 갖고 계신 여러분들에서도 계속 관심을 가지고 기도해 주시기를 빌어마지 않습니다. 하나님의 보살핌이 이 나라와 여러분에 항상 함께 하시길 기원합니다.

1983. 4. 28.

이른바 전국민주학생연맹
전국민주노동자연맹 구속자 가족 일동

▲ 가족들이 낸 호소문(1983년 4월 28일)

이 이경배 국장한테 많은 도움을 받았죠. 거기에 간사 윤수경 씨.

김 윤수경 씨가 정말 우리 사건 잘 도와주셨어요. 너무 잘 도와주셨어요. 지금 충청도 서산에 내려가 계세요. 여러 해 전에. 그리고 제가 우리 가족들 도와주신 분들 중에 한국교회사회선교회에 천영초라고 있었어요. 지금 그 친구도 많이 아파. 캐나다 갔다가 교통사고 나가지고, 죽을 뻔했어. 거기 권오경 목사님이랑 여러분들이 많이 도와주셨는데, 우리가 매번 진정서를 밤새워 만들어 가면 그걸 다 인쇄해서 프린트해가지고, 그때는 지금처럼 좋은 인쇄가 아니라 다 마스터 뜨고 해서 우리가 100장을 만들어달라, 몇백 장을 만들어달라고 했어요. 왜냐면 그때는 우리가 그거 들고 가면, 맨날 뺏었잖아요. 인권위원회 윤수경 간사가 참 국장님보다는 실무적인 거는 간사가 많이 하잖아요. 그래서 윤수경 선생님 많이 도와주셨고, 기독학생연맹 간사들이랑, 총무랑 이분들도 바로 옆방이 기독청년들 모임이 있었어요. EYC라고…….

이태복 모 여하간에 우리 사건에 당신이 참 너무 고생을 많이 했어…….

김 아니 저는 이태복 씨랑 다 우리나라를 위해서 반듯하게 좋은 일을 하는 청년들이 억울하게 잡혀갔으니까 당연히 나서야 됐는데, 어머님들이 같이 마음을 모아주시고, 가슴이 아픈데도 어머니들이 정말 하루도 빠지지 않고 열심히 하신 게 사람들을 감동시킨 거예요.

이 어머니들이 힘을 잘 모아주신 거예요. 다른 사건에 비해서.

김 왜냐면 어머니, 가족들이 마음을 똘똘 뭉쳐서 단순히 면회만 하는 사람이 아니라 옥바라지만 하는 사람이 아니라 바로 이걸 억울한 거를 이 폭력적인 정부에 대해서 폭로하는 것을 너무나 열성적으로 어머니들이 하신 게 다 용기 있으신 거죠. 그렇게 너무나 헌신적으로 하시니까 신부님들도 감동을 시키신 거죠. 그리고 워낙 좋은 분들이시죠. 김승훈 신부님, 함세웅 신부님, 김수환 추기경님도 여러 번 만나뵀잖아요.

박문식 모 추기경님은 감히 만나기도 어려운데…….

김 자식들에 대한 사랑이 너무나 마음속의 고통과 말로 표현할 수 없는, 속으로는 애간장이 무너지지만 그걸 다 용기를 내서 나서신 거가 또 다른 민주화운동을 하신 거예요. 그래서 저는 우리 어머님들 너무 훌륭하시다고 생각해요.

박문식 모 나는 그 생각을 하면 웃음이 나. 우리 아이 붙들려가고 나서 밤낮 울었는데, 내가 우리 문식이를 면회를 갔더니 그냥 그렇게 우는 거야. 그런 걸 내가 위로했다고. 내가 그러고 나서 어머 내가 언제 이렇게 됐나?

김 어머니가 위로하셨어요? 문식이는 어머님한테 미안해서 그랬나 봐요. 어머니 혼자 되셔서 고생해서 키우셨는데, 미안해서 그러죠.

이태복 모 나도 그랬다고, 우리 사건 다 나가고 나 혼자 남았잖아. 문식이가 또 들어갔어. 문식이 들어가서 내가 좋다고 했다니까.

김 내가 잊을 수 없었던 게 영희 어머니가. 재판을 가면 신문하고 하는 과정에 변호사님들이 그 억울하게 구속된 우리 사건 당사자들이 말할 수 있는 기회를 줬잖아요. 난 어떤 마음으로 했고……. 한 번은 영희 아버님이 재판을 끝내고 나오시는데…… 구속된 우리 자식들이 젊은 예수들이라고 그러셨어요. 저는 이네들이 젊은 예수들이라고 얘기하신 것이 굉장히 마음에 와 닿았어요. 아버님이 어쨌든 아들도 아니고 딸에 대한 특별한 애틋한 마음이 계셨잖아요.

이 또 군인 출신이시잖아요. 영희 아버지가.

김 어떤 그런 부분에 알게 모르게 세뇌당한 분들이 있잖아요. 어쩔 수 없이. 조선일보만 보고 동아일보만 보고. 이러던 분들이 재판정에서 진술하는 걸 보고 젊은 예수라고 말씀하시는데, 여기 젊은이들이 젊은 예수라고 하시는데 제가 너무 감동받았어요.

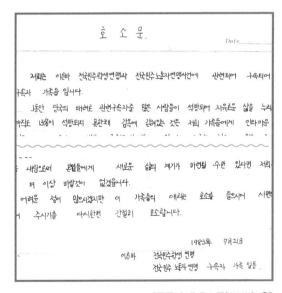

▲ 가족들이 낸 호소문(1983년 7월)

박문식 모 재판을 하고 나와서 웃음이 나더라고. 아들이 나오는데 그 울고 야단을 하고 말도 제대로 못하고 그러는데…… 어떤 여자가 옆쪽에 있어서 내가 위로를 했어. 옛날에 나같이 처음 하던 식으로. 그게 큰 게 아니라고 걱정하지 말라고……. 내가 그렇게 위로를 하고 돌아섰는데 혼자 웃음이 나더라고 내가 옛날에 저랬는데…….

김 그래서 가족들이 많이 친해지고 정이 들어가지고, 나중에 이 말씀들 많이 하셨어요. 여기 재판이 완전히 민주주의학교라고, 저는 그게 참 공감이 갔거든요.

박문식 모 박문식이가 어느 교도소에 있느냐고 물어봐서 왜 그러냐고 그랬더니, 우리 문식이 있는 교도소만 가면 편안하게 산대. 그래서 편안하게 살아? 하여튼 말야 교도소에서 우리 집에 전화 온 적 있어. 와달라고 밥을 몇 날을…… 우리 애가 단식을 끊어야 밥을 먹는대. 단식을 해서 죽는다니까, 교도소에서 전화를 다 해. 그래서 내가 악질이고 얼마나 무섭게 하는지 박문식이 사는 교도소는 편안히 산다는 말까지 나오더라고. 보통 악질이 아니라고.

김 단식을 여러 차례 했잖아요. 여러 차례가 아니라 일 년에 뭐 수시로.

이 우리 학림사건 애들이 다 그랬어요. 각 교도소에 가서 분위기를 딱 잡아갔어. 그래서 고생했지요.

김 덕희 어머니를 제가 처음 뵈었을 때 인사를 드리고 사무실에…….

이태복 모 덕희 어머니가 이태복 어머니는 당최 만나지 말라고. 난 학생도 아니고 만나지 말라고 주변에서 그랬다고 그래서 그 교도소 가서 덕희 보고 물어봤더니, 세상에 그게 무슨 소리냐고. 얼마나 훌륭한 분인지 몰라. 우리나라에 그렇게 훌륭한 분들이 없다고 그랬다는 거야. 덕희 어머니도 첨엔 나를 안 만나려고 그랬었어.

박문식 모 남영동에서 제일 높은 사람 이름이 누구지?

▲ 가족들이 낸 육필 호소문(1983년 12월)

이 박처원요.

박문식 모 날 찾아와서 다방에서 나를 대우하면서 말야. 우리 아이 도망 다니고 그럴 때인가 봐. 그렇게 사정하고서 우리 큰아들은 난데없이 금융 쪽에서 자리잡고 높은 사람이었는데도 남영동에서 하루 자고 왔다고. 문식이 때문에. 우리 또 남자 동생도 서울대학 나왔어요. 아주 최고 일류 회사에서 옛날에 그 당시 외국 유학까지 갔다 와서 지금도 영어도 잘하고 친동생 하나 있다고,

교황성하 전에.
평화와 사랑의 벗들 전하의신다 이 땅을 관련하시는 교황성하님을 진심으로 환영합니다.
교황성하님의 방한을 계기로 온 세계는 물론 이 땅 진진한 평화와 하나님의 은혜가 온누리 가식 가식에 진하의 지길 바라는 마음으로 온 국민 모두가 기쁨에 차 있다.

강복을 축원 합니다.

전국 인구 착신 연맹 및 전국 인구 느동과 리밀 다민 관련 구족과 이 태복 모
이 진숙 (모니카) 올림

▲ 교황 방한 시 편지(1984년)

거기도 잘 찾아다니고. 그때는 우리 남동생이 혼을…… 거기까지 찾아갔대. 하여튼 말야. 온 집안을…….

김 그 당시는 그랬어요.

이 덕희 어머니도.

김 제가 덕희 어머니도 왜 꼭 말씀드려야 하냐면 처음에 만나뵀을 때 어머니는 살림만 하셨대요. 그래서 제가 이번에 구속된 신철영 각시라고 인사를 드리고, 어쨌든 우리 사건 가족들이 변호사도 같이 하고, 공동변호인단 쓰는 걸 쉽게 설명을 드렸는데, 아이 난 몰라요, 아무것도 몰라요. 어머니는 처음에는 인천에서 와서 그냥 자식만 키우고 뭐 은행 가고 서류하고 하는 걸 아버님이 다 하시고, 어머니는 살림살이만 하셨대요. 그래서 인천에서 와서 서울역에서 구치소까지 가는 것만도 어머니가 큰 외출이셨던 거예요. 처음에는 그냥 면회만 다녀도 난 몰라요, 난 몰라요, 그러셨는데.

박문식 모 다 그랬지.

김 우리가 이제 계속 만나면서 어머니가 계속 소식을 들으시고 사실을 들으시면서 나중에 공동변호인단도 같이 하시게 되고, 우리 같이 교도소, 구치소에서 많이 만났는데 여러 날을 어머니가 저는 5분 동안 바깥에서 어떤 일이 벌어지는지도 알려주고, 해야 할 말이 많으

APOSTOLIC NUNCIATURE
Kwang Hwa Moon P. O. Box 393
SEOUL - KOREA

16 July, 1984

NUNTIATURA APOSTOLICA
IN COREA

No.1706

Dear Mrs. Lee,

        I wish to acknowledge receipt of your
letter of 6 July, 1984 concerning the case of your
daughter. I wish to give you the assurances of my
concern in the matter, and I shall raise the case and
do the best I can as soon as the best opportunity to
do so arises.

        Conveying you my prayerful and best wishes,
I remain,

                Yours sincerely,

                Francesco Monterisi
                Apostolic Pro-Nuncio

Mrs. Lee Jong-Suk, Monica
2-408 Hong Jin Apt., Kae San Dong
Buk Ku, <u>INCHON</u>

▲ 교황청 편지(1984년)

니까 메모했다가 막 후다닥 얘기해도 만날 시간이 모자랐는데 어머니가 5분 면회를 못한다. 할 말이 뭐가 있어. 이러고 나오셨던 분이었어요. 처음에 그랬어요. 저는 이 5분이 너무 금쪽같아서, 어머니가 처음에 얼마나 가슴이 먹먹하시겠어요. 처음에는 5분을 못 채우다가 나오셔서 참 안타까웠는데 나중에는 아들하고 대화를, 이제 5분을 잘 쓰고 나오시는 거예요. 그래서 저는 어머니가 자식만 소중하게 키우시던 어머니가 이 폭력적인 그런 사건을 겪어내시면서 어머니가 많이 변하신 거예요. 변하셔서 정말 우리 가족들이 같이 이렇게 똘똘 뭉쳐……. 제가 그래요, 제가 제일 젊은 것이었잖아요. 어머님들이 너무 좋으셔서 제가 참 모시고 다니기도 제가 참 마음 편히 모시고 다녔고요. 어머니들이 같이 안 했으면…….

김 우리가 하다 보니까, 종로5가랑 뭐 이렇게 천주교랑 들락날락 하다 보니까 인제 우리 식구들만 억울한 일이 아니라 별의별 억울한 가족들을 많이 만났잖아요. 그때만 해도 양심수가족 조직이 없었어요. 그냥 김대중사건 가족, 우리 가족, 뭐 각 사건들 가족들. 그러다가 서로들 이제 같이 인사도 나누고, 양심수들을 위한 구속자들을 위한 기도회 하면 같이 가고.

이태복 모 문익환 목사 참 점잖아.

김 네. 사모님, 박용길 장로님도 참 우리 가족들 많이 도와주시고. 또 어떤 때는 어머니들과 농성도 같이 하고 그랬잖아요.

이 농성하신 것 가운데 어디서 하던 농성이 제일 기억나세요?

김 어머니 우리같이 집에도 안 가시고 종로 5가 7층의 김관식 목사님 방에서 바리케이트 다 쳐놓고 거기서 농성했었어요.

박문식 모 우리가 쭉 잘 적에 누가 훌쩍훌쩍 우는 소리를 들었다고. 한데서 다 자는데.

김 그때 박용길, 문익환 목사님 사모님도 계셨고, 여러 가족들 같이, 박용길 장로님, 그래서 저는 이제 신부님들이나……

이 그 윤보선 대통령 만났을 때 윤 대통령이 한 말씀도 있으시고, 또 추기경님 만났을 때 추기경님이 한 말씀도 계시잖아요. 주로 공덕귀 여사님을 많이 만나셨죠.

김 윤보선 대통령 댁에 여러 차례 갔죠. 안국동 고택에 여러 차례 갔어요.

이태복 모 우리들 바깥에 가 있으면 우리들 밥 다 해놓고, 근데 검소하시더라고. 그 말씀을 하시더라고. 윤 대통령이 전두환이를 네 번 만났어. 석방해달라고 그러면 전두환이가 고개를 돌리더라고 말씀하셨어.

이 추기경님 만났을 때도 뭐 이렇게 하시는 말씀들이 있었을 텐데, 김수환 추기경님 만나셨을 때 그때 같이 안 가셨어요?

김 같이 갔지요. 항상 제가 모시고 다녔죠. 사건 얘기를 말씀드리고 한결같이 말씀하신 거가 공 여사님도 그렇고 어머니들이 어르신들 만나고 나면 굉장히 위로도 되셨던 거가 우리 사회 지도자들인데, 다 아드님, 딸들, 다 정말 훌륭하시다고, 나름대로 인정해주시고, 그리고 절대 아들들이 절대로 나쁜 짓을 한 게 아니고, 우리나라의 정말 정의로운 나라를 위해서 훌륭한 일을 하신 분들이다. 청년들이라고 젊은이들이라고 그러면서 굉장히 격려해주시는 말씀을 해주셔서.

이 가족들이 그러니까 자부심도 생기고 당당해지고, 이렇게 되신 거죠. 심리적으로 지지도 받으시고.

박문식 모 다른 사람은 안 만나도 우리는 꼭 만나주셨어.

김 많이 도와주셨던 거가, 돌아가셨지만, 김승훈 신부님도 추기경님 만나는 거 도와주셨고요. 그리고 제가 대학생 때부터 지학순 주교님을 잘 알았거든요. 원주교구 지학순 주교님이 참 많이 도와주셨어요.

박문식 모 우리 둘이 다 대모일 걸? 김승훈 신부님. 나는 신부님

〈우리의 입장〉

사건개요에서 볼 수 있는 것과 같이 민학련·민노련 사건은 수사당국의 고문·강압 수사에 의한 조작극이며 사법권 독립부재와 언론의 불모·시녀화로 현정권의 파시즘적 성격을 보여주고 있다.

이 사건은 5.17 이후 항상 스스로의 합법성·도덕적 당위성의 취약함을 느껴 온 현정권의 신경질적인 자기보호 행동에서 연유한 것으로, 이는 결국 모든 국민을 잠재적인 미래의 적으로 간주할 수밖에 없는 독재정권의 불안과

〜〜〜〜〜〜〜〜〜〜〜〜〜〜〜〜〜〜〜〜〜

러내고 국민 모두의 각성을 다시 촉구한다는 점에서 우리 민학련·민노련 사건이 철저한 조작극이라는 점이 밝혀지고 아울러 관련자 전원의 조속한 복권과 이태복씨의 즉각 석방을 요구하는 것이다. 우리는 이를 위해 가능한 방법을 다할 것이며 관심있는 민주인사와 학생·근로자의 협조와 동참을 이 자리를 빌어 호소하는 바이다.

1984. 7. 26

▲ 국민대 동문들이 낸 성명(1984년 7월)

하고 부제하고 밥 먹고 나가면 꼭 그 상에 김 신부님 어머니하고 같이 밤낮 그 상에서 밥을 먹었어. 어머니가 뭐랄까. 여장부셨어요.

김 전두환 얘기하면 아주 나쁜 놈들이라고, 정말 그 호랑이처럼 나쁜 놈들 얘기할 때는 씩씩하게 하시고, 또 어머니들한테는 굉장히 따뜻하게 위로해주시고.

이태복 모 우리들 밥 한 섬을 먹었어. 그 집에서 김승훈 신부님 너무 좋으셨죠.

김 그리고 제가 대학 3학년 때부터 신부님, 주교님을 잘 알았거든요. 천주교에서는 추기경도 소중하지만, 주교회의가 굉장히 소중했어요. 주교들 중에서는 지학순 주교님이 사회정의에 대해 가장 앞장서셨고, 그다음에 인천교구의 김병상 신부님도 계세요. 거기에는 굉장히 보수적인 경향의 사람들도 있었거든요. 그런데 어쨌든 추기경님뿐 아니라 주교들도 우리가 뭐 무슨 성당에서 미사 볼 때 우리 사건을 이야기할 수 있는 기회를 주셨어요. 우리가 불쑥 찾아가서 이야기한 게 아니라 우리한테 순서를 달라 미리 사전에 의논해서 나름대로 우리한테 마이크를 준 거거든요. 그걸 지학순 주교님, 김승훈 신부님, 함세웅 신부님, 그분들이 많이 도와주셨어요. 그걸 일일이 다 연락을 취해서 명동성당에서도 몇 차례 했었죠. 그리고 저희가 인천교구도 갔었고, 성문밖교회는 남편이 다녔던 직장이었잖아요. 거기서는 억울한 구속자들을 위한 그런 기도회 이런 것들, 항상 목요일날…….

김지석 목사님. 뭐 적극적으로 도와주고, 그리고 청년들이 되게 고마웠던 거가, 우리는 갈 때 처음에 종로5가에서 만났지만, 다 기독청년들이 기독교장로회, 예수회 다 전국에 교회 청년들 조직이 있었거든요. 그래서 전국 조직 모일 때, 우리 사건에 대해서 이태복 씨가, 나중에 우리가 같이 통합재판을 12월에 받을 때 이태복 씨가 듣기에 정말 우리가 가슴 아픈 얘기를 했잖아요. 근데 12월 26일 고문에 대해서 칠성판 위에 올라가서 고문당한 얘기 나오고서 그때가 진짜

▲ 정평위 건의문(1984년 7월)

목사님들이 다들 충격받아서 정말 젊은이들이 제가 유인물 만들면 자기들이 더 많이 만들어서 그걸 많이 돌려줬어요.

이 김영진, 김창규 씨 같은 EYC 간부들이 우리 시골집에도 다녀갔다고.

김 EYC 거기요. 아주 순박한 청년들이 전국을 다 다닐 때마다 도와주고, 그래서 맨날 저한테 뭐라고 그랬냐면 형수님 떡보따리 들고 그 유인물 옛날에 들키면 다 뺏기니까 그거 떡 상자에 넣고 안

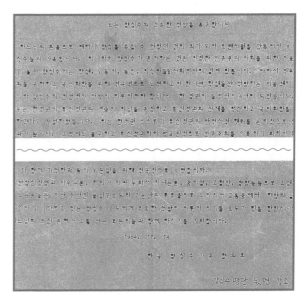

▲ 가족들도 함께한 양심수 석방 호소문(1984년 11월)

뺏기게 돌리려고 떡 보따리를 해서 전국적으로 돌리셨어요. 아니 저희는 이제 당사자들 자체가 뭔가 하늘 앞에서 부끄럽지 않은 올바른 일을 했지만, 어쨌든 가족들이 맘이 많이 아프셨죠.

이 어머니들이 사회 각계 인사들 만나서 힘이 생기신 거지.

김 정의롭고 뭔가 선하고 착한 분을 다 만나셔서 일일이 생생하게 전달하고 그래서 지지를 받으셨어요. 저는 어머니들이 어르신들이 얼마나 힘드셨어요. 다니시는 게.

박문식 모 우린 그런 거 해본 적도 없고, 그렇게 따라다니는 것도, 우리는 처음에 몰랐어. 무조건 들어가기만 하면 신세 망치는 줄 알아. 누구든지 다. 그런데 이제 따라다니면서 보니까 그게 아니잖아. 그게 그땐 얼굴도 나같이 똑같이 생긴 사람이 울고 있는 걸 보고서 그렇게 위로를 다 했다니까.

김 대부분의 어머니들이 그러시죠. 아들이 억울한 일을 당했는데. 아니 저는 계속 일을 했던 사람이었으니까, 근데 그렇게 만나고 오시면 굉장히 얼굴이 편해지시고 어쨌든 아들, 딸들에 대해서 어머니들이 자식들에 대해서 굉장히 긍지도 생기시고, 그래서 얼굴이 풀리시는 게 전 참 좋았어요.

이 덕희 어머니는 아예 처음에 여기 어머니들하고 얘기도 하면 안 된다고 생각했는데 다니

▲ 양심수 석방 호소문(1985년 2월)

면서 보니 그게 아니었어.

박문식 모 덕희 어머니가 시골 촌에서 와서 길을 알아? 그래서 가끔 내가 장난도 했다고, 길 가르쳐준다고 점심 사오라고, 그런 농담도 했다고.

이 어머니도 마찬가지죠. 어머니도.

김 걔네들이 어머니들을 다 민주투사로 만드셨잖아요. 아들들 막 잡아가지고.

이태복 모 우리들은 가족끼리 잘 맞아가지고 고생했지만 참 잘 지냈어.

박문식 모 울지 않는 거, 이게 아니구나. 이제 울지 않고 다니는 거, 아이구, 그땐 왜 그래. 그냥 우리 집안 친척을 다 쑤시고 다니고.

김 모든 집이 다 그랬어요, 어머니.

이 모든 걸 다 뒤집어씌웠어요. 압박을 가하는 거지. 압박을 가해서 못하게 하느라고.

김 어머니, 저는 제가 하도 어머니들 모시고 쫓아다니니까 한 번은 기독교회관에서 집회하고 나오는데 제가 사지 들려서 차에 실려갔던 적 있잖아요. 그래서 새빨간 방에 저를 끌고 갔어요.

박문식 모 나도 그건 똑같아. 나를 우리 집 문 앞에다가 갖다 놨어. 문식이 도망다닐 적인가 봐.

김 어머니는 문식이 도망다닐 때고, 우리는 내가 계속 어머니들 모시고 온 동네 고문 폭로하러 다니니까, 한번 나한테 겁주느라고. 우리가 기독교위원회에 온 방을 다 한 바퀴 돌고 나오니까. 내가 나오는데 차 대기했다가 날 딱 집어넣고서……. 나중에 알게 됐는데 처음에는 잡자마자 검은 천으로 확 눈을 가려버리고 끌고 갔는데, 그때 옥인동인가, 내수동인가, 들어갔더니, 뭐 거기에 또 치안본부 공안분실이 하나 또 있대요. 거기에 딱 들어갔더니 온

사방이 빨간 타일이에요. 새빨개요. 나를 딱 앉혀놓고서 여기 아줌마 같은 사람들, 여기 빨갱이들 끌고 와서 조사하는 데라고. 처음엔 그 빨간 방에 끌고 가서 나를 겁주려고 하는 거죠. 그러면서 나한테 다시는 그러고 돌아다니지 말라고, 나한테 겁주는데 제가 뭐 그 빨간 방 실려갔다고 가만히 있을 사람이 아니잖아요. 그래도 소용없으니까 그다음에 저를 그 방에 안 넣지, 못 말리는 여자니까. 어쨌든 저는 어머니들이 단순히 누구의 엄마, 뭐 누구의 각시 이런 것만이 아니라. 이런 활동들이 다 밑거름이 돼서 조직이 뭉쳐야 되겠다고 해서 한 거죠. 자연스럽게 됐다 생각해요.

박문식 모 우리를 막 밀어채서 차에다 막 태워가지고, 어떻게 하다 보면 우리 집에 왔어.

이태복 모 추기경님도 많이 힘써주시고.

김 저희를 도와주신 분들 정말 많아요. 각계각층의 사람들이 많이 도와주셨고, 구속자들이 계속 늘어나니까 자연 가족들도 늘어났고 결국 구속자가족협의회라는 조직까지 만들어졌지요. 이태복 어머님이 의장을 맡으시고 인재근 씨가 총무를 맡고.

이 수원의 큰 교회 목사님 한 분 계셨거든요. 민주화기념재단에 박상중 목사, 그분도 도와주신 분이야.

김 그리고 그때 기독교협의회는 여섯 개 교단이 있었는데, 그때 이게 어떻게 돌아가는지 아니까 중요한 회의가 어떤 날 뭐가 있나 하는 걸 미리 확인해가지고, 우리 거가 공식적인 성명서가 나와야 하니까 미리 알아서 해드리면 거기서 우리 사건에 대해서 이 사람들이 억울하다는 글을 만들고, 거기서 공식적인 주교, 추기경님 다 사인해서 이게 나름대로 성명서 나오듯이 계속 한국기독교교회가 우리 사건에 대한 공식적인 언급을 늘 많이 해줬고요. 그리고 어머니, 기억 나실는지 모르겠는데, 우리가 국내적인 거 말고 해외 있잖아요, 그때 돌아가셨는데 많이 도와주셨

▲ 양심수 석방 촉구 결의문(1985년 3월)

던 분이 이우정 선생님이세요. 서울여대 교수도 하셨고, 그다음 인권위원회에서 중요한 역할을 하셨고요.

이 어머니랑 친하셨어요. 이우정 교수가 이태복 어머니와 친하셨잖아요.

김 그분이 특별히 뭘 많이 도와주셨냐면 선생님이 일본어, 영어를 잘하세요. 저는 그때 그런 말이 짧으니까 우리 사건이 알려지면서 뭐 독일이나 유럽, 일본, 미국, 캐나다, 우리나라의 민주화운동과 인권문제에 관심 가진 주요한 단체의 지도자들이 5가에 많이 오셨어요. 그러면 윤수경 선생님이 저한테 연락해서 아무 날 몇 시에 시간을 내라 그러면 제가 얘기하면 선생님이 바로 거기서 즉시 통역하셔가지고, 해외에 우리 전민련사건이 어떤 사건이고, 이 정부가 이 사람들을 정말 불법으로 이렇게 연행하고 고문하고…… 이거를 여러 나라에 알려서 실제로 청와대에 압력이 들어가는 일을 해줄 때 이우정 선생님이 수시로 도와주셨어요. 그래서 저는 돌아가셨을 때나 이래저래 많이 쫓아다녔었는데 선생님이 거기에 관련된 통역, 해외로 우리 사건이 여론화되고 그리고 거기에서 세계적인 연대와 지지, 지원하는 부분에 굉장히 많은 역할을 해주셨어요.

박문식 모 그래 그런 거 같아.

김 어머니 이우정 선생님 생각 안 나세요? 키 작으시고, 얼굴도, 제가 나중에 한번 모습을 보여드릴게요. 이우정 교수님이 참 많이 도와주셨어요.

이태복 모 이우정 교수를 왜 잊어버려요? 그러면 천벌을 받지. 이우정 교수 얼마나 점잖고.

박문식 모 인권위원회 있는 사람이지?

김 인권위원회 상주하시지는 않고 거기 인제 한국교회연합회나, 이쪽에 중요한 위원으로 맡으셔서 굉장히 많이 도와주시고요.

박문식 모 요새 그런 거 없지? 뭐 옛날같이 뭐.

우리 곁으로 돌아와야 합니다 "

이른바 "전국민주노동자연맹"(약칭 민노련)과 "전국민주학생연맹"(약칭 민학련) 사건 관련 가족들입니다. 발생한 지 벌써 햇수로는 5년째 됩니다만, 우리가 받은 충격과 상처는 아직도 아물지 않고 있고, 오히려 올해에 걸쳐서 더욱 애간장을 태우는 새로운 사태가 전개되는 것이 아닌가 하는 떨쳐버리기 어려움을 받으면서 다시 한번 우리 가족들의 공통된 애절한 염원을 말씀드리고 아울러 우리의 주장과 요구를 ...

이 사건에 관련되어 구속됐던 25명 중 거의 대부분은 형의 집행유예, 집행면제, 집행정지 등으로 석방되... ... 이른바 "수배"로 붙여 함께 세태을 서글...게... 이태복은 운동 아직도 감옥에 갇혀 있으면서

1. "우리는 더 이상 당국의 부당한 처사를 용인하고 기다릴 수 없습니다. 우리의 이태복은 ...환되어야 합니다.
우리는 원통한 심정으로 이렇게 묻습니다. 도대체 불법연행하여, 허위자백을 강요하고, 그것도 만 4년 ...에 넣어두는 정당성은 어디에 있는가고 묻습니다. 민노련과 민학련 사건이 고문에 의한 허위자백을 ...져지고, 그에 그대로 따라서 기소되어 재판에 회부되게 되었음은 법정에서 우리의 아들과 딸들이 이미 ... 있고, 이 점은 양식 있는 모든 국내외 사람들이 인정하고 있는 사실임에도 불구하고, 재판부는 이런 ...
... 채 판결문 어디를 뒤져봐도 고문에 의한 진술에 대해 일언반구도 없다는 점을 우리는 어떻게 받아... ...입니까, 아득한 생각이 치밀어 한때 우리는 우리가 도대체 무슨 나라, 무슨 사회에서 살고 있는가 자문하...
우리는 이태복이 다음과 같이 증언한 것을 지금도 잊지 못하고 있습니다.

▲ 호소문(1985년 5월)

이 예. 요새는 그렇게까지 안 해요.

김 그렇게까지는 아니지만, 지금도 이런저런 억울한 일들이 있어요. 지금도 우리처럼 어마어마하게 그 짓은 못하지만 지금도 있어요.

박문식 모 그 당시 전두환이가 우리가 젊어서인데 그때 참, 몇십 년 전이다. 벌써 한 50년 된 거 같아.

김 아뇨. 81년이니까. 딱 35년이에요. 어머니 올해가 딱 35년이에요. 이태복 씨가 처음에 6월에 잡

▲ 석방 서명운동(1985년 6월)

혀갔으니까, 만 35년이 다 됐어. 그렇죠. 완전히 총칼로 대통령 되고서 엄청나게 사람들 많이 죽이고.

이태복 모 참, 그런 놈의 세상. 그런 놈의 세상. 아니, 판사도 자기들이 잘못한 거를 아니까 내가 가서 막 이렇게 훌륭한 사람, 나도 공무원으로 평생 살고, 이렇게 사는데 우리나라 모두 자식 낳아놓으면 모두 빨갱이니까, 여러분들 빨갱이니까 여러분들 자식 낳지 말라고. 내가 그렇게 소리를 했는데 아무 소리 못하잖아. 김 신부님이 '그 사람들이 알겠어? 알겠어?' 그러면서 날 데려가시더라고.

박문식 모 정부에서 왜 그랬을까? 그때는.

이태복 모 판사니, 뭐 어쩌니 하지만, 양심은 있잖아?

김 계속 희생 제물을 만든 거예요. 계속. 희생양을 만든 거예요. 지들이 떳떳하게 대통령 된 게 아니고.

이태복 모 문식 어머니, 왜 어떤 판사가 문식이 형 왜 친구라 그랬지. 우리들이 지나가니까 이러더라니까 문식이네 형이 친구래. 친군데, 판산데 우리들이 가니까 이러고 비키더라니까?

박문식 모 친구가 아니라 우리 동생의 집안…… 내 동생의 시아주머닌가…….

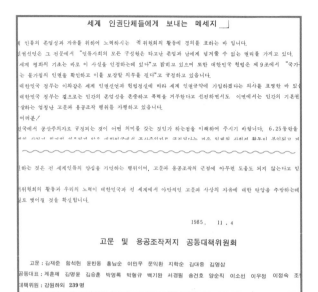

▲ 세계인권단체 호소문. 공동대표에 이태복 모친이 들어 있다
　(1985년 11월)

김 어머니 그때는 이게 굉장히 살얼음판이었잖아요. 그래서 판사나 검사나 자기가 옷을 벗을 각오를 안 하면 그냥 거기서 시키는 대로. 그래서 어머니 우리 제일 처음에 검찰들이 완전히 고문해서 공소장 만들었잖아요. 나중에 판결문을 보시면 공소장을 그대로 베꼈어요. 그대로.

이태복 모 책이 다 불온서적이라 그래서 우리가 교수님들에게 감정서 받아 내고, 판사가 불온서적이 아니라고 인정했잖아.

김 어머니 말씀 잘하셨는데, 그때 집집마다 책을 왕창 실어갔잖아요. 그때 저희 집에서도 같이 잡힌 노동자 중에 유동우가 쓴 '어느 돌맹이의 외침'이라는 책이 있었거든요. 자기가 노동자로서 수기를 쓴 거거든요. 그것도 불온서적이라고 그러고, 심지어는. 그때 교수님들 고마운 분 여러 분 계셨죠. 그때 압수된 러시아혁명사 때문에 이인호 교수가 그래도 용감하게 학자의 양심으로 불온서적이 아니라고 써줬었거든요. 내가 나름대로 기록을 남기기 위해서 이거 해달라면 안 해준 교수도 있었거든, 정말 내가 찾아갔는데 안 해준 사람도 있었고.

이 안 써준 사람도 그대로 기록해야 해. 최소한의 학자로서 양심이 없는 사람.

김 제가 제일 속상했던 사람이 누구냐면 그 당시 우리나라 노동자들의 문제에 대해 연구하는 배무기 교수를 수소문해서 찾아갔었는데 안 써줬어요. 그래서 제가 이제 인간적으로 친분도 없었지만, 아 그렇구나, 한편으로 이해도 했지만, 서운했고, 근데 이인호 교수는 러시아혁명, 얘네들이 무슨 혁명만 들어가면 책도 못 넣게 하고, 러시아혁명사에 대한 감정서 써줬고요. 이화여대 조형 교수님도 도와주셨고요.

이 본인이 잘 아니까.

박문식 모 우리나라 사람들 왜 이렇게 바보 같아. 지금 생각해보니까, 우리 사건 그것도 바보가 하는 짓 같아. 그땐 왜 그랬을지 몰라.

이 애들이 무서워서 그랬어요. 요놈들이 이러다간 전국적으로 다 뒤집어진다고 생각한 거예요. 조직적으로 데모를 하니까, 뒤집어진다고 생각하니까 빨리 잡아넣으려고.

김 학생들을 가장 무서워했죠.

박문식 모 내가 말야. 안기부에 남영동 유명하다고 해서 그 총경이 날 면회를 하더라고. 그 사람이 우리 아들 붙들러 다닐 적에 나하고 얘기하는데 말야. 그 사람이 오니까 전부 쉬쉬하더라구. 그래서 내가 그 사람하고 면회를 하고

나서 내가 그랬어. 아니 우리 문식이가 그렇게 대단한가? 난 그때는 좀 마음이, 큰 죄가 아니라는……. 거기서 커피를 사주면서 아주 대접을 말야. 높은 사람이라는데 왜 이러나, 그랬다고.

이 그때는 딱 불만 질러도 걔네들이 폭발할 때거든요. 무서워했어.

김 그때만 해도 어떤 학생운동이, 노동자 중심 학생운동을 제일 두려워했지.

이 지들이 지은 죄가 있어서. 광주 때 지들이 사람을 죽이고 정권을 잡았기 때문에 지은 죄가 있잖아요. 떳떳하게 권력을 잡은 게 아니라서 그러니까 어떻게든 두드려 잡으려고.

김 그러니까 얘네들이 인제 이태복 씨를 사형, 무기까지 나왔던 것이 그냥 노동삼권 지키려고 했다, 이것 가지고는 뭐 어마어마하게 그림을 못 그리니까, 그냥 이렇게 반국가단체 조직했고 수괴고 이러면서 빨갱이로 뒤집어씌운 거예요.

박문식 모 그 시대에.

김 얘네들이 어머니도 아까 말씀하셨지만, 사실 무기징역이라는 거는 끔찍한 거잖아요. 얘

▲ 고문 용공조작 저지 호소문(1985년 11월)

네들이 완전히 무법천지인 거가 법상 어쨌든 사람을 잡아가면 구속영장도 제시해야 하고, 그리고 48시간 넘기면 안 되잖아요. 근데 다 기록에 나오지만, 한 달, 한 달 보름 뭐 이렇게 불법 구금을 하고……

이 양승조 어머니도 시골에 농사지으시다 올라오시고, 우리 어머니도 시골에 계시다가 사건 때문에 올라오시고.

김 지금 어머니들이 다 돌아가셨지만, 영희 씨 어머니, 아니 우리 그때 국보 엄마, 집시 엄마 그랬었는데 제일 열심히 하셨던 분들이 문식이 어머니, 이태복 씨 어머니, 꼬박꼬박 우리가 집회를 하거나, 실제로 각계각층의 지도자들 만나서 우리 사건의 어머니들, 당사자들이 얘기하는 게 가장 제일 중요하고, 면회 갔던 얘기하시면서. 영희 어머니도 열심히 하셨어요. 선근이 어머니가 괄괄하시긴 하지만 그래도 같이 또 많이 다니셨고. 어머니 혹시 그 생각 안 나세요? 한 번 우리 사건 병합해서 재판할 때, 다 합하면 26명이잖아요. 종구가 재판 중에 코피가 흘렀어요. 종구 어머니가 아들이 코피를 흘리니까 어머니가 얼마나 속상해요. 그래서 휴지를 주려고 어머니가 앉아 있다가 휴지를 건네주려고 하는데 교도관이 그걸 못하게 말렸어. 그래서 어머니가 거기서 막 대성통곡하시면서 아들이 코피가 터져서 휴지 주려고 하는 것도 못하게 해 이놈들아. 어머니가 막 거기서 대성통곡하고 우셨어요. 그때 참 저기했고요. 그 종구 어머니도 꼬박꼬박은 못 나오셨지만…….

이 몸이 안 좋으셨지. 종구 어머니가.

김 몸이 안 좋으셨는데 어머니들이 함께 하려고……. 병두 어머니도 열심히 하셨어요.

박문식 모 지금 몹시 아파. 근데 오래 살았어. 그 사람 내가 처음 다닐 적부터 당뇨로 아팠는데.

이태복 모 우리 사건 전부가 뭐야, 거기서 차가 오는데 가족들이 거기서 다 드러누웠어. 그래서 내

▲ 민가협 발기문. 공동의장에 이태복 모친이 들어 있다(1985년 12월)

가 어깨 아파서 못하겠다. 나는 그런 거 못한다. 그거 생각나? 땅에 전부 드러누워서 난 못 드러눕고 바깥에 있는데 형사가 할머니는 왜 안 하느냐고 물어. 나는 그런 거 못한다고 그랬더니 그러면 뭐 했으면 분 풀어지겠느냐고. 내가 그랬어. 누구 좀 실컷 두드려줬으면 좋겠다고. 그럼 나를 좀 실컷 두들기라고 그래서 실컷 두들겼어. 가방 가지고 그냥, 그러더니 분 풀어졌느냐고 물어보는 거야. 그래서 분 안 풀렸다고 했어.

박문식 모 옛날에 저거 재판할 적에 다 가족이 있었을 거야. 문식이 아주 무섭고 독한 앤 줄 몰랐어. 걔가 교도소 가고 그랬을 적에 이렇게 무섭고 글쎄 몰랐다니까, 걔가 그런 줄을.

김 무서운 게 아니라 어머니, 우리 여기도 아주 똑소리 나지만 문식이도 아주 똑소리 나는 아드님이에요. 똑소리 나요. 아니 문식이는 딱 논리정연해요. 어머니, 전혀 문식이를 모르고 그 사건을 접하고 재판장에서 얘기하고 자료 보는 과정에, 똑소리 나더라고.

이 분명히 얘기하면 쟤들이 무서워해요. 지들은 엉터리로 하니까.

박문식 모 나는 최후진술 할 적에 어? 난 내 아들이 그 정도인 줄 몰랐어. 얘가? 내가 혼자 듣는데 얘가 이렇게 말을 해? 어쩜 그렇게 장장 길게 그 말을 해가지고 말야. 거기에 내가 감동을 먹었어. 그리고 거기 판사가 우리 동생의 뭐쯤 돼. 근데 그게 우리 동생한테 그런 얘길 했어요. 우리 집안에 놀라고, 그다음에 얘 재판에 하여튼 나도 놀라가지고 내가 쓰러질 뻔했어. 우리 아들이 저랬나? 그랬다고.

이 어머니가 감동하신 거예요. 어머니가 낳으신 아들이잖아요. 어머니가 잘 키우셨어요.

박문식 모 아니야. 잘 키운 것도 없어.

이 지금도 이렇게 보면요. 문식이가 맡은 일에 성실하게 잘하고 분명하고 그래요. 어머니 딱 닮았어.

박문식 모 똑똑한 건 내가 아는데, 그런데 초등학교 적부터 그런 거 알았어요. 근데 말야. 걔가 아버지가 일찍 돌아가셔서 문식이가 한 일곱 살 됐나? 우리 막내가 세 살이니까, 그렇

▲ 각계에 보낸 고문 탄원서

게 됐겠어. 이놈이 어려서부터 아주 유명스러워. 아니, 내가 우리 아들 칭찬하는 건 아냐. 내가 일을 해서 벌어 먹이려니까, 저녁은 누가 해야 되거든. 어떤 아들은 저녁 안 하는 사람이 없어. 내가 반찬 다 아침 다 해놓고 나가니까 밥은 저희가 삶아 먹어야 해. 그래서 인제 어느 날 말이야, 하여튼 말야. 괴짜는 괴짜야. 학교에서도 공부도 유난스럽게 잘하고 그랬어. 걔만 그런 게 아니라.

이 문식이가 얼마나 똑똑하면 학림 애들이 문식이 스카웃했잖아요. 문식이는 아카데미 활동을 하지 않고 박성현이 활동을 했고, 그래서 박성현이하고 문식이하고 같이 들어온 거야. 조직에.

박문식 모 그렇게 공부 좀 잘하고 그런 건 있었어. 그래도 누가 똑똑한 줄 몰랐어. 그 정도라고. 우리 아이가. 지금도 친구들 모임하나 봐. 고등학교.

김 어머니 문식이 일곱 살 때 혼자 되셨다고 했죠? 우리 시아버지는 남편 돌도 되기 전에 돌아가셨어요. 전쟁 통에. 남편 돌도 되기 전에, 그러니까 우리 어머니 청상이셨어요.

이 각 집에 이렇게 보면 사연들이…… 정말 어려운 시기를 잘 견뎌오신 거야.

박문식 모 내가 무척 어려운 시기를 젤 많이 살았는데, 그래서 난 누가 뭐라고 하면, 애들 공부 다 시켰다고, 학비가 싸서 공부시켰다고, 서울대가 싸지. 옛날에 거짓말도 아니고 세 배다. 내가 그걸 왜 기억하냐면. 큰 애가 학교를 가는데 말야, 우리 사촌 동생이 돈 20만 원을 보내겠대. 다른 연대, 고대가 더 비쌌는지 그러더라고. 그래서 너무 고맙다고 그랬는데, 아니 학비가 그때 8만 원인가. 세 배가 비싸, 그걸로 교복 사고 다 그래도 남더라고. 걔가 옛날에 우리 남편한테 신세를 졌대. 난 무슨 기억도 안 나는데 취직을 시켜줘서 부자가 됐대요. 그런 제안이 와서 서울대학이 싼 걸 그때 알았다니까.

▲ 민가협 명동대회에서(1986년 3월 4일)

둘째, 셋째부터 이물로 하는 거지. 서울대가 아니면 절대 대학 못 간다고, 밤낮 밥 먹을 적마다 그런 말을 했다고, 그래서 다행히 막내까지 간 거지.

김 이태복 씨 있잖아요. 진짜 어머니를 크게 업어드려야 되는 거가 하여튼 충청도 점잖으신 분이 아들이 엉뚱한 일 겪으면서…… 그래서 제가 마음에 걸렸던 거가. 이제 이우정 선생님도 그렇고, 특히 변호사님들 중에서도 자주 찾아뵙던 변호사님이요, 자주 우리를 챙겨주셨던 분이 이돈명 변호사님, 황인철 변호사님. 특별히 참 어머니들 가시면 굉장히 인간적으로 위로해주셨는데, 저희가 이런저런 기일이 돌아올 때, 지금은 민변 조직이 있기 때문에 이런저런 추모행사를 하거든요, 그 최소한도 뭔가 다는 못가더라도…… 이돈명 변호사, 조준희 변호사 최근에 돌아가셨을 때 조문을 다녀왔어요. 그러니까, 나는 우리가 챙겨드려야 한다고 생각하고요. 그리고 정말 이우정 선생님도 잊으면 안 된다고 생각해요. 돌아가셨어요.

NCC 목사들 중에서 박형규 목사님, 김관석 목사님, 김상근 목사님, 권오성 목사 정말 우리 가족들에 대한 지지, 그다음 각 교구에서의 여론화 이런 부분에서, 이런 분들이 굉장히 많이 도와주셨고. 금영균 목사님도 애써주셨고, 한국기독교협의회의 핵심 멤버 그분들이 교회조직들이 움직이게 많이 힘써주셨어요. 나는 지금이라도 한번 식사 자리 만들어야 한다고 생각해요.

우리 사건 당사자들이랑 함께 밥 한 그릇 먹자고, 아니 왜냐면 어쨌든 요새 그런 생각이 많이 들어요. 미루지 말아달라는 것이 지금 수시로 돌아가시니까, 돌아가시기 전에…… 박형규 목사님도 예전 같지 않아요.

이 이번에 한번 이걸 정리해서 내면서 간단하게 관련된 어르신들 모셔가지고 선물도 좀 드리고 그렇게 합시다. 빨리 책을 출판하자고. 내가 서두르는 이유가 그때 도움주신 분들이 자꾸 돌아가셔.

이태복 모 다른 식구들이 다 나오고 나 혼자 남았는데 큰일 났더라고. 근데 문식이가 또 들어갔어. 그래서 문식이 들어가서 좋다니까. 내가…… 그리고 또 한 명 들어오데. 그래서 우리들이 인권위에서 우리들 데리고 다 다녔어. 인권위원회 전체로 우리들한테 참 잘했어.

김 대부분 사람들이 너무 순수한 거 같아. 욕심들이 없는 사람.

박문식 모 상을 주려면 다 이 사람 김은혜 씨 주라고. 진짜야. 이 사람 없으면 난 밤낮 울고 다녔어.

김 아니에요. 어머니.

이 어머니 출판, 책 정리 되면, 책 요렇게 두꺼워요. 근데 뭐 우리 가족들 재판기록도 다 들어가지만 또 경찰들이 갖고 있었던 정보가 있어요. 우리들에 대한 이미 많은 내용을 축적하고 있더라고요. 프락치가 많았다는 얘기죠. 이런 거 가지고 나중에 책이 나오면 간단한 출판기념회 하면서 우리 때 도움을 주셨던 분들에게 감사의 인사 하면서 선물도 좀 드리고 그랬으면 좋겠어요.

김 아니 어머니, 제가 이태복 씨 우리 다 동기들이니까, 저는 마땅히…… 저는 어머니들이 소박하게 어머니들이 민주투사로 같이 해주셔서 이게 제일 큰 힘이 됐어요. 문식이 어머니는 늘 든든했고, 태복 씨 어머니는 별 말수가 없으시면서 늘 동네 느티나무처럼 항상 빠지지 않고 힘든 데서 늘 자리를 지켜주셨고, 저는 진짜 어머니들 존경해요.

박문식 모 딸 시집갈 때, 우리 알았으면 좋았을 텐데. 쟤 딸을 봐주느라고 어디 가서 얘기하려고 하면, 애가, 내가 저기 돌아다니고.

김 저도 우리 딸이 얼마나 고마운 줄 몰라요. 온 동네를 다니고. 어머니 제가 어머니들이고, 이태복 씨 친구니까 얘기하는데요. 제가 매일 밤에 뭐가 맘이 아팠냐면요. 얘가 여식이잖아요. 근데 우리가 막 집회하고 어떤 때는 싸우고, 인터뷰를 하고 하다 보면 기저귀를 제때제때 못 갈아주잖아요. 한밤중에 집에 가면 사타구니가 빨개가지고…… 내가 아이구, 엄마가 미안하다. 아니 내가 걔를 허구한 날 데리고 다닐 수밖에 없었잖아요. 그래가지고, 맨날 사타구니가 빨개가지고 너무 미안했어요.

박문식 모 착했나 봐. 여자애가, 우리가 자기 엄마인 줄 알고…… 우리가 데리고 왔다갔다. 그래서 내가 걔만 봐줬잖아.

김 아니 애가요, 사람들하고 잘 지내고, 애들 셋 다 그랬어요. 얼마나 고마운 줄 몰라요. 아니 저희는 제 친정어머니가 하느님이 견딜 수 없는 시련을 안 주신다고 그래서 잡혀간 날 애 딱 업고 들쳐매고 하늘 앞에 부끄러운 줄 알라고, 약한 자를 돕는, 누가 누구를 만나도 떳떳하니까. 이태복 씨 이런 사람들도 다 떳떳하니까, 우리가 뭐 무슨 잘못을 저질러가지고 저기한 게 아니니까.

박문식 모 그래가지고 밤낮, 아들 보고 울고, 위로를 다 했다니까.

김 어머니들이 마음 씀씀이가 훨씬 깊어지시고 크셨고요. 그래서 우리 사건 말고도 다른 사건들 가족들 만나면 어머니들이 또 위로해주시고, 정을 나누시고 그러면서 앞으로 양심수 가족들 다 양지로 빼냈잖아요. 그러니까 어머니들이 잘하셨고, 우리가 이기적이었으면 우리한테 정이 안 갔을 거예요. 사실 어머니 어떤 일이 있었냐면, 우리가 하루도 안 빠지고 열심히 하니까 나중에 김대중 씨 사건 가족들이 같이 농성할 때 전민련

▲ 이태복 석방일, 대전교도소 앞에서

사건만 계속 얘기한다고, 김대중 사건이 제일 이거였는데…… 그 얘기가 서운해가지고…… 그 사람들은 명사들이었고 우리처럼 온몸으로 뛰어다닌 건 아니잖아요. 우리는 어르신들이 젊은 애들처럼 방방곡곡 다 다니면서 일일이 몸으로 뛰니까 어머니들이 쉽지 않은 거였잖아요. 저는 30대 초반이었지만.

* 아쉽게도 대담은 더 이상 진행되기 어려웠고, 마무리도 짓지 못했다. 그러나 곳곳에 실은 각종 호소문이나 탄원서 등에서 볼 수 있듯이 어머님들은 당시 자랑스런 민주투사이셨음을 아무도 부인하지 못할 것이다. 어머님들의 활동은 구속자 중 마지막 이태복 님이 석방되면서 마무리됐다.

학림사건 가족 활동에 애쓰신 어머니, 부인들
– 연령은 2016년 기준

이정숙(이태복 어머니) 93세

신갑수(이선근 어머니) 85세

김영희(박문식 어머니) 89세

박승희(이덕희 어머니) 2015년 작고

한경자(홍영희 어머니) 83세

이선심(윤성구 어머니) 81세

정계영(민병두 어머니) 88세

윤옥순(김진철 어머니) 2002년 작고

배양순(최경환 어머니) 2003년 작고

하경자(손형민 어머니) 80세

성이영(이종구 어머니) 1994년 작고

조기례(양승조 어머니) 88세

강영순(최규엽 어머니) 2015년 작고

노병금(정경연 어머니) 2015년 작고

이지숙(김철수 어머니) 2009년 작고

유정목(송영인 어머니) 1988년 작고

이연이(엄주웅 어머니) 1995년 작고

임기순(오상석 어머니) 1994년 작고

김은혜(신철영 부인)

박월선(김병구 부인)

김옥섭(유동우 부인)

배두석(박태연 어머니) 1988년 작고

가족들의 활동에 감사드립니다

전민련사건, 전민학련·전민노련사건, 일명 학림사건으로 구속된 26명 중 김병구, 유동우, 신철영을 제외한 23명은 당시 결혼을 하지 않은 상태였다.

당시 광주민주항쟁을 유혈탄압하고 집권한 전두환 정권은 불법연행과 장기구금, 고문을 자행하면서 집시법, 반공법, 국가보안법을 제멋대로 휘둘렀을 뿐 아니라, 지금은 학림사건과 같이 대부분 재심을 거쳐 무죄로 번복되고 있는 간첩단 사건을 수시로 조작하던 시절이라 사건 당사자들은 어느 누구도 사전에 가족들에게 자신들이 무슨 활동을 하고 있는가를 알릴 수 없었다.

1981년 6~8월, 사건 당사자들이 어딘지도 모르게 불법 연행되고 나서 재판이 시작됨에 따라 어머니들은 아들들이 억울하게 구속되고, 고문받고, 내용이 조작되어 피해를 받았다는 사실을 처음에는 천주교, 기독교 등 종교계와 민주 변호사들에게 알리고 도움을 받았다.

학림사건에서 불법 구금과 고문기술자를 동원한 고문으로 학생들 사건을 반국가단체로까지 뒤집어씌웠다는 것이 종교계를 중심으로 한, 부정한 정권에 대한 저항의 시발점이 되었다.

한 자식의 어머니로서 한 남자의 아내로서 아들과 딸, 남편을 구하고자 시작된 가족들의 구명활동은 구속자들이 안에 갇혀 있는 시간보다 많은 시간을, 밖에서 무수한 사람들을 만나 사건의 진실을 알리는 것으로 이어졌으며, 구속자가족모임 등 밖에서의 가족들의 민주화운동을 촉발시키는 데 크게 기여하였다.

당시 50~60대의 곱고 젊으셨던 어머니들은 사건 당사자들이 재심을 통해 무죄를 확정받고, 민주화유공자로 인정받기 전에, 그리고 이후에 많은 분들이 세상을 떠나셨고, 남으신 분들도 세월의 무게를 이기지 못하고 힘들게 보내고 계신다.

이 땅의 민주화와 정의를 위해 싸운 자식과 남편 못지않게 온몸과 마음을 바쳐 당사자들의 구명과 진실 규명에 노력해온 어머니, 아내들이야 말로 진정한 민주화의 공로자였음을 밝히고 깊이 감사드린다.

– 학림 구속자 일동

학림사건에 도움을 주신 분들과 단체.

　　학림사건 부모들과 가족들은 실종된 자식들이 남영동 대공분실에 불법 연행되어 고문을 당하고 있음을 알게 되었으나, 당시 시국사범들은 빨갱이로 매도되던 시절이고 경찰의 감시도 삼엄하여 연행자 구명운동을 하고 싶어도 할 수 없는 상황이었다. 그런 와중에도 많은 분들이 용기 있게 가족들을 격려해주시고, 불법구금과 고문을 통한 사건 조작을 규명하고자 노력해주셨다. 억울한 구속 연행자들을 위한 기도회나 집회가 있을 때마다, 가족들이 교회로 성당으로 때와 장소를 가리지 않고 찾아다닐 때 따뜻한 마음으로 위로와 격려를 주신 분들이 헤아릴 수 없이 많았으나 그중 대표적인 어른들과 단체를 아래와 같이 명기하면서 다시 한 번 깊은 감사를 드린다. 편의상 교계부터 시작해서 고인들을 먼저 표기한 후 특별한 순서 없이 기록한다.

종교계 : 고 김수환 추기경님, 고 지학순 주교님, 고 김승훈 신부님, 김병상 몬시뇰님, 황상근 신부님, 함세웅 신부님, 문정현 신부님, 김종필 신부님, 박근배 신부님, 윤수산나 수녀님, 천주교정의구현사제단, 천주교정의평화위원회 등
고 김관석 목사님, 고 박형규 목사님, 고 문익환 목사님, 고 이우정 교수님, 고 박용길 장로님, 고 정진동 목사님, 고 조승혁 목사님, 고 김동완 목사님, 고 이경배 국장님, 고 오재식 선생님, 고 황인하 님, 이해동 목사님, 박상증 목사님, 권호경 목사님, 조지송 목사님, 금영균 목사님, 윤두호 목사님, 오충일 목사님, 조화순 목사님, 인명진 목사님, 안재웅 목사님, 김창규 목사님, 류태선 목사님, 박준철 회장님, 권진관 교수님, 명노선 목사님, 윤수경 간사님, 천영초 간사님, 기독교사회문제연구원, 한국기독청년회(EYC), 한국기독학생총연맹(KSCF) 등

정계 : 고 윤보선 전 대통령님, 고 공덕귀 여사님, 이희호 여사님, 김정례 전 장관님, 김영진 전 의원님, 김정남 선생님, 이창복 선생님, 송진섭 전 안산시장님 등

노동계 : 고 이소선 여사님, 고 김말룡 님, 김금수 선생님 등

법조계 : 고 이돈명 변호사님, 고 황인철 변호사님, 고 조준희 변호사님, 이돈희 변호사님, 홍성우 변호사님, 조영일 변호사님
재심 : 최병모 변호사님, 이석태 변호사님, 박상훈 변호사님 등

언론계 : 동아조선투위 등의 고 김태홍 님, 고 송건호 님, 김종철 님, 정동익 님, 김중배 님, 김태진 님, 신홍범 님 등

학계 : 고 변형윤 교수님, 고 김윤환 교수님, 고 김찬국 교수님, 임종철 교수님, 이인호 교수님, 이효재 교수님, 조용범 교수님, 조형 교수님, 김대환 교수님 등

시민사회단체 : 흥사단 서영훈 님, 조성두 님 외 여러 아카데미 회원님 등.

출판-문학계 : 고 이문구 님, 고 조태일 님, 최일남 님, 최민 님, 백낙청 님, 김경희 님, 이기웅 님, 박맹호 님, 전병석 님, 김종찬 님, 윤구병 님, 김병익 님, 김원호 님 등

6장
언론 보도

* 81년 당시는 언론통제와 보도통제가 심해서 사후에 당국이 배포한 내용만 보도되곤 했다.
 언론사 웹사이트에서 관련 내용을 캡처해서 싣는다.

당시 언론도 통제되는 상황이어서 불법 연행과 관련된 보도기사는 없었다. 공식적으로 구속된 사실과 관련된 단순 보도기사는 있었으나 현재 자료로 남은 게 없어 확보된 보도자료만 편의상 시간순으로 수록한다.

1) 82. 1. 22일 1심 판결일에 석간인 동아일보가 보도한 내용

李泰馥등 26명 「학림사건」 오늘宣告

동아일보 | 1982.01.22 기사 (발표 명단)

李泰馥등 26명
「학림사건」 오늘宣告
大學·企業體침투 비밀조직 확대 혐의
東崇洞 「학림다방」서 자주만나―작년 시위14件 배후조정

세칭 「학림사건」의 李泰馥피고인(30·전光民출판사대표)등 26명에 대한 국가보안법위반사건 선고공판이 22일오후4시 서울형사지법합의11부(재판장 許正勳부장판사)심리로 대법정에서 열린다.

전光民社대표 李피고인은서울대 고려대 연세대 이화여대등의 재학생및 졸업생들을 중심으로 「전국민주학생연맹」(약칭 全民學聯)과 「전국민주노동자연맹」(약칭全民勞聯)을 조직,대규모의 민중봉기를 유도하여현정부를타도하고 「민중정권」을 수립한뒤 궁극적으로 공산주의국가를실현한다는 목표아래 활동을 벌여왔다는 혐의로 작년6월관련피고인들과 함께 치안본부에 검거됐었다.

이 사건을 특히 「학림사건」으로 부르는것은 관련피고인들이 서울鍾路구東崇동 구서울대문리대 건너편학림다방에서 자주 모임을가졌기 때문이다.

서울지검공안부는 지난11일 李泰馥피고인에게 사형을 구형한것을 비롯,李善根피고인(26·서울대경제학과3년)에게 무기징역을,나머지 24명에게는 최고 징역15년 자격정지 15년에서최하 징역2년까지를 구형했었다.

공소장에 따르면 이들은지난80년초부터 서울을 비롯한 전국의 유명대학과 각종 기업체에 침투,비밀조직을 확대하면서 작년 1학기동안에는 14건의 대학생시위를 배후조종했다는것.

특히 李泰馥피고인은 77년9월부터 光民社를 경영하면서 주로 근로자의 계급투쟁 의식을 선동하고 좌경서적들을 번역출판해왔으며 80년7월 李善根피고인에게 비밀 학생조직을 구성할것을 지시,작년6월까지전국12개대학에 30여명의 핵심조직원과 2백여명의 예비후보자를 끌어들이도록 했다는것이다.

지난11일 있은 관련피고인들의 구형량은 다음과 같다.

(이하 구형량 생략)

「동아일보」 1982년 1월 22일

2) 82. 5. 22일 2심 판결일에 마찬가지로 석간인 동아일보가 보도한 내용

「학림사건」 26명중 24명 1審(심)판결파기 서울高法(고법)

동아일보 ㅣ 1982.05.22 기사(뉴스)

「학림사건」 26명중
24명 1審(심)판결파기
서울高法(고법)

서울고법 형사1부(재판장崔鍾泳(최종영))는 22일 오전10시세칭 「학림사건」의
李泰馥(이태복)피고인(30·전광민출판사대표)등 26명에대한 국가보안법등 위반사
건 2심선고공판을 열고 李(이)피고인에게무기징역을 선고했다.

재판부는 1심에서 무죄를 선고받았던 朴泰銓(박태전)피고인(26·서울대경제학과3
년)과 징역2년 집행유예4년으로 실형을 선고받지 않은 柳海佑(유해우)피고인(32·공
원)등 2명에 대해서만 1심판결을그대로 받아들이고 나머지24명에 대해서는 법률
적용을잘못했거나 형량이 너무 무겁거나 사실관계를 잘못판단했다는등의 이유로
1심판결을 파기했다.

재판부는 1심에서 실형을 선고받았던 申澈永(신철영)(31·서울대 공대졸)朴泰蓮
(박태연)(25·전YH노조사무장)金丙久(김병구)(35·연합노조경북지부장)魯淑英(노숙
영)피고인(26·서울여대 4년제적)등 4명에게 집행유예 3~4년씩을 선고,이날 석방했
다.

피고인늘의 선고형량은 다음과같다.

(이하 형량 생략)

3) 88. 9. 18 한겨레신문의 기획기사

일요특별기획, 진상 한국의 정치사건 ---전민학련과 전민노련

1982년 1월22일. 이날 국민들은 성격을 서로 달리하는 두 가지 큼지막한 사건에 접하고서 놀라움을 금치못하게 된다.

우선 첫째는 전두환 정부가 느닷없이 북한 쪽에 대해 "민족통일협의회(가칭)를 구성하여 통일헌법을 기초,이를 국민투표에 부쳐 확정한 다음 남북한 전역에 걸쳐 민주방식에 의한 총선실시로 통일국회와 통일정부를 구성함으로써 대망의 통일국가를 완성할 것을 제의"했는가 하면, 또 한편으로 국민들은 지금까지 어떠한 관련 발표나 보도도 없었던 대규모 반체제사건, 이른바 '전국민주학생연맹'(약칭 전민학련)과 '전국민주노동자연맹'(약칭 전민노련)이라는 두 단체의 반국가음모사건이 당국에 의해 7개월여 수사가 착수된 끝에 이미 사형과 무기징역 등 극형이 구형된 뒤,이날 제1심 선고공판이 있음을 비로소 알게 됐기 때문이다.

이 땅의 '정치적 폭압기'로 불리는 80년대 초반에 있어서 이날 국민들이 접한 두 사건은 당시의 전두환 정권이 국내외적으로 얼마만큼 불안정한 상태에 놓여 있었는지를 극명하게 보여준 대표적인 사례로 분석되고 있다.

이 사건의 핵심인물로 지목된 이태복(39)씨가 지금부터 7년 전 무기징역을 선고받고(두 차례의 감형조치로 현재는 15년징역)아직껏 영어의 몸을 풀지못하고 있는 오늘의 민주화도정에서 새삼 문제시되는 것은 바로 이 사건이 "체제 불안기의 정치적 상황의 소산"으로서 "불법적으로 조작된 사건일 가능성이 짙다"는 여론이 크게 일고 있기 때문이다.

군부정권 '체제 굳히기'

군부정권이 출범한 지 얼마되지 않은 81년도 중반 무렵(바로 이 시점에서 '이태복씨 사건'이 터졌다)제 분야의 민주세력들은 폭압국면을 뚫고서 점차 광주학살의 충격에서 벗어나 서서히 '재생'하는 모습을 보여주기 시작했다. 전두환 정권은 정통성이 결여된 만큼 아주 사소한 민주화 움직임에도 과민한 반응을 보였다. 정권수뇌부에선 이 같은 현실에 대응하는 모종의 조치를 당연히 구상했을법도 하다. 정권의 건널목에서 이 땅의 통치권자가 국민들에게 투여할 수 있는 최고 단위의 처방전은 뭐니뭐니해도 통일에의 가능성을 제시하는 일일 터이다. 또 한편으로 통치권자는 정권의 건널목에 서게 됐을 경우, 이와 병행해 앞서와는 정반대의 대응조치를 동시에 취하기 마련이다. 자신의 정권을 위협하는 민주화 운동을 용공·좌경으로 몰아 국사범으로 만든뒤 사회현실에서 영구 격리시키려는 폭력적 차원의 음모가 바

로 그것이다. 앞서의 방안이 국민들의 간절한 염원인 통일을 좇는 '환상'의 제시라면, 뒤의 것은 민주화 운동에 쐐기를 박는 법치라는 이름의 '폭력'이다.

1981년 6월 10일 정오 무렵, 서울 혜화동 로터리 부근에서 이태복씨는 웬 낯선 사람들에 의해 영문도 모른 채 연행된다. 숱한 불법과 비리로 점철된 '이태복씨 사건'은 이렇게 해서 시작된다. 이씨는 이날 어머님 생신을 맞아 시골에 들렀다가 상경해 자신의 직장인 광민사(출판사)로 향하는 길이었다. 눈을 가린 채 강제로 끌려간 곳은 뒤에 안 일이지만 치안본부 남영동 대공분실이었다.

이씨는 그때부터 남영동 대공분실에서 53일 동안이나 불법 감금된 채 숱한 고문과 폭력에 시달렸던 것이다.

'통일환상'과 법치폭력

이씨는 7월 23일 구속영장이 발부되어 검찰에 송치되었지만 그 같은 사실은 세상에 전혀 알려지지 않았다. 이씨 동생인 이건복(37)씨는 "그들이 형님에게 온갖 고문을 가하면서 불법감금한 것은 우선 각본을 짜고 거기에 꿰맞춰 사건을 만드는 데 시간이 걸린데다가 고문의 후유증을 가라앉히는 데도 상당한 시간이 필요했던 때문이라고 봐요"라고 말했다.

이건복씨의 이야기는 이 사건 관련자들의 증언과도 일치되는 내용이다. ㄱ(32)씨에 따르면 "이 사건은 애초부터 파행적으로 출범한 제5공화국 정부가 초기단계에서 체제 굳히기 작전의 일환으로 뻥튀기한 대표적인 '용공좌경조작 음모사건'"이라는 설명이다. 남영동 대공분실 수사팀이 이씨에게 집중 추궁한 것은 대체로 두 가지 사항으로 집약됐다.

그 첫째는, "1981년 2월 말경 이선근(26·서울대 경제학과 3년)씨 등 학생운동 경력이 있는 100여 명이 조직한 전국민주학생연맹을 배후에서 조종, 이 조직으로 하여금 사회혼란을 조성해 궁극적으로는 현 체제를 전복하려 했던 것이 아니냐"는 것이었다.

그 둘째는 "1980년 5월 3일 본인의 주도 아래 결성된 노동운동단체인 전국 민주노동자연맹을 통해 우리 사회를 전복, 끝내는 공산주의 사회를 실현하려 한 목적에서 활동해 온 것이 아니냐"는 것이었다. 결론적으로 말해 수사팀의 추궁은 "노학 연계의 반국가단체를 구성, 공산주의 사회를 건설하려 했다"는 터무니없는 혐의로 집중되었다. 학생과 노동자 등 26명이 구속된 '대규모 반체제 사건'은 여전히 세상에 알려지지 않은 채 '한몸'인 검찰로 넘어갔다. "담당 검사는 '최근 대학가의 좌경화 동향과 문제점'이란 책자를 들여다보면서 혼자 묻고 스스로 답하면서 멋대로 조서를 작성했다"는 이태복씨의 법정 진술은 경찰과 검찰이 '한몸'임을 여실히 보여주었다. 이 사건이 마침내 세상에 떠오른 것은 맨 처음 언급하였다시피 이씨가 불법연행된 지 7개월 여가 지난 82년 1월 22일이었다. 이 날짜 신문은 당일 선고공판이 열릴 것이란 사실을 대서특필 하면서 공안당국의 주장을 앵무새처럼 그대로 되뇌었다.

검찰 구형량도 이날에야 밝혀졌다. 서울지검공안부는 11일전 이태복 피고인에게 사형을 구형한 것을 비롯, 이선근(26·서울대 경제학과 3년)피고인에게는 무기징역을, 나머지 24명에게는 최고 징역15년 자격정지15년에서 최하징역2년까지를 구형했었다.

이 사건이 보도되고 공판이 진행되면서 이들에 대한 혐의사실들은 전면부인됐고 그에 따라 이들에 대한 '사건의 조작성'이 부각되기 시작했다.

연행 7개월뒤 알려져

82년 4월26일 서울지방법원대법정에서 이태복 피고인과 그의 담당변호인인 이돈명 변호사는 "이 사건이 조작되고 꾸며진 사건"임을 변호인 심문과정에서 하나 하나 폭로했다. 특히 이씨가 고문으로 인간을 파괴하고 고문으로 사건을 조작했다는 '수사팀과 검찰'의 용서받지 못할 범죄사실을 폭로할때마다 법정은 전율했다. 이 나라가 '고문 공화국'이라는 말이 재야 민주세력들 사이에 나돌던 것도 바로 이 무렵이다.

82년 1월22일, 1심 선고공판에서 서울 형사지법 합의11부 허정훈부장판사는 그같은 고문속에 작성된 피의자 조서를 그대로 증거로 채택, 이태복씨에게 무기징역을 선고한다. 이에대해 이태복씨는 82년4월27일 작성한 1만8천자분량의 '항소이유서'에서 재판부가 "검찰측의 공소사실을 전부인정, 무기징역을 선고한 1심판결에 놀라움과 분노를 금할 길이 없다"면서 △자신의 타당성 △전민학련과의 관계 △전민노련을 조직한 이유, 목적, 활동상황 △자신이 출판·소지한 서적에 대하여 각각 논리정연한 항변을 펴고 있다.

담당변호인인 이돈명 변호사도 장문의 항소이유서를 통해 모두 6가지측면에서 1심판결의 '위법성'을 논했다. 이 변호사는 △국가보안법 규정상의 '반국가 단체'에 관한 법리를 오해함으로써 반국가단체일 수 없는 것을 반국가 단체로 인정한 위법을 저질렀고 △증거능력이 없는 것을 전제로 증거로 채택함으로써 결과적으로 증거가 없이 범죄사실을 인정한 위법성 △심리미진의 위법성 △거기다가 국가보안법상의 수괴 및 간부임무 행사죄, 회합죄, 편의제공죄, 금품수수죄 등을 증거없이 인정한 점 △양형의 부당성 등에 관해 논박했다.

전민노련과는 달리, 이태복씨는 실제로 반국가단체로 규정된 전민학련과는 아무런 관련이 없었다는 것이 이태복씨 자신은 물론 관련피고인들의 대체적인 증언이다. 이씨가 1심 최후진술에서 무죄를 주장한 것도 바로 그 때문이다.

"전민학련에 대해서는 조사받는 과정에서 알았고, 그 회칙은 공소장을 받고 난 다음에야 알았습니다. 내가 반국가단체로 규정된 전민학련의 수괴라면 이런 사실이 있을 수가 없습니다. 무죄를 주장합니다.…"

당국발표대로 대서특필

최후진술을 통해 이씨는 또 "원고측이 민주적 학생운동, 민주적 노동운동을 공산주의운동인 것처럼 말하는 것은 정책적인 필요성에서였기 때문이라고 본다"고 말함으로써 자신에게 씌운 죄목이 "전혀 사실무근한 것"임을 힘주어 항변했다.

이태복씨를 국사범으로 만든 이른바 '반국가 단체'인 전국민주 학생연맹과 전국민주 노동자 연맹은 실재하였던 것일까. 그 전후의 속사정을 관련자들 증언을 통해 알아보기로 한다.

전민노련은 10.26정변 후 여러 형태로 논의를 거듭해오다 80년 5월3일경 구체적인 모임으로 태동됐다고 한다. 구성원들은 70년대말부터 민주노동운동에 앞장서왔던 인물들로서 이들이 주축이 돼 "민주적인 새로운 노동단체"를 결집하고자 노력한 1차적인 결실이라는 것이다.

신철영씨는 "이는 제2의 민주적인노총을 출범시키고자 했던 데 따른것이었으며 순수한 노동운동 조직으로서 노동자와 대학출신이 함께 조직한 최초의 모임이라는 데 그 의의가있었다"고 풀이했다.

전민노련이 결성될 당시의 규약을보면 검찰이 주장하듯이 '공산주의사회지향'과는 거리가 먼 것으로 나타나 있다. 즉 △노동3권의 보장 △8시간 노동제의 확립 △최저임금제의실시 등을 1차적 투쟁목표로 삼고 △비조직근로자의 조직화 △조직노동자의 민주화를 당면과제로 내세웠기 때문.

81년7월, 전민노련의 활동이 이태복씨의 구속으로 중단될 당시 이 조직은 중앙위원 7명 외에 정회원이 6명이었으며, 그밖에 여러 예비회원들이 그룹별로 활동중이었다. 이 조직과 관련, 법정에 선 사람들은 이태복씨를 비롯 △신철영(당시32세·서울공대졸·영등포 도시산업 선교회 간사)씨 △김철수(26·서울대신문방송학과4년·삼경물산 공원)씨 등 모두 15명에달했다.

한편 전국민주학생연맹은 전민노련과는 달리 그 결성과정에 관해 한마디로 정의를 내리기는 힘든 것 같다. 그러나 검찰이 주장하듯 이 단체를반국가 단체로 걸어 국가 보안법을적용한 데는 상당한 무리가 있다는것이 재야법조의 일반적인 견해이다. 전민학련은 '80년5월 투쟁'에 대한 반성위에서 출범한 것으로 얘기된다. 이 모임은 이선근(서울대 경제3)씨, 박문식("경제4)씨, 이덕희("미생물학과 대학원)씨, 민병두(성균관대 무역학과3)씨, 윤성구(서울대 수학과3)씨, 홍영희(이화여대 사회학과 졸)씨등 10여 명의 학생들이 모여 조직한모임. 이 단체의 성격은 전문을 포함한 회칙 45개 조항에 잘 나타나 있다.

회칙, 학생 정의감 반영

특히 박문식씨와 박성현씨에 의해 만들어진 것으로 알려진 이 회칙의 전문에서 이들은 "광주시민의 민주항쟁을 유린하고 등장한 독재정권은 한국사회를 정치적 억압과 경제적 빈곤의 파국으로 몰아가고 있다. 기만과 폭력에 가득 찬 현정권에 저항하는 민주적인 모든 운동을 탄압하고 특히 가장 기초적인 양심과 학원의 자유마저 빼앗아 가고 있다. 이러한 민족적 일대 위기 앞에서 우리 청년학도는 학원의 자유와 사회의 민주화를 위해 한국민주주의의 보루로서 기만과 폭력에 가득 찬 현정권의 위기를 심화시켜 민주화의 열기를 불태워야 할 것이다"라고 주장하면서, "지난 80년대 초반의 학생운동은 조직적이고 통일적인 투쟁의 필요성을 주었다. 따라서 우선 문제를 가장 첨예하게 인식하는 민주학생단체가 조직되어 학생운동의 고립 분산성을 극복하고 학생대중의 열기와 융합하여 발전되어야 할 것이다"라고 주장함으로써 이 단체가 결코 '용공적 반국가단체'가 아닌 "학생의 신분으로서 순수한 도덕적 분노와 정의감에 기초하고 있음"을 보여주고 있다.

사건이름 저마다 달라

'이태복씨 사건'은 우선 여러가지 이름으로 불린다는 점에서 여타 사건과 다른점을 보여준다.

사건 연루자들은 지금껏 '전민학련·전민노련 사건'이란 명칭 앞에 '이른바'라는 관용 어귀를 붙이고 있다. 그 이유는 이 사건 자체를 승복하지 않고 있기 때문인 것으로 보인다. 즉 관련당사자들은 이구동성으로 "엄밀히 말해 이 사건은 꼭 어떤 사건으로 이름지을 수 없는, 당국이 창작해낸 사건이기 때문에 우리들은 계속 승복할 수 없어 그렇게 부르고 있다"고 말한다. 또 이 사건은 구 서울문리대 맞은편에 있는 동숭동 소재의 학림다방이라는 곳에서 관련자들이 자주 만났다 하여 '학림사건'으로 보도한 신문이 있는가 하면, 일부 재야쪽에선 이태복씨가 경영하던 광민사라는 출판사 이름을 따서 '광민사 사건'으로 부르기도 한다.

'이름시비'와 관련, 관련 당사자들은 여전히 "이 사건은 제5공화국을 굳히는 초기단계에서 정치적 필요성에 의해 철저하게 조작되고 뻥튀기된 대표적인 사건"이라면서, "지금까지 이태복씨가 풀려나오고 있지 못한 것은 국민들이 이 사건뒤에 감춰진 배경을 전혀 모르고 있는데 기인하고 있다"는 주장을 펴고 있다.

이태복씨는 현재 대전교도소에서 영어의 나날을 보내고 있다. 8년째 독방생활을 하고 있는 이씨는 82년 9월 14일 대법원에서 무기징역을 확정선고 받았으나, 두차례의 감형조치로 현재 15년 형이 선고돼 있는 상태다.

이씨는 천주교정평위 등 많은 사회단체와, 국민들의 석방탄원에도 불구하고 석방 전망은 여전히 불투명한 상태에 놓여 있다. 지난 8월말 서울에서 열린 세계펜대회에서도 이씨는 구속문인 석방대상으로 세계문인들의 주목을 받았으나 정부당국은 끝내 이같은 관심을 외면했다.

추기경등 탄원서줄이어

이른바 전민학련과 전민노련사건으로 구속된 26명의 학생·노동자중 이태복씨를 제외하곤 모두가 풀려난 상태에서 많은 국민들은 "정부가 굳이이태복씨를 묶어두고 있는 뚜렷한 이유를 알 수가 없다"고 말하고 있다. 왜냐하면 이씨가 관련된 사건은 양형의 부당성에서뿐만 아니라, 법조 적용상의 위법성이 끊임없이 제기돼오고 있기 때문이다. 이와 관련, 한 수사관이 "큰 사건을 잡았다고 상부에보고했는데, 네가 얘기한 것은 집시법위반밖에 안되니 상부에 보고할 면목이 없다"면서 계속적인 고문을 가해왔다는 한 피의자의 증언은 이를잘 대변해주고 있다고 보겠다.

7년 전 법정에서 이태복씨와 이돈명 변호사에 의해 남영동 대공분실에서의 가혹행위가 폭로되고, 더구나무기징역이란 중형이 선고된 이후 우리사회에선 "이태복을 석방하라"는요구가 계속적으로 터져나오고 있는중이다. 그 중 중요한 것만 보더라도 △85년 5월 윤보선 전대통령, 김수환추기경, 김승훈 신부, 박형규목사 등 1백19명이 석방탄원서 △85년 7월 민통련 등 재야 34개 단체의 성명서 그리고 △88년 2월엔 언론 출판인 1백여 명의 명의로 '구속출판인 이태복씨의 석방을 탄원한다'라는 탄원서등이다. 〈윤재걸 기자〉

제109호 (1988.6.18자숙주신문/4·금전이) 한겨레신문 1988년 9월 18일(일요일) [5]

진상 한국의 정치사건 (1)

80년대 편   전민학련과 전민노련

"집권 위기 넘기기 위한 정치적 희생양"

이태복씨 "담당검사 임의로 조서 작성 '공산사회건설 최목' 씌워"

〈윤재걸 기자〉

『한겨레신문』 1988년 9월 18일

4) 위키백과 : 학림사건

로그인하지 않음 토론 기여 계정 만들기 로그인

문서 토론

읽기 편집 역사 보기 검색 🔍

학림 사건

위키백과, 우리 모두의 백과사전.

대문
사용자 모임
요즘 화제
최근 바뀜
모든 문서 보기
임의 문서로
도움말
기부

도구
  여기를 가리키는 문서
  가리키는 글의 바뀜
  파일 올리기
  특수 문서 목록
  고유 링크
  문서 정보
  위키데이터 항목

학림 사건(學林事件)은 1981년 군사쿠데타로 실권을 장악한 전두환 등 신군부세력이 민주화세력을 탄압하기 위해, 학생운동단체 등을 반국가단체로 몰아 처벌한 사건이다. 당시 전민학련이라는 대학생 단체가 첫 모임을 가진 대학로의 '학림다방'에서 유래한 말로 경찰이 숲처럼 무성한 학생운동 조직을 일망타진했다는 뜻으로 붙인 이름이다.

이태복 전 보건복지부 장관등 24명이 전민학련과 전민노련을 결성한 혐의로 강제 연행되었고, 불법 구금과 변호인 및 가족의 접견 차단, 물고문과 전기고문, 여성 피의자에 대한 강간 위협등의 가혹행위로 자백을 받아내는 등의 불법행위가 자행되었다. 이와 같은 사실은 법정에서 폭로되었으나, 재판부는 이를 배척, 유죄를 인정하고 국가보안법 위반 혐의로 징역 1년에서 무기징역을 선고, 1982년 판결이 최종 확정되었다.

인민혁명당 사건이 박정희 유신 통기기간중의 대표적인 사법살인이었다면, 당 사건은 신군부세력의 정권 안정을 위해 날조된 대표적인 공안사건으로 비교된다.

또 당시 2심 당시 배석 판사는 황우여 사회부총리 겸 교육부 장관으로 알려져 있으며 피해자들에게 유감을 표명한 바 있다. [1]

출처: 위키백과 해당 페이지 화면 캡처

≡ **시사상식사전**   지식리스트 **함께 만들어주세요!**

학림사건
[學林事件]

요약 1980년대 대표적 공안 사건. 군사쿠데타로 실권을 장악한 전두환 등 신군부세력이 민주화
세력을 탄압하기 위해 학생들을 반국가단체 조직범으로 몰아 처벌한 사건

학림(學林)이라는 명칭은 전민학련 첫 모임을 서울 대학로 학림다방에서 가진 데 착안해 '숲(林)
처럼 무성한 학생운동 조직을 일망타진했다.'는 뜻으로 당시 경찰이 붙인 것으로 알려져 있다.

전국민주학생연맹(전민학련)과 전국민주노동자연맹(전민노련)은 1979년 신군부 세력이 12ㆍ12
쿠데타로 권력을 장악하자 민주화운동을 모색하던 과정에서 결성된 운동권 단체였다. 당시 치안
본부 대공분실에서 이들 단체에 속한 회원들과 모임을 주도한 관련자들을 영장 없이 불법 감금한
상태에서 수사하고 전기고문이나 발바닥 고문 등으로 공산주의자라는 자백을 강요했다.

이들은 사회주의혁명을 위해 학생단체를 조직하거나 폭력혁명으로 정권을 붕괴시키려 한 적이 없
다고 주장했으나, 1982년 법원은 이태복 전 보건복지부 장관에게 무기징역, 민병두 전 국회의원
에게 징역 2년 등 유죄를 선고했다. 진실ㆍ화해를 위한 과거사정리위원회는 2009년 '장기간의 불
법구금과 고문을 통해 사건이 조작됐다.'며 재심 권고 결정을 내린 바 있다.

한편 2010년 12월 30일 전민학련, 전민노련을 조직해 민중봉기를 일으켜 사회혼란을 조성하려
한 혐의(국가보안법 위반 등)로 기소되어 유죄를 선고받았던 민병두 전 국회의원, 신철영 전 국민
고충처리위원장, 엄주웅 방송통신심의위 상임위원 등 24명이 28년 만에 법원의 재심에서 무죄를
선고받았다. 재판부는 원심과 항소심은 특별한 증거조사도 하지 않은 채 수사기관에서의 허위 자
백을 기초로 무기징역 등의 중형을 선고했다며 권위주의 시대에 국가가 범한 과오와 피고인들의
작은 신음에 귀 기울여야 할 책무를 다하지 못한 과거 재판부의 과오에 용서를 구한다고 덧붙였
다.

출처: 네이버 해당 페이지 화면 캡처

개최. 계엄령 해제, 병영집체훈련 거부, 언론기관 민주화, 양심수 석방, 재단 비리 척결 등을 요구하는 내용의 결의문 발표.

· 전국자동차지부 서울버스분회장단 100여 명, 근로조건 개선 및 임금 인상 등을 요구하며 농성.

· 서울 오산고생 400여 명, 교장 퇴진을 요구하며 농성.

5. 1 성균관대생, 집체훈련에 반대하며 농성.

· 서울시, 대선제분과 대한모방 종업원들의 임금을 25~36% 선으로 올리도록 직권 조정.

5. 2 서울대생, 민주화 대행진.

· 고려대생 1,000여 명, 계엄 철폐와 유신 잔당 척결 및 정치일정 단축 등을 요구하며 연좌데모. 이후 철야농성.

· 전북대·경북대생, 계엄 철폐를 요구하며 시위.

· 전남대·조선대생, 학내 민주화를 요구하며 시위.

· 서울형사지법, '남조선민족해방전선(남민전) 사건' 관련자 이재문 등 4명에게 사형 선고.

· 전국자동차노조 서울버스지부 소속 운전사 1,000여 명과 안내양 2,000여 명, 지부 사무실에서 "하루 일하고 하루 쉬는 근로시간을 하루 8시간 3교대 할 수 있도록 하고, 400%의 상여금을 지급할 것"을 요구하며 농성.

· 한국노총, "최근 잇달아 일어나고 있는 노사분규는 대부분 노동조합이 결성되지 않은 곳에서 일어나고 있으며 이 같은 분규는 합법적인 대화통로가 막혀진 데서 폭발했다"면서 사용자 측에 노조 결성에 협력해줄 것을 촉구하는 내용의 성명 발표.

5. 3 서울대생 1만여 명, 비상계엄 해제와 2원집정부제 구상 철회 등을 요구하며 시위.

· 대우중공업 노동자, 어용노조 규탄 및 단체협약 준수를 요구하며 농성.

· 세진전자 등 금속노조 남서울지역지부 산하 노조 9개 분회, 지부 사무실에서 노조 민주화를 요구하며 농성.

· 전국민주노동자연맹(전민노련), 창립대회[~5일]. 이태복·김철수·신철영·양승조·박태연·김병구·유해용·유동우·윤상원·하동삼 등이 주축. 중앙위원장에 이태복 선출. 노동운동을 변혁운동으로 전환해내야 한다는 문제의식 속에서 결성.

5. 4 '민주주의와 민족통일을 위한 국민연합', 학원민주화 및 비상계엄 해제를 주장하는 내용의 성명 발표.

· 성균관대생 5명과 전북대생 7명, 1~2일의 시위와 관련하여 연행.

5. 5 전국금속노조 남서울지역지부 상무집행위원 5명, 지부 사무실에서 금속노조 위원장과 남서울지역지부장의 퇴진을 요구하며 농성.

5. 6 경기도 오산 소재 대성모방 노동자들, 노조 결성 방해 중지와 임금 인상을 요구하며 작업 거부. 농성.

· 부평 서음전자·동양나일론·반도상사·대양화성·코리아스파이서 등 5개사 노동자들, 임금 인상과 처우 개선을 요구하며 농성.

· 이화여대생, 계엄 철폐를 요구하며 시위. 이화여대 총학생회는 5월을 '이화 민주투쟁의 달'로 결정.

· 한신대생, 비상계엄 해제 등을 내용으로 하는 시국선언문을 발표하고 농성 돌입.

· 한국외국어대생, 민주화촉진대회 개최.

5.3 전국민주노동자연맹 결성

1979년 말은 많은 사건이 벌어진 시기였다. 10월에는 부마항쟁, '남조선민족해방전선준비위원회 사건', 10 · 26사태 등이 발생하여 정국이 어수선하였다. 그러한 가운데 변혁운동을 이끌어 나갈 전위조직을 결성하기 위한 움직임이 일어났고, 그러한 움직임은 우선 노동자 조직화로 나타났다.

이태복, 김철수, 도시산업선교회 간사였던 신철영, 서울 청계피복노조의 양승조, YH의 박태연, 대구 · 경북지역의 김병구 · 유해용 · 유동우, 광주의 윤상원, 울산의 하동삼 등은 1970년대의 노동운동이 조합주의적 · 경제주의적 성격에서 벗어나지 못한 것을 비판하면서 노동운동을 변혁운동으로 전화해내야 한다는 문제의식을 공유하였다. 이들은 기존 노조의 민주화투쟁, 미조직 노동자의 노조결성운동을 추진하고, 이 과정을 통해 산업별 조직체제로 전환해 가면서 노동운동의 전국적 센터를 건설하고자 하였다.

이들은 1979년 12월경부터 1980년 4월까지 노동자 조직을 구성하기 위한 활동을 전개하였다. 서울과 각 지역을 순회하면서 지역상황을 파악한 이들은 5월 1일 메이데이를 기념해 결성식을 거행하기로 하고, 역할 분담을 통해 준비작업에 들어갔다. 이태복이 규약안을, 조합운동 목표와 계획은 유동우, 양승조, 박태연 3인이 준비해 발표하기로 하였다. 규약안은 과거 운동과정에서 나타난 당적 강령수준에는 미치지 못하지만 일반 대중조직보다는 수준이 높은 차원에서 작성됐다. 운동역량의 배치는 기간산업에 우선적으로 집중하고, 당면역량과 장기역량을 세심하게 구분 운영해서 역량의 계획적 축적에 노력하되, 노동자와 지식인의 조직구성 비율을 평균 6대 1로 제한하고, 그 경우에도 지식인은 반드시 현장노동을 하고 있는 자만이 가입자격을 갖도록 했다. 조직목표는 일단 역량을 충분히 축적할 때까지 노동3권 완전보장, 최저임금제 실시, 8시간 노동제 확보, 기존 노조의 민주화, 미조직의 조직화에 두기로 하였다. 이러한 작업을 바탕으로 1980년 5월 3일부터 2박 3일 동안 전국민주노동자연맹 창립대회를 개최하였다.

전국민주노동자연맹은 5 · 17 계엄 확대 이후 양승조와 박태연이 지도해 온 소그룹을 중심으로 구로공단의 삼경복장노조 민주화투쟁과 남영나이론 투쟁을 개시하기로 했다. 하지만 전국민주노동자연맹의 활동은 운동권 내 운동노선에 따른 갈등으로 조직 보안에 심각한 문제가 발생하기 시작하면서 커다란 장애에 부딪혔다. 1980년 11월 하순께부터는 조직원들의 위치 이동과 보안 단속 때문에 적극적인 대외활동을 펼칠 수 없었다. 설상가상으로 '미스 유니버스 대회 폭파미수 사건'으로 구속된 권운상과 황인오가 자신들의 배후가 이태복이라고 진술하는 바람에 개인적인 인맥이 철저히 조사되고 흥사단 관계까지 파헤쳐지면서 조직 활동에 중대한 장애가 발생했다. 하지만 1980년 후반기부터 학생운동권으로부터 현장 이전을 바라는 예비활동가들이 계속 들어와 각 현장에 계획적인 배치를 진행시켰고, 이들이 조직한 현장 소그룹이 많이 생겨났다. 1981년 초에 부산으로 내려온 이태복은 부산대 인맥을 기반으로 현장과 학교 쪽의 작업에 착수해서 일정한 거점을 확보해 나갔다. 그러나 이곳에도 남민전 잔당설이 돌아다녀 상당한 어려움을 겪었고, 지역할거주의가 서서히 고개를 들고 있었다. 이호철 · 노재열 · 송병곤을 축으로 하고, 송세경 · 이상록 · 고호석을 배후선으로 한 조직구도는 이상록의 강력한 반발로 이들을 배제한 채 77학번을 전진배치해서 노학전선을 꾸려나갔다. 조직 확대 과정에서는 예비회원 선발과 교육에 노력을 집중하였으며, 중앙위원들 각자가 예비그룹을 조직하기 위해 노력했다.

전국민주노동자연맹은 5·17쿠데타 이후에도 중앙위원회의 정기적 개최, 치밀한 조직사업과 교육활동의 원칙에 입각한 정회원과 예비회원의 꾸준한 확대 등을 통해 일정한 조직적 성과를 거두면서 '지부-지회-분회' 체계를 유지하였다. 서울의 구로지역, 양평동, 평화시장, 뚝섬, 방산시장 등의 지역에서 현장기반을 구축하였는데, 전국민주노동자연맹의 활동 가운데 우선적으로 꼽을 수 있는 것은 잉꼬법랑에서 신규 노조를 결성한 것이다. 이것은 1983년까지 지식인이 현장에서 노조를 결성해 낸 유일한 사례였다. 한편 구로 삼경복장에서는 어용노조 민주화투쟁을 전개하였다. 이런 활동들은 미조직노동자의 조직화, 조직노동자의 민주화라는 당면과제를 성공적으로 수행한 사례다. 이외에 학생운동 출신자들로 예비그룹을 조직하여 취직 요령, 지역실태, 현장 활동가의 태도와 언어 등에 관한 오리엔테이션, 조직실무와 노동법 교육 등을 단기간에 마치는 프로그램도 시도하였다. 그리고 한 사업장만을 대상으로 하여 사업장 내의 지반 활동을 간접적으로 지원하는 노동야학의 조직 활동도 전개하였다. 국제복장의 자취방 야학이 선구적 사례이다.

그러나 1981년 6월 10일 이태복이 치안본부 대공분실로 연행되면서 전국민주노동자연맹은 조직이 붕괴되어 나갔다. 7월 23일에는 관련자 30여 명이 구속되었다. 그리고 1982년 1월 22일 이태복은 무기징역을 선고받았고, 관련자 전원에게 실형이 선고되었다.

· 숭전대생, 비상계엄 해제를 요구하는 내용의 시국선언문 채택.

· 연세대 총학생회, 비상계엄 해제를 요구하며 비상학생총회 개최.

· 동국대생, '민주화를 위한 학원대회' 개최.

· 대학생들, 학원민주화 등을 요구하며 연합 가두시위.

5. 7 한국외국어대·연세대 교수, 시국 성명 발표.

· 한신대 대학원생, 「민주화를 위한 우리의 선언」 발표.

· 연세대생, 시국성토대회 개최.

· 연세대 대학원생, 「민주화운동에 즈음한 우리의 결의」 발표.

· 홍익대생 1,000여 명, 범민주화 촉진대회 개최.

· 한국외국어대생 800여 명, 야간 가두시위 전개.

· 중앙대·이화여대·인하대·국민대·서울산업대·충북대·충남대·영남대·원광대·조선대생 등, 계엄 해제와 민주화 촉진을 요구하며 시위.

· 남민전 사건으로 1심에서 사형을 선고받은 이재문 등 60명 항소.

5. 8 전국 각 지역의 대학생, 시국성토대회 개최.

· 서울지역 대학신문들, 「시국에 대한 대학신문 결의」 채택.

· 중앙대 총학생회, 「5·8 선언문」 발표.

· 이화여대 교수, 선언문 발표.

· 동명목재 노동자, 휴업 철회 및 정부와 은행당국의 구제금융 지원을 요구하며 농성.

5. 9 연세대생, 「연세대학교 민주화투쟁 선언문」 발표.

· 숙명여대·한양대생, 횃불 시위.

전민학련

1981

1. 2 '김대중 사건' 관련 구속자 5명, 단식농성.[6
일까지]

1. 6 서울시, 청계피복노조에 해산 명령서 발부.

1.22 청계피복노조 사무실 강제 폐쇄.

1.23 대법원, 김대중의 사형 확정. 전두환이 관련
자들을 무기로 감형.

1.30 청계피복노조, 아세아·아프리카 자유노동
기구(AAFLI, 아프리) 사무실 점거 농성.

1.31 경찰, 2개 중대 병력을 투입하여 아프리 사무
실 농성자 전원을 연행. 이 과정에서 신광용
이 전치 4주 부상을 입음.

2. 3 반도상사, 휴업 공고.

2. 5 정연주 동아투쟁위원회 위원, 연행당함.
· 전국연합노조 청계피복지부 전 지부장 등 농
성자 11명 영장.

2. 8 원풍모방노조, 신 노조 집행부 구성 및 대의

원대회 결과 신고.

2.10 아프리 사무실 점거 농성 관련자 11명 구속.

2.27 학림그룹, 발기인 대회를 개최하여 전국민주
학생연맹 결성. 이선근, 박문식, 박성현, 이
덕희, 홍영희 등 5인이 중앙위원회의 중앙위
원으로 취임.

2.28 대일화학, 노조를 와해하기 위해 조합원 10
명을 불법 해고.
· 유한금속 노동자 이창헌 등, 노조 결성을 시
도하다가 구속. 국가보안법 적용.

3. 3 대통령 취임 관련해서 소요 예방 차원에서
30여 명의 민주 인사 연금.

3. 5 서울 신흥교통 안내양 95명, 부당처우 개선
과 체불임금 지급 및 부당해고자 복직을 요
구하며 농성.

3. 7 안기부, 박동운을 5월 8일까지 62일간 불법

구금.[물 고문, 성기 고문 등 고문수사. 증거
가 없자 "모든 증거를 '망치'로 때려 부서
서 버렸다"고 조작하고 망치를 유일한 증거

물로 제시]]

3.13 반도상사노조 해산.

3.19 문용식 · 박태건 등 서울대생 300여 명, 기습

2.27 전국민주학생연맹 결성

10·26 사태로 온 '서울의 봄'은 1980년 5월 15일 서울역 시위로 정점에 이르렀다. 하지만 이날 시위에서 이른바 '서울역 회군'이 이루어졌는데, 여기에 대한 평가를 둘러싸고 학생운동 지도부 사이에는 논쟁이 벌어졌다. 소위 '무학논쟁'이 그것이다. 당시 학내 지도부였던 무림그룹은 1980년 5월 투쟁 패배의 원인을 통일적 지도부와 대중 기반의 부재에서 찾았다. 그리하여 앞으로 학생운동은 과도한 투쟁을 지양하고 기층 대중에 대한 선전에 주력해야 한다고 주장했다. 이에 대해 학림그룹은 무림그룹의 주장을 조직보존론 혹은 준비론이라고 비판하면서, 학생운동의 대중조직 역량 강화는 선도적인 투쟁을 수행하는 가운데 이루어지며, 운동가 자신도 투쟁을 통해 단련되어짐으로써 진정한 대중의 전위가 될 수 있다고 주장했다.

학림 그룹은 1980년 7월부터 전국적 학생조직을 구성하기 위한 준비작업에 착수하였다. 먼저 학내 조직기반을 마련하기 위하여 당시 기존 지도그룹(무림)과 그다지 관련성이 없는 2학년을 규합하여 예비학습 그룹을 운영했다. 그러한 가운데 1980년 12월 11일 '무림사건'이 발생하여 학생운동의 주력이 경찰에 연행되거나 강제 징집되기에 이르렀다. 이를 계기로 학림그룹은 더 이상 협의체 수준의 조직으로는 학생운동을 지속시켜 나갈 수 없다고 판단하고, 1981년 2월 27일 발기인 대회를 개최하여 단체의 명칭을 전국민주학생연맹이라 정하고, 이선근 · 박문식 · 박성현 · 이덕희 · 홍영희 등 5인이 중앙위원회의 중앙위원으로 취임하였다.

조직체계로는 최고의결기관인 중앙위원회를 두고, 그 하부에 지부 · 지회 · 분회 · 지반을 두었으며, 분회와 지반은 복수로 구성하였다. 지부는 서울 · 경기 · 부산 · 경북 등 대도시 대학 소재지를 중심으로 하고, 지회는 그 지역에서 작은 단위로 몇 개 대학을 묶어서 구성했다. 실제로는 경인지부(지부장 윤성구) 아래 신촌지회(연세대 · 이화여대), 관악지회(서울대), 중앙지회(성균관대, 동국대, 성신여대), 청량리(동부)지회(한국외국어대, 경희대) 등이 구성되었다.

전국민주학생연맹은 3월~6월에 걸쳐 중앙위원회 회의를 20여 차례 개최하고 조직 확대, 조직원 교육, 학생 시위 배후조종 등의 활동을 수행하는 등 1981년 상반기 학생운동을 주도하였다. 학생조직 건설작업은 시내 각 대학의 이념서클인 아카데미와 야학팀의 열성적인 인물을 선발해서 하기로 하고, 그 활동내용을 보고 받고 현장이전팀을 인계받아 공장에 분산배치해 나갔다. 전국민주학생연맹은 지방조직의 확대에도 노력을 기울여 부산의 이호철을 핵으로 하는 부산지역조직을 건설했고, 전남대 박관현의 후배였던 신영일과 접촉하였다.

하지만 1981년 6월 10일 이태복이 연행되고, 곧이어 6월 16일 이선근 · 이덕희 등 전국민주학생연맹 관련자 수십여 명이 연행되었다. 이들은 약 한 달에서 최고 60일까지 외부와 완전 차단된 채 고문수사를 받았다. 결국 1982년 1월 22일 조직총책이자 반국가단체 '수괴'인 이태복이 무기징역을 받는 등 모두 25명의 관련자에게 실형이 선고되었다.

7장
——
재심

* 학림사건은 '진실·화해를 위한 과거사 정리위원회'의 재심 권고 결정에 따라
  당사자 전원이 재심을 신청하여 승소하였다.

1. 개괄

2009년 6월 15일, 진실·화해를 위한 과거사 정리위원회(진화위)는 학림사건에 대한 재심 권고결정을 내렸다. 그 핵심은 81년 당시 영장 없는 불법연행과 불법구금, 고문과 사건조작 등의 잘못을 인정하고, 경찰과 검찰, 사법부가 저지른 잘못에 대해 국가가 피해자에게 사과하고, 화해를 이루는 적절한 조치를 취하는 것이 필요하며, 이는 형사소송법에 따라 재심사유에 해당한다는 것이었다.

사건이 발생한 지 만 28년 만에 국가가 그 잘못을 인정한 것이다.

* 참고: 진실·화해를 위한 과거사 정리위원회

2005년 5월 31일 '진실·화해를 위한 과거사정리 기본법'이 공포됐고, 같은 해 12월 1일 시행되면서 진실화해위원회가 출범했다. 정식 명칭은 '진실·화해를 위한 과거사 정리위원회'.

항일독립운동, 일제강점기 이후 국력을 신장시킨 해외동포사건, 광복 이후 반민주적 또는 반인권적 인권유린과 폭력, 학살, 의문사 사건 등을 조사하여 은폐된 진실을 밝혀 과거와의 화해를 통해 국민통합에 기여함을 목적으로 설립되었다.

조사 대상은 일제강점기의 항일독립운동과 해외동포사건, 한국전쟁 전후의 민간인 학살사건, 군사정권 통치기의 인권침해·간첩조작사건·의문사, 대한민국의 정통성을 부정하는 세력에 의한 테러·폭력, 위원회가 진실 규명이 필요하다고 인정한 사건 등 현대사의 모든 영역을 포함한다.

진실화해위원회는 국가인권위원회나 방송통신위원회처럼 어느 부처에도 소속되지 않은 독립 위원회로서 활동하다, 2010년 12월 31일부로 활동을 종료했다.

* 참고: 경찰청 과거사진상규명위원회는 2004년 11월에 발족되어 자체적으로 선정한 8개 개별사건 및 3개 포괄적 조사대상 분야에 대한 조사활동을 마치고 2007년 11월 27일 제40회 정기회의를 끝으로 해산된다.

2. 경과 개괄

2005. 10. 31   경찰청 과거사진상규명위원회에 진상규명 신청

2006. 7. 27   진화위 이첩 요청

2006. 8. 3   진화위 이첩

2006. 8. 24   진화위 조사 신청 접수

2009. 6. 15   진화위 학림사건에 대한 재심 권고 결정

2005년 10월 31일 이태복은 참여정부 시절, 경찰청에 설치된 경찰청과거사진상규명위원회에 이선근, 박문식, 이덕희, 홍영희 등 4인과 함께 연명으로 학림사건에 대한 진상규명을 요청한다.

그러나 별다른 진전이 없이 시간이 흐르면서 2005년 말 진실·화해위원회(진화위)가 출범하자 2006년 7월 27일 경찰청 과거사진상규명위원회에 동 사안을 진화위에 이첩해줄 것을 요청하고 동 위원회가 이를 받아들여 사건을 이첩하자, 이태복 등은 2006년 8월 21일 진화위에 사건의 진상규명을 정식으로 신청하였다. 진화위는 이후 3년에 걸쳐 조사활동을 한 결과 2009년 6월 15일 학림사건에 대한 재심권고결정을 내렸다. 실제 조사기간은 그렇게 오래 걸리지 않았다. 진화위에 많은 진실규명 요구 사건들이 접수되다 보니 학림사건이 순서상 늦어졌을 뿐이었다.

3. 진화위의 조사과정

진화위는 2006년 8월 24일 이를 접수받고, 신청자들로부터 자료를 제출받아 검토한 후, 2007년 1월 23일 인권침해규명위원회 회의에서 정식으로 사전조사 할 것을 의결하였다.

이후 1년여 동안 자료수집작업을 거쳐 2008년 9월 9일에 조사를 개시하여 2009년 6월 15일에 공권력에 의한 불법행위였다는 진실을 규명하고 재심을 권고하는 최종 결정을 하였다.

4. 조사범위와 자료

조사범위는 당시 불법연행과 관련된 경찰 동행보고, 경찰 조서, 강요된 피의자 자술서, 구금기록과 영장 등 검찰에 넘어가기 전 상황과 검찰 조사 과정(검찰 조서, 공소장과 검찰 논고

문 등), 법정 공판기록과 1, 2, 3심 판결문, 피고인과 변호인들 진술서와 수형기록(수용자 신분장, 접견표, 접견 시 대화기록 등) 등 사건과 관련된 전체 과정을 대상으로 하여 관련 기록을 가능한 모두 수집하여 근 1년 가까이 조사하였다.

5. 조사 대상자

직접 조사대상자는 이태복과 이선근, 박문식, 이덕희, 홍영희, 양승조 등 6인 외에도 81년 사건 수사를 담당했던 치안본부 대공분실 수사관 중 최평선, 유장환, 김수현, 이충웅, 이규이, 성지현, 이근안, 박용태 등 8명까지 포함되었다.

이외에도 사건 관련 당사자 중 위 6인을 제외한 나머지 다른 사람들에 대해서는 전화조사를 실시하였다.

진화위에 소환된 당시 수사관들은 일부는 양심적으로 진술하고 일부는 잡아떼기에 바빴으나 수사관들의 교차진술을 통해 사건의 진실이 드러났다.

6. 조사 결론

진화위는 2009년 6월 15일 전문위원회 회의에서 '전민학련, 전민노련 반국가단체 조작 의혹사건'에 대해 '조작'으로 결론을 내리고, 동 사건에 대한 재심 권고 결정문을 확정했다.

다음은 진화위 조사결과 중 재심권고 결정문의 결론과 권고사항 부분이다.

전민학련 · 전민노련 반국가단체 조작 의혹 사건

【결정사안】
위원회 조사결과, 신청인 이태복, 이선근, 박문식, 이덕희, 홍영희를 비롯한 사건 관련자 26명은 불법구금상태에서 치안본부 대공분실 수사관들의 가혹행위에 의한 허위진술로 '전국민주노동자연맹 · 전국민주학생연맹'이 반국가단체 등으로 조작되어 처벌받은 사건에 대해 위원회는 진실을 규명하고, 피해자와 가족의 피해 및 명예를 회복시키기 위한 적절한 조치를 취할 필요가 있다고 권고한 사례.

【결정요지】
1. 치안본부 남영동 대공분실은 이태복 등 26명을 1981. 6. 10.부터 연행하여 많게는 44일에서 적게는 16일간 가족 및 변호인의 접견을 차단한 채 불법구금 한 상태에서 가혹행위를 가하여 허위진술을 강요하였고, 검찰조사 시 진술내용을 부인하면 다시 대공분실로 와 고문받게 될 것이라고 위협하였다.
2. 서울지검은 치안본부 대공분실의 불법구금 · 고문이 행해졌다는 사실을 충분히 알고 있었음에도 이에 대한 수사를 하지 않고, 오히려 경찰 조사내용을 기초로 이태복, 이선근, 박문식, 이덕희, 홍영희에게 반국가단체구성죄를 추가적용 하여 서울지법에 기소하였다.
3. 서울형사지방법원을 비롯한 법원은 이태복 등 피고인들이 법정진술, 탄원서 및 항소이유서에서 장기간 불법구금과 고문을 당하여 허위자백한 것이라고 주장하였음에도 이에 대해 심리하지 않고, 임의성이 의심스러운 증거를 채택하고 유죄의 증거로 인정하여 신청인들에게 무기징역에서 징역1년까지를 선고한 위법을 범하였다.

【전 문】 바-4933, 전민학련 · 전민노련 반국가단체 조작 의혹 사건
【사 건】 바-4933, 전민학련 · 전민노련 반국가단체 조작 의혹 사건
【신청인】 이태복 외 4명
【결정일】 2009. 6. 15.

결론 (결정문 결론 전재)

이 사건은 치안본부 대공분실이 '미스유니버스대회 폭파예비음모 사건'의 용의자 권○○을 조사하던 중, 이태복이 포함된 학생운동 계보를 확보하면서 시작되었다. 치안본부 대공분실은 전민학련 관련자 이태복, 이선근, 박문식, 이덕희, 홍영희 등을 영장 없이 차례로 연행하여 이

태복 44일, 이선근 38일, 박문식, 이덕희, 홍영희 34일, 윤성구, 손형민, 이종구 44일, 민병두, 최경환, 김진철 43일, 김창기 42일간 불법구금한 사실과 전민노련 관련자 양승조 32일, 신철영·최규엽 30일, 정경연 29일, 엄주웅·오상석 28일, 김철수 26일, 송영인 21일, 송병춘 20일, 노숙영 19일, 박태연 23일, 김병구 38일, 유해우 37일, 박태주 78일 동안 불법구금상태에서 각각 조사한 사실이 인정된다.

또한 치안본부 대공분실 수사관들이 이태복 등 이 사건 피고인들을 조사하는 동안 구타·전기고문·물고문 등 가혹행위를 가한 사실도 인정된다.

위 사실들은 모두 직무상 범죄에 해당되고, 형사소송법 제420조 7호, 제422조 소정의 재심사유에 해당된다.

서울지검은 치안본부 대공분실의 불법구금·고문이 행해졌다는 사실을 충분히 알 수 있었음에도 이에 대한 수사를 하지 않고, 경찰에서의 자백내용에 기초하여 반국가단체구성죄를 추가적용하고 서울지법에 기소하였다.

법원은 이태복 등 피고인들이 법정진술, 탄원서 및 항소이유서에서 장기간 불법구금과 고문을 당하였다고 주장하였음에도 이에 대해 심리하지 않고 임의성이 의심스러운 증거를 채택하여 유죄의 판결을 하였다.

권고사항

위 사건에 대해 진실이 규명되었으므로 기본법 제4장에 따라 국가가 행할 조치에 관하여 다음과 같이 권고한다.

- 국가는 경찰이 수사과정에서 피의자들에 대해 불법구금·고문·폭행·협박을 하여 사건을 조작한 점, 검찰이 경찰의 수사과정에서의 불법행위를 묵인하고 수사하지 않은 점 등에 대해 피해자에게 사과하고 화해를 이루는 적절한 조치를 취하는 것이 필요하다.
- 국가는 위법한 확정판결에 대하여 피해자의 피해와 명예를 회복시키기 위해 형사소송법이 정한 바에 따라 재심 등의 조치를 취하는 것이 필요하다.

사건 조사를 담당한 진화위 내 인권침해조사국 조사 4팀은 당시 사건의 진상을 정확하게 조사하고 그에 합당한 결론을 내렸다. 무엇보다 진화위의 양심적이며 합리적인 조사과정과 방법, 그 능력에 경의를 표한다.

7. 진화위 재심 권고 결정문 통지

진화위는 2009년 6월 26일, 사건 관련자 전원에게 이 결정 내용을 통보하고 후속조치를 취하도록 조치하였다. 통보 대상에는 학림사건 당사자 26명(박태주 포함) 외에 당시 수사관들도 포함되었다.

8. 이의 제기

그런데 사건 당시 수사관 중 유장환은 2009년 8월 14일, 이 진화위 결정에 이의를 제기하고 나섰다.

불법 구금이나 연행도 아니고 당시 국가보안법에서 정한 대로 했으며, 고문이나 구타 등 가혹행위를 통해 진술을 강요하지도 않았다면서 결정을 받아들일 수 없다고 주장하였다.

▲ 재심 권고 결정문 통지서

결 정 통 지 서		
사 건 번 호	바-4933	
사 건 명	전민학련, 전민노련 고문조작 의혹 사건	
결정통지 대상자	■ 신청인　□ 조사대상자　□ 참고인, 기타(　　)	
	성 명	주 소
	이태복 (李泰馥)	서울시 구로구 신도림동 동아1차 apt 105-1701
결정내용	■ 조사개시결정　　　□ 진실규명결정 □ 각하결정　　　　　□ 진실규명불능결정	
결정이유	위 사건은 진실화해를 위한 과거사정리기본법 제2조 제1항4호의 인권침해 의혹사건에 해당하므로 동법 제22조제1항에 의거하여 조사개시를 결정함.	

진실·화해를 위한 과거사정리 기본법 제28조의 규정에 의하여 위와 같이 결정되었음을 통지합니다.

2008년　10월　13일

진실·화해를 위한과거사정리위원회

※ 통지받은 내용에 이의가 있는 경우 통지를 받은 날부터 60일 이내에 위원회에 서면으로 이의신청을 할 수 있습니다.
※ 문의할 곳　담당 조사관 : 전명혁　　　전화 : 02-3406-2685

진화위는 2009년 9월 25일, 이의신청을 검토하고, 그 요지 하나하나에 대해 논거를 대면서, 이유가 없어 기각한다고 결정하였다.

9. 진화위 재심 권고 결정문 전문

진화위 재심 권고 결정문은 학림사건뿐만 아니라 현대사의 민주화 도정에서 매우 중요한 의의를 가지고 있다. 공권력에 의한 불법행위에 대해 언제라도 당사자나 국가기관이 책임을 져야 한다는 사실을 분명히 한 것만으로도 그 가치는 차고도 넘친다.

이러한 이유로 최종적으로 결정된 재심권고 결정문 전문을 아래에 수록한다.

자료 7-1) 진화위 재심 권고 결정문 전문(578쪽)

10. 재심 진행과 승소

사건 관련자 일동은 2009년 6월 15일 진화위 권고 이후 같은 해 12월 16일 서울고등법원에 재심을 청구하여 1년여가 지난 2010년 12월 30일 연말에 이 재심에서 승소판결을 받는다.

그리고 검사 측 상고로 2011년 1월 13일 상고하여, 1년 6개월이 지난 2012년 6월 14일에 대법에서도 승소한다. 기나긴 명예회복의 한 과정이 끝난 것이다.

진화위 재심 권고 결정문 전문

전민학련·전민노련 반국가단체 조작 의혹 사건

【결정사안】

위원회 조사결과, 신청인 이태복, 이선근, 박문식, 이덕희, 홍영희를 비롯한 사건 관련자 26
명은 불법구금상태에서 치안본부 대공분실 수사관들의 가혹행위에 의한 허위진술로 '전국민
주노동자연맹·전국민주학생연맹'이 반국가단체 등으로 조작되어 처벌받은 사건에 대해 위
원회는 진실을 규명하고, 피해자와 가족의 피해 및 명예를 회복시키기 위한 적절한 조치를 취
할 필요가 있다고 권고한 사례.

【결정요지】

1. 치안본부 남영동 대공분실은 이태복 등 26명을 1981. 6. 10.부터 연행하여 많게는 44일
에서 적게는 16일간 가족 및 변호인의 접견을 차단한 채 불법구금 한 상태에서 가혹행위를 가
하여 허위진술을 강요하였고, 검찰조사 시 진술내용을 부인하면 다시 대공분실로 와 고문받
게 될 것이라고 위협하였다.

2. 서울지검은 치안본부 대공분실의 불법구금·고문이 행해졌다는 사실을 충분히 알고 있
었음에도 이에 대한 수사를 하지 않고, 오히려 경찰 조사내용을 기초로 이태복, 이선근, 박문
식, 이덕희, 홍영희에게 반국가단체구성죄를 추가적용 하여 서울지법에 기소하였다.

3. 서울형사지방법원을 비롯한 법원은 이태복 등 피고인들이 법정진술, 탄원서 및 항소이
유서에서 장기간 불법구금과 고문을 당하여 허위자백한 것이라고 주장하였음에도 이에 대해
심리하지 않고, 임의성이 의심스러운 증거를 채택하고 유죄의 증거로 인정하여 신청인들에게
무기징역에서 징역1년까지를 선고한 위법을 범하였다.

【전 문】

【사 건】바-4933, 전민학련·전민노련 반국가단체 조작 의혹 사건

【신청인】이태복 외 4명

【결정일】2009. 6. 15.

【주 문】

이 사건에 대하여 다음과 같이 진실이 규명되었으므로 '진실규명'으로 결정한다.

【이 유】

Ⅰ. 조사개요

1. 사건개요

가. 신청요지

치안본부 남영동 대공분실 수사관들은 1981. 6. 광민사 대표 이태복 등을 연행하여 조사한 후 '이태복 등의 공산주의 내지 사회주의로 의식화된 좌경의식 분자들이 노동자들로 구성된 노동운동을 주도하고, 이선근 등이 주도하는 학생운동은 노동운동 보조집단 내지 문제제기 집단으로 사회혼란을 조성한 뒤, 노동자들이 민중운동의 주체집단으로서 혁명주체가 되어 폭력혁명으로 현 정권을 전복시키고 공산주의 사회를 건설하려 하였다'고 발표하였다.

'전국민주학생연맹'(이하 '전민학련') 관련자 이태복(당시나이 31), 이선근(28), 박문식(24), 이덕희(23), 홍영희(24) 등 5명에 대해 국가보안법(이하 국보법) 제7조 1, 2, 3항(찬양, 고무 등), 집회및시위에관한법률(이하 집시법) 위반, 계엄법 제15조 위반, 계엄포고령(이하 포고령) 위반 등의 혐의로, 윤성구(21), 민병두(24), 김창기(25), 최경환(23), 김진철(23), 손형민(23), 이종구(23) 등 7명에 대해 집시법 위반, 계엄법 제15조 위반, 포고령 위반 등의 혐의로,[1] '전국민주노동자연맹'(이하 '전민노련') 관련자 이태복(31), 신철영(32), 김철수(26), 최규엽(29), 송병춘(27) 등 5명은 국보법 제7조제2, 3, 5항, 집시법 위반, 계엄법 제15조 위반, 포고령 위반 등의 혐의로, 양승조(31)는 국보법 제7조 1, 2, 3항, 집시법 위반, 계엄법 제15조 위반, 포고령 위반 등의 혐의로, 오상석(25), 엄주웅(24), 정경연(26) 등 3명은 국보법 제7조제2, 5항, 집시법 위반, 계엄법

---

1) 전민학련 관련자 이선근 등은 서울대, 연세대, 성균관대 등에 재학 중이던 학생이었다.

제15조 위반, 포고령 위반 등의 혐의로, 송영인(27), 노숙영(27) 등 2명은 국보법 제7조제2, 3항, 집시법 위반, 계엄법 제15조 위반, 포고령 위반 등의 혐의로, 박태연(26), 유해우(33), 김병구(36) 등 5명은 집시법 위반, 계엄법 제15조 위반, 포고령 위반 등의 혐의로, 박태주(27)는 반공법 제4조제2항, 제16조 위반혐의[2]로 구속영장을 발부받아 조사한 후 서울지방검찰청(이하 서울지검)에 송치하였다.

서울지검은 1981. 9. 8. '전민학련' 관련자 이태복, 이선근, 박문식, 이덕희, 홍영희에 대해 국보법 제3조(반국가단체 구성), 제8조(회합통신), 제9조(편의제공) 등을 추가 적용하였고, 나머지에 대해서는 경찰의 의견대로 기소하였다.

서울형사지방법원(이하 '서울지법')부터 대법원까지의 재판에서 이태복 등 5명에게 반국가단체 구성 등의 범죄사실을 인정하고, 기소된 26명중 25명에게 무기징역에서 징역 1년까지 선고하였다.[3]

이에 대해 신청인 이태복, 이선근, 박문식, 이덕희, 홍영희 등 이 사건 공동피고인 26명은 치안본부 대공분실 수사관들에 의해 강제연행된 후 장기간 불법구금된 상태에서 고문·가혹행위로 인하여 허위자백을 강요당했고, 그 결과 반국가단체를 구성한 것 등으로 범죄사실이 조작되었다며 2006. 8. 21. 진실화해위원회에 진실규명을 신청하였다.[4]

나. 판결요지

1) 반국가단체 구성

피고인 이태복은 1980. 1. 하순부터 공산주의혁명의 주체집단으로서의 노동자집단 조직에 착수하여, 동년 5. 5. 연합노조 경북지부장 김병구, 청계피복노조지부장 양승조, 삼원노조지부분회장 유동우, YH노조사무장 박태연, 영등포산업선교회 간사 신철영, 복학생 김철수 등 10명을 중앙위원으로 하는 '전민노련'을 결성하여 활동하고, 학생조직의 필요성을 통감하고 서클 후배 이선근으로 하여금 1981. 2. 27. 자신의 자취방에서 박문식, 이덕희, 홍영희, 박성현[5] 등

---

2) 전민노련 관련자 양승조 등은 노동운동가, 해고노동자, 생산직 노동자 들이었다.

3) 피고인 이태복에게는 무기징역, 이선근에게 징역 7년 자격정지 7년, 박문식에게는 징역 5년 자격정지 5년, 이덕희에게는 징역 3년 자격정지 3년, 홍영희에게는 징역 2년 6월 자격정지 2년 6월 등을 각각 선고하였고, 다만, 피고인 박태주는 증거불충분으로 무죄를 선고하였다. 1988. 10. 이태복이 형집행정지로 풀려나는 것을 마지막으로 모두 출소하였다.

4) 이 사건 신청인들은 2005. 10. 31. 경찰청 과거사진상규명위원회에 신청하였으나, 진실화해위원회로의 민원사건 이첩을 요구해, 2006. 8. 21. 진실화해위원회에 이첩되었다. 신청서에는 이태복이 신청인으로 되어 있고, 이선근, 박문식, 이덕희, 홍영희는 신청서 하단에 연명하는 형식으로 되어 있으나, 이태복은 진실화해위원회조사에서 26명 모두가 신청한 것이고, 자신을 포함한 다섯 사람이 대표로 이름을 올렸을 뿐이라는 것을 분명히 밝히고 있다.

5) 공소 외 박성현은 사건 당시 군복무(방위) 중이었기 때문에 수도군단보통군법회의 검찰부에서 조사를 받고, 수도군단보통군법회의에 회

과 함께 정부를 참칭하고 국가를 변란할 목적으로 '전민학련'이라는 반국가단체를 조직하게
하고, 자신은 배후에서 조직의 수괴로 활동하였다는 것이다.

2) 북한 및 국외 공산계열 찬양·고무·동조 등

피고인 이태복은 공산주의와 사회주의 사상에 대해 교양하고, 1977. 9. 13 종로구 명륜동에
'도서출판 광민사'를 설립하여 유물사관 등에 입각하여 서술된 '노동의 역사'를 번역·발간하
는 등 이적표현물 20여 권을 발간·매입·취득하였고, 전민학련, 전민노련 관련자 이선근 등 17
명은 각 2~8권의 이적표현물을 매입·취득하여 반국가단체를 찬양·고무하였다는 것이다.

3) 회합·통신

이태복을 비롯한 5명은 1980.부터 1981.까지 100여 차례 접촉하면서 '전민학련'의 조직운
영과 확대방안, 학내시위계획에 대해 논의하는 회합을 하였다는 것이다.

4) 기타

이태복을 비롯한 5명은 반국가단체 구성원에게 편의를 제공하고, 금품을 수수하였으며, 불
법집회를 계획·실행하였다는 것이다.

2. 조사 근거와 목적

기본법 제1조는 "반민주적, 반인권적 행위에 의한 인권유린과 폭력, 학살, 의문사 사건등을
조사하여 왜곡되거나 은폐된 진실을 밝혀냄으로써 민족의 정통성을 확립하고 과거와의 화해
를 통해 미래로 나아가기 위한 국민통합에 기여"함을 목적으로 하고 있고, 기본법 제2조제1항
4호는 진실규명 대상으로 "1945년 8월 15일부터 권위주의 통치 시까지 헌정질서 파괴행위 등
위법 또는 현저히 부당한 공권력의 행사로 인하여 발생한 사망·상해·실종사건, 그 밖의 중대
한 인권침해사건과 조작 의혹 사건"에 대하여 조사를 하도록 규정하고 있다.

다만, 기본법 제2조제2항은 진실규명의 범위에 해당하더라도 법원의 확정판결을 받은 사
건에 대해서는 민사소송법, 형사소송법에 의한 재심사유가 있는 경우에 한해 조사하도록 하
고 있다. 이 사건 피해자들은 수사기관에 의해 장기간 불법구금된 채 고문 및 가혹행위를 당
하여 사건이 조작되었다는 것이므로 기본법이 정한 진실규명 범위에 해당하고, 수사기관의

부되었다. 수도군단보통군법회의는 1981. 9. 28. 제1회 공판을 시작으로 1981. 10. 20. 제2회 공판까지 각 변론을 청취하고, 1981. 11. 12. 공
판에서 징역 3년, 자격정지 3년을 선고하였다.

불법구금과 가혹행위 등은 형사소송법 제420조7호, 제422조가 정하고 있는 재심사유에 해당한다.

진실화해위원회는 공권력에 의해 저질러진 불법구금, 고문 및 가혹행위와 사건의 진실을 규명하기 위해 2008. 9. 23. 조사개시를 의결하고 조사를 진행하였다.

3. 규명과제

가. 불법구금 여부

신청인들은 '치안본부 대공분실 수사관들에 의해 영장 없이 연행되어 구금된 상태로 적게는 16일, 많게는 44일간 수사를 받았다'고 하므로 이에 대한 조사가 필요하다.

나. 고문, 가혹행위 여부

신청인들은 '치안본부 대공분실 조사실에서 수사관들로부터 범죄사실에 관한 자백을 강요받으며 전기고문, 물고문, 구타 등 가혹행위를 당하였다'고 하므로 이에 대한 조사가 필요하다.

다. 범죄사실 조작 여부

신청인들은 '전민노련의 조직목적은 노동3권 보장 등의 노동자 권익보호를 위한 것이며, 전민학련의 조직목적은 순수한 학생운동인데도 범죄사실과 같이 반국가단체로 조작하고, 구성원들이 반국가단체를 찬양·고무하거나 회합·통신하지 않았는데 치안본부 대공분실 수사관들과 검찰이 불법수사로 범죄사실을 조작하였다'고 하므로 이에 대한 조사가 필요하다.

4. 조사방법

가. 자료조사

1) 서울지검 보존 수사 및 재판기록 61권 20,000여 쪽
2) 민주화운동관련자명예회복 및 보상심의위원회 관련 자료 1,300여 쪽
3) 1999. 이근안의 독직폭행 등에 관한 서울지검 수사기록 180여 쪽

나. 진술조사

이태복(2009. 3. 24., 26.), 이선근(2009. 4. 27.), 박문식(2009. 4. 2.), 이덕희(2009. 4. 7.), 홍영희(2009. 4. 15.), 양승조(2009. 5. 25.), 당시 대공분실 수사관 최○○(2009. 4. 20.), 유○○(2009. 5.

6.), 김○○(2009. 5. 7.), 이○○(2009. 5. 11.), 이○○(2009. 5. 11.), 성○○(2009. 5. 13.), 이○○
(2009. 5. 14.), 박○○(2009. 5. 15.)에게서 직접진술을 청취하였고, 이종구(2009. 5. 26.), 박태주
(2009. 5. 27.), 김진철(2009. 5. 27.), 손형민(2009. 5. 27.), 오상석(2009. 5. 27.), 신철영(2009. 5. 27.),
윤성구(2009. 5. 27.), 송병춘(2009. 5. 28.), 최규엽(2009. 5. 28.), 박태연(2009. 5. 28.), 민병두(2009.
5. 28), 김병구(2009. 6. 1.), 유해우(2009. 6. 2.)에게는 전화통화의 방법으로 진술을 청취하였다.

Ⅱ. 조사결과

1. 사건배경

1979. 12. 12. 군사 쿠테타로 실권을 장악한 전두환 등의 신군부 세력은 1980. 5. 17. 비상계
엄을 전국적으로 확대하고, 대학교 등 곳곳에 군 병력을 배치하고, 국회를 봉쇄하였으며, 주요
정치인들을 구속, 연금하였다. 신군부 세력은 이어서 위 5.17 조치에 반대하는 1980. 5. 18. 광
주민주화운동을 진압하였으며, 이후 헌법을 개정하여 1981. 2. 25. 제5공화국을 출범시켰다.

1980년 서울의 봄, 그리고 5. 18 광주민주화운동을 전후하여 각 분야에서 민주화운동 및 생
존권 투쟁을 효과적으로 수행하기 위한 다양한 방법론이 모색되었고, 이 과정에서 여러 조직
들이 결성되었으며, 전민학련과 전민노련도 그 가운데 하나이다.[6]

전민노련은 1980년에 홍사단 아카데미 출신으로 출판사 '광민사'를 운영하며 노동운동을
하고 있던 이태복을 중심으로 양승조, 김병구 등이 결성하였고, 전민학련은 1981년 초에 대학
생 이선근, 박문식, 이덕희, 홍영희, 박성현 등이 중심이 되어 전국적인 학생조직 결성을 목표
로 구성하였다.[7]

2. 사건경위

가. 수사착수 경위

서울지검의 내사지휘[8]에 따라 1981. 5. 14. 최초 수사가 시작되었고, 1981. 6. 6.에 작성된
치안본부 첩보보고에 따르면 "「미스유니버스대회장 폭파예비 사건」의 용의자 권○○에 대해
조사하던 중, 동인이 국민대 학생 데모 주동 제적생으로 민주청년협의회 정회원으로 가입되

---

6) 이 외에 오송회 사건, 아람회 사건, 부림 사건 등이 있다.
7) 강신철 외, 80년대 학생운동사, 형성사, 1988, 24쪽
8) 치안본부 대공분실에 내사지시하며 '불온간행물 검토결과 통보', '노동의 철학' 1권을 각각 첨부하였다.

어 있는 사실에 주목하여, 당시 반정부활동의 배후를 추궁하던 중, 권○○이 갖고 있는 계보를 통해 이태복 등의 배후를 파악하였다"고 기재되어 있다.

나. 치안본부 대공분실 수사

치안본부 남영동 대공분실은 1981. 6. 중순경 이태복 등 12명을 차례로 연행하였고, 조사과정에서 드러난 양승조 등 14명을 1981. 8. 초순경부터 남영동 대공분실로 연행하였다. 치안본부 대공분실은 이태복을 전민학련 관련자로 보고 1981. 7. 21. 제1회 피의자신문조서를 작성하는 등 총 12명에 대해 각각 2~3회의 피의자신문조서를 작성하였고, 또한 1981. 8. 29. 양승조를 전민노련 관련자로 판단하고 제1회 피의자신문조서를 작성하는 등 총 14명에 대해 각각 2~3회의 피의자신문조서를 작성하였다.[9]

다. 서울지검 수사

서울지방검찰청은 1981. 8. 10. 이태복에 대해 피의자신문조서를 작성하는 등 전민학련 관련자 총 12명에 대해 각각 5~9회의 피의자신문조서를 작성하였고, 1981. 9. 16. 송치된 전민노련 관련자 총 14명에 대해서도 피의자신문조서를 작성한 후 전민학련 관련자에 대하여 국가보안법상 반국가단체 구성혐의를 추가 적용하여 서울지법에 각각 기소하였다.[10]

라. 재판과정

서울지방법원(재판장 판사 허○○, 판사 이○○, 판사 장○○)은 1981. 10. 21. 제1회 공판을 시작으로 1982. 1. 22. 제15회 공판까지 열고[11] 이태복에게 무기징역을 선고하는 등 25명에게 유죄를 선고하였고, 박태주에 대해서는 무죄를 선고하였다.[12] 검사와 박태주 외 피고인들은 각각 항소하였다.

서울고등법원(재판장 판사 최○○, 판사 이○○, 판사 황○○)은 1982. 4. 24. 제1회 공판을 시작으로 1982. 5. 22. 제5회 공판까지 열고 원심판결을 파기하면서, 이선근에게 징역 7년, 자격

---

9) 신청인들의 제1회 경찰피의자신문조서의 일자는 <별첨1> 참조.

10) 서울지검 기록관리과로부터 입수한 수사기록에 전민노련 관련자 검찰수사기록 부분이 누락되어 있어 제1회 피의자신문조서 작성일자를 정확히 확인하지 못했다.

11) 제5회 공판까지는 이태복, 이선근, 박문식, 이덕희, 홍영희 등 5명에 대해서만 공판을 진행하다, 1981. 11. 25. 6회 공판부터는 나머지 전민학련 관련 피고인 윤성구 외 6명이 병합되었고, 1981. 12. 26. 10회 공판부터는 전민노련 관련 피고인 신철영 외 13명이 병합되었다.

12) 신청인들에게 적용한 법조, 범죄사실, 각심형량 등의 자세한 사항은 <별첨1>, <별첨2> 참조.

정지 7년으로 감량하는 등 24명에 대해 형량을 조정하였다.[13] 검사와 피고인들은 각각 상고하였다.

대법원(대법원 판사 정○○, 판사 윤○○, 판사 김○○, 판사 오○○)은 1982. 9. 14. 공판에서 검사 및 피고인들의 상고를 모두 기각하였다.

마. 민주화운동관련자 명예회복 및 보상심의위원회 조사

민주화운동관련자 명예회복 및 보상심의위원회는 2000. 9.~10. 사이에 이태복 등의 명예회복 신청을 받아 조사하여, 이 사건 관련인 22명에 대해 민주화운동관련자로 인정하는 결정을 하였다.

이 사건에 대한 사건검토보고서[14])14)에서는 첫째, 전민학련 · 전민노련의 결성목적이 '노동3권 요구 및 노조민주화'(전민노련)와 '학원민주화, 사회민주화, 독재정권 타도'(전민학련)에 있는 점, 법원의 유죄증거가 증거능력이 없다는 의심을 받고 있는 점, 정부를 참칭하거나 국가변란을 꾀한 구체적 실행행위가 없는 점 등을 들어 두 단체를 반국가단체로 인정할 수 있는 근거는 미약한 것으로 판단하고,

둘째, 서적취득, 출판행위의 위법성 여부에 대해, 법원이 '전민노련'과 '전민학련'을 반국가단체로 판시하였기 때문에 사건관련자들의 사회과학서적 탐독, 취득, 출판행위 모두를 반국가단체 결성에 따른 조직 활동의 일환으로 보고 있으나, 동 단체의 반국가단체성이 의문시되는 상황에서 이들에게 이적목적이 있었음을 곧바로 인정할 수는 없고, 문제가 된 서적들 중 다수가 당시 문화공보부의 승인을 받아 출판 판매되고 있던 책이며, 이 서적들의 내용이 폭력혁명을 통한 국가전복 또는 헌법의 기본질서 폐지를 명시 · 묵시적으로 선동하는 것으로 볼 수는 없어 국가의 존립 · 안전이나 자유민주적 기본질서에 명백한 위험을 준 것으로 볼 수 없다고 판단하였다.

3. 사건조사결과

가. 불법구금 여부

1) 수사기록

이태복, 이선근, 박문식, 이덕희, 홍영희는 1981. 7. 23, 윤성구, 민병두, 최경환, 김진철, 손형민, 이종구는 1981. 8. 3. 각각 구속영장이 발부되었다. 사법경찰관 작성의 박문식의 「동행보

---

13) 형량의 증감 내용은 <별첨2> 참조.
14) 전민노련 관련자 신철영의 민주화운동관련자 인정 통지서에 수록되어 있다.

고」에 따르면 임의동행일자가 1981. 7. 19.로 기재되어 있지만, 월과 일 표기에 수정한 흔적이 있다.[15] 그리고 "1981. 6. 16. 대공분실에서 진행 중인 공작대상자 이선근을 임의동행 신문결과 범행일체와 동년 6. 20. 행당동 소재 이선근의 자취방에서 중앙위원회가 개최됨을 자백하여 전시 일시장소에 잠복 중 검거 동행하였다"고 기재되어 있다.[16]

경찰이 1981. 7. 10. 안기부에 보고한 「정보사범 발생 및 검거보고」에 따르면, 이태복, 이선근, 박문식, 이덕희, 홍영희, 윤성구, 김창기는 1981. 7. 7.에 연행한 것으로 기재되어 있고, 민병두, 최경환, 김진철, 손형민, 이종구는 1981. 7. 8.에 연행한 것으로 기재되어 있다.[17]

전민노련 관련자들인 신철영, 김창기, 송영인, 노숙영, 양승조, 김철수, 엄주웅, 오상석, 송병춘, 최규엽, 정경연의 구속영장 발부일은 1981. 9. 1.이고, 김병구, 유해우, 박태연의 구속영장 발부일은 1981. 9. 7.이다. 그런데 경찰이 작성한 각 「동행보고」에 따르면, 신철영, 김창기, 송영인, 노숙영, 양승조, 김철수, 엄주웅, 오상석, 송병춘, 최규엽, 정경연, 유해우, 박태연을 1981. 8. 29. 연행하였다고 각각 기재되어 있다.[18]

2) 신청인 진술

신청인 이태복은 서울지법 공판[19]에서 "1981. 6. 10. 12시 40분경 혜화동 로타리에서 체포되어 남영동 치안본부 대공분실로 갔으며, 동년 7. 23. 용산경찰서로 넘겨졌고, 다시 동년 8. 10. 검찰에 송치되었다"고 진술하였고, 진실화해위원회 조사[20]에서는 "1981. 6. 10. 12시경 서울 혜화동 로터리를 지나던 중 낯선 네 사람에 의해 연행되었는데, 이렇게 정확한 날짜를 기억하고 있는 것은 연행되기 바로 전날이 어머니 생신(음력 5. 8.)이어서 시골집에 들렀다가 다음 날 상경하여 혜화동 다방에서 후배를 만나고 나오는 길이었기 때문이다"라고 진술하였다.

신청인 이선근은 서울지법 공판[21]에서 "1981. 6. 15.에 검거되어 7. 22.까지 남영동 대공분실에서 있었으며, 7. 23. 용산경찰서로 넘어갔고, 8. 10. 검찰에 송치되었다"고 진술하였고, 진

---

15) 위 '동행보고'를 작성한 수사관 이○○은 진실화해위원회 조사에서 1981. 7. 21. 박문식의 연행일자가 잘못 기재되어 있고, 동행일시에 수정한 흔적이 있음을 인정하였다.

16) 원문자료 <별첨3> 참조.

17) 국가정보원은 나머지 전민노련 관련자에 대한 「정보사범 발생 및 검거보고」자료는 보존하고 있지 않다고 회신하였다.

18) 위원회에서 입수한 경찰 수사기록 중 김병구, 박태주에 대한 「동행보고」부분(수사기록 26권, 2759~3616쪽)이 누락되어 있어 정확한 확인은 불가능하나, 전민노련 관련자 모두의 「동행보고」가 1981. 8. 29. 연행되었다고 기재되어 있기 때문에 김병구, 박태주도 같은 날로 기재 되었을 것으로 추정된다.

19) 서울지법(1심) 8차 공판 변호인(이돈명) 신문 시 답변 내용.

20) 2009. 3. 24. 위원회 진술청취.

21) 서울지법(1심) 8차 공판 변호인(이돈명) 신문 시 답변 내용.

실화해위원회 조사[22]에서는 "1981. 6. 16. 어머니 집에 잠깐 들르는 과정에서 잠복해 있던 낯선 사람들에게 강제연행되었다"고 진술하였다.

신청인 박문식은 서울고등법원 공판[23]에서 "1981. 6. 20. 연행되었다"고 진술하였고, 진실화해위원회 조사[24]에서는 "정확하지는 않지만 1981. 6. 20.경으로 기억합니다. 그날이 중앙위원회를 열기로 한 날이었고, 개최 장소는 당시 이선근이 자취를 하고 있던 행당동 단칸방이었다"고 진술하였다.

신청인 이덕희는 서울지법 공판[25]에서 "1981. 6. 20. 밤 6시 30분에 남영동 치안본부 대공분실로 연행되어 1981. 7. 23. 용산경찰서로 넘어갔고, 1981. 8. 10. 검찰에 송치되었다"고 진술하였고, 진실화해위원회 조사[26]에서는 "1981. 6. 20.로 기억합니다. 이날은 저희가 중앙위원회를 열기로 한 날이었기 때문에 정확히 기억하고 있고, 제가 수사관에 의해 잡혔을 때 이미 홍영희가 잡혀 있었고, 뒤이어 박문식이 잡혔다"고 진술하였다.

신청인 홍영희는 서울지법 공판[27]에서 "1981. 6. 20. 6시 30분 행당동 이선근의 자취방에서 연행되어 남영동 치안본부 대공분실에 있다가 1981. 7. 23. 남대문 경찰서 유치장으로 넘어갔고, 1981. 8. 10. 검찰에 송치되었다"고 진술하였고, 진실화해위원회 조사에서는 "연행된 날은 1981. 6. 20.이었는데 그날 아침에 이선근이 전화를 해 '오늘 모임에는 빠지지 말고 꼭 와라'라고 했는데, 나중에 보니 경찰이 이선근에게 강제로 전화를 하게 해 유인하였던 것이었습니다. 그래서 이선근의 자취방에서 제가 가장 먼저 잡히고, 차례로 박문식과 이덕희가 잡혀 함께 연행되었다"고 진술하였다.

이 사건 공동피고인 중 전민학련 관련자들은, 서울고등법원 공판[28]에서 윤성구, 손형민은 1981. 6. 21., 민병두, 최경환, 김진철은 1981. 6. 22., 김창기는 1981. 6. 23.에 각각 대공분실 수사관들에 의해 강제연행되었다고 진술하였다.

또한, 이 사건 공동피고인 중 전민노련 관련자들에 대해 살펴보면, 항소이유서에서 신철영은 1981. 8. 3, 오상석은 1981. 8. 5, 송영인은 1981. 8. 12, 박태연은 1981. 8. 16. 연행되었다고

---

22) 2009. 4. 27. 위원회 진술청취.
23) 항소심 2차 공판 변호인(조영일)신문 시 답변 내용.
24) 2009. 4. 2. 위원회 진술청취.
25) 서울지법(1심) 8차 공판 변호인(황인철) 신문 시 답변 내용.
26) 2009. 4. 7. 위원회 진술청취.
27) 서울지법(1심) 8차 공판 변호인(김태원) 신문 시 답변 내용.
28) 항소심 2차 공판 변호인 신문 시 답변 내용.

각각 진술하였다. 그리고 양승조는 서울고등법원 공판[29]에서 1981. 8. 1, 최규엽은 1981. 8. 3, 정경연은 1981. 8. 4, 엄주웅은 1981. 8. 5, 김철수는 1981. 8. 7, 송병춘은 1981. 8. 13, 노숙영은 1981. 8. 14. 연행되었다고 각각 진술하였다. 또한, 진실화해위원회 조사[30]에서 김병구는 1981. 8. 1, 유해우는 1981. 8. 2. 연행되었다고 각각 진술하였다.

한편, 불구속 기소되었던 박태주는 1981. 6. 13. 연행되어 8. 29. 풀려났다며, "이태복이 연행된 직후에 수사기관의 의도를 파악하고, 조직원들을 보호하기 위해 전혀 관련이 없는 나를 털어놓아 이태복을 제외하고 제일 먼저 연행되었고, 다른 조직원들에 대해 조사가 끝난 뒤 이 사건과 관련이 없다는 것이 입증되어 풀려나게 되었다"고 진술하였다.

3) 수사관 진술[31]

당시 대공분실 수사관 이○○(경위, 이하 괄호안은 당시 직위)[32]은 진실화해위원회 조사에서 "박문식의 정확한 연행날짜는 기억이 나지 않지만, 당시 대공분실에서는 구속영장 없이 일정 기간 수사를 하는 것은 일종의 관행으로 묵인되었다"고 진술하였고, 박문식에 대한 「동행보고」를 자신이 직접 작성한 사실을 인정하면서, "박문식의 연행 일자에 대해 잘못 기재된 점이 있고, 동행일시에 수정한 흔적이 있는 것을 인정한다"고 진술하였다.[33]

유○○(경위)[34]은 진실화해위원회 조사에서, 이 사건 조사 당시에는 구속영장 없이 얼마간 수사를 하는 것은 관행처럼 여겨졌고, 안기부 조정이 있으면 충분히 가능한 일이었다고 진술하였고, 이선근의 동행일자가 이선근에 대한 「동행보고」와 박문식에 대한 「동행보고」에서 각각 다르게 기재된 점에 대해, "이 두 보고서에서 이선근에 대한 동행일시가 각각 다르게 기재된 점은 분명히 잘못이라고 보고, 박문식의 「동행보고」상의 동행일시가 보고서 작성 이후에 임의로 고쳐진 흔적이 있는 것을 인정한다. 이런 점으로 보아 실제 이선근의 연행일은 박문식에 대한 「동행보고」에 기재된 1981. 6. 16.이고, 이와 달리 연행일이 1981. 7. 19로 기재된 이선근에 대한 「동행보고」는 허위로 작성된 것이 분명하다. 그리고 위 조사기간에 별도의 귀가 조치는 없었다"고 진술하였고, "이태복이 이 사건 피의자 가운데 제일 먼저 체포되어 온 것이

---

29) 항소심 3차 공판 변호인 신문 시 답변 내용.

30) 2009. 5. 27.~6. 2. 전화 진술청취.

31) 당시 이 사건을 담당하였던 수사관은 대략 26명에 달한다. 그래서 수사관 조사 범위를 주요 수사관 9명으로 한정하여 이들에 대해 출석 요구서를 발송하였고, 총 8명에 대해 조사를 실시하였다. 경사 김○○은 출석에 불응하였다.

32) 박문식에 대한 피의자신문조서(1~3회)를 작성한 것으로 기재되어 있다.

33) 2009. 5. 6. 위원회 진술청취.

34) 이선근에 대한 진술조서(1~3회)를 작성한 것으로 기재되어 있다.

분명하다", "이선근이 1981. 6. 16.에 연행된 것으로 볼 때 이태복은 1981. 6. 16. 이전에 연행된 것으로 인정된다"고 진술하였다.[35]

김○○(경위)[36]은 진실화해위원회 조사에서, 이 사건 조사 당시에는 대공사건의 경우 피조사자의 도주 위험성 때문에 일정기간 영장 없이 구금하여 조사하였다고 하면서 이태복의 불법구금 기간에 대해, "시간이 많이 흘러 정확하지 않지만, 20여 일 이상, 상당기간 구금하여 조사하였다. 따라서 이태복의 구속영장 발부 4일전인 1981. 7. 19.로 기재되어 있는 경찰의 이태복에 대한 「동행보고」는 사실이 아닌 것으로 판단된다"고 진술하였고, 가장 먼저 연행된 사람이 이태복임을 밝히며, "수사기록에 의하면 이선근의 연행일자가 1981. 6. 16.로 기재되어 있는 것으로 보아 이태복은 최소한 1981. 6. 16. 이전에 연행되었다고 판단된다. 그리고 위 조사기간에 귀가조치는 없었다"고 진술하였다.[37]

최○○(순경)[38]은 진실화해위원회 조사에서 "당시 제가 수사에 늦게 합류하였기 때문에 정확한 정황은 잘 모르겠고, 당시에는 구속요건을 모두 갖춘 후에 구속하는 것이 아니라 한 10여 일정도 먼저 잡아와서 조사를 하는 관행이 있었다"고 진술하였고, 박문식에 대한 「동행보고」상의 일자불일치에 대해 "아마도 연행은 1981. 6. 20. 연행을 한 것이 맞을 것이고, 이 「동행보고」를 작성한 것이 1981. 7. 19.이기 때문에 7. 19.로 맞추어 작성한 것일 것입니다. 결과적으로 위 보고서를 1981. 6. 20.로 작성을 한 상태에서 나중에 7. 19.로 고쳐졌을 가능성이 있다"고 진술하였다.[39]

위 유○○(경위)은 "용의자 연행 이후 수사는 모두 검사의 수사지휘가 있어야만 가능하다. 아마도 이 사건에 대해서도 검사가 모든 상황을 인지하고 있었을 것이다"라고 진술하였고, 김○○(경위)은 "이 사건 조사 기간 내내 검사의 수사지휘를 받아가면서 조사를 하였다"고 진술하였다.

4) 소결
수사기록, 관련인들의 진술 및 항소이유서 등을 종합하면 피해자들이 영장 없이 구금된 기간은 이태복이 1981. 6. 10.부터 1981. 7. 23.까지 44일 동안 구금된 것을 비롯하여, 이선근은

---

35) 2009. 5. 6. 위원회 진술청취.
36) 이태복에 대한 진술조서(1~3회)를 작성한 것으로 기재되어 있다.
37) 2009. 5. 7. 위원회 진술청취.
38) 박문식에 대한 진술조서(1~3회)에 참여인으로 기재되어 있다.
39) 2009. 4. 20. 위원회 진술청취.

38일, 박문식, 이덕희, 홍영희는 34일, 윤성구, 손형민, 이종구는 44일, 민병두, 최경환, 김진철은 43일, 김창기는 42일 동안 영장 없이 구금당한 상태에서 각각 조사받은 사실이 인정된다.

또한 양승조는 32일, 신철영, 최규엽은 30일, 정경연은 29일, 엄주웅, 오상석은 28일, 김철수는 26일, 송영인은 21일, 송병춘은 20일, 노숙영은 19일, 박태연은 23일, 김병구는 38일, 유해우는 37일, 박태주는 78일 동안 영장 없이 구금당한 상태에서 각각 조사받은 사실이 인정된다.[40]

위 사실들은 모두 불법체포감금죄에 해당되고, 공소시효가 만료되어 확정판결을 받을 수 없으므로 형사소송법 제420조 7호, 제422조 소정의 재심사유에 해당된다.

나. 고문 및 가혹행위 여부

1) 신청인 진술

가) 이태복

이태복은 서울지법 공판에서 "남영동 대공분실로 연행되고 얼마 있지 않아 수사관이 '네가 수괴고 공산주의자냐'고 묻기에 아니라고 대답하자 옷을 벗기며 신문을 시작하였고, 수괴와 공산주의자라는 것을 자백할 것을 강요하였으나, 계속 부인하자 물고문, 전기고문, 발바닥 때리기 등을 하였다"고 진술하였고,[41] 서울고등법원 공판에서는 "계속해서 전민학련 수괴라는 것과 공산주의자라는 것에 대해 부인하자 다른 방으로 데리고 가서 발가벗기고 고문대에 앉혀 물고문을 하며 항복을 강요하였고, 나중에는 고문에 못 이겨 비명을 지르며 토하자 시끄럽다고 하며 수건으로 입을 막고 전기고문과 구타를 계속하였다"고 진술하였고,[42] 진실화해위원회 조사에서 이태복은 "일단 전 조사기간 동안 잠을 거의 잘 수가 없었고, 거의 모든 시간을 칠성판에 묶여 있었다. 칠성판의 모양은 직사각형의 나무판에 벨트가 4개 달려 있었는데, 이 벨트로 발목, 허벅지, 배, 가슴을 묶었습니다. 초기단계는 주로 구타와 폭행이 주로 이루어졌는데 구타는 주먹으로 몸 전체를 가격하였고, 침대 각목을 이용하기도 하고, 빨래방망이 등으로 얼굴, 앞가슴, 발바닥, 허벅지 등의 전신을 가격하였다"고 진술하였고, "물고문을 시작하였는데, 칠성판의 발쪽을 들어서 그대로 욕탕에 밀어 넣었다. 그렇게 하자 입과 코로 물이 들어왔고 물을 마시지 않으려고 발버둥을 쳤다. 이때 수사관들은 항복할 의사가 있으면 발가락을 움직이라고 하였다. 항복을 하지 않자 이번에는 입을 벌려서 주전자로 물을 붓기 시작했고 한

---

40) 자세한 내용은 <별첨3> 참조.
41) 서울지법(1심) 10차 공판 변호인(이돈명)신문 시 답변 내용.
42) 항소심 2차 공판 변호인(이돈명)신문 시 답변 내용.

참 물을 마시고 까무라쳤다. 이 과정을 몇 번에 걸쳐 반복 했다", "그래도 항복을 하지 않자 이 제는 젖은 수건을 얼굴위에 덮고 그 위에다 물을 붓기 시작하였는데, 이때는 숨을 쉴 수가 없어 무척 괴로웠다. 그래도 버티자 다음 단계로 수건을 입에 넣고 코를 막은 상태에서 물을 부었다. 이때도 숨을 쉴 수가 없었기 때문에 무척 힘들었고, 입으로 똥물까지 다 토해내야 했다. 물고문은 욕탕에 집어넣는 것은 6~7회, 얼굴에 수건을 덮고 하는 것은 3~4회 가량 당하였다"고 진술하였고, "물고문 이후에는 전기고문이 이어졌는데, 전기고문은 당시 타작반장으로 유명했던 이○○의 발명품으로 알고 있다.[43] 전기고문 도구는 밧데리 몸체가 있고, 전선이 연결되어 있었고, 전선 끝부분에 코일 같은 것이 연결되어 있어서 이 코일을 발가락 등에 감는 방법을 사용했다. 밧데리 몸체에 붙어 있는 손잡이를 통해 전기의 강도를 조절하였는데 처음에는 천천히 돌리다가 점차 빨리 돌리는 방식으로 이루어졌다", "전기고문 부위도 처음에는 발가락으로 시작해서 손가락, 성기로 이어졌다. 이때는 신체적 고통보다는 심리적 공포가 대단했고, 전기고문은 10여 차례 당하였다"고 진술하였고, 또한 이태복은 "연행된 지 일주일 정도가 지난 이후에는 수사관들이 안 되겠다고 판단을 했는지 작전을 바꿔서 4단계 혁명론(전두환 정권의 타도와 공산주의 정권수립이 주요 골자)이라는 것을 조작해서 이것을 항복하라고 하면서 계속해서 발바닥을 때렸는데, '민중과 조직'[44]이라는 책을 가져와 읽으면서 한 글자 읽을 때마다 발바닥 한 대씩을 때렸다", "그래서 나중에 재판에 회부하기로 하고나서 온몸에 멍을 빼는 작업을 하는데 발바닥은 너무 많이 맞아서 멍이 빠지지 않자 경찰병원으로 데려가 발바닥을 째서 고름을 빼고 봉합수술을 하였다.[45] 지금도 그때의 봉합수술 흉터가 남아있다. 당시 수사관들이 얘기하기로는 '증거를 남기게 되었다. 이것까지 완벽하게 없애야 했는데'라는 말을 했던 것으로 기억한다"고 진술하였다.[46]

나) 이선근

이선근은 서울고등법원 공판에서 "대공분실 수사관이 검찰로 송치할 때 고문을 해서 미안하다고 하면서 '너의 집안 백이 그렇게 대단하냐'고 하면서 후환을 두려워하는 눈치였고, 동시에 검찰에서 부인하거나 말을 잘 하지 않으면 다시 우리에게 넘어온다며 협박하였다"고 진

---

43) 이태복은 진실화해위원회 조사에서, 당시에는 이○○인 줄 모르다가 나중에 출소한 이후에 알게 되었다고 진술하였다.
44) 이태복이 광민사를 통해 출판한 서적으로, 이태복은 진실화해위원회 조사에서 책의 내용에 대해, "필리핀 주민운동과 관련된 활동보고서로 당시 현지에서 매우 합법적으로 이루어진 주민운동을 정리한 것으로 사회주의 사상과는 거리가 있는 서적입니다"라고 진술하였다.
45) 진술인은 당시 경찰병원에 비밀리에 갔기 때문에 진료기록 등이 남아있지 않을 것이고, 당시 의사나 간호사의 이름 등은 생각나지 않는다고 진술하였다.
46) 2009. 3. 24. 위원회 진술청취.

술하였고,[47] 1982. 4. 16.자 「항소이유서」를 통해 "남영동 치안본부 분실로 끌려가자 곧 고문이 시작되었는데, 6명가량이 둘러서서 난타하면서 구둣발로 차 이쪽, 저쪽으로 몸이 떠다닌다고 할 정도로 구타를 당하였다. 계속 시인을 하지 않자 물고문이 시작되었는데, 둘러싼 사람들이 '칠성판이 뭔지 아느냐? 빨리 시인해라'라고 하면서 그 옆에 있던 딱딱한 나무 침대처럼 생긴 판위에 온몸을 벌거벗겨 눕히고서 판에 붙어 있는 가죽 띠로 온몸을 꼼짝하지 못하게 한 채 수건으로 얼굴을 덮고, 물을 코와 입 위로 부어 숨을 못 쉬게 하고, 까무러치자 다시 깨워 반복하면서 발가락에 전선을 연결하여 물고문과 전기고문을 교대로 수차에 걸쳐 하였기 때문에 칠성판 위에서 자신도 모르게 오물을 쏟아낼 지경이었다.", "이후 다시 목욕탕에 집어넣는 고문이 이어졌는데, 손을 뒤로 돌려 수갑을 채운 뒤 목욕탕에 거꾸로 집어넣는 것을 오랫동안 반복하였고 다시 고추 가루를 탄 물을 부었다. 이외에도 주먹으로 계속 가슴의 한 부분만을 난타하고 머리를 벽과 책상에 계속 찧어대고 구둣발로 맨발가락을 짓이기는 등의 수를 헤아릴 수 없는 갖가지 고문을 당하였다"고 하였고, 진실화해위원회 조사에서는 이선근은 "제가 당한 고문은 먼저 연행된 날부터 시작해 약 6일 동안 거의 한숨도 자지 못하였고, 구타는 몇 번이라고 말할 수 없을 정도로 조사기간 내내 이루어졌다"고 진술하였고, "물고문은 일단 수사관 두세 명이 옆에서 움직이지 못하게 붙잡은 후 한명이 머리를 잡고 물이 받아져 있는 욕조에 머리를 밀어 넣었다. 그것을 몇 번 반복한 이후에 칠성판이라는 고문판에 꼼짝 못하게 고정시켰는데 가죽 벨트 같은 것으로 발목, 무릎, 복부, 목을 고정시킨 후, 그 위에 주전자로 물을 부었다. 그리고 얼굴 위에 수건을 덮고, 그 위에 물을 뿌렸고, 또 수건으로 입을 막은 후에, 그 위에 고춧가루를 탄 물을 부었다", "이러한 일련의 과정을 계속해서 반복하였고, 물고문 이후에 거의 탈진해 있을 때 곧바로 전기고문이 이어졌는데, 먼저 양쪽 발가락에 전선을 연결하고, 자세히는 보지 못했지만, 무엇인가를 돌리는 소리가 나면 곧바로 충격이 왔고, 전기충격이 가해지면 허리가 하늘로 올라가는 듯한 느낌을 받을 정도로 강력했다. 그리고 발가락에 이어 손가락도 똑같은 과정의 전기고문을 당했다"고 진술하였고, "검찰조사도 남영동과 별반 다를 것이 없었는데, 당시 내가 부인하면 검사가 나의 따귀를 2~3차례 때리면서 조사실 문밖에 있는 남영동 수사관들을 불러 '너희들이 어떻게 수사를 했기에 이렇게 진술이 바뀌느냐'면서 15층 조사실로 데려가 다시 조사해 보라고 하였다"고 진술하였다.[48]

47) 항소심 2차 공판 변호인(이돈명)신문 시 답변 내용.
48) 2009. 4. 27. 위원회 진술청취.

다) 박문식

박문식은 서울고등법원 공판에서 검찰에 송치되기 이전 수사기관에서 구타와 고문을 당하였다고 진술하였고, 진실화해위원회 조사[49]49)에서는 "일단 연행된 날부터 여러 명이 함께 구타를 하기 시작했고, 조사받는 내내 이어졌다. 그리고 물고문과 전기고문이 이어졌는데 이 고문들은 주로 조사 초기에 이루어졌는데, 왜냐하면 그때까지 아직 검거되지 않은 사람이 있었기 때문에 이들을 검거하기 위해 소재지를 대라고 하면서 강한 고문을 하였다"고 진술하였고, "물고문은 일단 칠성판에 묶고 나서 얼굴에 수건을 덮었고, 그 위에 주전자 같은 것으로 계속해서 물을 부었다. 그러자 숨을 제대로 쉴 수가 없었고, 속에 있는 것을 모두 토했다. 그리고 이어진 전기고문은 긴 전선이 있었고, 전선 끝에 코일 같은 것이 있었는데 이것을 발가락에 감고 나서 스위치 같은 것을 돌려서 전압을 올렸던 것으로 기억한다. 물고문은 수차례 받았고, 전기고문은 한 차례 정도 받았던 것으로 기억한다"고 진술하였다.[50]

라) 이덕희

이덕희는 서울고등법원 공판에서 "남영동에서 검찰로 송치될 때 수사관이 '집회에 관한 것이외에는 아무것도 없으니 걱정하지 마라'고 하면서 '그 동안 고문한 것에 대해 미안하다'고 하였다"고 진술하였고,[51] 진실화해위원회 조사에서는 "조사과정에서 주로 당한 고문은 잠 안재우기, 구타, 볼펜고문, 물고문 등을 당하였다", "물고문은 약 10차례 정도 받았고, 방법은 수사관 2~3명이 달라붙어서 꼼짝 못하게 한 후에 머리를 잡고 물이 받아져있는 욕조로 밀어 넣는 것을 반복하였습니다. 그리고 관절 뽑기는 팔과 몸을 꺾어서 고통을 주는 고문이었는데, 특히 관절 뽑기 같은 경우에는 기억에 남는 것이 당시 이○○이 학생시위를 목격하고 와서는 저에게 분풀이를 하듯이 갑자기 관절뽑기를 시도하였다. 그리고 이외에도 몽둥이로 발바닥 때리기를 당했는데 2~3차례 당했던 것 같다"고 진술하였고, "검찰조사에서는 당시 내가 검사 질문에 대해 부인을 하자, 갑자기 무릎을 꿇게 한 상태에서 따귀를 여러 차례 때리면서, 이런 식으로 하면 다시 남영동으로 보내 조사를 받게 하겠다고 협박하였다"고 진술하였다.[52]

49) 2009. 4. 2. 위원회 진술청취.
50) 항소심 2차 공판 변호인(조영일)신문 시 답변 내용.
51) 항소심 2차 공판 변호인(황인철)신문 시 답변 내용.
52) 2009. 4. 7. 위원회 진술청취.

마) 홍영희

홍영희는 서울고등법원 공판에서 "수사관이 공연히 버티다 얻어맞지 말고 이선근에게 모두 들었다고 하고 나중에 재판받을 때 부인하라고 하였다"고 진술하였다.[53]

진실화해위원회 조사에서는 "저 같은 경우는 남자들과는 달리 심한 고문을 받지는 않았다. 저는 주로 구타, 잠 안 재우기, 성적 협박 등을 많이 당했다. 구타는 주로 진술서 작성을 거부하면 당하였는데, 발로 걸어차기도 하고, 책 같은 것으로 머리를 내려치기도 하였다. 잠 안 재우기는 조사실로 연행된 날부터 3일정도 전혀 잠을 자지 못했다", "그리고 당시 수사관들이 성적으로 협박을 많이 하였는데, 자기가 '예전에 남민전 때 붙잡혀 온 여자를 강간했다. 너라고 괜찮을 줄 아냐'고 이야기 했고, 나중에는 '젊은 수사관들이 겁탈을 할지도 모르니까 조심해라'라는 이야기도 했던 것으로 기억한다. 그리고 조사실 문을 열어놓고 옆방에서 구타당하는 소리를 들려주며 공포감을 조성하였다"고 진술하였다.[54]

바) 기타 공동피고인

〈표 1〉 고문 및 가혹행위 관련 진술내용

구분	연번	이름	고문 및 가혹행위 관련 진술내용	비고
전민학련	1	윤성구	심한 가혹행위는 잡혀간 첫날 많이 당했는데, 구체적으로 구타는 무릎을 꿇게 하거나 엎드리게 한 상태에서 주로 몽둥이로 때렸고, 물고문은 일단 칠성판에 묶은 다음에 얼굴에 수건을 덮고 그 위에 물을 부었고, 물고문이 끝나면 곧바로 전기고문이 이어졌는데 엄지발가락에 전선을 감고 다이얼을 돌려 충격을 주는 방식이었다.	진실화해위원회 조사(2009. 5. 27, 전화 진술청취)
	2	민병두	대공분실에 들어가서 조사받을 때 첫날부터 3일가량 잠을 재우지 않았고, 여러 명의 수사관이 빙 둘러싼 상태에서 몽둥이, 워커발 등으로 집단 구타를 하였다.	진실화해위원회 조사(2009. 5. 28, 전화 진술청취)
	3	이종구	구타는 주로 넓적다리와 같은 곳을 몽둥이로 많이 맞았고, 물고문은 의자에 앉혀놓은 상태에서 욕조에 물을 가득채운 후 몸을 뒤로 재끼게 한 다음 머리를 물에 밀어 넣었다.	진실화해위원회 조사(2009. 5. 26, 전화 진술청취)

---

53) 항소심 2차 공판 변호인(황인철)신문 시 답변 내용.

54) 2009. 4. 15. 위원회 진술청취.

	4	최경환	정식으로 구속될 때까지 43일 동안 불법구금상태에서 치안본부 수사관들의 구타와 위협 속에서 공포를 느끼며 아무런 법적 보호도 받지 못한 채 수회에 걸쳐 강요된 진술서를 작성하였다.	항소이유서
	5	김진철	대공분실에 잡혀가 조사받는 첫날부터 무지막지한 구타가 시작되었고, 다짜고짜 물이 받아져 있는 욕조에 거꾸로 집어넣어 물을 먹이고, 권총을 꺼내 죽여 버리겠다고 협박하고, 주먹으로 닥치는 대로 때렸다. 또한 조사 초반에는 3~4일가량 잠을 재우지 않았다.	진실화해위원회 조사 (2009. 5. 27, 전화 진술청취)
	6	손형민	구타는 주로 손을 사용해서 가슴을 가격하였는데, 나중에는 가슴에 시커멓게 멍이 들 정도였고, 욕조에 물을 받아놓고 머리를 잡고 물속으로 밀어 넣으려고 하다가 그만 두기를 몇 차례 하면서, 물고문을 하겠다는 협박을 하였다.	진실화해위원회 조사 (2009. 5. 27, 전화 진술청취)
	7	김창기	원심재판에서는 본 사건 관련자 전체에 대한 불법구금 및 고문 등에 관한 부분에 대해 언급이 전혀 없었는데, 비록 본인은 심한 고문을 당하지 않았다고는 하나 40여 일 동안 외부와의 연락이 두절된 채 조사를 받았다.	항소이유서
전민노련	8	양승조	수사관들이 '사회주의자가 아니냐' 하면서 각목으로 마구 때리고, 고문실로 데려가 다른 피고인들과 같이 신문을 하면서 공산주의자라는 것을 항복하라고 강요하였다. 우선 칠성판에 몸을 고정시킨 이후에 수사관 한 명이 코를 막고 머리를 못 흔들게 고정시킨 후에 입으로 물을 부었다. 그렇게 몇 차례 한 이후에 양 발가락에 전선을 감아 전기고문을 하였다. 이러한 과정을 10여 일간 매일 되풀이하면서, 물고문과 전기고문을 5번 정도 받았다.	서울고등법원 공판조서/진실화해위원회 조사 (2009. 5. 25, 위원회 진술청취)
	9	신철영	주로 당한 가혹행위는 구타, 물고문, 전기고문이었는데, 구타는 주먹과 몽둥이를 사용해서 온몸을 가격하였고, 물고문은 일단 칠성판에 고정한 후에 얼굴에 수건을 덮고 그 위에 물을 부었고, 바로 전기고문이 이어졌는데 칠성판에 묶여 있는 상태에서 발가락에 전선을 걸어 전기충격을 가했다.	진실화해위원회 조사 (2009. 5. 27, 전화 진술청취)
	10	김철수	수사관들은 저의 집에 가서 40여 권의 책을 갖고 와서 저를 고문하였고, 나중에는 '네가 자술서를 못 쓰겠으면 이것을 보고 해라'라고 하며 이태복, 최규엽의 자술서를 주면서 쓰라고 강요하였다.	서울고등법원 공판조서
	11	박태연	처음에는 머리를 때리고, 발로 차는 등의 구타를 하다가, 이어서 칠성판에 묶어놓고 얼굴에 수건을 덮은 후에 물고문을 하였고, 이어서 발가락에 무엇인가를 거는 느낌이 있었는데 그것이 전기고문을 하는 것이었고, 이때는 사람이 완전히 통통 튀는 느낌이었다.	진실화해위원회 조사 (2009. 5. 28, 전화 진술청취)

12	노숙영	수사관들이 '얘는 이태복이 괜찮은 아이라고 하였으나 한 번 고문대에 태워야겠다'고 하여 여자의 몸으로 고문을 받아서는 안 될 것 같아 공산주의자라고 시인하였는데도 고문대에 올려놓고, 박태연에 대해 이야기하라며 고문하였다. 고문 후 이태복과 송영인의 자술서를 갖다 주고 그것을 토대로 자술서를 작성하라고 하였다.	서울고등법원 공판조서
13	김병구	먼저 옷을 모두 벗긴 후에 구타를 시작하였고, 구타는 물구나무 세우기, 손가락에 쇠를 꽂아 비틀기, 조인트 까기 등 조사 기간 내내 당하였고, 이어서 칠성판에 묶은 후에 물고문, 전기고문을 하였는데, 물고문은 먼저 물을 받아놓은 욕탕에 머리를 밀어 넣었고, 곧 이어 얼굴에 수건을 덮고 그 위에 물을 붓는 고문을 당하였다.	진실화해위원회 조사 (2009. 6. 1, 전화 진술청취)
14	송병춘	조사를 시작하면서 먼저 옷을 다 벗긴 상태로 수치심을 자극하였고, 주먹으로 온몸을 가리지 않고 가격하였고, 얼마 후 칠성판이라는 고문 판에 꼼짝도 못하게 고정시켜놓은 상태에서 젖은 수건을 얼굴에 덮은 후에 그 위에 물을 부었고, 물고문이 끝나면 곧바로 발가락에 전선을 감아 전기고문을 하였고, 이어 손가락에도 같은 방법으로 전기고문을 하였다.	진실화해위원회 조사 (2009. 5. 28, 전화 진술청취)
15	송영인	남영동 수사관들이 '사회주의자가 아니냐'며 엎드리게 한 후 때리고, 물고문 등을 하면서 사상을 자백하라고 하였고, 잠을 재우지 않았다. 본인은 1981. 8. 12. 체포되었는데, 파출소 대기실에서 각종 구타를 당하여 턱뼈가 빠졌고, 무릎에 각목을 끼고 양쪽에서 짓밟는 고문을 당하였다. 치안본부 대공분실에 도착해서는 각종 구타를 당하고, 손을 등 뒤로 수갑을 채운 상태에서 칠성판이 있는 고문실에서 물고문, 전기고문 등을 당했다.	서울고등법원 공판조서/항소이유서
16	최규엽	일단 조사실에 들어가자마자 구타가 시작되었는데, 구타는 몽둥이 같은 것으로 가리지 않고 때렸고, 심지어는 머리까지 가격하였다. 그리고 욕조에 물을 가득 받아놓고 수사관이 머리를 잡고 그대로 담갔다.	진실화해위원회 조사 (2009. 5. 28, 전화 진술청취)
17	오상석	저는 조사 막바지에 잡혀서 구타 정도를 당하였는데, 저보다는 현재 저의 아내가 고문을 많이 당했는데, 이 사건 당시 현재의 아내도 함께 노동운동을 하던 친구로 당시 사귀고 있었는데, 아내가 먼저 경찰에 잡혔고, 수사과정에서 저의 있는 곳을 말하라고 하면서 물고문, 발바닥 때리기 등의 고문을 하였다.	진실화해위원회 조사 (2009. 5. 27, 전화 진술청취)
18	엄주웅	본인은 1981. 8. 5. 치안본부 대공분실로 연행되어 쇠파이프와 구둣발 등으로 집단구타당하고, 강제로 물을 먹이고, 잠을 재우지 않는 등 악몽과 같은 상황 속에서 무려 26일간 영장 없이 구금되어 있었다.	항소이유서

19	정경연	물고문이나 전기고문과 같은 것은 당하지 않았고, 주로 구타를 많이 당했는데, 몽둥이로 엉덩이 등을 때렸고, 몽둥이를 사타구니에 끼운 채 위에서 누른다든가, 머리를 벽에다 강하게 부딪치게 한다든가, 구둣발로 머리를 밟는 것 등을 당하였다.	진실화해위원회 조사 (2009. 6. 2, 전화 진술청취)
20	박태주	남영동 대공분실로 연행된 첫날 7~8명의 수사관들이 저를 둘러싸고는 마구때리기(돌림빵) 시작하였고, 지쳐 축 늘어지면 일으켜 세워 허리를 꺾었다. 허리를 꺾자 호흡이 급박해졌고, 이 상태에서 물이 받아져 있는 욕조에 머리를 밀어 넣었다.	진실화해위원회 조사 (2009. 5. 27, 전화 진술청취)
21	유해우	당시 결핵을 앓고 있었기 때문에 조사 시작부터 건강이 매우 안 좋았으나, 주먹으로 때리고, 바닥에 내동댕이친 상태에서 짓밟고, 손가락에 볼펜을 꽂아 위에서 누르는 등 수 많은 구타를 당하였고, 그래도 안 되자 이번엔 몸을 번쩍 들어 물이 가득 받아져 있는 욕조에 그대로 처박는 물고문을 하였다. 그 후로 건강이 급격히 나빠져 경찰병원도 몇 차례 왔다 갔다 했다.	진실화해위원회 조사 (2009. 6. 2, 전화 진술청취)

2) 수사관 진술

가) 1999. 이○○의 독직폭행 등에 관한 서울지검 수사내용

서울지검(담당 이○○ 검사)은 1999. 11. 10. 강금실 변호사 등 13명의 고발에 따라 이 사건 수사관 이○○을 상대로 특정범죄가중처벌등에관한법률위반(독직폭행)등의 혐의를 조사하였지만 1999. 12. 16. '1990. 3. 19.'로 공소시효가 완성되었다는 이유로 '공소권 없음' 결정을 하였다.

이○○ 경위[55]는 1999. 11. 12.자 진술서에서 "이태복이 시간을 끌자 김○○ 경감이 몽둥이로 잘못 한대 친 것이 뒤꿈치가 갈라져 피가 흘러 제가 몽둥이를 빼앗아 발바닥을 두세대 치니까 접선장소와 시간을 불어 상부선 조직을 검거하는데 성공하였다"고 진술하였고, "조직명단을 입수하여 이것을 박문식에게 보이자 갑자기 입에 넣고 씹는 것을 제가 목을 끌어안고 입을 벌려 조직 명단을 꺼냈더니 갑자기 자해를 하려고 하는 움직임이 있어 가슴을 주먹으로 2~3회 가격하고, 등 뒤에서 팔로 깍지를 끼어 제압하여 안정시킨 뒤 풀어주었는데 후에 이를 관절꺾기, 날개접기로 불렀다"고 진술하였다.

---

55) 수사기록에 따르면, 이 사건에서 박문식의 주무수사관이었다. 그런데 공동피고인들의 진술에 따르면, 박문식뿐만 아니라 다른 사람들에게도 광범위하게 고문 및 가혹행위를 하였다고 한다.

검사 작성 이○○에 대한 진술조서[56]에 의하면 "이태복의 주신문관은 김○○씨였는데, 김○○씨가 몽둥이로 이태복의 발뒤꿈치를 내려쳤는데 빗맞아 발뒤꿈치가 약간 찢어지는 일이 있어 본인이 나서서 몽둥이로 이태복의 발바닥을 몇 대 내려쳤는데, 이내 이태복이 굴복을 하였다"고 진술하였고, "솔직히 이태복의 경우에는 물고문을 했는지조차 또렷한 기억이 없는데, 분명하게 말할 수 있는 것은 전기고문은 없었다는 것이다. 당시에는 전기고문 자체의 기술이 없었다. 칠성판에 묶어 물을 먹이는 방법은 동원하였어도 전기고문은 1985. 9. 김근태에게 사용한 것이 처음이다"라고 진술하였다.

나) 진실화해위원회 조사

이○○은 진실화해위원회 조사에서 위 1999. 서울지검 수사기록 중 이태복에 대한 고문·구타사실에 대해 작성한 진술서와 검사 작성 진술조서를 열람한 후, "진술서는 본인이 직접 작성한 후 자필서명 한 것이 맞고, 검사 작성 진술조서도 당시 작성된 조서를 열람한 후 제가 자필서명 한 것이 분명하다"고 진술하였다.[57]

김○○[58]은 진실화해위원회 조사에서 "여러 명의 조사를 진행하는 가운데 진술내용을 일치시키는 과정에서 진술이 서로 일치되지 않을 때는 화가 날 수밖에 없었는데, 그때 주먹과 발을 사용하여 구타를 하였고, 몽둥이로 발을 때리기도 하였다. 그리고 이○○의 이태복에 대한 폭행 사실에 관한 검찰의 진술 부분은 모두 사실이다.[59] 또 이태복을 검찰로 송치하기 전 발의 멍이 빠지지 않아 경찰병원으로 데려가 치료했던 기억이 있다"고 진술하였고,[60] "이○○이 물고문을 한다는 사실은 다른 수사관들로부터 들어서 알고 있었다. 그런데 1985년 김근태 사건 때 물고문 했다는 것은 확실한데, 이 사건에서도 물고문 했는지는 확실치 않다"고 진술하였고, "이○○에 대한 위조서를 보니 칠성판이 있었던 것이 떠오른다.[61] 칠성판의 형태는 넓은 판자에 다리가 4개 있었고, 사람을 고정하는 가죽 띠 3~4개가 있었다"고 진술하였다.[62]

---

56) 1999. 11. 10. 작성.

57) 2009. 5. 14. 위원회 진술청취.

58) 이태복에 대한 피의자신문조서(1~3회)를 작성한 것으로 기재되어 있다.

59) 1999. 이○○의 독직폭행 등과 관련한 서울지방검찰청의 조사에서 이○○이 "(중략) 이태복이 시간을 끌자 김○○ 경감이 몽둥이로 잘못 한대 친 것이 뒤꿈치가 갈라져 피가 흘러 제가 몽둥이를 빼앗아 발바닥을 두세대 치니까 접선장소와 시간을 불어 상부선 조직을 검거하는데 성공하였다"고 진술한 부분.

60) 신청인 이태복의 진술과 일치(위 이태복의 고문관련 진술 참조).

61) 1999. 이○○의 독직폭행과 관련한 서울지방검찰청의 조사에서 이○○이 "칠성판에 묶어 물을 먹이는 방법은 동원하였어도 전기고문은 1985. 9. 김근태에게 사용한 것이 처음입니다"라고 진술한 부분.

62) 2009. 5. 7. 위원회 진술청취.

유○○[63]은 진실화해위원회 조사에서 "이 사건에서 고문이 있었다면, 초동수사과정에서 이루어졌을 것이다. 왜냐하면 초동수사과정에서는 중요한 정보(다른 용의자 소재)들을 많이 알아내야 하기 때문에 이 과정에서 고문이나 가혹행위가 일어날 가능성을 배제할 수는 없다. 당시 초동수사는 김○○ 팀에서 하였는데, 이때 이○○ 등이 참여하였다"고 진술하였고, "직접 보지는 못했지만, 사람 몸을 고정하는 칠성판이 있다는 이야기는 들었다"고 진술하였다.[64]

이○○ 경위[65]는 진실화해위원회 조사에서 "당시 대공분실 자체에 사건이 많이 없었다. 그래서 서로 사건이 있으면 달려들던 시절이었고, 당시 수사관들이 공적에 대해 욕심을 내고, 공명심을 갖고 있던 시절이기도 했다. 이러한 것들 때문에 당시 수사관들이 무리한 방법인 고문 및 가혹행위를 동원하여 수사하였을 가능성이 있다는 것에 대해서는 인정한다"고 진술하였다.[66]

3) 소결

참고인과 수사관의 진술을 종합하면 치안본부 대공분실 수사관들이 이태복 등 이 사건 피고인들을 수십여 일 동안 불법구금하여 조사하는 동안 구타, 전기고문, 물고문 등 가혹행위를 가한 사실을 인정할 수 있다.

따라서 확인된 위 고문·가혹행위는 형법 제125조 폭행 · 가혹행위죄에 해당하고, 형사소송법 제420조7호, 제422조 소정의 재심사유에 해당한다.

다. 범죄사실 조작 여부

피고인의 유죄증거의 요지는 ①피고인들의 법정진술, ②증인 김○○ 등의 법정진술, ③검사 작성 피의자신문조서, ④검사 작성 김○○, 우○○에 대한 진술조서, ⑤사법경찰관 사무취급이 작성한 김○○ 등의 진술조서, ⑥김○○ 등이 작성한 자술서, ⑦김○○가 작성한 진술서, ⑧수도군단보통군법회의 81군형제340호 박성현에 대한 판결등본, ⑨서울지검 등이 압수한 서적 등이다.

---

63) 이선근에 대한 피의자신문조서(1~3회)를 작성한 것으로 기재되어 있다.
64) 2009. 5. 6. 위원회 진술청취.
65) 홍영희에 대한 피의자신문조서(1,2회)를 작성한 것으로 기재되어 있다.
66) 2009. 5. 11. 위원회 진술청취.

1) 반국가단체 구성 여부

가) 관련 범죄사실

이태복은 사회주의혁명을 실현하기 위해 노동자와 학생을 아우르는 반국가단체를 구성할 것을 구상하고, 주체집단으로서 노동자 집단은 자신이 직접 조직키로 하였으나, 보조집단인 학생집단은 학생운동의 순수성을 가장시켜 조직한 후 배후에서 조종하기로 하고, 이선근에게 공산주의 사상 등을 주입시킨 후 학생조직 구성을 제의하였다. 이에 이선근은 박문식, 이덕희, 홍영희, 박성현 등을 포섭하여 전국적인 학생운동조직을 구상하고, 1981. 2. 27. 정부를 참칭하고 국가를 변란 하여 종국적으로 현 정부를 타도하고 사회주의혁명을 목표로 한 반국가단체인 '전국민주학생연맹'을 조직하였고, 이태복을 동 연맹의 수괴로 결정하였다.

나) 신청인 진술

이태복, 이선근, 박문식, 이덕희, 홍영희는 경찰, 검찰 수사에서 현 정부 타도와 사회주의혁명을 목적으로 한 반국가단체를 결성하였다고 진술하고 있으나, 법정에서의 진술과 항소·상고이유서에서는 전민학련은 학생운동조직일 뿐이라고 하였다.

(1) 이태복

이태복은 서울지법 공판에서 사회주의혁명을 위한 반국가단체를 구성하려 한 적이 없고, '전국민주노동자연맹'을 통해 노동운동에 참여한 사실은 인정하지만, 그 목적은 노동자의 삶의 질 개선과 노동계의 민주화를 위한 것이었고, '전국민주학생연맹'에 대해서는 대공분실 조사과정에서 처음 알게 되었다고 진술하는 등 범죄사실 대부분을 부인하였다.

1982. 4. 17.자 「항소이유서」에서는 '전민노련'의 결성 경위에 대해, "1979년 10 · 26사태 이후 각 계의 민주화운동에 발맞추어 노동계도 민주노동운동을 추진해야 한다고 생각하고 있었고, 또한 그 동안 열악한 한국의 노동환경을 개선하기 위해 근로자의 노동 3권, 8시간 노동제, 최저임금제 등이 실현되어야 한다고 생각하고 있던 중에, 이를 실현하기 위해 전국적인 노동조합의 단일조직이 없으면 불가능하다는 판단 하에 전국민주노동자연맹을 조직하였다"고 주장하였고, '전민학련'과의 관련성에 대해서는 "남영동 치안본부 대공분실에 연행되어 조사받는 과정에 '전국민주학생연맹'이라는 조직의 명칭과 활동내용에 대해 처음으로 알았고, 이선근을 만난 것은 사실이나 전부 본 피고인이 경영하는 사무실에 놀러 와서 만난 것이며, 이때는 본인이 이미 학교를 졸업하고 노동운동에 몰두하고 있는 입장에서 학생운동에 대해 직접적인 관심을 갖고 있지 않았기 때문에 위 이선근에게 사회주의 교양이나 '전민학련'의 조직지

시 등은 사실이 아니다"라고 하였다.

진실화해위원회 조사에서 이태복은 "수사관들이 가장 중점을 두고 받으려 했던 진술이 처음에는 조직의 존재 유무였고, 이후에는 조직의 성격, 즉 사회주의혁명을 하려했느냐 하는 것이었다. 그래서 고문 및 가혹행위도 위 두 가지를 항복하라고 하면서 가장 강하게 받았다", "먼저, 인정할 부분에 대해서는 조직이 분명 존재했고, 공소사실의 회합이나 시위에 대한 토의 및 배후 조종의 일정부분에 대해서는 인정한다. 하지만 조직의 결성 목적이 회칙에도 잘 나타나 있지만 사회주의 사상과는 무관한 것이었고, 위 서적에 대해서도 읽은 것은 사실이지만, 이 책의 내용이 사회주의 사상이 내포되어 있다는 것은 모두 거짓이다"라고 진술하였고, 한편, 검찰수사과정에서 사건이 조작된 부분에 대해 부인하지 못한 이유에 대해, "검찰로 송치되기 전에 수사관들이 말하기를 '검찰에서 조사받을 때 대답 똑바로 해라, 그렇지 않으면 언제든지 우리를 다시 보게 될 것이다'라고 협박을 하였고, 실제 검찰조사에서도 경찰 수사관이 조사실 문 밖에서 대기하고 있었고, 검찰로 송치된 그날에 곧바로 1차 피의자신문조사를 받았기 때문에 위압감이 남아있었다. 검찰조사내용은 경찰의 의견서를 거의 그대로 피의자신문조서에 옮겨 적는 수준이었고, 제가 부인하거나 하는 내용은 전혀 반영이 되지 않았다"고 진술하였다.[67]

(2) 이선근

이선근은 서울지법 공판에서 '전민노련'의 결성 사실에 대해서는 전혀 모르고 있었고, '전민학련'은 박문식, 이덕희, 홍영희, 박성현 등과 조직을 결성한 사실은 있지만, 결성 목적이 현 정부타도나 사회주의혁명을 목표로 한 것이 아니고 순수한 학생운동의 일환이었다. 이태복과 자주 만난 것은 인정하지만 이태복에게 학생조직결성 사실에 대해 보고하거나 지시받은 사실이 없다고 진술하는 등 범죄사실에 대해 대부분 부인하였다.

1982. 4. 16.자 「항소이유서」에서는 "공소사실에 의하면 학생운동 조직이 노동자 조직과의 연결 필요성에 대해 운운하고 있는데, 이는 첫 진술에서는 분명히 학생조직의 필요성에 관한 진술이었는데, 수사단계를 거치면서 학생운동의 '운'자가 '노'자로 바뀌어 학생노동으로 변형되었는데, 이것에 대해 시정을 요구했음에도 불구하고 묵살되어 급기야 학생운동조직의 필요성뿐만 아니라 노동자 조직과의 연결 필요성으로 변조된 것이다"라고 하였고, "'전국민주학생연맹'은 회칙의 전문과 목적에서 밝히고 있듯이 20여 년 동안 학생운동이 내걸어 온 학원의

67) 2009. 3. 26. 위원회 진술청취.

민주화와 사회의 민주화 이외는 어떠한 목적도 갖고 있지 않았다"고 주장하였다.

진실화해위원회 조사에서 이선근은 "수사초기에는 조직의 존재유무를 확인하려 하였고, 그 이후에는 조직의 결성 목적이 의식화 과정을 통해 사회주의혁명을 목적으로 한 것이 아니냐고 하면서, 계속해서 진술을 강요하였다"고 진술하였고, 한편, 검찰조사에서 조작된 부분에 대해 부인하지 못한 이유에 대해, "검찰로 송치되기 전에 경찰 수사관의 협박이 있었고, 조사 과정에서도 수사관이 검사실 문밖에서 대기하고 있었고, 무엇보다 당시는 고문 등을 당하던 대공분실에서 송치된 지 얼마 지나지 않았기 때문에 심리적으로 매우 불안한 상황이었다"고 진술하였다.

(3) 박문식

박문식은 서울지법 공판에서 "'학생운동을 조직화하여 대정부 항쟁세력으로 확장, 파쇼정권을 무너뜨려 민주화를 달성하고 이어서 대중을 동원하여 폭력혁명을 통한 사회주의국가를 실현하는데 있다'라는 말을 한 적이 없고, 20차에 걸쳐 개최한 중앙위원회의 주요 토의 내용은 각 대학의 시위정보 사전입수, 각 대학 학생운동 서클 상황, 각 대학 데모 등 정치적 사건에 대한 평가 등을 주로 하였다"고 진술하는 등 범죄사실에 대해 대부분 부인하고 있다.

또 박문식은 1982. 4. 15.자 「항소이유서」에서는 "'전민학련'의 조직 동기는 공소사실과 같이 학생운동을 조직화하여 대정부 투쟁을 하여 파쇼정권을 무너뜨리고, 폭력혁명을 통해 사회주의 국가를 실현하려는 목적이 아니라, 당시 학생운동이 중요한 기로에 서 있었기 때문에 여타 대학에 흩어져 있는 학생운동을 연합조직화하기 위한 일환으로 진행된 것이다'라고 하였고, "'전민학련'의 활동은 공소장이나 판결문에서도 인정하듯이 종래 학생운동의 범주를 뛰어 넘은 활동이 전혀 없었고, 폭력혁명을 위한 준비는 고사하고 하다못해 시위를 격화시키기 위한 유인물이나 화염병을 준비하려는 의도조차 가지지 않았고, 조직의 구성 골격이 잡히기 시작한 것이 겨우 4개월 남짓 밖에 되지 않았다는 사실을 인지할 때, 우리들의 활동이 국가 안보를 위태롭게 할 어떠한 반국가적 활동도 하지 않았고, 그 준비조차 없었다"고 주장하였다.

(4) 이덕희

이덕희는 서울지법 공판에서 검찰에서 제기한 "'전민학련 조직의 궁극적 목표는 사회주의혁명을 하는데 있다'라는 말과 '우리 조직은 의식화를 통해 학원의 민주화와 전 조직을 장악하고 이미 의식화된 조직원을 현장에 침투시켜 일반대중을 의식화하여 동 조직을 동원, 민중봉기를 유발시켜 사회혼란을 조성하고 폭력혁명을 하여 사회주의 국가를 건설하는 것이다'라는 말을 이선근으로부터 듣고 동조한 사실이 없고, '전민학련' 관련 학생들 모두는 학생운동을 유신체제하에서 민주화 내지 민주회복운동 차원의 운동으로 생각한 것"이라고 진술하는 등 위 범죄사실에 대해 대부분 부인하고 있다.

1982. 4. 16.자 「항소이유서」에서는 "'전민학련'의 조직 동기는 각 대학 간 민주화 운동의 불일치로 인하여 학생들의 민주화 열의가 국민들에게 올바르게 반영되지 못하는 상황을 예방하고, 학생들 또한 5월 민주화 운동의 실패로 패배감에 젖어 드는 것을 적극적인 반성을 통하여 학생운동 본연의 순수성을 지켜나가자는 취지였다"고 하였다.

(5) 홍영희

홍영희는 서울지법 공판에서 검찰 측이 제기한 "'우리가 구상하고 있는 학생조직은 홍사단 아카데미와는 별도로 현 정권타도 및 사회체제 개혁을 목표로 하고 위 사회체제 개혁은 사회주의 실현이라는 의미를 가진다'라는 말과 '우리 조직은 의식화를 통해 학원의 민주화 및 조직화를 꾀하고 의식화된 학생들을 노동현장에 침투시켜 근로대중으로 하여금 민중봉기를 유발, 사회혼란을 조장하고, 폭력혁명으로 사회주의 국가를 건설하는 것이 우리의 과제이다'라는 말을 이선근으로부터 듣고 동조한 사실이 없다"고 진술하는 등 위 범죄사실에 대해 대부분 부인하고 있다.「

1982. 4. 14.자 「항소이유서」에서는 "'전민학련'은 1980년 5·17 및 광주사태 이후 홍사단 아카데미가 기반이 되어 1981년 3월초에 형성된 것으로서 위 사건의 진상을 다른 학생, 시민들에게 알려 현실사회에 대한 올바른 인식을 갖게 하며, 학원의 민주화, 사회의 민주화를 달성하자는 목적이지, 공소사실과 같이 현 정부를 타도하고 사회주의 국가를 건설하려는 목적에서 만들어진 것이 아니다"라고 하였고, "검찰의 공소사실 중 본 피고인이 현 정부를 타도하고 사회주의 개혁을 실현하는데 동의했고, 사회주의혁명을 위한 학습그룹추진에 동의하고, 회칙에 관한 토의를 하면서 민중봉기를 유발, 사회혼란을 조성하여 사회주의 국가를 건설하는데 동의하는 등 마치 현 정부를 참칭하고 국가를 변란 할 목적으로 '전민학련'을 구성한 것처럼 되어 있으나 이것은 35일간의 불법구금상태에서 조사받으면서 위협과 공포가 지속된 가운데 조작 된 것이다"라고 하였다.

다) 수사관 진술

이○○은 진실화해위원회 조사에서 "당시 사건이 여러 덩어리가 뭉쳐져서 조직사건으로 되어버리니, 그 당시에는 비중이 큰 사건이 된 것입니다. 그러다보니 위에서 요구하는 내용이

커지고, 성과를 크게 내려고 하다보니 결국 무리하게 확대된 것은 있었다"고 진술하였다.[68]

이○○은 진실화해위원회 조사에서 "당시 조사하던 방식을 봤을 때, 사회주의와 연관시켜 사실을 왜곡했을 가능성이 있다. 그리고 이 사건을 가지고 반국가단체구성죄까지 적용한 것에 대해서는 무리가 있었던 것으로 보인다"고 진술하였다.[69]

유○○은 진실화해위원회 조사에서 "반국가단체로 하기 위해서는 조직 강령이나 규약 정도까지는 나와야 하는데, 당시에는 회칙까지 밖에 없었기 때문에 반국가단체로 인정하기에는 힘든 상황이었다. 그리고 제가 당시 조사하면서 판단하기에도 전민학련을 반국가단체로까지 몰고 가기에는 무리가 있었다고 판단하였다"고 진술하였다.[70]

한편, 유○○은 이선근의 검찰조사에 입회한 적이 있다고 하면서, "검찰조사 기간에 담당 검사에게 연락이 와서 가보니 그곳에 이선근이 수의를 입고 앉아 있었다. 그때 담당검사가 저를 가리키면서 '저 사람이 너를 조사한 사람이냐'고 묻자, 이선근이 '네'라고 하였고, 담당검사가 '경찰수사 받을 때는 사회주의 사상을 갖고 있었다고 진술했으면서 여기서는 왜 부인하느냐'고 다시 말하였고, 이어서 담당검사는 '너는 사회주의 사상을 넘어 공산주의자가 아니냐'라고 하자 그때 이선근이 '저는 공산주의자가 아니고 사회주의 사상을 가졌을 뿐입니다'라고 하자, 담당검사가 이제 되었다는 듯이 책상을 손바닥으로 쳤다. 그리고 저보고 이제 되었으니 그만 돌아가라고 하였다"고 진술하였다.[71]

라) 소결

재판서류 및 참고인과 수사관들의 진술을 종합하면, 피고인들은 반국가단체 구성혐의를 재판 이후 일관되게 부인하였으며, 또한 치안본부 대공분실에서의 고문, 가혹행위, 검찰조사 시 이러한 상태의 지속, 검찰조사 직전에 고문수사관의 협박으로 인하여 검사 작성 피의자신문조서는 임의성에 의심이 가는 것으로서 유죄증거로 사용하기 어렵다고 할 것이다. 따라서 피고인들이 인정하는 활동과 전민학련 회칙의 내용만으로는 전민학련을 반국가단체로 인정하기 어려우며, 수사관들도 이 점을 시인하였다. 결론적으로 이태복, 이선근, 박문식, 이덕희, 홍영희가 반국가단체를 구성하여 활동했다는 범죄사실을 인정하기 어렵다고 할 것이다.

---

68) 위원회 진술청취, 2009. 5. 14.
69) 위원회 진술청취, 2009. 5. 11.
70) 위원회 진술청취, 2009. 5. 6.
71) 진실화해위원회 조사에서, 이선근은 검찰조사시 수사관들이 조사실 문밖에서 대기하고 있었고, 이로 인해 심리적으로 매우 불안하였다고 진술하였다.

2) 반국가단체 찬양·고무 및 이적표현물 제작 여부

가) 관련 범죄사실[72]

이태복은 "조합운동가는 개량주의에 빠질 위험이 많으므로 이들은 직업적 혁명가에 의하여 지도되어야 한다. 따라서 대정부 투쟁운동은 폭력적일 수밖에 없으며 이는 부르주아 혁명의 단계와 프롤레타리아 혁명의 단계를 밟게 된다.", "우리는 현장운동을 하여야 한다"고 말하는 등으로 사회주의혁명을 위한 노동현장 조직운동의 필요성에 대해 교양하는 등으로 공산계열의 활동을 찬양 고무 하여 반국가단체를 이롭게 하였고, 또한 '도서출판 광민사'를 설립하고, 북괴 또는 국외 공산계열의 활동을 찬양 고무하거나 이에 동조할 목적으로, 국내 사회·경제학자 11인의 논문을 편집하여 한국노동문제의 제구조, 민중과 조직 등 총 11권[73]을 발간하였고, 영국의 경제학자 모리스·돕의 정치경제학과 자본주의 등 총 7권[74]을 소지하였던 것이다.

이선근은 반국가단체를 이롭게 할 목적으로 프랑쵸프의 사회사상개론, 이. 에이치. 카의 러시아 혁명사 등 총 5권[75]을 매입·취득하고, 같은 목적으로, 레닌의 철학노트 부본을 복사하여 표현물을 복사·제작하고, 박문식에게 빌려주어 표현물을 반포한 것이다.

박문식은 반국가단체를 이롭게 할 목적으로 필리핀 마글라야 민중과 조직 등 총 5권[76]을 구입·취득하였던 것이다.

이덕희는 반국가단체를 이롭게 할 목적으로 모리스·돕의 자본주의의 어제와 오늘 등 총 6권[77]을 매입하였다.

홍영희는 반국가단체를 이롭게 할 목적으로 파울로·프레이리의 페다고지 등 총 7권[78]을 매입·탐독하였다.

박태주에 대해 무죄이유에 대하여 "신문조서의 기재내용 및 압수된 서적들의 현존 사실 등

---

72) 아래에서는 대표적으로 5명의 피고인들에 대해서만 기술한다. 다른 피고인들의 관련 범죄사실도 비슷하다.

73) 마르쿠제의 위대한 거부, 바레 프랑소와의 노동의 역사, 마글라야의 민중과 조직, 쥬리어트 미첼의 여성해방의 논리, 코올의 영국노동운동사, 다카하시 고하찌로의 자본주의 발달사, 폴 스위지 등의 논문편집 자본주의 이행논리, 프랑스 노동운동사, 독일노동운동사, 모리스 돕의 자본주의 발전연구

74) 시바하라 다꾸지의 제3세계의 경제구조, 불다다밀 막시 모빗치 프레체의 구주문학발달사 등.

75) 모리스 돕의 자본주의 발달사 연구, 행동신학, 무다이 리사규의 현대의 휴머니즘 등.

76) 모리스 돕의 자본주의 발전연구, 노동의 철학, 철학노토, 카렐 코이직의 구체적 변증법 등.

77) 마르쿠제의 해방에 관한 소론, 임마뉴엘 데 카르트의 사회학과 발전, 무다이 이사쿠의 현대의 휴머니즘, 우메가와 쓰도무의 농업문제의 기초이론 등.

78) 고모부찌 마시아끼의 자본제 경제의 구조와 발전, 마글라야의 민중과 조직, 오스카 랑게의 정치경제학, 이 에이치 카의 러시아 혁명사, 사바하라 다꾸지의 소유와 생산양식의 역사이론 등.

을 종합하면, 피압박자의 교육학과 말기자본주의라는 제명의 책 3권을 구입하고, 또 이태복의 제의로 자본주의 발전연구의 일부분을 번역하고 출판한 사실을 인정할 수 있다. (중략), 피압박자의 교육학, 자본주의 발전연구, 말기 자본주의를 구입한 것은 모두 공개된 서점에서 정당한 가격을 지급하여 취득한 것이고, 또한 서울대 경제학과 3년에 재학 중인 학생으로서, 학문적인 호기심에서 공산주의 이론을 알기 위하여, 또 이를 알아야만 한다는 생각으로 위 서적들을 취득하였을 뿐 아니라, 그것이 결코 공산계열에 이익이 되지 않으며 오히려 우리나라의 안보에 도움이 된다는 생각을 가졌던 사실을 인정할 수 있고, 당심 증인 임종철(서울대학교 경제학과 전 교수)의 법정에서의 진술에 의하더라도 말기 자본주의는 고학년 경제학과 학생이라면 읽어서 도움이 되는 책이라는 것이므로 피고인이 위 책들의 취득목적이 국외 공산계열의 활동에 동조하여 반국가단체를 이롭게 할 목적이었다고는 보이지 아니하며, 달리 이를 인정할 만한 자료도 없다"고 판단하였다.

나) 신청인 진술

이태복은 서울지법 공판에서 "노동자들이 역사의 주체로서 소상품경제를 타파하고 사유재산제를 폐지시켜 노동자 국가 내지 공산주의 사회를 실현시키는 길 밖에 없다고 생각한 적이 없고", "단지 근로자의 노동 3권이 현실적으로 제약을 받고 있다는 취지이고", "광민사에서 국내 사회학자와 경제학자의 11개 논문을 편집하여 한국노동문제의 구조라는 서적 등을 발간한 일이 있으나, 서적의 내용이 공소사실의 내용과 다르고, 문공부 등에 납본하였고, 납본필증도 나왔다"고 진술하여 범죄사실을 부인하였고, 1982. 4. 17.자 「항소이유서」에서는 "활동한 동기는 공산주의 사회를 찬양하거나 실현하기 위해서가 아니라, 우리 사회의 근대화과정에서 매우 중요한 민족문제로 대두된 노동문제, 그중에서도 생존권적 기본권, 저임금문제, 장시간 노동문제 등에 대해 지식인의 양심과 주체적인 도덕적 결단에 의하여 참가하였다"고 기재되어 있고, 진실화해위원회 조사에서는 "범죄사실에 나와 있는 서적들은 모두 시중에서 구할 수 있는 것들이었고, 학교에서는 수업교재로 사용되기도 한 사회주의 사상과는 거리가 있는 서적들이었다. 대표적으로 민중과 조직이라는 서적은 필리핀 주민운동과 관련된 활동보고서로 당시 현지에서 매우 합법적으로 이루어진 주민운동을 정리한 것이었다", 자본주의 발달사라는 서적은 일본의 유명한 근대경제학자 다카하시 고하치로가 저술한 책으로 산업혁명과 농업혁명이 시민사회에 어떠한 영향을 미쳤는지에 대해 서술한 것으로 경제학을 공부하는 사람들의 기본서와 같은 서적이었다. 그런데 이 책의 원제목에 '혁명'이라는 단어가 들어갔다라고 하여 공산주의혁명으로 몰아갔던 것이다. 한마디로 이때의 모든 서적에 대해 '혁명', '노동', '계급' 이러한 단어들이 들어가 있으면 모두 사회주의 사상을 교양하고, 공산주의 국가를 건설하려 하였다고 매도하였던 것이다"라고 진술하였다.[79]

이선근은 서울지법 2차 공판에서 사회사상사개론 등 서적 총 5권을 매입한 사실은 있으나, 단순히 공산주의 이론을 설명하는 등의 서적이지 공산주의를 찬양하는 등의 내용과는 관련이 없다고 주장하였다.

1982. 4. 16.자 「항소이유서」에서는 " 사회사상개론 등의 서적은 공소사실과 같이 맑스, 레닌주의에 입각한 사회주의 사상을 내용으로 하는 서적이 아니라, 단지 사회사상분야를 다루고 있는 서적이고 피고인의 전공이 경제사와 경제사상이기 때문에 인접학문인 사회사상에도 자연스럽게 관심을 가지게 되면서 공부하게 된 서적이고, 위 서적들은 대부분 국내에서 판매가 되고 있는 서적들이고, 몇몇 서적들은 대학교재로 사용되고 있고, 심지어 사회주의를 비판하는 내용의 서적도 있다. 하지만 공소사실에서는 이러한 부분에 대해서는 전혀 밝히지 않고 있다"고 하였다.

박문식은 서울지법 공판에서 " 노동의 철학, 변증법이란 어떤 과학인가, 위 광민사에서 편역 한 노동의 철학 등을 구입한 사실은 있으나, 서적의 내용이 자본주의를 부정하거나 노동운동을 격화하는 등의 내용이 아니다"라고 주장하였다.

1982. 4. 15.자 「항소이유서」에서는 "서적 감정인으로 증언대에 섰던 홍모씨는 자신의 본명과 소속기관을 밝히지 않고 있고, 100여권에 달하는 서적을 10여 일 만에 감정했다고 증언하고 있다. 감정인으로서 자격이 심히 의심스럽다. 설혹 감정한 서적 중에 일부가 불온하다 할지라도 대부분의 압수서적이 지극히 전문성이 깊은 서적인데, 그것이 과연 국가보안법에 규정한 바와 같이 찬양 · 고무에 사용될 수 있는가도 의문이며, 무엇보다 그 구입경로가 일반서점에서 판매중인 것을 구입했다는 것이다"라고 하였다.

이덕희는 서울지법 공판에서 모리스 · 돕의 자본주의의 어제와 오늘 등 총 6권을 매입하여 독서한 사실은 있으나, 서적의 내용이 자본주의 사회 붕괴의 필요성 등을 강조하는 내용이 아니라고 주장하였다.

1982. 4. 16.자 「항소이유서」에서는 "위 책들은 전국적으로 공개적인 서점에서 팔리고 있는 상태에서 공정한 가격에 의하여 구입하였고, 그 목적이 학문적 관심과 필요에 의한 것이었지 결코 국내외 공산계열을 이롭게 할 목적이 아니었다. 그리고 위 책들을 감정한 홍성문씨는 감정인으로서 자격이 없는 사람이라고 생각한다"고 주장하였다.

---

79) 위원회 진술청취, 2009. 3. 26.

홍영희는 서울지법 공판에서 "파울로 · 프레이리의 페다고지 등 서적 총 7권을 매입하여 독서한 사실은 있으나, 서적의 내용이 민중계급의식을 고취하는 등의 내용이 아니라고 주장하였다.

1982. 4. 14.자 「항소이유서」에서는 "본 서적들은 공산주의 이론서나 혁명서도 아니며, 본 피고인은 순수한 학문적 동기에서 구입 소지하고 있었다"고 기재되어 있다.

다) 소결

반국가단체(북한) 및 국외 공산계열 찬양 · 고무와 이를 목적으로 표현물을 제작 · 소지하였다는 범죄사실에 대한 증거로 제시된 이태복 등의 진술서와 검사 작성의 피의자신문 조서는 임의성에 의심이 있고, 각 서적들 또한 대부분 당시 시중 서점 등지에서 공식적으로 판매가 허용되고 있는 것들로서 신청인들이 반국가단체를 찬양 · 고무할 목적으로 제작 · 소지하였다고 보기 어렵다.

더구나, 공동피고인 박태주의 경우 위와 같은 사유로 무죄판결을 내린 점을 고려하면, 같은 서적을 취득 · 소지하였던 다른 피고인들에 대해 유죄판결을 내린 점은 납득하기 어렵다.

결론적으로 당시 피고인들이 북한을 찬양 · 고무 · 동조하거나 그러한 목적으로 서적과 표현물을 제작 · 소지하였다는 사실은 인정하기 어렵다.

Ⅲ. 결론 및 권고사항

1. 결론

이 사건은 치안본부 대공분실이 '미스유니버스대회 폭파예비음모 사건'의 용의자 권○○을 조사하던 중, 이태복이 포함된 학생운동 계보를 확보하면서 시작되었다. 치안본부 대공분실은 전민학련 관련자 이태복, 이선근, 박문식, 이덕희, 홍영희 등을 영장 없이 차례로 연행하여 이태복 44일, 이선근 38일, 박문식, 이덕희, 홍영희 34일, 윤성구, 손형민, 이종구 44일, 민병두, 최경환, 김진철 43일, 김창기 42일간 불법구금한 사실과 전민노련 관련자 양승조 32일, 신철영 · 최규엽 30일, 정경연 29일, 엄주웅 · 오상석 28일, 김철수 26일, 송영인 21일, 송병춘 20일, 노숙영 19일, 박태연 23일, 김병구 38일, 유해우 37일, 박태주 78일 동안 불법구금상태에서 각각 조사한 사실이 인정된다.

또한 치안본부 대공분실 수사관들이 이태복 등 이 사건 피고인들을 조사하는 동안 구타 ·

전기고문·물고문 등 가혹행위를 가한 사실도 인정된다.

위 사실들은 모두 직무상 범죄에 해당되고, 형사소송법 제420조7호, 제422조 소정의 재심사유에 해당된다.

서울지검은 치안본부 대공분실의 불법구금·고문이 행해졌다는 사실을 충분히 알 수 있었음에도 이에 대한 수사를 하지 않고, 경찰에서의 자백내용에 기초하여 반국가단체구성죄를 추가적용하고 서울지법에 기소하였다.

법원은 이태복 등 피고인들이 법정진술, 탄원서 및 항소이유서에서 장기간 불법구금과 고문을 당하였다고 주장하였음에도 이에 대해 심리하지 않고 임의성이 의심스러운 증거를 채택하여 유죄의 판결을 하였다.

2. 권고사항

위 사건에 대해 진실이 규명되었으므로 기본법 제4장에 따라 국가가 행할 조치에 관하여 다음과 같이 권고한다.

- 국가는 경찰이 수사과정에서 피의자들에 대해 불법구금·고문·폭행·협박을 하여 사건을 조작한 점, 검찰이 경찰의 수사과정에서의 불법행위를 묵인하고 수사하지 않은 점 등에 대해 피해자에게 사과하고 화해를 이루는 적절한 조치를 취하는 것이 필요하다.
- 국가는 위법한 확정판결에 대하여 피해자의 피해와 명예를 회복시키기 위해 형사소송법이 정한 바에 따라 재심 등의 조치를 취하는 것이 필요하다.

[참고자료]

학림 재심 관련 법조인 명부

재심 : 서울고등법원 형사5부(2010년 12월 30일 선고)

검사 :　이선훈

판사 :　안영진(재판장), 오상용(판사), 신종오(판사)

변호사 : 최병모, 김현임(이태복 외 22명), 신동미(김창기)

재심 상고심 : 대법원 1부(2012년 6월 14일 선고)

검사 :　이선훈

판사 :　김능환(재판장)

　　　　안대희(새누리당 정치쇄신특별위원회 위원장)

　　　　이인복(주심)

　　　　박병대

변호사 : 김창국, 하경철, 최병모, 김현임, 김필성, 고현석, 민승현(이태복 외 22명)

　　　　김형태, 신동미, 윤철우(김창기)

8장

사건 이후

1. 석방과 사면 복권

구속자들은 88년 10월 3일 이태복이 대전교도소에서 개천절 특사로 석방되면서 모두 석방되었다. 그리고 이해 학림사건의 원흉 전두환의 후계자 노태우에 의해 12월 20일 전원 특별 사면·복권되었다. 말하자면 조작의 원흉에 의해 다시 사면복권된 것이다.

2. 민주화운동 관련자 인정

사건 당사자들은 사건발생 20년이 지나 2000년 1월 12일에 공포되고 같은 해 8월 9일에 구성된 '민주화운동 관련자 명예회복 및 보상심의위원회'에 명예회복을 신청하여, 2010년 이전에 이태복을 비롯하여 22명은 민주화운동 관련자로 인정받고, 동 인정서를 교부받았다. 나머지 3명은 다른 사건으로 민주화운동관련자로 인정을 받았다.

3. 재심

사건 당사자들은 2006년 8월 21일 '진실·화해를 위한 과거사 정리위원회'에 진실규명을 신청하였고, 2009년 6월 15일, '진화위'는 3년에 걸친 진실규명 작업 끝에 불법구금 증거, 이근안 등 치안본부 대공분실 수사관들의 진술 등을 바탕으로 사건 수사와 재판의 불법성을 공식적으로 인정하고, 피해자들에 대한 국가의 사과와 형사소송법에 의거한 재심 권고 결정을 하였다.

사건 당사자들은 2009년 12월 16일 서울고등법원에 재심을 청구하였고, 2010년 12월 30일, 사건발생 만 30년 만에 무죄를 선고받기에 이른다. 검찰의 상고에도 불구하고 대법에서는 2012년 6월 14일에 피고 대한민국의 상고를 기각하고 원심을 확정하여 당사자 전원이 무죄 판결을 받는다.

4. 석방 후

사건 당사자들은 석방 이후 오랜 시간이 지난 후에도 고문 트라우마와 감옥 생활로 인한 건강 악화로 사회복귀 후에도 정상적인 생활을 하지 못한 경우가 많다. 많은 분들이 취업과 생계활동에도 제약을 받아 35년이 지난 현재에도 생활에 압박을 받고 있으며, 특히 고문 등으로 인한 트라우마는 평생의 멍에가 되어 당사자들을 괴롭혔다.

다행히도 사건 당사자들은 이런 트라우마와 싸우면서 다른 많은 민주화운동 인사들처럼 노동, 농민, 복지, 환경, 교육, 언론, 생협, 인권 및 정치 등 다양한 분야에서 이 땅의 민주화를 위해 노력하는 삶을 지속해왔다.

이 중 이태복은 청와대 노동복지수석비서관 및 보건복지부장관을, 신철영은 국민고충처리위원회 위원장을 역임하였고, 민병두와 최경환은 국회의원으로 활동하고 있다. 송병춘은 변호사로, 박문식은 회계사로, 이덕희는 보건학박사가 되어 각 영역에서 활동하고 있고, 오상석은 국민고충처리위원회에 재직했고, 엄주웅은 방송통신위원을 거쳐 내부자 고발을 지원하는 NGO 호루라기 재단에서 오상석과 함께 일하고 있으며, 양승조는 노동운동 등 사회운동을 꾸준히 해왔고, 이종구, 김철수, 손형민 등은 귀농해서 친환경농법을 시도하고 있으며, 홍영희, 윤성구는 NGO 등에서 활동하고 있다. 또한 최규엽은 정치활동을 하고 있으며 정경연은 안마사가 되어 시각장애인들과 함께 사회사업을 진행하고 있고, 나머지 몇 사람은 생업에 전념하고 있다.

5. 각 당사자들의 사건 후 여정

당사자들은 어떤 경우는 사회에 이바지하는 활동을 하기도 하고, 어떤 경우는 개인 삶에 몰리기도 하면서 짧지 않은 여정을 걸어왔다. 이하는 당사자 각 개인들이 적은 인생 여정으로 편의상 가나다순으로 게재한다. 아쉽게도 몇몇 분은 이력을 보내오지 않으셨다.

김병구

출감한 후 열악한 지역 여건 속에서도 감시를 피하여 포항 철강공단 노동자 소모임을 하면서 울산 대구 등과 교류하였고, 지역 내 종교운동, 농민운동, 문화운동 등 부문별 운동과 독서 모임 등 다양한 활동을 해오다가 민주통일 민중운동 연합(민통련)이 결성되면서 대구 경북 민통련 노동위원장을 맡아 공개운동을 하였다.

- 경북 민통련 사무국장 역임
- 민주헌법 쟁취 국민운동본부 대구경북 상임대표 역임
- 포항 민주화 운동연합 의장 역임
- 6월 민주화 항쟁 시 지방 중소 도시 포항에서 2만 명 시민이 궐기하여 포항 시청사를 에워싸는 투쟁을 조직함.
- 7월 노동자 대투쟁 시 포항 철강 공단 노동조합 결성과 포항제철소 내 기차역 광장에서 노동조합 결성을 시도하여 당시 1,500만원 전국 현상금 수배자가 되었다.
- 수배 중 13대 국회의원 선거에 한겨레 민주당 후보로「18세 소년 광부 출신 국회로 가다」슬로건으로 포항시 선거구에 출마하여 낙선한 날 수배사건으로 2차 구속되었다.
- 다시 출감 후 포항 민주 학교 설립하여 이사장직 역임
- 풍산금속 노동조합 결성 및 포항 철강 공단 노동조합결성 사건으로 3차 구속되었음.
- 3차 구속에서 출소한 후 신철영, 김철수 동지 등과 민중당을 결성하여 경상북도 위원장을 맡아 활동하였음.
- 14대, 15대, 16대, 17대, 민주당 후보로 총선 출마.
- 일월 문화 포럼 중앙 회장 역임
- 공정사회 실천 국민연대 상임대표 역임
- 권력 분점과 지방 분권을 위한 개헌 추진 국민연대 경북 상임대표 역임
- 국민 석유 ㈜ 감사역임
- 시민봉사 단체「행복세상」대표 재임
- 한국택시 포항 협동조합 이사장 재임
- 5. 18 국가 유공자, 참전 국가 유공자, 저서「영일만 친구」자서전

김진철

1. 82년 12월 출소 후 83년부터 출판계에서 생업에 종사
   (형성사, 백산서당 등)-당시 운동권 서적을 만드는 일을 주로 하였음.
2. 83년 말-84년 초 전두환 복학 허용 조치와 관련된 이른바 '복투' 참여
   당시 민주화 없는 복학 수용은 있을 수 없다는 취지에 공감하고 복투에 참여함.
3. 84년~87년 성인병 예방협회회보 편집 등 생업 종사.
4. 88년~90년 말 노동운동 관련 활동
   이른바 PD계열의 사고와 현장 중심의 사고에 공감하여 노동 현장지원 활동을 했던
   시절(90년 '민중민주주의 투쟁동맹' 조직 사건-4년 선고). 90년 말- 93년 말 노동운동 조
   직활동 관련 수감(국보법 7조) : 1993년 12월 23일 출소
5. 94년~97년 : 출판계 종사(21세기 북스) : 경영혁신 도서 다수 출간 업무, 기업 납품
   활동. 아침 7시에 출근해 저녁 10시까지 일하던 시절.
6. 96년 2월 결혼(당시 39세), 현재 1녀 2남
7. 98년-2002년 말 : 인터넷 쇼핑몰 운영 및 미국 의류 수출 무역업 종사.
   늦게 학교도 졸업하고(97년). 천연가죽 제품 인터넷 쇼핑몰을 운영하는 한편 미국에
   의류를 수출하는 오퍼일을 함. 덕분에 중국도 많이 가보고 미국도 가봤음.
8. 2002년 말~2007년 초 : 북 21 출판사 근무, 한자학습만화 '마법천자문' 기획.
9. 2007년~20014년 말 : 출판기획사 운영
10. 2015년 이후~ : 국민석유(주) 중앙아시아 법인 근무.

김철수

1983.8	출소
1984.3	영등포 직업훈련원 입소(3개월간 금속기능공 훈련과정 이수)
1984.5	결혼
1984	여름부터 선반기능사 자격증 취득 이후 영등포 기계공단 노동운동

1985.3	안양 노동상담소 창립 및 노동상담소 실무간사
1985	겨울 제헌의회그룹 결성
1987. 1	제헌의회 사건(국가보안법 위반) 구속
1988. 12	출소
1989.3	민중당 창당준비위 참여. 민중당 성동갑 지구당 위원장
1992.3.24	국회의원 총선거(14대) 출마
1992.7	민중대통령 추대와 민중의 민주정부 수립을 위한 민중연대 추진위 참여
1992.9.25	사회당 추진위 결성 및 대표 취임
1992.11	민중후보 백기완선거운동본부를 통한 대선(12.18) 참여
1993.	진보정당건설을 위한 수임위 참여
1993.3	민중정치연맹(사추위+민중회의) 공동대표
1996.4.11	국회의원 총선거(15대) 출마
1998	정보통신사업체 ㈜디그 창업
2005	온라인교육사업체 아리수미래사랑㈜ 창업
2006.5	건강한 도림천을 만드는 주민모임 활동과 순환고속도로 관악산터널 반대 운동
2006. 11	한국사회당 입당
2007.	진보신당 참여
2013	사업체 매각하고 은퇴 이후 강원도로 귀농

민병두

1982년 12월 김대중 총재 사면 복권 때 함께 나와 노동현장 등을 돌면서 한차례 교도소를 더 다녀온다. 1988년 12월 88올림픽이 끝난 때이다. 그리고 김근태 이부영 장기표 이태복선생 등이 주도해서 창립한 전국민족민주운동연합(전민련)에서 활동하다가 기자로 변신한다.

문화일보에서 몇 가지 의미 있는 시도를 해본다. 가령 선거자금 일일공개를 기획한다든지 '시민이 권력이다'는 캐치프레이즈를 내걸고 국회 국정감사를 시민이 모니터 하는 등의 시도였다. 이후 정치자금 투명화 등의 개혁 논의가 시작됐고, 국회 문이 열렸다. 국정감사를 시민이 감사하게 된 것이다.

워싱턴 특파원, 정치부장 등을 하다가 열린우리당 창당 시 입당 제의를 받아 정치에 입문했다. 민주화운동을 한 사람이라면 정치개혁을 전면에 걸고 신당을 창당했을 때 외면하면 안 된다는 설득 논리에 한 달을 고민하다가 윤전기를 막 돌고 나온 신문지의 잉크냄새와 거리를 두게 됐다.

17대, 19대, 20대 국회의원이 되었다. 비례대표로 입문했지만 19대 때는 재야 대통령 장준하가 1967년 보궐선거로 당선됐던 동대문에서 집권당 대표를 물리쳤다.

19대 국회에 들어와서는 금융실명제를 21년 만에 개정해 차명거래를 금지시키는 길을 열었다. 편의점 등의 근접출점을 제한하고, 24시간 강제영업을 금지하는 법을 만들었다. 자동차 대체부품 인증제를 도입해 수리비 부품비의 인하를 유도했다.

현실에는 존재하지만 법률로는 보호받지 못하는 상가권리금에 대한 입법을 시도해 정부를 움직였고 정부도 대안입법을 제출하게 했다. 을지로(을의 권리를 지키는 법-law)위원회를 출범시키는 등 사회적 약자에 관심을 기울였다.

앞으로 갈 길이 무엇인지는 모르지만 그렇기에 생각과 고민은 정체되지 않고 있다. 지금은 더불어민주당 부설 전략연구소인 민주정책연구원장을 맡아 정권교체의 로드맵을 짜고 있다.

박문식

박문식은 1983년 12월 23일 형 집행정지로 안양교도소에서 출소했다. 당시 전두환 정권은 대국민유화정책의 일환으로 성탄절 특사를 단행, 시국사범들을 석방하고 제적됐던 대학생들의 복학을 허용했다. 출소 후 몇 차례 제적 대학생 집회에서 복학 반대를 주장했던 박문식은 노동현장으로 들어갈 것을 결심하고, 그 해 겨울 집을 나와 인천 월미도에 있던 대성목재에 취직했다. 대성목재 기숙사에 거주하면서 노동조합 결성을 시도하던 박문식은 워낙 열악했던 노동조건 때문에 임금인상 시위를 일으켰다가 시위에 참가했던 노동자들과 인천경찰서에 체포됐다. 그러나 조사과정에서 친구 가명으로 입사한 위장취업자임이 밝혀져 동향관찰 책임이 있던 서울 강남경찰서로 이첩됐고, 경찰 감시가 심해져 더 이상 현장에 있기가 곤란해졌다.

현장에서 나온 뒤 감시를 피하고 공부도 하기 위해 1980년 서울대교수회 의장을 맡았다가 퇴직당한 변형윤 교수의 광화문 연구실 조교로 들어갔다. 한동안 연구실에 다니면서 서울대 78학번들이었던 윤성구, 최민 등과 전민련의 뒤를 잇는 새로운 노학연대 틀을 만들 구상을 하고, 본인은 다시 노동현장으로 들어가기로 했다. 그 즈음 서울대 종교학과를 다니다 학생시위로 제적됐던 지금의 아내 석미주를 만나, 같이 노동운동을 하기로 하고, 그 해 겨울 영등포에서 용접기술을 배우고 열처리기능사 자격을 취득했다. 결국 박문식은 반월공단에 있던 자동차 배터리 공장에, 석미주는 부평에 있던 전자부품업체에 취직해 인천 지역에서 활동을 시작했다. 박문식은 인천지역을 중심으로 활동하던 소규모 활동가 그룹에 속해 노동운동을 했고, 그 과정에서 두 차례 더 체포돼 구류 처분을 받았다. 박문식은 다른 한편 윤성구 등과 노학연대를 준비하는 활동을 병행했는데, 학생조직의 중심에 있던 서울대 제적생 문용식이 민청학련 사건에 연루돼 체포되면서, 이 학생조직 구성원들이 대규모로 구속되고 제적 처분을 받는 일이 벌어졌다. 소위 깃발사건 혹은 민추위 사건으로 불리는 그 사건이다. 박문식은 이 학생조직의 배후로 노동운동의 연계를 담당했다는 혐의로 수배를 받게 됐고, 결국 1985년 9월 부평에 있던 피신처에서 검거됐다. 공교롭게도 이 검거작전을 지휘한 대공수사단 인천분실의 분실장은 학림사건 때 박문식을 담당해 한 달여 동안 고문을 했던 이근안 경감이었다. 다시 남영동 대공분실로 끌려간 박문식은 또 한 번 칠성판(남영동 대공분실에 있던 고문대) 위에 누워야 됐다. 이 때 담당 경찰관은 나중에 박종철 고문치사사건을 일으켜 구속됐던 조한경 경위였다.

조사가 끝나고 서울구치소에 수감된 박문식은 같이 체포됐던 석미주와 1985년 10월 옥중결혼을 했다. 석미주는 결혼 신고 후 재판 절차 없이 석방됐고, 박문식은 4년 형을 선고받아 복역하다가 1988년 10월 개천절 특사로 전주교도소에서 출소했다. 박문식이 구속돼 있는 동안 석미주는 민추위 사건 때 구속을 피한 조직 구성원들이 중심이 돼 결성한 제헌의회 그룹의 일원으로 활동하다가, 제헌의회 그룹이 공안 당국에 의해 와해되면서, 오랜 기간 수배 생활을 해야 했다. 박문식이 석방된 뒤 석미주도 수배 해제됐고, 두 사람은 1989년 3월 결혼식을 올렸다.

석방된 뒤 박문식은 이태복씨 등이 창간한 주간노동자신문 취재부장으로 몇 달간 일하다가 그만 두고 1990년 9월 서울대 재입학이 허가돼 경제학과 4학년으로 복학했다. 학교에 다니면서 생계를 위해 공인회계사 시험준비를 시작 이듬해인 1991년 7월 공인회계사 자격증을 취득했다. 그 뒤 지금까지 회계법인을 설립, 대표 등을 역임하면서 공인회계사로 활동하고 있다.

박태연

1. 81년 8월 학림사건으로 두 번째 구속됨. 82년 5월 집행유예로 출소.
2. 83~85년까지 한국 노동자 복지협의회 활동.
3. 85~86년까지 철산리 튼튼탁아소 운영.
4. 87년 이적표현물 소지죄로 3번째 구속되어 그해 6월 출소.
5. 87~89년 한국여성노동자회 조직. 교육부장으로 활동(서울지역 노동조합 협의회 조직 지원사업).
6. 89~91년까지 서울지역 노동조합 협의회(전노협전신) 사무 2차장으로 상근활동.
7. 91~2007년까지 부천여노 2대 회장 재임.
   91~95년까지 부천 튼튼어린이집 2대 원장 재임.
   92~95년 튼튼 공부방 설립 원장 재임.
   94년 3월 남편 이종현과 결혼 슬하에 2남을 둠.
   99년 4월~2005년까지 경기도 부천시 위탁사업 여성근로자 복지센터를 설립하고 센터장 재임.
   2001~2095년까지 노동부 위탁사업 부천 여성고용 평등상담소 설립 소장재임.
8. 2000~2009년까지 보건복지부 위탁사업 부천지역자활센타 설립 센터장 재임.
   2006~2009년까지 경기도 인가 요양보호사 교육원 설립원장 재임.
   2007~2009년까지 보건복지부 인가 나눔 재가장기요양 기관 설립 원장 재임.
   2007~2009년까지 사회적기업 (주)행복 도시락 설립 대표 재임.
9. 2009~현재까지 사회적기업 (주)나눔과 돌봄 설립 대표 재임 중.

손형민

1982년 12월 24일 성탄절 특사로 군산교도소에서 출옥했다. 출옥하자 살고 있던 지역의 담당 형사들이 식사나 술을 핑계로 시찰을 하기 시작했다. 서울에서 시위가 벌어질 첩보가 있거나 반정부 단체의 결성 소식이 있으면 하루 종일 전담 마크를 했다. 그런 생활이 한동안 이어졌다.

1983년 정치활동 금지의 학칙 위반으로 제적된 학생들에 대한 복학 허용조치가 떨어졌다. 소위 유화정책이 시작된 것이다. 각 학교별로 복학대책위원회가 만들어졌다. 난 연대복대위의 총무를 맡아서 활동했다.

1984년 그동안 고민하고 준비해왔던 노동운동으로의 전환을 위해 공장에 취직했다. 금성사 하청업체였다. 2년 정도의 공장생활 후에 1986년부터 인천지역에서 노동운동 상근활동을 시작했다.

1987년 5월 결혼했다.

1988년 그동안 써클 중심의 활동 방식을 탈피하고 대중활동으로 전환하고자 인천부천 민주노동자회를 결성했다.

1989년 치안본부 대공분실에서 펼친 기획수사로 인노회가 이적단체로 수사를 받았으나 구속영장이 기각되어 풀려났다. 그러나 곧바로 영장을 재청구하여 사전영장이 발부되었다. 수개월의 도피생활 끝에 다시 구금되었다. 국가보안법위반으로 징역 1년6월 자격정지 2년을 선고받고 만기 출소했다. 사실은 2개월 더 살았다. 상고기간의 미결통산을 인정받지 못해서…….

1991년 출소 후 가장으로의 역할이 시급했다. 학원강사, 인쇄관련 자영업을 거쳐 1993년 21세기북스에 취업했다. 1994년에는 대청정보시스템으로 옮겼다.

1992년에 득남했다.

1997년 대청정보시스템에서 독립하여 대청미디어를 창업했으나 창업 2달 만에 IMF를 맞았다. 6개월 간의 고생 끝에 컴퓨터 분야에서 베스트셀러 1위의 책을 만들었다. 한동안 순탄한 길을 걸었었으나 무리한 확장과 다른 분야에 대한 투자로 인해 2002년 회사가 위기에 봉착, 다각도의 극복을 위한 시도를 하였으나 재기하지 못하고 2007년 10년 만에 사업을 접었다. 지인의 인쇄소 경영을 도와주다 2012년에 귀농했다.

2014년까지 협동조합 '젊은협업농장'에서 엽채류 시설원예 일을 했다.

2015년 별도의 비닐하우스를 임대하여 현재까지 브로콜리, 컬리플러워 등의 양채류와 수매채소 중심의 농사를 하고 있다.

송병춘

1975. 5.   서울대학교 사범대학 교육학과 3학년 재학 중 김상진 열사 장례식사건(5.22 사건)으로 긴급조치9호위반 투옥.

1977. 6.   2년 만기로 안양교도소 출소.

1977. 7. ~ 1980. 2. 육군 복무.

1980. 3.   서울대학교 사범대학 교육학과 복학.

1980. 5.   광주항쟁 이후 구로공단 노동자로 노동운동 투신.

1981. 8.   전국민주노동자연맹(학림) 사건으로 투옥.

1983. 8.   2년 만에 강릉교도소에서 출소한 후 영등포에서 도금공장 노동자 생활.

1984. 1.   섬유노조 서통 지부장이었던 배옥병을 만나 결혼, 금형 공장에서 시다로 일하며 기술을 배움.

1985. 6.   전태일기념사업회 간사로 활동하며 구로동맹파업 등 지원.

1986.   시흥동에서 만화가게 운영, 민주화운동청년연합 활동(서울대 73학번 기모임 대표, 직선제개헌쟁취투쟁위원회 부위원장).

1986. 10.   ML당 결성기도 사건에 연루되어 도피생활.

1988. 5.   한겨레신문 창간 당시 신림지국을 맡아 신문보급소 운영.

1990. 2. ~ 1992. 12. 전국노동운단체협의회 정책실장으로 활동.

1993.   구로지역사회발전센터(준비위원장)를 만들어 지역사회 시민운동 참여.

1994. 7. ~ 1996. 12. 주간 노동자신문 편집위원, 편집장.

1997. 9. ~ 1998. 8. 서울대학교 사범대학 교육학과 복학 및 수료.

1999. 9. ~ 2004. 8. 서울대학교 대학원 교육학과 수료 「재학관계에 관한 사법적 연구」로 석사학위, 이후 박사과정 수학.

1997. 9. ~ 2001. 사법시험 준비.

2002. ~ 2003. 사법연수원, 제33기 사법연수생 자치회장.

2004. 2. ~ 2010. 8. 변호사 개업, 교육전문 변호사로 활동, 대한교육법학회(감사),

　　　　　민주사회를 위한 변호사 모임(교육청소년위원회초대위원장).

2010. 9. ~ 2013. 1. 서울시 교육청 감사관.

　　　　　- 비리 사학 감사에 주력, 교육부 표적감사에 의해 비밀누설죄로 고발 당하기

　　　　　도 함.

　　　　　- 감사 사각지대에서 방만하게 운영되고 있는 교육정책 사업에 대하여 성과

　　　　　감사 시행.

2013. 2. ~ 2015. 2. 서울특별시 감사관.

　　　　　- 집행기관으로부터 독립된 합의제행정기관으로 감사위원회 설치에 기여.

2015. 6.　　변호사 업무 재개.

　　　　　- 사단법인 자치감사혁신포럼 창립준비, 정부 관료제의 책무성 확보를 위한

　　　　　공공감사제도의 혁신 추진.

가족관계 : 처 배옥병(57년생), 자 송해민(85년생), 송화평(89년생).

신철영

　1982년 5월 22일 집행유예로 출소한 이후 영등포산업선교회에 노동교육 간사로 복귀하여, 82년 말 경에 콘트롤데이터 회사가 한국에서 철수하면서 민주노조가 해산당하는 과정에서 노동자들의 투쟁을 지원하였고, 83년 추석 직전에 마지막으로 남아있던 민주노조인 원풍모방 노동조합을 와해시키기 위하여 권력이 총 집결하여 폭력을 행사하며 노동자들을 회사에서 쫓아내자 이에 항의하는 운동을 지원하였다. 또한 1983년 노동자들과 함께 당시 사회적으로 크게 문제가 되었던 블랙리스트(민주노동운동과 관련한 모든 노동자들의 명단을 배포하여 이들의 취업을 금지시킨 명단) 철폐운동을 전개하기도 하였다.

　특히 84년 이후 대학생 출신들이 대거 노동현장에 들어가서 '선도투쟁' 등을 전개하면서

85년 대우자동차 파업투쟁(4. 16~25), 구로동맹파업(6. 24~29) 등 많은 노동쟁의 사건이 일어났다. 나는 영등포산업선교회에서 노동자들의 교육, 지원 활동을 하면서 87년 직선제개헌 쟁취, 노동자대파업투쟁 등을 겪게 되었다.

1986. 가을에는 서울지역에 산개했던 노동써클들을 통합하려다가 사전에 발각되어 소위 '전노추'사건으로 수배를 당했다가 1987. 2. 26 ~ 4. 13까지 서대문구치소에 수감되었다가 구속정지로 출소하였다. 그해 6월 민주항쟁으로 6.29선언이 있었고, 7월 초부터 노동자들의 대파업투쟁이 활발하게 전개되는 와중에서 정치권에서는 직선제를 중심으로 한 개헌이 급속하게 추진되는데 노동자들의 뜻을 대변할 수 있는 조직이 없었다. 이 공백을 메우기 위하여 영등포산선, 가톨릭노동청년회(J.O.C) 등 경인지역의 노동운동단체들을 모아서 6월 항쟁을 주도한 이후 빈집이 되다시피 한 민주쟁취국민운동본부에 노동자위원회를 구성하여 개헌시에 공무원과 교원을 포함하여 노동자들의 노동3권을 완전 보장할 것을 촉구하였다.

1987. 8. 30~11. 20 대우조선 이석규 사망사건에 대한 장례투쟁에 연루되어 충무경찰서 대용감방에 수감되었다가 집행유예로 출소하였다.

1988년 7월 10년간 일한 영등포산업선교회를 사임하고 87년 대파업투쟁이후 활발하게 조직되는 노동조합을 지원하기 위하여 조직된 전국노동운동단체협의회(전국노운협) 중 서울노동운동단체협의회(서울노운협) 사무국장을 맡았다.

또한 지역별·업종별로 조직되고 있는 노동조합협의회를 모아 전국조직을 조직하기 위하여 '노동법개정 전국대표자회의'를 결성하여 88년 11월 13일 '노동3권 보장' 등을 요구하며 전국에서 모인 3만 여명의 노동자들이 연세대학교에서 국회의사당까지 행진을 하기도 하였다. 나는 이 전국대표자회의에 전국노운협 노동법개정특별위원회 위원장으로 참여하였으며 국회에서 개최한 공청회에 공술인으로 참여하기도 하였다.

1990년 전국노운협 공동의장을 맡아 민주노총의 전신인 전노협을 결성하는 것을 지원하였다.

1991년에는 민중당에 참여하여 노동위원회 위원장을 맡았고 1992년 총선에 부천지역에서 출마하였으나 민중당은 득표수 미달로 해산당하였다.

1993년 부천에서 한우리생활협동조합을 조직하여 부이사장을 맡았고, 2005년에는 부천생활협동조합으로 이름을 바꾸어 이사장을 맡았고, 1998년 3월 21세기생협연대(현 아이쿱생협사업연합회)를 조직하여 회장을 맡았으며, 2008년 8월 이후 현재까지 아이쿱생협 클러스터추진위원회 집행위원장으로 일하고 있다.

1994년 11월에는 부천경실련을 조직하여 조직위원장, 집행위원장, 공동대표를 맡아 '시민의 강' 조성을 제안하여 실현시켰고, '실업극복부천시민운동' 상임공동대표를 맡아 실직 가정을 지원하는 등 부천지역 시민운동에 참여하였다.

1999.7~2001.10 부천시 시민옴부즈만(2, 3대)을 맡았고, 2001. 11~2003 말까지 경실련 사무총장으로 일하면서 2002. 11~2003. 6 대통령직속 지속가능위원회 사회분과위원장을 맡았고, 서울시 버스개혁위원회 공동위원장(2003. 8~2004. 1)을 맡아 서울시에 버스중앙차로 제를 시행하는 데 기여하였다.

노동 관련으로는 1996. 5~97. 1 노사관계개혁위원회 전문위원, 1999. 10~2004. 1 노사정 위원회의 상무위원 겸 노사관계소위원회 위원장, 2004. 2~2005. 3과 2011. 9 이후 현재까지 중앙노동위원회 조정담당 공익위원을 맡고 있다,

2005. 3~2008. 2 국민고충처리위원회 상임위원 겸 사무처장, 위원장으로 일하였으며, 2009. 1~2010. 2 '부안공동체회복과 미래를 위한 포럼'의 위원으로 참여하여 방사성폐기 물처리장 유치 건으로 분열된 부안지역의 회복을 위하여 일하였고, 2013. 5 이후 현재까지 강원도사회갈등조정위원회(전 강원도고충처리위원회) 위원장(비상임)으로 일하고 있다.

2011. 4 말까지 '부천시 참여예산시민위원회 위원장'으로, 2011. 9~2013 말까지 '경기도 주민참여예산위원회 위원장'으로 일하였다.

2011. 2부터는 복지운동단체인 (사)일촌공동체 회장, 2010. 10부터 서울시교육청 감사자 문위원회 위원장, 2013. 10부터는 서울특별시 공익제보지원위원회 위원장을 맡고 있으며, 2014. 6에는 30년 7개월간 살았던 경기도 부천시를 떠나 충북 괴산군으로 이사하였다.

양승조

1983년 8월 12일 광복절 특별 사면으로 25개월을 복역하고 진주 교도소에서 출소하였다. 남영동 대공 분실에서 고문기술자 이근안으로부터 받은 말로 표현하기 힘든 혹독한 고문으로 만신창이 된 몸을 추슬러야 했다. 일하면서 잊어버리라는 지인의 도움으로 인천 도

시산업선교회 노동자회 실무자로 들어가 1983년 10월경부터 산업현장에서 일어나는 문제를 지원하고 조직하는 일을 하다가 8개월여 만에 그만 두었다.

1984년 5월경 인천지역에서 1970년대 노동조합 건설과 노동자들의 처우 개선을 위해 활동하다 해고 된 노동자와 현장의 의식화된 노동자들을 중심으로 인천지역 노동자복지협의회를 만들어 위원장직을 맡고 상담과 교육 선전을 통한 노동자 지원 사업을 하였다.

1984년 말 노동운동 내 분위기는 70년대식 복지 및 경제투쟁에 머물러서는 노동자들의 문제가 해결되긴 어렵고 과감한 정치투쟁과 선도적 실천을 통해서만 비로소 가능하다는 기조였다. 우리도 토론 끝에 그에 따르기로 하고, 노동자 복지 협의회를 반합법 조직인 인천지역 노동자 연합으로 명칭을 바꾸고, 밤에는 노동자들의 거주 지역과 투쟁 현장에 유인물을 만들어 배포하고, 가두 선전전과 소수 노동자들을 동원하여 기습적으로 거리 시위를 벌리기도 하였다. 그때는 유인물 배포나 시위는 즉시 구속 되는 시기여서 명칭과 지도부 1명만 공개하고 주로 소조로만 활동하다가, 발각되거나 붙잡히면 소조가 책임지고 위원장의 지시에 따라 또는 소조가 독자적으로 감행한 사건으로 입 맞추고 후회 없이 감옥으로 가면서 활동 하였다.

이렇게 활동 하던 중, 1986년 5월 3일 인천 시민회관에서 신민당 직선제 개헌 현판식이 있던 날, 그동안 억눌리고 당해오기만 한 노동자들의 처참한 현실을 노학연대를 통해 세상에 알리고 억압과 탄압을 저지하는 기회로 만들기로 의견을 모았다. 당일 시위에 필요한 물품과 실전에 대비한 준비를 한 달 이상 철저히 하여 투쟁에 임하였으며, 인노련을 비롯한 노동조직과 학생들은 시민회관 앞 사거리를 해방구로 만들고 화염병과 짱돌과 각목을 동원해 비타협적으로 투쟁을 전개하기로 하였고, 그 결과 주동자로 지명수배되어 4년 동안 힘든 도피 생활하다 1989년 12월 31일 노태우정권의 특별 사면으로 수배가 해제되어 풀려나게 되었다.

수배 해제 후 5년여 동안 당시 민주노조의 중심이었던 전국노동조합협의회의 상근 지도위원으로 1994년까지 무보수로 근무하면서 전국의 지역노조 협의회를 순회하며 민주노총의 필요성을 역설하며 단결과 투쟁을 호소하였다.

그러던 중 두 아이가 커가면서 후배들의 비판과 질책을 뒤로 하고, 한동안 돈을 벌어 집안의 가장으로써 책임을 하고자 생활전선에 뛰어 들었다. 그러나 세상은 호락호락하지 않아 뜻대로 되지 않았고, 10년을 넘게 하고서도 겨우 두 아이들 키우고 학교 보내는 정도 밖에 할 수 없었다.

'혼자만 살려고 하느냐'는 주위의 질책과 비판에 가족만을 위하는 돈벌이는 그만 접고, 하고 싶은 일이나 하다가 죽자고 마음을 정리하고 다시 무슨 일부터 할까 찾아보니 당장은 노동운동 쪽은 할만 한 자리가 보이지 않던 차에, 지인이 인천 민주화 운동 계승사업회의 일을 권유해 2007년 후반기부터 시작하여 집행위원장과 부이사장을 거쳐 현재까지 연임 이사장직을 수행하고 있다.

인천민주화운동 계승사업회 일을 하면서 빼 놓을 수 없는 중요한 일 하나는 장학 사업 운영이다. 인천에서 거주하며 노동운동과 민주화운동 그리고 통일운동을 했던 동지들이 생활고로 어렵고 고통스러운 생활을 하고 있어, '어떻게 하면 지속적으로 관심을 갖고 함께 할 수 있는 방법이 없을까?' 고민했다. 그러다가 몇 사람이 의기투합해 우리끼리라도 십시일반 하고 후원회를 조직하여 힘들어 하는 동지들에게 넉넉하지는 못하지만 물심양면으로 조금이나마 보탬이 되고 옛 동지들에 대한 관심을 가져 보자는 의미에서 장학 사업을 시작했다. 2010년에 시작하여 1년에 2회 상, 하반기로 나누어 1회에 3000만원을 마련해 생활이 어렵고 힘든 당사자나 가족과 자녀에게 200만원씩 생활지원금과 장학금을 전달하는 일을 계속하고 있다.

그리고 2011년부터 민주노총 인천지역본부를 비롯한 40여 시민사회단체로 구성된 인천 지역연대의 상임 대표를 맡아 현재까지 지역의 노동문제를 비롯한 민중 생존권 문제와 민주주의 및 민족 통일 문제 등의 해결과 발전을 위해 활동하고 있다.

그러던 중 2014년에 지방자치단체 선거를 맞아 지금까지 단 한 번도 배출하지 못한 진보 교육감을 당선시키기 위해 인천 지역연대가 일치단결하여 노력한 결과, 전교조 인천지부장 출신인 이청연을 교육감으로 당선시켰다. 그 후 인천 교육의 내용을 진보적으로 바꾸기 위해 교육청과 시민단체가 공동으로 협의체를 만들어 교육감과 본인이 공동 위원장을 맡아 인천의 교육 현장을 바꾸기 위해 노력 중이다.

또한 2010년 말부터 인천 한겨레 두레 협동조합을 조직 결성하고 상임 이사를 맡아 조합원들의 가정에 상이 발생하면 출동하여 위로와 상담을 해드리고 있다. 이를 통해 조합원들에게 경제적인 보탬과 심리적인 안심을 드려 장례를 잘 마칠 수 있도록 도와드리는 일을 하고 있는데, 내 인생 느즈막에 후배와 나눔을 함께할 수 있다는 게 얼마나 다행인지 고마운 마음으로 열심히 임하고 있다.

그리고 또 한 가지 우리 모두가 잘 알고 있는 바와 같이 2014년 세월호 참사를 잊을 수 없다. 인천에서도 사고의 원인과 책임자 처벌과 안전한 대한민국을 만들기 위해 인천 공동대책위원회를 꾸리고 김일회 신부 등과 공동대책위원장을 맡아 세월호 참사의 진실을 밝히고 다시는 이러한 국가적 재난이 발생되지 않도록 비뚤어져 있는 우리의 현실을 바로잡기 위해 오늘도 계속 노력 중이다.

2016년 11월 양승조

엄주웅

1983년 8월 12일 영등포교도소에서 광복절 특사로 출소했다. 이듬해 3월에 고려대 경제학과 4학년에 복학하여 9월에 졸업하였다. 1984년 9월 '월간 마당' 기자를 거쳐 1985~6년 〈도서출판 한울〉의 편집장을 지냈다.

1986년 인천 5.3 사태 이후 다시 인천 주안지역의 노동현장에 들어가 노동운동을 하다가 1988년 〈한국노동운동연구소〉를 설립하여 정책실장, 대표간사, 소장을 역임했다. 1993년 '수도권노동단체연석회의'를 결성하고 기획실장으로 일했다.

1994년 〈주간 노동자신문〉 편집위원을 거쳐 1995년 3월부터 2000년 2월까지 〈전국언론노동조합연맹〉에서 정책기획실장 등으로 일하면서 1997년 〈언론개혁시민연대〉의 창립 실무를 맡았고, 1999년에는 대통령직속 방송개혁위원회의 실행위원으로서 통합방송법 제정에 관여했다.

2000년 한국통신(현 KT) 위성방송사업 준비단에 합류하여 2001년부터 2007년까지 한국디지털위성방송(현 스카이라이프)의 방송본부장. 마케팅본부장 등을 역임했다.

2007년 '대통합민주신당'의 국민경선위원으로 참여했고, 2008년부터 2011년까지 방송통신심의위원회 상임위원을 지냈다. 퇴임 후 '호루라기 재단'을 창립하여 상임이사를 지낸 뒤 현재 운영이사를 맡고 있다.

오상석

1983년 8월 출소하여 한성기획이라는 출판대행회사에 취직을 했고, 이듬해 대학에 복학하여 1년만인 1985년 봄 졸업했다.

졸업하기 전에 1984년 10월 결혼했고, 결혼하기 전 재학 중에 한국노동문제연구원이라는 곳에서 '현대노사'라는 노동 관련 잡지를 내는 일을 시작했다.

결혼 후 노동운동에 대한 관심을 꾸준히 갖고 있던 터라 현대노사를 퇴직하고 다시 현장활동을 시작했다. 주로 영등포와 구로동지역에서 용접, 프레스 등의 일을 하면서 대학후배들과 만났다.

1988년 3월 한겨레신문사에서 노동전문기자를 뽑는다는 소식을 선배로부터 듣고 응모했다. 노동운동과 노동관련 잡지 기자를 했던 것을 경력으로 해서 응시했던 것인데 기자로 뽑히게 되어 한겨레 창간에 참여하게 됐다. 한겨레에 있으면서 절반 이상을 노동부를 출입하면서 노동관련 기사를 썼다.

2003년 한겨레를 퇴사하고 재단법인 실업극복국민재단(함께 일하는 사회)의 사무국장으로 2년여를 일했다.

실업극복국민재단을 그만 두고 잠시 쉬다가 국민고충처리위원회(나중에 국민권익위원회로 명칭이 바뀜)에서 복지노동팀장으로 5년여 일했다. 정부나 지방자치단체로부터 복지 노동문제와 관련 억울한 처분을 받은 사람들을 구제해주는 일을 하는 곳이어서 나름 보람을 갖고 일했다. 5년 일한 뒤엔 이미 노무현 정부에서 이명박 정부로 바뀌어 계약기간을 연장할 수 없는 상태여서 퇴직했다.

이후 2011년 3월부터 메타커뮤니케이션즈라는 홍보회사에 취업해 다니고 있다.

유해우(이명 : 유동우)

- 1949년 1월 19일, 경상북도 영주군 안정면 용산리(대룡산) 396번지에서 내 땅 한 평 가진게 없는 무전빈농(無田貧農)의 칠 남매 중 셋째, 사내로는 장남으로 태어났다.
- 1955년 안정남부국민학교에 입학하여 1961년 졸업했다.

- 1967년 초. 상경하여 천일섬유, 유림통상, 태성산업 등에서 수출용 쉐터를 짜는, 일명 '요꼬' 일을 했다.

- 1970년 화학사에서 나오는 비산 먼지와 화학약품 냄새가 진동하는 비위생적인 작업장에서, 하루 13~14시간의 혹사로도 부족해 24시간 꼬박 잠 한숨 안 자고 일하는 철야작업을 밥 먹듯이 하는 중노동에 시달리느라, 지병인 폐병이 도져 밤마다 피를 한 사발씩 토하는 지경에 이르러 공장 일을 그만두게 되었다.

  * 시급히 치료를 요하는 중증의 지병에 생계수단마저 잃게 된 막막한 처지를 비관해, 죽으려고 약을 먹었으나 조기에 발견되어 병원에 옮겨지는 바람에 살아났다. 퇴원 후, 딱한 사정을 알게 된 지인의 도움으로 강원도 정선, 주문진, 철원 등지의 금은방에서 금은세공(金銀細工) 일을 했다.

    1972년 12월 말, 금·은·보석 등 값비싼 귀금속을 다루는 세공 일은, 공장 일에 비해 처우조건이 좋아 좋은 약을 쓰면서 지병 치료도 할 수 있었으나, 밀수입된 귀금속으로 부유층의 사치와 허영심을 충족시키는 데 봉사하고 있다는 자괴감과 회의가 들어, 다시 공장으로 돌아가기 위해 세공 일을 그만두었다.

- 1973년 1월 2일. 새해 벽두에 한국수출산업 제4공단(부평수출공단) 안에 있는 외국인투자기업인 '삼원섬유주식회사'에 '요꼬' 짜는 편직공(편직공)으로 입사했다. 3년 만에 다시 공장노동자로 돌아온 것이다.

  * 3년 만에 다시 돌아온 공장이었지만, 그때나 지금이나 무엇 하나 달라진 게 없었다. 만성적인 기아임금, 불결하고 비위생적인 작업환경, 체력의 한계를 벗어난 장시간노동, 퇴직금을 비롯한 휴일, 야간, 연장, 연월차 등 일체의 법정 제수당과 휴가를 단 하나도 지급하지 않는 위법적 인사노무관리, 반말과 욕설에 더하여 구타와 폭행까지 일삼으면서, 한마디로 간단하게 근로자를 해고시키는 관리자들의 제왕적 횡포와 같은 무법천지 상태가 그대로 온존되고 있다는 데에 실망이 컸다. 법의 사각지대에서 자신들의 권리가 침해당하고 있다는 사실조차 알지 못한 채 시키면 시키는 대로 일하고, 주면 주는 대로 받고, 때리면 때리는 대로 맞는 노예적 삶을 숙명으로 받아들이는 노동자들의 참상을 보다 못해 성직자가 되려던 꿈을 접고 노동운동에 투신. 그해 12월 12일 부평수출공업단지 최초로 삼원섬유(주)에서 노동조합을 결성하는 데 성공했다. 수출공단 안에서 결성에 성공한 외국인투자기업 노조로는 전국을 통틀어 최초였다. 노동조

합 무풍지대였던 부평수출공단에서 노동조합이 결성되자 회사와 공단본부는 물론 관할 노동청, 경찰서, 보안사, 중앙정보부 등 공안기관에서 찾아오거나 불려가 숱한 회유와 협박으로 노동조합 해산을 종용받거나 노조 파괴 공작에 시달렸지만, 끝까지 노동조합을 지키는 데 성공했다. 삼원섬유노조 결성 성공은 부평공단 내 타 사업장에도 영향을 미쳐 이후 중원염직, 공도산업, 삼연물산, 삼송산업, 반도상사, 한독산업 등등 곳곳에서 연이어 노조가 결성되는 성과로 나타났으나, 이로써 유신정권의 눈엣가시가 되었다.

- 1974년 8월 31일, 상급 조직인 섬유노조 경기지부로부터 조합원 제명을 당했고, 그 2시간 뒤에는 회사로부터 해고를 통고받았으며, 그 부당성에 항의한다고 경찰은 신병을 구속했다. 그 일사불란한 탄압의 배후에는 중앙정보부가 있었다. 노동조합을 결성한 지 8개월 반 만이었다.

- 1975년 석방 이후, 중앙정보부가 작성·배포한 블랙리스트(취업금지대상자 명단)에 올라 재취업이 원천봉쇄당하자, 전국의 공장지대를 돌아다니며 근로자를 교육하고 조직하는 재야 노동운동가의 길을 걸었다.

- 1977년 1월 3월, 시사 월간지 '對話'에 삼원섬유노동조합 활동 경험과 노동자들의 실태를 고발한 '어느 돌멩이의 외침'을 3회에 걸쳐 연재하였고, 이듬해(1978) 이를 묶어 단행본으로 출간했다.

- 1979년 동일방직노동조합 대의원 출신 김옥섭(金玉燮)과 결혼, 슬하에 딸(현경)을 두었고, 그 아래 외손주 유라(裕羅)와 용운(龍雲) 남매가 있다.

- 1980년 5월 3일, 유신체제 붕괴 이후 불타오른 민주화 열망을 짓밟고 등장한 신군부의 집권 야욕을 분쇄하고 향후 민주화를 앞당기고자, 70년대 유신치하 민주노조운동을 함께해온 전국 각지의 노동운동 지도력으로 결집된 '전국민주노동자연맹'에 중앙위원(교육담당)으로 참여했다.

- 1981년 8월 3일, 안양시 예비군 소집훈련에 참가하였다가 훈련장으로 찾아온 치안본부 대공분실 수사관 4명에 의해 남영동으로 연행되어 사면의 벽과 바닥, 천장이 핏빛처럼 새빨간 방에서, 한 달간 '공산주의자'임을 자백하라며 구타와 물고문 등을 당는 과정에서 갈비뼈가 부러져 세 차례 병원에 실려가는 고통을 당했다. 병사(病舍)에 수용되었다가 24명 구속자 중 유일하게 1심에서 석방되었다(형량 징역 2년, 집행유예 3년).

- 1983년 70년대 민주노조 활동가들로 결성된 '한국노동자복지협의회'에 운영위원(조직담

당)으로 참여했다.

- 1985년 크리스천노동자들이 중심이 된 '한국기독노동자총연맹'을 결성, 초대 회장을 지냈다.
- 1987년 '6월민주항쟁'을 승리로 이끈 '민주헌법쟁취국민운동본부'에 노동계를 대표해 상임공동대표로 참여했다.

윤성구

[운동사]

윤성구는 전민학련 사건으로 2년 선고를 받고 수감 생활 중 1년 6개월만인 1982년 12월 23일 형집행정지로 순천교도소에서 출소하였다. 1983년 김근태 선배가 이끈 민주화운동청년연합의 회원 활동에 참여하는 한편 당시 혼란에 빠져있던 반독재민주화운동의 노선과 방향을 정립하기 위한 운동권내 논의의 한 가운데에서 서울대 박문식 선배, 최민, 문용식 등과 새로운 노학연대를 위한 실천을 모색하였다. 민추위 깃발 사건으로 박문식, 문용식이 연행되어 말 못할 고초를 겪고 연이어 수감생활을 하는 동안, 서울대 최민 등과 함께 남은 인원들을 결집하여 다가올 정권교체 시기의 민주화투쟁에 참여할 혁명적 노선과 전위조직을 새롭게 준비하기로 결의하였다. 이 방향에 동의하는 서울대 김철수 선배, 성균관대 민병두 등과 함께 '혁명투쟁의 깃발을 제헌의회 소집으로'라는 팸플릿을 발간하고 당시 주류를 형성하고 있던 NL과의 노선투쟁과 노학연대 조직 작업 및 학내외 시위투쟁을 병행하였다. 그러나 1986년 말 안기부의 첩보망에 걸려 최민, 윤성구, 민병두, 김성식, 김철수를 비롯한 중앙위 멤버들이 검거되고 제헌의회그룹 사건이 발표되면서 조직의 상당 부분이 와해되었다. 이때 남은 후배 조직원들이 발전적으로 분화 재결집하여 그 일부가 한층 전위성이 강화된 노동자해방동맹을 이끌면서 1987년 대선 시기에는 독자후보 진영에서 다양하게 조직적으로 활동하기도 하였다.

[개인사]

윤성구는 위 제헌의회그룹사건으로 6년의 실형을 선고받고 복역 중 당시 조성된 여소

야대 정국에 힘입어 2년만인 1988년 12월 24일 마산교도소에서 형집행정지로 출소하였다. 수감 중 발병한 사지연골연화증으로 보행이 힘들 정도로 건강이 악화되어 출소 후 한동안 집에서 요양하면서 친형님을 도와 인천 남동공단에 제조업체'미주정공'을 창업하고 관리 부장을 맡았다가 1996년부터는 대형폐기물수리 재활용사업에 뛰어들어 연수구재활용센터 를 설립 운영하다가 1998년부터 2016년 현재까지 인천지방조달청내 정부물품재활용센터 를 운영하고 있다.

1998년부터 서울대 서주원, 이덕희 선배의 권유로 인천환경운동연합 운영위원으로 참여 해 2016년 현재 정책위원장으로 활동하며 수도권 최대 현안 중의 하나인 쓰레기매립지 문 제와 관련하여 방출제로(Zero-Emission) 중장기 이행실천 캠페인을 진행 중이며, 인천지속 가능발전협의회 환경분과위원장도 맡고 있다. 인천정부물품재활용센터가 2010년 고용노 동부인증 사회적기업으로 전환하면서 2014년부터는 인천시사회적기업협의회 회장으로 선 출되어 최근 사회 양극화의 대안으로 떠오른 사회적경제와 관련하여 전국 최초로 성문화 된 고유의 '사회적기업비전 강령'을 제정 공포하고 인천지역사회적경제네트워크를 결성하 여 상임대표로 활동하는 등 일선 현장에서 사회적 경제의 실현을 위해 노력하고 있다.

이덕희

1983년 8월 12일 광복절 특사로 2년 2개월여의 감옥 생활을 마치고 청주교도소에서 출 소하였다. 그해 10월 연구시험장비를 수입 판매, 지원하는 회사에 입사하여 고가 연구장비 의 마케팅 분야를 개척하였고, 정밀시험 연구장비의 국산화 개발과 분석기술 발전을 위해 노력하였으며 2004년 이후 계열사의 대표를 맡고 있다.

대학시절부터 주요 관심사 중의 하나였던 과학과 사회의 관계에 관한 고민 중, 과학의 모순이 가장 크게 나타나는 분야의 하나로서 환경문제해결에 집중하기로 마음먹고 오늘날 환경운동연합의 뿌리가 된 반공해운동협의회, 이어진 공해추방청년협의회의 회장을 맡았 고, 1988년 공해추방운동연합 출범과 함께 서진옥, 최열과 함께 공동의장을 맡았다.

공해추방운동연합 시절 1990년 지구의 날 행사와 1992년 리우환경회의 한국대표단의 일원으로 참가하여 권헌렬, 최도영, 최열 등과 함께 주요 행사를 기획하고 집행하였다.

1994년 인천에서 이용식, 서주원, 안영근, 박병상, 진대현 등과 함께 인천환경운동연합 창립을 주도하였고, 이어진 굴업도 핵폐기장 건설 저지를 위한 활동을 성공적으로 전개하여 백지화시켰다.

이후 환경운동연합 국제협력위원장을 비롯하여 에너지대안센터(현 에너지전환), (사)시민환경연구소, (사)환경교육센터, 에코생협 등의 이사, 감사로 활동하였고, 인천환경운동연합에서는 집행위원, 운영위원과 공동대표를 역임하였다.

사회복지법인 (사)인간의 대지 이사와 서민경제에 큰 부담을 주고 있는 유가 문제 해결을 위한 기업인 국민석유주식회사 이사로 활동하였다. 2011년 초부터 2013년 말까지 서울대 공대, 자연대 등 이공계 출신 민주동문회인 이공회 회장을 역임하였다. 지금은 이공회 감사와 서울대두레협동조합의 이사를 맡고 있다.

환경문제에 대한 전문성을 높이기 위해 연세대학교 보건대학원에서 음용수 규제에 관한 연구로 환경관리학 석사(연세대학교, 1992년)를, 환경호르몬분석법 개발에 관한 연구로 보건학박사(연세대학교, 2002년) 학위를 받았다. 이후 (사)한국환경분석학회 부회장, 한국분석과학회 이사, 부회장 및 발전동력위원, 한국미생물학회 이사를 맡아 학술연구활동에도 참여하였다.

과학의 역사 I, II, III(J.D. Bernal 의 Science In History)를 성하운, 김성연, 김상민과 공역하였고, 공해무크지 '삶이냐 죽음이냐'(형성사, 1985년), '유엔환경개발회의 한국대표단 자료집'(1992년) 집필에 참여하였다. 환경운동연합 21세기 위원회 위원으로 참여하면서 20세기 딛고 뛰어넘기'(나남출판사, 2000년)를 공저하였다. 1986년 이승희와 결혼하여 1남 1녀를 두고 있으며 서울 양천구에 살고 있다.

2016. 5. 李德熙

이선근

1954년 경남 창녕 출생
1974년 서울대 경제학과 입학
1981년 전국민주학생연맹 중앙위원장(학림사건)

1986년 주)쌍백통운 전무이사

1993년 경제민주모임 창립, 대표취임

1998년 민주노동당 경제민주화국민운동본부 본부장 및 민생보호단 단장

2000년 상가임대차보호공동운동본부 집행위원장

　　　　나홀로파산학교 운영

　　　　부도공공임대아파트진상조사위원장

　　　　전두환은닉재산환수대책반장

　　　　재벌부채탕감액국민환수소송단장

　　　　SK, LG 등 불법경영감시단장

2008년 진보신당 비례대표 후보

2008년 경제민주화를 위한 민생연대 대표

2009년 전국지하도상가상인연합회 고문

2009년 임대아파트전국회의 상임의장

2012년 문재인대통령 후보 캠프 경제민주화위원

2012년 경제민주화국민운동본부 공동대표

2013년 을살리기비상대책위원회 고문

2013년 민주당 을지로위원회 가계부채소위원회 위원

2013년 민주당-롯데 상생협력위원회 자문단장

2014년 새정치민주연합 광산을 예비후보

2015년 새정치민주연합 을지로위원회 위원

2015년 영등포시대 신문 창간준비 위원회 공동위원장

2015년 주)이디에프 대표이사

역서 : 자본주의 발전연구 Maurice Dobb

　　　상품의 역사 Lisa Jardine

이종구

83~87년 구로공단 노동운동 지원활동

87~91년 울산 노동단체 간사

95년 9월 동국대 졸업

97~2005년 신천연합병원 사무국 근무

2006년 현재 귀농, 홍성

2012년 스텐드 삽입 시술

이태복

1988 전민련 중앙집행위원, 편집실장

1989 주간노동자신문 창간 발행인

1996 사회복지단체 인간의 대지 설립

1996 노동일보 발행인

2001 그리스도신학대학교 객원교수

2001 대통령비서실 복지노동수석

2002 보건복지가족부 장관

2002 청조근정훈장

2002 사단법인 인간의 대지 이사장

2003 점핑코리아연구소 이사장

2003 연세대학교 사회복지대학원 객원교수

2003 한서대학교 노인복지학과 초빙교수

2007 ~ 현재. 5대거품빼기 범국민운동본부 상임대표
　　　　기름값, 핸드폰, 카드수수료, 약값, 금융금리 등

2012 ~ 현재 국민석유 대표이사, 이사회의장

저서 : 대한민국의 활로찾기(2009), 세상의 문앞에서(옥중서한집)(1990), 노동자의 논리
와 희망의 노래(1992), 전환기의 노동운동(1995), 우리시대의 희망찾기(1996), 기
백이 있어야 희망이 보인다(2000), 쓰러져도 멈추지 않는다(2002), 대한민국은 침
몰하는가(2004), 사회복지정책론(2006), 도산 안창호 평전(2006, 개정판 2012), 민족
의 자존심을 일깨운 지도자 안창호(2007), 조선의 슈퍼스타 토정 이지함(2011) 등
총 12권

정경연

83년 광복절 특사로 출소 후 살아갈 길이 막연하였다. 아버지의 연이은 사업 실패로 집
안이 힘들어지고, 가족들한테 미안하기도 하여 당장 생업에 뛰어들어야 했다. 그러나 막상
적당한 돈벌이가 없었다. 가위 눌린 듯한 감옥생활의 공포감에서 벗어나지 못한 몸을 추스
리면서 아버지께서 운영하신 서예용 붓, 일명 진다리 붓 행상을 하며 가까스로 용돈벌이를
시작하였다.

그러다가 선린회 선배님이시고 오랫동안 가까이서 격려해주신 박이엽 선생님의 배려로
기독교 200년사를 다룬 〈여명 200년〉이라는, 이후 5년 동안 방송되었던 대본을 대하소설로
바꾸는 일을 하였다. 그 후 대학 후배들과 만나 학생운동도 지원하고, 인천지역 공장활동
소모임에도 참여하면서 노동운동에도 참여하였지만 현장 취업도 쉽지 않아 어정쩡한 형편
이 되었다. 그러다가 선배의 도움으로 86년 봄에는 인사동에 진다리필방이라는 작은 필방
을 내게 되어 가족의 생계에 다소나마 숨통이 트였고 가을에는 학생운동과 노동운동을 해
온 광주 출신의 문근아와 결혼도 하였다.

87년 9월 노동자 대투쟁의 흐름 속에서 이석규 열사 추모 가두행사가 인천 부평에서도
열렸는데 그 행사에 참여하여 유인물을 뿌리다가 아내와 함께 체포되어 나란히 6개월 징역
을 살고 나왔다. 출소 후 88년 창간된 한겨레신문 서구지국을 운영하였는데 인천 주안공단
을 포함하여 가좌동 일대의 노동자 거주 지역운동을 꿈꾸었으나, 지국 운영자체에 끙끙대
다가 88년 11월에 한쪽 눈이 실명된데다 손실이 누적되어 결국 2년만에 포기하고 말았다.
첫딸 민성이가 태어나 생활비가 필요하고, 신문사 지국 경영의 실패로 빚까지 걸머졌으니

지국 운영은 2년 만에 포기해야 했고, 작지만 흑자를 보고 있는 필방이나마 착실하게 꾸려나가야 생계를 해결할 수 있을 것 같았다.

90년 봄부터 수 년 간은 필방업에 전념하여 종사한 덕분에 목이 좋은 인사동 사거리의 가게로 확장하였고 제법 규모도 커졌다.

필방업은 생계를 해결해주기는 하였지만 나는 사회문제에 관심을 끊을 수 없었다. 고민 끝에 정당이나 사회단체 활동을 할 요량으로 96년에 필방을 정리하였고, 아내가 주도하여 일산 신도시에 어린이 영어학원을 열었는데, 전혀 수지를 맞추기 어려웠다. 아내는 적자만 보는 영어학원을 쉽게 포기하지 못하고 온갖 어려움을 겪으며 6년 남짓 운영하였으나 결과적으로 빚더미에 앉게 되었다.

죽으란 법은 없었는지 97년 봄부터 나는 새정치국민회의 김대중 후보 선거사무실에 나가 활동하다가 정권교체 덕분에 노사정위원회에 들어갈 수 있었다. 대외협력팀장을 거쳐 기획위원으로 나름 노동 운동의 경험과 소신을 가지고 일하였지만 크게 내세울 만한 성과는 없었고 그나마 딸 민성이와 아들 홍석이 두 아이가 학령기 시절을 안정되게 보낼 수 있게 된 것이 다행이라 하겠다. 2008년 정권이 뒤집혀 이명박 정부가 들어서면서 나는 8년 동안의 계약직 공무원 자리에서 밀려나왔다.

인생 1기 사회운동에서는 요란스럽게 떠밀려 다닌 듯한 느낌을 지울 수 없었지만, 인생 2기는 이제 침쟁이로 조용히 여유롭게 새롭게 살아보고 싶어서 2009년 봄 서울맹학교 의료재활과정에 입학하였다. 2년 만에 안마사 자격증을 얻었고, 경로당을 다니며 안마도 하고 2013년에는 시각장애인 안마사 동료들과 협동조합을 결성하여 동작구 사당동에 참손길 지압힐링센터를 세워 운영 중에 있다.

협동조합은 안마사 일자리 창출과 안마사 기량신장 그리고 이웃에 봉사하자는 3가지 사명을 갖고 활동하고 있다. 2015년에는 선릉역 부근에 2호 직영점을 내었고. 프랜차이즈 사업도 진행하여 수원역, 인덕원, 청주점으로 확장하고 있다. 나 역시 한쪽 눈을 잃은 시각장애인이지만 시력이 남아 있어서, 동료 시각장애인들의 필경사 역할이랄까 협동조합 활동가로 스스로를 자리매김하고 있다. 내가 안마사가 된 이유는 치료 효과가 높은 이름난 침쟁이가 되고 싶어서였지만 아직 그 길과는 거리가 있는 협동조합 활동가로 움직이고 있다. 험하고 아픈 세상을 어루만지는 따뜻하고 행복한 침쟁이가 되고자 한다.

최경환

학림사건으로 수감되어 1982년 12월 24일 춘천교도소에서 출소했다. 앞으로의 계획이 막막했고, 당장 생활이 급했다. 남영동과 감옥 독방생활에서 얻은 불면증, 허리통증에 시달려야 했다. 대학에서 제적되어 학교로 돌아갈 수는 없었다.

친척들과 선배들이 몇 군데 직장을 알아봐 주었지만 공안사범으로 감옥에 다녀온 나를 받아줄 곳은 없었다. 대학 선배가 운영하는 출판사에서 영업과 편집 일을 도왔다.

1983년 학생운동, 노동운동에 참여한 선배들이 중심이 되어 '민주화운동청년연합'(민청련)이 창립되면서 청년운동에 참여했다. 민청련 활동 중 김근태 초대 의장이 우리가 5년 전에 감금되어 당했던 남영동 대공분실에서 살인적인 고문을 받고 감옥에 수감되었다.

이 사건 이후 1986년 5월 종로 2가 YMCA 앞에서 '광주학살진상규명국민대회'를 주도하고 체포돼 또다시 서대문형무소에 수감되었다. 10개월의 징역형을 받고 강릉교도소에서 1987년 3월 만기 출소했다.

출소 후 1987년 6월 전민학련 조직의 성신여대 책임자였던 이연미와 결혼했다. 이연미는 남영동 대공분실에서 40여 일간 수사를 받고 대학에서 유기정학을 받고 졸업 후 노동운동에 참여하고 있었다. 결혼 후 나는 출판사에 다니며 민청련 활동에 복귀해 성남 민청련을 창립해 활동했다.

1996년 국회의원 보좌관 활동을 하다가 1998년 2월 김대중 정부가 들어선 후 1999년 청와대 공보비서실 행정관, 공보기획비서관으로 근무했다. 김대중 대통령 퇴임 후에는 전직 대통령 비서관으로 2009년 8월 김대중 대통령이 서거하실 때까지 보좌했다.

김 대통령 서거 후 연세대 김대중도서관 객원교수를 지냈다. 김대중평화센터 공보실장 겸 대변인, 고향 광주에서 사단법인 민생평화광장 상임대표로 일하며 김대중 정신계승사업을 전개했다. 전남대 객원교수로 〈김대중의 사상과 리더십〉이라는 과목을 가르쳤다.

한편 김대중 대통령 서거 후 고향 광주에서 현실 정치에 참여했다. 2012년 민주통합당 경선에 참여해 실패한 후 2016년 4.13총선에서 광주 북구을 선거구에 국민의당 후보로 출마해 20대 국회의원으로 당선됐다.

가족으로는 아내 이연미, 아들 최태하, 딸 최윤하가 있다.

최규엽

1. 1983년 8월 출소.

    - 노동조합사전 공동으로 편찬 (형성사 1-5권).

    - 동일제강 입사 현장활동 다시 재개- 노동조합 결성.

    - 서울남부지역노동운동연합(약칭 남노련) 의장.

2. 1987년 11월~1989년 12월 : 남노련사건으로 구속수감.

3. 1990년 한겨레사회연구소 연구위원.

    - 1991년 서울노동운동연구소 소장.

4. 1993년 민주주의민족통일 전국연합 정책위원장.

    - 1996년 통일운동으로 수배 1년.

5. 1997년 권영길 대통령후보 선본 정책위원장.

6. 1998년 국민승리21 집행위원장.

7. 2000년 민주노동당 정책위원장.

    - 용산미군기지반환운동본부 집행위원장.

    - 자주통일 위원장.

8. 2000-2004년 서울 금천구에서 민주노동당 국회의원 후보 3번 출마.

9. 2011년 민주노동당 서울시장 후보.

    - 새세상연구소 소장.

    - 한신대외래교수.

    - 2012년 금천구에서 진보당 후보로 4번 출마.

10. 현재 - 서울시립대 초빙교수.

         - 금천미래연구회 대표.

남영동 926일 이야기

이덕희(학련 구속자)

81년 6월 21일, 지금은 아파트촌으로 변한 성동구 행당동 무학여고 근처의 좁은 골목길, 아직 해가 길게 남아 있던 6시경 나는 선근 형이 세들어 살던 집의 대문을 들어섬과 동시에 건장한 두 명의 남자에 의해 두 팔을 뒤로 꺾이고 테이프로 입을 막힌 채 마구잡이 구타를 당했고 그 외중에 나와 같은 모양으로 마루에 잡혀 있던 홍영희를 볼 수 있었다. 그러곤 얼마 뒤 승용차 뒷자리 가운데에 태워졌고, 차 바닥을 향해 강제로 머리를 짓눌리고 점퍼로 머리를 씌운 채 어디론가 연행되었다. 30여 분을 달려 어느 건물에 도착했고, 두 명의 남자에 의해 좁은 뒷문을 지나 빙글빙글 돌아가는 철제 계단을 따라 몇 바퀴를 돌아 몇 층에 올라갔는지 모르는 곳에 도달하여 어느 작은 기묘한 방에 들어가게 되었다.

그 방은 나중에 알게 되었지만 치안본부 남영동 대공분실 5층의 16개 조사실 중의 하나였다. 이태복 형을 시작으로 구속 기소되어 이른바 학림사건으로 재판을 받은 26명을 비롯해 불법 연행된 사람들 모두가 이렇게 또는 그와 유사하게 이곳 생활이 시작된 것이다. 치안본부 남영동 대공분실. 1985년 김근태 고문사건으로 일반인들에게 처음 알려졌고, 그로부터 2년 뒤 박종철 고문치사사건이 발생하면서 그 악명이 전 세계에 퍼진 곳.

이 건물은 1976년 한국을 대표하는 건축가로 알려지고 있는 김수근의 설계로 지어졌다. 모든 건물이 의뢰자의 요구를 반영하여 설계하는 것이겠지만 이 건물은 이곳에 끌려오는 사람들을 고문하기에 최적화한 구조로 설계됐다는 설이 유력하다. 그 설을 뒷받침하는 주요 내용은 다음과 같다.

- 1층 뒷문에 들어서면 5층 조사실까지 나선형 철제 계단이 이어져 있다. 이곳에 끌려온 사람은 층수 표시도, 조명도 없는 이 나선형 철제 계단을 빙글빙글 돌며 올라가기 때문에 자신이 어느 방향의 몇 층에 연행되었는지 알지 못한다.
- 5층 조사실은 복도 좌우로 배치된 16개의 작은 조사실과 조사실의 두 배 정도 크기

의 두 개의 전문 고문
실로 구성되어 있는데,
각 방의 문은 밖에서만
열 수 있고, 건너편의
방문과 서로 엇갈리게
설치되어 있어 문이 열
려도 앞방에 누가 있고
무슨 일이 벌어지는지
볼 수가 없다. 각 조사
실에는 길고 좁은 폐쇄

▲ 전철에서 바라본 남영동 대공분실 건물

형 창이 두 개씩 있으나 이 창을 깨더라도 사람의 머리가 통과할 수 없을 정도로 좁
게 되어 있어 외부로의 탈출은 불가능하다.

- 방에는 수세식 변기, 욕조, 목제 침대, 캐비닛 그리고 초등학생용 크기의 작은 책상
과 앞뒤로 의자 두 개가 놓여 있다. 방의 바닥은 붉은색의 타일, 벽면은 같은 색의
방음시설이 되어 있다. 당시만 해도 수세식 변기와 욕조는 흔하지 않은 시설이었지
만 모든 방에 설치되어 있어, 조사기간 중 그 기간이 몇 주 몇 달이 되어도 단 한 차
례 방을 나서지 않아도 되었다.

이곳은 오늘날은 물론 당시의 경찰의 다른 조사실과도 크게 달랐다. 하루 이틀 조사하다
혐의가 인정되지 않으면 풀어주는 그런 곳이 아니었다. 법적으로 가능한 48시간 구금은 아
예 고려되지 않는 곳이었다. 앞서 언급한 시설의 특성상 일단 한 번 이곳에 끌려오면 스스
로는 죽지 않는 한 나갈 수 없는 법의 밖에 있는 곳이었다. 우리가 맨 처음 끌려가서 한결같
이 들은 얘기가 바로 죽기 전에는 결코 나갈 수 없다는 으름장이었다.

우리 모두는 이곳에서 거의 똑같은 과정을 밟았다.

방에 들어서자마자 서너 명의 조사관이 아무런 질문도 이유도 없이 주먹과 발길질과 각
목으로 가리지 않고 두들겨 팼다. 그러곤 모든 옷을 벗긴다. 수사관들이 번갈아가며 같은
폭력을 반복한다. 며칠간 잠을 재우지 않는다. 그러면서 공산주의, 사회주의자임을 인정하
라고 강요한다. 나중에 확인된 바로 거의 모든 사람들은 고통에서 해방되고 싶어서 사회주

의자임을 인정하고서도 막상 그 내용을 진술하지 못해서 또 고통을 당하고 수사관들에게 '너 ○○대생이 그것도 하나 못 써? 너 바보야?' 하는 모욕과 굴욕까지 당해야 했다. 거의 모든 사람들은 사회주의사상에 관한 진술을 제대로 못해서 수사관들이 가져다준 것을 보고 베껴 써야 했다.

중간중간에는 태어나서부터 이곳에 연행되어 오기까지의 모든 것을 써내라고 한다. 가족, 친척, 친구, 애인 등 그들이 무슨 직업을 갖고 지금 무슨 일을 하는지 그리고 스승, 선배 등 누구의 영향을 받았고 무슨 책을 읽어서 지금의 사회주의사상을 갖게 되었는지 수사관들의 수준에서 나름대로 이해가 될 때까지—이런 환경에서 태어나고 자라 이런 사람들을 만나 이런 책을 읽다 보니 사회주의자가 되었구나—같은 방식의 고문이 이어졌다.

이어지는 조사는 언제 어디서 누구를 만나 무슨 이야기를 했는지 기억을 더듬어 모두 토해내게 하는 것이었다. 그 내용이 다른 연행자의 진술 내용과 다르면 다시 고문이 이어졌다. 고문은 마구잡이 구타에 이어 잠 안 재우기, 욕조에 머리를 집어넣는 물고문 외에도 교묘한 공갈과 협박이 이어졌다. 본인이 고문을 당하지 않을 때는 건너편 방에서 진행되는 고문 소리를 들어야 했고, 잠시 잠을 재울 때도 언제 다시 문을 박차고 들어와 구둣발로 짓밟고 폭력을 행사할지 몰라 발소리, 문 여는 소리를 잠결에도 경계하면서 새우잠을 자야 했다. 나중에는 이런 공포가 몸에 배어 수사관들이 문을 열고 '야 ○○○' 하고 큰 소리만 외쳐도 몸이 저절로 쫄아 모면할 길만 생각해야 했던 치욕스런 상황이 끊임없이 반복되었다.

또한 '너희들이 협조하지 않으면 휴전선에서 총살시켜 월북하려던 것을 사살한 것이라고 하면 된다. 이미 이 건물 앞마당에 포클레인으로 파묻어버린 놈이 여럿이다'라고 하면서 실제로 권총과 총알을 보여주기도 하고, 또 '기를 넣어 심장 부위를 가격하면 지금은 흔적이 안 남지만 몇 개월 후에는 그 부분이 썩어들어가 죽게 되는데 그렇게 해줄까?' 하는 협박 등을 예사로 당했다.

그리고 5층에는 두 개의 큰 특별 조사실이 있었는데, 이곳에는 칠성판이라는 팔, 다리, 몸을 가죽 끈으로 묶을 수 있는 나무로 된 고문 도구가 있어 이곳에 사람을 발가벗겨 묶어놓고 욕조에 머리 쪽을 집어넣어 물고문을 하거나 손발에 전기를 연결하여 전기고문을 하기도 하였다. 자칫하면 사람이 죽을 수도 있기 때문에 이런 고문은 죽기 바로 직전까지 하다가 멈출 줄 아는 전문가, 이름하여 고문기술자가 담당하였다. 이러한 특수 고문은 물론 관절 뽑아 다시 맞추기, 구타해도 멍 안 들게 하기 등 우리가 경험하지 못한 고문을 할 수 있는 기술자가 있는데, 말 잘 안 들으면 그 사람이 출장고문을 오게 된다며, 그렇게 되면 뼈도 못 추린다고 협박했다.

당시 우리들은 자신이 언제 어디서 누구에게 어떻게 연행되어 지금 남영동의 대공분실 조사실에 왔는지 아무도 알지 못하였기 때문에 쥐도 새도 모르게 죽거나 고문으로 죽게 되어도 행방불명자 숫자 1명을 늘리는 데 그칠 것이라고 믿을 수밖에 없었다. 게다가 월북하려던 놈을 사살한 것이라고 처리한다면 불행은 자신에 그치지 않고 가족들까지 연좌제로 피해를 볼 수밖에 없을 것이라고 믿지 않을 수 없었다.

우리들은 남영동 대공분실로 불법 연행되어 모두 합해 926일이라는 장기간 동안 불법구금을 당했고, 고문에 의해 강요된 진술로 인해 반국가단체라는 누명을 쓰고 재판에서 집행유예부터 무기징역까지 선고받아 25명이 총 15,626일의 감옥생활을 하였다. 불법연행, 불법구금과 고문은 진실·화해위원회 조사 중 당시 남영동 대공분실 수사관들에 대한 진술에도 명확하게 드러난다. 진실·화해위원회는 2009년 김수현, 유장환, 이근안 및 이충웅 4명의 1981년 당시 학림사건 당사자들을 수사했던 결찰 수사관을 조사했다. 이들의 진술 내용을 통하여 밝혀진 주요 내용은 다음과 같다.

- 불법 구금에 대한 진술 : 이태복, 이선근, 박문식, 이덕희, 홍영희의 구속영장발부일이 1981년 7월 23일인데, 이태복은 6월 10일, 이선근은 6월 16일, 박문식, 이덕희, 홍영희는 6월 20일 연행되어 구속영장이 발부되기 전까지 34~44일 불법구금되어 있었다고 주장하는 데에 대하여 사실이 어떠한가를 물었다. 이에 대해 김수현은 "당시에 이러한 보고서를 작성할 때에는 구속영장이 청구된 일자에 맞추는 경우가 많았고…… 이것은 당시에 불법적인 구금에 의해 수사를 했어도 기록상으로는 적법절차에 의해 수사가 이루어졌다는 것을 보여줘야 했기 때문에 보고서상의 날짜를 짜 맞추었다고 생각합니다." 이근안은 "당시 구속영장 없이 일정기간 수사를 하는 것은 일종의 관행으로 묵인되었던 것입니다. 이러한 사실은 지금 와서 보면 분명 잘못된 것이었고 앞으로 없어야 할 일이라고 생각합니다." 유장환은 "당시 간첩사건 등과 같은 경우에는 구속영장 없이 얼마간 수사를 하는 것은 일종의 관행이었습니다. 그리고 당시 안기부의 조정이 있으면 충분히 가능한 일이었습니다." 이충웅은 " 당시 영장 없이 조사를 하던 관행이 있었던 것에 대해서는 인정합니다"라고 진술하

였다.

- 당시 수사에 대한 검사의 지휘에 대한 진술 : 이태복 등 학림사건 당사자들의 검거 시점에 대해 담당검사도 알고 있었고, 수사 지휘도 받은 것으로 보이는데 사실인가요라는 질문에 대해, 김수현은 "당시 담당검사는 안강민 검사였는데 조사기간 내내 수사 지휘를 받아가면서 조사를 하였습니다." 유장환은 "당연히 검사가 모든 상황을 알고 있었고, 검사의 지시 없이 하였다는 것은 말이 되지 않습니다. 그리고 수사 과정에서도 계속하여 수사 지휘를 받아서 수사를 했을 것입니다." 이근안은 " 당시 담당검사는 정확하지 않지만 안강민 검사였던 것으로 기억합니다. 그리고 이후 수사는 모두 검사의 수사 지휘가 있어야만 가능하였습니다. 아마도 검사가 모든 상황을 인지하고 있었을 것입니다." 이충웅은 "특히 이렇게 구속자가 수십 명이 되는 큰 사건은 검사가 모르고 있었다는 것은 말이 되지 않습니다"라고 답하였다.

- 고문사실에 대한 진술 : 학림사건 당사자들이 조사받는 기간 동안에 혹독한 고문을 당했다고 주장하고 있는데 사실인가, 그리고 고문도구 칠성판이라는 것이 있었다는데 사실인가라는 질문에 대해, 김수현은 "많은 인원들이 조사를 받았기 때문에 서로 진술을 일치시키는 것이 무척 어려웠기 때문에 이것을 일치시키는 과정에서 제가 몇 대 때린 적은 있습니다. 주먹을 사용하여 때리기도 하고, 발로 차기도 하였습니다." 특히 이태복은 조사기간 동안 발바닥을 많이 맞아 멍이 빠지지 않자 수사관들이 자신을 경찰병원으로 데려가 발 뒤꿈치를 째고 멍을 뺀 후에 봉합수술을 하였다는데 사실인가요라는 질문에 대해 김수현은 "예, 사실입니다. 검찰로 송치하기 위해서는 몸에 흉터가 없어야 하는데, 이태복의 경우 멍이 빠지지 않아 이태복을 신당동 근처의 경찰병원으로 데려가 멍을 빼고 봉합수술을 했던 기억이 납니다." "칠성판은 넓은 판자에 다리가 4개 있었고, 사람을 고정하는 가죽띠가 3~4개 있었습니다." 이근안은 "당시 제가 점심을 먹고 왔는데, 김수현 씨가 화가 많이 나서 몽둥이로 이태복을 때리고 있었고, 이태복은 발뒤꿈치에서 피가 나고 있었습니다. 그래서 제가 김수현 씨에게 몽둥이를 일단 빼앗아 이태복의 발바닥을 한 대 내리친 후에 몽둥이를 가지고 나갔습니다"라고 진술하였다. 이충웅은 "당시에 대공분실 자체에 사건이 많이 없었습니다. 그래서 그때는 서로 사건이 있으면 달라고 하던 시절이었고, 당시 수사관들이 공적에 대해 욕심을 내고 공명심을 갖고 있던 시절이었습니다. 이러한

것들 때문에 당시 수사관들이 무리한 방법인 고문 및 가혹행위를 동원하여 수사를 하였을 가능성이 있다는 것에 대해서는 인정합니다"라고 진술하였다.

- 고문을 통한 조사과정에 대한 고위 경찰의 인지 여부 : 조사과정에 대해 대공분실 고위급도 알고 있거나, CCTV를 통해 지켜보고 있었다고 하는데 사실인가요라는 질문에 대해, 김수현은 "각 조사실에 CCTV가 설치되어 있었고, 이것을 통해 대공분실 실장 등이 조사과정을 지켜보았습니다." 유장환은 "감독 차원에서 고위층에서 관심을 많이 가지고 있었고 CCTV를 통해 지켜보고 있었다고 봐야 할 것입니다." 이충웅은 "처장이 조사실을 CCTV를 통해 다 확인하고 있었을 것입니다. 그리고 당시 반장들은 실장 방에 들어가 조사과정을 보았던 것으로 알고 있습니다."

- 검찰 조사 시의 고문 수사관들의 입회 여부 : 검찰 조사가 이루어지는 동안 남영동 대공분실의 수사관이 입회하여 조사를 지켜보거나 직접 조사를 한 적이 있습니까 라는 질문에, 유장환은 "검찰 조사 기간에 안강민 검사에게 연락이 와서 가보니 그 곳에 이선근이 수의복을 입고 앉아 있었습니다. 그때 안강민 검사가 저를 가리키면서 '저 사람이 너를 조사한 사람이냐'고 묻자 이선근이 '네'라고 하였고, 안강민 검사가 '경찰 수사 받을 때는 사회주의사상을 갖고 있었다고 진술했으면서 여기서는 부인하냐'라고 다시 말하였고, 이어서 안강민 검사가 '너는 사회주의사상을 넘어 공산주의자가 아니냐'라고 하자 그때 이선근이 '저는 공산주의자가 아니고 사회주의 사상을 가졌을 뿐입니다'라고 진술하자 안강민 검사가 이제 되었다는 듯이 책상을 쳤습니다. 그리고 저보고 이제 되었으니 그만 돌아가라고 하였습니다." 이충웅은 "검사가 수사를 진행하는 과정에서 검사의 질문에 대해 피의자가 경찰의 조사내용 과 다른 내용을 진술하는 경우나 경찰 진술내용을 부인하거나 이럴 때 그것을 확인 하기 위해 불렀습니다."

죽음보다 더한 고통을 경험했던 남영동 대공분실의 수사관을 다시 보는 것 자체가 고문 이었고, 검찰에서 부인하다 남영동 대공분실로 되돌아가 다시 고문을 당할 수 있다는 협박 을 위해 검사는 그들을 이용했다. 이상에서 드러났듯이 학림사건 당사자들이 불법으로 연 행되어 불법구금 상태에서 장기간의 고문을 당하는 과정 자체가 검사의 지휘하에 이루어 진 것이었고, 치안본부 남영동 대공분실장을 포함한 반장들이 CCTV로 지켜보는 가운데 자행된 명백한 국가기관의 범법행위였다.

학림사건으로 기소되어 재판을 받은 26명은 이곳에서 최저 19일에서 최고 78일까지 총 926일을 보냈다. 그곳에서 모든 사람들이 소원은 더 이상의 고문의 고통 없이 빨리 죽는 것이었다. 따라서 남영동 대공분실에서의 926일은 모두에게 하루하루가 죽음보다 두려운 시간이었다. 치안본부 남영동 대공분실에서 이렇게 불법 구금을 하고 기술자로 불리는 사람들에 의해 온갖 고문이 자행되었다는 것이 1985년에 재판과정에서 고문으로 만들어진 상처 딱지를 폭로한 이른바 김근태 고문사건으로 공개적으로는 처음 알려졌고, 그로부터 2년 뒤 박종철이 고문 중 사망하는 사건이 발생하면서 만천하에 알려졌다.

그 후 민주정부가 들어서면서 이곳은 2005년 대공분실에서 경찰청인권보호센터로 바뀌었고, 2007년에는 박종철기념전시실 및 인권교육자료실로 리모델링되었다.

요사이도 우리는 남영동 전철역을 지나면서 이곳을 볼 때마다 여전히 공포에 절었던 그 기억이 떠오르며 괜스레 두려움에 휩싸인다. 그러면서 저절로 쫄게 되는 자신의 모습에 놀라면서 어깨를 한 번 추슬리고 심호흡을 한 번 하고 나서야 안도감을 느낀다. '그렇구나 지금은 2016년이고 나는 지금 밖에 있는 자유인이구나.'

▲ 고법 재심 판결에서 승소한 후 법원 앞에서

내가 겪은 '학림사건'

엄주웅(노련 구속자)

[진실의길 특별기고] 엄주웅 호루라기재단 상임이사(전 방송통신심의위 상임위원)

(지난 15일 이른바 '학림사건'이 대법원에서 최종 무죄판결을 받았습니다. 전두환 정권 시절 대표적 공안 조작사건으로 불리는 '학림사건'이란 당시 학생운동 및 노동운동을 하던 인사들을 반체제 빨갱이로 몰기 위해 고문수사로 거짓 자백을 받아낸 조작사건입니다. 2009년 진실화해위는 이 사건에 대해 재심권고 결정을 내렸고, 이듬해 고법의 무죄판결에 이어 이번에 대법원에서 무죄가 최종 확정됐습니다. 이 글은 이 사건의 피해자 가운데 한 사람인 엄주웅 호루라기재단 상임이사에게 본지가 특별히 청탁하여 받은 것으로, 암울했던 독재정권 시절의 편린 하나를 고발하고자 합니다. _편집자)

찌는 듯 더운 날이었다. 열서너 시간 야간근무를 마치고 돌아온 기숙사, 지칠 대로 지쳤는데도 공원(工員)들은 바로 잠을 자지 않았다. 고스톱 판을 몇 번 돌리고서야 씻고 낮잠을 청하는 게 일과였다. 멍하니 화투 패를 쪼고 있는데 열린 방문으로 소란스런 기척이 들렸다.

"야, 여기가 경일화성 기숙사야?"

"엄주웅이라고 있어?"

목소리부터가 왈짜다웠다. 퍼뜩 정신이 들어 러닝셔츠 바람으로 복도 끝 창문으로 내달았다. 왜 그랬는지 모르겠다. 하지만 창문턱을 잡고 오르려는 순간 허리 뒤춤이 우악스런 손아귀에 잡히고 말았다. 집채 같은 덩치 두 명이 나를 바닥에 쓰러뜨렸다.

"너, 이 새끼! 우리가 누군 줄 알아?"

당근 누군지 알 리가 없었다. 구둣발로 몇 번 까이고 두 놈한테 납작 들려 차에 실렸다. 마치 영화에서처럼 뒷자리의 덩치 큰 놈들 사이에 끼어 앉았다. 놈들은 내게 두건을 씌우고 출발했다. 1981년 8월 5일, 내겐 정말 오싹하게도 더운 여름날이었다.

그 전해 5월, 나는 복학한 학교에서 두 번째로 제적을 당했다. 졸업도 못했으니 앞으로 뭘 하고 살까 하는 고민 끝에 기술을 배워 취직하기로 했다. 물론 그런 데에는 노동운동을 하고 싶은 동기가 있기도 했다. 유신 시절 전태일이니 동일방직, YH무역사건 등을 접할 때마다 대학생이란 게 부끄러웠던 터라 이참에 노동현장에 들어가 노동조합도 만들고 노동자 권리를 향상시켜보자고도 마음먹었다. 동대문에서 선반 기술을 배우고 몇 군데 '마찌꼬바'를 거쳐 인천 주안공단으로 흘러들어왔다.

거기서 비슷한 처지의 친구들을 가끔 만났다. 전두환 군사독재 시절인데 시국에 불만이 없을 수 없었다. 술추렴하면서 그 당시 표현으로 '광주사태' 이야기도 하고 일자리 정보도 나눴다. 어쩌다 쉬는 날에는 선배를 만나 철학공부를 하기도 했다. 노동운동을 하는 데 필요한 교양 같은 것으로 생각했다. 그런데 이 모임이 '잘못된 것'이었음을 아는 데에는 문제의 차량에 실린 지 5분도 안 지나서였다.

"너 이 새끼, 오상석(전 한겨레 기자)이 알지, 그 새끼 어딨어?"

덩치들이 쥐어박으면서 절친의 행방을 물었다. 오리발을 내밀 여유도 없이 한국수출산업 제5공단 사무실로 끌려갔다. 눈 가린 채 얻어맞은 게 쇠파이프임을 안 건 그게 떨어질 때 낸 쇳소리 때문이었다. 내 입에서 나온 어렴풋한 단서를 갖고 지들끼리 어쩌구저쩌구 하더니 다른 한 팀은 상석이를 잡으러 갔다.

다시 차를 타고 어디론가 이동하는 동안 나는 고통보다도 더한 공포에 질려 있었다. 어딘지도 모를 곳에 내려 계단을 올라 어느 방으로 끌려갔다. 들어서자마자 폭풍 구타가 시작됐다. 묻지도 따지지도 않고 맞았다. 눈을 가린 채, 몇 놈인지 뭐로 때리는지도 모르게……. 28일간의 악몽의 시작이었다.

나는 그곳이 남영동 대공분실인지는 한참 후에 알았다. 내가 받은 고문이 나중에 박종철이가 받은 거랑 같다는 것도 박종철 사건이 신문에 난 몇 년 후에야 알았다. 나는 거기서 오로지 어떻게 하면 덜 맞고 어떻게 하면 무고한 이름들을 안 댈 수 있을까에만 머리를 굴렸다. 눈가리개를 벗고 의자에 앉은 내게 그들이 처음 물은 것은 이랬다.

"너, 공산주의자지. 이 새끼!" "여기다 써! 임마, 공산주의자라고."

더 말해 무엇하랴. 나는 인간 밑바닥까지 갔다. 바닥을 기며 살려달라고 빌었다. 엉뚱하고도 무고한 이름들을 대고 나서는 몰래 소리 죽여 울었다. 생각하면 고통스러운 많은 기억 가운데서도 지금까지도 가장 참을 수 없었던 건 두 가지였다.

첫째는 내가 당하는 것만큼, 아니 그보다 더 공포스러운 건 옆방에서 고문당하는 다른 사람의 비명이라는 사실이다. 옆방에는 양승조(전 청계피복노조 지부장) 선배가 있었다. 며칠간 밤마다 들린 그의 비명보다 내 살을 저미는 공포는 지금껏 겪어본 적이 없다. 양 선배 담당 취조관은 이근안이었다.

두 번째는 그 이근안이 내가 조사받던 방에 들어와 다른 취조관들이랑 농담 따먹기를 하는 장면이다. 내가 보기엔 악마 같은 놈들이 제 자식 성적 걱정하고 교회 봉사 같은 평범한 일상을 떠들곤 했다. 그때는 잘 몰랐지만 나중에 떠올릴 때마다 얼마나 치가 떨렸는지…….

내가 잡혀간 그 일은 '전민노련사건'이라고 했다. 사회과학 출판사(광민사/편집자)를 하던 이태복(전 보건복지부 장관/편집자)이라는 사람이 주모하여 학생운동과 노동운동을 통해 민중봉기를 획책하고 사회주의혁명을 하기 위해 결성한 단체라는 것이다. 거기에 나는 최규엽 선배를 통해 예비회원으로 연결되어 있다고도 했다.

나는 이태복은 물론이고 전민학련 쪽의 학생들, 그리고 전민노련에 연루된 노동자들 거의 전부와 일면식도 없었다. 1000페이지가 넘는 공소장에다가 공범이 스물여섯 명이나 된다는 것도 재판정에서야 비로소 알았다. 이걸 일명 '학림사건'이라고 부른다는 것도 한참 뒤에야 들었다.

'학림'이라, 옛 서울대 문리대 앞(현 대학로)의 다방 이름이 아닌가. 가본 적은 있어도 내 삶과 그리 엮일 줄은 꿈에도 몰랐다. '무림사건'에 대비해 붙인 이름이라고 해도 나하고는 안 어울렸다.

굳이 따지자면 노동자로 살면서 노조를 만들고 노동운동을 하겠다는 내 생각은 아마 무림에 가까웠을 것이다. 당시에도 김문수(현 경기도지사) 씨처럼 노동현장에서 일하던 몇몇 학생 출신 선배들처럼 되고 싶기도 했다. 오죽하면 취조관조차 "넌 임마, 소 팔러 가는데 쫓아온 개야!"라고 했을까.

남영동 대공분실에는 한 달가량 있었다. 조서를 꾸민 후에 계속 협박을 받았다.

"너 짜샤, 검사 앞에 가서 딴소리 하면 죽어!"

그러면서 송치 후에 다시 대공분실 끌려와서 작살난 사람들 얘기를 해줬다. 9월 초에 서울구치소로 넘어갔다. 취조 막판에 얻어터져 생긴 귓속 상처가 유치장에서부터 곪았다. 감옥의 내 독방 위에는 접근엄금을 표시하는 빨간 딱지가 붙었다. 당연히 치료 따위는 꿈도 못 꿨다. 죽고 싶어 하며 끙끙 앓기만 하던 어느 날 귀에서 고름이 흘러나왔다.

가족을 만난 건 그 후로도 한참 뒤였다. 훈장을 세 개나 받은 HID 출신 예비역 중령인 우리 아버지는 아들놈에게 국가보안법이 씌워진 게 어이가 없었는지 면회시간 동안 멍하니 벽만 쳐다보셨다. 어머니는 상석이 엄마랑 함께 경찰서며 온갖 기관을 다 찾아다닌 모양이었다.

2년을 꼬박 살았다. 징역을 살고 나오니 잊으려고 노력하지 않아도 잊혀졌다. 기분 나쁜 기억은 꼬불치는 영리한 뇌 덕분이라고 생각한다. 하지만 가끔씩 보도되는 공안사건을 접할 때마다 기억은 되살아났다. 결정적으로는 출소 후 2년쯤 지났을까, 당시 취조관이 일터로 나를 찾아왔다. 무슨 일을 물으러 왔는지는 생각이 나지 않는다.

하지만 그 앞에서 한없이 고분고분했던 부끄러운 기억이 남아 있다. 1988년이었던가, 그 여름에는 또 다른 취조관 한 놈을 종로 피맛골 부근에서 봤다. 민주화된 이후여서 날 고문했던 놈을 만나면 흠씬 패줄 거라고 흰소리하던 시절이었다. 하지만 웬걸, 먼발치에서 그 놈 얼굴을 본 순간 나는 얼음이 되었다. 나도 몰래 비칠비칠 뒤로 물러나 골목 뒤로 숨었다. 그날 밤 집에서 나는 하염없이 울었다.

서대문구치소가 역사공원('독립공원')이 되고 남영동 대공분실이 무슨 기념관이 되었다고 그리로 제법 구경들을 가는 모양이다. 하지만 난 그 이후로 한 번도 그곳에 가지 않았다. 아무런 감정의 파도도 없이 지난 기억을 되살리기란 어려운 일이다. 스무 살 갓 넘긴 내 젊음은 그렇게 멍든 채 성숙해갔다. 분명 어딘가 깊은 곳에 멍은 그대로 있을 것이다.

재심을 하자는 통문을 받았을 때도 난 좀 떨떠름했다. 고문당했다는 호소, 억울하다는 탄원을 개무시한 채 무고한 사람에게 '빨갱이' 낙인을 찍어 유형에 처한 자들이 외려 잘나가던 시절이었다. 안강민, 김경회 등등의 검사 나으리들은 나중에 국회의원도 되고 장관도 되었다. 황우여(현 새누리당 대표)가 판사였던 줄은 엊그제 알았다. 그런 자들이 높은 곳에 계신데 무슨 재심이냐는 생각에 우리 중 한 사람은 신청도 하지 않았다.

우리 어머니는 16년 전에 우울증으로 돌아가셨다. 둘째 아들 빼내겠다고 굿 빼놓고는 안 해본 일이 없었고, 외국 제쳐놓고는 안 가본 데가 없었다. 그분 말년을 괴롭힌 악성 관절염은 순전히 나로 인한 것, 아니 저 우악스런 권력에 의한 것이었다. 고등법원에서 무죄판결이 나온 다음 날 나는 어머니 무덤에 갔다. 서러운 기억은 이제 다 날려보낼 테니 편히 쉬시라고 말했다.

그렇다. 이제 아픈 기억은 내게서 해방되어야 한다. 나는 이제 정말로 잊을 것이다. 기억이 멈추는 곳 치후아타네오('쇼생크 탈출' 엔딩에 나오는 지명)에는 못 가도, 아무런 회한 없이 남영동도 가보고 서대문에도 가보리라. 그 대신 나를 포함한 '학림사건' 스물여섯 명의 기억은 사회가 가져갈 바란다. 그리고 잊지 않아주었으면 좋겠다.

* 이 글은 필자 염주웅의 양해를 받아 진실의 길의 원고를 전재한 것이다.

마음에 새겨진 빚

우리 학림사건 구속자들은 장기간의 불법구금과 가혹한 고문 등으로 '고문 트라우마'까지 겪게 되었지만, 더욱 크고 지울 수 없는 또 하나 마음의 트라우마는 자발적 의지로 민주화운동에 헌신하고 있다가 우리 사건으로 인해 중도에 길을 꺾이고 본의 아닌 고통을 감내해야 했던 수많은 동지들에 대한 죄책감이었다.

이분들은 어쩌면 어두운 시대에 비합법운동 과정에서 생기는 피치 못할 현상으로 이해하고 우리를 기억에서 잊고 있을지 모르지만 우리는 평생 가슴 깊은 곳에 맺힌 미안함과 채무의식을 떨치지 못했다. 우리 사건 공소장에 이름이 등장한 수많은 분들, 그리고 그로 인해 적지 않은 시련과 불편을 겪어야 했던 많은 분들에게 이 기회를 빌려 사과 드린다.

책 앞머리의 '자료집 발간에 부쳐'에서 보듯이 81년 운동권 내 현장의 분위기는 학림이 주장하는 바와 큰 방향성이 같아, 특히 학생운동의 경우 조직활동 기간이 짧고 자의에 의한 직접 가입 구성원이 많지 않았음에도 불구하고 언뜻 당시의 흐름을 좌우한 것같이 나타난 점이 있었다. 이런 형국은 조직원이 아님에도 불구하고 조직노선에 따라 활동한 것으로 간주되면서 본의 아니게 수많은 '조직 관련자'를 양산하고 말았다.

사실상 우리와 관련해 직간접적으로 조사를 받거나 공소장에 등장하는 수많은 분들 중에는 물론 지부-지회-지반 등 캠퍼스나 지역 기반 연계조직에서 자의로 가입하고 활동한 분들도 다수 있었지만, 일부 분들은 이런 상황적 이유로 적절치 못하게 거명된 경우도 적지 않았다. 그리고 이로 인해 많은 분들이 불법구금 상태에서 조사를 받았으며 별건으로 구속되기도 했고 어떤 분들은 블랙리스트에 오르고 강제로 군입대를 당하기도 한 것으로 알고 있다.

학림사건의 구속자 일동은 각자가 원인 제공의 이유와 경중에는 차이가 있을지 몰라도 우리 사건으로 인해 이처럼 예기치 못한 고난을 겪은 분들에게 늦었지만 진심으로 사죄의 뜻을 전하고 싶다.

다른 한편으로 우리와 방향성도 같았고 실제로 조직연계 활동도 함께 했던 많은 분들에 대한 사실 관계와 기록 정리의 아쉬움이 커서 이분들을 중심으로 간략하게라도 활동사항과 인명록이라도 만들어보고 싶었다. 그러나 이 또한 남은 자료 부실과 기억의 한계, 대상자 분들에 대한 기준이나 파악 자체의 어려움 때문에 여의치 않았음을 통탄스럽게 생각한다. 물론 이 중 특히 기억에 선명하게 남는 몇몇 분들이 없지 않았으나 이분들만 언급하기에는 기록으로서의 균형이 맞지 않아 이번 사건 자료집에서는 포기할 수밖에 없었다.

그러나 우리는 언제고 기회가 닿고 역할이 주어진다면 이런 분들에 대한 예의를 갖추어 최소한의 기록이라도 다시 보완할 생각이다. 그 시절 우리와 함께 열정과 희망과 기쁨과 슬픔을 함께했던 수많은 동지들의 뜻을 진심으로 감사하게 기억하며 이 자료집 발간의 작은 의미를 그분들과 함께 나누고 싶다. 또한 우리는 우리 사건으로 인해 많은 분들이 겪었던 고통을 잊지 않고 평생 마음의 빚으로 새길 것이다. 의견의 차이가 어떠했건 지향이 얼마나 달랐건 간에 그 어두운 시대를 함께 겪어냈던 많은 분들께 다시 한 번 고개 숙여 사죄의 말씀과 함께 존경과 감사의 뜻을 전한다.

2016년 11월
학림사건 구속자 일동